Das Advanced-Controlling-Handbuch Volume 2

Herausgegeben von Jürgen Weber

Professor Dr. Dr. h.c. Jürgen Weber lehrt Controlling an der WHU – Otto Beisheim School of Management in Vallendar. Außerdem leitet er das Zentrum für Controlling und Management (CCM) sowie das Kühne-Zentrum für Logistikmanagement. Seine Devise ist: »Nichts ist so gut für die Praxis wie eine gute Theorie.«

Jürgen Weber ist schriftleitender Mitherausgeber der *Zeitschrift für Controlling & Management* und Herausgeber der Schriftenreihe *Advanced Controlling*. Er ist Autor zahlreicher Schriften und Bücher, die zu Standardwerken geworden sind, z. B. die mittlerweile in elfter Auflage erschienene *Einführung in das Controlling*.

Getreu seiner Devise legt Jürgen Weber besonderen Wert auf den Dialog zwischen Theorie und Praxis. So ist er u. a. Mitbegründer, Mitgesellschafter und Vorsitzender des wissenschaftlichen Beirats der schnell wachsenden Managementberatung CTcon.

Das Advanced-Controlling-Handbuch Volume 2

Richtungsweisende Konzepte,
Steuerungssysteme
und Instrumente

Herausgegeben von
Jürgen Weber

WILEY-
VCH

WILEY-VCH Verlag GmbH & Co. KGaA

1. Auflage 2008

Bibliografische Information Der Deutschen Bibliothek
Die Deutsche Bibliothek verzeichnet diese Publikation in der Deutschen Nationalbibliografie; detaillierte bibliografische Daten sind im Internet über http://dnb.d-nb.de abrufbar.

© 2008 WILEY-VCH Verlag GmbH & Co. KGaA, Weinheim.

Satz: Kühn & Weyh, Freiburg
Druck und Bindung   CPI – Ebner & Spiegel, Ulm
Umschlaggestaltung   init GmbH, Bielefeld

Printed in the Federal Republic of Germany

Gedruckt auf säurefreiem Papier.

ISBN   978-3-527-50344-5

Inhalt

6
_____

Vorwort

Nach gut drei Jahren liegt nun das zweite Handbuch Advanced Controlling vor. In der vergangenen Zeit hat sich das Controlling in der Praxis sehr erfreulich fortentwickelt. In vielen Unternehmen ist die Rolle der Erbsenzähler und Zahlenknechte nur noch Historie. An deren Stelle sind Controller getreten, die ihrem Management als Berater und kritischer Counterpart dienen, und damit – wie wir aus empirischen Studien wissen – den Erfolg des Unternehmens positiv beeinflussen. Weiterhin sehen sich die Controller mit einer großen Zahl von neuen Entwicklungen konfrontiert, die ein ständiges Lernen erfordern. Der Job des Controllers ist – nicht nur deshalb – zwar spannender, aber auch anstrengender geworden.

Diese Entwicklungen haben uns in der Ausrichtung des Themas »Advanced Controlling« bestärkt. Sowohl die von uns aufgegriffenen Themen als auch die Art, wie wir sie behandeln, adressieren exakt den Informationsbedarf, den erfolgreiche Controller heute haben.

Auch für das zweite Handbuch Advanced Controlling gilt eine Reihe von unverwechselbaren Merkmalen in unveränderter Weise, die wir schon für das erste Handbuch herausgestellt haben.

Verhaltensbezogene Perspektive

Controlling ist in der Vergangenheit häufig sehr mechanistisch gesehen worden. Das beginnt bei der Plankostenrechnung, setzt sich über perfekte IT-Systemlandschaften fort und endet bei mehr als 140 vorzunehmenden Anpassungen in wertorientierten Steuerungssystemen. Eine solche Perspektive reicht heute nicht mehr aus. Unternehmen können heute nicht mehr mechanistisch geführt werden. Komplexität und Dynamik erfordern kreative, eigenverantwortlich handelnde Manager. Das bedeutet für Controller, sich viel intensiver als bisher mit den einzelnen Managern zu beschäftigen. Controlling muss sich einer verhaltensorientierten Perspektive öffnen. Dies bedeutet, kognitive Begrenzungen ebenso zu akzeptieren wie potenziellen Opportunismus – Aspekte, die sich wie ein roter Faden durch die Beiträge dieses Handbuchs ziehen.

Sichtweise des Controllings als Rationalitätssicherung

Eng mit dem verhaltensorientierten Ansatz ist die Sicht des Controllings als Rationalitätssicherung verbunden. »Normale« Manager machen Fehler, bewusst und unbewusst. Fehler bedeuten Gefahr für das Unternehmensergebnis. Fehler sollten deshalb proaktiv vermieden und reaktiv in ihren Folgen eingegrenzt werden. Exakt das steht auf der Agenda eines Controllers, der sich als Berater und kritischer Counterpart des Managers versteht, exakt das ist es, was in vielen Beiträgen in diesem Handbuch näher ausgeführt und konzeptionell umgesetzt wird.

Postulat einer umfassenden Führungsunterstützung

Controller nehmen ein sehr breites, viele Facetten umfassendes Spektrum an Aufgaben wahr. Dieses hat zuweilen zu Vorwürfen geführt, Controller würden für sich die Aura eines betriebswirtschaftlichen Supermanns reklamieren. Auch von der »eierlegenden Wollmilchsau« ist die Rede. Die sich dahinter verbergende Gefahr ist tatsächlich nicht ganz von der Hand zu weisen. Dennoch ist die Aufgabenbreite ein unverzichtbares Charakteristikum der Controllership. Gerade die Funktion des kritischen Counterparts lässt sich auf Dauer nur dann spielen, wenn der Controller einen tiefen Einblick in das Führungsgeschäft hat und sich das Recht zum Widerspruch mit vielen täglichen Dienstleistungen verdient. Controller müssen deshalb auch von den betriebswirtschaftlichen Themen stets up to date sein – und genau hierbei können das Handbuch und die zu Grunde liegende Schriftenreihe helfen!

An der Front der Entwicklung

Wer up to date sein will, braucht aktuelle und zugleich verlässliche Informationen. Anders als viele beratergeprägte Darstellungen preisen wir neue Entwicklungen im Controlling nicht unreflektiert an, sondern legen großen Wert auf eine konstruktiv-kritische Perspektive, die es Ihnen erlaubt, neue Entwicklungen auf ihre Bedeutung für Ihr eigenes Unternehmen hin zu beurteilen. Umsetzbarkeit und konkreter Erkenntnisgewinn spielen für uns eine zentrale Rolle.

Breite empirische Erfahrung

Empfehlungen für die Praxis sollte nur der geben, der die Praxis kennt. Wissen über die Praxis kann auf zweierlei Wegen erworben werden, zum einen durch empirische Forschung, von qualitativen Fallstudien bis zu großzahligen, fragebogengestützten Erhebungen. Dies ist der einem Lehrstuhl adäquate Weg, der auch von uns umfangreich gegangen wird. Der Lehrstuhl für Controlling und Telekommunikation an der WHU – Otto Beisheim School of Management in Vallendar hat im Bereich des Controllings in den letzten Jahren weltweit die meisten empirischen Studien durchgeführt. Zum anderen kann empirische Erkenntnis durch unmittelbare praktische Tätigkeit erworben werden. Auch dieser Weg wird für Advanced Controlling beschritten, indem Erfahrungen der Unternehmensberatung CTcon mit eingebunden werden.

Kurze und prägnante Darstellung

»Advanced« im Sinne von fortschrittlich ist schließlich auch hinsichtlich der Form der Darstellung zu verstehen. Neue Entwicklungen im Controlling werden zumeist in zweifacher Form schriftlich festgehalten und kommentiert: Auf der einen Seite stehen lange Abhandlungen, deren Studium sehr viel Zeit kostet. Auf der anderen Seite findet sich eine Vielzahl von kurzen Zeitschriftenbeiträgen, die das Thema nur anreißen, aber zum Verständnis zumeist nicht wirklich beitragen können. »Advanced Controlling« geht hier bewusst einen Mittelweg. Wir haben zum Ziel, Sie über neue Themen einerseits so knapp zu informieren, dass Sie die Darstellungen auf einer Bahnfahrt oder Flugreise lesen und verstehen können. Anderseits wollen wir Ihnen ermöglichen, nach dem Studium der Ausführungen im Thema wirklich mitreden zu können, in der Lage zu sein, die Bedeutung für Ihr Unternehmen einzuschätzen und die richtigen Fragen zu stellen. An diesem Anspruch ist jeder einzelne Beitrag in diesem Handbuch zu messen.

An dieser Stelle sind die Vorgaben klar, die wir erfüllen wollen. Dies wird in drei Abschnitten erfolgen. Am Anfang stehen sechs Themen, die sich unter die Überschrift »Management des Controllings« fassen lassen. Grundsätzliche Fragen ("Controlling & Psychologie„) werden ebenso behandelt, wie konkrete Handlungsanweisungen gegeben werden ("Controller Excellence„). Im zweiten Teil des Buches stehen wichtige Aufgabenfelder des Controllings im Fokus. Zu den vier Themen gehören »weiche« Fragestellungen ("Kooperationscontrolling„) ebenso wie neue finanzielle Highlights ("Rating & Controlling«). Das Buch wird dann im dritten Teil von instrumentellen Fragen abgeschlossen (von der Kostenrechnung bis zum Kundenwert).

Bei den einzelnen Beiträgen sind schließlich jeweils die Autoren vermerkt, die mit mir zusammen das Gesicht der Schriftenreihe Advanced Controlling geprägt haben. Allen Mitautoren sei an dieser Stelle nochmals für ihren Input gedankt, ebenso dem Verlag Wiley-VCH für das Engagement, das Projekt »Advanced Controlling« konsequent weiter voranzutreiben. Dank gilt schließlich auch meinen beiden Mitarbeitern Heiko Icks und Anton Preis, die in gewohnt umsichtiger und präziser Weise das Projekt redaktionell begleitet haben.

Prof. Dr. Dr. h.c. Jürgen Weber
Vallendar im April 2008

I Management des Controllings

1 Re-Inventing Controlling

Jürgen Weber, Utz Schäffer

Was machen Controller eigentlich?

Controller sind aus der Unternehmenspraxis nicht mehr wegzudenken, die Ampeln stehen auf »tief grün«. Ihr Image (»Erbsenzähler«, »Zahlenknecht«, »Bremser«) entspricht jedoch nicht ihrer Bedeutung, und auch Controller selbst sind häufig nicht mit ihrer Aufgabe zufrieden; sie beklagen, zu viel mit der Entwicklung von Zahlen, zu wenig mit deren Verwendung für Steuerungszwecke zu tun zu haben. Die Welle der Einführung von Standardsoftware verstärkt dies noch.

Das wahre Ausmaß des Problems wird sichtbar, wenn man es vor dem Hintergrund aktueller Entwicklungen betrachtet. Controller laufen Gefahr, ihre angestammte, stets reklamierte Rolle als betriebswirtschaftliches Gewissen des Managements zu verlieren. Der Manager hat zunehmend andere Führungsprobleme als die, die der Controller bisher instrumentell und informatorisch unterstützt. Für den Controller tun somit ein klares Selbstverständnis und noch stärker als bislang eine nachfragegetriebene Positionierung im Unternehmen not. Von der umfangreichen Controllingliteratur erhält der Controller in solchen Fragen bislang wenig praktische Hilfe. Für die Literatur stand im Vordergrund, ganz unterschiedliche Sichten des Controlling aufzunehmen und sie theoretisch zu fundieren. Je nach vertretener Sicht soll sich der Controller als Experte für Daten und Methoden im Rechnungswesen tummeln oder eine (bei verschiedenen Autoren unterschiedlich große) Anzahl von Systemen koordinieren. Die Rolle des Controllers als Begleiter und Berater des Managements, Fragen der Kunden- und Engpassorientierung kommen dabei zu kurz. Angesichts aktueller Herausforderungen an Controller erscheint aber eine proaktive Auseinandersetzung mit Selbstverständnis, Rolle und maßgeschneidertem Aufgabenbündel erforderlich. Doch werfen wir zunächst einen Blick auf den Status Quo.

Der Controller – das missverstandene Wesen?

Wer hat sich als Controller in seiner Rolle nicht schon einmal missverstanden gefühlt? Kein Wunder, wenn man die folgenden Zitate Revue passieren lässt!

- »Controller, der: Überwacher der Produktion, sorgt für reibungslosen

Der Controller: überall zu finden, wenig geliebt und noch weniger in seiner Rolle verstanden?

Ablauf, auch Leiter des Rechnungswesens, der Planung, der Organisation und des Berichtswesens. Der
Controller hat einige undankbare Aufgaben zu erledigen« (aus einem Lexi-
kon für Sekretärinnen: Dr. Gablers
1976).

- »Der Controller ist also ein Mann, der
  seine eigenen Pläne aufstellt, koordiniert und auch noch überwacht! Damit nicht genug, hat er ... außerdem
  noch die gesamte Organisation und
  Revision, die Fertigungskontrolle, Be-
  triebsabrechnung, Buchhaltung, Bilanz und Steuer in seiner Hand. Damit wird der Controller praktisch zum
  Chef des Unternehmens, ohne allerdings nach außen hin als Chef in Erscheinung zu treten und auch die damit verbundene Gesamtverantwortung zu übernehmen« (Goossens
  1959, S. 75 f.).

**Der Controller als
eierlegende Woll-
milchsau?**

- »Controller sollen so die Eigenschaften eines vorzüglichen Aufsichtsrats-
  vorsitzenden mit denen eines Unter-
  nehmensberaters und Vorstandsvorsitzenden vereinen, wobei sie sich von
  letzteren nur dadurch unterscheiden,
  dass sie keine Ergebnisverantwortung
  tragen« (Schneider 1994, S. 324).
- »The term controller is, in a sense,
  a misnomer« (Cohen/Robbins 1966,
  S. 27).

Unterschiedlichkeit ist Trumpf

Das erste, was dem Beobachter in der
Praxis auffällt, ist die Vielschichtigkeit
der Aufgaben von Controllern. Dies bestätigt eine Vielzahl von empirischen
Studien immer wieder aufs neue. Blickt
man tiefer, lassen sich drei Erkenntnisse
gewinnen:

- Controller sind dort zu finden, wo die
  Koordination durch Pläne dominiert,
  wo Planung die zentrale Funktion im
  Führungssystem der Unternehmung
  darstellt. Anschauungsobjekt hierfür
  sind insbesondere Großunternehmen.
- Existiert ein institutionalisiertes Controlling, teilen sich Controller und
  Manager die Führungsarbeit. Controller unterstützen durch ihre spezifische Dienstleistung das Management.
- Ein dritter Aspekt der Controlleraufgaben
  gaben ist ihre Tätigkeit als »Contre
  Rôle«. Sie trägt dazu bei, die Folgen
  von Opportunismus und anderer
  Begrenzungen der Rationalität der
  Manager einzudämmen.

Wir wollen diese Einsichten in die
Controllerpraxis im folgenden ausführlicher erläutern; den Aspekt der Pla-
nungsorientierung werden wir dabei
mit der Betrachtung des Aufgabenspektrums von Controllern in der Unternehmenspraxis verbinden.

Controllertätigkeit ist eng mit Planung verbunden

Controller sind insbesondere dort anzutreffen, wo Pläne als Koordinationsinstrument dominieren. Ein Unternehmen auf der Grundlage von Plänen
zu führen, bedeutet, Entscheidungskompetenz zu delegieren und dezentralen Entscheidungsträgern unternehmerische Freiräume zu eröffnen. Hierzu
werden mit ihnen Ergebnisziele vereinbart, deren Erfüllung insgesamt die
Ziele des Unternehmens sicherstellen.
Kernaufgaben wie Planung, Budgetierung, Plankontrolle, Navigationshilfe

zur Erreichung der gesetzten Ziele und Abbildung der Zielerreichung sind explizit mit Plänen verbunden. Controllerstellen wurden erstmals in amerikanischen Unternehmen Ende des letzten Jahrhunderts eingerichtet: Gestiegene Komplexität und Dynamik machten den Übergang von einer personenzentrierten und eher informellen Führung durch den Unternehmer zu einer Koordination der unterschiedlichen Führungskräfte mittels Plänen notwendig. Im klassischen unternehmergeführten mittelständischen Unternehmen sucht man Controllerstellen vergeblich; zu unterschiedlich sind die Führungsbedingungen. Eine ausdifferenzierte Planung würde sich mit der situativen Führungskompetenz des Unternehmers ebenso stoßen wie formalisierte Informationssysteme. Für den Unternehmer gilt im Mittelstand immer noch »Besichtigen geht vor berichten«. Auch in der öffentlichen Verwaltung tut sich das Controlling außerordentlich schwer. Ansätze erweisen sich nur dann als erfolgreich, wenn die Möglichkeit besteht, formale Regeln (Gesetze, Verordnungen, Verfügungen, Ausführungsbestimmungen) außer Kraft zu setzen und an ihrer Stelle zielorientiert zu planen – und hierfür sind in Deutschland noch viele gesetzliche und mentale Hürden zu beseitigen!

Wenn auch die Kernaufgaben der Controller weitgehend festliegen, lassen sich dennoch von Unternehmen zu Unternehmen zum Teil große Abweichungen im Gewicht dieser Aufgaben untereinander feststellen. Die folgenden empirischen Befunde stammen aus dem Arbeitskreis »Benchmarking Controlling«, der an der WHU über drei Jahre hinweg neun Großunternehmen zusammenführte und viele Einblicke in die Details der praktischen Controllerarbeit geliefert hat (nähere Informationen

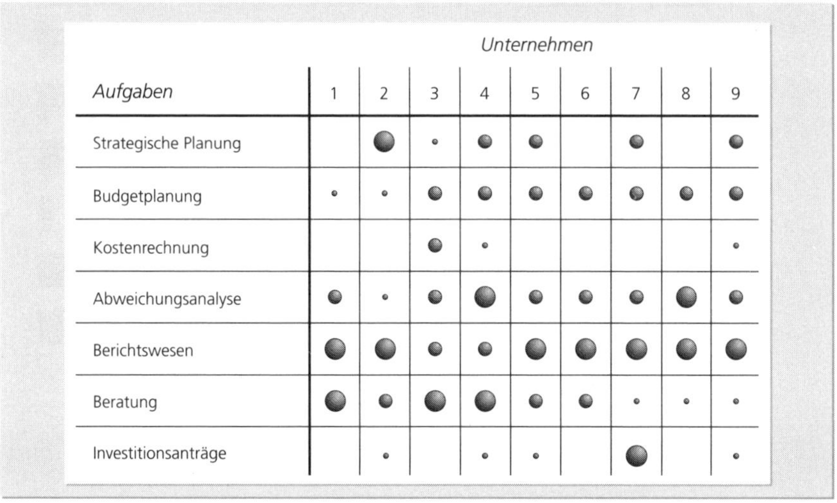

Die ersten Controller-Stellen finden sich in den USA

Aufgaben	Unternehmen								
	1	2	3	4	5	6	7	8	9
Strategische Planung		●	·	●	●		●		●
Budgetplanung	·	·	●	●	●	●	●	●	●
Kostenrechnung				●	·				·
Abweichungsanalyse	●	·	●	●	●	●	●	●	●
Berichtswesen	●	●	·	●	●	●	●	●	●
Beratung	●	·	●	●	●	●	·	·	·
Investitionsanträge		·			·		●		·

Abb. 1: Controller-Aufgaben in den Unternehmen des WHU-Arbeitskreises »Benchmarking Controlling«

Was machen Controller eigentlich?

finden Sie bei Weber/Weißenberger/ Aust 1997). Die Abbildung visualisiert die jeweilige Bedeutung des Aufgabenfeldes durch den Umfang der einzelnen Kreise. Nur die starke Betonung des Berichtswesens und die geringe Bedeutung der Kostenrechnung (als Informationslieferant von Kontroll- und Planungsinformationen) sind einigermaßen übereinstimmend.

Das Aufgabenspektrum der Controller in seinen unterschiedlichen Schwerpunkten wird auch in einer weiteren Abbildung deutlich, die ebenfalls dem Arbeitskreis Benchmarking Controlling entstammt. Hier haben wir als Basisstruktur eine Unterteilung in Planungs-, Kontroll- und Informationsaufgaben gewählt. Hiermit konnten die meisten Aufgaben erfasst werden. Eine genaue Analyse trennte dabei z. B. das Berichtswesen in seine Planungs-, Unterstützungs-, Kontroll- und Informationsfunktion auf. Als spezielle Gruppe weiterer Aufgaben sind die controllinginternen Funktionen vermerkt. Zu diesen zählen beispielsweise die eigene Ressourcenplanung, Controller-Meetings, interne Fortbildung und die Leitung des Zentralcontrolling.

Trotz gleicher grundsätzlicher Sicht wählen die Unternehmen somit doch im Detail sehr unterschiedliche Ausprägungen der Controlleraufgaben, um ih-

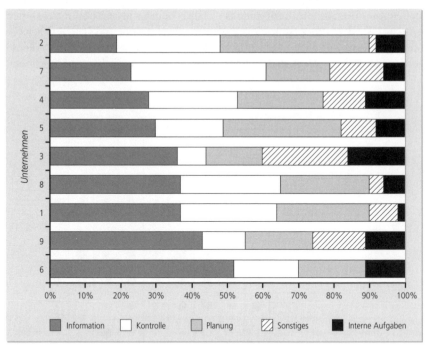

Abb. 2: Verteilung der Controlleraufgaben nach unterschiedlichen funktionalen Aufgabengruppen in den Unternehmen des Arbeitskreises Benchmarking Controlling

ren spezifischen, individuellen Anforderungen gerecht zu werden!

Controller unterstützen Manager

Ein weiteres Charakteristikum des »Controllerphänomens« in der Praxis besteht in der spezifischen Arbeitsteilung zwischen Manager und Controller. Wir wollen dies im folgenden anhand der originären Planungsaufgaben beispielhaft darstellen. Controller übernehmen in der Planung vor allem Aufgaben in der Planungsunterstützung, dem Planungsmanagement, der Kontrolle der Planentstehung und der Bereitstellung führungsrelevanter Daten.

Planungsunterstützung

In der Funktion der Planungsunterstützung geht es dem Controller darum, dem Management delegierbare Aufgaben im Entscheidungsprozess abzunehmen. Hierunter fallen die Suche nach und die Aufbereitung von entscheidungsrelevanten Informationen (insbesondere Kosten und Erlösen), die Analyse und Bewertung der Erfolgswirkungen konkreter anstehender Handlungsmöglichkeiten sowie die Vorabstimmung von Lösungen (z. B. im Rahmen der Budgetierung). Betrachtet man diese unterschiedlichen Teilaufgaben, so erweist sich ihre Übertragung auf Controller aus unterschiedlichen Gründen als sinnvoll: Controller besitzen Spezialisierungsvorteile bezüglich der monetären Bewertung. Sie sind nicht in dem Maße wie Manager in Linienbeziehungen und -abhängigkeiten involviert. Schließlich besitzen Controller erhebliche Erfahrung in Planungsprozessen und können somit das Management

effektiv entlasten. Die Effizienz dieser Entlastung resultiert aus der Differenz des Entgeltniveaus des Managements einerseits und der Controller andererseits (»Controller sind billiger«).

Planungsmanagement

Das Planungsmanagement zerfällt in drei Unteraufgaben: Gestaltung des Planungssystems, methodische und instrumentelle Unterstützung der Planer und Unterstützung des Planungsablaufs durch Übernahme prozessualer Teilaufgaben (z. B. dem Zusammentragen und Konsolidieren von Teilplänen oder der Festlegung von »Planungskalendern«). Auch in diesem Aufgabenfeld besitzen Controller gegenüber Managern komparative Spezialisierungsvorteile.

Kontrolle der Planentstehung

Die Kontrolle der Planentstehung bildet den dritten Beitrag von Controllern. Neben einer prozessualen Rolle nehmen Controller damit auch inhaltlichen Einfluss auf die Planung, um so die Entscheidungsqualität zu erhöhen.

Informationsversorgung

Ein weiteres Aufgabenfeld der Controller betrifft schließlich die Unterstützung des Managements durch Lieferung führungsrelevanter Daten. Controller müssen einen Abgleich des Informationsangebots (fremder oder eigener Systeme) mit der Informationsnachfrage und dem Informationsbedarf des Managements vornehmen. Die Informationsaufgabe des Controllers kann man auch prägnant mit »Übernahme

Führungsunterstützung in der Planung: Was gehört alles dazu?

von Transparenzverantwortung« beschreiben.

Das enge Zusammenwirken von Manager und Controller hat seine Konsequenzen für die organisatorische Einordnung der Controllerstellen. Plakativ formuliert: Controller sitzen dort, wo auch die Manager sitzen.

Controller als »Contre Rôle«

Die Aufgabenteilung Controller – Manager ist auch erforderlich, um Opportunismus (mangelndes Wollen) und die Folgen beschränkter kognitiver Fähigkeiten (mangelndes Können) von Führungskräften zu begrenzen.

Controller als Counterpart des Managers – eine besondere Form der Führungsunterstützung

Opportunismus – eine ungewohnte, wohl aber relevante Verhaltensannahme

Das Phänomen des Opportunismus von Managern ist nicht nur eine Basisannahme der Informationsökonomie und damit eines wesentlichen Zweigs neuer betriebswirtschaftlicher Theorie, sondern auch ein empirisch nachweisbarer Fakt. Führungskräfte besitzen Ziele, die mit denen des Unternehmens nicht immer und nicht gänzlich übereinstimmen (müssen). Die Möglichkeit zu opportunistischem Handeln ist um so höher, je größer der Freiraum eines dezentralen Managers ist und je weniger der ihn führende Vorgesetzte sein Handeln beurteilen kann. Möglichkeiten, diese Opportunismusgefahr zu begrenzen, bestehen zum einen in der Gestaltung des sog. »Kooperationsdesigns« zwischen den beiden, z. B. im Abschluss entsprechender Arbeitsverträge. Zum anderen kann das Handeln durch unmittelbare Kommunikation beobachtet

und beurteilt werden. Dies muss nicht durch den Vorgesetzten selbst erfolgen; er kann dieses Recht delegieren – und exakt hier ist eine Kernfunktion von Controllern zu sehen. Wir sind bereits darauf eingegangen, dass Controller in der Planung eine Art »Planentstehungskontrolle« wahrnehmen. Sie haben das Recht, Planansätze kritisch zu hinterfragen, sie müssen von den Managern von der Validität der Pläne überzeugt werden. Allein die Tatsache, vor seinem Controller in der Plandurchsprache »bestehen« zu müssen, wird viele Manager abhalten, opportunistisch zu handeln.

Dabei ist der Controller mit dem Problem konfrontiert, nicht über das Fach- und Detailwissen des Managers zu verfügen. Er kann jedoch durch die Überprüfung und Hinterfragung des Entscheidungsprozesses (welche Prämissen liegen der Planung zugrunde, woher stammen die wesentlichen Zukunftseinschätzungen, sind in die Pläne genügend unterschiedliche Sichtweisen eingeflossen, u. a. m.) wesentliche Hinweise auf die Beurteilung des Entscheidungsergebnisses erhalten. Wenn der Manager seine Planung in ihren Annahmen und Bewertungen schlüssig und überzeugend gegen kritische Fragen des Controllers »verteidigen« kann, so besteht eine hohe Wahrscheinlichkeit dafür, dass Manager ihre eigenen Ziele nicht vor die des Unternehmens gestellt haben.

Grenzen des Managerkönnens

Manager sind nicht nur (potentiell) opportunistisch, sondern müssen – wie sollte es anders sein – mit Einschränkungen ihrer kognitiven Fähigkeiten

(u. a. Fakten- und Methodenwissen) leben. Diese Begrenzungen betreffen einzelne ebenso wie Gruppen von Managern. Auf beiden Feldern kann der Einsatz von Controllern die Probleme reduzieren helfen.

Als individuelle Begrenzung ist zunächst die begrenzte Verarbeitungskapazität des Gehirns zu nennen, die bei komplexen Problemen leicht zu einem »information overload« und daraus folgenden Aktionismen führt, z. B. zum Ersatz des tatsächlichen durch ein subjektiv gewolltes bzw. gewähltes Problem. Controller müssen diese Aktionismen kennen und die jeweilige Entscheidungssituation darauf hin analysieren. Weiterhin neigen Menschen dazu, stark zu vereinfachen. An die Stelle von Optimierung und Maximierung tritt die Suche nach zufriedenstellenden Lösungen. Alternativen und Konsequenzen werden in einem einfach strukturierten, sequentiellen und subjektiven Prozess verglichen. Entscheider tendieren dabei dazu, zunächst Variablen zu berücksichtigen, die sie selbst kontrollieren können. Der Entscheidungsprozess verläuft in Schritten und nicht ganzheitlich, was bedeutet, dass zunächst die Anzahl der Alternativen und der zu berücksichtigenden Faktoren intuitiv reduziert wird. Wieder gilt es für Controller, sich auf diese Begrenzungen einzustellen. Mittel hierfür sind u. a. die Strukturierung und Objektivierung des Entscheidungsprozesses, die Einbeziehung unterschiedlicher Entscheidungsträger und ein sukzessives, revolvierendes Vorgehen der Entscheidungsfindung.

Schließlich unterliegen Menschen noch einer Reihe von unbewussten kognitiven Verzerrungen: Sie messen denjenigen Größen eine höhere Bedeutung zu, die sich in ihrer Wahrnehmung als variabel zeigen. Sie nehmen diejenigen Zusammenhänge bevorzugt wahr, die sich mit ihrem vorhandenen Wissen vereinbaren bzw. verknüpfen lassen. Menschen versuchen im allgemeinen, ihr bestehendes Wissen zu bestätigen, nicht es zu falsifizieren. Neue, innovative Erklärungsmuster haben es damit schwer, sich durchzusetzen. Schließlich ist für Menschen dasjenige Wissen am leichtesten verfügbar, das in unterschiedlichen Kontexten aufgenommen wurde. Es wird folglich bei der Entscheidungsfindung bevorzugt. Gegenmittel des Controllers ist wiederum die systematische Hinterfragung der präsentierten Planvorschläge. Hierzu findet man in der einschlägigen Literatur mehrfach den zusätzlichen Hinweis, der Controller solle die Rolle eines »advocatus diaboli«, eines bewusst kritischen, bewusst risikoscheuen Gesprächspartners einnehmen. Die damit gewonnene Einschätzungsbreite verspricht bessere Lösungen, ist jedoch mit (erheblichen) Verhaltensproblemen verbunden.

Gruppeneffekte

Beim Zusammenwirken mehrerer Manager kommen zusätzliche Einschränkungen hinzu. Insgesamt wirken sie in Richtung Nivellierung der Einzelmeinungen. Im schlimmsten Fall entsteht etwas, was Organisationspsychologen als »groupthink« bezeichnen, eine Illusion der Einmütigkeit, die sich im Zeitablauf weiter verstärkt. Aus einem derartigen »Entscheidungsautismus« können fundamentale Fehlentscheidungen resultieren. Für den Con-

Manager sind – wie alle Menschen – erheblichen Einschränkungen ihrer Rationalität ausgesetzt

Nicht immer ist eine Gruppenentscheidung besser als die Entscheidung einer einzelnen Person!

21

troller bedeutet dies, systematisch und sensibel nach Anzeichen für Entscheidungsautismus zu suchen. Als Gegenmaßnahmen kommen letztlich dieselben in Frage, die wir schon vorab diskutiert haben: sauberes Strukturieren des Entscheidungsprozesses, frühes Beteiligen am Zustandekommen der Entscheidung und kritisches Hinterfragen der gefundenen Lösung. Für die Verhinderung von Entscheidungsautismus ist zum einen eine unabhängige Stellung, zum anderen ein nicht vorbelasteter »Außenblick« erforderlich.

Sonstige Controllertätigkeiten

Die Aufgaben der Controller sind zwar auf Planung, Kontrolle und Informationsversorgung konzentriert, jedoch in der Unternehmenspraxis nicht auf diese beschränkt. Die Gründe hierfür sind vielfältig und überlagern sich häufig:

- *Quanteneffekte:* Im Rahmen eines Organisationsprozesses werden Aufgabenträger für bestimmte Aufgaben gesucht; umgekehrt sind gefundene Aufgabenträger mit genügend Aufgaben auszulasten. Reichen dafür die Kernaufgaben von Controllern nicht aus, werden andere arrondiert.

Ein U.S.-Controller hat andere Aufgabenschwerpunkte als seine deutschen und französischen Kollegen

- *Erfahrungseffekte:* Controller gewinnen in ihren Kernaufgaben einen intimen Einblick in das Führungsgeschäft. Dieses Wissen kann auch für andere Führungsprobleme genutzt werden, so etwa für einen anstehenden Reorganisationsprozess.
- *Spezialisierungseffekte* im engeren Sinne: Controller besitzen für ihre Hauptaufgaben spezielle Fähigkeiten

(z. B. Moderationskenntnisse oder Kenntnisse des Rechnungswesens). Diese sind auch für andere Aufgaben hilfreich (z. B. Anstoßen von Veränderungsprozessen).
- *Unabhängigkeit:* Controller sind nicht unmittelbar von den »betreuten« Führungskräften abhängig. Für alle Prozesse, in denen eine Neutralenposition gebraucht wird, bietet sich ihr Einsatz an.

Blick über die Grenzen

Auch im internationalen Vergleich umfasst das Aufgabenspektrum von Controllern einen gemeinsamen Kern, weist jedoch zugleich zahlreiche Unterschiede auf (die folgenden Erkenntnisse stammen aus der Studie von Stoffel 1995):

- In den deutschen und französischen Unternehmen sind – wie auch die untenstehende Abbildung im Detail zeigt – das interne Berichtswesen und die Budgetierung, in den U.S.-amerikanischen Unternehmen zusätzlich das interne und das externe Rechnungswesen die Aufgabenfelder, die am häufigsten dem Aufgabenspektrum des Controllerbereichs zugeordnet werden.
- Das Aufgabenspektrum von U.S.-amerikanischen Controllern orientiert sich an dem Aufgabenkatalog des Financial Executives Institute aus dem Jahre 1962. In diesem wurden im einzelnen genannt: Planung, Berichterstattung und Interpretation, Bewertung und Beratung, Steuerangelegenheiten, Berichterstattung an staatliche Stellen, Sicherung des Vermögens so-

wie volkswirtschaftliche Untersuchungen.

- Auch in Frankreich übernimmt der Controller schwerpunktmäßig Aufgaben in den Bereichen Planung, Kontrolle und Informationsversorgung. Als Servicestelle der Unternehmensleitung und der ihr untergeordneten Linieninstanzen ist er sowohl für den Aufbau des Planungs-, Kontroll- und Informationssystems als auch vor allem für die laufende Koordination, für planungsbezogene Bewertungs-, Analyse- und Kontrollaufgaben, für die innerbetriebliche Berichterstattung sowie deren Abstimmung verantwortlich.

- Die Erhebung von Stoffel zeigt weiter, dass die deutschen Controller hierarchisch höher eingestuft sind als ihre

Trotz aller internationalen Unterschiede: Der Controller hat dem Management zu helfen – weltweit!

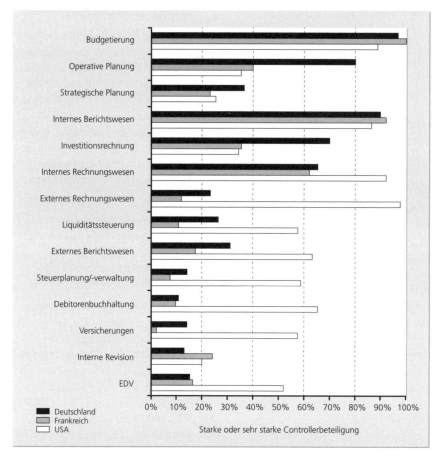

Abb. 3: Aufgabenfelder mit starker oder sehr starker Controllerbeteiligung in Deutschland, Frankreich und den USA gemäß einer Studie von Stoffel 1995, S. 157.

Zahlen über Zahlen: Endet da die Kunst des Controllers?

französischen und US-amerikanischen Kollegen. Diese sind auch häufiger als die deutschen Controllerbereiche organisatorisch mit dem Finanzbereich verbunden.

- Daneben bestehen jedoch zwischen der deutschen und französischen Controller-Praxis viele Übereinstimmungen. So sind die französischen Controller ebenso häufig wie ihre deutschen Kollegen stark an der internen Berichterstattung und am internen Rechnungswesen beteiligt. Auch in der französischen Unternehmenspraxis tragen nur sehr wenige Controllerbereiche für primär an den Informationsbedürfnissen unternehmensexterner Adressaten ausgerichtete Aufgaben Verantwortung. Das interne Rechnungswesen schließlich wird in deutschen und französischen Unternehmen dem Controllerbereich weniger oft als in US-amerikanischen Unternehmen übertragen.

Zusammenfassend lässt sich festhalten, dass auch im internationalen Vergleich Controller dort zu finden sind, wo die Koordination durch Pläne dominiert. Durch die Zusammenfassung von Planungs-, Kontroll- und Informationsaufgaben in Controllerstellen wird das Management unterstützt. Bei allen Unterschieden in der exakten Abgrenzung des Aufgabenfelds im internationalen Vergleich gilt die Aussage: ».... there can be no doubt that its principal purpose is to aid management« (Anderson/ Schmidt 1961, S. 79).

Der Controller im Spiegel von Schlagworten

Der von uns nun ausführlich umrissene Stand des Aufgabenspektrums von Controllern ist auch Nährboden für die traditionell für Controller »gehandelten« Bilder des Erbsenzählers, Zahlenknechts, Bremsers, Kontrolleurs, Spürhunds und Lotsen bzw. auch Steuermanns.

Der Erbsenzähler und Zahlenknecht

Dieses Bild findet man über den ganzen Erdball verbreitet (amerikanisch: beancounter). Der Controller als zahlenversessener, penibler und auf Genauigkeit passender Buchhalter: wer kennt ihn nicht? Dass sich ein solches Bild entwickeln und derart verfestigen konnte, lässt sich auf die hohe Bedeutung und den erheblichen Umfang folgender Teilaufgaben der Controller zurückführen:

- Die (monetäre) Bewertungsaufgabe im Plan-Entstehungsprozess,
- das Handling der Zahlen in der Budgetierung und
- die Berichterstattung der Abweichungsanalyse im Kontrollprozess.

Diese Zahlenlastigkeit wird leicht zu einer übertriebenen Zahlenorientierung, ja zu Zahlengläubigkeit der Controller selbst. Viele von ihnen sind nicht mehr in der Lage, den Unterschied zwischen Genauigkeit und Adäquatheit von Zahlen nachzuvollziehen. Nicht anders ist es zu erklären, dass man auch in Langfristplänen Ergebniswerte findet, die auf die Mark, teilweise sogar auf den Pfennig gerechnet sind. Zahlenlastigkeit macht viele Controller zudem blind dafür, einen wie großen Anteil zur Beschreibung eines ökonomischen Problems Zahlen wirklich einnehmen. Beschränkt man Entscheiden auf Rechnen, so hat man dem Management (und den Anteilseignern) einen Bärendienst erwiesen. Es muss – wie später noch ausführlich zu diskutieren – die hohe Kunst eines Controllers sein, die fragile Beziehung zwischen Intuition und Reflexion zu kultivieren, das eine zu fördern, ohne das andere zu behindern. Manager, die nur auf unternehmerisches Gespür bauen, sind für das Unternehmen ebenso gefährlich, wie Controller, die nichts gelten lassen, was sich nicht in Mark und Pfennig rechnen lässt. Zahlenorientierung der Controller ist unverzichtbar. Die liebevolle Titulierung als Erbsenzähler und Zahlenknecht zeugt davon, dass man des Guten aber auch zu viel tun kann!

Der Bremser

Was hiermit gemeint ist, lässt sich anschaulich dem folgenden (authentischen) Zitat entnehmen: »Als wir wieder einmal ein Investitionsprojekt durch das Controlling gebracht hatten, knallten bei uns die Sektkorken.« Diese Einschätzung mancher Linienmanager stützt sich auf zwei Erfahrungsbereiche.

• Zum einen kommt es im Rahmen der Budgetierung stets zur Situation, dass die dezentral geplanten Mittel von der Unternehmensspitze nicht akzeptiert werden, dass Kürzungen erforderlich sind. Wer ist Überbringer der schlechten Nachricht: der Controller!
• Zum anderen übernehmen die Controller – wie skizziert – im Planungs-

und Planentstehungsprozess eine Korrektur bzw. Filterrolle gegenüber dem Management. Wer immer den Advocatus Diaboli spielt, wird von anderen leicht in die Rolle des Bremsers eingeordnet. Dass diese Planentstehungskontrolle als Qualitätssicherung zu begreifen ist, die spätere Probleme im Prozess der Planentstehung verhindert oder reduziert, wird leicht übersehen. Allerdings kommunizieren Controller diese Funktion gegenüber dem Linienmanagement oft auch viel zu wenig, so dass sie ein gehöriges Stück Mitverantwortung für das Bremserbild tragen.

Der Kontrolleur

Die Reihe der so charmanten Bilder sei mit dem des Kontrolleurs fortgesetzt. Mit diesem Bild ist die Selbsterkenntnis der Controller vergleichsweise weit vorangeschritten. In einer 1989 durchgeführten empirischen Erhebung gaben die befragten Controller selbst zu, in ihren Reihen mehr Kontrolleure als Controller zu haben. Auch wenn das Wort Kontrolle in den Unternehmen hinter den kreativsten Bezeichnungen versteckt wird, zählt Kontrolle zu den Kernaufgaben von Controllern. Kontrolle ist jedoch sehr verhaltenssensibel. Die Suche nach Schuldigen, das Bohren in offenen Wunden, das Transparentmachen und Zurschaustellen von Fehlern, all das sind Quellen für dysfunktionale Wirkungen von Kontrollen.

Kontrolle wirkt schnell dysfunktional

Funktionierende Kontrolle setzt Sensibilität voraus. Diese ist bei vielen Controllern anscheinend unterentwickelt. Allerdings soll diese Festlegung nicht als Schuldzuweisung verstanden werden. Menschen neigen zu einem derartigen Verhalten generell. Es bedeutet eine bewusste Anstrengung, vom gewohnten Muster abzuweichen. Es muss Controllern gelingen, Kontrolle als das zu verkaufen, was es unter rationalen Wesen stets sein sollte: als Lernen aus Abweichungen.

Der Spürhund

Als letztes problembeladenes Bild sei das des Spürhunds genannt. Kolportiert wird mit ihm die Suche der Controller nach Abweichungsgründen oder Rationalisierungspotentialen. Der stark negative Beigeschmack des Bildes resultiert daraus, dass Controller oftmals ein wenig einfühlsames, detektivisches Verhalten an den Tag legen und als notorisch misstrauisch und skeptisch gelten. Ähnlich wie das auch dem Tierreich entnommene Bild des Wadenbeißers, trägt der Spürhund allerdings auch positive Züge: Jäger bringen ihrem Spürhund durchaus Respekt entgegen – sie werden ihn trotzdem nicht als ihresgleichen akzeptieren. Unabhängig davon verbirgt sich auch im Bild des Spürhunds eine wesentliche, für das Unternehmen

Abb. 4: Der Bürokrat – ein Bild von Dittrich, das ursprünglich für Controller in öffentlichen Institutionen gezeichnet wurde

wichtige Aufgabe der Controller: Wer als Manager weiß, dass er zu irgendeiner unpassenden Gelegenheit aufgespürt werden könnte, gibt keinen Anlass, dass es dazu kommt. Ein sonst mögliches opportunistisches Verhalten wird wirksam begrenzt.

Der Lotse und der Steuermann

Betrachten wir nun Bilder, die Controller gern für sich werbend selbst anpreisen. Lotse und Steuermann sind wohl die am stärksten verbreiteten. Sie betonen den Anspruch der Controller, dafür zu sorgen, dass ein ständiger Bezug des unternehmerischen Handelns auf gesetzte Ziele bzw. verabschiedete Pläne erfolgt, dass bei Abweichungen vom Zielkorridor Anpassungsmaßnahmen beschlossen und durchgesetzt werden und so das Unternehmen »auf Kurs« bleibt. Ziele setzt der Kapitän; sein Steuermann führt den Kompass und steuert gegen. Ganz diesem Bild entsprechend wird dann to control als »steuern« übersetzt. Auch die Veranschaulichung des Controlling als ein aus Planung, Realisation, Kontrolle und Rückkopplung bestehender Regelkreis passt zu diesem Bild.

Sucht man nach möglichen Missdeutungen des Lotsen oder Steuermanns, findet man diese in einer berühmten Karikatur: Bismark verlässt als Lotse das von Kaiser Wilhelm geführte Schiff. Jedem sind die Folgen klar. Der Lotse hat das Schiff sicherer geführt als der Kapitän. Der Controller als besserer Manager bzw. als graue Eminenz – hier findet das Bild seine Grenzen.

Wir haben gesehen: Das, was ein Controller tun soll, und das, weshalb

dies so ist, erschließt sich nicht auf den ersten Blick. Auch traditionelle Controllerbilder helfen hier nur bedingt. Der größere Teil davon persifliert negative Eigenschaften dieses ehrenwerten Berufsstandes. Alle Pointierungen decken bestimmte Facetten des Aufgabenspektrums der Controller ab. Die Vielzahl der Bilder entspricht der Heterogenität der Funktionen; Damit lässt sich aber auch die Sinnhaftigkeit von solchen Bildern zur Kommunikation der Controllerrolle im Unternehmen ernsthaft in Frage stellen.

Es gibt genauso viele Bilder wie Rollen von Controllern!

Der Controller im Spiegel eines Leitbildes

Wie kann dem Controller nun bei der Frage nach seinem Selbstverständnis und bei seiner unter Umständen erforderlichen Repositionierung im Unternehmen geholfen werden? Einem eigenen Leitbild kommt dabei potentiell eine große Bedeutung zu. Nutzen ist in zweierlei Richtung zu erwarten:

Möglicher Sinn eines Leitbildes

- Zum einen benötigen die Controller selbst ein gewisses (hohes) Maß an Einheitlichkeit in Denkmuster und Sprachverständnis. Es muss jedem Controller klar sein, warum er welche Aufgabe wahrnimmt und unter welchen Kriterien er ständig die Sinnhaftigkeit der Aufgabe sowie der Aufgabenlösung zu überprüfen hat.
- Zum anderen bildet ein Controller-Leitbild die Grundlage für eine aktive Kommunikationspolitik in die von den Controllern zu »betreuenden« Unternehmensbereiche hinein. Das oftmals in der Praxis vorzufindende und bereits kurz angesprochene

Der Controller im Spiegel eines Leitbildes

Gibt es einen roten Faden für die Controllertätigkeit?

Das Controller-Leitbild der IGC

Unverständnis bzw. die bewusste Fehlsicht der Funktion von Controllern kann mit einem Leitbild als Diskussionsgrundlage aktiv angegangen werden.

Entsprechende Leitbilder sind mittlerweile weit verbreitet. Sie finden sich in vielen Controllerabteilungen. Besonders prominent und nicht spezifisch auf die Bedürfnisse eines bestimmten Unternehmens abgestimmt ist das 1996 beschlossene Leitbild der IGC International Group of Controlling. Es sei daher exemplarisch kurz vorgestellt.

»Controller leisten begleitenden betriebswirtschaftlichen Service für das Management zur zielorientierten Planung und Steuerung. Das heißt:

- Controller sorgen für Ergebnis-, Finanz-, Prozess und Strategietransparenz und tragen somit zu höherer Wirtschaftlichkeit bei.
- Controller koordinieren Teilziele und Teilpläne ganzheitlich und organisieren unternehmensübergreifend zukunftsorientiertes Berichtswesen.
- Controller moderieren den Controlling-Prozess so, dass jeder Entscheidungsträger zielorientiert handeln kann.
- Controller sichern die dazu erforderliche Daten- und Informationsversorgung.
- Controller gestalten und pflegen die Controllingsysteme.

Controller sind die internen betriebswirtschaftlichen Berater aller Entscheidungsträger und wirken als Navigator zur Zielerreichung.«

Das Leitbild orientiert sich an »typischen« Aufgaben von Controllern, ganz bewusst wird darauf verzichtet, eine Grundidee des Controlling zu postulieren. Eine Begründung findet sich in der »Traditions-Formulierung« des Leitbilds von Controller Akademie und Verein: »Sucht man nach dem roten Faden für den Controllingstoff, so wird man ihn als Reihenfolge nicht finden. Erst ein »roter Teppich« hilft, die Füße auf den Boden zu kriegen. Controlling ist vernetzt. Der Stoff ist wie ein textiles Gebilde zu verstehen ... Die Kettfäden, die das Gewebe tragen, sind die Werkzeugsysteme der Unternehmensplanung, des Rechnungswesens und der Führung durch Ziele ...« Wir meinen, dass ein solcher Faden vielfältige Vorteile für das Controlling mit sich bringen würde:

- Die Controllingidee kann nach außen und nach innen besser kommuniziert werden. Der nach seiner Daseinsberechtigung gefragte Controller muss nicht lang ausholen, er kann kurz und knapp, ohne lang nachdenken zu müssen, die Grundidee seiner Tätigkeit »rüberbringen«. Er hat das, was Berater die »Elevator Story« nennen: Er kann seine Botschaft auch dann pointiert kommunizieren, wenn er bei einem zufälligen Treffen im Aufzug »mal auf dem linken Fuß« erwischt wird.
- Sie vermittelt Sinn und motiviert so. Als Controller's »Strategic Intent« ordnet sie die einzelnen Tätigkeiten als Mittel zum Zweck in einen größeren Zusammenhang ein.
- Der rote Faden kann als Bezugspunkt bei Änderungen des Umfelds dazu dienen, das konkrete Aufgabenmuster kritisch zu hinterfragen und ggf. weiterzuentwickeln.

Die Werkzeuge und Aufgaben von Controllern brauchen einen roten Faden, der sie zusammenhält. Eine Controllingidee, die das Selbstverständnis kurz und knapp charakterisiert und dabei hilft, aktuellen Herausforderungen proaktiv zu begegnen. Abstrakte Muster aus der Praxis herauszufiltern, ist von jeher die Aufgabe der Theorie. Werfen wir also einen – kurzen – Blick auf die betriebswirtschaftliche Literatur.

Controlling- ›State of the Art‹ in der Theorie

Die Literatur hat sich mit dem Phänomen des Controlling erst zögernd und mit zeitlichem Verzug auseinandergesetzt. Ihr Beitrag beschränkte sich anfangs – ähnlich wie in den eben diskutierten Leitbildern – auf Beschreibungen des praktischen Phänomens. Der Erklärungsgehalt war gering. In den letzten zwanzig Jahren hat sich die Situation jedoch grundlegend geändert. Diverse Lehrbücher, Dissertationen und Zeitschriftenbeiträge erschienen. Controlling ist zu einem Modethema geworden. Allerdings gilt auch in der Theorie: Unterschiedlichkeit ist Trumpf. Von »Generally Accepted Controlling Principles« (Küpper/Weber/Zünd 1990, S. 282) kann keine Rede sein.

Drei Hauptgruppen von Auffassungen lassen sich unterscheiden:

- Eher traditionell geprägte Definitionsversuche verstehen Controlling im Kern als Informationsversorgungsfunktion. Den Bezugspunkt bildet in der Regel das Rechnungswesen (Heigl, Müller).

- Andere Autoren definieren Controlling, als einen Teilbereich der Unternehmensführung, der für die konsequente Ergebnisorientierung des Unternehmens Sorge zu tragen hat (Dellmann, Hahn, Siegwart).

- Eine letzte Gruppe von Definitionen sieht die zentrale Aufgabe des Controlling in der Koordination unterschiedlicher Teilsysteme der Unternehmensführung (Horváth, Küpper, Weber).

Dahinter stehen jeweils spezifische Aufgabenbündel und Controllertypen.

- Der *Buchhalter* bzw. Accountant klassischer Prägung steht hinter dem Aufgabenbündel der Informationsversorgungsfunktion. Als Leiter des (internen) Rechnungswesens stellt er dem Management Zahlen zur Verfügung – entsprechend ist er schnell als »Rechenknecht« abgestempelt.

- Hinter dem zweiten Definitionstyp steht der aktionsorientierte *Navigator*. Dieser führt insbesondere (Schwachstellen-) Analysen im Fertigungs- und Vertriebsbereich durch, ermittelt vergleichende Kosteninformationen und beurteilt eingereichte Pläne auf ihre Realisierbarkeit. Die Informationsbereitstellung erfolgt serviceorientiert und häufig ad hoc, er entwickelt kritische Analysen über Abweichungen in der Vergangenheit und unterbreitet proaktiv Vorschläge für die Zukunftsgestaltung.

- Hinter der Koordinationssicht steht schließlich ein Controller, der sich als »managementsystemorientiert« charakterisieren lässt. Ihm obliegen in erster Linie die Aufgaben der Entwick-

Hilft uns die Theorie bei der Klärung der Controlleraufgaben?

lung, des Betriebs und der Pflege eines integrierten Planungs-, Kontroll- und Informationssystems. Er unterstützt die Führungsarbeit durch Bereitstellung entsprechend aufbereiteter Informationen, die über den Einzelfall hinausgehen und sich auch auf die »weichen« Führungsdimensionen Personalführung, Organisation und Werte beziehen.

Die drei Sichten des Controlling in der Theorie korrespondieren mit unterschiedlichen Rollen von Controllern

Information, Navigation und Koordination sind also im wesentlichen die Vorschläge für einen roten Faden, den wir aus der Literatur entnehmen. Je nach vertretener Sicht ergeben sich ganz unterschiedliche Aufgabenprofile. Wichtige, unterschiedliche Facetten der Controllertätigkeit in der Praxis werden dabei ausgeblendet. So wird sich heute kaum noch ein Controller (nur) als Zahlen- und Rechenknecht sehen wollen. Das Bild des Navigators lässt sich nur mit Mühe mit den Aufgaben von Controllern bei der Gestaltung von Planungs-, Kontroll- und anderen Systemen vereinbaren. Schließlich ist ein Verständnis des Controllers als einer, der mehr oder weniger abstrakte Systeme koordiniert, kaum hilfreich, wenn es um die tägliche Zusammenarbeit von Manager und Controller in Analyse, Problemlösung und Navigation geht.

Es wird also, wie wir auch noch ausführlicher zeigen werden, in der theoretisch motivierten Literatur (implizit!) jeweils ein Engpaß in der Arbeit der Unternehmensführung unterstellt und entsprechend die Controllertätigkeit darauf fokussiert. Die reale Komplexität des Controllerphänomens kann – so scheint es uns – keiner der drei Ansätze erklären.

Die neue Sicht: Rationalitätssicherung als Aufgabe des Controlling

Im folgenden wollen wir nun versuchen, den roten Faden der Theorie zu spannen, also eine gemeinsame Klammer für die Unterschiedlichkeit der Auffassungen in den Unternehmen wie auch in der Theorie zu suchen. Die so sehr »schillernden« Sichten und Aufgabenfelder des Controlling lassen sich dabei – wie wir gleich noch zeigen werden – überraschend einfach auf einen – noch dazu kurzen – Nenner bringen:

Controlling steht für die Sicherstellung von Rationalität der Unternehmensführung.

Rationalität wird dabei hier als Zweckrationalität verstanden, d. h. als effiziente Mittelverwendung bei gegebenen Zwecken. Der Zweck ist im ökonomischen Kontext in aller Regel wiederum nur ein Mittel zur Erreichung eines übergeordneten Zwecks, z. B. Gewinn- oder Shareholder Value-Maximierung. Irrational handeln heißt dann also (wie bereits bei Gutenberg nachzulesen ist) unzweckmäßig handeln, heißt die Mittel nicht richtig auf den Zweck abgestimmt haben.

Es gibt keinen »one-bestway« des Controlling

Controlling diese Funktion zuzuweisen, macht seine konkrete Ausprägung kontextabhängig. Wurde z. B. ein mittelständisches Unternehmen bislang dominant intuitiv geführt, so kann die Sicherstellung der Rationalität von Führung von der Einrichtung eines Beirats als kritischer Counterpart des Unternehmers bis zur Einführung einer festen Unternehmensplanung und der Schaffung einer Controllerstelle reichen. Je stärker das Management die Rationalität allein gewährleistet, desto weniger muss ein Controller wirksam werden. Gerade durch die Erkenntnis der Kontextabhängigkeit ist die von uns vorgeschlagene Sicht des Controlling in der Lage, eine Klammer für die bisherige Begriffsvielfalt zu bilden. So lassen sich die drei unterschiedlichen Erklärungsansätze der Theorie für das Controlling mit unterschiedlichen Engpässen rationaler Führung herleiten:

- Rationale Führung setzt ausreichendes Wissen voraus. Neben Methoden zählt hierzu Faktenwissen. Liegt letzteres nicht vor, ist keine auf Analysen, Zahlen und Modellen basierende Lösungsfindung möglich. Somit kommt der Bereitstellung führungsrelevanter Informationen wesentliche Bedeutung für die Sicherstellung rationaler Führung zu. Hierauf konzentriert sich die Sicht des Controlling als Informationsversorgungsfunktion.
- Ansätze, die Controlling als spezielle Form der Führung betrachten, betonen zum einen die Notwendigkeit systematischer Zielplanung. Dies ist im Kontext von Führung mittels Plänen gleichbedeutend mit rationaler Willensbildung. Zum anderen wird die Geschlossenheit von Planung und Kontrolle hervorgehoben. Auch hierdurch wird die Rationalität der Führung gestärkt. Das Vorhandensein entsprechender Informationen wird innerhalb dieser Auffassung entweder implizit unterstellt oder explizit als Teil des Konzepts angesprochen.

- Die koordinationsbezogenen Ansätze betonen schließlich, dass in der Verbindung von Planung, Informationsversorgung und Kontrolle der zentrale Engpaß rationaler Unternehmensführung liegt. Die Ausweitungen dieser Koordinationssicht auf Organisations- und Anreizaspekte (z. B. auf die variable Managervergütung) lassen sich durch dynamikbedingten Veränderungsdruck erklären: Je stärker das Unternehmen Veränderungen ausgesetzt wird, desto stärker muss sich die Sicherstellungsfunktion auch auf die Beziehungen von Planung, Informationsversorgung und Kontrolle zur Organisation und Personalführung erstrecken.

Controlling ist in diesem Verständnis keine reine Ansammlung von Tätigkeiten, die man mit Fug und Recht auch mit althergebrachten Bezeichnungen belegen könnte (Kostenrechnung, Planung und Kontrolle etc.), sondern eine spezifische Funktion der Managementergänzung (vgl. ausführlich Weber/ Schäffer 1998a). Manager und Controller streben ein rationales Management im Team an. Der Fokus darf dann nicht auf Systemen liegen, sondern auf der Interaktion von Menschen.

Spezifische Ausprägungen

Im folgenden wollen wir nun die spezifischen Ausprägungen der Sicherstellungsfunktion in den einzelnen Phasen der Führung näher betrachten. Als solche unterscheiden wir idealtypisch

- *Willensbildung* (was soll gemacht werden?),

**Rationalitäts-
sicherung als
Klammer der
Controlling-
Sichten**

**Unterscheidung
von Willensbil-
dung, -durchset-
zung und
Kontrolle**

- *Willensdurchsetzung* (wie wird das, was gemacht werden soll, dem vermittelt, der es machen soll?) und
- *Kontrolle* (was das ist, muss keinem Controller erläutert werden!).

Für die Willensbildung wollen wir weiterhin – wiederum idealtypisch – zwei grundsätzlich mögliche Wege unterscheiden: Wir sprechen von *Reflexion*, wenn der Prozess der Entscheidungsfindung in Form irgendwelcher klar bestimmbarer Analytik erfolgt z. B. durch eine Kostenvergleichsrechnung oder durch ein OR-Modell. *Intuition* spricht dagegen unternehmerisches »Gespür«, »Bauchgefühl« an. Wie Intuition im Kern funktioniert, wissen wir (und andere!) nicht; allerdings hat jeder von uns die Erfahrung gemacht, dass sich intuitiv gefundene Lösungen vielfach im nachhinein als ausgesprochen glücklich (richtig!) erwiesen haben.

Willensbildung

Rationalität in der Willensbildung sicherzustellen heißt, das richtige »Willensbildungsverfahren« zu gewährleisten. Dabei kommt dem Zusammenspiel von reflexiver und intuitiver Willensbildung, von Intuition des Managers und »harter Analyse« zentrale Bedeutung zu. Das dahinter stehende Bild hat »Altmeister« Deyhle anschaulich formuliert: »Zahlen, die betriebswirtschaftlichen Zusammenhänge und die ökonomische Logik bilden ... ein Metier für sich ... Wie soll jetzt der »Non-Accountant« als Manager damit umgehen können? Antwort: ›Zusammen mit seinem Controller‹. Jemand, den man Controller nennt ..., hat die Aufgabe des betriebswirtschaftlichen Begleiters, Ratgebers, Lotsen und eines ökonomischen Gewissens. Auch deswegen, weil ein Manager eine ziemliche Portion Euphorie braucht und deshalb, um den Schwung nicht zu verlieren, manches vielleicht gar nicht so exakt analysieren soll. Solches wäre dem Controller anzuvertrauen.« (Deyhle 1997, S. 37 f.).

Das Zusammenwirken von Manager und Controller kommt – ebenfalls sehr anschaulich – im sehr häufig zitierten Schnittmengenbild von Deyhle zum Ausdruck, das die folgende Abbildung zeigt.

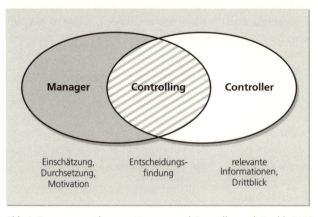

Abb. 5: Zusammenwirken von Manager und Controller nach Deyhle 1997, S. 154

Die Controllingaufgabe besteht zumeist, aber nicht in jedem Fall im »Gegenhalten« des reflexiven, von Controllern besetzten Faktors gegenüber der intuitiven Seite der Führung; in manchen Situationen ist es auch erforderlich, mehr Intuition und schöpferische Freiheit des Managements zu fördern. Gerade in Unternehmen mit traditionell stabiler Umwelt, die in zunehmend dynamische und neue Fahrwasser kommen – wie etwa ehemals öffentliche Betriebe, die privatisiert werden –, nehmen die Wissensdefizite des Managements zu: der relevante Engpass liegt dann häufig im Ausbau der intuitiven Seite der Führung. In der Regel werden Controller aufgrund ihrer Ausbildung und Erfahrung allerdings nicht in der Lage sein, den intuitiven Part selber zu spielen. Ihre Aufgabe ist es dann, das Management bzw. geeignete Akteure zu ermutigen, ihrer Intuition größeren Freiraum zu geben, oder – falls dies nicht ausreicht – externe Spezialisten als Coach einzubringen. Auf jeden Fall wäre es in einem solchen Fall eher gefährlich, wenn sich die Controller allein auf zahlenliefernde Funktion reduzieren ließen oder sie selbst anstrebten!

Rationalität der Willensbildung heißt zumeist, wenn auch nicht immer, durch reflexive Führungselemente ein Gegengewicht zu intuitiven, mit unternehmerischem Fingerspitzengefühl getroffenen Entscheidungen und Maßnahmen zu bilden und umgekehrt. Das Verhältnis von »harter« Analyse (Reflexion) und Intuition ist sowohl funktional (z. B.: »Für welches Entscheidungsproblem ist welches Lösungsverfahren besser?«) als auch bezogen auf die Entscheidungsträger auszugestalten (z. B.:

»Wie lässt sich die intuitive Lösungskraft eines Linienmanagers genügend reflexiv begleiten?«) – doch davon später mehr.

Rationale Führung setzt ausreichendes Wissen voraus. Neben Methoden zählt hierzu Faktenwissen. Liegt letzteres nicht vor, ist keine reflexive Lösungsfindung möglich. Somit kommt der Bereitstellung der nach Art und Ausprägung richtigen führungsrelevanten Informationen wesentliche Bedeutung für die Sicherstellung rationaler Willensbildung zu. Bezugspunkt ist stets der Datenbedarf des jeweils verwendeten Willensbildungsverfahrens. Für eine Kostenvergleichsrechnung sind die benötigten relevanten Kosten bereitzustellen, eine Kundenerfolgsrechnung bedarf kundenspezifischer Kosten- und Erlöswerte, eine Kapitalwertrechnung zur Beurteilung der Vorteilhaftigkeit eines Investitionsvorhabens erfordert Kenntnis der investitionsbedingten Ein- und Auszahlungsströme.

Die Sicherstellungsfunktion bedeutet zum einen, bei gegebenen Willensbildungsverfahren Art, Umfang und Qualität der zur Verfügung stehenden bzw. zu verwendenden Daten zu beurteilen. Hierbei kommt es zu typischen Rationalitätsdefiziten:

- Eine vorhandene Datenquelle weist für das gegebene Willensbildungsverfahren Qualitätsprobleme auf. Ein Beispiel hierfür liefert die Kostenrechnung für Zwecke der Wirtschaftlichkeitserzielung und -kontrolle in Kostenstellen dann, wenn die zugrundeliegenden Kostenfunktionen nicht ausreichend gepflegt und damit Veränderungen angepasst werden.

Controller und Manager im Team

Wo können überall Rationalitätsdefizite liegen?

Werden die richtigen Informationen für die richtigen Entscheidungsmethoden verwendet?

- Eine vorhandene Datenquelle wird für einen Willensbildungsprozess verwendet, für den sie nicht konzipiert wurde. Auch hier liefert uns die Kostenrechnung einige Anschauung: Wer kennt nicht die immer wieder geäußerte Warnung, Vollkosteninformationen unreflektiert zur Fundierung und Kontrolle von Entscheidungen zu verwenden?!
- Eine vorhandene Datenquelle wird unzureichend genutzt. Ein Grund hierfür kann in einer zu hohen Komplexität der Datenquelle und/oder im mangelnden Wissen der Führungskraft liegen. Ein weiterer potentieller Grund ist im Opportunismus des Managers zu suchen, der sich aus dem breiten Spektrum vorliegender Daten nur diejenigen auswählt, die seinen Zielen entsprechen.
- Die auf eine konkrete Willensbildung bezogene, fallweise Datenbereitstellung erweist sich als nicht ausreichend geeignet. Ursachen hierfür mögen in der Art (z. B. Vernachlässigung von Erlösverbundenheiten bei Target-Costing-Prozessen), dem Umfang (z. B. Reduktion von Kundenzufriedenheit auslösenden Leistungsmerkmalen auf funktionale Eignung) oder der Qualität (z. B. Verwendung nicht repräsentativer Kundenbefragungen als Basis für Kundenzufriedenheitswerte) der Daten liegen. Dies wiederum kann an der falschen Einschätzung des Informationsbedarfs durch den Controller liegen und/oder aus hohen Datenbereitstellungskosten resultieren und/oder auf Opportunismus zurückzuführen sein.

Die Bedeutung des Rationalitätssicherungsbedarfs bei der Datenbereitstellung wird bereits anhand der wenigen Beispiele deutlich. Eine zweite Dimension der Rationalitätssicherung wird sichtbar, wenn die Prämisse aufgehoben wird, das zu verwendende Verfahren der Willensbildung liege fest. Begrenzungen der Datenbereitstellung wirken auf das Modell zurück, das die Daten verwendet. Der Einsatz des Discounted Cash-Flow-Verfahrens zur Ermittlung des Shareholder-Values als Beispiel kann in einem konkreten Unternehmenskontext nicht nur an mangelndem Verfahrenswissen, sondern auch daran scheitern, dass die sehr hohen Anforderungen an die bereitzustellenden Daten (Zahlungsstromprognosen) nicht erfüllt werden können. Eine Einführung dieses Verfahrens trotz mangelnder Daten führt dann zu Scheinrationalität, die wiederum Opportunismus Tür und Tor öffnet. (vgl. dazu ausführlich Band 2 und 3 der Reihe Advanced Controlling, Knorren/Weber, 1997a und 1997b). Rationalitätssicherung heißt somit auch, einen optimalen Ausgleich zwischen Erfüllung der datenbezogenen Anwendungsbedingungen und der grundsätzlichen Verfahrensgüte des Entscheidungsmodells herzustellen.

Durchsetzung und Kontrolle

Rationalitätssicherung in der Willensdurchsetzung und Kontrolle heißt insbesondere, den regelkreisförmigen Zusammenhang zwischen Planwerten, Istwerten und Kontrollwerten zu gewährleisten, also genau das Zusammenspiel zu ermöglichen, das jeder

Controller »aus dem ff« kennt. Sicherstellung der Rationalität bedeutet in dieser Aufgabe, Wissen, Lernen und Wollen möglichst optimal miteinander zu verbinden.

Wissen betrifft die Phase der Willensbildung. Sie ist – wie anfangs gezeigt – oftmals Wissensbegrenzungen ausgesetzt. Wissensbegrenzungen bedeuten Unsicherheit über die Optimalität des gebildeten Willens. Wird dieser über Pläne – etwa in der jährlichen Budgetierung – durchgesetzt, heißt dies u. a., dass die Ausprägung der zu erreichenden Ziele (z. B. die Höhe des zu erzielenden Gewinns) Unsicherheit unterliegt. Entspricht das Ist dann nicht dem Plan, so ist unklar, ob der Grund für diese Differenz eher in der Ausführung (»zu wenig engagiert«) oder aber in der Willensbildung zu suchen ist (»unrealistische Ziele«). Abweichungsanalysen müssen helfen, entsprechendes Wissen zu gewinnen.

Controllern wird diese Aufgabe zumeist für den Bereich der Ergebnisziele übertragen. Rationalitätssicherung heißt hier, Vorgehensschemata und -vorurteile zu vermeiden. So kann es – was auf den ersten Blick erheblich kontraintuitiv erscheint – gerade dann notwendig sein, andere Ziele zu setzen, wenn Abweichungen *nicht ent*stehen: Planungsunsicherheit macht Plan-Ist-Abweichungen wahrscheinlich; unterbleiben diese, könnte der Grund auch in »slack« liegen: Die Manager haben so »großzügig« und für sie komfortabel geplant, dass sie keine Mühe hatten, die Ziele auch tatsächlich zu erreichen. Unterbleiben Abweichungsanalysen ganz, wird ein Lernen unmöglich und damit nicht-rationales Verhalten wahrscheinlich.

Verbindung mit anderen
Führungshandlungen

Zur Aufgabe der Sicherstellungsfunktion des Controlling zählt schließlich auch die Verbindung von Willensbildung, -durchsetzung und Kontrolle mit anderen Führungstätigkeiten. Je stärker das Unternehmen Veränderungen ausgesetzt wird – und dies ist, wie wir gleich noch zeigen werden, zunehmend der Fall –, desto stärker muss sich die Sicherstellungsfunktion auch auf die Beziehungen von Planung, Informationsversorgung und Kontrolle zur Organisation und Personalführung erstrecken.

Ein Beispiel liefert das bereits angesprochene Konzept der Wertorientierung. Selbst dann, wenn es gelungen ist, beispielsweise das DCF-Verfahren als Teil der strategischen Planung zu verankern, die dafür erforderlichen Daten in ausreichender Zahl und Qualität bereitzustellen und die Einhaltung entsprechender Wertsteigerungsvorgaben systematisch zu kontrollieren sowie entstehende Abweichungen zu analysieren, können erhebliche Anwendungsprobleme vorliegen, die es rationalitätssichernd zu beseitigen gilt. Ein – derzeit sehr pointiert diskutierter (der Würzburger Professor Wenger lässt grüßen) – Grund kann in einer fehlenden Einbindung von Shareholder Value-Größen in die Anreizgestaltung der Manager liegen. Werden letztere im variablen Teil ihrer Vergütung weiterhin nach periodischen Erfolgsgrößen honoriert, besteht die Gefahr, dass im Konfliktfall diese und nicht der Shareholder Value maximiert wird (fehlende Verknüpfung zum Personalführungssystem). Die Notwen-

Rationalitätsengpässe können auch in der Organisation und Personalführung liegen

digkeit der Verbindung mit dem Organisationssystem wird z. B. dann sichtbar, wenn für ein Geschäftsfeld ein Shareholder Value geplant, berichtet und kontrolliert wird, der Geschäftsfeldverantwortliche diesen – z. B. aufgrund übergeordneter Entscheidungen – jedoch nicht ausreichend beeinflussen kann.

Aktuelle Herausforderungen

Die Aussagen der vorangegangenen Abschnitts lassen sich in vier Statements zusammenfassen:

- Controlling bedeutet Rationalitätssicherung.
- Controller übernehmen im Zusammenspiel mit dem Manager einen erheblichen Teil dieser Aufgabe.
- Sie besitzt in unterschiedlichen Kontexten unterschiedliche Ausprägungen und Schwerpunkte.
- Unterschiedliche Rollen sind ebenso wie unterschiedliche Controllerbilder (Buchhalter, Navigator, Innovator etc.) Ausdruck gerade dieser Kontextabhängigkeit.

Neue Anforderungen kommen auf die Controller in vielfältigster Form zu

Die schillernde Controllerwelt ist damit in unseren Augen ein erhebliches Stück einfacher und verständlicher geworden. Die neue Sicht des Controlling hilft aber nicht nur, sich im bisherigen Controllingdschungel besser zurecht zu finden. Sie ermöglicht es auch, neue Perspektiven für die zukünftige Controllerarbeit zu entwickeln. Solche Perspektiven sind bitter nötig, da die Unternehmensführung derzeit ganz erheblichen Herausforderungen gegenübersteht. Deren zentraler Treiber ist die sich immer schneller vollziehende Globalisierung der

Wirtschaft. Sie löst unterschiedliche Veränderungsbedarfe aus, die eng miteinander verbunden sind:

- Globalisierung führt zu höherem Wettbewerbsdruck und dieser zum immer schnelleren Abschmelzen von Wettbewerbsvorteilen. Die Dynamik steigt weiter, ebenso die Anforderungen an die Reaktionsfähigkeit und Veränderungsfähigkeit der Unternehmen.
- Erhöhte Anforderungen an die Reaktionsfähigkeit schränken die Leistungsfähigkeit klassischer funktionaler Organisation und Spezialisierung (stark) ein. Erforderlich ist ein Denken und Handeln in Prozessen und Prozessketten.
- Erhöhte Anforderungen an die Veränderungsfähigkeit der Unternehmung führt zur Auflösung tiefgegliederter Hierarchien. Derartige Burgen sind veränderungsträge bzw. -feindlich. Wer Zelte statt Burgen will, muss dezentralisieren.
- Globalisierung und erhöhter Wettbewerbsdruck führen beide schließlich zu einer stärkeren Aktionärsorientierung. Globalisierung heißt auch Übernahme internationaler Standards. Die Aktionärsorientierung (Shareholder-Fokus – vgl. die Bände 2 und 3 der Schriftenreihe Advanced Controlling, Knorren/Weber 1997a und 1997b) ist im anglo-amerikanischen Bereich deutlich weiter ausgeprägt als in Deutschland. Erhöhter Wettbewerbsdruck macht sich nicht nur auf Gütermärkten bemerkbar, sondern auch auf dem Kapitalmarkt. Knappes Eigenkapital ist nur dann zu gewin-

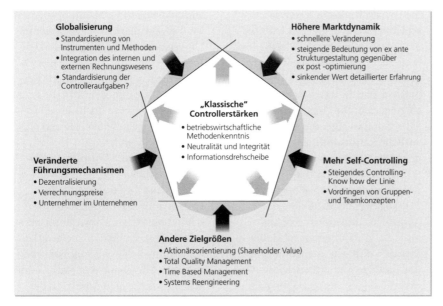

Globalisierung
- Standardisierung von Instrumenten und Methoden
- Integration des internen und externen Rechnungswesens
- Standardisierung der Controlleraufgaben?

Höhere Marktdynamik
- schnellere Veränderung
- steigende Bedeutung von ex ante Strukturgestaltung gegenüber ex post -optimierung
- sinkender Wert detaillierter Erfahrung

„Klassische" Controllerstärken
- betriebswirtschaftliche Methodenkenntnis
- Neutralität und Integrität
- Informationsdrehscheibe

Veränderte Führungsmechanismen
- Dezentralisierung
- Verrechnungspreise
- Unternehmer im Unternehmen

Mehr Self-Controlling
- Steigendes Controlling-Know how der Linie
- Vordringen von Gruppen- und Teamkonzepten

Andere Zielgrößen
- Aktionärsorientierung (Shareholder Value)
- Total Quality Management
- Time Based Management
- Systems Reengineering

Abb. 6: Auf die Controller wirkender Veränderungsdruck (modifiziert entnommen aus Weber 1998, S. 368)

nen, wenn Rendite und Unternehmensentwicklung stimmen.

Sicherlich sind hiermit noch nicht alle Herausforderungen angesprochen, aber schon diese kurze Ausführungen bedeuten einen erheblichen Handlungsbedarf für Controller. Bei der traditionellen Fokussierung auf Zahlen und Rechnungswesen kann es nicht bleiben.

Damit das gewohnte Führen über Ziele als Kern des Controlling weiter effizient und effektiv funktionieren kann, bedarf es einer laufenden Überprüfung und Neugestaltung der Planung, Kontrolle und Informationsversorgung ebenso wie der Organisation und Personalführung. Schließlich kann der Grad der Veränderungsbedürftigkeit so groß werden, dass auch die Werte und Normen des Unternehmens betroffen sind. Es reicht für

Controller nicht mehr aus, möglichst gute Zahlen zu präsentieren, da neben die Planung und Kontrolle in ihrem Zusammenspiel zu optimieren, wenn nicht zugleich der richtige organisatorische Rahmen vorliegt und richtige Anreize für die Mitarbeiter gesetzt werden. Kurz: Wer die Führung unterstützen will, muss dies für die gesamte Führungsaufgabe in Angriff nehmen; er darf sich nicht auf – wenn auch wichtige – Ausschnitte davon beschränken.

Wie wichtig eine solche erweiterte Sicht ist, zeigt ein kurzer Blick auf die derzeitigen Führungsprobleme des Managements:

- *Veränderung gewohnter Führungssysteme:* Keiner der etablierten Teilbereiche der Führung bleibt ungeschoren. Die Planung muss – will sie der geforderten Dynamik gerecht werden – schlanker werden; gleiches trifft für die Kostenrechnung als Informationsbasis zu. Für Kontrollen gilt übertragen das Postulat des TQM: Fehler vermeiden, statt sie durch Kontrollen aufzuspüren. Die Organisation wird flacher und weniger bürokratisch und auch die Personalführung hat sich neue Lösungen einfallen zu lassen (z. B. Anreize in Gruppenstrukturen).

- *Koordination der Veränderungen in der Führung:* Wenn sich all diese Führungsbereiche deutlich verändern, muss Sorge dafür getragen werden, dass sich nicht ein unabgestimmtes und ineffizient funktionierendes Ganzes ergibt. Führungsgestaltung als Kunst des Stimmigmachens ist gefragt. Diese Anforderung zählt aber nicht zum Standardkatalog heutiger Manager. Controller könnten diese Lücke füllen.

Wollen sie den neuen Anforderungen gerecht werden, müssen sich Controller als Berater verstehen

- *Management neuer Zielgrößen:* Kosten, Erlöse, Deckungsbeiträge und Gewinne – dies sind die gebräuchlichen Größen, nach denen ein Management ein Unternehmen steuert; zumindest dachten stets die Controller so. TQM, Prozessorganisation und ähnliche Ansätze weisen Mengen-, Zeit und Qualitätsdaten eine hohe Bedeutung zu. Gerade unter Nutzung dieser Daten die monetären Ergebnisse zu optimieren, stellt eine neue Herausforderung an Controller wie Manager dar – wir haben darüber in den Bänden 1, 4 und 8 der Schriftenreihe Advanced Controlling (vgl. Weber 1997a und 1997b sowie Weber/Schäffer 1998c) ausführlich berichtet.
- *Management in neuen Führungskonzepten:* Profit Center-Lösungen mit frei

aushandelbaren Verrechnungspreisen werden postuliert, »Unternehmer im Unternehmen« ebenso gefordert wie Teamorientierung. All diese Entwicklungen machen Pläne zu einem Teil obsolet. Allerdings stellt sich die Frage nach Integration weitgehend selbständig geführter Einheiten neu und nicht weniger drängend.

- *Management neuer Unternehmensformen:* Unternehmensgrenzen werden zunehmend fließend (»virtuelle Unternehmen«). Die Sicht von Wertschöpfungsketten, Entwicklungspartnerschaften, Produktionsnetzwerken, von informellen Kooperationsformen zwischen Hierarchie und Markt kennzeichnen den neuen Ansatz. In der betriebswirtschaftlichen Theorie bildet sich hier ein ganz neues Arbeitsfeld heraus; entsprechend fehlen bislang bewährte Instrumente oder abgesicherte Erkenntnisse. Auch die Controller sind gefordert, derart neue Formen unternehmerischer Tätigkeit führbar zu machen bzw. zu halten.

Betrachtet man diese Veränderungen in der Gesamtschau, so wird schnell deutlich, dass es zu grundlegenden Umwälzungen in der Führung kommt, die sich nicht mit kleinen Anpassungsschritten bewältigen lassen. Das Management muss in hohem Maße neue Rollen übernehmen – und dies gilt auch für die Controller! Gefordert ist damit der Controller als Management Consultant.

Der Controller als Management Consultant

Controller haben angesichts der beschriebenen Herausforderungen zunehmend und vielfach das Problem, die Aufmerksamkeit des Managements zu verlieren. Es ist abzusehen, dass sich die Nähe zum Management – als unabdingbare Voraussetzung zur effektiven Wahrnehmung ihrer Funktion – bei dem traditionellen Aufgabenspektrum auf Dauer nicht halten lässt. Der schleichende Niedergang des Gestaltungsspielraums von Controllern im Unternehmen scheint dann vorprogrammiert. Controller müssen deshalb ihre eigene Arbeit kritisch überdenken und sich bewusst auf Aufgabenfelder konzentrieren, die einen wichtigen Rationalitätsengpass darstellen und die Aufmerksamkeit des Managements haben (oder haben sollten!). Unter dem Aspekt der internen Kundenorientierung von Controllern haben wir diese Thematik in den Bänden 4 und 7 der Schriftenreihe Advanced Controlling bereits vertieft behandelt (vgl. Weber 1997b und Homburg et al. 1998).

Konzentration auf Managementrelevante Themen

Controller sollten daher möglichst engpassbezogen dort tätig werden, wo der Schuh drückt. Dieser Grundsatz bedeutet auch, dass Controller ihre Kunden beim Aufbau von eigenem Controlling-knowhow unterstützen sollen. Die Voraussetzung für das vielfach geforderte Self-Controlling der Manager liegt darin, dass die Führungskräfte über alle zur kritischen Reflexion benötigten Informationen über Kosten, Leistungen und ihre Zusammenhänge unmittelbar verfügen. Keine eifersüchtig gehüteten Zahlen, sondern Transparenz der ökonomischen Zusammenhänge ist gefragt.

Self-Controlling wäre falsch verstanden, würde man darin eine Alternative zur Tätigkeit von Controllern sehen. Self-Controlling drückt aus, dass Controlleraufgaben im Zuge der Veränderung nicht nur gänzlich entfallen, sondern auch den Träger wechseln können. Controller sollten diesen Prozess nicht aufzuhalten versuchen, sondern aktiv fördern. Neue Herausforderungen gibt es genug.

Individuallösungen statt Standardangebote

In der maßgeschneiderten Anpassung von Problemlösung und Implementierung liegt eine weitere zentrale Herausforderung. Für Controller heißt dies insbesondere, statt monatlicher Standardauswertungen und -berichte im Hinterzimmer, vor Ort problem- (und engpass!)spezifische Lösungen zu erarbeiten. So machen Controller, die Abweichungsanalyse nur als analytisches Zahlenspiel verstehen, auf Probleme aufmerksam, liefern aber keinen Beitrag dafür, ihren Problemgehalt zu klären. Die Hilfestellung für das Management ist folglich (sehr) beschränkt – und zudem weitgehend durch intelligente Software-Lösungen substituierbar.

Der inhaltliche Teil der Abweichungsanalyse bedeutet eine Rekonstruktion tatsächlicher Geschäftsvorfälle aus den aufgezeichneten Zahlen. Dies lässt sich nur in Interaktion mit den Betroffenen erreichen. Bildlich gesprochen muss der Controller seinen Schreibtisch verlassen und »zum Ort des Geschehens«, in die Leistungsbereiche gehen. Ein erhöhter Personaleinsatz kann z. B. auf den urlaubsbedingten Einsatz von

Aushilfskräften oder auf führungsbedingt zurückgehende Einsatzbereitschaft des Stammpersonals zurückzuführen sein. Aus den reinen Abweichungszahlen lassen sich diese Ursachen nicht ablesen.

Hinzu kommt das Problem, die entstandene Abweichung in einen ausführungs- und einen zielsetzungsbezogenen Teil zu differenzieren: Zielwerte sind ex ante nie so sicher zu erreichen, dass eine angefallene Abweichung allein auf Probleme der Realisation zurückzuführen ist. Umgekehrt können auch im Falle strategischer Ziele diese nie so unsicher sein, dass nicht auch ein abweichender Input im Versuch, sie operativ umzusetzen, Einfluss auf die Abweichungshöhe nimmt. Abweichungsanalyse bedeutet damit stets das Problem, den jeweiligen Ursachenschwerpunkt zu bestimmen – und hierfür gibt es keinen Algorithmus; vielmehr ist (auch!) intuitives Einschätzungsvermögen gefragt.

Voraussetzung für eine Übernahme der inhaltlichen Abweichungsanalyse durch Controller ist deren Fähigkeit und Bereitschaft, »vor Ort« in der Funktion eines Beraters zu arbeiten. Dies setzt zunächst fachliche und persönliche Akzeptanz voraus, die nicht per se gegeben sein muss. Entsprechendes gilt für das Vertrauen, dass von den gewonnenen Erkenntnissen keine dysfunktionalen Wirkungen ausgehen (»petzen«). Weiterhin besteht ein gewisser »Erfolgszwang«: Wie normale Berater werden sie an dem Wert der gewonnenen Erkenntnisse gemessen. Mangelt es an diesem, erweckt die Analyse vor Ort nur den Eindruck eines Überwachungsstrebens.

Controller müssen die Nähe zum Geschäft und zum Manager suchen. Am Schreibtisch sitzen zu bleiben, ist hierzu der unpassende Weg!

Der Controller als Hofnarr?

Controller gehen damit bei inhaltlicher Abweichungsanalyse ein Risiko ein, das sie bei Beschränkung auf eine standardisierte und formale Betrachtung nicht besitzen. Zugleich werden erheblich höhere Anforderungen an sie gestellt. Beides macht verständlich, dass Controller in der Unternehmenspraxis nicht selten »den Platz am Schreibtisch nicht verlassen«. Wer als Controller so handelt, macht sich zwar das Leben leichter, lebt aber in der Gefahr, in der Sphäre der Zahlen nicht die tatsächlichen Probleme vor Ort zu erkennen und damit auch nicht zu einer maßgeschneiderten Lösung beitragen zu können.

Verpflichtung zum Widerspruch

Für Controller, die zusammen mit ihrem Manager im Unternehmen die Rationalität der Führung sicherstellen sollen, ist eine Verpflichtung zur ungefragten Beratung und zum Widerspruch zentral. Es ist ihre oberste Aufgabe, unangenehme Wahrheiten zu äußern und ökonomischen Sachverstand nötigenfalls »erbittert« zu verteidigen. Von Deyhle wurde hier das Bild des Hofnarren geprägt.

Hofnarren waren am Königshaus die einzigen, die – gewollt – ungestraft die Schwächen ihrer Herren ansprechen konnten – kleideten sie sie denn in genügend schöne und lustige Verse. Controller haben ebenfalls oftmals unangenehme Wahrheiten zu vermitteln, Schwächen transparent zu machen, ohne den Counterpart damit an den Pranger zu stellen. Auch sie sind letztlich der Gefahr ausgesetzt, den Kopf zu verlieren, wenn sie es etwas zu toll getrieben haben oder einfach nur einer üblen momentanen Laune »ihres Herren« zum Opfer fallen. Hofnarren sind in ihrem Job selten alt geworden. Er war spannend, aber begrenzt.

Bei diesem Bild sind Probleme unschwer in der mangelnden Akzeptanz bei den Controllern selbst, aber auch bei ihren Managern zu erkennen. Viele tun sich schwer damit, sich den Controller mit Glöckchen am Hut versehen vorzustellen. Dem Bild fehlt es am nötigen Ernst. Schließlich kommt dem Controller doch eine zentrale Rolle in der Sicherstellung der Rationalität der Führung zu. Zudem wird sich (fast) jeder Manager mit dem Brustton der Überzeugung vom Bild des Potentaten distanzieren, das die Hofnarrenrolle vom Counterpart des Controllers fordert.

Im nächsten Abschnitt werden wir noch zwei weitere Bilder einführen, um die neuen Herausforderungen an die Controller zu veranschaulichen. Beide sind inhaltlich mit dem des Hofnarren verwandt: der konstruktive Opponent und der Promotor.

Der Controller als konstruktiver Opponent und Promotor

Im fünften Abschnitt sind wir ausführlich auf die Aufgabe des Controlling eingegangen, die optimale Kombination von »harter« Analyse (Reflexion) und der subjektiven Einschätzung (dem »Judgement« bzw. der Intuition) der Beteiligten sicherzustellen. Um das Zusammenspiel der beiden Wege, zu Entscheidungen zu kommen, präzise zu beschreiben und konkrete Handlungsempfehlungen ableiten zu können, wollen wir im folgenden einen konzep-

tionellen Rahmen vorstellen, der Reflexion und Intuition zueinander in Beziehung setzt. Beide Verfahren liefern dem Manager getrennt eine positive oder negative Vorteilhaftigkeitseinschätzung bezüglich der zu treffenden Entscheidung, z. B. für eine anstehende Investition. Der Abgleich der Ergebnisse dient der Kontrolle und somit der Sicherstellung der Rationalität der getroffenen Entscheidung. Weiter unterstellen wir, dass Manager, die die gleichen Ziele verfolgen wie das Unternehmen, genau dann eine starke Bindung an die getroffene Entscheidung und die Bereitschaft entwickeln, sich für ihre Verwirklichung aktiv einzusetzen, wenn die Vorteilhaftigkeitseinschätzungen reflexiv und intuitiv übereinstimmen. Commitment zu Problemlösungen und Plänen setzt also nicht nur die Abwesenheit von Opportunismus sondern – so unsere zentrale Hypothese – den »Fit« von Reflexion und Intuition voraus.

Die Intuition des Managers sollte durch »harte« Analysen des Controllers hinterfragt werden, Intuition allein kann leicht in die Irre führen. Ebenso sollten immer dann, wenn harte Analysen möglich und sinnvoll sind, diese nicht allein stehen. Sie bedürfen der Bestätigung oder Kritik durch die Intuition des Managers, um im fruchtbaren Zusammenspiel zu optimalen Lösungen zu kommen. Wie bereits angesprochen, kann der relevante Engpass jedoch auch im Ausbau der intuitiven Seite der Führung liegen. In der Regel werden Controller aufgrund ihrer Ausbildung und Erfahrung nicht in der Lage sein, diesen Part selber zu spielen. Ihre Aufgabe ist es dann, das Management zu ermutigen, ihrer Intuition einen größeren Freiraum zu geben, oder – falls

**Instrument zur
Konfrontation von
Reflexion und
Intuition**

**Homo Faber als
literarisches
Vorbild des rein
reflexiven
Menschen – er ist
gescheitert!**

dies nicht ausreicht – externe Spezialisten als Coach einzubringen.

Die Gegenüberstellung von reflexiver und intuitiver Einschätzung der Vorteilhaftigkeit kann – wie in der Abbildung visualisiert – zu Übereinstimmung auf unterschiedlichen Vorteilhaftigkeitsniveaus und zu Divergenzen führen. Die durch nummerierte Kreise (I–IV) markierten Fälle werden im folgenden ebenso diskutiert wie für diese sinnvolle Verhaltensweisen (1–8).

Strategien angesichts sich widersprechender Reflexion und Intuition

Die *Felder I* und *III* der Matrix sind dadurch gekennzeichnet, dass sich die Vorteilhaftigkeitseinschätzungen von Reflexion und Intuition widersprechen. Im *Feld* I ist die reflexive Vorteilhaftigkeitseinschätzung hoch, die intuitive dagegen gering. Die Situation lässt sich plakativ charakterisieren: Die Analyse des Controllers sagt aus, dass sich eine betrachtete Investition rechnet. Der Manager glaubt der Analyse aber nicht – ohne dies jedoch richtig begründen zu können; sein »Bauchgefühl« spricht dagegen. Die Gefahr besteht, dass der Controller nun wie der »Held« im gleichnamigen Buch von Max Frisch als homo faber agiert, als die vollkommene Verkörperung der technischen Existenz, die sich vor ihrer eigenen Intuition sicher glaubt.

Als solcher ist er schlecht auf den Zusammenstoß mit der außertechnischen

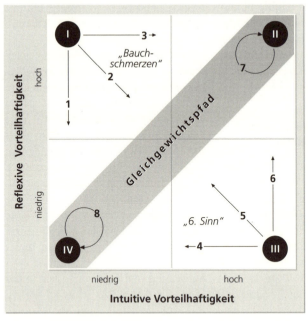

Abb. 7: Die Reflection-Intuition-Commitment-Matrix zur optimalen Verknüpfung von Reflexion und Intuition (Quelle: Weber/Schäffer 1998b, S. 8)

Welt, dem Nicht-Reflexiven, vorbereitet. Es besteht daher Handlungsbedarf in Richtung auf eine Verknüpfung der beiden Methoden, auf eine kritische Überprüfung und einen entsprechenden Diskurs der auf beiden Seiten zugrundeliegenden Annahmen und Prägungen.

Im *Feld* III ist die reflexive Vorteilhaftigkeitseinschätzung niedrig, die intuitive dagegen hoch. Plakativ stößt hier der sechste Sinn des Entrepreneurs auf die Fakten und Analysen seines Controllers. Die Analyse des Controllers sagt aus, dass sich die Investition nicht rechnet. Der Entrepreneur wischt die Zahlen vom Tisch (oder würde dies gerne tun). Sein Gefühl sagt ihm, dass es sich doch lohnt. Wiederum besteht Handlungsbedarf in Richtung auf eine kritische Überprüfung von zugrundeliegender Analyse und Judgement.

Um die Spannung zu lösen, werden im folgenden konkret (jeweils) drei Pfaden diskutiert, um Analyse und Intuition zur Übereinstimmung zu bringen. Bei sämtlichen Pfaden wird eine positive, zur Rationalität führende, und eine negative, Irrationalität bedeutende Variante unterschieden.

Fall 1: Reflexion folgt Intuition

In den Pfaden 1 und 6 folgt die Analyse der Intuition, die Analyse dem »Bauchgefühl«. Das aus Intuition gespeiste Störgefühl des Entrepreneurs führt dazu, die Rechnung nochmals zu überprüfen. Für den Fall rationalen Vorgehens werden die Prämissen kritisch hinterfragt, die Rechnung nochmals nachvollzogen und falsche Methoden, Daten, Prämissen etc. korrigiert, um eigene Analysen auf Schwachstellen zu

überprüfen und Verbesserungen zu erreichen. In einer funktionierenden internen Kunden-Lieferanten-Beziehung zwischen Manager und Controller kann letzterer hier hohe Flexibilität zulassen: Abweichungen werden zumeist auf unterschiedlich gesetzte Annahmen, selten auf offensichtliche methodische Fehler des Controllers zurückgehen. Allerdings muss sich der Controller bei aller internen Kundennähe davor hüten, sich vor den »Karren« jedes gewünschten Ergebnisses spannen zu lassen. Gerade bei unterschiedlich möglichen Ausgangsannahmen (z. B. über Steigerungsraten des Marktes, Konkurrenzverhalten der wichtigsten Nachfrager, Skaleneffekte im Zeitablauf) lässt sich das reflexive Urteil weitgehend an das intuitive des Managers anpassen (»wir rechnen jede Zahl«) – und damit scheinrational werden.

Eine weitere Form nicht produktiver Versuche, das reflexive dem intuitiven Urteil anzupassen, findet sich – glaubt man Controllern – in der Praxis häufig von Managern in Szene gesetzt, indem die reflexiv gewonnene Einschätzung angezweifelt wird. Dabei scheint es ein typisches, gestuftes Vorgehensmuster zu geben:

1. »Die Zahlen stimmen nicht!« Auch kleine, für das grundsätzliche Urteil gänzlich unbedeutende Differenzen reichen aus, um das reflexive Urteil in Frage zu stellen.
2. »Das benutzte Modell ist falsch.« Beliebt scheint in der Praxis z. B. das Thema Gemeinkostenverrechnung zu sein. Der Weg in eine grundsätzliche Diskussion erspart die Akzeptanz des Rechenergebnisses im Ein-

Kommen Ihnen diese Ausreden bekannt vor?

zelfall – oder verschiebt sie zumindest zeitlich.

3. »Die Annahmen sind falsch.« Das Management kann an diese Stelle den Controller z. B. leicht mit dem bereits ausführlich erläuterten Bild des »Bremsers« (oder »Verhinderers«) belegen und damit die reflexive Einschätzung in ihrer Bedeutung abwerten.

4. »Die strategische Bedeutung der Maßnahme wurde in der Rechnung nicht berücksichtigt.« Sind alle drei zuvor aufgeführten »Argumente« widerlegt, führt der Verweis auf die Strategie häufig doch noch zum Erfolg. Strategien lassen sich eben nur zum Teil rechnen – und sind per se mit so hoher Unsicherheit behaftet, dass ihre laufende Überprüfung nur (sehr) eingeschränkt möglich ist. Die empirisch feststellbare Unzufriedenheit mit der strategischen Planung in den Unternehmen mag hier seinen Grund finden.

Analysen können auch als Scheinrationalisierung der eigenen Intuition missbraucht werden

Rationalitätssicherung durch Controller heißt in diesem Kontext, das Argumentationsmuster zu kennen und darauf eingerichtet zu sein. Muss der Manager damit rechnen, dass der Controller seine Strategie – z. B. aus vorangegangenen Konflikten – kennt, besteht wenig Anreiz, es erneut zu versuchen.

Fall 2: Intuition folgt Reflexion

Die Pfade 3 und 4 (vgl. nochmals die Abbildung 7) stehen für den Weg, die Intuition der Analyse anzupassen. Die Modelle und Methoden des Controllers führen hier dazu, dass herrschende Meinungen, Überzeugungen und Glaubenssätze des Managements kritisch hinterfragt werden. Dieser Diskurs zeigt mögliche Ursachen für eine abweichende Intuition auf und ist so die Basis dazu, das reflexive Urteil auch ohne kognitive Dissonanzen mitzutragen. Der »Umstimmprozess« lässt sich aber nur teilweise bewusst gestalten. Insbesondere ist die Zeitdauer, bis die Intuition das Ergebnis der Analyse anerkennt, Unsicherheit ausgesetzt – und von Person zu Person sehr verschieden! Hier liegt ein signifikanter Unterschied im Vergleich zum zuvor skizzierten Fall 1 vor: Das Bewusstsein akzeptiert eine angepasste Rechnung sofort. Anpassungen der Intuition an die Analyse müssen aber nicht in jedem Fall zu höherer Rationalität führen. Der Begriff der »Zahlengläubigkeit« kennzeichnet Anpassungsdefekte ebenso, wie diese durch die Tatsache begründet werden, dass sich intuitive Einschätzungen schlechter kommunizieren lassen: Es ist leichter, einen positiven Kapitalwert vor dem zentralen Investitionsausschuss zu präsentierten, als das unbestimmte Störgefühl, das Vorhaben würde aus irgendwelchen Gründen doch nicht zum Erfolg führen. Leicht wird hier vorschnell der Pfad 4 gewählt, obwohl der Pfad 6 zutreffend wäre!

Fall 3: Gegenseitige Anpassung von Intuition und Reflexion

In den Pfaden 2 und 5 erfolgt schließlich eine gegenseitige Anpassung von »harter« Analyse und Intuition. Im kritischen Diskurs von Analyse und Intuition ergeben sich »auf beiden Seiten« Einschätzungsänderungen. Das Bild von (expliziter) These, (unklarer) Antithese und Synthese erscheint hier treffend. Das Verfahren kann sehr geeignet sein, um im Zusammenspiel (aber auch Berater/Klient) zu rationalen Ergebnissen zu kommen.

Für die irrationale Variante findet sich wiederum ein sehr anschaulicher Begriff, der des »faulen Kompromisses« von Analyse und Intuition. Konflikten wird aus dem Wege gegangen. Controller und Manager verzichten beide darauf, gänzlich Recht zu haben. Bei negativer Analyse und positiver Einschätzung wird die Maßnahme z. B. unter der Bedingung von Verbesserungsmaßnahmen (z. B. zusätzliche Kostensenkung) verabschiedet, bei positiver Analyse und intuitivem Störgefühl statt der großen eben nur die kleine Lösungsvariante realisiert.

Bewusstes Herbeiführen von Widersprüchen

Die *Felder II* und *IV* sind durch eine Übereinstimmung von reflexiver und intuitiver Einschätzung gekennzeichnet. In Feld II sind reflexive und intuitive Vorteilhaftigkeitseinschätzung hoch, in Feld IV beide niedrig. Es besteht kein Störgefühl im kreativen Spannungsverhältnis von Intuition und Analyse, die Position ist auf dem Gleichgewichtspfad. Nun gilt es zu unterscheiden: Bei Routineentscheidungen bzw. Entscheidungen von geringer Tragweite ist die Situation zufriedenstellend und stabil.

Bei Entscheidungen von großer Tragweite erscheint es sinnvoll, die Einschätzung abzusichern: In den Pfaden 7 und 8 erfolgt ein solches kritisches Hinterfragen des Gleichgewichts. »Der Friede« von Intuition und Analyse ist zwar an-

zustreben, aber auch mit stetigem Misstrauen zu betrachten. Es kann – wie wir zum Teil schon ausgeführt haben – durchaus der Fall sein, dass das Gleichgewicht »faul« ist. Analysen können auch als (bewusste oder unbewusste) Scheinrationalisierung der eigenen Intuition missbraucht sein. Sie wird damit auf eine Legitimationsfunktion reduziert (interne Durchsetzung), die Entscheidung ist de facto über die eigene Intuition erfolgt.

Erfahrungsschatz und internes Wissen als Basis für die Intuition sind nicht ausreichend bzw. nicht passend; die Intuition des Akteurs kann somit kein adäquates Gegengewicht zur eigenen Analyse bilden und so die Funktion des »Wachhunds« bzw. Warnsystems nicht wahrnehmen. Analyse und Intuition sind beide überfordert bzw. nicht adäquat und kommen so übereinstimmend zum falschen Ergebnis, ohne dass der Gleichgewichtspfad verlassen wird. So werden Manager vielfach Opfer ihrer begrenzten kognitiven Fähigkeiten, die bei komplexen Problemen leicht zu einem »information overload« und daraus folgenden Aktionismen führen.

Die bisherigen Ausführungen können – wie auch die Abbildung veranschaulicht – in drei Stufen zusammengefasst werden:

- Die erste Stufe bildet Transparenz; Ziel ist ein (bewusstes) Verständnis von Intuition und Analyse sowie deren Zusammenspiel und eine intime Kenntnis möglicher Strategien, Managerkonstellationen und Techniken.
- Die zweite Stufe besteht im Anstreben und Erreichen des Gleichgewichts-

45

pfads. So wird die Angemessenheit der Entscheidung sichergestellt und eine zentrale Voraussetzung für das Vorhandensein von Commitment der Führungskräfte (und damit für eine hohe Erfolgswahrscheinlichkeit der Realisierung der Entscheidung) erfüllt.

- Ist die Fragestellung hinreichend bedeutsam, sollte auf der dritten Stufe die Deckung von Intuition und Analyse kritisch hinterfragt werden.

Wege, das Zusammenspiel zwischen Reflexion und Intuition zu sichern

Die Sicherung des Ausgleichs bei sich widersprechender Intuition und Analyse sowie das kritische Hinterfragen von Gleichgewichten erfordert eine angemessen herausgehobene Gegenposition (»Contre Role«). Hier besteht grundsätzlich die Wahlmöglichkeit zwischen

- einem spezialisierten Controller oder Berater,
- der (ggf. wechselnden) Rollenverteilung im Management (z. B. Rolle eines »advocatus diaboli«, eines bewusst kritischen, bewusst risikoscheuen Gesprächspartners),
- der Bewusstseinsschärfung der Manager, selbst das Wechselspiel von Intuition und Reflexion in der eigenen Kognition, im »eigenen Kopf«, zu gewährleisten.

Letztere Variante ist zwar ein wichtiger Baustein der Rationalitätssicherung und hat unseres Erachtens noch erhebliches Potential, sie kann aber nicht allein stehen. Das partnerschaftliche Zusammenspiel von Manager und Controller bringt zusätzlichen Nutzen.

Partnerschaftliche Professionalität

Mit dem Begriff »partnerschaftlich« ist dabei »partnerschaftliche Professionalität« gemeint, bei der Controller und Manager gemeinsam auf die Erreichung der Unternehmensziele hinarbeiten, nicht jedoch eine Kooperation, um opportunistisch jeweils das Beste für sich

Unterschiedliche Rollen und/oder unterschiedliche Professionen?

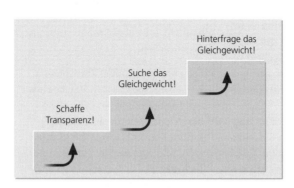

Abb. 8: Stufen des Zusammenwirkens von Intuition und Reflexion (Quelle: Weber/Schäffer 1998b, S. 17)

selbst zu erreichen. Controller dürfen unwillkommene Tatsachen nicht zurückhalten und ihre Empfehlungen nicht von persönlichen oder anderen Beziehungen abhängig machen. Unabhängigkeit und Objektivität des Controllers werden als zentraler Teil seines Wertschöpfungsversprechens geschätzt.

Voraussetzung für eine solche partnerschaftliche Professionalität ist, dass Controller und Manager sich gegenseitig einen Vertrauensvorschuss geben. Dabei spielt die »persönliche Chemie« eine wichtige Rolle. Zum anderen sollte sich der Vertrauensvorschuss für beide Parteien »auszahlen«, indem beide Parteien einen Nutzen aus der Zusammenarbeit ziehen. Die Controller-Manager-Beziehung sollte daher immer auf eine »Win-Win-Situation« ausgerichtet sein.

Promotoren und Opponenten

In der betriebswirtschaftlichen Literatur wurde schon früh auf das produktive Spannungsverhältnis von Treiber und Bremser hingewiesen. Witte unterscheidet ganz ähnlich Promotoren und Opponenten im Entscheidungsprozess. Letztere zwingen die Promotoren, »die vorliegende Entscheidung mit Sorgfalt und Umsicht zu bearbeiten, Prognosen rechnerisch zu fundieren und die Unsicherheit der Erwartung zu reduzieren ... Wenn man ... die positive Funktion der Opponenten ernst nimmt, dann ist der innovative Entschluss eben nicht nur ein Ergebnis der vorantreibenden Kraft des Promotorengespanns, sondern auch des risikovermeidenden Beitrags des Opponentengespanns« (Witte 1976, S. 326). Entscheidungsprozesse mit Promotoren und Opponenten sind effizien-

ter als einseitig getriebene Prozesse. Manager und Controller können durch die Rollenverteilung gewinnen. Das Bild des Controllers als Bremser gewinnt so an Charme: als notwendige Ergänzung des vorandrängenden Managers. Wenn die Kritik und die Warnung denn konstruktiv ist!

Für diese Aufgabe des Controllers ist zum einen eine unabhängige Stellung, zum anderen ein nicht vorbelasteter »Außenblick« erforderlich. Bei Shell ist exakt aus diesem Grund die »Management Challenge« institutionalisiert worden. Alle drei Jahre besucht ein Top-Manager aus völlig unterschiedlichem Kontext für ca. eine Woche eine Fertigung o. Ä. mit dem erklärten Ziel, seine Beobachtungen und Eindrücke zu präsentieren sowie durch »naive« Fragen das interne Modell vor Ort herauszufordern.

Es gilt somit – wie bereits angesprochen – pointiert: »Je weniger Erfahrung der Controller vom entsprechenden Geschäft hat, desto besser.« Da eher kontraintuitiv, muss diese Erkenntnis dem Linienmanagement aktiv vermittelt werden. Hilfreich ist insbesondere ein abweichendes internes Modell des Controllers (»Zahlendenke«). Bei gemeinsamen internen Modellen existiert zwangsläufig eine gewisse Konvergenz der relevanten Wahrnehmungs- und Denkprozesse. Die Streubreite der möglichen, zur Verfügung stehenden Handlungsalternativen bleibt so auf diejenigen beschränkt, die mit den gemeinsamen internen Modellen vereinbart werden können. Je vielfältiger die vertretenen Ansichten und Perspektiven sind, desto geringer ist die Gefahr, dass sich ein – falscher – Glaube an eine al-

Der Controller als Opponent – ein in der Literatur bekanntes, aber eher in Vergessenheit geratenes Konzept

Der Controller als konstruktiver Opponent und Promotor

lein seligmachende Wahrheit ausbildet. Heterogenität fördert divergentes Denken und ermöglicht bessere, produktivere Lösungen. Auf der anderen Seite haben homogene interne Modelle der Manager einen positiven Einfluss auf die Kooperation und ihre Kommunikationsfähigkcit. Mit anderen Worten: Zu viel Unterschiedlichkeit ohne den starken Willen, zu gemeinsamen Lösungen zu kommen, schadet auch! Wenn sich Manager und Controller nicht verstehen, hat das Unternehmen nichts von den unterschiedlichen Denkansätzen.

Die Rationalität kann auch gesichert werden, ohne alles selbst zu wissen!

Nochmals festzuhalten bleibt an dieser Stelle, dass Rationalitätssicherung nichts damit zu tun hat, dass einer der Beteiligten die Weisheit (oder Rationalität) »mit dem Löffel gefressen« hat – ermöglicht wird sie vielmehr durch das intelligente Zusammenspiel von Manager, Controller und weiteren Akteuren (z. B. externen Beratern, Analysten, Aufsichtsräten etc.).

Weiterbildungsbedarf

Die geschilderten Herausforderungen stellen Controller vor massive fachliche und persönliche Anforderungen. Seine bisherige Qualifikation und die starke Ausrichtung auf Informationen und Informationssysteme reichen in vielen Fällen kaum aus, diesen Anforderungen gerecht zu werden. Aussagen von Controllingchefs großer Unternehmen sprechen ein deutliches Wort (»Höchstens die Hälfte meiner Controller passt in das von Ihnen gezeichnete Bild«). Für die Unternehmensführung stellt sich die Alternative, intensiv in die fachliche und persönliche Weiterentwicklung der Controller zu investieren

oder aber nur einen kleinen Teil der Rationalitätssicherungsaufgabe bei Controllern zu belassen, z. B. das zur Verfügungstellen von Kosten- und Erlösdaten und die Durchführung von Abweichungsanalysen, also den Part des Accountants. Controller finden sich dann schnell in einer gemeinsamen Rechnungswesenabteilung wieder, in der sie – unter welcher Bezeichnung auch immer – mit den ehemals eher gering geschätzten Finanzbuchhaltern zusammenarbeiten. Unternehmen dagegen, für die (insbesondere das Zentral-)Controlling schon seit langem (auch) die Funktion einer Ausbildungsstätte für hoch qualifizierten Führungsnachwuchs (»Goldfischteich«) spielt, müssen sich keine Gedanken machen, ob die neuen Anforderungen von den Controllern tatsächlich erfüllt werden können: Sie haben genau die Mitarbeiter, die sie für die Rationalitätssicherungsaufgabe brauchen!

Re-Inventing Controlling

Selbstverständnis und Aufgaben von Controllern sind äußerst heterogen, Verständnisprobleme (»schillernder Begriff«) und Fehlsichten (»Graue Eminenz« versus »Erbsenzähler«) die logische Folge. Das, was Controlling will, und das, was Controller tun (sollten), lässt sich jedoch überraschend einfach auf einen Nenner bringen:

Controlling steht für die Sicherstellung von Rationalität der Unternehmensführung.

Manager und Controller arbeiten dabei als Team. Der Fokus dieser Sichtweise liegt folglich nicht auf mehr oder weniger abstrakten Systemen (»Abstimmung von Planungs-, Kontroll- und Informationssystem«), sondern auf dem Zusammenwirken von Menschen. Weiter ist Controlling in diesem Verständnis keine reine Ansammlung von Tätigkeiten, die man mit Fug und Recht auch mit hergebrachten Bezeichnungen belegen könnte, sondern eine spezifische Funktion der Managementergänzung. Der so identifizierte rote Faden der Controllertätigkeit erlaubt es den Controllern, die Idee hinter ihren Tätigkeiten zu sehen, die Aufgaben kritisch zu hinterfragen und so auf aktuelle Herausforderungen besser zu reagieren. Controlling zu realisieren ist (analog dem heutigen Verständnis von Marketing!) nicht ausschließlich Aufgabe von Controllerstäben, sondern ebenso Angelegenheit der Linie. Controller sollten als Berater des Managements subsidiär und engpassbezogen dort tätig werden, wo der Schuh drückt. In partnerschaftlicher Professionalität kommt ihnen zudem die Rolle zu, in Entscheidungsprozessen vorliegende Analysen und Meinungen konstruktiv-kritisch zu hinterfragen, aber auch geeignete Vorschläge analytisch fundiert zu unterstützen.

Controlling so zu sehen, weist den Controllern unterschiedliche Rollen und Aufgaben zu. In einem mittelständisch-geführten Unternehmen muss es einem neu eingestellten Controller zunächst darum gehen, erfolgswirtschaftliche Transparenz herzustellen. Dies bedeutet eine »klassische« Rechnungswesenprägung der ersten Schritte auf dem Wege der Controlling-Verankerung. Liegen die benötigten Zahlen vor, kann der Unternehmer sukzessiv zu einer stärkeren analytischen Fundierung seiner Entscheidung gebracht werden; in gleichem Maße steigt

die Rolle des Opponenten, die anfangs für den Controller zumeist geradezu »tödlich« wäre!

Controller in Großunternehmen mit jahrzehntelanger Controlling-Erfahrung laufen dagegen derzeit vielfach Gefahr, ihre angestammte, stets reklamierte Rolle als betriebswirtschaftlicher Dienstleister des Managements zu verlieren. Der Manager hat zunehmend andere Führungsprobleme als die, die der Controller bisher instrumentell und informatorisch unterstützt. Wollen die Controller hier ihre Beratungsfunktion erhalten (oder wieder erarbeiten!), sind erhebliche Anstrengungen erforderlich, die zudem schnell zum Erfolg führen müssen. Wird die Chance einer Rückbesinnung auf den Kern der Controllingfunktion vertan, fällt die Beraterrolle anderen zu. Wem diese Sicht nicht passt, muss sich erheblich anstrengen – aber das geht mittlerweile allen im Unternehmen so.

In vielen Unternehmen geht es deshalb um ein Re-Inventing ihres Controlling. Eine grundlegende Diskussion ist erforderlich. Wir haben versucht, dieser Diskussion einen hilfreichen roten Faden zu geben. Er sollte Sie in der Strategieformulierung des Controllerbereichs ebenso unterstützen wie in der Analyse der Eignung ihres Controllerstamms. Unserer Erfahrung nach wird es Ihnen nicht ohne erhebliche Aus- und Weiterbildungsanstrengungen gelingen, den Sprung zu dem »neuen« Controlling zu schaffen. Diese Mühen (und Kosten) sind allerdings den Schweiß des Edlen wert: Ein umfassender Counterpart des Managers im Führungsprozess zu sein, ist allemal spannender, als Tag für Tag Zahlen im Rechner zu jonglieren!

Handeln Sie – bevor Sie gehandelt werden!

Literatur: Wo können Sie sich weitergehend informieren?

Standardwerke zum Controlling:

Deyhle, A.: *Management- und Controllingbrevier*. 7. Auflage. Wörtsee-Etterschlag, 1997.

Eschenbach, R. (Hrsg.): *Controlling*. Stuttgart, 1995.

Hahn, D.: *Planung und Kontrolle, Planungs- und Kontrollsysteme, Planungs- und Kontrollrechnung, Controllingkonzepte*. 5. Auflage. Wiesbaden, 1996.

Horváth, P.: *Controlling*. 6. Auflage. München, 1996.

Küpper, H.-U.: *Controlling*. 2. Auflage. Stuttgart, 1997.

Reichmann, T.: *Controlling mit Kennzahlen*. 5. Auflage. München, 1998.

Weber, J.: *Einführung in das Controlling*. 7. Auflage. Stuttgart, 1998.

Zitierte und weiterführende Literatur:

Anderson, D. R./Schmidt, L. A./McLosh, A. M.: *Practical Controllership*. Homewood Illinois, 1961.

Anthony, R. N.: *Planning and Control Systems*. Boston, 1965.

Dr. Gablers: *Die Sprache des Chefs*. Wiesbaden, 1976.

Cohen, J. B./Robbins, S. M.: *The Financial Manager – Basic Aspects of Financial Administration*. New York, 1966.

Goossens, F.: »Der »Controller« – Chef des Unternehmens ohne Gesamtverantwortung«. In: *Mensch und Arbeit*, 11. Jahrgang 1959, S. 75 f.

Homburg, Ch./Weber, J./Aust, R./Karlshaus, J. T.: *Interne Kundenorientierung der Kostenrechnung – Ergebnisse der Koblenzer Studie*. Reihe Advanced Controlling, Band 7. Vallendar, 1998.

Knorren, N./Weber, J.: *Shareholder Value – Eine Controlling-Perspektive*. Reihe Advanced Controlling, Band 2. Vallendar, 1997.

Knorren, N./Weber, J.: *Implementierung Shareholder-Value*. Reihe Advanced Controlling, Band 3. Vallendar, 1997.

Küpper, H.-U./Weber, J./Zünd, A.: »Zum Verständnis und Selbstverständnis des Controlling«. In: *Zeitschrift für Betriebswirtschaft*, 60. Jg. (1990), S. 281–293.

Schneider, D.: *Betriebswirtschaftslehre*, Bd. 2: Rechnungswesen. München, Wien, 1994.

Stoffel, K: *Controllership im internationalen Vergleich*. Wiesbaden, 1995.

von Landsberg, G./Mayer, E.: *Berufsbild des Controllers*. Stuttgart, 1988.

Weber, J.: *Prozessorientiertes Controlling*. Reihe Advanced Controlling, Band 1, Vallendar, 1997.

Weber, J.: *Marktorientiertes Controlling*. Reihe Advanced Controlling, Band 4. Vallendar, 1997.

Weber, J./Schäffer, U.: *Sicherstellung der Rationalität von Führung als Controlleraufgabe*. WHU-Forschungspapier Nr. 49, April 1998.

Weber, J./Schäffer, U.: *Sicherung der Rationalität in der Willensbildung durch die Nutzung des fruchtbaren Spannungsverhältnisses von Reflexion und Intuition*. WHU-Forschungspapier Nr. 51, Mai 1998.

Weber, J./Schäffer, U.: *Balanced Scorecard*. Reihe Advanced Controlling, Band 8. Vallendar, 1998.

Weber, J./Weißenberger, B. E./Aust, R.: »Benchmarking im Controllerbereich: Ansätze und Erfahrungen eines Arbeitskreises«. In: *agplan-Handbuch zur Unternehmensplanung*, Ergänzungs-Lieferung X/1997, S. 1–36.

2 Controller Excellence

Jürgen Weber, Ulrich David, Carsten Prenzler

Warum Controller Excellence?

Das Projekt »Controller Excellence« hat zum Ziel, einen Beitrag zu leisten, um eine möglichst gute Positionierung von Controllerbereichen (verstanden als Gesamtheit der in Unternehmen organisierten Aktivitäten und Abteilungen aller Controller) zu erreichen. Hierzu haben wir folgende zentrale Fragen gestellt:

- Welche Strategien verfolgen die Controllerbereiche?
- Wer sind ihre wichtigsten Kunden und Wettbewerber?
- Über welche besonders wichtigen Ressourcen und Fähigkeiten verfügen sie?
Und schließlich:
- Müssen sich Controller als Führungsdienstleister im Unternehmen neu positionieren? Wenn ja, wie?

Mit ihrer Beantwortung wurden Aussagen zur strategischen Analyse und Neupositionierung des »Controllerdienstes« und damit seiner effektiveren und effizienteren Gestaltung möglich.

Unternehmensführung im Wandel

Die Controllerbereiche in vielen deutschen Unternehmen sind starken Veränderungen unterworfen. Die Wettbewerbssituation von Unternehmen erfordert immer häufiger eine Überarbeitung und Neudefinition der Strategie, Markt- und Ressourcenposition (u. a. Weber, 1999, S. 393 ff.). Neue Technologien und neue Märkte verändern Prioritäten und erzwingen ein stetes Hinterfragen der eigenen Situation. Flexibilität, Schnelligkeit und Lernfähigkeit gewinnen als Erfolgsfaktoren größere Bedeutung. Ein Beispiel hierfür stellt die drastische Verkürzung von Modellentwicklungszeiten und der Anstieg der Modellvielfalt in der Autoindustrie dar. Die Unternehmensführung muss sich den daraus erwachsenden Herausforderungen immer wieder neu stellen. Grundlegende Veränderungen von Organisationsstrukturen, Planung und Personalführung waren und sind notwendig.

Zentrale Fragen des Projekts »Controller Excellence«

Managementunterstützung im Wandel

Wie Sie spätestens seit Kapitel 1 (S. 15 ff.) wissen (»Re-Inventing Controlling«), verstehen wir Controlling als Managementunterstützung. Controller tragen mit ihren Dienstleistungen zur Sicherstellung von Führungsrationalität bei und erhöhen so die Effizienz und Effektivität des Führungshandelns. Verändern sich die Managementaufgaben, muss dies eine entsprechende Veränderung der Managementunterstützung zur Folge haben. Auch sie ist damit einem ständigen Wandel unterworfen – oder müsste dies zumindest sein. Zwar hört man durchweg, dass Controller aus der Unternehmenspraxis nicht mehr wegzudenken seien. Auf Grund aktueller Herausforderungen, auf die wir kurz eingehen wollen, sehen sie sich jedoch einem zunehmenden Veränderungsdruck gegenüber.

Self-Controlling und Vereinfachung der Routineprozesse versus interne Beratung

Controller stehen in einem Spannungsfeld zwischen der »Verschlankung« des Aufgabenspektrums und einer Aufgabenausweitung. Im Rahmen von Rationalisierungsprogrammen stehen nun auch Gemeinkostenbereiche im Fokus der Suche nach Einsparpotenzialen. Gerade Controller als Promotoren von Kostensenkungsmaßnahmen müssen sich daher die Frage gefallen lassen, welchen Beitrag ihr eigener Bereich zu den Einsparungen leistet und mit welcher Effizienz er arbeitet.

Controllerleistungen werden oft in Routineaufgaben und interne Beratungsleistungen unterschieden

Controllerleistungen werden oft in Routineaufgaben und interne Beratungsleistungen unterschieden. In der aktuellen Diskussion finden sich für die strategische Ausrichtung der Controllerbereiche drei grundsätzliche Vorschläge (z. B. Eschenbach, 1997, Weber, 1999, Weber/Schäffer, 1999):

- Unter den Stichworten »Lean Controlling« und »Self-Controlling« werden auf der einen Seite Konzepte entwi-

ckelt, die zu einer Reduzierung des allgemeinen Aufgabenumfangs der Controller und zu einer Re-Delegation von Aufgaben an Linienmanager führen. Im Ergebnis wird beispielsweise ein schlankes Konzerncontrolling angestrebt, das sich nur auf einige Kernaufgaben beschränkt.

- Eine Forderung vieler Autoren – und auch der Anspruch vieler Controller an sich selbst – besteht darin, dass Controller ihren Aufgabenumfang bei Routineprozessen einschränken und die gewonnene Kapazität nutzen, um verstärkt Beraterfunktionen zu übernehmen. Damit wollen sie sich weg von der traditionellen »Erbsenzähler«- und »Kontrolleurs«-Rolle hin zu einem internen betriebswirtschaftlichen Berater mit verstärkter Verknüpfung zur Strategie des Unternehmens entwickeln. Auf Basis ihrer tiefen unternehmensweiten Kenntnisse und neutralen Position böten sie sich für diese Rolle an.

- Eine dritte Richtung lehnt die stärkere Wahrnehmung einer internen Beraterrolle mit dem Hinweis auf die Gefahren einer »grauen Eminenz« im Unternehmen ab und fordert stattdessen eine Beschränkung auf Routineaufgaben. Die Rolle eines internen Beraters sollte damit gar nicht von Controllern wahrgenommen werden.

Wie sich Controller in diesem Spannungsfeld zwischen Beschränkung auf oder Abgabe von Routineprozessen und Ausweitung der Beratungsleistungen aufstellen sollen, ist damit zu überdenken. Von der Entwicklung zum reinen »Business Consultant« bis zum »Appendix« des Rechnungswesens sind

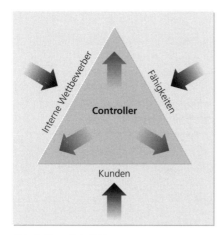

Abb. 9: Das »Spielfeld«
der Controller

viele Varianten denkbar. Das aufgezeigte Spannungsfeld wirft jedoch hinsichtlich dreier Einflussgrößen (interner Wettbewerb, interne Kunden und Fähigkeiten) Fragen auf. Diese seien im Folgenden näher betrachtet.

Einfluss des (internen) Wettbewerbs

Wettbewerb ist nicht auf die externen Märkte eines Unternehmens beschränkt, sondern auch ein unternehmensinternes Phänomen. So gibt es für die angesprochenen Aufgabenbereiche »Routineprozesse« und »interne Beratung« bereits spezialisierte Aufgabenträger (vgl. auch die Abbildung 10). Diese sind interne Wettbewerber der Controller. Bezogen auf die Routineprozesse der Informationsversorgung übernimmt z. B. vor allem das externe Rechnungswesen immer mehr Basisleistungen. Durch die Internationalisierung des Rechnungswesens wird in vielen Unternehmen inzwischen auf einen ge-

trennten Rechnungskreis für die Kostenrechnung verzichtet (vgl. Weber/Weißenberger, 1998). Auch die interne Steuerung erfolgt häufig nach nur noch geringfügig angepassten externen Rechnungswesenzahlen und die Veröffentlichung von segmentbezogenen Quartalsabschlüssen wird verpflichtend. Damit gewinnt das externe Rechnungswesen und dessen Zahlenwerk für die interne Steuerung an Bedeutung – vielfach zu Lasten der bisher vom Controlling gelieferten Zahlen. Es ist fraglich, ob und wie Controller ohne die Basis Kostenrechnung – historisch eine Wurzel des Controlling in Deutschland (vgl. auch S. 90 ff.) – ausreichend Managementunterstützung bieten können. Der Rückzug aus Routineprozessen bietet den Controllern zwar die Chance, stärker in die interne Beratung vorzudringen, birgt aber gleichzeitig das Risiko, damit die informatorische Basis für eine kompetente Beratung zu verlieren, beziehungsweise ihr altes Stammgeschäft aufzugeben, ohne im neuen Geschäft hinreichend Fuß fassen zu können.

Bezogen auf die Ausweitung in Richtung betriebswirtschaftliche Beratung und Projektbegleitung sehen sich Controller in vielen Unternehmen etablierten Konkurrenten der internen Unternehmensberatung gegenüber. Bei der Entwicklung und Umsetzung wertorientierter Steuerungskonzepte werden oft externe Berater eingeschaltet. Die Strategieentwicklung eines Unternehmens erfolgt häufig ebenfalls nicht durch Controller. Auch hier muss sich der Controllerdienst starken Wettbewerbern stellen.

Wettbewerbs-, kunden- und fähigkeitsbezogene Fragen bestimmen die Zukunft der Controller

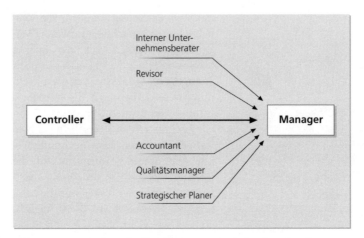

Abb. 10: Interne Wettbewerber konkurrieren um die Aufmerksamkeit des Managements

Kundenbezogener Einfluss

Der wichtigste Kunde für den Controller ist das Management. Als Herausforderung für die Controller zeigt sich hier immer deutlicher, dass die Manager eine verstärkte Kundenorientierung von Controllern fordern. Die Beurteilung der Controller in Bezug auf ihre Kundenorientierung im Stammgeschäft der Routineprozesse fällt relativ schlecht aus (vgl. etwa die Ergebnisse in den Bänden 7 (Koblenzer Studie, vgl. Homburg/Weber/Aust/Karlshaus 1998) und 21 (Erfolg durch Kennzahlen, vgl. Weber 2005, S. 379 ff.) der Schriftenreihe Advanced Controlling). Manager klagen über unspezifische Leistungen, zu späte Lieferung und beschweren sich über Controller mit den Schlagworten »Bremser« und »Zahlenknechte«. Insgesamt lässt sich die Situation bezogen auf die Routineprozesse der Informationsversorgung durch ein mangelndes Denken in Kunden-Lieferanten-Beziehungen charakterisieren. Controller

wissen offensichtlich zu wenig über ihre Kunden und scheinen nicht genug nachzufragen. Es gilt, die Unterstützungsleistungen der Controller in den Routineprozessen möglichst individuell auf die Bedürfnisse des einzelnen Managers auszurichten und z. B. eine ungerichtete Datenflut einzuschränken. Controller haben offensichtlich Schwierigkeiten, neben der intensiven Beschäftigung mit Zahlen die angestrebte Funktion eines »Sparringspartners« und »kritischen Counterparts« wahrzunehmen. Ob die geforderten betriebswirtschaftlichen Beratungsleistungen aus Kundensicht überhaupt in stärkerem Maße gewünscht oder schon ausreichend wahrgenommen werden, ist noch zu klären.

Einfluss der Fähigkeiten

Die dritte Herausforderung betrifft die Fähigkeiten von Controllern. Für die derzeitigen Routineprozesse sollte man

Neue Anforderungen erfordern neue Fähigkeiten von Controller(n)

unterstellen, dass die Controller hinreichend qualifiziert sind. In Bezug auf die interne Beratung kann diese Situation jedoch völlig anders sein. Je nach der gewählten Entwicklungsrichtung der Controller erwachsen unterschiedliche Konsequenzen für die Art und Ausprägung der dazu notwendigen Fähigkeiten. Die Voraussetzungen für den Routinebetrieb von Informationssystemen sind gänzlich andere als diejenigen für die interne Beratung. Kann man von einem Controllerbereich erwarten, das ganze Spektrum an erforderlichen Fähigkeiten zu beherrschen? Können dieselben Controller sowohl Routineaufgaben wahrnehmen als auch Beratungsleistungen erbringen? Es liegt der Eindruck nahe, ein idealer Controller müsste die Kriterien der betriebswirtschaftlichen »eierlegenden Wollmilchsau« erfüllen.

Was haben wir in diesem Kapitel vor?

Die vorangegangenen Aspekte sind Grund genug, sich intensiv mit der Ausrichtung von Controllerbereichen zu beschäftigen. Ziel dieses Kapitels ist es, einen methodischen Rahmen vorzustellen, mit dem es Ihnen als Controller möglich ist, auf die genannten Herausforderungen konstruktiv zu reagieren und Ihnen Anregungen aus anderen Unternehmen zu geben. Für uns stehen dabei folgende Fragen im Mittelpunkt:

- Inwieweit ist eine Wettbewerbssicht in Unternehmen für Controller relevant?
- Welche Strategie verfolgt der Controllerbereich mit Blick auf Routineprozesse und Beratungsleistungen derzeit?

- Wie kann eine Methodik zur Analyse und Positionierung von Controllerbereichen aus Wettbewerbssicht aussehen? Wie schafft der Controllerbereich Transparenz über seine derzeitige Situation im Unternehmen, auch bezogen auf Routineprozesse und Beratungsleistungen? Wie sehen gegenwärtig Ressourcen und Fähigkeiten von Controllern aus? Welche internen Wettbewerber, Kunden und Lieferanten gibt es?
- Wie will und kann sich der Controllerbereich strategisch sinnvoll im internen Dienstleistungsmarkt der Führung (mit Bezug auf Routineprozesse und Beratungsleistungen) positionieren?
- Welche Sicht hat der Kunde?
- Welche Strategiealternativen ergeben sich aus der strategischen Analyse der Markt- und Ressourcenperspektive für Controllerbereiche?

Die von uns verwendete Markt- und Ressourcenperspektive stellen wir Ihnen im zweiten Kapitel vor. Mit dem im CCM entwickelten Konzept haben wir intensive Fallstudien in den Partnerunternehmen durchgeführt. Im dritten Abschnitt (S. 62 ff.) führen wir eine strategische Analyse der Controllersituation aus Markt- und Ressourcensicht durch und legen damit die Basis für eine realitätsnahe strategische Neuausrichtung von Controllern. Mit dieser beschäftigt sich ausführlich der vierte Abschnitt (S. 90 ff.). Im fünften Abschnitt (S. 125 ff.) geben wir Ihnen schließlich ein knappes Vorgehensgerüst an die Hand, das Ihnen Anregungen zur Neuausrichtung Ihres Controllerbereichs liefern soll.

Wir wollen diverse spannende Fragen beantworten

Konzept und Methode von Controller Excellence

Um die Frage nach der strategischen Analyse und Positionierung von Controllerbereichen tragfähig zu beantworten, sind einige konzeptionelle Überlegungen erforderlich. Sie beginnen mit einer Ihnen vermutlich nur wenig geläufigen Unterscheidung.

Role-Taking versus Role Making der Controller

Für die Betrachtung, welche Aufgabenbereiche Controller wahrnehmen und in welchen Feldern sie Schwerpunkte ihrer Tätigkeit haben, lassen sich idealtypisch zwei gegensätzliche Perspektiven wählen (vgl. Kronast 1989).

Aus der Perspektive des »Role Taking« übernimmt der Controllerbereich die ihm von der Unternehmensleitung zugewiesenen Aufgaben der Managementunterstützung, ohne einen eigenen Gestaltungsbeitrag zu leisten. Das Management definiert die Anforderungen und teilt die anfallenden Aufgaben unter den Geschäftseinheiten und Führungsdienstleistern auf. Der Controllerbereich besitzt im Extremfall keine eigene Gestaltungsmöglichkeit. Diese Perspektive korrespondiert in der Organisationsforschung mit der klassischen Sichtweise der Organisation als Hierarchie. Die Instanz nimmt die Teilung und Delegation der Aufgaben vor, die delegierten Stellen führen sie aus. Im Idealfall lassen sich die Aufgaben soweit trennen, dass sich keine Überschneidungen zwischen Teilaufgaben von Akteuren ergeben. Dennoch werden gewisse Abhängigkeiten nicht zu vermeiden sein. Die einzelnen Unternehmenseinheiten sollen dann harmonisch miteinander kooperieren. Von opportunistischem Verhalten wird in dieser Perspektive häufig abstrahiert. Alle Einheiten verfolgen eine übereinstimmende Zielfunktion, die den Unternehmenszielen entspricht. Die dadurch mögliche Arbeitsteilung und Spezialisierung führt zu hohen Effizienzgewinnen.

Die zweite Perspektive und Gegenpol dazu bildet das sogenannte »Role Making«. In diesem Verständnis obliegt es dem Controllerbereich selbst, sich seine

Role Taking	Role Making
• Management gibt Aufgaben für Bereiche vor	• Management lässt Bereichen Autonomie
• keine eigenen Gestaltungsspielräume	• aktive eigene Gestaltungsspielräume der Bereiche
• Kooperation für ein gemeinsames Ziel	• konkurrierende Zielsetzung möglich; Wettbewerbsverhalten
• Arbeitsteilung und Spezialisierung	• Überschneidungen im Leistungsangebot

Abb. 11: Auf welcher Seite sehen Sie sich als Controller in Ihrem Unternehmen?

Rolle und seine Leistungen in der Managementunterstützung zu definieren. Im Extremfall liegt ein völliger Gestaltungsfreiraum vor, der lediglich durch die grobe Vorgabe einer rationalitätssichernden »Managementunterstützung« einen Rahmen erhält. Diese Perspektive korrespondiert in der Organisationsforschung mit der Koordination durch Märkte. Jeder Marktteilnehmer hat dabei eine Wahlfreiheit, welche Leistungen er anbietet und abnimmt. Es gibt keine hierarchische Weisung, die Leistung wird stattdessen zu einem Marktpreis angeboten und entsprechend nachgefragt.

Mehrere Anbieter produzieren die gleiche Leistung und stehen damit im Wettbewerb zueinander, der für die Nachfrager in der Regel positive Wirkungen hat. Wettbewerb auf Märkten ist ein wichtiges Kennzeichen für ihr Funktionieren. Die Ziele der unterschiedlichen Marktteilnehmer müssen dabei nicht gleichgerichtet sein – statt dessen kann es zu Zielkonflikten kommen. Wettbewerbsverhalten tritt an die Stelle von unreflektierter Kooperation.

Welchen Gestaltungsfreiraum besitzen nun Controllerbereiche heute? Sie spielen längst nicht mehr allein die Rolle eines »Role Takers«, da Unternehmen nicht rein zentralistisch organisierte Hierarchien sind, sondern den Abteilungen und Geschäftsbereichen viel dezentraler Freiraum gewährt wird. Controller können Aufgabenschwerpunkte und Rollen eigenständig prägen. Je nach Autonomiegrad im Unternehmen haben sie die Möglichkeit, ihr »Spielfeld« eigenverantwortlich zu gestalten. Dabei treten sie in einen Wettbewerb mit anderen Abteilungen und

versuchen, auch eigene Interessen durchzusetzen.

Dieser Wettbewerb zeigt sich in einem entsprechenden Verhalten – z. B. wenn es um die Gewinnung der Aufmerksamkeit des Top-Managements oder um Karrierechancen geht, genauso wie bei einem Wettbewerb um neue wichtige Projekte oder Leistungsbereiche. Auch um personelle, finanzielle oder sachliche Ressourcen kann ein Wettbewerb entstehen. Bereiche versuchen entsprechend, ihre Ideen zu verwirklichen, als besonders relevant erscheinende Projekte zu leiten, wichtige Positionen mit Mitarbeitern aus dem eigenen Bereich zu besetzen und besonders guten Nachwuchs zu rekrutieren – und sind dabei auch bereit, Konflikte mit anderen Bereichen einzugehen.

Controller können allerdings nicht nur »Role Maker« sein. Weiterhin vorherrschend bleibt die Hierarchie in Unternehmen und der Grundsatz der Kooperation bestehen. Es gibt stets Weisungen, welche Aufgaben von welchem Bereich zu übernehmen sind. Innerhalb eines jeden Unternehmens existiert zudem ein historisch gewachsenes Controllerbild und damit ein grundsätzliches Verständnis darüber, wie Controller mit den Managern auf der einen Seite und anderen Abteilungen auf der anderen Seite zusammenarbeiten sollen. Hierdurch wird die Rolle der Controller im Sinne eines »Role Taking« außerhalb des Controllereinflusses vorgeprägt.

Aus Controllersicht handelt es sich somit bei der Festlegung ihres Betätigungsfeldes um ein Spannungsfeld: Für sie ist sowohl die Perspektive des »Role Taking« wie des »Role Making« relevant.

... **»Role making«**
dem Bild von
internen Märkten

Konzept und Methode von Controller
Excellence

Wir werden uns in der Folge allerdings bewusst auf die – eher noch ungewohnte und bisher vernachlässigte – Perspektive des »Role Making« konzentrieren und prüfen, welche Relevanz sie besitzt. Wir betrachten den Controller im Rahmen von Controller Excellence als einen »Unternehmer im Unternehmen in Sachen Führungsdienstleistungen«. Wir überlegen, wie sich der Controllerbereich unter Berücksichtigung von Kunden und Wettbewerbern strategisch ausrichten und seine Rolle selbst gestalten sollte, um eine optimale Managementunterstützung leisten zu können. Die Perspektive des »Role Taking« einzunehmen, hieße, keinen Veränderungsspielraum zu besitzen – und dann gäbe es dieses Kapitel nicht!

Konzepte zur strategischen Ausrichtung

Zur Lösung gehen wir von der heute weit entwickelten ökonomischen Strategieforschung aus (vgl. Hahn/Taylor, 1999). Sie hat unterschiedliche Ansätze für die Beantwortung der Frage entwickelt, wie ein Unternehmen eine möglichst günstige Position im Wettbewerb erreichen kann. Die zur Zeit prominentesten sind die der markt- und der ressourcenbasierten Perspektive. Mit ihnen lassen sich das Unternehmen in seinem marktlichen Umfeld untersuchen und die internen Fähigkeiten und Ressourcen analysieren. Damit ergibt sich ein ganzheitliches Bild der Situation eines Unternehmens im Wettbewerb als

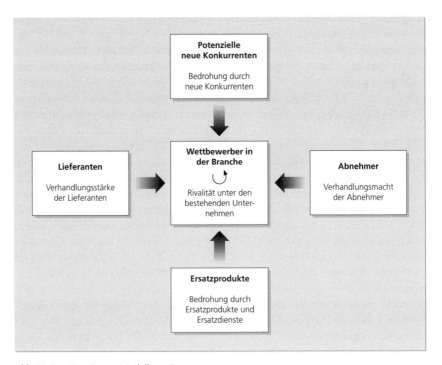

Abb. 12: Das Five-Forces-Modell von Porter

Grundlage für eine Neupositionierung. Diese Konzepte wollen wir auf Controllerbereiche übertragen.

Aus *marktorientierter Perspektive* wird das Unternehmen in seinem marktlichen Umfeld betrachtet. Bekanntester Vertreter dieser Richtung ist Porter mit seinem Five-Forces-Modell zur Branchenanalyse (vgl. Porter 1999). Grundlage für den Erfolg eines Unternehmens bilden die Attraktivität der Unternehmensumwelt und die produkt- und marktmäßige Positionierung relativ zum Wettbewerb. Als Bestimmungsgrößen für den Unternehmenserfolg werden die relative Stärke der bestehenden und potenziellen Wettbewerber, der Lieferanten, Kunden und das Vorhandensein substitutiver (oder komplementärer) Produkte angesehen. Dieser Betrachtungsweise liegt die Annahme zugrunde, dass das marktliche Umfeld den wesentlichen Erfolgsfaktor für ein Unternehmen darstellt. Ziel der Strategie muss es sein, sich in diesem marktlichen Umfeld erfolgreich zu positionieren. Dazu werden systematisch die genannten Umweltfaktoren analysiert.

- Wer sind die wichtigsten Kunden, welche Anforderungen stellen sie an das Unternehmen und seine Produkte und wieviel Verhandlungsmacht haben sie?
- Welche Bedeutung besitzen bestehende und neue Konkurrenten; sind sie ähnlich groß und wächst die Branche?

Betrachtung des Unternehmens aus der Marktperspektive

Porter hat die strategische Diskussion lange Zeit geprägt

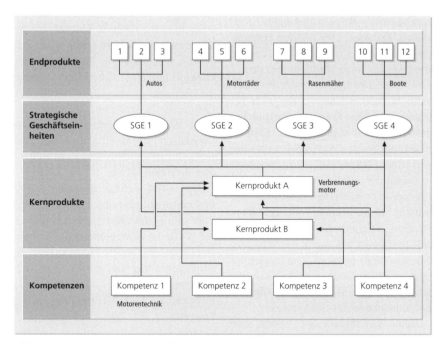

Abb. 13: Das Konzept des ressourcenbasierten Ansatzes nach Hamel/Prahalad

- Bestehen Abhängigkeiten von Lieferanten oder drohen Ersatzprodukte das eigene Produkt überflüssig zu machen?
- Gibt es neue Märkte, in die das Unternehmen vordringen kann?

Eine Beurteilung der unternehmensexternen Situation ohne Bezugnahme auf die unternehmensinterne Lage erscheint jedoch unzureichend. Es bietet sich somit für einen ganzheitlichen Ansatz an, zusätzlich auch eine unternehmensinterne Perspektive einzunehmen. Dies ist die Sicht des *ressourcenorientierten Ansatzes*. Welche Fähigkeiten und Kompetenzen besitzt das Unternehmen, mit denen ein Vorteil gegenüber Wettbewerbern erzielt werden kann? Durch die Kombination von besonderen Ressourcen und Fähigkeiten gelingt der Aufbau einer oder mehrerer sogenannter Kernkompetenzen (vgl. Hamel/Prahalad, 1994). Diese ermöglichen es dem Unternehmen, bessere Produkte als seine Wettbewerber herzustellen. Kernkompetenzen (z. B. exzellente Motorentechnik) lassen sich für unterschiedliche Kernprodukte nutzen, die Bestandteil verschiedener Endprodukte sein können. Sie sollten weiterentwickelt und besonders beachtet werden.

Eigenschaften von Kernkompetenzen

Damit der auf diesen Ressourcen beruhende Wettbewerbsvorteil groß ist, müssen Ressourcen besondere Eigenschaften erfüllen: Sie müssen selten sein und einen besonders wertschaffenden Charakter besitzen. Um längerfristig einen Wettbewerbsvorteil zu sichern, sollten sie zudem dauerhaft, immobil und nur schwer zu imitieren sein.

Beide Sichtweisen der Außen- und Innenbetrachtung, der Markt- und Ressourcenperspektive ergänzen einander zu einem umfassenden Bild und bieten eine Grundlage zur Neuausrichtung.

Methode und Vorgehen im CCM

Im Rahmen von Controller Excellence wenden wir dieselben Perspektiven auf Controllerbereiche im internen Wettbewerb an. Auf diese Weise nutzen wir bewährte Konzepte für ein systematisches Überdenken der strategischen Positionierung im internen Führungsdienstleistungsmarkt und positionieren den Controllerbereich gezielt in einer bestimmten Richtung. Wir nutzen dazu Fallstudien, die im Rahmen eines einjährigen Arbeitskreises des Center for Controlling und Management (CCM) erarbeitet wurden.

Im Gegensatz zu einer schriftlichen Fragebogenerhebung ermöglichen Fallstudien einen tieferen Einblick in die »Controllerwirklichkeit«. Komplexe Fragestellungen, wie die Frage nach der Entwicklung des Controllerbereiches, die Art der Strategieentwicklung für Controller, die Untersuchung von internem Wettbewerbsverhalten oder die Diskussion um Kernkompetenzen lassen sich nur auf dem Wege von Fallstudien detailliert klären.

Das CCM vereint deutsche Großunternehmen und den Lehrstuhl für Controlling und Telekommunikation an der WHU in einer gemeinschaftlichen, auf Dauer angelegten Zusammenarbeit zum Controlling. Der direkte Austausch zwischen Forschung und Praxis, die Entwicklung und Übertragung neuer Konzepte in die Praxis sowie die Aufnahme neuer Entwicklungen aus der Praxis für die Forschung sind Kernelemente der Zusammenarbeit im CCM. Als erstes Jahresthema wurde das Projekt »Controller Excellence« zur strategischen Analyse und Positionierung von Controllerbereichen durchgeführt. Insgesamt nahmen fünf Unternehmen an der Entwicklungsarbeit aktiv teil. In einer ersten Phase wurde die derzeitige Positionierung der Controllerbereiche analysiert. Die Unternehmen stellten uns zunächst Dokumente über den Controllerbereich und seine Entwicklung zur Verfügung. Im Anschluss befragten wir nach eingehender Dokumentenanalyse schriftlich insgesamt ca. 300 Controller, Manager als deren Kunden, interne Wettbewerber und Lieferanten von Controllern.

Der Fragebogen von etwa 20 Minuten Bearbeitungsdauer enthält größtenteils deckungsgleiche Fragen sowohl für die Controller als auch für ihre internen Kunden, Wettbewerber und Lieferanten, so dass ein direkter Vergleich stattfinden kann. Ziel war es, jeweils ein Controller-Manager-»Gespann« zu befragen. Die wichtigsten Fragen betrafen:

- die Leistungen (»Produkte«) der Controller,
- Art der Aufgabenwahrnehmung,
- Rollenbild und Verhaltenseinschätzung,
- Ressourcenbasis,
- Treiber der Entwicklung des Controlling
- und wichtige zukünftige Themen.

Im Kundenfragebogen war zusätzlich eine Kundenzufriedenheitsbefragung enthalten. Zudem wurden ca. 120 Mitarbeiter mit einer Auswahl aus den genannten Gruppen in etwa einstündigen Interviews eingehend befragt. Dabei vertieften wir die Fragen zur Strategie und zum Leitbild der Controller, Fragen zur Organisation und zum Wettbewerbsumfeld, zur historischen Entwicklung des Controllerbereichs sowie seiner Ressourcenausstattung. Das sich daraus ergebende umfassende Bild über die Situation des Controllerbereichs innerhalb eines Unternehmens stellen wir Ihnen im nächsten Kapitel vor.

In der Phase 1 haben wir die derzeitige Situation der Controller analysiert

Die Ergebnisse wurden im Anschluss in Arbeitskreisen mit den Controllerbereichen diskutiert und einander gegenübergestellt. Neben dem zentralen Konzerncontrolling wurde zusätzlich je ein dezentraler Controllerbereich innerhalb eines Geschäftsfeldes mit in die Untersuchung einbezogen. Außer den Controllingleitern wurden Abteilungsleiter und Referenten im Controlling und von internen Wettbewerbern befragt. Als Kunden wurden Vorstände, Bereichsleiter und Abteilungsleiter in der Untersuchung berücksichtigt. Typische befragte interne Wettbewerber und Lieferanten waren die Unternehmensentwicklung, das Rechnungswesen, die Revision oder eine M&A-Abteilung. Dadurch ergab sich ein insgesamt ausgewogenes Bild zur strategischen Analyse des Controllerbereichs in jedem der beteiligten Unternehmen.

Erste Ansatzpunkte für Verbesserungen dienten als Startpunkt für die zweite Phase der Positionierung des Controller-Bereichs. Diese erfolgte aus zwei Perspektiven, der Controllerbereichsperspektive und einer leistungsbezogenen Perspektive. Dabei wählten wir auf Basis der ersten Analysen der beteiligten Controllerbereiche je einen Leistungsbereich aus, für den unter dem Blickwinkel einer strategischen Ausrichtung eine detailliertere Be-

In der Phase 2 standen konkrete Controllingprozesse und deren Ausrichtung im Vordergrund

Konzept und Methode von Controller Excellence

trachtung lohnenswert erschien. Auch hierbei wurden wieder Interviews mit Lieferanten, Wettbewerbern und Kunden geführt und Workshops veranstaltet, um sowohl die marktbezogene als auch die ressourcenbezogene Situation zu erfassen.

Im Einzelnen haben wir vier Prozesse unter die Lupe genommen: Das Monatsreporting, das Beteiligungscontrolling, das strategische Controlling und das Investitionscontrolling. Strategien für den Gesamtbereich und die Prozesse lassen sich als Endresultat sowohl aus einer Markt- als auch aus einer Ressourcenperspektive heraus entwickeln. Insgesamt war – so zeigt schon die kurze Vorgehensbeschreibung – der Analyseumfang erheblich. Welche Ergebnisse wir damit erzielt haben, wollen wir Ihnen im Folgenden schrittweise präsentieren – und damit wird vermutlich auch die Struktur unseres Ansatzes für Sie deutlicher sicht- und nachvollziehbar.

Strategische Analyse von Controllerbereichen

Strategische Zielrichtung

Zunächst wollen wir der Frage nachgehen, was Controller unter einer strategischen Ausrichtung verstehen. Dabei interessiert uns nicht nur die inhaltliche Prägung der Ausrichtung (wie z. B. die anzustrebenden Leistungen), sondern auch die Art und Weise, wie die strategische Ausrichtung entsteht und verfestigt wird.

Leitbilder der Controllerbereiche als Ausgangspunkt

Wenn man Controller nach ihrer strategischen Ausrichtung befragt, sind zumeist Controllerbilder – im Sinne von Selbstbeschreibungen – die erste Assoziation; am häufigsten werden der *Interne Berater,* der *Steuermann* und das *ökonomische Gewissen* genannt. Hinter den angestrebten Bildern liegen gewünschte Kernleistungen und Verhaltensweisen der Controller, die in wenigen Sätzen prägnant zusammengefasst sind. Dabei ergänzen Controller ihre Beschreibung leistungsbezogen durch Felder, die zukünftige Schwerpunkte der Arbeit kennzeichnen sollen, etwa strategisches Controlling, Konzernprojekte oder kundenorientierte Sonderanalysen. Den offenen Abgleich mit anderen Stäben im Sinne einer internen Wettbewerbsausrichtung vermeiden sie meist. Ressourcenbezogen präzisieren Controller die Bilder durch einzelne Eigenschaften (z. B. kommunikationsfähig, kritisch) oder durch Typen, wie etwa den Generalisten. Ein Controller soll sich so flexibel zwischen Organisationsebenen, Projekten sowie Fach- und Geschäfts-Know-how bewegen können. Controllerbilder, wie z. B. der Interne Berater, bergen die Gefahr, dass sie zwischen Controllern und Unternehmen mit sehr unterschiedlichen Eigenschaften belegt werden können oder nur abstrakt verwendet werden. Schriftlich fixierte Leitbilder bieten Controllerbereichen die Möglichkeit, die Vorstellungen über ihre eigene strategische Ausrichtung zu bündeln und stärker zu präzisieren (vgl. Kronast 1989).

Was haben wir in den CCM-Unternehmen als Leitbilder der Controllerbereiche gefunden? Durchweg wird die kundenorientierte Servicefunktion der Controller mit einer kritisch-neutralen Grundhaltung verknüpft. Der Managementservice bildet dabei die informati-

In den Controller-Leitbildern wird eine Servicefunktion mit einer kritischneutralen Grundhaltung verknüpft

Controller Excellence

onsmäßige und vertrauensbezogene Basis einer kritischen Begleitung der Führungskräfte. In diesem Zusammenspiel betonen die Leitbilder in Nuancen entweder die Servicefunktion – teils mit Fokus auf Methodengestaltung und Transparenzschaffung – oder die kritische Entscheidungsbegleitung.

Was streben die Controller im Rahmen ihrer Servicefunktion an? Wir fanden als Kernleistungen die Schaffung von Ergebnistransparenz, die Gestaltung betriebswirtschaftlicher Methoden und eine entscheidungsnahe Analysetätigkeit. Das verbindende Element für diese Serviceleistungen stellt die Planung dar:

- Controller verantworten die Planungsprozesse,
- erreichen hier eine enge, konzernweite Abstimmung mit Führungskräften,
- bringen zukunftsorientierte Informationen ein
- und erstellen auf dieser Basis Abweichungsanalysen.

Aus diesen Servicefunktionen folgen ressourcenseitig hohe Kommunikationsfähigkeiten, Eigeninitiative, breite betriebswirtschaftliche Kenntnisse und Kundenorientierung als wesentliche Anforderungen an Controller. Ausdrücklich wird in den Leitbildern eine Verengung der Serviceleistung auf eine reine Zahlenversorgung abgelehnt. Vielmehr war durchweg die Forderung nach einer verstärkt qualitativen Ausrichtung der Controller durch Einbeziehung markt- und prozessbezogener Informationen (z. B. im Rahmen eines Benchmarking) hörbar.

Die Zusammenführung unterschiedlicher Sichtweisen, das kritische Hinterfragen in der Entscheidungsfindung und die Sicherung der Ergebnisoptimierung beschreiben Aufgaben der Controller als kritische Sparringspartner des Managements. Drei der untersuchten Controllerbereiche verwenden dafür als weitestgehende Vision das Bild des *innovativen Controllers* oder *strategischen Beraters*, der größere Konzernprojekte initiiert und begleitet, die Strategieentwicklung moderiert und Trainings- sowie Change-Management-Funktionen übernimmt. In dieser Rolle werden Controllern in den Zielbeschreibungen die Attribute unabhängig, querdenkend und schlichtend sowie eine Verpflichtung zur ungefragten Beratung zugewiesen. Als nicht anzutastende Grenze des aktiven Einwirkens der Controller gilt die Übernahme von Entscheidungsverantwortung.

Sowohl zentrale als auch dezentrale Controller streben in ihren Leitbildern beide Rollen zugleich an: Servicefunktion und kritische Begleitung des Managements. Eine Aufteilung der angestrebten Aufgaben zwischen zentralen und dezentralen Controllern erfolgt nicht, etwa in dem Sinne, dass Konzerncontroller kritisch und Bereichscontroller dienstleistend tätig seien. Eine Schwerpunktsetzung wird nur insofern vorgenommen, als sich die Zielkunden der Controllerebenen unterscheiden.

Während zentrale Controller Service und kritische Begleitung primär für den Vorstand des Unternehmens leisten sollen, zielen dezentrale Controller auf die Unterstützung der Führungskräfte des jeweiligen Geschäftsbereichs. Ein Controller-Leitbild in einem CCM-Unternehmen mit noch gering ausgeprägtem dezentralen Controllerbereich sieht Vor-

Controller sollen – den Leitbildern zufolge – unabhängig, quer denkend und schlichtend sein sowie ungefragt beraten

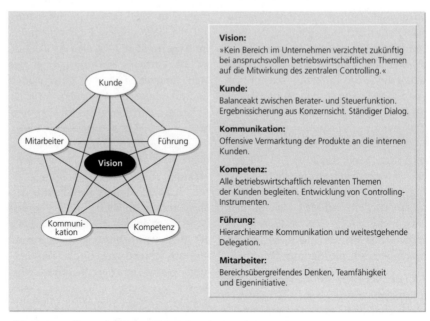

Vision:
»Kein Bereich im Unternehmen verzichtet zukünftig bei anspruchsvollen betriebswirtschaftlichen Themen auf die Mitwirkung des zentralen Controlling.«

Kunde:
Balanceakt zwischen Berater- und Steuerfunktion. Ergebnissicherung aus Konzernsicht. Ständiger Dialog.

Kommunikation:
Offensive Vermarktung der Produkte an die internen Kunden.

Kompetenz:
Alle betriebswirtschaftlich relevanten Themen der Kunden begleiten. Entwicklung von Controlling-Instrumenten.

Führung:
Hierarchiearme Kommunikation und weitestgehende Delegation.

Mitarbeiter:
Bereichsübergreifendes Denken, Teamfähigkeit und Eigeninitiative.

Abb. 14: Controller-Leitbild eines CCM-Unternehmens als Beispiel

Für die Anwendung der Leitbilder lassen sich zwei Fälle unterscheiden

stand und Bereichsleiter gleichwertig als interne Kunden an.

Eines wird aus der Leitbildbetrachtung deutlich: Das erkennbare Spannungsfeld von Service und kritischer Begleitung findet sich in allen genannten Wunschbildern der Controller wieder und präzisiert diese: Berater, Steuermann und ökonomisches Gewissen betonen lediglich einzelne Schwerpunkte (z. B. beim Steuermann der Planungs- und Kontrollaspekt). Schriftliche Leitbilder und Bilder, die Controller im Kopf haben, stimmen in den CCM-Unternehmen überein.

Wie werden die Controller-Leitbilder verwendet?

In allen CCM-Unternehmen liegen formulierte Leitbilder der Controllerbe-

reiche vor, für deren Anwendung zwei Fälle unterschieden werden können:

Im ersten Fall haben Controllerbereiche auf Basis eines Start-Workshops mit breiter Controllerbeteiligung und anschließender Projektarbeit ein umfassendes Leitbild entwickelt. Es definiert nicht nur Vision und angestrebte Leistungsfelder der Controller, sondern beschreibt auch interne Kunden, generelle Verhaltensweisen und Anforderungen an Controllerfähigkeiten, wie am Beispiel des obigen Leitbilds ersichtlich. Eine Abgrenzung gegenüber anderen Stäben erfolgt nur implizit durch Definition der Kernleistungen. Das Zusammenspiel mit internen Wettbewerbern wird meist in Schnittstellendefinitionen näher erläutert, die dem Leitbild angehängt sind. Die Motivation der aktiven Leitbildarbeit begründete sich in grund-

legenden Veränderungen der Leistungsfelder, etwa dem Wegfall von Aufgaben
des internen Berichtswesens oder in
dem Umstand eines neuen Chefcontrollers, der die Bestandsaufnahme und eigene Zielvorstellung mit einer Leitbild-
diskussion verbinden wollte.

Ebenso umfassend und aktiv ist die
Nutzung dieser Leitbilder in der praktischen Controllerarbeit: Neben einer
Kommunikation an interne Kunden
und einer Abgrenzung gewünschter
Leistungen und Verhaltensweisen dient
das Leitbild dazu, die Prioritätensetzung
in wiederkehrenden Abständen zu hinterfragen und Vorgaben für die Personalentwicklung der Controller zu gewinnen. Höchste Aufmerksamkeit erreicht
das Leitbild dann, wenn die Rahmenvor-
schläge für den gesamten Controllerbereich des Unternehmens auf Abteilungen oder dezentrale Controllereinheiten
heruntergebrochen werden. Auf dieser
Basis können nach einer Lückenanalyse
konkrete Maßnahmen zur verbesserten
strategischen Ausrichtung erarbeitet
werden.

Im zweiten Fall existiert zwar ein
Leitbild (oder besser: eine Leistungsbe-
schreibung) der Controller; dieses wird
jedoch primär zur Präsentation nach außen, etwa auf Schulungsvorträgen, im
Intranet oder zum Zwecke des Recruiting verwendet. Die interne Ausrichtung
der Controller vollzieht sich über andere
Mechanismen. Den in den Unternehmen befragten Controllern ist das
Leitbild überwiegend nicht genau bekannt (»da gibt es was«), da sich die Mitwirkung bei der Leitbilderstellung auf
einen kleinen Kreis, meist leitender
Controller beschränkt hatte. Im Vergleich zum ersten Fall handelt es sich in-

haltlich um z. T. detaillierte Leistungs-
und Prozessbeschreibungen des Controllerbereichs, die den Informationsbedarf hinsichtlich Verantwortlichkeiten, Schnittstellen und Ablauf-Know-
how erfüllen sollen.

Die Reaktion der Controller auf diese
»Handbücher« zeigt, dass sich eine aktive Leitbildentwicklung nur lohnt,
wenn die im ersten Fall beschriebenen
Anlässe und Einbindung in die Steuerung des Controllerbereichs gegeben
sind!

Was beeinflusst die strategische Ausrichtung noch?

Neben den schriftlich fixierten Leitbildern wird die strategische Ausrichtung der Controller insbesondere durch
die Leiter der Controllerbereiche geprägt, dies sowohl mit Vorträgen und
durch die Besetzung neuer Themen, als
auch in der Kontrolle der Controllertätigkeiten. Deutlich wird der große Einfluss der leitenden Controller auf die
strategische Ausrichtung, wenn sich
nach einem Wechsel in der Position des
Chefcontrollers das Selbstverständnis
und die Arbeitsschwerpunkte der Controller grundlegend verändern. Fast
zwangsläufig gibt der Wechsel des Chefcontrollers deshalb Anlass zur Revision
der bestehenden Leitbilder. Daneben
stellen die mit den internen Kunden ab-
gestimmten Jahresziele des Controllerbereichs ein wichtiges formales Instrument zur strategischen Ausrichtung dar,
die in persönliche Zielvereinbarungen
der Controller eingehen.

Der dritte prägende Aspekt für die
strategische Ausrichtung besteht in der
täglichen Controllerarbeit. Die von inter-

Entweder bildet das Leitbild die Basis der Ausrichtung der Controller ...

... oder es ist kaum unter den Controllern bekannt

**Das Spannungs-
feld zwischen
vergangenheits-
orientierter Sach-
bearbeitung und
proaktiver
Entscheidungsvor-
bereitung muss
täglich neu ausge-
lotet werden**

nen Kunden an Controller gestellten Anforderungen beeinflussen die strategische Ausrichtung in zweifacher Weise:

- Zum einen lenken sie die Controllerkapazität auf für sie wichtige Felder und blockieren damit evtl. von Controllern angestrebte Leistungen. Dies ist etwa dann gegeben, wenn durch eine erhöhte Nachfrage nach Sonderauswertungen die Zeit zur Neugestaltung des Berichtswesens fehlt.
- Zum anderen erwachsen aus der Art der zu erledigenden Aufgaben im Zeitablauf typische Verhaltensweisen und Anforderungen, die nur schwer veränderbar scheinen (z. B. Fachbetreuer versus Systemspezialisten).

Eine grundlegende Veränderung der Kundenanforderungen an Controllerleistungen kann als ein Auslöser zur strategischen Neuausrichtung der Controllerbereiche wirken (im Sinne eines »Role-Taking«). Sie kann entweder in einem Wechsel des Hauptkunden, etwa des Finanzvorstands, begründet sein, oder als Folge einer Unternehmenskrise entstehen. Im ersten Fall vermag schon eine unterschiedliche Vorbildung im Controlling eine geänderte Schwerpunktsetzung zur Folge haben, indem z. B. ein Ex-Controller als Vorstand detailliertere Monatsberichte fordert und diese anschließend eigenständig analysiert. Im zweiten Fall bewirken Unternehmenskrisen eine nachhaltige Bedeutungssteigerung des Controllerbereichs, da die Notwendigkeit der monetären Bewertung und straff zielorientierten Führung hier ganz wesentlich von Controllern gestützt werden kann.

Umgekehrt kann es jedem einzelnen Controller durch die Ausübung seiner Aufgabe gelingen, eine bestimmte Ausrichtung zu verfestigen, insbesondere deshalb, weil die Zusammenarbeit zwischen Controllern und Managern keinen – theoretisch denkbaren – »Grundsätzen eines ordnungsmäßigen Controlling« folgt. Die Zusammenarbeit findet in einem Spannungsfeld aus vergangenheitsorientierter Sachbearbeitung und proaktiver Entscheidungsvorbereitung statt, das täglich neu ausgelotet werden muss. Dies erklärt auch den in unserer Untersuchung festgestellten fehlenden Einfluss organisatorischer Regeln – wie z. B. Stellenbeschreibungen – auf die Ausrichtung der Controllerarbeit.

Ein kurzes Zwischenfazit

Controller möchten als interne Berater des Managements gelten. Dies schließt sowohl die Übernahme von Servicefunktionen, vor allem der Planungsunterstützung, als auch die kritische inhaltliche Begleitung von Entscheidungen mit ein. Als entsprechende Verhaltenserwartungen werden an Controller eine Kundenorientierung, breite betriebswirtschaftliche Kompetenz und unabhängige Denkweise gerichtet. Controller und insbesondere Chefcontroller prägen ihre strategische Ausrichtung maßgeblich mit und können diese durch die Einbindung von Leitbildern in die Controllerarbeit weiter verankern. Der Einsatz von Leitbildern macht dann Sinn, wenn die aufgezeigten Zielsetzungen für die tägliche Controllerarbeit operationalisiert werden können.

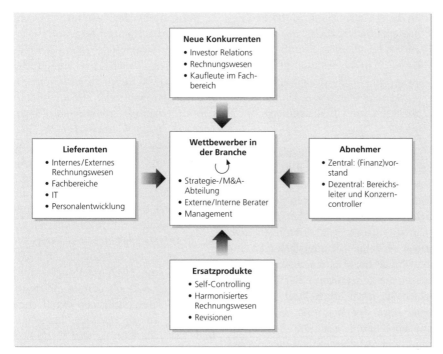

Abb. 15: Das Wettbewerbsfeld der Controller in der Porterschen Systematik

Controllerdienst aus der Perspektive seines internen Marktes

Um herauszufinden, inwieweit sich die strategische Ausrichtung schon mit dem heutigen Leistungsangebot der Controller deckt, möchten wir im Folgenden im ersten Schritt Transparenz über Leistungen, interne Kunden und Wettbewerber der Controller schaffen. Im zweiten Schritt leiten wir daraus erste Lücken und Ansatzpunkte der Verbesserung aus Controller- und Kundensicht ab.

Interner Markt der Controller?
Ein erster Blick auf Details

In einem ersten Schritt soll das »Spielfeld« der Controller im internen Markt für Führungsdienstleistungen abgesteckt werden. Hierzu wollen wir die Aufgabenteilung der relevanten »Spieler«, der Konzern- und Bereichscontroller, anderer Stäbe und der internen Kunden untersuchen.

Mit Blick auf Konzerncontroller war über alle CCM-Unternehmen hinweg ein gemeinsamer Leistungskern zu beobachten, der folgende Felder umfasst:

- Methodenhoheit und Richtlinienvorgabe in Bezug auf wesentliche monetäre Steuerungssysteme, insbesondere Ergebnis- und Investitionsrechnung, Wertkonzepte und Verrechnungspreise
- Konzernergebnisplanung und -reporting mit Zielvorgabe, Verantwortung

Das Leistungsspektrum der Konzerncontroller stimmte in den CCM-Unternehmen in vielen Leistungen überein

In den Accountants wächst ein potenter neuer Wettbewerber für die Controller heran

Unklare Schnittstellen zur Strategieabteilung führen zu Doppelarbeiten und Kompetenzstreitigkeiten

für die operative Planung und Berichtsprämissen; darin eingeschlossen ein Beteiligungscontrolling
• Vorlagen- und Investitionsgenehmigung und Entscheidungsbegleitung
• Mitarbeit in übergreifenden Konzernprojekten, wie z. B. Risikomanagement.

Trotz dieses gemeinsamen Leistungskerns unterscheiden sich die Controllerbereiche aus zwei Gründen erheblich voneinander: Auf der einen Seite übernehmen Konzerncontroller unternehmensspezifische Zusatzleistungen bzw. geben einzelne Leistungsfelder an andere Stäbe ab. Auf der anderen Seite weisen die Konzerncontroller große Unterschiede hinsichtlich ihrer Eingriffstiefe, etwa der Intensität der Beteiligungsbetreuung auf, die das Spannungsfeld zwischen zentralen und dezentralen Controllern beschreibt.

Das Leistungsspektrum des Konzerncontrolling ist auch abhängig von der Schnittstellendefinition zum Rechnungswesen, zur Strategie- bzw. M&A-Abteilung sowie zu externen Beratern. Hinsichtlich der Schnittstelle zum Rechnungswesen sind in den CCM-Unternehmen sehr unterschiedliche Lösungen zu beobachten: Sie reichen vom Betrieb der IT-Systeme im zentralen Controllerbereich über die Aufteilung zwischen Systembetrieb und Berichtsaufbereitung bis hin zur strikten Ressorttrennung, d. h. zur reinen Prämissenabstimmung zwischen Controllern und Kostenrechnern. In den ersten beiden Fällen wird das Rechnungswesen als Zahlenlieferant für Controller empfunden.

Bei weitgehender Trennung von Controllern und Kostenrechnern und gleichzeitiger Substitution des internen Rechnungswesens durch eine einheitliche Datenbasis von externem und internem Rechnungswesen treten Accountants in den Unternehmen zunehmend als potenzielle neue Wettbewerber an Manager heran, die das gesamte interne Berichtswesen erstellen und zunehmend auch erklären können.

In allen Unternehmen war die Schnittstelle des strategischen Controlling unklar und führte des Öfteren zu Kompetenzstreitigkeiten und Doppelarbeiten zwischen Controllern und den Strategie- bzw. M&A-Abteilungen. Den Vorteilen einer Eingliederung von strategischen Planungsaufgaben durch enge Kopplung an die operative Planungs- und Kontrollerfahrung der Controller stehen Nachteile des evtl. fehlenden Wissens für eine innovative Strategieentwicklung gegenüber.

In den CCM-Unternehmen liegt die Verantwortung für den strategischen Planungsprozess überwiegend in Händen der Strategieabteilung. Controller sind eingebunden in periodisch stattfindende Strategieforen, in denen ihre Hauptaufgabe im Abgleich der strategischen Prämissen mit der Mittelfristplanung und in der Meilensteinkontrolle besteht. Probleme resultieren daraus, dass Strategien und Mittelfristplanung i. d. R. voneinander getrennt erarbeitet werden, also ein sauberes »Herunterbrechen« der Strategie selten gewährleistet werden kann. In den Unternehmen, in denen Controller trotzdem an der laufenden Strategieformulierung und -bewertung des Konzerns oder der Geschäftsfelder mitwirken, liegt es daran,

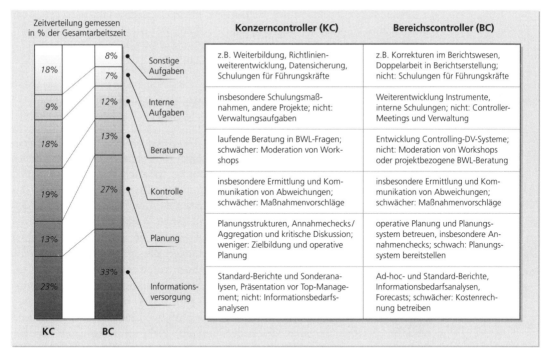

Zeitverteilung gemessen in % der Gesamtarbeitszeit		Konzerncontroller (KC)	Bereichscontroller (BC)
Sonstige Aufgaben	KC 18% / BC 8% / 7%	z.B. Weiterbildung, Richtlinien-weiterentwicklung, Datensicherung, Schulungen für Führungskräfte	z.B. Korrekturen im Berichtswesen, Doppelarbeit in Berichterstellung; nicht: Schulungen für Führungskräfte
Interne Aufgaben	9% / 12%	insbesondere Schulungsmaß-nahmen, andere Projekte; nicht: Verwaltungsaufgaben	Weiterentwicklung Instrumente, interne Schulungen; nicht: Controller-Meetings und Verwaltung
Beratung	18% / 13%	laufende Beratung in BWL-Fragen; schwächer: Moderation von Work-shops	Entwicklung Controlling-DV-Systeme; nicht: Moderation von Workshops oder projektbezogene BWL-Beratung
Kontrolle	19% / 27%	insbesondere Ermittlung und Kom-munikation von Abweichungen; schwächer: Maßnahmenvorschläge	insbesondere Ermittlung und Kom-munikation von Abweichungen; schwächer: Maßnahmenvorschläge
Planung	13%	Planungsstrukturen, Annahmechecks/Aggregation und kritische Diskussion; weniger: Zielbildung und operative Planung	operative Planung und Planungs-system betreuen, insbesondere An-nahmenchecks; schwach: Planungs-system bereitstellen
Informations-versorgung	23% / 33%	Standard-Berichte und Sonderana-lysen, Präsentation vor Top-Manage-ment; nicht: Informationsbedarfs-analysen	Ad-hoc- und Standard-Berichte, Informationsbedarfsanalysen, Forecasts; schwächer: Kostenrech-nung betreiben

Abb. 16: Leistungsverteilung zwischen Konzern- und Bereichscontrolling in einem der CCM-Unternehmen

dass die Strategieabteilung auf reine Marktforschung fokussiert oder Controllern durch eine umfassende Beteiligungsbetreuung die Aufgabe der Strategieentwicklung zukommt. Auch im strategischen Projektgeschäft, bei Unternehmensbewertungen, größeren Reorganisationen oder im Rahmen der Entwicklung von Strategiemethoden (z. B. Portfolios) werden Controller allenfalls für den Drittblick benötigt.

Zusätzliche Gefahr droht in diesen Feldern durch die langfristige Einbindung von externen Beratern, die in der laufenden betriebswirtschaftlichen Beratung als Kompetenzersatz für Controller eingesetzt werden können. Nur vereinzelt – etwa wenn es um operative Kostensenkungsprogramme oder monetäre Bewertungsmethoden geht – zeichnen in den CCM-Unternehmen Controller verantwortlich.

Zeigen die Leistungsfelder hinsichtlich der Art der zu erledigenden Aufgaben noch geringe Unterschiede zwischen Konzern- und Bereichscontrollern, sind im Rahmen einer zeitlichen Leistungsverteilung deutliche Differenzen erkennbar. Ein Beispiel zeigt die Abbildung 16. Konzerncontroller schätzen ihren Anteil an der Planung und Informationsversorgung sehr viel niedriger als Bereichscontroller ein, dafür sind ihre Beratungs- und Kontrollleistungen bedeutender.

Diese Schwerpunktsetzung begründet sich zum einen in der Aggregationsebene (Strukturen entwickeln versus durchführen) und zum anderen in der Konzernverantwortung, die eine übergreifende Projektbegleitung der Konzerncontroller (z. B. zentrales Steuerungssystem) und eine Ergebnissicherung im Ausnahmefall erforderlich machen. In der Regel trifft man im Verhältnis von zentralen und dezentralen Controllern auf wechselseitige Kunden-Lieferanten-Beziehungen, wenn Bereichscontroller Basisleistungen dezentraler Planung und Informationsversorgung für den Zentralbereich übernehmen und dieser sich umgekehrt als methodischer Dienstleister versteht. Diese Beziehung ist allerdings immer dann gestört, wenn Doppelarbeiten – etwa bei Erarbeitung einer Geschäftsfeldstrategie – entstehen oder Konzerncontroller nur als Kontrolleure in Erscheinung treten.

Betrachtet man zusammenfassend den Leistungskern der Konzerncontroller, wird Folgendes deutlich:

Dominierende interne Kunden von Konzerncontrollern sind die Vorstände

- Vom Wettbewerb aktuell geschützte Leistungen bestehen nur im Bereich der übergreifenden Planungs- und Berichtsverantwortung, und zwar mit Bezug auf operative, monetäre oder einen Drittblick erfordernde Planungs- und Berichtsinhalte (z. B. Abstimmung der Jahresplanung), -projekte (z. B. operative Verbesserungsmaßnahmen) oder Methoden (z. B. Investitions-Richtlinie).
- Felder der Projekt- und Entscheidungsbegleitung, Methoden und Informationsversorgung, die nicht unmittelbar mit den operativen, mo-

netären Planungsprozessen verknüpft sind, können zunehmend auch von anderen Dienstleistern besetzt werden.

Wer sind die internen Kunden der Controller?

Der interne Markt für Controllerleistungen wäre ohne eine explizite Vorstellung der internen Kunden der Controller nicht vollständig beschrieben. Das Wissen der Controller über die Kunden und deren Anforderungen ist derzeit nur implizit in den Köpfen Einzelner verankert, die täglich direkt mit internen Kunden zusammenarbeiten. Eine strukturierte Diskussion der Kundenanforderungen findet nur jährlich zwischen Vorstand und Chefcontroller statt, wenn es gilt, Ziele zu vereinbaren. Umfassende Kundenbefragungen bilden in den Controllerbereichen der CCM-Unternehmen die Ausnahme.

Zentrale Controller richten ihre Leistungen primär am Vorstand aus. Lediglich ein Unternehmen identifiziert im Leitbild explizit auch die Bereichsleiter als zentrale Kundengruppe. Die Kunden-Lieferanten-Beziehung zwischen Vorstand und Konzerncontrollern wird wesentlich durch das persönliche Verhältnis zwischen Finanzvorstand und Chefcontroller geprägt:

- Ein »Kaufmann« als Finanzvorstand gibt die Richtung der Controllertätigkeit (z. B. anzuwendende Methoden) oder die zu besetzenden Themen stärker vor als ein nicht betriebswirtschaftlich vorgebildeter Vorstand.
- Controller erreichen nur geringen Entscheidungseinfluss, wenn die

Machtposition »ihres« Vorstands gegenüber den Fachvorständen gering ist. Sie ist dies insbesondere dann, wenn Kostenmanagement nicht gefragt ist.

- Enge Sparringspartner der Vorstände waren in allen CCM-Unternehmen diejenigen Chefcontroller, die auch kritische und inhaltliche Einwände vorbringen konnten. Als äußeres Zeichen des Vertrauensverhältnisses ließ sich beobachten, dass der Wechsel des Finanzvorstands fast immer einen Austausch des Chefcontrollers nach sich zog.

Ansprechpartner der Konzerncontroller in den Geschäftsbereichen sind in erster Linie die CFOs der Bereiche oder die dezentralen Controller, mit denen im Gegenstromverfahren ein fachlicher Austausch über das Plan- und Berichtswesen, Methoden und Maßnahmen zur Ergebnissicherung stattfindet. Der Kontakt zu Bereichsleitern – etwa dem Vertriebsleiter einer Sparte – kommt nur über den jeweiligen Fachvorstand zustande und beschränkt sich auf Schlichtungen zwischen Bereichen und die Diskussion erheblicher Ergebnisabweichungen. Hier dienen Controller den Finanzvorständen eher als Gegengewicht zu den Fachvorständen. Ein von Bereichsleitern angeregtes Sparring findet so gut wie nicht statt. Der Zwiespalt der dezentralen Controller zwischen dezentraler Serviceleistung und zentralem Führungsinstrument, formalisiert durch das dotted-line-Prinzip, spiegelt sich in der Frage nach dem Hauptkunden wider: Sowohl die Bereichsleiter als auch die eigenen zentralen Controllerbereiche werden als Haupt-

kunden der Bereichscontroller genannt. Vorrang haben dabei eindeutig die Bereichsleiter, insbesondere die kaufmännischen Leiter bzw. Geschäftsführer als direkte Vorgesetzte. Mit ihnen werden zunächst die erarbeiteten Plan- und Berichtsergebnisse abgestimmt. Diese geben dann die bereichsspezifische Methodenanwendung vor.

Der Controllerdienst für die Zentrale wird häufig nur als lästige Pflicht und – falls unterschiedliche Berichtsstrukturen vorliegen – sogar als Doppelarbeit empfunden, deren Konsequenzen dezentral nicht abgeschätzt werden können. In Ausnahmefällen – etwa im Falle größerer Ergebnisrisiken der Bereiche, die von dezentralen Führungskräften ignoriert werden – nutzen dezentrale Controller die beschriebene Kundenhierarchie als Eskalationsstufe, um ihre neutralen Anliegen durchzusetzen.

Führungskräfte können allerdings auch in Konkurrenz zu Controllern stehen, indem sie

- Aufgaben der Entscheidungsvorbereitung eigenständig erledigen (z. B. der Vorstand als ehemaliger Controller, der eigene Analysen anstellt) und keine Mitwirkung der Controller an inhaltlichen Fragestellungen (z. B. inhaltliche Planabstimmung) wünschen, sondern eher den Managerkollegen als Coach zu Rate ziehen;
- als Substitute der Controllerleistungen beispielsweise automatisierte Routineberichte selbst abrufen oder
- gezielt kaufmännisches Know-how als neue Wettbewerber außerhalb des Controllerbereichs aufbauen, um geschäftsspezifische Ressortinteressen zu wahren (z. B. Kaufleute im Ver-

Zwiespalt der dezentralen Controller zwischen dezentraler Serviceleistung und Zentralfunktion

Strategische Analyse von Controllerbereichen

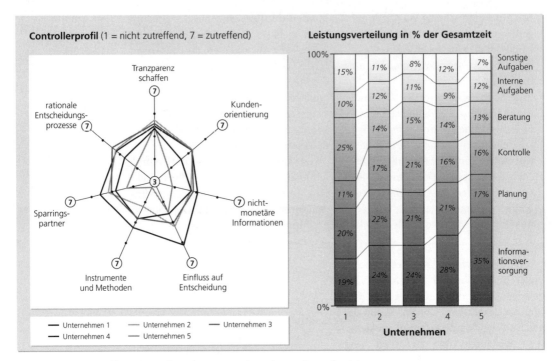

Controllerprofil (1 = nicht zutreffend, 7 = zutreffend)

Leistungsverteilung in % der Gesamtzeit

— Unternehmen 1   — Unternehmen 2   — Unternehmen 3
— Unternehmen 4   — Unternehmen 5

Abb. 17: Controllerprofile und Verteilung der Leistungsbereiche aus Controllersicht

Selbsteinschätzung der Leistungsfelder der Controller

triebsmanagement), dies umso mehr, je zentraler die Bereichscontroller organisiert sind. Bereichscontroller werden in diesen Fällen nur noch pflichtgemäß als »Plausibilisierer« eingebunden.

Leistungsanalyse aus Controllersicht

In einem zweiten Schritt haben wir die Controller nach einer Selbsteinschätzung gefragt, zum einen bezogen auf die strategische Ausrichtung, zum anderen hinsichtlich der aktuellen Bedeutung der Leistungsfelder. Um die konkrete Leistungssituation zu erfassen, erfolgt die Befragung zweistufig: Zunächst ordnen sich Controller anhand ihrer Arbeitsschwerpunkte (etwa der Transparenzschaffung) und wesentli-

cher Merkmale der Aufgabenerledigung in ein sogenanntes »Controllerprofil« ein (siehe linke Hälfte der Abbildung), bevor sie die dem Profil zugrunde liegenden Leistungsbereiche (z. B. Planung) nach ihrer zeitlichen Bedeutung bewerten (siehe die rechte Hälfte der obigen Abbildung).

Das Controllerprofil setzt sich aus vier Arbeitsschwerpunkten der Controller und aus drei Merkmalen der Controllerleistungen zusammen. Als Schwerpunkte der Controllertätigkeit wurden danach unterschieden,

- ob Controller ihren Fokus auf die Schaffung von Transparenz durch die Bereitstellung geeigneter Informationen legen,

- ob Controller ihre primäre Aufgabe in der Sicherstellung rationaler Entscheidungsprozesse sehen (beispielsweise im Rahmen einer neutralen Bewertung unterschiedlicher Sichtweisen),
- ob sie vor allem als Methodenexperten in Erscheinung treten oder
- ob sie als inhaltlicher Sparringspartner des Managers im Rahmen der Entscheidungsfindung fungieren.

In Abhängigkeit davon, wie Controller die Schwerpunkte ausfüllen, werden

- der Grad der Kundenorientierung,
- die Art der bereitgestellten Informationen (monetäre versus nicht-monetäre Informationen) und
- die Größe des Entscheidungseinflusses als wesentliche Merkmale der Aufgabenerledigung differenziert.

Die Charakterisierung der Unternehmen im Einzelnen

Drei CCM-Unternehmen zeigen durch sehr hohe Ausprägungen sämtlicher Merkmale universelle Controllerprofile im Selbstbild der Controller. Diese sehen sich hier in hohem Maße verantwortlich für die Bereitstellung von Informationen und Methoden, die auch verstärkt markt- und prozessorientiert ausgerichtet sind, sichern deren rationale Verwendung im Entscheidungsprozess und leisten darüber hinaus inhaltliche Beiträge in der Entscheidungsfindung. Alle Tätigkeiten erfolgen in enger Abstimmung mit den internen Kunden, die die Controller als Sparringspartner nutzen.

Die universellen Controllerprofile dieser Unternehmen kommen den Leitbildern des Internen Beraters und Steu-

ermanns mit umfassenden Servicefunktionen und gleichzeitig kritischer Grundhaltung am Nächsten. Sie unterscheiden sich jeweils in der besonderen Betonung eines Merkmals, etwa des großen Entscheidungseinflusses der Controller in Unternehmen 1 oder des Fokus auf Transparenz in Unternehmen 2, das ebenfalls den Nuancen der strategischen Ausrichtung entspricht.

Zwei CCM-Unternehmen weisen Controllerprofile mit relativ geringeren Merkmalsausprägungen auf: Controller in Unternehmen 5 sehen sich in erster Linie als zeitnahe und monetäre Informationsversorger des Managements, jedoch nur mit geringer Kundenorientierung. Die Bereitstellung von Methoden und die Sicherung rationaler Entscheidungsprozesse stellen im Unternehmensvergleich keine aktuellen Schwerpunkte der Controllertätigkeit dar, obwohl diese im Leitbild der Controller ebenso wie die Kundenorientierung explizit gefordert werden. Das Selbstbild der Controller in Unternehmen 4 hebt – analog zur spezifischen strategischen Ausrichtung – die Bereitstellung von Informationen und Methoden sowie die Prozesssicherung hervor, während kundenorientierte Beratung und Entscheidungseinfluss im Vergleich zu den universellen Controllerprofilen schwächer ausgeprägt sind.

Ähnlich wie bei den Leitbildern und Leistungsfeldern liegt bei der Beurteilung des aktuellen Controllerprofils zwischen zentralen und dezentralen Controllern eine hohe Deckungsgleichheit vor. Zentrale Controller beschäftigen sich – konsistent zu ihrer Methodenhoheit – relativ stärker mit der Methodenbereitstellung, dezentrale Controller le-

Vier Arbeitsschwerpunkte und drei Leistungsmerkmale bilden das Controllerprofil

Inhaltliche Schwerpunkte sowie die gesamte Intensität der Aufgabenwahrnehmung sind von Unternehmen zu Unternehmen sehr unterschiedlich

gen einen größeren Schwerpunkt auf die Transparenzschaffung, was aufgrund gängiger bottom-up-Prinzipien in Planung und Reporting nicht überrascht.

Nähere Beschreibung der einzelnen Aufgaben

Welche konkreten Einzelleistungen verbinden Controller nun mit den beschriebenen Schwerpunkten, beispielsweise mit einer Beratungsaufgabe? Auffällig ist zunächst, dass die Beratungstätigkeit lediglich in Unternehmen 1 analog zu dessen Controllerprofil einen bedeutenden Anteil der Arbeitszeit der Controller beansprucht (vgl. nochmals die Abbildung 17). Obwohl die Sparringspartnerfunktion im Controllerprofil von fast allen Unternehmen als wichtig gekennzeichnet wurde, scheinen Controller der Begleitung von z. B. Kostensenkungsprojekten, Moderationsaufgaben und laufender betriebswirtschaftlicher Beratung nur vergleichsweise wenig Zeit zu widmen.

Die im Controllerprofil enthaltene Schaffung von Transparenz und rationale Entscheidungsprozesse nehmen dagegen in fast allen Unternehmen einen Großteil der Kapazität in Anspruch. Bei diesen Routineprozessen der Informationsversorgung, Planung und Kontrolle stehen die Erstellung von ad-hoc- und Standardberichten, operatives Planungsmanagement und systematische Abweichungsanalyse im Vordergrund. Dagegen spielen Informationsbedarfsanalysen, die Einbindung nicht-monetärer Informationen und strategische Planungsunterstützung – obwohl in den Leitbildern oft konkret genannt – aktuell

Routineprozesse der Informationsversorgung binden die Controller zeitlich erheblich

eine untergeordnete Rolle. Ein Nachfragen bei Controllern ergab, dass das Feld der internen Beratung überwiegend mit Einzelaufgaben aus diesen Leistungsbereichen gleichgesetzt wird, nämlich mit Annahmenchecks, monetären Sonderanalysen (z. B. Vorlagengenehmigungen), Forecasts und Maßnahmenvorschlägen als Teil der Kontrolle.

Die ebenfalls im Mittelpunkt des Controllerprofils stehende Methodenunterstützung bezieht sich weitgehend auf die Anpassung und Nutzung von Planungs- und Kontrollmethoden (z. B. Verrechnungspreise). Sie umfasst nur in geringem Maße die eigenständige Entwicklung und Schulung betriebswirtschaftlicher Instrumente, die über Routineprozesse hinausgehen (z. B. Benchmarking) und ebenso wenig das traditionelle Betreiben der Kostenrechnung. Immerhin ca. 10 % aller Controllerleistungen finden sich überhaupt nicht im Controllerprofil wieder, da es sich in der Sprache der Controlling-Literatur um Restaufgaben handelt, die »halt jemand machen muss«, der kaufmännisches Know-how besitzt: Darunter fallen beispielsweise die Unterstützung von Tarifverhandlungen, Aufsichtsratsbetreuung in Töchtern oder einfache Budgetfreigaben.

In ihrer Selbsteinschätzung kommen Controller ihrer Ausrichtung als interner Berater des Managements zumeist nach. Unter diese Einschätzung fallen jedoch vorrangig die Beratung im Rahmen von (kundenorientierten) Routineprozessen, etwa der Vorlagengenehmigung, Planabstimmung oder Planungsmethode, weniger die zukunftsorientierten Maßnahmenvorschläge, betriebswirtschaftliches Sparring, Projektbegleitung,

74

Strategieunterstützung oder Methodenentwicklung. Genau bei diesen Leistungen – sozusagen der zweite Teil der internen Beratung, der projektbezogener und kritischer ist und näher an inhaltlichen Themen liegt – sehen Controller ihr größtes leistungsbezogenes Weiterentwicklungspotenzial.

Auch die Funktion des Steuermanns und des ökonomischen Gewissens erfüllen Controller ihrer eigenen Wahrnehmung nach: Sie nehmen über eine ausgeprägte Prozess- und Transparenzverantwortung Einfluss auf Entscheidungsprozesse, und zwar mit Hilfe von Planungsstrukturen, Standardberichten und detaillierten Abweichungsanalysen. Verbesserungsvorschläge der Controller zielen auf die Reduzierung der Datenflut durch ein automatisiertes Berichtswesen, auf die Planungsentschlackung und den Abbau von Verfahrenskontrol-

len. Traditionell sehr bedeutsame Aufgaben des Aufbaus und des Betriebs von Informationssystemen sind nach Einschätzung der Controller in der Leistungsverteilung bereits weitgehend an das Rechnungswesen delegiert. Sie treten wieder stärker in den Blickpunkt der Controllertätigkeit, wenn es gilt, die Ergebnisrechnung neu auszurichten (z. B. durch Abbildung zusätzlicher Dimensionen, wie der Region), oder wenn nach intensiverer Beratungstätigkeit Wissen über die Prämissen der Zahlenbasis wieder aufgefrischt werden muss.

Bei näherer Betrachtung der Informationsobjekte, mit denen Controller täglich umgehen, relativiert sich die im Controllerprofil sichtbare Berücksichtigung qualitativer Aspekte. Leistungsschwerpunkt in Routineprozessen wie in der Beratungstätigkeit der Konzern- und Bereichscontroller bilden die Verar-

Als Kennzahlen zur internen Steuerung dienen immer noch überwiegend finanzielle Daten

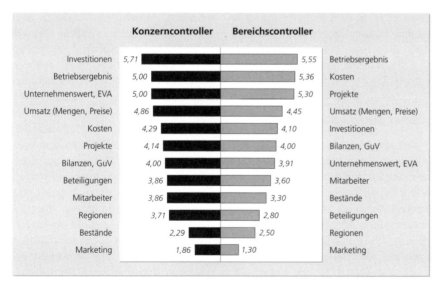

Abb. 18: Mit welchen Inhalten beschäftigen sich zentrale und dezentrale Controller? (Skala: 1 = Gar nicht bis 7 = sehr intensiv)

beitung monetärer Rechengrößen, wie Investitionen, Betriebsergebnisse, Kosten oder Wertkennzahlen. Als Kennzahlen zur internen Steuerung überwiegen dabei durchweg noch bilanzielle und finanzbasierte Daten. Dies gilt umso mehr für dezentrale Controller. Die Aufbereitung nichtmonetärer Daten des Produktions- oder Marketingbereichs – z. B. Bestände, Aufträge, Beteiligungsinformationen oder Kundendaten – sind aus Controllersicht dagegen von nur nachrangiger Bedeutung. Aber gerade die ausgewogene Abbildung des Unternehmensgeschehens – versinnbildlicht in der Balanced Scorecard – könnte für Controller der Einstieg in eine stärker inhaltlich fundierte Beratung des Managements sein.

Leistungsanalyse aus Kundensicht

In einem dritten Schritt stellen wir die Analyse der Leistungssituation aus Controllersicht dem Fremdbild ihrer internen Kunden gegenüber, insbesondere dem von (Fach-)Bereichsleitern und Vorständen der CCM-Unternehmen.

Selbst- und Fremdbild: Status Quo

Der Vergleich von Selbst- und Fremdbild zeigt – mit Ausnahme von Unternehmen 5 – durchgängig geringere absolute Einschätzungen der Kunden, also weniger Kundenorientierung, Entscheidungseinfluss oder Sparring (siehe Abbildung 19). Demgegenüber teilen Manager und Controller eine ähnliche Einschätzung bezüglich der hinter den Schwerpunkten liegenden aktuellen zeitlichen Leistungsverteilung (siehe

Abbildung 20). Manager registrieren insbesondere die Methodenunterstützung und die Entscheidungsprozessgestaltung mit dem Leistungsschwerpunkt auf den Routineprozessen der Informationsversorgung, Planung und Kontrolle. Der Anteil dieser Leistungen geht noch über die Kapazitätseinschätzung der Controller hinaus, die bereits sehr hoch lag (siehe Abbildung 17). Die eher im Back-Office angesiedelte Tätigkeit der Transparenzschaffung und die direkte Entscheidungsbegleitung als Sparringspartner werden dagegen nur schwächer wahrgenommen. Merkmalsbezogen weicht die Einbindung nicht-monetärer Daten am Stärksten im Fremdbild ab.

Größte Differenzen zwischen Selbst- und Fremdbild ergeben sich bei zwei Unternehmen (Unternehmen 1 und 2), deren Controller sich im Selbstbild als universell bewerten. Interessant ist hierbei, dass Manager zwar absolut eine geringere Ausprägung der Merkmale unterstellen, jedoch im Vergleich zum Selbstbild eine relativ ähnliche Gewichtung der Merkmale vornehmen. Dies erklärt auch die fast identische zeitliche Leistungsverteilung von Unternehmen 2 in Selbst- und Fremdbild. Das Selbstbild des internen Beraters kann in Unternehmen 1 nicht durch die Kunden gestützt werden, wofür neben dem Controllerprofil auch die Leistungsverteilung spricht: Für Kontrollen verwenden Controller nach eigenen Angaben die geringste Zeit, während sie von Managern als sehr zeitintensiv wahrgenommen werden. Genau umgekehrt verhält sich beim von Managern geschätzten Beratungsanteil der Controller. Mit etwa 70 % Anteil der Informationsversorgung, Planung und Kon-

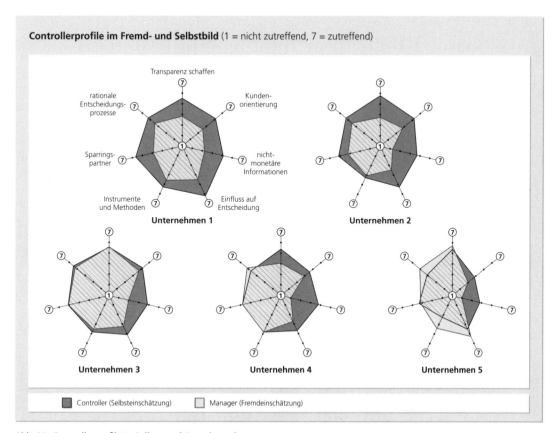

Controllerprofile im Fremd- und Selbstbild (1 = nicht zutreffend, 7 = zutreffend)

Unternehmen 1

Transparenz schaffen

rationale Entscheidungs-prozesse

Kunden-orientierung

Sparrings-partner

nicht-monetäre Informationen

Instrumente und Methoden

Einfluss auf Entscheidung

Unternehmen 2

Unternehmen 3

Unternehmen 4

Unternehmen 5

■ Controller (Selbsteinschätzung)   □ Manager (Fremdeinschätzung)

Abb. 19: Controllerprofile in Selbst- und Fremdeinschätzung

trolle (vgl. die Abbildung 20) ähneln sich die Verteilungen der Controllerleistungen in den Unternehmen aus Kundensicht sehr.

In Unternehmen 5 nehmen Manager die Unterstützung durch Controller in den Bereichen Methoden und Entscheidungsprozesse stärker wahr als diese selbst. Gleichzeitig bewerten sie jedoch die Kundenorientierung und die Einbindung nicht-monetärer Informationen durch ihre Controller im Unternehmensvergleich am geringsten. Gerade die Kundenorientierung wird aber im Leitbild der

Controller aus Unternehmen 5 stark betont. Die höchste Bewertung erhält die Transparenzschaffung, die in der Leistungsverteilung mit der Erstellung von Standard- und Sonderberichten ebenfalls aus Manager- und Controllersicht mit 40 % den größten Kapazitätsanteil aller Unternehmen besitzt.

Controller in Unternehmen 4 werden bei der Methoden- und Entscheidungsprozessgestaltung identisch zu deren Selbstbild wahrgenommen, erreichen jedoch nur mittlere Ausprägungen. Ähnlich wie bei Unternehmen 1 verbin-

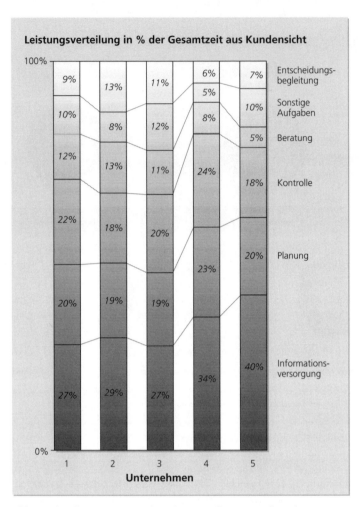

Leistungsverteilung in % der Gesamtzeit aus Kundensicht

Abb. 20: Aktuelle Leistungsverteilung der Controller aus Kundensicht, gemessen in % der gesamten Arbeitszeit

den Kunden mit diesen Schwerpunkten vor allem Tätigkeiten der Informationsversorgung und Kontrolle. Zudem ist die Wahrnehmungsdifferenz bei Kontrolle und Beratung am Größten.

Unternehmen 3 schließlich zeigt die größte Übereinstimmung zwischen Selbst- und Fremdbild und gleichzeitig die maximale Managerbewertung. Ma-

nager erleben Controller vor allem als Sparringspartner und Methodenunterstützer, weniger als Informationsversorger, insbesondere bezogen auf die Bereitstellung qualitativer Informationen.

Die Wirkung der Controllerleistungen liegt aus Kundensicht in erster Linie in der Begründung von Entscheidungen und dem besseren Erkennen von Wir-

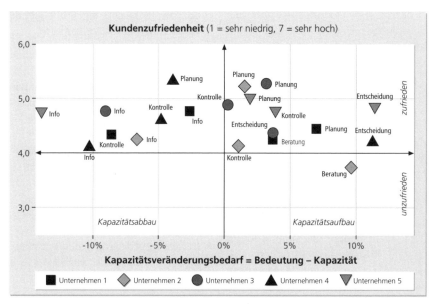

Abb. 21: Kundenzufriedenheit und Kapazitätsveränderungsbedarf unterschiedlicher Controllerleistungen – Handlungsbedarfe sind direkt sichtbar!

kungszusammenhängen. Dabei greifen sie ihrer Meinung nach auf aktuelle, korrekte und verständliche Informationen zurück. Die von Managern primär wahrgenommenen Routineprozesse in Planung und Kontrolle dienen daher einer besseren Entscheidungsfindung. Aufgrund des Umfangs der Routineprozesse, der sich in der hohen Kapazitätsbewertung der Manager ausdrückt, fühlen sie sich jedoch weder entlastet noch engpassorientiert beraten. Dazu passt, dass die der Entscheidung zugrunde gelegten Informationen nur geringen Neuigkeitsgrad für Manager besitzen.

Bedarf nach Veränderung der Controllerleistungen

Den Bedarf nach Veränderung des Leistungsportfolios der Controller aus Sicht ihrer internen Kunden haben wir anhand zweier Dimensionen erfasst, die in der oben stehenden Abbildung als relevante Achsen abgetragen sind. Die x-Achse beschreibt die Differenz aus der Bedeutung, die Kunden dem jeweiligen Leistungsbereich für die eigene Entscheidungsfindung beimessen, abzüglich der von Kunden wahrgenommenen Kapazität, die Controller heute für diese Leistungsbereiche verwenden. Beide Bewertungen, (Bedeutung und aktuelle Kapazität), erfolgten durch die zeitliche Verteilung der Leistungen aus Sicht der internen Kunden. Diese Differenz drückt den zusätzlichen oder geringeren Kapazitätsbedarf je Leistungsbereich aus Kundensicht aus. Die y-Achse bildet die generelle Kundenzufriedenheit mit den Leistungsbereichen ab und spiegelt den Veränderungsdruck wider.

Strategische Analyse von Controllerbereichen

Über alle Leistungen hinweg sind die Manager mit ihren Controllern durchaus zufrieden

Zunächst ist festzuhalten, dass sich die Kundenzufriedenheit in allen Unternehmen und Leistungsbereichen mit wenigen Ausnahmen im leicht positiven Bereich zwischen 4 und 5 bewegt. Nur für die Planung liegt die Kundenzufriedenheit höher als 5; die projektbezogene Beratung bei Unternehmen 2 erreicht als einziger Leistungsbereich nicht den Wert von 4. Die Ergebnisse der Kundenzufriedenheit lassen den Schluss zu, dass über alle Bereiche hinweg ein ausreichendes Vertrauen in die Qualität und den Nutzen der Controllerarbeit besteht. Insbesondere die Verantwortung für den Planungsprozess scheint sich als feste Größe in der Managementunterstützung etabliert zu haben. Deutlich geringeren Kapazitätsbedarf mit Werten von unter −10 % sehen interne Kunden übereinstimmend im Bereich der Informationsversorgung, was den vielfältigen Forderungen der Literatur nach Einschränkung der Datenflut und nach mehr Self-Controlling entspricht. Folgende Ansatzpunkte einer Fokussierungsstrategie ergeben sich aus Kundensicht:

Leistungseinschränkungen auf der einen Seite ...

- Beschränkung auf von den Managern beeinflussbare Größen durch Vorauswertung der Berichte
- weniger Standardberichte und höhere Verdichtung von Informationen
- eigenständiger Datenzugriff und Aufbereitung der Daten durch Manager mittels automatisierter Berichtstools.

... stehen neue Leistungen der Controller auf der anderen Seite gegenüber

Demgegenüber fordern die internen Kunden – konform zu den Wünschen der Controller – ausnahmslos den Ausbau der direkten Entscheidungsbegleitung und der projektbezogenen Beratung. Im Einzelnen werden folgende Verbesserungsvorschläge gemacht:

- verstärkte Mitarbeit der Controller an übergreifenden Projekten
- Werkzeugportfolio aus aktuellen Analyse- und Bewertungsmethoden (z. B. BSC, Benchmarking, Prozesskostenrechnung) anbieten
- nicht zurückziehen auf Methodenvorgabe; nach zukünftigen Wirkungen fragende Unterstützung und Einnahme inhaltlicher Positionen; laufende betriebswirtschaftliche Begleitung
- frühere Involvierung in den Entscheidungsprozess, etwa schon bei der Projektdefinition.

Ein gespaltenes Bild der Fokussierung und des Ausbaus zeigen die Leistungsbereiche der Planung und Kontrolle. Dies überrascht zunächst, führt man sich die allgemeine Forderung nach »Verschlankung« von Routineprozessen (etwa der Budgetierung) vor Augen. Auch in den Fällen, in denen ein verringerter Kapazitätsbedarf von Kunden erkannt wird (z. B. bei der Planung in Unternehmen 4), fällt der Grad der Fokussierung mit weniger als 5 % geringer aus als bei der Informationsversorgung, da einzelne Elemente dieser Funktionen aus Kundensicht ausgebaut werden sollten (vgl. nochmals die Abbildung 21). Gerade die Kontrolle wurde von den internen Kunden stärker wahrgenommen als von Controllern selbst. Sie soll trotzdem in einigen Unternehmen ausgebaut werden. Als Ansatzpunkte sehen Kunden im Einzelnen

- *Ausbau von Planung und Kontrolle:* Inhaltliche Einbindung in die strategische Planung, stärkere Berücksichtigung der Bereichsziele; mehr Marktanpassung und Berücksichtigung von Finanzzielen; verstärkte Feed-Forward-Kontrollen mit konkreten Maßnahmenvorschlägen, projektbezogenes Monitoring und Nachschau
- *Fokussierung von Planung und Kontrolle:* einfache Kontrollmechanismen und weniger Selbstkontrolle; strafferer Planungskalender; einheitlichere Begriffe in der Planung; weniger Details und Verbesserung der Hochrechnungen.

Ein kurzes Zwischenfazit

Controller sehen sich auf dem Weg zum internen Berater des Managements und zum umfassenden Steuermann der Planungs- und Kontrollprozesse. Ein Blick auf die dahinter stehenden Aktivitäten zeigt, dass die aktuellen Beratungsleistungen in engem Zusammenhang mit den Routineprozessen erbracht werden: Insbesondere monetäre Sonderanalysen und ein Drittblick auf Investitionsvorlagen, darüber hinaus Planabstimmung, Maßnahmenvorschläge und Weiterentwicklung der Planungsmethode sind hier zu nennen. Genau diese Leistungen, die auf der Basis einer übergreifenden, operativ-monetären Planungsverantwortung erfolgen, sind zur Zeit noch vor internen Wettbewerbern geschützt. Als ausbaufähig gilt aus Controllersicht die Unterstützung von größeren Projekten sowie von Methoden- und Strategiefragen. Manager erleben Controller derzeit nicht als interne Berater. Es mangelt an laufender und projektbezogener Ent-

scheidungsunterstützung, an inhaltlichen Vorschlägen und modernen Methoden. Sie fordern einen massiven Ausbau solcher Aktivitäten. Dagegen nehmen sie vor allem die Unterstützung im Rahmen von Planungsprozessen und die Anwendung transparenzschaffender Methoden (insbesondere in der Kontrolle) als Leistungen der Controller wahr. Eine Vereinfachung der Informationsbeschaffung, des Berichtswesens und der operativen Planung wird ebenso verlangt, wie die zukunftsorientierte Ausgestaltung dieser Routineprozesse (z. B. strategische Planung, feed-forward).

Controllerdienst aus der Ressourcen-Perspektive

In den nachfolgenden Abschnitten möchten wir – im zweiten zentralen Argumentationsschritt – die aktuelle Ressourcensituation der Controller aus Controller- und Kundensicht darstellen. Dabei werden wir auch einen Abgleich mit den Verhaltenserwartungen an einen internen Berater vornehmen, der Rolle der Controller, die die Manager am stärksten ausgebaut sehen möchten. Wir identifizieren jeweils die vorhandenen Fähigkeiten und die zur Durchsetzung notwendigen Handlungsrechte der Controller und untersuchen diese auf deren Bedeutung und Verbesserungspotenziale hin.

Ressourcenverteilung? ... ein zweiter Blick auf das Organigramm

Die Kapazität der Controllerbereiche variiert zwischen den CCM-Unternehmen ganz erheblich, nämlich zwischen 9 Konzerncontrollern bei Unter-

Die planungsbezogenen Aufgaben der Controller sind derzeit noch weitgehend vor internem Wettbewerb geschützt

nehmen 1 und ca. 600 Zentralcontrollern bei Unternehmen 2. Die restlichen Unternehmen bewegen sich in der Größenordnung von 20–30 Konzerncontrollern. Als Einflussfaktoren der Controllerkapazität können die Unternehmensgröße, das Leistungsspektrum bzw. der Entwicklungsstand des Controlling und die Eingriffstiefe in die dezentralen Controllerbereiche gelten. Die Unternehmensgröße treibt durch die Zahl der zu betreuenden Beteiligungen und den Grad der vertikalen Integration den Umfang der Planungs- und Kontrollprozesse. Sie allein erklärt die Kapazitätsunterschiede jedoch nicht, wie etwa die Relation der Unternehmen 1 und 5 oder Unternehmen 3 und 2 zeigen.

Erklärung der Unterschiede

Die deutlichen Unterschiede der Zahl der Controller lassen sich zu einem erheblichen Teil erklären

Ein Teil der Unterschiede wird durch unternehmensabhängige Zusatz- bzw. Minderleistungen erklärt, beispielsweise durch ein »Regulierungscontrolling« und den Betrieb der Informationssysteme bei Unternehmen 2 oder durch die Durchführung von Restrukturierungsprojekten in den Geschäftsbereichen bei Unternehmen 3. Derartige Zusatz- bzw. Minderleistungen hängen u. a. vom Entwicklungsstand des Controlling ab: Der Ausbau der Informationssysteme z. B. fand in allen Unternehmen in der Frühphase der Controllingentwicklung statt und erforderte größere Kapazitäten. Insgesamt ist der gemeinsame Leistungskern aller zentralen Controllerbereiche allerdings derart groß, dass neben den Leistungsfeldern vor allem die Eingriffstiefe in die operativen Geschäftsbereiche die Größe des Konzerncontrolling und die Kapazität der Bereichscontroller bestimmt (vgl. ausführlich Band 18 der Schriftenreihe Advanced Controlling, Weber/Hunold/Prenzler/Thust 2001). Als wichtige Beispiele sind hier die Analyse- und Eingriffstiefe im Beteiligungscontrolling oder der Umfang der Methodenvorarbeit im Konzerncontrolling zu nennen. Bei zentralem Steuerungsverständnis sind daher die dezentralen Controllerbereiche c. p. kleiner (Unternehmen 5), bei dezentraler Führung größer (Unternehmen 1 und 2).

Die interne Arbeitsteilung der untersuchten Controllerbereiche gibt Hinweise zur relevanten Spezialisierung von Controllern: Sämtliche Controllerbereiche – auch die Bereichscontroller – waren zweidimensional gegliedert: einerseits divisional nach den zu betreuenden Geschäftsbereichen und andererseits funktional nach Leistungen bzw. Methoden in Abteilungen.

Im Extremfall des kleinen Konzerncontrolling in Unternehmen 1 übernehmen Controller die Betreuung jeweils einer Beteiligung und eines funktionalen Themas, wie z. B. des monatlichen Lageberichts. Obwohl die notwendigen Fähigkeiten – kundenorientiertes Vorgehen mit Geschäftserfahrung und methodenorientierte Analyse – einander ergänzen, scheinen also die Know-how- und Verhaltensanforderungen so speziell zu sein, dass sie zwischen Controllern aufgeteilt werden müssen; meist in die Abteilungen Beteiligungscontrolling einerseits und Methoden bzw. Konzernplanung und -berichtswesen andererseits. Die Zusammenarbeit untereinander oder Rotation muss die Gefahren einer mangelnden Methodenkompetenz in der Kundenbetreuung oder fehlende

Geschäfterfahrung in der Konzern-überwachung ausgleichen.

Wie werden die Controllerleistungen »an den Kunden gebracht«?

Eine wichtige Ressource für die Erstellung und Durchsetzung ihrer Leistungen sind die Handlungsrechte der Controller.

- Hinsichtlich der Routineprozesse des Plan- und Berichtswesens verfügen Controller über weitreichende Richtlinienkompetenzen und vereinzelte Entscheidungsrechte. Sie bilden den Kern der fachlichen Führung der dezentralen Controllerbereiche. Zu nennen sind hier Plan- und Berichtskalender, Prämissen- und Formularvorgaben sowie methodische Leitfäden (z. B. zur Investitionsrechnung).
- Die kritische Begleitung des Managements erfordert Informations-, Mitsprache- und Vetorechte der Controller. Sie sind meist über Vorlagenrichtlinien anhand von Wertgrenzen oder Ergebnisabweichungsquoten geregelt.
- Die Mitarbeit, mitunter auch leitende Funktion der Controller in bedeutenden Unternehmensgremien, wie dem Investitionsausschuss oder dem Top-Führungskreis, stellt einen zusätzlichen Gradmesser des Durchsetzungspotenzials der Controller dar.

Einfluss auf den internen Kunden wird aber ebenso über informale Regeln erreicht, die sich im Laufe der Zeit für die einzelne Controller-Manager-Beziehung oder ganze Controllerbereiche herausbilden. In den CCM-Unternehmen gewinnen Controller Einfluss u. a. durch historische Ereignisse (z. B. Un-ternehmenskrisen) oder Personen, die das Controllerbild geprägt haben, durch das Controllingverständnis des Vorstands und durch besonders bedeutende Leistungen (z. B. Infopool, Mitarbeit am Kostensenkungsprogramm).

Darüber hinaus werden Einfluss und Unabhängigkeit der Controller von der hierarchischen Einbettung der Controllerbereiche geprägt. Sowohl zentrale als auch dezentrale Controller sind in den CCM-Unternehmen dem Finanzvorstand oder kaufmännischem Geschäftsführer auf der zweiten Hierarchieebene unterstellt (Typ A in der Abbildung 22). Diese Einbettung stellt sicher, dass zwischen den verwandten Funktionen Controlling, Finanzen und Rechnungswesen ein gemeinsamer Kompetenzaufbau erfolgt und eine kritische Distanz zu laufenden Entscheidungen entsteht. Der Einfluss der Controller hängt dann wesentlich von der Durchsetzungskraft gegenüber den anderen Finanzdisziplinen ab.

Die Ausnahme von der Unterstellung beim Finanzvorstand bildet Unternehmen 1 (Typ B): Controller sind den (Bereichs-)Vorstandsvorsitzenden auf zweiter Ebene zugeordnet, um reines Finanzressortdenken zu verhindern. Nachteilig könnten sich die aufwendigeren Abstimmungen mit den Finanzfunktionen und die größere Abhängigkeit von der Stellung des Vorstandsvorsitzenden auswirken. Die größere Nähe zur Strategieabteilung, die in allen Unternehmen dem Vorstandsvorsitzenden unterstellt ist, kann sich in einer eindeutigeren Klärung der Aufgabenverteilung zeigen.

Abweichungen von der Unterstellung auf zweiter Ebene waren bzw. sind

Konzerncontroller sind zumeist dem Finanzvorstand zugeordnet

Strategische Analyse von Controllerbereichen

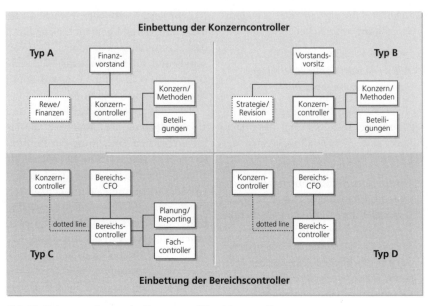

Abb. 22: Einbettungsformen der Konzern- und Bereichscontroller

in den CCM-Unternehmen stets Ausdruck einer besonderen Betonung oder »Geringschätzung« des Einflusses der Controller: Im ersten Fall wurde die Controllingverantwortung eines Geschäftsbereichs zeitweilig in die Vorstandsfunktion erhoben, als durch weitestgehende Dezentralisierung der Controller (in Form einer fachlichen und disziplinarischen Unterstellung im Fachbereich) gemeinsame Methodenstandards und eine objektive Analysetätigkeit nicht mehr gegeben waren. Die hohe Autorität des Controllerbereichs wurde jedoch auf Kosten einer weiter bestehenden Abhängigkeit der Controller erkauft, da der Controllingvorstand durch seine Mitentscheidungsrechte stets im Zwiespalt war. Im zweiten Fall der Ansiedlung des Controllerbereichs auf der dritten Führungsebene dringen Controller nicht bis zum internen Kun-

Controller auf der dritten Ebene sind nicht Ausdruck eines besonders hohen Durchsetzungspotenzials

den durch, da eine Stabsleitung zwischengeschaltet ist, die sämtliche Führungsdienstleister koordiniert. Eine echte Sparringspartnerfunktion – wie im Leitbild der Controller gefordert – ist hier nur schwer möglich.

Dotted-line als vorherrschendes Prinzip der Verbindung von Zentral- und Bereichscontrolling

Die Einbettung der Bereichscontroller in die Controllerhierarchie erfolgt in sämtlichen CCM-Unternehmen über das dottedline-Prinzip. Bei der Ausübung der fachlichen Führung der Bereichscontroller durch die Konzerncontroller sind zwei Typen zu unterscheiden: Typ C stellt den Fall eines ausgereiften Bereichscontrolling mit eigenen Methoden- und evtl. Strategiefunktionen dar, das von einem schlanken Kon-

Controller Excellence

zerncontrolling über Richtlinien (z. B. zur Ergebnisrechnung) und Eingriffe im Ausnahmefall (bei hohen Wertgrenzen) begleitet wird. Der Austausch zwischen den Ebenen beschränkt sich meist auf den Datentransfer des Plan- und Berichtswesens. Aufgrund eigener Controlling-Systeme bedeutet dieser Austausch für die vielseitig tätigen Bereichscontroller oft Zusatzarbeit.

Demgegenüber erhalten die (wenigen) Bereichscontroller bei Typ D umfassende fachliche Unterstützung von Seiten der Konzerncontroller, z. B. in Methodenfragen, durch die Begleitung von Bereichsprojekten und enge Planabstimmung. In diesem Fall beschränkt sich die Tätigkeit der Bereichscontroller häufig auf den operativen Betrieb des Planungs- und Berichtswesens. Die unterschiedlichen Einbettungsformen begründen sich im Führungsverständnis der jeweiligen Unternehmen: Je dezentraler der Führungsanspruch, desto mehr Ressourcen benötigen Bereichscontroller, um die Betreuung vor Ort – die bis zur Strategieentwicklung reichen kann – sicherzustellen. Konzerncontroller ziehen sich auf Maßnahmen im Einzelfall und bereichsübergreifende Optimierung zurück.

Ergebnis

Der Einfluss der Controller auf Kunden – so ein wichtiges Ergebnis unserer Untersuchung – wird auch ohne große Kapazität oder breites Leistungsspektrum hergestellt, wenn Handlungsrechte und enge Zusammenarbeit mit den Kunden eine kritische Begleitung ermöglichen.

Ressourcenanalyse aus Controllersicht

Kommen wir nun zu den fachlich-methodischen Fähigkeiten, die von Controllern verlangt werden.

Akademisierung der Controller

In den CCM-Unternehmen zeigt sich eine zunehmende akademische Vorbildung der Controller, die ein breites BWL- und methodisches Spezialwissen fördert. Das umfassende betriebswirtschaftliche Wissen umfasst im Zuge der Wertorientierung stärker fundierte Kenntnisse im Finanz-, Steuer- und Rechnungswesen verbunden mit einem Verständnis von Geschäftszusammenhängen (Stichwort Kennzahlenhierarchien oder strategische Erfolgsfaktoren). Als methodische Grundlagen der Controllerarbeit gelten IT-Kenntnisse (insbesondere SAP), Planungs- und Projektmanagement-Know-how, die von mitarbeiterspezifischen Kenntnissen in Einzelverfahren wie Balanced Scorecard, Risikomanagement oder Benchmarking angereichert werden. Die verstärkte Einstellung von Hochschulabsolventen erhöht die Fluktuation in den beobachteten Controllerbereichen. Erfahrungsaufbau ist jedoch aus zwei Gründen sehr wertvoll:

Von Controllern wird ein immer breiteres betriebswirtschaftliches Wissen erwartet

- Zum einen ermöglicht er den Erwerb von Geschäftswissen, was einen späteren Wechsel in entsprechende Leitungsfunktionen erleichtert. Dazu ist eine frühere Tätigkeit im Geschäftsbereich nicht zwingend, denn die Kenntnis der wesentlichen Erfolgsfaktoren und Fragestellungen des Geschäfts sollte Controllern genügen, um kritisch hinterfragen zu können.

Der stärkere Rückgriff auf Hochschulabsolventen behindert einen breiteren Erfahrungsaufbau

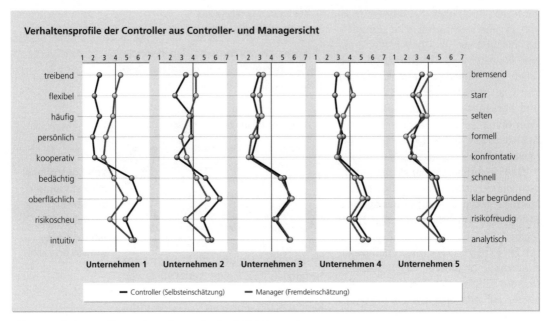

Verhaltensprofile der Controller aus Controller- und Managersicht

Unternehmen 1 | Unternehmen 2 | Unternehmen 3 | Unternehmen 4 | Unternehmen 5

treibend – bremsend
flexibel – starr
häufig – selten
persönlich – formell
kooperativ – konfrontativ
bedächtig – schnell
oberflächlich – klar begründend
risikoscheu – risikofreudig
intuitiv – analytisch

— Controller (Selbsteinschätzung)   — Manager (Fremdeinschätzung)

Abb. 23: Verhaltensprofile von Controllern in den fünf CCM-Unternehmen

- Zum anderen fördert die Erfahrung die Bildung eines internen Netzwerks und Zahlenüberblicks, beides Voraussetzungen einer umsichtigen Controller-Analyse. Zur Sicherung beider »Ressourcenbündel« ist für sämtliche Controllerbereiche der CCM-Unternehmen der Mix aus jungen Absolventen und erfahrenen Controllern charakteristisch.

Breites erforderliches Spektrum an Fähigkeiten

Zusätzlich stellen Controller hohe persönliche Anforderungen an sich selbst, indem ausgeprägte analytische Anforderungen mit Führungspotenzial und sozialer Kompetenz verbunden werden. Zu den analytischen Anforderungen rechnen Controller ein ausgepräg-

tes Zahlenverständnis als primären Ausgangspunkt der Controllerarbeit, hohe Bewertungsfähigkeiten im Rahmen von Entscheidungsprozessen und die Fähigkeit des kreativen Querdenkens zusammen mit der Bereitschaft zum ungefragten Widerspruch. Das auf der Suche nach den besten Problemlösungen notwendige Führungspotenzial der Controller drückt sich in einer selbstständigen Problembearbeitung, in deren Durchsetzungsfähigkeit und flexiblen sowie aktiven Aufgabenerledigung aus: Controller müssen später in die Linie wechseln können. Da Controlling erst im Zusammenspiel von Controllern und Managern entsteht, bildet einerseits eine breite Netzwerkbildung im Unternehmen und andererseits eine auf den internen Kunden zugeschnittene, persönliche Kommunikation inkl. Ver-

Controller Excellence

kaufsgeschick die Grundvoraussetzung jeder Controllertätigkeit. Controller betonen, dass erst das Bündel dieser Anforderungen einen guten Controller im Sinne des beschriebenen Gleichgewichts aus Serviceleistung und kritischer Begleitung ausmacht. In diesem Spannungsfeld sind Controller gehalten, situationsabhängig kundenorientiert oder kritisch, eigenständig oder mit häufigem Kontakt zum Kunden, intuitiv oder analytisch aufzutreten.

Diese vielschichtigen fachlichen und persönlichen Anforderungen werden selten durch eine Person allein erfüllt; sie erfordern einen geeigneten Team-Mix. Gleichzeitig macht der Umfang der benötigten Fähigkeiten die hervorgehobene Stellung des Chefcontrollers in den CCM-Unternehmen verständlicher: Erst eine entsprechende Controllererfahrung und bestehende Netzwerke ermöglichen die Einnahme inhaltlicher Positionen und kritisches Sparring.

Verhaltensprofile von Controllern

In der Abbildung 23 wird dieses Spannungsfeld anhand von Verhaltensmerkmalen der Controller in den CCM-Unternehmen paarweise in einem semantischen Differential einander gegenübergestellt (das Instrument des semantischen Differenzials kennen Leser der Schriftenreihe Advanced Controlling bereits aus Band 14 »Controller und Manager im Team«, vgl. Weber 2005, S. 97 ff.). Mit einer solchen Gegenüberstellung lassen sich sehr anschaulich Aussagen zur aktuellen Einordnung des persönlichen Stils der Controller gewinnen.

Die eindeutigsten Ausprägungen weisen in allen CCM-Unternehmen die

Merkmale flexibel und kooperativ sowie klar begründend und analytisch auf. Die ersten beiden Merkmale kennzeichnen einen hohen Grad der Kundenorientierung (z. B. durch flexibles Eingehen auf Kundenbedarfe). Dagegen variiert die Art und Weise, wie die Serviceleistungen erbracht werden, zwischen den Unternehmen: Ob persönlich oder eher durch Austausch von Berichten, ob durch häufige oder seltene Kontakte zwischen Controller und Manager. Die beiden letzten Merkmale, klar begründend und analytisch, betonen die stark reflexive, auf fester Zahlen- und Methodenbasis stehende Tätigkeit der Controller. Mittlere Ausprägungen erreichen Merkmale wie schnell, treibend und risikofreudig, die die Form der analytischen Tätigkeit beschreiben. In Einzelfällen lassen sich Controller mehr Zeit zur Analyse, wirken auch bremsend und spielen den risikoscheuen Counterpart des Managers.

Stellung zu internen Wettbewerbern

Was die Manager zu diesem Selbstbild der Controller sagen, werden wir gleich diskutieren. Zunächst geht es uns noch um die Beurteilung der Verhaltensprofile von Controllern in Gegenüberstellung zu Mitarbeitern des Rechnungswesens als potenziellen Wettbewerbern. Unterschiede betreffen insbesondere die stärkere Kundennähe und damit den größeren Entscheidungsbezug und die treibendere, zukunftsgerichtete Analysetätigkeit der Controller, die für eine Zusammenarbeit mit dem Management erhebliche Pluspunkte schafft. Auf der anderen Seite besetzt jedoch das Rechnungswe-

Strategische Analyse von Controllerbereichen

sen im Zuge der Integration von externer und interner Rechnungslegung und der Ausrichtung der Führungssysteme auf Aktionäre ein Kompetenzfeld, das Manager in der täglichen Steuerung (stark) interessiert. Damit wird die Lücke zwischen reiner Datenerklärung und zukunftsberichteter Analyse kleiner. Umgekehrt stellt sich aktuell die Frage, ob Controller genug Finanzwissen besitzen, um Anforderungen des Managements zu befriedigen.

Eine weitere Einschätzung gibt zu denken: Trotz des Zulaufs an jungen Kaufleuten und der ambitionierten Anforderungen an die Fähigkeiten und Kenntnisse haben die Controllerbereiche ihre Funktion als »Goldfischteich« (im Sinne der attraktivsten Ausbildungsstätte für Managementnachwuchs) aus Controllersicht weitgehend verloren. Im Wettbewerb um die besten Köpfe oder Quereinsteiger aus Beratungsfirmen haben häufig die strategischen Abteilungen die Nase vorn: Leistungen wie das für die Controllerarbeit notwendige »Zahlenschaufeln« über das oftmals tiefe Eintauchen in operative Problemstellungen bis hin zum eher untergeordneten »Projektgeschäft« lassen den Controllerbereich für »Beratertypen« wenig attraktiv erscheinen, jedenfalls im Vergleich zu Methodenscanning und Portfolioüberlegungen.

Die Abgrenzung zu internen Wettbewerbern liefert auch erste Hinweise darauf, welche einzelnen Fähigkeiten nun in welcher Bündelung die Kernkompetenz der Controller ausmachen: Während den »Strategen« weniger Geschäftseinblick (insbesondere durch das Fehlen einer dezentralen Organisation) und geringere Erfahrung in der monetären Bewer-

Aus der Sicht der Controller kommt dem Controllerbereich immer weniger die Bedeutung eines »Goldfischteichs« für den ambitionierten Managementnachwuchs zu

tung unterstellt werden, sehen sich die Controller im Vergleich zum Rechnungswesen mit ausgeprägten Kommunikationsfähigkeiten und breiter betriebswirtschaftlicher Fachkompetenz ausgestattet. Der Mix dieser Ressourcen könnte die Kernkompetenz ausmachen.

Klagen der Controller

Bezogen auf die Verhaltensmerkmale zeigen sich Controller unzufrieden mit der aktuell zu wenig treibenden und risikofreudigen Rolle sowie einer zu inflexiblen Zusammenarbeit mit den internen Kunden. Fachlich wird die nur unzureichende Weiterbildung in betriebswirtschaftlichen Themen und Methoden bemängelt und ein stärkerer Aufbau von Wettbewerbswissen gefordert. Insbesondere steht in den CCM-Unternehmen die Zusammenarbeit mit der Personalentwicklung als interner Lieferant in der Kritik: Recruiting und Weiterbildungsmaßnahmen sind selten auf die spezifischen Controllerbedürfnisse zugeschnitten, weshalb eine konzernweite Personalverantwortung für Controller wieder stärker in den Aufgabenbereich der Konzerncontroller rückt: Der Rahmen von Schulungen und Entwicklungspfaden der Controller, von Trainee-Programmen und Personalmarketing wird am Besten von Controllern für Controller definiert!

Ressourcenanalyse aus Kundensicht

Auch die internen Kunden haben wir nach deren Einschätzung der Fähigkeiten der Controller gefragt und zwar getrennt nach den Ihnen schon bekannten Feldern betriebswirtschaftliche Fachkompetenz inklusive analytischer Fähig-

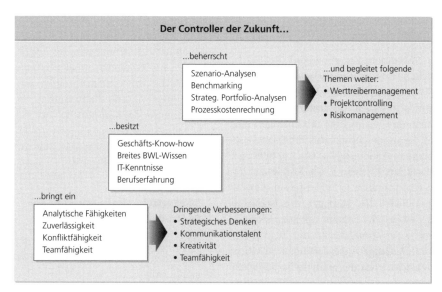

Abb. 24: Zukünftige Anforderungen an Controller aus Sicht der internen Kunden

keiten, Methodeneinsatz, Geschäftswissen, Führungspotenzial und Interaktionsfähigkeiten. In allen CCM-Unternehmen waren hohe Qualitätswerte in den Bereichen Fachkompetenz/analytische Fähigkeiten verbunden mit einem hohen Arbeitseinsatz und ausreichende Kenntnisse des Geschäfts zu verzeichnen. Auch die Bereitschaft der Controller zur Erklärung und Einbindung der Manager wird zufriedenstellend wahrgenommen. Dagegen bewerten Manager die Problemeignung der angewandten Instrumente, das Führungspotenzial und einzelne Interaktionsfähigkeiten, etwa die flexible und individuelle Zuschneidung auf Kundenbedürfnisse, nur mit sehr niedriger Qualität. Ein Blick auf das Fremdbild der Verhaltensmerkmale bestätigt – wie die Abbildung 23 zeigt – diese erste Einschätzung.

Größte Differenzen weisen in allen Controllerbereichen der CCM-Unternehmen die Verhaltensmerkmale »treibend«, »flexibel« und »risikofreudig« auf. Dagegen werden die Attribute »analytisch« und »klar begründend« – analog zur hohen Qualitätsbewertung – übereinstimmend beurteilt. Die häufige, schnelle und kooperative Interaktion – in der Qualitätsbewertung bereits als nur zufriedenstellend eingeschätzt – werden nur bei Unternehmen 1 und 2 von Managern abweichend gesehen. Sie wiesen bereits im Controllerprofil große Wahrnehmungsdifferenzen auf. Die Bereitschaft der Controller zur kooperativen Interaktion wird von Managern erkannt, deren analytische Fähigkeit geschätzt, aber die Flexibilität und Vorwärtsorientierung in der Zusammenarbeit bemängelt.

Manager fordern mehr auf ihre Probleme zugeschnittene Instrumente und Leistungen der Controller

Aus einem Set an persönlichen, fachlichen und methodischen Fähigkeiten (bzw. Ressourcen) der Controller haben wir schließlich die internen Kunden nach den wichtigsten, zukünftigen Anforderungen gefragt; das Ergebnis ist in obiger Abbildung zusammengefasst: Basis zur Erhöhung der Kundenzufriedenheit in allen CCM-Unternehmen ist aus Sicht der Manager die Stärkung der »weichen« Persönlichkeitsmerkmale, wie Kommunikations- und Teamfähigkeit. Wichtige Anforderungen aus Kundensicht, etwa die analytische Fähigkeit oder Zuverlässigkeit der Controller, scheint derzeit schon hinreichend erfüllt. Bei den häufigsten Nennungen zu den fachlichen Anforderungen fällt auf, dass breites Grundlagenwissen die speziellen Kenntnisse (z. B. Bilanz- oder Kapitalmarkt-Know-how) überwiegt. Methodisch fordern Manager verstärkt die Anwendung markt- und strategieorientierter Managementinstrumente, wie z. B. Szenarien oder Benchmarking, die der Entscheidungsfindung dienen.

Ein kurzes Zwischenfazit

In erster Annäherung kann das Bündel aus Geschäftsüberblick, monetärer Bewertungsfähigkeit, breiter betriebswirtschaftlicher Kompetenz und Kommunikationsfähigkeit als Kernkompetenz der Controller bezeichnet werden. Es ist im Vergleich zu internen Wettbewerbern in dieser Kombination spezifisch. Zur Durchsetzung sind Handlungsrechte erforderlich, die zum Teil in formalen Regeln, wie Planungsstrukturen und Vetorechten, zum Teil aber

auch informal, beispielsweise als Controlling-Kultur verankert sind. Die Kernkompetenz der Controller im Blick, scheinen aus Kundensicht vor allem die methodische Unterstützung der monetären Bewertung und die flexiblere, weniger bremsende Kommunikation mit dem Management wünschenswert. Eigenschaften, die für interne Berater unabdingbar sein sollten!

Strategische Positionierung der Controller und ihrer Aufgaben

Nach der intensiven Darstellung der strategischen Analyse der Controllerbereiche wollen wir nachfolgend den Versuch unternehmen, auch die Frage der Neupositionierung zu beantworten. Hierzu werden wir zum einen eine »historische« Sicht einnehmen, zum anderen Konzepte aus der Strategieforschung heranziehen.

Controllerentwicklung im Zeitablauf

Die Vorteile einer Nachschau von Investitionen und Projekten sind hinlänglich bekannt: Durch die Nachzeichnung von Projektverläufen lassen sich zum einen Erfahrungen über notwendige Aufgaben und Ressourceneinsätze sammeln und gegebenenfalls typische Verläufe ablesen. Diese können dann bei zukünftigen Projektplanungen berücksichtigt werden. Zum anderen schärft die Nachschau den Blick für besonders kritische Ereignisse und Einflussfaktoren, die eine Abschätzung zukünftiger Prozessrisiken erleichtert. Schließlich kann eine rückblickende Projektbewertung Impulse für weitere Projektanstöße geben, da Lücken zur

Manager wollen von Controllern auch Kompetenz in »weichen Faktoren«

Aus der Vergangenheit für die Zukunft lernen

generellen Zielerreichung transparent werden.

Im Rahmen des Projekts Controller Excellence haben wir den Versuch unternommen, die Grundgedanken einer Nachschau auf ausgewählte Controllerbereiche zu übertragen, ganz nach dem Motto: Aus der Vergangenheit für die Zukunft lernen! Analog zu einem Investitionsprojekt sollen vergangene Controllerleistungen und -ressourcen analysiert werden, um einerseits zu klären, ob sich Controller auf einem Verbesserungspfad in Richtung ihrer strategischen Ausrichtung bewegen und um andererseits Faktoren für eine verbesserte Neuausrichtung zu erhalten:

- *Entwicklung beschreiben:* Was war die Leistungsbasis der Controller? Wie bauen Leistungen und Ressourcen im Zeitablauf aufeinander auf? Welche Erfahrungen haben Controller z. B. mit der Dezentralisierung oder mit bestimmten internen Wettbewerbern gemacht?
- *Entwicklungsfaktoren identifizieren:* Wie viel Gestaltungsspielraum besitzen Controller im Sinne eines Role-Making? Welche Personen können das Controller-Verständnis prägen? In welchem Ausmaß treten Veränderungen auf?
- *Entwicklungsstand einordnen:* Wie ist der Status quo der Controllerentwicklung im Unternehmensvergleich einzuordnen? Welche zukünftigen Entwicklungslinien sind realistisch? Wann waren Controllerbereiche erfolgreich?

Um hier erste Antworten zu finden, werden in den nachfolgenden Abschnitten Meilensteine der Controllerentwicklung aus vier CCM-Unternehmen nachgezeichnet, mit dem Ursprung der Controllerbereiche beginnend bis zur Anknüpfung an den heutigen Entwicklungsstand, den wir ja bereits im dritten Abschnitt ausführlich dargelegt haben.

Kostenrechnung oder Planung als Ausgangspunkt?

Woher kommen Controller? Als Startpunkte der Controllerentwicklung gelten in der Literatur einerseits die entscheidungsorientierte Kostenrechnung und andererseits die Planung, deren Ausdifferenzierung in Großunternehmen die Einrichtung von unterstützenden Controllerstellen befördert haben soll. Ein Blick auf die Historie in den CCM-Unternehmen zeigt, dass die Ursprungs- bzw. Kernleistung der Controller vor allem in der Verknüpfung von Kostenrechnung und operativer Planungstätigkeit bestand.

Das Controlling fand seinen Ursprung in der Verknüpfung von Kostenrechnung und operativer Planungstätigkeit

Unternehmen 1

Vorgängerin der erst Anfang der 80er Jahre so bezeichneten »Controlling«-Abteilung in Unternehmen 1 war die Abteilung Betriebswirtschaft. Die bis dahin verstreuten Leistungen der Budgetierung, Kalkulation und Wirtschaftlichkeitsrechnung sollten Ende der 60er Jahre in einer zentralen betriebswirtschaftlichen Kompetenz zusammengeführt werden. Den Anstoß dazu gaben Wirtschaftsprüfer des Unternehmens, um über ein straffes Budgetmanagement nachhaltige Kostensenkungen zu erreichen. Die jährliche Budgetplanung sollte verbindlicher mit den Geschäftseinheiten abgestimmt, Investitions- und

Kostenträgerrechnung weiterentwickelt und die aus der Grundsatzplanung stammenden Produktionsvorgaben durch die Kostenträgerrechnung in das Budget übergeleitet werden. Der Betrieb der Kostenrechnung, vor allem die Erfassung der Ist-Daten, lag in Händen eines schon funktionierenden Internen Rechnungswesens außerhalb der Abteilung Betriebswirtschaft. Die Vorgabe von Prämissen und Berichtslayouts reichte den Controllern aus, um die Konsistenz zwischen Budgetprozess und Kostenrechnung herzustellen.

Unternehmen 2

Vordringliche Aufgabe der Controller in Unternehmen 2 – im Übergang von einer Behörde zum privatwirtschaftlichen Unternehmen – war zum einen die Transparenzschaffung über Kosten und Erlöse. Die bestehende kameralistische Buchführung konnte lediglich vergangene Zahlungsströme dokumentieren. Die vorhandene Leistungs- und Kostenrechnung lieferte nur jährliche Vollkostendaten im Ist, die nach komplizierten Schlüsseln auf Einheiten verteilt wurden. Die Definition von prozess-, produkt- und stellenbezogenen Kosten-Leistungs-Relationen erst schaffte die Voraussetzung einer ergebnisorientierten Planung. Die bisherige Steuerung der Behörde über Haushaltspläne und Verrechnungsvorschriften erforderte zum anderen die Umstellung des Planungsprozesses, um eine unterjährige und an der Wirtschaftlichkeit orientierte Steuerung zu ermöglichen. Die Umstellung schloss sowohl das erstmalige Setzen von Ergebniszielen und darauf aufbauend die systematische und vollständige Erarbei-

Vorhandene Planung wurde durch die neu geschaffenen Controllerstellen neu ausgerichtet und »professionalisiert«

tung von operativen Teilplänen ein, als sie auch die Überprüfung der Deckungsgleichheit von ergebnismäßiger und organisatorischer Verantwortung ermöglichte.

Unternehmen 4

Schon 1972 etablierte ein wesentlicher Geschäftsbereich des heutigen Unternehmens 4 die Abteilung Planung und Kontrolle als Vorläufer der »Controlling-Abteilung«. Da zur Disposition und Rechnungsstellung des Handelsgeschäftes eine hohe Qualität der Datenbasis sichergestellt sein musste, griffen Controller bereits auf detaillierte Massendaten im Ist und im Plan exklusiv zurück und verantworteten den Betrieb der Kostenrechnung selbst. Auf der einen Seite ermöglichte dies schon sehr früh eine Detaillierung der operativen Planungsprozesse, z. B. durch Forecasts, auf der anderen Seite machte die Datenhoheit aufwendige Datenchecks notwendig.

Unternehmen 5

Auf den ältesten Controllerbereich kann Unternehmen 5 verweisen, bei dessen Gründung als Joint Venture 1967 die Controllerstrukturen der beiden Muttergesellschaften übernommen wurden. Ergebnis war die Einrichtung eines zentralen Vertriebs- und Werkecontrolling, das Richtlinien zur Planung, Kalkulation und Ergebnisrechnung vorgab, die monatlichen Berichte zusammenstellte und übergreifende Betriebsvergleiche und Wirtschaftlichkeitsrechnungen für die Geschäftsführung durchführte. Wie in Unternehmen 1 war der Betrieb der Kostenrechnung je-

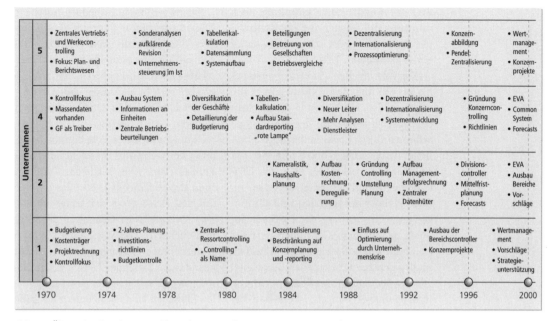

Unternehmen	1970	1974	1978	1980	1984	1988	1992	1996	2000
5	• Zentrales Vertriebs- und Werkecontrolling • Fokus: Plan- und Berichtswesen	• Sonderanalysen • aufklärende Revision • Unternehmenssteuerung im Ist	• Tabellenkalkulation • Datensammlung • Systemaufbau		• Beteiligungen • Betreuung von Gesellschaften • Betriebsvergleiche	• Dezentralisierung • Internationalisierung • Prozessoptimierung		• Konzernabbildung • Pendel: Zentralisierung	• Wertmanagement • Konzernprojekte
4	• Kontrollfokus • Massendaten vorhanden • GF als Treiber	• Ausbau System • Informationen an Einheiten • Zentrale Betriebsbeurteilungen	• Diversifikation der Geschäfte • Detaillierung der Budgetierung	• Tabellenkalkulation • Aufbau Standardreporting „rote Lampe"	• Diversifikation • Neuer Leiter • Mehr Analysen • Dienstleister	• Dezentralisierung • Internationalisierung • Systementwicklung		• Gründung Konzerncontrolling • Richtlinien	• EVA • Common System • Forecasts
2					• Kameralistik, • Haushaltsplanung	• Aufbau Kostenrechnung • Deregulierung · • Gründung Controlling • Umstellung Planung	• Aufbau Managementerfolgsrechnung • Zentraler Datenhüter	• Divisionscontroller • Mittelfristplanung • Forecasts	• EVA • Ausbau Bereiche • Vorschläge
1	• Budgetierung • Kostenträger • Projektrechnung • Kontrollfokus	• 2-Jahres-Planung • Investitionsrichtlinien • Budgetkontrolle	• Zentrales Ressortcontrolling • „Controlling" als Name		• Dezentralisierung • Beschränkung auf Konzernplanung und -reporting	• Einfluss auf Optimierung durch Unternehmenskrise	• Ausbau der Bereichscontroller • Konzernprojekte		• Wertmanagement • Vorschläge • Strategieunterstützung

Abb. 25: Übersicht über die Entwicklung des Controlling in vier CCM-Unternehmen

doch anderen Stellen – hier den Kaufleuten in den Werken und Vertriebsstätten – zugeordnet.

Die Verknüpfung von Kostenrechnung und Planung bildet das übereinstimmende Merkmal des »Startsets« von Controllern in den CCM-Unternehmen. Daneben sind jedoch erste Schwerpunktsetzungen erkennbar, die bis heute den Charakter der Controller mitprägen: In Unternehmen 1 und 5 erfolgte der Betrieb der Kostenrechnung nicht durch Controller, so dass andere Themen – Budgetprozess und Trägerrechnung in Unternehmen 1 und Betriebsvergleiche in Unternehmen 5 – Vorrang bekamen. In Unternehmen 2 und 4 stand von Beginn an die möglichst vollständige ergebnisorientierte Abbildung des Unternehmens im Vordergrund.

Das frühe Controllerverständnis

Auffällig ist zunächst, dass – mit Ausnahme des sehr spät gegründeten Controllerbereichs in Unternehmen 2 – die kaufmännischen Abteilungen zunächst nicht als »Controlling« bezeichnet wurden, sondern meist als »Planung und Steuerung«. Erst Anfang der 80er Jahre, als sich in der Literatur der Begriff etablierte, wurden Controller auch so genannt; meist nach erfolgten Reorganisationen oder dem Wechsel des kaufmännischen Leiters. Da mit der Umbenennung jedoch keine größeren Veränderungen des Leistungsspektrums verbunden waren, lässt sich der Vorwurf, einer Modeerscheinung zu folgen, nicht ganz von der Hand weisen. Die Bezeichnung »Betriebswirtschaft« in Unternehmen 1 kam z. B. deshalb zustande,

»Controlling« entstand überwiegend durch Umbenennung vorhandener Abteilungen

Strategische Positionierung der Controller
und ihrer Aufgaben

weil der Begriff des Controlling noch sehr unbestimmt war und mit Kontrolle gleichgesetzt wurde; man wählte daher einen neutraleren Titel.

Kern des frühen Controllerverständnisses war die Kontrollfunktion: Controller sahen sich als verlängerter Arm der Geschäftsführung, der die nachgeordneten Geschäftseinheiten zu kontrollieren hatte. Dabei besaß die Art der Aufgabenwahrnehmung eher den Charakter einer aufklärenden Revision, indem Verfahrenskontrollen und die vergangene Entwicklung der Ist-Daten im Vordergrund des Controllerinteresses standen. Zukunftsorientierte Maßnahmenvorschläge waren selten. Abgeleitet aus der Bedeutung von Kostenrechnung und operativer Planung dienten daher Budgetgespräche und Budgetkontrollen in Form monatlicher Standardberichte als vorrangige Controller-Instrumente, deren Ausgestaltung sich erst im Erprobungsstadium befand. Daneben gab es regelmäßig nur Kontakt zu Bereichsleitern, wenn Investitionen zur »hoheitlichen« Genehmigung anstanden.

Durch die Betonung des Kontrollcharakters, der Vorgabe von Planungs- und Investitionsrichtlinien und bisweilen auch Top-Down-Planungen traten Controller den Bereichen in dieser frühen Phase weniger als Dienstleister, als vielmehr in der Rolle des zentralistischen Kontrolleurs gegenüber. Das Verteilen »roter Zettel« bei Negativabweichungen, »Antreten zur Budgetrunde« oder das »Aufstehen, wenn Controller anrufen« machen dies anschaulich. Dabei bildete sich dieses anfängliche Controller-Verständnis unabhängig vom Startzeitpunkt der Controlling-Einführung heraus.

Damit erfüllten sie jedoch auch die Erwartungen ihrer internen Hauptkunden, der Vorstände und Geschäftsführungen, die ein einheitliches, auf Wirtschaftlichkeit ausgerichtetes Steuerungssystem einführen wollten (»den Regelkreis schließen«): Zur Durchsetzung von Budgets, einer einheitlichen Investitionsrechnung und einer detaillierten Abbildung der Geschäfte mussten Controller Einfluss von oben ausüben. Dahinter steht als wesentlicher Treiber das zentrale Führungsverständnis der Unternehmen zum Zeitpunkt der Gründung des Controllerbereichs. Das Wissen der obersten Unternehmensführung reichte (noch) aus, um die Synergieeffekte der sehr homogenen Geschäftsfelder bzw. funktionalen Einheiten zu nutzen, indem Eingriffe bis in die Gestaltung der Geschäftsprozesse stattfanden. Controller zeichneten für die monetäre, operative Umsetzung dieses Steuerungsverständnisses verantwortlich.

Mit dem Aufbau und der Durchsetzung einheitlicher Routineprozesse verbunden war die fehlende Kapazität zur Durchführung von Sonderanalysen oder zur Begleitung von Projekten. Ausnahmen bildeten vereinzelte monetäre Betriebsvergleiche, mengenbezogene Rechnungen (z. B. Kapazitätsermittlungen) und Kostenträgeranalysen, die inhaltliche Fragestellungen berührten. Die Controllerbereiche der Unternehmen 1 und 5, die nicht den Betrieb der Kostenrechnung verantworteten, waren hier stärker eingebunden. Auch diese Unterstützung diente allerdings eher dem Nachweis dezentraler Verschwendung. In Bezug auf das Verhältnis zwischen Vorstand und Controllern waren Beratungen üblicher: Schon früh war es Chefcontrollern mög-

	1988	1990	1992	1994	1996	1998	2000
Leistungsschwerpunkte	Kostenrechnung aufbauen	Transparenz schaffen, Umstellung Planung	Einheitliche Systeme aufbauen	Steuern, Themen besetzen, Budgets durchsetzen; nicht: Projektkontrolle			Ziel: aktive Maßnahmenvorschläge und Auswirkungen
Instrumente	Gehobene Kameralistik, Lochkarten	Getrennte Umsatz- und Kostenplanung	SAP	Managementerfolgsrechnung/ PKT: Steuerung operative Einheiten	Mittelfristplanung, Planungsbegründung	Forecasts, Cash-flow-Planung	EVA
Personen/ Dienstleister		Start Chefcontroller und Finanzvorstand Kernteam aus 5 „Ex-Beamten"	Einkauf erfahrener Controller	Starker Berater-Einsatz	ca. 250 zentrale Controller Breite Controller-Schulung	Strategie als Schnittstelle	Neuer Finanzvorstand Wechsel Chefcontroller
Organisation		Gründung Controlling Zentrale Führung, objektbezogen	Niederlassungscontroller	Systeme, Planung, Bereichscontroller	Divisionales Controlling, dotted-line	Aufbau Konzerncontrolling und Servicecenter	Ausbau divisionales Controlling
Unternehmensentwicklung	Homogenes Geschäft	Gesetz zur Deregulierung	Technologiesprünge	Aufkommender Wettbewerb	Geschäftsfeldorganisation Regulierung	Börsengang	Vier-Säulen-Strategie

Abb. 26: Historisches Grobprofil der Controlling-Entwicklung in Unternehmen 2

lich, auch inhaltliche Einschätzungen und kritische Fragen bei ihren Hauptkunden anzubringen.

Reibungspunkte mit anderen internen Dienstleistern waren in den betreffenden CCM-Unternehmen früh angelegt: War das Rechnungswesen vom Controllerbereich getrennt, erfolgte gerade bei Aufbau der Kostenrechnung und Abstimmung mit der Planung eine enge Zusammenarbeit mit dem Rechnungswesen – Spannungen z. B. hinsichtlich der Verantwortung für Plan-Ist-Vergleiche eingeschlossen. Wettbewerbsstudien, Langfristplanungen und strategische Projekte waren Themen, die schon damals außerhalb des Controllerbereichs bearbeitet wurden, etwa von einer Abteilung Grundsatz- oder Geschäftsfeldplanung.

Die Anfangsjahre: Zusammenspiel Vorstand – Chefcontroller

Grundlage des zentralen Einflusses der Controller war ganz wesentlich das enge Zusammenspiel zwischen dem ersten Chefcontroller und seinem direkten Vorgesetzten, dem Finanzvorstand oder Vorstandsvorsitzenden. Die Controllerbereiche waren von Beginn an dem Vorstand auf zweiter Führungsebene unterstellt und damit Bereichsleitern gleichgeordnet. Mehr noch als die formale Position ermöglichte gegenseitiges Ergänzen und Vertrautheit dieses Gespanns eine hohe Durchsetzungsfähigkeit bei Einführung der Controlling-Strukturen. In den CCM-Unternehmen waren hier zwei Typen der Zusammenarbeit zu beobachten:

- In zwei Unternehmen gab ein dominierender, kaufmännisch vorgebilde-

Strategische Positionierung der Controller und ihrer Aufgaben

ter Vorstand die Ausrichtung der Controllerarbeit in jeder Hinsicht vor, während der Chefcontroller nur für den reibungslosen Ablauf sorgte.

- In den anderen Unternehmen übernahm der Chefcontroller die fachliche Gestaltung der Controllerbereiche, die von einem Nicht-Kaufmann als Vorstand im Stile eines Machtpromotors gestützt wurde. In diesen Fällen prägten Chefcontroller bzw. deren Abteilungsleiter das Controller-Verständnis sowohl konzeptionell als auch in der praktischen Umsetzung, etwa wenn der verantwortliche Budgetcontroller noch 20 Jahre später als knochenharter Verhandler gilt. Hilfreich waren hier persönliche Beziehungen – so war etwa in einem Unternehmen der erste Chefcontroller vormals Assistent des nicht kaufmännisch vorgebildeten Vorstands. Sie waren im Vergleich der CCM-

Die Controller hatten anfangs ihre Stärken in »klassischen« monetären Instrumenten

Unternehmen untereinander von längerer Dauer, manchmal über 10 Jahre hinweg. Als Ausdruck des engen Zusammenspiels kann die Tatsache angesehen werden, dass neue Vorstände »ihre« Chefcontroller meist mit ins Amt brachten.

Die interne Struktur der zentralen Controllerbereiche orientierte sich an funktionalen Fragestellungen, wie z. B. Umsatz, Kosten, Investition oder Planung und Kostenrechnung. Ausnahme war das Vertriebs- und Werkecontrolling in Unternehmen 5, das bereits kundenorientiert nach Fabrikplanung, Vertriebsplanung und Berichterstattung an die Stammhäuser aufgestellt war.

Diese Struktur ist auch Ausdruck der damaligen Fähigkeitenschwerpunkte der Controller, die sich fachlich-methodisch auf Kostenrechnungssysteme, Planungsprozesse und Wirtschaftlichkeitsrechnungen konzentrierten. War dieses

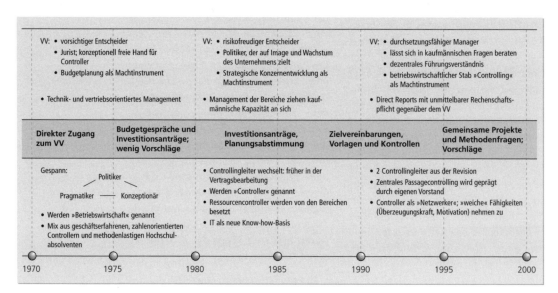

Abb. 27: Entwicklungspfad der Controller-Manager-Interaktion (Unternehmen 1)

Controller Excellence

Wissen in den Unternehmen nicht vorhanden – etwa im Falle der Behörde oder für Spezialfragen der Investitionsrechnung – wurden Controller von Hochschulen oder anderen Unternehmen eingekauft.

Die im Controlling bestehenden betriebswirtschaftlichen Wissensvorteile und das »Datenhüten« schafften die Voraussetzung zur Hinterfragung der Bereiche und zur Budgetdurchsetzung. Geschäftswissen der Controller wurde nicht im Rahmen einer beratenden Begleitung der Bereiche aufgebaut – wie schon die Struktur verdeutlicht –, sondern gründete sich im Wesentlichen auf frühere Geschäftserfahrungen der Mitarbeiter, die in den Controllerbereich wechselten. Die Erfahrung reichte aus, um vergangenheitsbezogen die richtigen Fragen zu stellen. Den zentralen Controllern fachlich unterstellt waren kaufmännische Mitarbeiter in den Werken und Niederlassungen vor Ort, die primär als Zahlenlieferanten und dezentrale Planungsunterstützer dienten.

Das wichtigste Arbeitsmittel der Controller waren meterlange Datenlisten über Plan- und Ist-Entwicklungen, die generiert, auf negative Abweichungen analysiert und größtenteils in Handarbeit in Berichten für den Vorstand aufbereitet wurden. Mehr noch als die monatlichen Budgetkontrollen dienten die jährlich stattfindenden Budgetrunden zur Durchsetzung des Controlling-Gedankens: In wochenlangen Sitzungen wurde um den Plan des nächsten Jahres gerungen; hier konnten Controller eigene Budgetvorgaben einbringen. Methodisch stand die Diskussion um die Prämissen der Kostenrechnung (z. B. Kostenaufteilmaßstäbe) und Investitionsrechnung (z. B. Amortisationsdauern) – beides auf monetären Informationen basierende Modelle – im Mittelpunkt der Controllerarbeit. Anforderungen an Controller bestanden zu allererst in einem ausgeprägten Zahlenverständnis und tiefgehenden Kenntnissen im Bereich Kostenrechnung und Planung. Präzises, ausdauerndes und kritisches Analysieren, angebotsgetriebene Gestaltung, Arbeiten im »stillen Kämmerlein« und durch einen harten Verhandlungsstil geprägte Kommunikation kennzeichneten die Vorgehensweise der »frühen« Controller.

Ein Arbeiten »im stillen Kämmerlein« war anfangs für die Controller typisch

Die ersten Jahre: Weiterentwicklung der Routineprozesse

Nach Einrichtung der Controllerbereiche in den CCM-Unternehmen und erster Erfahrung in den Routineprozessen stand für die nächsten Jahre deren konzeptionelle Weiterentwicklung im Mittelpunkt der Controllerarbeit. Im Interesse unternehmenseinheitlicher, ins operative Detail reichender und zur unmittelbaren Steuerung verwendbarer Instrumente, bauten Controller ihre Leistungen in Kostenrechnung, Planung und Kontrolle aus. In dieser Phase der Controllerentwicklung, die sich wie in Unternehmen 1 über mehrere Jahre erstreckte, kamen weder grundlegend neue Aufgaben hinzu, noch fielen Controllerleistungen in größerem Umfang weg. Der Ausbau des Controller-Instrumentariums war in dieser Zeit besonders massiv, besteht jedoch bis heute als Daueraufgabe der Controller fort – wie auch die Verbesserungsvorschläge aus heutiger Kundensicht gezeigt haben.

Ein Schwerpunkt der Weiterentwicklung der Routineprozesse bestand in der Verfeinerung der Ergebnisrechnung:

Strategische Positionierung der Controller
und ihrer Aufgaben

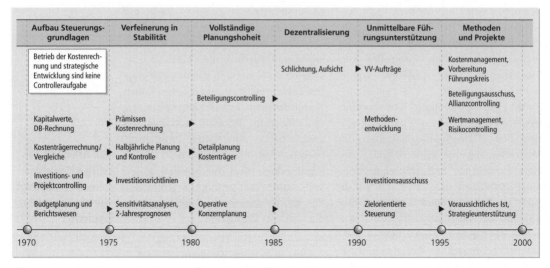

Aufbau Steuerungs-grundlagen	Verfeinerung in Stabilität	Vollständige Planungshoheit	Dezentralisierung	Unmittelbare Führungsunterstützung	Methoden und Projekte
Betrieb der Kostenrechnung und strategische Entwicklung sind keine Controlleraufgabe			Schlichtung, Aufsicht ▶	VV-Aufträge	▶ Kostenmanagement, Vorbereitung Führungskreis
		Beteiligungscontrolling ▶			Beteiligungsausschuss, Allianzcontrolling
Kapitalwerte, DB-Rechnung ▶	Prämissen Kostenrechnung ▶			Methoden-entwicklung	▶ Wertmanagement, Risikocontrolling
Kostenträgerrechnung / Vergleiche	Halbjährliche Planung und Kontrolle ▶	Detailplanung Kostenträger			
Investitions- und Projektcontrolling ▶	Investitionsrichtlinien ▶			Investitionsausschuss	
Budgetplanung und Berichtswesen	Sensitivitätsanalysen, 2-Jahresprognosen	Operative Konzernplanung ▶		Zielorientierte Steuerung	▶ Voraussichtliches Ist, Strategieunterstützung

| 1970 | 1975 | 1980 | 1985 | 1990 | 1995 | 2000 |

Abb. 28: Leistungsschwerpunkte der Controller im Zeitablauf (Beispiel des Unternehmens 1)

Instrumentenbezogen betraf die wesentliche Weiterentwicklung die Ergebnisrechnung

- Zum einen wurden Gesamtunternehmens- und rein stellenbezogene Kosten- und Umsatzzahlen zur Abbildung produktgruppenspezifischer und regionaler Deckungsbeitragsrechnungen integriert. Voraussetzung dafür war die zahlenmäßige Erfassung sämtlicher Geschäftsaktivitäten zur umfassenden Definition von Verrechnungsbeziehungen.

- Um die unterjährige Steuerungsfähigkeit zu erhöhen, arbeiteten Controller zum anderen an der Frequenz aussagefähiger Kostenträgerrechnungen und ersten Hochrechnungsverfahren. Ziel der Anstrengungen war die möglichst vollständige ergebnisbezogene Abbildung des Unternehmens, sowohl in operativen Details (»Vorstand schaut hinab bis auf die Kostenarten«) als auch in den Steuerungsdimensionen Produkt, Region und Einheit. Zahlenberge waren die Folge.

In die gleiche Richtung weist die Erhöhung von Planumfang und -genauigkeit: Die Validität der Planungsprämissen stieg im Laufe der Jahre, so dass einerseits die Jahresplanung um Sensitivitätsanalysen wichtiger externer Planungsfaktoren detailliert wurde und andererseits Controller bessere Prognosen zum Aufbau von Mittelfristplanungen benutzten. Gleichzeitig wurden die Planungsstrukturen ausgefeilt, z. B. durch Einbeziehung indirekter Bereiche oder Einführung des Gegenstromverfahrens, und in verbindlichen Budgetierungsfahrplänen verankert. Im Regelfall erstellten die Controller eine Vorplanung, die mit den Vorschlägen der dezentralen Planungsbeauftragten abgestimmt wurde. Die Abstimmrunden blieben vorerst wichtigstes Kommunikationsinstrument und wurden selbst mehr und mehr standardisiert, etwa durch vorherige Planungsbegründung des Bereichs und anschließende Fragen der Controller.

Weiter verfeinert wurde zudem der Bereich der Wirtschaftlichkeitsrechnungen, etwa durch Bestimmung differenzierter Kapitalkosten und Risikofaktoren, der Detaillierung notwendiger qualitativer Zusatzangaben, mit Hilfe einer Nachschau vereinzelter Investitionsprojekte und einer exakten, verbindlichen Beschreibung des Investitionsantragsprozesses. Beispielrechnungen und Durchsprachen einzelner Investitionsanträge mit den beantragenden Bereichen trugen wesentlich zur Durchsetzung der Richtlinien bei.

Als Ergebnis all dieser Bemühungen der Controller, die ergebnisbezogene Transparenz des Unternehmens zu erhöhen, resultierten umfangreiche Berichte. Auch hier waren Controller intensiv mit einer Standardisierung und Verfeinerung beschäftigt, indem sie beispielsweise Ampelfunktionen und erste nicht-monetäre Kenndaten (z. B. Mitarbeiterzahlen) integrierten sowie detaillierte Handbücher zu Berichtsprozessen entwarfen. Die wichtigste Veränderung des Berichtswesens aber war die routinemäßige und breitere Weitergabe der Berichte an die Geschäftseinheiten des Unternehmens und die anschließende Erläuterung der Berichtsinhalte.

Auf den ersten Blick stützte die Weiterentwicklung der Routineprozesse den Controller als zentralen Kontrolleur der Bereiche, da noch mehr Informationen noch einheitlicher und schneller verfügbar waren. Doch gleichzeitig legte der Ausbau der Ergebnisrechnung, die Verbesserung der Planungssicherheit und die Vorgabe einheitlicher kaufmännischer Arbeitsmittel die Grundlage für die Wahrnehmung echter dezentraler Ergebnisverantwortung. Das Erklären

von Berichten und Methoden, flächendeckende Schulungen von Führungskräften durch Controller wie in Unternehmen 2 und die Weitergabe von Daten an die steuernden Einheiten waren Vorboten einer sich ändernden Zusammenarbeit zwischen Controller und Geschäftsbereich und damit einer Änderung des Controller-Verständnisses.

Beginnende Dienstleistungsorientierung der Controller

Die Basis der transparenten Abbildung der Wirtschaftlichkeit des Unternehmens und seiner Teile war durch die Controllerarbeit gelegt. Zwei Entwicklungen im Umfeld der Unternehmen – nachhaltiges Unternehmenswachstum und die beginnende »Computer-Revolution« – beförderten ganz allmählich eine stärkere Dienstleistungsorientierung der Controller.

Nachhaltiges Unternehmenswachstum

Durch zunehmenden Wettbewerb, steigende Kundennachfrage (Unternehmen 1), Technologiesprünge (Unternehmen 2) oder den Bedarf nach horizontaler (Unternehmen 4) oder regionaler (Unternehmen 5) Diversifikation stieg die Größe bzw. Heterogenität der dezentralen Geschäftseinheiten an. Für die Unternehmensführung bedeutete dies, dass das Wissen über marktnahe Entscheidungen und effiziente Ressourceneinsätze abnahm und alte Führungsstrukturen – wie die funktionale Aufbauorganisation – den Anforderungen der Marktdynamik immer weniger gerecht wurden. Controller sollten den-

Auch die Weiterentwicklung des Berichtswesens stand im Fokus der Controller

Controller halfen, die Unternehmen trotz höherer Führungskomplexität steuerbar zu halten

noch in gewohnter Weise die wirtschaftliche Führbarkeit der Geschäftsbereiche sicherstellen. In der Folge bauten zunächst die zentral angesiedelten Controller gezielt bereichsspezifisches Wissen auf und benannten zur Betreuung der kaufmännischen Belange gesonderte Beteiligungsoder Bereichscontroller. Die oben angeführten Controllerleistungen des Plan- und Berichtswesens blieben zwar dieselben, doch die Art der Aufgabenwahrnehmung bewegte sich langsam von der reinen Kontrollhaltung weg: Bereichscontroller waren als feste Ansprechpartner der Bereiche häufiger vor Ort (z. B. wegen Investitionsanträgen), detaillierte Top-Down-Vorgaben wurden immer häufiger durch Zielvereinbarungen abgelöst und Controller gewannen größeren Einblick in aktuelle Problemstellungen der dezentralen Einheiten. Von den Geschäftsbereichen nachgefragte Sonderanalysen blieben jedoch die Ausnahme, wenn nicht genügend eigenes kaufmännisches Personal vorhanden war, so z. B. im Rahmen der umfassenden kaufmännischen Betreuung (bis hin zu Optimierungsprojekten) ausländischer Tochtergesellschaften durch Controller in Unternehmen 5.

Einfluss der IT

Durch den Einsatz IT-basierter Tabellenkalkulationen (zunächst Multiplan) beschleunigten sich die Routineprozesse, wie z. B. die Berichtsauswertung und -aufbereitung erheblich. Die frei werdende Kapazität nutzten Controller zum Teil zur Durchführung jetzt flexibler erstellbarer Sonderauswertungen; zum Teil aber wurde sie durch das Unternehmenswachstum und das Bestre-

ben detailgetreuer Abbildung wieder »aufgefressen«. In den folgenden Jahren boten die technischen Weiterentwicklungen (insbesondere die Einführung von SAP und OLAP-Tools) jedoch vielfältige Impulse zur Verkürzung der Planungs- und Berichtszeiten und für eine eher am Kundenbedarf orientierte Leistungserstellung.

Controller benutzen in dieser Phase selbst sehr häufig das Bild des Navigators zur Beschreibung ihres Selbstverständnisses: Dem Bild entspricht die Beherrschung der wesentlichen ergebnisorientierten Methoden, das kritische Hinterfragen von Bereichsinteressen und die Hinwendung zu geschäftsspezifischen Sonderanalysen. Im Widerspruch dazu steht jedoch das weitgehende Fehlen einer zukunftsorientierten Steuerungsfunktion, sei es durch Maßnahmenvorschläge, Strategieunterstützung, Forecasts in Routineprozessen oder durch kundenorientierte Sonderanalysen sowie Projektinitiativen. Die vorhandene kritische Grundhaltung verharrte noch sehr oft in der Kontrolle der Ist-Daten.

Steigende Ressourcenanforderungen

In diesen Phasen der – moderaten – Veränderungen blieb sowohl die hierarchische Einbettung der Controller als auch die prägende Vorstand-Chefcontroller-Konstellation nahezu unverändert. Das Zusammenspiel der verschiedenen Rollen hatte sich etabliert. Wechsel der Chefcontroller fanden statt bei dominierenden Vorständen und beförderten in einem Fall eine stärkere Dienstleistungsorientierung der Controller, indem der neue Leiter hier entsprechende Schwerpunkte setzte.

Lediglich zwei CCM-Unternehmen ordneten den Leistungsschwerpunkt der Methodenanpassung einer spezialisierten Einheit »Controlling-Systeme« bzw. »Grundsätze« zu, die eine als umfassende Methodenabteilung samt Betrieb der Kostenrechnung, die andere eine auf Richtlinien und Konzeption beschränkte Gruppe. Die anderen Unternehmen suchten den engen Austausch zwischen Betrieb des Plan- und Berichtswesens und dessen Gestaltung. Diese Unterschiede haben sich bis heute bewahrt.

Die interne Struktur der Controllerbereiche folgte dem Bedeutungszuwachs der Geschäftsbereiche und damit der Managementorganisation durch Einrichtung zentral unterstellter Beteiligungs- oder Bereichscontroller mit Informationsrechten in den dezentralen Bereichen. Ein Blick auf die Organigramme zeigt, dass interessanterweise gerade diese Stellen – das Auslandscontrolling, das Controlling eines Geschäfts- oder Funktionsbereichs – in den CCM-Unternehmen mit dem Begriff »Controlling« versehen wurden. Dagegen bezeichnete man die funktionalen Abteilungen des Plan- und Berichtswesens sowie der Methoden schlicht als »Betriebswirtschaft«. In zwei der vier betrachteten Unternehmen taucht der Begriff hier zum ersten Mal auf. Ein zweiter Erklärungsansatz zum Gehalt des Controlling-Begriffs könnte daher in dessen Gleichsetzung mit einer geschäftsnahen – im Sinne des Regelkreises umfassenden – kaufmännischen Begleitung liegen.

Die in den Unternehmen vorhandene kaufmännische Kapazität nahm große Ausmaße an: Ausgehend von der Gründung der Controllerbereiche vervielfachte sich in der Phase der Verfeinerung der Instrumente und Einrichtung der Beteiligungscontroller die Controllerkapazität; in einem Unternehmen von 10 »Gründern« binnen vier Jahre hin zu über 100 Controllern. Besonders hohes Wachstum verzeichneten Controllerbereiche, die eigenständig Kostenrechnungssysteme konzipierten und betrieben.

Zusätzlich wurden als Kompetenzergänzung in der Konzeption von Planungs- und Berichtsstrukturen in allen CCM-Unternehmen externe Berater eingesetzt, deren Hauptvorteil in der Übertragung von Erfahrungen aus anderen Unternehmen lag. Über die Controller vor Ort in den Werken und Niederlassungen hinaus begannen die Geschäftsbereiche im Zuge des Wachstums und der nahenden Ergebnisverantwortung, zentral eigenes kaufmännisches Knowhow aufzubauen.

Die Breite der Fähigkeiten, die Controller abdecken mussten, war in dieser Phase bereits sehr groß: Unter Beibehaltung der Eigenschaften des zentralen Kontrolleurs und gleichzeitig des Sparringspartners für den Vorstand kamen konzeptionelle Anforderungen im Rahmen der Methodenentwicklung auf die Controller zu. Darüber hinaus wurde der Umgang mit den gängigen IT-Systemen bald selbstverständlich. Zählt man das notwendige Geschäftswissen und für die Beteiligungsbetreuung erforderliche breite betriebswirtschaftliche Knowhow hinzu, wird der zunehmende Spezialisierungsgrad der Controllerbereiche, die

Die fachlichen und persönlichen Anforderungen an die Controller haben sich über die Zeit vervielfacht

Ergänzung durch Berater und die Aufgabenteilung zwischen Chefcontrollern und Referenten erklärbar.

Problematisch bleibt die Möglichkeit zur Realisierung verstärkter geschäftsnaher Sonderanalysen von zentraler Stelle oder weitergehenderer Leistungspakete, wie z. B. der Strategieunterstützung.

Pendelbewegungen: Dezentralisierung von Controllerleistungen

Als erster nach außen sichtbarer tieferer Einschnitt in der Controllerentwicklung der CCM-Unternehmen kann die Dezentralisierung von Controllerleistungen gelten. Bisher von zentralen Controllern wahrgenommene Aufgaben werden Controllereinheiten der Geschäftsbereiche des Unternehmens zugeordnet. Die Dezentralisierung der Controllerleistungen folgt der Entwicklungslinie einer Stärkung der dezentralen Entscheidungsverantwortung, um den unsicheren Markt- und Technologieanforderungen besser gerecht werden zu können. Je stärker die Entscheidungsverantwortung durch Anreizsysteme abgebildet wird, desto größer erweist sich das Interesse der Führungskräfte an Ausweis und Analyse kaufmännischer Daten. Aus der Sicht des dezentralen Bereichsleiters stellt eine ihm zugeordnete Controllereinheit die bessere Alternative dar:

- die Controllerarbeit »vor Ort« ist gut kontrollierbar und
- die dezentralen Controller haben eine deutlich größere Geschäftsnähe als ihre zentralen Kollegen.

Auf dem Weg des abnehmenden zentralen Führungsanspruchs sind die geschäftsspezifischen Fragen so umfangreich und tiefgehend sowie die Durchsetzungskräfte der Geschäftsbereiche so stark, dass die Controllerleistungen aufgeteilt werden. Welche Anlässe im Rahmen dieser großen Entwicklungslinie tatsächlich für die Dezentralisierung ausschlaggebend waren und welche Formen der Aufteilung in den CCM-Unternehmen im Zeitablauf zu beobachten waren, wollen wir im Folgenden an vier Beispielen erläutern:

Unternehmen 1

Die Dezentralisierung der Controllerleistungen in Unternehmen 1 erfolgte 1982 nach nur kurzer Amtszeit der zentralen Bereichscontroller. Der neue Vorstandsvorsitzende, angetreten, um Marketing und Wachstum des Unternehmens zu stärken, sah die strategische Konzernentwicklung als sein Machtinstrument an und wollte das operative Controlling an einen neu zu bestellenden Finanzvorstand abgeben. Hier setzten die Geschäftsbereiche durch, eigene Controllereinheiten aufbauen zu dürfen, um eine weiterhin zentrale Steuerung der Bereiche – jetzt durch den Finanzvorstand – zu verhindern. Den zentralen Bereichscontrollern fehlte es nach Meinung der Bereiche an Geschäftsnähe.

Dem bis dato zentralistisch geprägten Controllerverständnis wurde ein sehr weitreichend dezentrales Modell gegenübergestellt: Die Bereichscontroller übernahmen die Aufgaben der Analyse vor Ort, die inhaltliche Planungsverantwortung, die dezentrale Berichtsgestaltung und waren nur lose über hohe

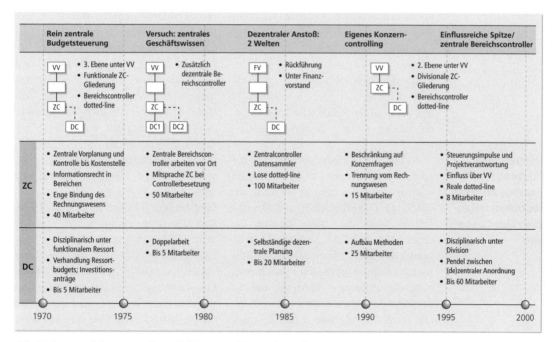

Abb. 29: Dezentralisierung von Controllerleistungen (Unternehmen 1)

Wertgrenzen und Richtlinien an die zentralen Controller gekoppelt. Entsprechend große Abteilungen (mit bis zu 20 Mitarbeitern) waren die Folge. Die zentralen Controller beschränkten sich auf Datensammlung, Aggregation und Aufbereitung des Konzernplan- und -berichtswesens und auf die Genehmigung von Großinvestitionen. Nur vier Jahre später wurde der Grad der Dezentralisierung wieder etwas verringert, da eine häufig mangelnde Objektivität der Bereichscontroller bei Geschäftsanalysen kritisiert wurde. Die Verantwortung des jetzt so benannten Konzerncontrolling für den Planungsprozess als zentrale Methode wurde herausgestellt und ihm eine »Missbrauchsaufsicht« über die Geschäftsbereiche zugewiesen. Die Belastung mit Routineprozessen verrin-

gerte sich jedoch durch den Konzernfokus aller Leistungen der zentralen Controller, so dass sich die Abteilungen verkleinerten. Das Pendel zwischen zentralen Eingriffen der Konzerncontroller und dezentralen Freiheiten schlägt auch in der Folgezeit mal in die eine, dann in die andere Richtung: Die Kompetenz für geschäftsnahe Methoden oder die Entwicklung der Geschäftsfeldstrategie wandert in das Bereichscontrolling, während Konzerncontroller z. B. Verbesserungsprojekte in den Bereichen anstoßen. In der Tendenz wuchs das Leistungsspektrum der Bereichscontroller an.

Unternehmen 2

In Unternehmen 2 wurde das divisionale Controlling nach der Einführung

Dezentrale Bereiche wünschen sich immer ein gut ausgebautes eigenes Controlling – nicht immer geschieht dies aus Gründen, die dem Zentralcontrolling recht sein können

Strategische Positionierung der Controller
und ihrer Aufgaben

der Geschäftsfeldorganisation Mitte der 90er Jahre aufgebaut. Die zentralen Controller verkleinerten ihr Beteiligungscontrolling jedoch zunächst nicht, verstanden sich weiterhin als methodische Dienstleister der Bereiche und stellten detaillierte Bereichsanalysen an, die sie den Fachvorständen weiterleiteten.

Doppelarbeit führte zu Streitpunkten zwischen zentralen und dezentralen Controllern

Nahmen die Divisionscontroller die methodische Unterstützung zu Beginn noch an, kam es aufgrund der Analysen häufig zu Doppelarbeiten und Streitigkeiten. Über die Jahre hinweg beschränkten sich die zentralen Beteiligungscontroller zunehmend auf die routinemäßige Aggregation und Bewertung von Planungs-, Kontroll- und Investitionsprozessen der betreuten Bereiche. Zwei Gründe waren hierfür maßgeblich: Zum einen wuchs die Zahl der Beteiligungen innerhalb der Geschäftsfelder an – hier war also ein über rechtliche Einheiten hinweg operierendes Controlling gefragt. Zum anderen fiel es den zentralen Beteiligungscontrollern schwerer, Geschäftswissen aufzubauen, da das Divisionscontrolling jetzt den Zugang zu den Controllern vor Ort hatte und der Austausch zwischen Division und Zentrale sich auf Datentransfers beschränkte.

Unternehmen 4

Der (De-)Zentralisierungsgrad der Controller ist nicht statisch, sondern dynamisch zu betrachten

Aufgrund der horizontalen Diversifikation in Unternehmen 4 bildete der ursprüngliche, zentrale Controllerbereich keine Beteiligungsstrukturen heraus. Die Controllingeinheiten der akquirierten Geschäftsfelder setzten sich vielmehr gesondert neben das Stammhauscontrolling. Im Gegensatz zu den anderen CCM-Unternehmen stellte sich hier die Frage, welche Controllerleistungen zu zentralisieren wären, um über die Geschäftsfelder hinweg Planungs- und Kontrollprozesse einzurichten. Dieser umgekehrte Weg benötigte zwei Anläufe: Ein erster Versuch der Einrichtung eines zentralen Controlling mit dem Schwerpunkt der bereichsübergreifenden Methodenentwicklung – beispielsweise der Vereinheitlichung von Informationsstrukturen – scheiterte Anfang der 90er Jahre nach nur einem Jahr. Erst als einige Jahre später die Geschäftsfelder in einer rechtlichen Einheit zusammengeführt wurden, entstand das heutige Konzerncontrolling. Die Leistungen der Bereichscontroller wurden nicht weniger, aber sie waren fortan fachlich eng mit den Konzerncontrollern abzustimmen, z. B. über Berichtskalender oder Datendefinitionen. Der Anstoß inhaltlicher Verbesserungsprojekte von Seiten der Zentralcontroller war unüblich, da man auf gewachsene Strukturen traf.

Unternehmen 5

Die stärkere Bedeutung der Geschäftsbereiche war auch im Unternehmen 5 Anlass zur Dezentralisierung der Controllerleistungen. Entsprechend bauten sich die Geschäftsbereiche systematisch eigene Kaufleute auf. Die vorher alle kaufmännischen Fragen umfassende Betreuung der Beteiligungen ging dem zentralen Controlling jedoch nur für drei Jahre verloren, da dann das Pendel wieder zurückschwang. Den dezentralen Einheiten fehlte es am bereichsübergreifenden Blick, so dass die Richtlinienkompetenz in Gesellschaftsfragen

Controller Excellence

wieder dem zentralen Controlling zugeordnet wurde.

Parallel wurden umgekehrt Aufgaben und Mitarbeiter im Rahmen des operativen Produktbereichscontrolling aus der Zentrale abgegeben, insbesondere die Durchführung der spezifischen Plan- und Berichtsprozesse. Dem steht eine zunehmend zentralere Steuerungsphilosophie gegenüber, in der nicht nur bereichsübergreifende Projekte zentral »controlled«, sondern vereinzelt auch Projekte in den Produktbereichen angestoßen werden. Nimmt man alle gegenläufigen Entwicklungen zusammen, zeigt sich auch im Unternehmen 5 ein Trend hin zu einer Ausweitung der Bereichscontroller.

Entwicklung der Konzerncontroller bis heute

Die Dezentralisierung der Controllerleistungen hatte nicht nur eine veränderte Aufgabenverteilung innerhalb des Controllerbereichs zur Folge, sondern bestärkte gleichzeitig den Wandel des Controller-Verständnisses hin zu einer zukunftsorientierteren Managementunterstützung und einer auch inhaltlich motivierten, internen Beraterrolle der Konzerncontroller. Zwei Effekte waren dafür ausschlaggebend:

• Zielvereinbarungen mit den Bereichsleitern und verstärkte dezentrale Entscheidungsverantwortung verringerten die zentrale Eingriffstiefe in routinemäßige Planungs- und Kontrollprozesse. Die entstandene Entlastung durch Bereichscontroller schaffte für Konzerncontroller Freiräume für Sonderanalysen, Beglei-

tung von Verbesserungsprojekten und methodisches Weiterdenken. Formen der direkten Zusammenarbeit mit dem Management nahmen zu, Routineprozesse beschränkten sich auf Konsolidierungs- und Drittblickaufgaben.

• Die Konzernentwicklung und der Konzernfokus der Controller erweiterte das Leistungsspektrum der Controller, sie waren noch enger an den Vorstand gerückt: Vorstandsaufträge mit breitem betriebswirtschaftlichen Charakter (z. B. Tarifpolitik), Konzernthemen, wie beispielsweise Risikomanagement, aber auch Schlichtungen sowie die Teilnahme an Strategieprozessen förderten den inhaltlichen Zugang der Controller zu Entscheidungen.

Natürlich stand der Drittblick und eine kritische Grundhaltung weiterhin im Zentrum des Controlling-Verständnisses. Durch deren Verbindung mit konstruktiver Projektarbeit, Vorschlägen und Initiativen legten Controller das vergangenheitsorientierte Kontrolleurs-Image jedoch langsam ab.

Instrumentelle Entwicklungen

Voraussetzung aber der oben genannten Hinwendung zu Sonderanalysen und Projekten waren methodische Vorarbeiten, die den Weg zum internen Berater immer wieder verzögerten. In einer »zweiten Wellenbewegung« der Weiterentwicklung des Instrumentariums ging es um die Schaffung konzernweiter Steuerungssysteme, um der weiter wachsenden Vielfalt von Geschäften Rechnung zu tragen: Informations-

Der Trend geht zu einem stärker dezentralen Controlling

Ziel ist eine zukunftsorientierte Unterstützung des Managements

Die internen Wettbewerber der Controller sind weit stärker spezialisiert

strukturen und Kennzahlensysteme wurden vereinheitlicht, Planungsverfahren durch Konzentration auf wesentliche Daten entschlackt und Berichte international standardisiert. Diese Veränderungen versprachen weitere Entlastung von Routineprozessen, waren jedoch stets mit einem hohen Entwicklungsaufwand verbunden. Parallel oder zeitlich etwas versetzt veränderten sich darüber hinaus die Steuerungsinhalte: Ausgefeilte Forecasts, Balanced Scorecards und wertorientierte Größen wurden von Controllern konzipiert, in die Routineprozesse integriert und geschult. Auch die zunehmende externe Veränderung half auf dem Weg der zukunftsorientierten Steuerung; so lösten etwa Hochrechnungen oft die »Warum?«-Fragen der Kontrolle zugunsten eines »Wie geht's weiter?« ab. Die Diskussion um BSC und Werttreiberkonzepte schärften den Blick der Controller für die stärkere Integration nicht-monetärer Daten in die Controllingprozesse. Doch auch diese Weiterentwicklungen kosteten Zeit.

Aktuelle Schwerpunktlegungen

Das Spannungsfeld aus methodischer Weiterentwicklung und ausreichender Wahrnehmung der Sparringspartnerfunktion beschreibt auch die aktuell unterschiedlichen Schwerpunktsetzungen in den CCM-Unternehmen: Während einige Unternehmen aufgrund fortwährender, aber notwendiger Systemumstellungen nur schwer der Analysetätigkeit nachkommen, finden andere Unternehmen eher die Zeit dazu, beginnen Maßnahmenvorschläge einzubringen und Strategieprozesse zu begleiten. Letztere sind sich jedoch bewusst, in Zeitabständen Basissysteme zu hinterfragen, um nicht das »Recht« auf interne Beratung zu verlieren. Dabei ist zu beachten, dass andere Wettbewerber – wie z. B. die Strategieabteilung oder das Beteiligungsmanagement – sich auf kleinere Aufgabengebiete konzentrieren können und im Zuge der rasanten Konzernentwicklung Felder früher besetzen könnten, als Controller methodische Grundlagen dafür geschaffen haben.

Wie Controller das Spannungsfeld ausgestalten, hängt wesentlich von Kundenanforderungen und den zur Verfügung stehenden Ressourcen der Controller ab:

- Der Einfluss des jeweiligen Vorstands und dessen Erwartungen an Controller bestimmt den Umfang der Controllereinbindung in Entscheidungen.
- Eine prekäre wirtschaftliche Lage des Unternehmens fördert den inhaltlichen Einfluss der Controller. Die Begleitung operativer Kostensenkungsprojekte ist eine Domäne der Controller.
- Bei gleichbleibender hierarchischer Einbettung und zunehmenden Controllerkapazitäten verschoben sich die Controllerfähigkeiten hin zu allgemein betriebswirtschaftlichen Kenntnissen und höheren Kommunikationsskills. Controller sind in den CCM-Unternehmen immer dann in der Lage, inhaltlich mitzudiskutieren, Verbesserungsprojekte zu leiten oder Strategieunterstützung zu leisten, wenn entsprechendes Spezialisten-Know-how im Controllerbereich vorhanden ist – etwa in Form eines ehemaligen Investmentbankers oder

eines vorherigen Projektverantwortlichen für Kostensenkung. Eine zunehmend jüngere Besetzung der Controllereinheiten förderte zusätzlich den Beratungsgedanken.

- Immer noch werden zur Methodenentwicklung an maßgeblicher Stelle externe Berater eingesetzt. Eine dauerhafte Entlastung zur Schaffung von Beratungskapazität scheint gefährlich, da Controller schließlich doch die Umsetzung der Instrumente in die Steuerungssysteme sicherstellen müssen.
- Beratung des Managements findet auch deswegen mehr statt, weil die Einrichtung von Bereichscontrollern geschäftsspezifische Einschätzungen erleichtert hat. Sie gleichen fehlendes Geschäftswissen der Konzerncontroller aus.

Zusammenfassende Thesen der Controllerentwicklung

1. In allen fünf CCM-Unternehmen ist ein Trend erkennbar weg von einer vergangenheitsorientierten, zentralen Kontrollfunktion der Controller hin zu einer zukunftsorientierten, methodenbasierten und kundennahen Steuerungsunterstützung.
2. Unabhängig vom Startzeitpunkt der Controllerbereiche scheinen alle Controller auf dem Weg zum internen Berater folgende Schritte zu durchlaufen: Kernleistung Kostenrechnung und Planung mit dem Fokus Kontrolle – Weiterentwicklung der Routineprozesse – Verstärkte Analysen – Dezentralisierung der Controllerleistungen – zukunftsorientierte Steuerungsunterstüt-

zung. Ein Blick auf die Entwicklung neu gegründeter dezentraler Controllerbereiche bestätigt diese Entwicklung.

3. Zwei wiederkehrende Schleifen bestimmen den Entwicklungsweg: Erstens das Pendel zwischen zentralen und dezentralen Controllerleistungen, das wesentlich vom Führungsverständnis des Unternehmens abhängt. Zweitens die Wellenbewegung zur Weiterentwicklung des Controlling-Instrumentariums, als Know-how-Basis der zu erbringenden Dienstleistungen. Nach der Schwerpunktsetzung in den Unternehmen lassen sich Controller als Methoden- und direkte Entscheidungsunterstützer unterscheiden.
4. Wie das Beispiel des Unternehmens 2 oder der dezentralen Einheiten zeigt, können die einzelnen Schritte durch den heutigen IT-Einsatz und massiven Personalaufbau im Controllerbereich schneller durchlaufen werden.
5. Das Leistungsspektrum der Controller hat sich über die Zeit nicht wesentlich verändert: Kostenrechnung, operative Planung und Kontrolle bilden Kernleistungen, aus denen heraus jedoch neue Aktivitäten, z. B. Analysen und Projekte entstehen. Die Art der Wahrnehmung dieser Kernleistungen hat sich verschoben.
6. Schon früh bestand der Fähigkeitenmix der Controller aus zahlenorientierter, geschäftsnaher Analyse auf der einen Seite und konzeptioneller Fähigkeiten und kritischer Grundhaltung auf der anderen Seite. Veränderungen im Zeitablauf waren gering und lagen vor allem im Bereich

Was haben wir aus der Vergangenheit der Controllerbereiche gelernt?

Die Aufgabe von Routineprozessen birgt für die Controller auch Risiken

der verstärkten Kundenorientierung und Eigeninitiative.

7. Das Führungsverständnis des Unternehmens, dessen Branche, die Entwicklung der Geschäftsbereiche und konkrete Kundenwünsche stellen externe Einflussfaktoren auf die Controllerbereiche dar, die die Art der zu erstellenden Leistungen weitgehend bestimmen. Veränderungen ergeben sich meist nach Reorganisationen des Controllerbereichs. Controller prägen ihre Arbeit vor allem über das Zusammenspiel zwischen Chefcontroller und Vorstand und durch die methodische Ausfüllung der Kundenanforderungen mit.

Strategische Neupositionierung der Controller?

An dieser Stelle haben wir die Leistungs- und Ressourcensituation der Controller aktuell und in ihrer Entstehung hinreichend analysiert. Im Folgenden seien nun denkbare Entwicklungslinien der Controllerbereiche diskutiert mit dem Ziel, die bisherige strategische Ausrichtung zu überdenken.

Controllersicht

Aus Controllersicht wird die erste Stufe auf dem angestrebten Weg zum »proaktiven Berater« und »Trend Scout« durch zukunftsorientierte Sonderanalysen und kritisches Hinterfragen in Routineprozessen bereits erfüllt. Zukünftig möchten Controller stärker inhaltliche und strategische Beiträge liefern, in Projekten arbeiten und Methoden entwickeln, d. h. die Berater- und Scoutrolle ausbauen.

Aus der eingeschlagenen Richtung können sich Risiken ergeben, wie etwa dann, wenn Manager Entscheidungsverantwortung auf Controller abschieben oder Controller die klassischen Aufgaben des Plan- und Berichtswesens – z. B. die Prämissenprüfung der Rechnungslegung – vernachlässigen, weil sie zu sehr in Projektarbeit eingebunden sind. Letztere Befürchtung verstärkt sich, wenn Routineprozesse der Informationsversorgung und Planung dafür zurückgefahren werden sollen, z. B. durch Selbst-Controlling oder Planungsentschlackung. Wer gewährleistet dann beispielsweise die Einhaltung des Vier-Augen-Prinzips in der Routinekontrolle? Ressourcenseitig besteht die Kernfähigkeit der Controller aus der Fähigkeit zur monetären Bewertung verbunden mit einem breiten Geschäftsüberblick. Die Ergebnisrechnung und hier insbesondere die Planungskomponente ist für beide Kerne die Wissensbasis. Daher erweist sich ein vollständiges Zurückfahren der Routineprozesse als (sehr) kritisch. Beratung auf den ersten beiden Stufen der Entwicklungslinien »Proaktiver Berater« und »Scout« ist mit dem vorhandenen Ressourcenpotenzial aus Controllersicht gut umsetzbar, da sich z. B. zukunftsorientierte Analysen wesentlich aus den Planungsgesprächen entwickeln. Bei Beratung im weiteren Sinne sehen Controller Vorteile bei den »Strategen« hinsichtlich strategischer Methoden, treibendem Projektmanagement und Wettbewerbswissen. Kann Weiterbildung diese Lücke schließen?

Kundensicht

Aus Kundensicht sollen Controller »proaktive Berater« werden. Manager sehen Controller jedoch noch stark in Routineprozessen des Plan- und Berichtswesens verhaftet und fordern erste Schritte in Richtung Beratung: Vorschläge, Forecasts, Einbindung in die strategische Planung, Einsatz lösungsnaher Instrumente. Dies bedeutet einerseits in Teilen der Routineprozesse – insbesondere der Planung und Kontrolle – einen Ausbau der Controllerleistungen, andererseits jedoch eine Rückführung des Berichtswesens in Richtung weniger Daten und Self-Controlling. Eine Beschränkung der Controller auf reines »Biltrolling« im Sinne eines Controlling auf Basis von externen Rechnungswesenzahlen (Bilanz und Controlling) oder eine Ausweitung der Beratungstätigkeit auf Change-Management-Aktivitäten ist den internen Kunden fremd.

Ressourcenseitig bemängeln Kunden die noch unflexible, bremsende Zusammenarbeit und fordern den Aufbau geeigneter, lösungsnaher Instrumente als Basis einer proaktiven Beratung. Als Stärken der Controller werden analytische Fähigkeiten und die betriebswirtschaftliche Fachkompetenz wahrgenommen.

Wettbewerbssicht

Aus Wettbewerbssicht könnte zusätzliche Kapazität für Beratung dann ge-

Eine Beschränkung des Controlling auf ein »Biltrolling« ist den internen Kunden (noch) fremd

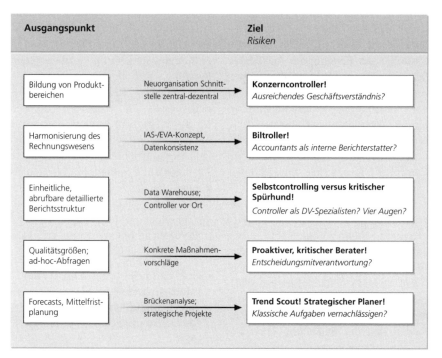

Ausgangspunkt		Ziel *Risiken*
Bildung von Produktbereiche	Neuorganisation Schnittstelle zentral-dezentral	**Konzerncontroller!** *Ausreichendes Geschäftsverständnis?*
Harmonisierung des Rechnungswesens	IAS-/EVA-Konzept, Datenkonsistenz	**Biltroller!** *Accountants als interne Berichterstatter?*
Einheitliche, abrufbare detaillierte Berichtsstruktur	Data Warehouse; Controller vor Ort	**Selbstcontrolling versus kritischer Spürhund!** *Controller als DV-Spezialisten? Vier Augen?*
Qualitätsgrößen; ad-hoc-Abfragen	Konkrete Maßnahmenvorschläge	**Proaktiver, kritischer Berater!** *Entscheidungsmitverantwortung?*
Forecasts, Mittelfristplanung	Brückenanalyse; strategische Projekte	**Trend Scout! Strategischer Planer!** *Klassische Aufgaben vernachlässigen?*

Abb. 30: Mögliche Entwicklungslinien der Controllerbereiche

schaffen werden, wenn das Rechnungswesen die komplette interne Berichterstattung übernimmt. Der erweiterte
Beratungshorizont, die Methodenentwicklung und Unternehmensbewertung
sowie strategische Projekte, scheinen jedoch – auch aus Ressourcensicht – besetzt von der strategischen Abteilung
und externen Beratern. Darüber hinaus
werden entscheidungsnahe Sonderanalysen (laufende Beratung) zunehmend
von Assistenten der Manager und den
Managern selbst wahrgenommen.

Geschützt und mit den Kernfähigkeiten verknüpft sind nur die Leistungen
für operative Planungsprozesse/Investi-
tionsgenehmigungen (gleichzeitig die
Hauptmethoden), der Drittblick und
Themen der operativen Konzernopti-
mierung (z. B. Kostensenkungsmaßnahmen, Verrechnungspreise). Dieser
Druck von zwei Seiten spricht für die
Entwicklung zum schlanken Konzerncontroller, der Beratung im Ausnahmefall und eng angelehnt an Routineprozesse leistet, aber weder strategische
noch Rechnungswesenfunktionen übernimmt. Weitere Entwicklungsperspektiven sind in der Abbildung 30 dargestellt.

Welchen dieser Sichtweisen sollen
Controller folgen, welche Entwicklungslinie verspricht den größten Erfolg?

Da von Controllern und Kunden angestrebt und vor internem Wettbewerb
geschützt, scheint zunächst ein Einstieg
beziehungsweise der Ausbau des ersten
Teils der Beratung in Form der strategischen Planung, Maßnahmenvorschlägen, Hochrechnungen, Sonderanalysen,
der Weiterentwicklung monetärer Methoden und der Begleitung operativer
Projekte empfehlenswert. Dieser Aus-

**Drei sehr unter-
schiedliche
Controller-Leis-
tungen haben wir
genauer analy-
siert**

bau geht über ein schlankes Konzerncontrolling hinaus, da Eingriffe in die
operativen Bereiche in Form von Projekten oder Strategiebewertungen notwendig werden. Controller nutzen hier bestehendes Know-how aus der monetären Bewertung und Planungsverantwortung.

Die dazu erforderlichen zusätzlichen
Kapazitäten können durch eine Einschränkung der Aktivitäten im Berichtswesen geschaffen werden, wenn sichergestellt ist, dass eine intensive, regelmäßige Prämissendiskussion mit dem
Rechnungswesen stattfindet.

Strategische Positionierung von Einzelleistungen

Bisher konnten wir hinsichtlich der
Neupositionierung lediglich Tendenz-
aussagen für die einzelnen Leistungsbereiche der Controller ableiten, etwa in
Form einer stärkeren projektbezogenen
Beratung, vermehrten Strategieunterstützung oder Reduzierung des Berichtswesens. Im Folgenden möchten
wir die markt- und ressourcenbezogene
Ausrichtung einzelner Leistungen detaillierter untersuchen, um konkretere
Aussagen zur Positionierung treffen zu
können. Bei der Auswahl der betrachteten Leistungsbereiche haben wir uns an
den Ergebnissen der Analyse der Controllerbereiche orientiert und drei Leistungen ausgewählt:

- eine Routineleistung im Wettbewerb (Monatsreporting),
- eine Beratungsleistung im Wett-
bewerb (strategisches Controlling)
und

- eine Leistung, die keinem Wettbewerb ausgesetzt ist (Investitionscontrolling).

Sie seien in den nächsten Abschnitten näher untersucht.

Methodik der strategischen Analyse und Bewertung von Leistungen

Um eine strategische Ausrichtung der Controller auf einer detaillierteren Leistungsebene zu erreichen, haben wir in Workshops, Interviews und Dokumentenanalysen zunächst die jeweiligen Leistungserstellungsprozesse analysiert und im Anschluss daran das Wettbewerbsumfeld und die Ressourcensituation identifiziert. Hieraus lassen sich Strategien für Leistungsbereiche aus einer Markt- und Ressourcenperspektive entwickeln.

Zunächst stand die Ist-Aufnahme der Prozesse und die Identifikation von einzelnen Leistungen (oder Produkten) im Vordergrund. Die einzelnen Leistungen wurden im Anschluss aus Markt- und Ressourcensicht analysiert und bewertet, um schließlich einen Strategievorschlag zu entwickeln. Dazu wurden Wettbewerber, Kunden, Lieferanten und Substitute identifiziert und notwendige sowie hinreichende Ressourcen festgehalten. Diese Ausgangslage für jede Leistung wurde daraufhin einer Bewertung unterzogen, um eine Markt- und Ressourcenstrategie zu identifizieren.

Für diese Aufgabe hat die Strategieforschung Portfoliokonzepte entwickelt. Mit ihrer Hilfe lässt sich ein Gesamtüberblick über die marktlichen Aktivitäten eines Unternehmens gewinnen. Gleichzeitig dienen sie zur Ableitung von Empfehlungen zur strategischen Orientierung des Unternehmens. Ein bekannter Konzeptvertreter ist das Marktanteils-Marktwachstums-Portfolio, das Geschäftsfelder eines Unternehmens in eine Vier-Felder-Matrix einteilt. Für unsere Bewertung aus Markt- und Ressourcenperspektive nutzen wir eine Weiterentwicklung dieses Portfoliokonzeptes.

Die Leistungen bewerten wir aus Marktsicht mit Hilfe des sogenannten Marktattraktivitäts-/Marktstärke-Portfolios und aus Ressourcensicht mit einem Ressourcenattraktivitäts-/Ressourcenstärke-Portfolio (in Anlehnung an die im BCG-Portfolio verwendeten Skalen).

Markt- und Ressourcenattraktivität

Eine Leistung ist aus Marktsicht attraktiv, wenn sie die Basis für andere Leistungen bildet, wenn sie neue Märkte eröffnet, der Kundennutzen hoch sowie die Nachfrage groß ist und noch weiter wächst. Zur Bewertung der augenblicklichen relativen Marktstärke wurden von uns Kunden-, Wettbewerber- und Controllereinschätzungen herangezogen: Bei einer starken relativen Marktstellung, geringem internen Wettbewerb und hoher Lieferantenautonomie (d. h. geringer Abhängigkeit der Controller) gilt die Marktstärke als hoch. Damit berücksichtigt unser Marktportfolio die Kriterien der Porter'schen marktbetonten Strategieperspektive.

Das Vorgehen aus Ressourcensicht ähnelt dem der aus Marktsicht beschriebenen. Die Ressourcenstärke im Vergleich zu internen Wettbewerbern wird von Controllern, Wettbewerbern und Kunden eingeschätzt. Wenn Controller in diesem Bereich über Vorteile gegen-

Zur strategischen Positionierung dient ein Portfolio-Ansatz, der eine interne Marktsicht …

… und eine Ressourcensicht kombiniert

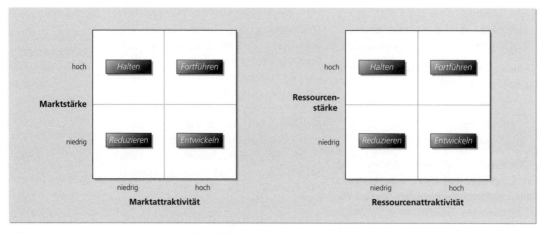

Abb. 31: Bewertung von Leistungen aus Markt- und Ressourcensicht: ein »klassischer« Portfolio-Ansatz!

über Wettbewerbern verfügen, ist eine Ressource als relativ stark zu bewerten. Die Ressourcenattraktivität bestimmt sich durch die vielfältige Einsatzfähigkeit für ganz unterschiedliche Leistungen und die Erfüllung von Kriterien einer Kernkompetenz (z. B. hoher Kundennutzen, einzigartig, schwer imitierbar).

Normstrategien

Insgesamt ergeben sich jeweils vier Felder in den Portfolios, aus denen sich Normstrategien ableiten lassen (jedem, der Produkt-Markt-Portfolios kennt, wird die folgende Argumentation sehr bekannt vorkommen!):

- Bei hoher Attraktivität und Stärke liegt eine Leistung vor, die von den Controllern unbedingt weiter angeboten werden sollte. Eine jeweilige Ressource sollte entsprechend ausgebaut und durch intensive Nutzung geschützt werden; sie stellt die Basis

für eine Kernkompetenz der Controller dar.

- Bei geringer Stärke und Attraktivität ist zu überlegen, auf diesem internen Markt nicht mehr oder nur noch Teile der Leistung anzubieten und die dafür notwendigen Ressourcen aufzugeben. Hier sollten keine Kapazitäten gebunden werden.
- Liegt eine Leistung mit geringer Markt-(bzw. Ressourcen-)stärke und hoher Markt-(bzw. Ressourcen-)attraktivität vor, besteht die Chance, die relative Marktstärke durch vermehrte Anstrengungen zu verbessern und so eine Leistung mit hoher Stärke zu entwickeln. Diese Ressource kann sich zu einer Kernkompetenz aufbauen, setzt allerdings ebenfalls »Investitionen« (im Sinne von Kapazitäten) zur Entwicklung voraus.
- Im vierten Fall liegt eine geringe Markt-(bzw. Ressourcen-)attraktivität, aber hohe Markt-(bzw. Ressourcen-)stärke vor. Eine solche Leistung kann

Controller Excellence

weiter angeboten werden, jedoch handelt es sich eher um einen schrumpfenden Markt, der weiter an Bedeutung abnehmen wird, oder eine Ressource, die zukünftig an Wert verliert. Diese Leistung sollte daher nicht forciert werden.

Wichtig ist die Abstimmung zwischen Markt- und Ressourcenstrategie. Eine bestimmte Marktstrategie verlangt einen gewissen Ressourcenausbau, umgekehrt können Ressourcen für neue Leistungen und Märkte eingesetzt werden. Daher findet eine gemeinsame Betrachtung der Leistungs- und Ressourcensituation statt. Besonders zu beachten ist, dass sich die Ressourcen eines Bereichs nicht ohne weiteres und erst im Zeitablauf ändern lassen.

Wichtig ist außerdem die Anpassung der Kapazitäten an die gewünschte Positionierung. Hat man beispielsweise beschlossen, stärker als Berater zu agieren, so ist für diese Tätigkeit auch entsprechende Kapazität einzuplanen. Umgekehrt können aus identifizierten Kernressourcen neue interne Märkte und Kundengruppen erschlossen werden. Dazu bedarf es dann einer stärkeren Marktbearbeitung.

Leistungsbereich »Strategisches Controlling« (Unternehmen 5)

Wenn Controller von der Internen Berater-Funktion sprechen, verbinden sie damit häufig Leistungen im Bereich des »Strategischen Controlling«. Dieser Leistungsbereich ließ sich in den CCM-Unternehmen in die Teilleistungen *strategische Planung*, *strategische Methoden* und *strategische Projekte* unterteilen.

Diese nehmen wir als Basis unserer weiteren Analyse:

- In der *strategischen Planung* geht es um die langfristige Ausrichtung des Unternehmens. Hier werden Entscheidungen über die grundlegenden Aktivitäten des Unternehmens getroffen. Aufbauend auf dieser Planung erfolgt die operative Planung und Budgetierung für das kommende Jahr.
- Die Leistung »*Strategische Methoden*« besteht aus der Entwicklung und Einführung sowie dem Betrieb von Instrumenten und Methoden, die die Strategiefindung des Unternehmens unterstützen. Hierunter fallen Methoden der Unternehmenssteuerung wie auch Methoden, die im strategischen Planungsprozess selbst anzuwenden sind (z. B. Szenario-Technik).
- *Strategische Projekte* besitzen für das Unternehmen und sein Überleben sowie den zukünftigen Erfolg eine besonders hohe Bedeutung. Die Sanierung beziehungsweise der Kauf einer Geschäftseinheit oder ein unternehmensweites Restrukturierungsprojekt können als Beispiele dienen.

Analyse der Leistungen aus Markt- und Ressourcenperspektive

Das zentrale Controlling im betrachteten CCM-Unternehmen ist nur wenig in die *strategische Planung* und in *strategische Projekte und Methoden* integriert: Im Rahmen der *strategischen Planung* übernehmen Controller lediglich unterstützende Aufgaben bzw. nutzen die Ergebnisse zur Durchführung der operativen Planung, für die sie Verantwortung tra-

Beispiel 1: Eine Beratungsleistung im Wettbewerb

In der strategischen Planung spielen die Controller eine nur untergeordnete Rolle

gen. Hauptwettbewerber und Träger der strategischen Planung ist zum einen der Bereich Unternehmensentwicklung als Treiber und Moderator. Zum anderen nehmen die Geschäftsbereiche selbst wichtige Aufgaben in der strategischen Geschäftsfeldplanung wahr.

Kunden sind primär die Geschäftsführung auf Konzernebene, aber auch die Geschäftsbereiche. Es wird aus Controllersicht die Notwendigkeit gesehen, die Verzahnung zur operativen Planung zu erhöhen. Auch aus Kundensicht liegt sowohl in der Strategieentwicklung als auch in der monetären Bewertung von Strategien ein verstärkter Unterstützungsbedarf vor. Aus diesen Gründen stellt sich die Frage einer Ausweitung des Leistungsspektrums im Bereich *strategische Planung*. Der Controllerbereich übernimmt zur Zeit lediglich die Ergebnisse des strategischen Planungsprozesses und nutzt diese für die operative Planung und Budgetierung. An der Strategieformulierung oder Moderation des Strategieprozesses beteiligt er sich nicht. Damit ist keine hinreichende Verknüpfung zwischen den Leistungen strategische und operative Planung gewährleistet. Ein Hinterfragen von operativen Plänen setzt eine gute Kenntnis der strategischen Ziele des Unternehmens voraus. Stärker involviert ist der Controllerbereich in die strategische Kontrolle von Plänen. Dabei wird das Erreichen von strategischen Zielen und Meilensteinen überprüft.

Für die *strategischen Methoden* existiert eine eigene Abteilung im Controlling. Sie übernimmt z. B. Aufgaben der Umsetzung und Schulung von Instrumenten der Wertorientierung. Kunden sind ebenfalls die Geschäftsführung und Ge-

schäftsbereiche. Als interne Wettbewerber zeigt sich auch hier die Abteilung Unternehmensentwicklung mit ihrem Fokus auf strategische Aufgaben. In der Methodenentwicklung und -einführung ist sie immer involviert. Auch externe Berater werden in diesem Gebiet eingesetzt, so dass diese Leistung als stark umkämpft gelten kann.

In Bezug auf *strategische Projekte*, die eine große Bedeutung für das Gesamtunternehmen haben, nehmen Controller als Projektgruppenmitglied teil. Sie übernehmen dabei vorwiegend die Rolle des »Zahlenhüters«, der die notwendigen quantitativen Informationen zusammenträgt und verwaltet. Zusätzlich finden für strategische Projekte regelmäßig Kontrollen statt. Hier findet sich die stärkste Involvierung der Controller. Es stellt sich die Frage, inwieweit Controller für diese Leistung stärker eine treibende Rolle als Projektinitiatoren und -verantwortliche zusätzlich zur Rolle des »Zahlenhüters« spielen sollten.

Insgesamt wird die Bedeutung der Leistungen im strategischen Controlling nicht abnehmen, da aufgrund der Umweltsituation die Anforderungen an Unternehmen, deren Flexibilität und das Überdenken ihrer strategischen Ausrichtung hoch bleiben. Substitute sind nicht in Sicht, im Gegenteil: die stärker strategische Perspektive für Controller ergänzt die bereits eingenommene operative Perspektive!

Wie ist aus Ressourcensicht für das strategische Controlling zu argumentieren? Eine nähere Analyse zeigt, dass vor allem konzeptionelles Denken, Methodenkenntnis, starke Markt- und Zukunftsorientierung und ein tiefes Verständnis der Geschäftsmodelle notwen-

Vom Bedarf der internen Kunden her nimmt das Leistungsfeld »strategisches Controlling« in Zukunft in seiner Bedeutung noch zu

dig sind. Dies zeigt, dass sowohl analytische und fachlich-methodische Fähig-keiten, als auch ein eher qualitatives Denken und der Umgang mit weicheren, unsicheren Daten gefordert sind. Dem Wissen über externe Wettbewerber kommt eine exponierte Stellung zu. Im Verhalten spielt die Moderations- und Kommunikationsfähigkeit eine wichtige Rolle.

Dies sind Ressourcen, die zwar aus Controllersicht teilweise, aus interner Wettbewerber- und Kundensicht jedoch nicht im Kern der Kompetenzen von Controllern liegen. Als Vorteil der Konzerncontroller erweist sich ihre Konzernsicht und neutrale Position sowie die Verknüpfung mit dezentralen Controllerbereichen.

Die Kapazität, die in diese Leistungen des strategischen Controlling bisher investiert wird, ist sehr gering. Die Auslastung durch Routineprozesse lässt bisher eine stärkere Beschäftigung mit strategischem Controlling nicht zu.

Bewertung und Positionierung aus Markt- und Ressourcensicht

Die *Marktattraktivität* aller drei Leistungen kann durchgängig als hoch bewertet werden. Durch die engere Verzahnung zwischen den Prozessen der operativen und der strategischen Planung kann ein hoher Kundennutzen erzielt werden. Der Kunde Geschäftsführung signalisiert einen hohen Unterstützungsbedarf insbesondere in Bezug auf die strategische Kontrolle und die monetäre Bewertung von Strategien. Auch die internen Wettbewerber sehen im Bereich Bewertung von Strategien eine Marktlücke. Die strategische Methodengestaltung als Kernelement zur

Steuerung des Unternehmens hat große Bedeutung für den Kunden und wird von ihm gefordert. Der Beratungsbedarf ist entsprechend hoch.

Die *Marktstärke* der Controller muss jedoch als relativ schwach angesehen werden. Klarer Marktführer ist die Unternehmensentwicklung im Bereich strategische Planung und Methodengestaltung und der Geschäftsbereich in der inhaltlichen Ausgestaltung der Planung. Controller verfügen nicht über genügend Kapazitäten in dieser Leistung. Daraus lässt sich das in der Abbildung der nächsten Seite dargestellte Marktportfolio ableiten. Aus Marktsicht liegen Nachwuchsprodukte bei Methoden, Planung und Projekten vor. Sie erfordern erhebliche Aktivitäten, um sie zu erfolgreichen Leistungen zu entwickeln.

Aus *Ressourcensicht* kann ebenfalls ein Handlungsbedarf erkannt werden. Die *Attraktivität der Ressourcen* wurde mit hoch eingestuft. Sie ermöglicht es den Controllern, stärker im Bereich des betriebswirtschaftlichen Beraters aktiv zu werden. Durch die Verbindung der bereits vorhandenen operativen Detailkenntnis mit strategischen Fähigkeiten entsteht ein großes Kompetenzpotenzial. Der Kundennutzen aus den Ressourcen erscheint hoch. Die *Ressourcenstärke* ist dagegen als schwach einzustufen. Im Vergleich zum Wettbewerber Unternehmensentwicklung besteht Aufholbedarf sowohl bei dem strategischen Methoden-Know-how als auch im kommunikativen Verhalten. Die Betrachtung unternehmensexterner Informationen – wie etwa Wettbewerberanalysen – müsste ausgebaut werden. Zusätzlich sind die zeitlichen Kapazitäten anzupassen. Wenn kein zusätzlicher Personal-

Das strategische Controlling ist aus Sicht des internen Marktes und vom Stand der Controllerfähigkeiten her ein noch stark zu entwickelnder Bereich

115

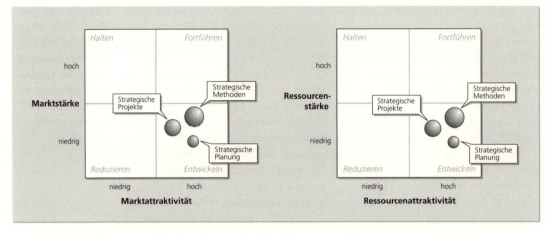

Abb. 32: Bewertung des Strategischen Controlling aus Markt- und Ressourcensicht

aufbau möglich ist, bietet es sich an, Routineprozesse – wie Datenaggregation und -überprüfung – abzugeben.

Das Ressourcenportfolio zeigt eine ähnliche Situation wie das Marktportfolio: Bei den für die Leistungen notwendigen Ressourcen handelt es sich um zu entwickelnde Felder. Der Erfolg ist unsicher. Die Abbildung zeigt im Überblick die Ergebnisse der Betrachtung. Sowohl aus Markt- als auch aus Ressourcensicht ergibt sich ein einheitliches Bild: Der Ausbau des strategischen Controlling stellt einen attraktiven Markt dar und bietet die Gelegenheit, das Kernkompetenzportfolio zu erweitern. Allerdings sehen sich Controller starken Wettbewerbern gegenüber. Der zusätzliche Verbundeffekt für Controller liegt in der Verbindung der strategischen Aspekte mit der quantitativen Bewertungsfähigkeit und operativen Detailkenntnis. Die Verstärkung der Aktivitäten in diesem Leistungsbereich erfordert einen umfangreichen Aufbau an Ressourcen, insbesondere zur Bearbeitung des internen

Beispiel 2: Eine Routineleistung

Marktes und zur eigenen Weiterbildung. Sie stellt jedoch einen wichtigen und notwendigen Schritt auf dem Weg zum akzeptierten internen Berater des Managements dar.

Monatsreporting (Unternehmen 4)

Analyse der Leistungen aus Markt- und Ressourcenperspektive

Der Leistungsbereich des Monatsreporting ist ein typischer Routineprozess der Controller. Er ließ sich im betrachteten Unternehmen in vier Leistungen untergliedern:

- Die *Gestaltung des Monatsreporting* umfasst die zeitliche Abstimmung, die methodischen Vorgaben und Bestimmung der inhaltlichen Teile (z. B. Definition von Kennzahlen) sowie des Berichtslayouts.
- Die *Aufbereitung* beschreibt den Prozess der Erstellung des Monatsberichts.
- In der Phase der *Analyse* werden Abweichungen und ihre Gründe ermittelt.

116

- Die *Maßnahmenentwicklung* reicht über die Analyse hinaus. Hier geht es um die aktive Einwirkung und Ableitung von Maßnahmen als Vorschläge zur Verminderung der gefundenen Abweichungen.

Bezogen auf die *Gestaltung des Monatsreporting* ist aus *Marktsicht* eine Quasi-Monopolstellung des Controllerbereichs festzustellen. Das Konzerncontrolling gestaltet Inhalte und System des Reporting auf Basis des vorhandenen Rechnungswesensystems autonom. Es besitzt eine eigene kleine Abteilung »IT-Systeme«, die die IT-Strukturen und Konzerntools für das Monatsreporting pflegt. Das Rechnungswesen als ein möglicher interner Wettbewerber unternimmt keine Anstrengungen, stärker aktiv zu werden, obwohl es potenziell ebenfalls diese Leistung anbieten könnte.

Lieferanten sind Manager als Ideengeber für Anpassungen und das Rechnungswesen als Betreiber der Basissysteme, die (auch) den Anforderungen des Controllerbereichs genügen müssen. Controller verfügen über kein eigenständiges System zur Erfassung von Daten. Kunden und damit Nutzer des gestalteten Reportingsystems sind die nachgelagerten Berichtseinheiten und dort vor allem die dezentralen Controller.

Bezogen auf die *Aufbereitung* der Berichte stellt sich die Wettbewerbsposition der Controller ähnlich gut dar. Zwar bereitet auch das Rechnungswesen Monats- und Quartalsabschlüsse auf; diese sind jedoch primär für unternehmensexterne Adressaten bestimmt. Das Endprodukt Monatsbericht dagegen hat als Kunden den Konzernvorstand und die Leitungen der Geschäftsbereiche. Interne Lieferanten sind hier das Rechnungswesen mit den Zahlen aus den Basissystemen und vorgelagerte dezentrale Controllerstellen, die detaillierte Informationen aggregieren und weiterleiten.

In der *Analyse* des Monatsberichts und der *Maßnahmenentwicklung* sieht sich der Controllerbereich dem Management als Kunden und Konkurrenten gleichzeitig gegenüber. Gerade die Analyse stellt eine wichtige Leistung der Controller dar. Controller füllen z. B. in Form von Kommentaren oder Abweichungsanalysen einen wichtigen Bestandteil des Monatsberichts selbst mit Inhalten auf.

Maßnahmenvorschläge finden eher im Rahmen von Präsentationen in mündlicher Form durch den Chefcontroller statt. Im Rahmen des Self-Controlling übernehmen jedoch auch Manager selbstständig viele dieser Aufgaben. Dies mag darin begründet liegen, dass insbesondere die internen Kunden des Konzerncontrolling (das Top-Management) im betrachteten CCM-Unternehmen selbst viel Controllingerfahrung besitzen. In den Geschäftsbereichen übernehmen dezentrale Controller diese Aufgaben für die jeweilige Geschäftsbereichsleitung. Hier zeigt sich durchaus ein wettbewerbsintensiver Bereich. Das Feld bleibt nicht den Controllern allein überlassen!

Zur *Gestaltung* des Reporting notwendige *Ressourcen* sind vor allem ein hohes Wissen über die Treiber des Geschäfts, Systemkenntnis, Kommunikationswissen sowie Rechnungswesen-Know-how. Wichtig ist die organisatori-

Im Berichtswesen ist die Stellung der Controller deutlich stärker als im Bereich der Strategie

117

Die für das Monatsreporting erforderlichen Fähigkeiten reichen von Systemkenntnissen bis zu typischen Managerqualitäten

sche Richtlinienkompetenz, die dem Konzerncontrolling übertragen wurde.

Für die *Aufbereitung* des Monatsberichts sind Genauigkeit, Systemkenntnisse und Hartnäckigkeit wichtige Fähigkeiten und Verhaltensmerkmale. Ein gut ausgebautes Unternehmensnetzwerk hilft zusätzlich. Wegen der durch Systemumstellungen erforderlichen Notwendigkeit der Qualitätsprüfung der übernommenen Daten verwenden Controller augenblicklich den größten Zeitanteil für die Aufbereitung von Daten.

Die *Analyse* setzt ein gutes Zahlenverständnis, ausgezeichnete analytische Fähigkeiten, eine kritische Grundhaltung, Kenntnis von Analysemethoden und ein profundes Geschäftswissen voraus. Ohne diese Fähigkeiten ist eine fundierte Analyse nicht möglich. Die Kenntnisse erlauben das schnelle und frühzeitige Erkennen von Gefahren und entsprechendem Handlungsbedarf in Geschäftsbereichen und für das Gesamtunternehmen. Diese Leistung nimmt zur Zeit neben der Aufbereitung den höchsten Kapazitätsbedarf in Anspruch.

Die *Maßnahmenentwicklung* verlangt neben dem umfassenden Geschäftsverständnis vor allem auch Kommunikationstalent und Überzeugungsfähigkeit. Kreatives Denken, Erklärungsvermögen und gestalterische Fähigkeiten fordern besonderes Können der Controller. Hier sind am stärksten sogenannte typische »Managerqualitäten« gefragt. Hilfreich ist auch eine gewisse Erfahrung im Geschäft. Der Zeiteinsatz der Controller in diesem Bereich ist relativ niedrig. Diese Leistung bleibt insbesondere dem Chefcontroller überlassen.

Bewertung und Positionierung aus Markt- und Ressourcensicht

Aus *Marktsicht* lässt sich eine hohe Marktstärke der Controller für die beiden Leistungen *Gestaltung* und *Aufbereitung* festhalten. Für diese kommt als interner Wettbewerber nur das Rechnungswesen in Frage, das aber keine Anstrengungen unternimmt, auch stärker für interne Kunden aktiv zu werden. In der Datenüberprüfung und -abstimmung besteht allerdings auch im Rechnungswesen eine große Marktstärke. Sie ließe sich durch eine Flexibilisierung, Individualisierung und geringere Zahlenlastigkeit noch erhöhen. Dies könnte durch die Einführung selbstabrufbarer Informationsportale verwirklicht werden.

In der *Analyse* lässt sich die Marktstärke mit mittel bis hoch und in der *Maßnahmenentwicklung* mit niedrig bewerten. In der Analyse haben Controller praktisch keine Wettbewerber (außer ihren eigenen Kunden). Bei der Maßnahmenentwicklung und dem Vorschlagen von Maßnahmen besitzen Controller gegenüber den Managern Nachteile: Verantwortlich für die Maßnahmen sind nicht die Controller, sondern die Manager selbst. Damit können die Anregungen der Controller immer nur einen Vorschlagscharakter besitzen.

Die *Marktattraktivität* der *Gestaltung* ist als hoch einzustufen. Bei der Gestaltung des Monatsreporting als zentralem Steuerungsmechanismus mit Methodenhoheit und dadurch hoher Wichtigkeit entsteht zwangsläufig ein enger Kundenkontakt.

Die *Aufbereitung* stellt dagegen eine reine Routine dar. Sie umfasst eine

118

»Zahlenkontrolle« auf Richtigkeit und das Zusammentragen von Zahlen, erfordert eine Verbindung mit technischen Arbeiten und ist insgesamt für Controller nicht attraktiv. Aus dieser Tätigkeit erwächst nicht selten die Reputation des Controllers als »Zahlenknecht«. Kunden wollen zudem vermehrt selbstständig Daten abrufen können.

Die *Analyse* als Grundlage für die Maßnahmenentwicklung ist dagegen als attraktiv zu bewerten. Sie beinhaltet zwar auch viele rein rechentechnische Aufgaben, stellt aber die Basis für Sonderanalysen und Handlungsempfehlungen und damit einen wichtigen Baustein für interne Beratung dar.

Die Leistung *Maßnahmenentwicklung* kann schließlich ebenfalls als attraktiv beurteilt werden. Sie eröffnet die Chance, vom Manager als Sparringspartner anerkannt zu werden. Die Möglichkeit, als Controller erkennbar etwas zu bewirken, ist hier besonders groß. Zudem wird ein stärkeres Engagement von den Kunden gefordert.

Aus *Ressourcenperspektive* sind Controller zur Zeit in der *Gestaltung* des Berichtswesens stark aufgestellt. Das Rechnungswesen verfügt zwar über hohe Systemkenntnis (z. B. bezogen auf SAP), hat seinen Schwerpunkt aber eher in Richtung externe Rechnungsweseninformationen. Die für das interne Monatsreporting notwendigen zusätzlichen Daten definiert der Controllerbereich weiterhin selbstständig. Er besitzt hier immer noch einen Knowhow-Vorsprung. Durch die eigene IT-nahe Abteilung wird die Systemkenntnis weiterhin gesichert.

Die *Analyse* ist eine Kernfähigkeit der Controller. Mit Abweichungsanalysen verbundene Ressourcen bilden die Basis

auch für andere Fähigkeiten. Das Rechnungswesen besitzt Vorteile in der *Aufbereitung* des Monatsreporting, insbesondere bezogen auf die Überprüfung und Sicherung der Datenqualität. Es ist naturgemäß stark der Genauigkeit und Richtigkeit der Informationen verpflichtet. Die Kenntnis der gemeinsamen Basissysteme ist ebenfalls sehr groß. Das Management muss in der *Maßnahmenentwicklung* im Vorteil gesehen werden. Den größten Vorteil der Controller stellt hier die neutrale, konzernübergreifende Perspektive dar, die ihnen losgelöst vom Tagesgeschäft einen Drittblick erlaubt. Eine Schwachstelle der Controller liegt aus Kundensicht im strategischen Denken und beim Kommunikationstalent. Zudem verwenden Controller zu wenig Zeit auf diese Leistung, als dass sie den Managern ein wirklicher Konkurrent sein könnten. Die *Ressourcenattraktivität* der *Aufbereitung* des Reporting muss als gering bezeichnet werden, zeitliche Kapazität sollte eher in die anderen drei Leistungen fließen. Ressourcen aus den Leistungen *Gestaltung* und *Analyse* bilden dabei die Basis, die die *Maßnahmenentwicklung* erst ermöglicht. Die hierfür notwendigen Ressourcen sind besonders attraktiv, da sie Führungspotenzial besitzen und auch für weitergehende interne Beratungsaufgaben nutzbar sind.

Wie Abbildung 33 deutlich macht, stimmen Aussagen der Markt- und Ressourcensicht im Beispielunternehmen nicht ganz überein. Die Aufbereitung sollte von den Controllern aus Ressourcensicht abgegeben oder zumindest in ihrem Umfang deutlich reduziert (und aus Marktsicht aufgrund der heutigen starken Position zumindest gehalten) werden. Insgesamt ist tendenziell eine

Das Rechnungswesen besitzt einige Chancen als Konkurrent der Controller, wird aber noch nicht entsprechend aktiv

Die Markt- und Ressourcenperspektive zeigen beim Monatsreporting deutliche Unterschiede auf

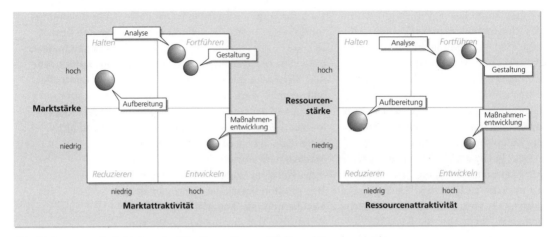

Abb. 33: Bewertung der Leistungen im Monatsreporting aus Markt- und Ressourcensicht

Beispiel 3: Eine Leistung der Controller, die keinem (nennenswerten) internen Wettbewerb ausgesetzt ist

Reduzierung anzustreben, da von einer Marktschrumpfung durch weitere Automatisierung ausgegangen werden kann. Dies deckt sich auch mit Kundenwünschen. Gestaltung und Analyse sind bereits gut besetzte Felder, die fortzuführen und weiterzuentwickeln sind. Aus unserer Analyse ergibt sich die Empfehlung, die Ressourcen und die Marktposition in der Leistung Maßnahmenentwicklung auszubauen, trotz der damit aus beiden Perspektiven verbundenen Risiken!

Investitionscontrolling
(Unternehmen 2)

Analyse des Investitionscontrolling aus Markt- und Ressourcenperspektive

Das Investitionscontrolling ließ sich im betrachteten CCM-Unternehmen in die Gestaltung von Methoden des Investitionscontrolling, die inhaltliche Planung von Investitionen sowie die Kontrolle und Entwicklung von Maßnahmen

unterteilen. Es stellt einen geschützten Leistungsbereich von Controllern dar.

Bezogen auf die *Methoden- und Richtlinienhoheit* für das Investitionscontrolling kann man aus *Marktperspektive* feststellen, dass die Hauptverantwortung bei den zentralen Konzerncontrollern liegt. Sie stellen damit den koordinierten Ablauf des Investitionscontrolling sicher. Daneben macht zusätzlich der Bereich zentrales Spartencontrolling Vorschläge für Richtlinien und Methoden für die einzelnen Sparten. Wichtigste Kunden sind der Konzernvorstand, die Geschäftsbereiche und der Investitionsausschuss, der sich intensiv mit Investitionsanträgen und -projekten auseinander setzt.

In der *Investitionsplanung* selbst unterstützen dezentrale Controller den inhaltlichen Planungsprozess der Geschäftsbereiche, zentrale Controller aggregieren die Teilpläne und stellen den Investitionsplan für den Konzern auf. Als Ergebnis wird das Investitionsbudget für den Konzernvorstand, den Investitionsausschuss und die Sparten er-

Controller Excellence

stellt. Die Genehmigung erfolgt durch den Investitionsausschuss und den Vorstand nach Bewertung durch das Investitionscontrolling. Dabei konzentrieren sich Controller stark auf monetäre Bewertungen von Investitionen. Eine strategische, eher qualitative Betrachtung von Projekten (z. B. Aufstellen von Technologieportfolios) findet (noch) nicht statt. Hier besteht eine Schnittstelle zur Abteilung Strategie-/Unternehmensentwicklung, die für eine Konsistenz zwischen geplanten Investitionen und strategischen Zielen des Konzerns sorgen sollte. Das Konzerncontrolling kann über seinen Sitz im Investitionsausschuss maßgeblichen Einfluss auf große Projekte nehmen.

Die *Investitionskontrolle* erfolgt im laufenden Investitionsprozess und abschließend bei Vollendung der Investition. Mit ihr soll die einwandfreie und budgetgemäße Durchführung der Investition sichergestellt werden. Dazu werden die Ist- und Hochrechnungszahlen mit den ursprünglich geplanten Daten verglichen. Bei Abweichungen können Controller Maßnahmen vorschlagen, um die Planung dennoch zu erreichen. Lieferant für die Ist-Daten sind das Rechnungswesen und die dezentralen Controllerbereiche. Wettbewerber bezüglich der Maßnahmenvorschläge bilden die Geschäftsbereichsleitungen, der Investitionsausschuss und der Konzernvorstand. Sie sind gleichzeitig auch Empfänger und damit Kunden der Investitionsberichte. Einen weiteren Wettbewerber stellt die Revision dar, die die Ordnungsmäßigkeit von Abläufen – wie z. B. Investitionsprojekten – untersucht.

Insgesamt zeigen sich keine sehr starken Wettbewerber im Leistungsbereich Investitionscontrolling.

Für die *Methodengestaltung* sind aus *Ressourcensicht* vor allem konzeptionelle und methodische Fähigkeiten relevant. Eine intime Kenntnis verschiedener Investitionsrechenverfahren, ihrer Stärken und Schwächen sowie der Möglichkeiten ihrer Umsetzung im Unternehmen sind Voraussetzungen für die Gestaltung eines funktionierenden Investitionscontrolling. Die Methodenhoheit für den Konzern stellt ebenfalls eine wichtige Ressource dar. Für den Aufbau der Methoden und die Vorgabe zur Nutzung kann auch Systemwissen beispielsweise zum Aufbau der Tools in Datenbanken oder Kalkulationsprogrammen wichtig sein.

Die *inhaltliche Investitionsplanung* setzt technisches Verständnis, Bewertungsfähigkeit, Zahlengefühl und die grundlegende Methodenkompetenz voraus. Ein tiefes Geschäftsverständnis für die Auswirkungen der Investitionen auf die Geschäftstätigkeit ist eine wesentliche Voraussetzung für die Investitionsplanung. Dabei wird auch eine starke Zukunftsorientierung benötigt. Um möglichst realistische Zahlen zu bekommen, sollte der Controller frei bleiben von Überoptimismus. Seine neutrale Position ermöglicht ihm die nüchterne Betrachtung des Projekts. Bei der Aggregation der Teilpläne ist auf Konsistenz der Annahmen zu achten. Dabei muss auch geprüft werden, inwieweit die Investitionen zu der Gesamtstrategie des Unternehmens passen. Das Konzerncontrolling nimmt im Rahmen des Investitionsausschusses eine Counterpartfunktion ein und überprüft so die

Notwendigkeit und Konsistenz der Investitionsanträge der Bereiche aus Konzernsicht.

In der *Investitionskontrolle* geht es um Genauigkeit bei der Aufdeckung von Abweichungen zwischen Ist-, Plan- und Hochrechnungsdaten. Die Abweichungsanalyse selbst erfordert lediglich rechentechnisches Geschick. Schwieriger gestaltet sich die Frage nach den Ursachen der Abweichungen und den Vorschlägen zur Änderung. Hierzu ist ein tiefes, häufig auch technisches Verständnis der Investition erforderlich. Bei der Kommunikation der Abweichung ist außerdem Sozialkompetenz und Präsentationsgeschick gefragt. Als wichtig erweisen sich auch persönliche Ansprechpartner und ein gut funktionierendes Netzwerk innerhalb des Unternehmens. So kann der Controller am besten frühzeitig von Problemen erfahren. In diesem Bereich sind Controller bisher allerdings nur wenig aktiv.

Die zeitlichen Ressourcen werden schwerpunktmäßig in den Leistungen Methoden und Planung verwendet. Im Vergleich zu Managern und Projektleitern können Controller nur eingeschränkt die Stichhaltigkeit der Abweichungen überprüfen. Technisches Verständnis und Geschäftserfahrung spielen daher eine besonders große Rolle.

Bewertung und Positionierung aus Markt- und Ressourcensicht

Die *Marktstärke* in der Leistung Methoden und Richtlinien kann insgesamt als hoch bewertet werden. Controller gestalten das Investitionscontrolling eigenständig und geben vor, in welcher Form, zu welchem Zeitpunkt und in welchem Detaillierungsgrad Unterlagen einzureichen sind. Interne Wettbewerber gibt es auf diesem Gebiet nicht. Durch die Lenkungswirkung und Vorauswahl der Methoden und Richtlinien bezüglich Projekten nehmen Controller großen Einfluss auf die zukünftigen Erfolgspotenziale des Unternehmens, auch wenn die Entscheidungen tatsächlich durch den Investitionsausschuss oder Vorstand getroffen werden. Daher ist die *Attraktivität* ebenfalls als hoch einzustufen.

In der *Investitionsplanung* ist gleichermaßen eine hohe Marktstärke der Controller zu sehen. Dabei nehmen dezentrale Controllerbereiche eine stärker inhaltliche Rolle wahr; das Konzerncontrolling übernimmt die Counterpartfunktion. Wettbewerber sind nicht vorhanden. Die Attraktivität dieser Leistung ist ebenfalls hoch. Durch die Aggregation der Anträge und Mitwirkung im Investitionsausschuss können Controller Einfluss auf die Konzernentwicklung nehmen und haben engen Managementkontakt.

Die attraktive und von Kunden geforderte Leistungsfacette der strategischen Bewertung von Investitionen übernehmen Controller nicht. Hier lässt sich noch Potenzial für eine Leistungsverbesserung feststellen.

Für die *Investitionskontrolle* lässt sich ebenfalls eine Marktlücke für die Controller feststellen. Insgesamt besteht ein Konsens, dass die Nachschau bei Investitionen noch deutlich ausgebaut werden kann und nicht hinreichend wahrgenommen wird, auch nicht durch andere Abteilungen. Dabei ist das bloße Zusammentragen der Projektdaten nicht wirklich spannend; es bildet aber die

Grundlage für eine tiefer gehende Analyse und Maßnahmenentwicklung.

Die Analyse und die Entwicklung von *Maßnahmenvorschlägen* bei Abweichungen stellen anspruchsvolle Aufgaben dar, die auch aus Managementsicht einen Zusatznutzen bringen. Diese Leistungen wären ein weiterer Schritt in Richtung auf einen Ausbau der beratenden Leistungen der Controller. Hier finden bisher sehr wenige Aktivitäten statt, da die Basisdaten für eine Kontrolle nicht systematisch aufbereitet und analysiert werden.

Controller sind generell auf Planung spezialisiert. Sie betreuen in aller Regel die allgemeine operative Planung des Unternehmens. Daher kennen sie die Planungsprozesse im Unternehmen sehr gut und können relevante Informationen abschätzen. Mit ihrem betriebswirtschaftlichen Hintergrund verfügen sie zudem in aller Regel über die entsprechende Methodenkenntnis, um das Investitionscontrolling zu gestalten. Die *Ressourcenstärke* der Leistung *Methoden* kann damit als hoch eingestuft werden. Wichtig erweist sich auch, durch geeignete Maßnahmen neue Verfahren und Methoden zu evaluieren und entsprechend zu verwenden.

In der eigentlichen *Investitionsplanung* verfügen Controller zwar über die betriebswirtschaftlich-monetären und methodischen Fähigkeiten; ihnen fehlt aber häufig das für die Projektbeurteilung notwendige technische Geschäftswissen und die eher qualitative Perspektive zur strategischen Bewertung eines Projekts. Ihre Ausrichtung lässt sich als stark monetär beschreiben. Damit wird die ganzheitliche Bewertung eines Projekts schwierig. Der Aufbau zusätzlichen technischen Wissens erscheint angebracht. Die *Ressourcenattraktivität* kann als hoch eingestuft werden. Planungs-Know-how lässt sich auch für andere Leistungsbereiche wie die operative und strategische Planung nutzen. Kunden fragen eine stärkere Unterstützung nach. Controller verfügen damit über die Möglichkeit, wichtige strategische Projekte kompetent mit dem Management zu diskutieren und Anregungen auf der Grundlage einer fundierten Investitionsplanung zu geben.

Die *Investitionskontrolle* erfordert die Erfassung der Projektdaten während der Realisierung. Die Erstellung des Investitionsberichts stellt für Controller kein Problem dar. Sie sind seit der Investitionsplanung bereits mit dem Projekt vertraut. Sie verfügen damit über das Wissen zur Beurteilung der Abweichungen. Auch die Analyse und Maßnahmenvorschläge fallen daher leichter. Abweichungsanalysen stellen auch in der monatlichen Berichterstattung ein Kernbetätigungsfeld der Controller dar. Insoweit besteht hier eine Ressourcengleichheit. Allerdings fehlt den Controllern augenblicklich noch die Zeit, sich intensiver mit Investitionsprojekten zu beschäftigen. Attraktiv sind die Ressourcen insoweit, als sie ebenfalls einen engen Managerkontakt und ein Lernen für zukünftige Projekte ermöglichen. Insgesamt ergibt sich daraus die Abbildung 34.

Aus Markt- und Ressourcensicht zeigt sich also, dass die *Investitionskontrolle* verbunden mit entsprechenden Analysen und Vorschlägen eine aus interner Marktsicht zu entwickelnde und aus Ressourcensicht beherrschte Leistung darstellt. Methoden und Richtli-

In der Unterstützung der inhaltlichen Investitionsplanung liegt ein attraktives potenzielles Leistungsfeld der Controller

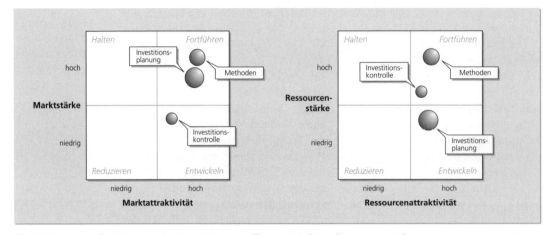

Abb. 34: Bewertung der Leistungen im Investitionscontrolling aus Markt- und Ressourcensicht

nien sollten weiterhin als Leistungen fortgeführt werden. Die *Investitionsplanung* stellt einen wichtigen Schritt für die Marktausweitung in Richtung strategische Planung und interne Beratung dar und bietet sich daher ebenfalls für einen weiteren Ausbau um strategische Aspekte bei der Bewertung an. Aus Ressourcensicht muss dazu aber eine Entwicklung der Fähigkeiten in Richtung strategische Bewertung und technischer Sachverstand erfolgen.

Neuausrichtung der Leistungsbereiche?

Die strategische Analyse liefert umsetzbare Normstrategien für die Controllerleistungen

Die vorangegangenen Beispiele haben deutlich gemacht: Die allgemein zum Controllerbereich getroffenen Aussagen zur strategischen Analyse und Positionierung lassen sich in einer detaillierteren Sicht für Einzelleistungen konkretisieren! So ergeben sich für Einzelleistungen Normstrategien. Wir finden Leistungen, die aus einer strategischen Markt- und Ressourcensicht von »Ent-

wickeln« zu »Fortführen« ausgebaut werden sollten, wie z. B. die strategische Methodengestaltung oder die Investitionskontrolle, ebenso wie Bereiche, die eher abgebaut werden sollten, wie dies z. B. für die Informationsaufbereitung im Rahmen des Monatsreportings gilt. Damit kommt man dem Ziel des internen Beraters und kritischen Sparringpartners sowie der Stärkung des strategischen Denkens für Controller näher. Die Untersuchung der Leistungsbereiche fand zwar jeweils in unterschiedlichen Unternehmen statt. Dennoch ist von einer allgemeineren Gültigkeit auszugehen. Im Gesamtbild stellen wir deshalb fest, dass Controllerbereiche bezogen auf diese drei Leistungsbereiche verstärkt im strategischen Controlling aktiv werden, im Routineprozess Monatsreporting weniger in die Aufbereitung von Berichten investieren und im Investitionscontrolling ihre Aktivitäten im strategischen Bereich und in der Investitionskontrolle verstärken sollten.

Controller Excellence

Wichtig erscheint uns abschließend der Hinweis, bei derartigen Überlegungen stets die individuelle Situation des Controllerbereiches in seinem Unternehmensumfeld hinreichend zu berücksichtigen. Die Umsetzung der Hinweise trägt mit zu der Realisierung einer konsequenteren Positionierung und damit zu einem effizienteren und effektiveren Controlling bei.

Sechs erste Schritte zur Controller Excellence

Wir haben Sie bis hierher hoffentlich anregen können, selbst für Ihren Bereich eine Positionierung anzudenken und zu überlegen, welche Konsequenzen sich daraus für Ihren Controllerbereich ergeben könnten. In sechs kurzen Schritten sei abschließend der Weg zur Analyse und Neuausrichtung noch einmal zusammengefasst:

1. Strategiemeeting der Controllingleiter

- Bestehende Strategien identifizieren: Welches Führungsverständnis und welche Aufträge liegen der Controllerarbeit als Rahmenbedingungen zu Grunde? Welche Leitbilder hinsichtlich zu verfolgender Aufgaben und aufzubauender Kompetenzen existieren bereits für Controller?
- Bandbreiten der denkbaren Strategien aus Leitersicht abstecken: Welche Varianten sind beschreibbar für die Zielkunden, die Wettbewerbsabgrenzung der Aufgaben, die Eingriffstiefe, die Verhaltenserwartungen der Controller und für die Kernkompetenzen?
- Einordnung auf den Bandbreiten denkbarer Strategien aus Leitersicht

vornehmen und diese mit den wichtigsten internen Kunden diskutieren!
- Ergebnis: Erstes Positionspapier der Controllingleiter

2. Controllerworkshop

- Zielvorstellungen der Controller anhand der im Strategiemeeting identifizierten Struktur sammeln und mit dem Positionspapier der Leiter abgleichen. Daraus ein erstes Leitbild formulieren
- Heutige Leistungen aus Marktsicht untersuchen: interne Kunden und Wettbewerber bestimmen, deren zeitlichen Anteil an der Controllerarbeit und Attraktivität hinsichtlich Einfluss, Verbund, Beherrschbarkeit und Weiterentwicklungspotenzial einschätzen (Marktportfolio). Darauf aufbauend wesentliche Lücken zur strategischen Soll-Position aufzeigen
- Heutige Fähigkeiten, Instrumente und formale Rechte aus Ressourcensicht bestimmen und anhand interner Wettbewerber bewerten (Ressourcenportfolio). Darauf aufbauend Lücken zur strategischen Soll-Position aufzeigen
- Geschützte, einzuschränkende und auszubauende Leistungen und Ressourcen aus Controllersicht festlegen. Quercheck: Welche Fähigkeiten sind auf Basis der Zielprodukte aufzubauen und welche Leistungen sind mit den vorhandenen Kernfähigkeiten erreichbar?
- Ergebnis: Verfeinerung des Positionspapiers, Portfoliobewertung Controllerleistungen und Liste strategischer Lücken

Abb. 35: Sechs Schritte auf dem Weg zur Controller Excellece

3. Kunden- und Wettbewerberbefragung durch eine Projektgruppe

- Fremdbild der internen Kunden bezüglich der aktuellen Leistungs- und Ressourcensituation und der Leistungsqualität mit einem Kurzfragebogen erheben
- Gewünschte Position und Verbesserungsvorschläge zu Leistungen und Ressourcen aufnehmen
- Ergebnis: Kundenzufriedenheitsstudie und Wettbewerbersicht

4. Strategie-Review der Leiter

- Positionspapier und Kundenzufriedenheitsstudie vergleichen und strategische Lücken überarbeiten
- Die drei bedeutendsten strategischen Lücken auswählen und konkrete Aufgabenpakete mit Zeitplan schnüren

- Fokussierung, Ausbau oder Aufbau von Leistungen aus Markt- und Ressourcensicht durch Einzelbetrachtungen näher analysieren
- Ergebnis: Aufgabenpakete mit Zeitplan; überarbeitete Strategie

5. Leistungsanalyse durch Projektgruppen

- Leistungen und erste Verbesserungsmaßnahmen durch Interviews mit Controllern, Kunden und Wettbewerbern aufnehmen
- Leistungs- und Ressourcenbewertung in einem Controllerworkshop vornehmen. Position und die Attraktivität als Bewertungskriterien festlegen
- Entscheidungen zur Leistungsverbesserung, -einstellung oder Redesign treffen und mit internen Kunden abstimmen
- Ergebnis: Konkrete Maßnahmenlisten

6. Kommunikation und Monitoring

- Breite Kommunikation der Strategien im Unternehmen sicherstellen: Vorstellung in unternehmensweiten Veranstaltungen, Kundengesprächen und Intranet
- Maßnahmenlisten durch Projektgruppen umsetzen und monitoren
- Ergebnis: sechs Schritte näher zur Controller-Excellence!!!

Sollten Sie noch Fragen zur Erhebung von Selbst- und Fremdbild haben, so helfen wir Ihnen gerne weiter. E-mailen Sie uns.

Zum Center for Controlling & Management (CCM) an der WHU

Das vorliegende Kapitel bezieht seine Erfahrungen im Wesentlichen aus der Zusammenarbeit mit Unternehmen im Rahmen des Center for Controlling & Management (CCM). Zum Abschluss wollen wir diese Initiative der WHU noch etwas näher vorstellen.

Motivation

Das Controlling hat sowohl in der Theorie als auch in der Praxis in den vergangenen Jahren eine sehr erfolgreiche Entwicklung vollzogen. In den Unternehmen sind Controller fest etabliert und seit geraumer Zeit begehrt und gesucht. An den Hochschulen finden sich praktisch an allen betriebswirtschaftlichen Fakultäten eigene Controlling-Lehrstühle, und wichtige Schritte zu einer anerkannten theoretischen Position im Kreis der etablierten Fachdisziplinen sind gegangen. Dennoch lassen sich – wiederum in Theorie und Praxis gleichermaßen – Defizite beobachten. In den Unternehmen erwächst den Controllern aktuell erhebliche Konkurrenz, so u. a. von internen Consultants oder – im Zuge der Vereinheitlichung des Rechnungswesens – von Accountants. Diese Entwicklung trifft die Controlling-Verantwortlichen relativ ratlos: interne Wettbewerbsstrategien, Transparenz der eigenen Kernkompetenzen oder auch nur eine genaue Kenntnis der Controller-Kunden finden sich nur selten. An den Hochschulen wiederum zeigt sich in den am weitesten entwickelten theoretischen Überlegungen zum Controlling zunehmend eine erhebliche Praxisferne, die die Falsifizierungsmöglichkeit der Aussagensysteme ebenso verhindert wie die Aufnahme von Praxiserkenntnissen in die Theorieentwicklung.

Vor diesem Hintergrund ist es erforderlich, das Zusammenwirken von Theorie und Praxis auf eine neue Basis zu stellen. Hierzu wurde an der WHU – Otto-Beisheim-Hochschule – das CCM gegründet, in dem unter der Leitung von Prof. Dr. Dr. h.c. Jürgen Weber eine begrenzte Zahl von Unternehmen für einen Zeitraum von zunächst drei Jahren eng mit folgenden vier Zielsetzungen zusammenarbeitet:

Gewinnung neuer wissenschaftlicher Erkenntnisse:

Durch die Einrichtung des CCM sollen neue Konzepte und Methoden erarbeitet und angewendet werden, die ohne eine intensive und institutionalisierte Kooperation zwischen Hochschule und Unternehmen nicht möglich wären. Speziell gilt es aus Sicht der Forschung, schneller und direkter aktuelle Fragen und Probleme aus der Unternehmenspraxis aufzunehmen und in der Wissenschaft zu thematisieren. Gerade in einer angewandten Wissenschaft wie der Betriebswirtschaftslehre ist der enge Bezug zum Erkenntnisobjekt (also Unternehmen und hier insbesondere Management und Controlling) besonders wichtig. Dabei sollen methodisch neue Wege der Controllingforschung beschritten werden (z. B. Fallstudien oder Experimente). Die auf Dauer angelegte Zusammenarbeit ermöglicht zudem Längsschnittstudien, die eine dynamische Beobachtung zulassen.

Die Ziele des CCM

Verkürzung des Umsetzungsprozesses neuen Wissens:

Die Forschungskooperation dient weiterhin der rascheren Umsetzung neuer Erkenntnisse aus der Forschung in die Praxis. Generell kann für die Wissenschaft beobachtet werden, dass kontinuierlich neue Ansätze zur Lösung drängender Probleme und Fragestellungen entwickelt werden. Jedoch vergehen häufig Jahre oder Jahrzehnte bis zur praktischen Umsetzung. Diese Zeitspanne soll durch die intensive Zusammenarbeit im Rahmen der Forschungskooperation stark verkürzt werden.

Weitgehender, systematischer Erfahrungsaustausch:

Für die Kooperationspartner ist neben der Frage nach individuellen Lösungen von Bedeutung, Erfahrungen mit den anderen Kooperationspartnern auszutauschen. Anregungen erhält die Praxis nicht nur aus der Wissenschaft; auch untereinander können die Unternehmen lernen. Das CCM schafft einen geeigneten wissenschaftlichen Strukturierungsrahmen für diesen Austausch- und Diskussionsprozess und lässt persönliche und institutionelle Netzwerke entstehen.

Einbeziehung der Controlling Community:

Die Ergebnisse der Arbeit im CCM werden veröffentlicht, um eine Diskussion mit anderen Wissenschaftlern und Praktikern zu ermöglichen – ein Beispiel hierfür ist das Kapitel. Damit lässt sich die Verbreitung und Anregung über die direkt beteiligten CCM-Partner

hinaus sicherstellen. Die Publikation erfolgt u. a. in einer eigenen, im Deutschen Universitäts-Verlag erscheinenden Schriftenreihe des CCM, in nationalen und internationalen Fachzeitschriften und Wirtschaftszeitungen. Weiterhin wird das Wissen durch Workshops und Vorträge in die Wissenschaft und Unternehmenspraxis zurückgespielt.

Elemente der Zusammenarbeit

Die Zusammenarbeit zwischen der WHU und den beteiligten Unternehmen ist breit angelegt: Im Rahmen des »concept development« wird im Rahmen einer multi-case research pro Jahr ein Leitthema mit und in den Unternehmen erarbeitet. Hier liegt der Schwerpunkt auf der gemeinsamen Umsetzung aktuellen theoretischen Controlling- und Management-Knowhows in praxiskompatible Instrumente und Konzepte in Verbindung mit angewandter Forschung. Die Arbeit des ersten Jahres ist »Controller Excellence« – das Thema dieses Kapitels.

Innovationscharakter kommt ebenso dem Arbeitsfeld »people development« zu, in dem neue Themen und Formen der Wissensvermittlung im Controlling entwickelt und erprobt werden. Eine Einbindung der Unternehmen in den Lehrbetrieb an der WHU in einem speziellen CCM-Seminar, Workshops, Gesprächskreise und spezielle Kommunikationsmedien runden das Konzept des Zentrums ab, in dem – in unterschiedlichen Rollen und unterschiedlichen Kontexten – Studenten, Assistenten, Controller und Manager zusammenarbeiten und zusammenspielen.

Die bislang gewonnenen CCM-Partner zählen zu den Top-Adressen der deutschen Wirtschaft:

- Bayer AG,
- Beiersdorf AG,
- BSH Bosch und Siemens Hausgeräte GmbH,
- Deutsche Telekom AG,
- Deutsche Lufthansa AG,
- Deutsche Post AG,
- Metro AG.

Der noch um zwei weitere Unternehmen zu ergänzende Kreis wird abgerundet durch die CTcon, einen Schulungs- und Beratungs-Spin-off der WHU. Die Arbeit im Zentrum wird durch die CCM-Partner finanziert. Die – auch hieraus resultierenden – großen Erwartungen und Ansprüche der Unternehmen an den Nutzen der Zusammenarbeit sind ein starker Ansporn, die hoch gesteckten Ziele zu erreichen.

Literatur: Wo können Sie sich weitergehend informieren?

Brokemper, A.: »Wir sind doch alle kundenorientiert?! Kunden- und Marktorientierung im Controlling«. In: Horvath, P. (Hrsg.): *Strategische Steuerung: Erfolgreiche Konzepte und Tools in der Controllingpraxis.* Stuttgart, 2000, S. 163–182.

Dobritsch, J.: »Controlling-Vision – Umsetzung in der Praxis mit Blick auf Qualitätsverbesserung und Effizienzsteigerung«. In: Horvath, P. (Hrsg.): *Strategische Steuerung: Erfolgreiche Konzepte und Tools in der Controllingpraxis.* Stuttgart, 2000, S. 139–162.

Gleich, R.: »Performance Measurement im Controlling«. In: Gleich, R./Seidenschwarz, W. (Hrsg.): *Die Kunst des Controlling.* München, 1997, S. 343–365.

Goossens, F.: »Der »Controller« – Chef des Unternehmens ohne Gesamtverantwortung«. In: *Mensch und Arbeit*, 11. Jg. (1959), S. 75 f.

Hahn, D./Taylor, B. (Hrsg.): *Strategische Unternehmensplanung, Strategische Unternehmensführung – Stand und Entwicklungstendenzen.* 8. Auflage. Heidelberg, 1999.

Hinterhuber, H. H./Friedrich St. A.: »Markt- und ressourcenorientierte Sichtweise zur Steigerung des Unternehmungswertes«. In: Hahn, D. / Taylor, B. (Hrsg.): *Strategische Unternehmensplanung, Strategische Unternehmensführung – Stand und Entwicklungstendenzen.* 8. Auflage. Heidelberg, 1999, S. 990–1018.

Homburg, C./Weber, J./Aust, R./Karlshaus, J. T.: *Interne Kundenorientierung der Kostenrechnung – Ergebnisse der Koblenzer Studie.* Band 7 der Reihe Advanced Controlling. Vallendar, 1998.

Kronast, M.: *Controlling, Notwendigkeit eines unternehmensspezifischen Selbstverständnisses.* München, 1989.

Krüger, W.: *Organisation der Unternehmung.* 2. Auflage. Stuttgart, Berlin, Köln, 1993.

Porter, M. E.: *Wettbewerbsstrategie: Methoden zur Analyse von Branchen und Konkurrenten.* 10. Auflage. Frankfurt, 1999.

Prahalad, C. K./Hamel, G.: »The core competence of the corporation«. In: *Harvard Business Review*, 68. Jg., No. 3, S. 79–91.

Schneider, D.: »Versagen des Controlling durch eine überholte Kostenrechnung«. In: *Der Betrieb*, 44. Jg., 1991, S. 765–772.

Steinle, C./Bruch, H./Michels, Th.: »Controller-Rollen: Anforderungsprofile, Persönlichkeit und Selbstverständnis – Ein empirisches Schlaglicht«. In: Steinle, C./Eggers, B./Lawa, D. (Hrsg.): *Zukunftsgerichtetes Controlling.* 2. Auflage. Wiesbaden, 1996, S. 381–406.

Steinle, C./Thiem, H./Rohden, H.: »Controlling als interne Serviceleistung«. In: *Controlling*, 12. Jg. (2000), S. 281–286.

Partner im CCM sind sehr renommierte deutsche Konzerne mit globalem Geschäft

129

Weber, J.: *Einführung in das Controlling*, 8. Auflage. Stuttgart, 1999.

Weber, J.: *Das Advanced-Controlling-Handbuch*. Weinheim, 2005.

Weber, J./Kosmider, A.: »Controlling-Entwicklung in der Bundesrepublik Deutschland im Spiegel von Stellenanzeigen«. In: *ZfB*, Ergänzungsheft 3/91, S. 9–16.

Weber, J./Hunold, C./Prenzler, C./Thust, S.: *Controllerorganisation in deutschen Unternehmen*. Band 18 der Schriftenreihe Advanced Controlling. Vallendar, 2001.

Weber, J./Weißenberger, B. E./Aust, R.: »Benchmarking des Controllerbereichs. Ein Erfahrungsbericht«. In: *BFuP*, 50. Jg. (1998), S. 381–401.

Witt, F. J.: »Controllingkultur«. In: Witt, F. J. (Hrsg.): *Controllingprofile*. München, 1993, S. 2–16.

3 Marketingstrategien für Controller

Jürgen Weber, Anne Paefgen, Dennis Spillecke

Marketingdenken im Controlling? – Wandlung vom Verkäufer- zum Käufermarkt

»Marketingstrategien für Controller« – was haben Marketing und Controlling miteinander zu tun? Warum sollten Controller eine Marketingstrategie entwickeln? Haben Controller überhaupt Kunden, deren Bedürfnisse sie befriedigen und an die sie ihre Produkte vermarkten müssen? Ist es nicht vielmehr schlichtweg vorgegeben, wen Controller beliefern und wer auf Controllerleistungen zurückgreift? Und gibt es ernstzunehmende Wettbewerber der Controller? Die Antworten auf diese Fragen verdeutlichen schnell, dass Marketingstrategien für Controller ihre Berechtigung besitzen. Die Entwicklung, die das Marketing seit den 50er Jahren des letzten Jahrhunderts durchlaufen hat, kann für den Controllerbereich in ähnlicher Weise festgestellt werden.

Die Entwicklung des Marketings als Vorbild

In den 50er Jahren, einer Zeit ungesättigter Märkte, verstand man unter Marketing hauptsächlich die Distribution der produzierten Güter. Nicht der Absatz der Produkte stellte den Engpass dar, sondern die Produktion stand im Mittelpunkt des betrieblichen Geschehens. Eine Ausweitung der Produktion und ein Anstieg der Produktivität im Laufe der 60er Jahre führten vermehrt zu gesättigten Märkten. Unternehmen mussten ihre Verkaufsaktivitäten intensivieren, um den Absatz der Produkte sicherzustellen. Aber auch dies war bald nicht mehr ausreichend. Vielmehr begannen Unternehmen bereits bei der Produktkonzipierung Marketingaspekte zu berücksichtigen: Sie machten die Befriedigung der Kundenbedürfnisse zum Kern ihrer Überlegungen und Aktivitäten. Die Märkte wandelten sich von Verkäufer- zu Käufermärkten (vgl. Nieschlag/Dichtl/Hörschgen 2002, S. 3 ff.)

Diese skizzierte Entwicklung des Marketings kann für den Controllerbereich in ähnlicher Weise festgestellt werden. So hat sich zum Beispiel die Situation des Informationsangebotes und der Informationsnachfrage in den Unternehmen geändert. Die Zeiten, in denen Controller für eine erste grundlegende Informationsversorgung Instrumente wie zum Beispiel die Vollkostenrechnung einführten, liegen in den meisten Unternehmen schon Jahrzehnte zu-

Brauchen Controller Marketingstrategien?

Die Entwicklung des Marketings kann für den Controllerbereich in ähnlicher Weise festgestellt werden

rück. Die Situation heute kann überspitzt mit dem Ausdruck »Information overload« bezeichnet werden. Die rasante Entwicklung informationstechnologischer Möglichkeiten hat hieran einen bedeutenden Anteil. Der Engpass hat sich von der Produktion führungsrelevanter Informationen zur Auswahl und Aufbereitung benutzergerechter Informationen gewandelt. Die Übermittlung aller technisch gewinnbaren Informationen ist nicht mehr sinnvoll. Der Grundgedanke des modernen Marketings – eine Ausrichtung des Angebots auf die Bedürfnisse der Kunden – muss auch im Controllerbereich Einzug halten. Controller müssen verstehen, welche Informationen Manager benötigen, und diese adressatengerecht aufbereitet zur Verfügung stellen. Plakativ kann von einer Wandlung »vom Controllermarkt zum Managermarkt« gesprochen werden!

Vom Controllermarkt zum Managermarkt!

Eine Übernahme der Gedanken des modernen Marketings durch Controller ist nicht nur vor dem Hintergrund der Veränderungen in der Informationsversorgung sinnvoll. Sie ergibt sich vor allem dann als Notwendigkeit, wenn Controller sich dem verstärkten Wettbewerb in ihrem Tätigkeitsumfeld stellen wollen. So spielt z. B. das externe Rechnungswesen – getrieben durch den Shareholder-Value-Gedanken – eine immer größere Rolle bei der Informationsversorgung des Managements. Aber nicht nur andere interne Dienstleister, sondern auch externe Anbieter können zunehmend als Wettbewerber der Controller angesehen werden. So »geistert« derzeit das Thema »Outsourcing von Controllingleistungen« durch die Controllinglandschaft. Controller geraten

Controller müssen von einem »Role-Taking« zu einem »Role-Making« kommen

verstärkt unter Rechtfertigungsdruck, warum ihre Leistungen noch intern erstellt werden sollten. Damit sich Controller langfristig im internen und externen Wettbewerb behaupten können, müssen sie den Grundgedanken des modernen Marketings verinnerlichen und ihr Leistungs-Portfolio verstärkt an den Bedürfnissen und Anforderungen des Managements ausrichten. Nur so können sie die Qualität ihrer Leistungen sowohl objektiv als auch in den Augen ihrer Kunden erhöhen. Marketingdenken im Controllerbereich lautet somit der Imperativ für jeden Controller!

Dieser notwendige mentale Wandel, der mit dem »Wandel vom Controller- zum Managermarkt« einhergehen sollte, ist in vielen Unternehmen noch nicht vollzogen. Empirische Untersuchungen der WHU zeigen, dass sich die interne Kundenorientierung der Controller immer noch auf einem recht geringen Niveau befindet (vgl. Homburg et al. 1998, S. 25).

Der Einzug der Grundideen des Marketings im Controllerbereich beginnt damit, dass Controller dazu übergehen müssen, ihre Aufgabenfelder und Leistungen aktiv zu gestalten, um den Erfordernissen ihrer Kunden gerecht zu werden. In Zukunft sollten Controller nicht nur passiv ihre Aufgaben vom Management empfangen (»Role-Taking«), sondern sich stärker aktiv im Unternehmen positionieren und ihr Produkt-Portfolio sowie ihre Leistungen vermehrt selbst gestalten (»Role-Making«) und sich dabei an den Kunden- und Marktbedürfnissen ausrichten, d. h. auf dem internen Markt für Führungsdienstleistungen kundenorientiert auftreten.

Genau mit diesen Veränderungen – mit denen Controller früher oder später in ihren Unternehmen konfrontiert sein werden und auf die sie spätestens dann reagieren müssen – möchten wir uns in diesem Kapitel beschäftigen.

Struktur des Kapitels

Dies war der letzte AC-Band, den der Lehrstuhl für Controlling und Telekommunikation an der WHU selbst verlegt hat. Schon der nachfolgende Band wurde unter der »professionellen Regie« des Wiley-VCH Verlags erstellt. Die Betrachtung von Marketingaspekten im Controllingkontext war schon immer ein besonderes Anliegen der AC-Schriftenreihe – so wurden marketingstrategische Aspekte beispielsweise in den Bänden »Marktorientiertes Controlling«, »Interne Kundenorientierung der Kostenrechnung« und »Controller Excellence« diskutiert. Mit dem »letzten hauseigenen« AC-Band bot sich eine gute Gelegenheit, diese Aspekte noch einmal aufzugreifen, miteinander zu verknüpfen und in ein Handlungsprogramm für Controller zu überführen. Im Ergebnis stellt dieses Kapitel somit einen praktischen Leitfaden für die Entwicklung und Umsetzung einer Marketingstrategie für den Controllerbereich dar.

Im folgenden Abschnitt soll zunächst der Rahmen hierfür abgesteckt werden. So werden die Idee der Anwendung von Marketingmethoden im unternehmensinternen Kontext erläutert und das Umfeld des Controllings – also die Kunden, Wettbewerber und Produkte – beschrieben. Im Anschluss daran geht es konkret um die einzelnen Phasen eines Handlungsprogramms zur Entwicklung und Implementierung einer Marketingstrategie für den Controllerbereich (vgl. die Abbildung 36).

So beschäftigt sich der dritte Abschnitt mit der Funktion und Erarbeitung eines Controller-Leitbilds. Ein Leitbild soll die grobe Richtung des Handelns bestimmen. Für die sich anschließende Phase der strategischen Analyse werden Instrumente vorgestellt und auf den Controllerbereich übertragen, die eine umfassende strategische Analyse sowohl der internen (Stichwort: ressourcenbasierte Sicht) als auch der externen Situation (Stichwort: kunden- und wettbewerberbasierte Sicht) des Controllerbereichs ermöglichen. Diese Phase dient vor allem der Wissensgewinnung über das strategische Umfeld des Controllerbereichs. Nur auf dieser Basis kann eine fundierte Strategie gefunden werden. In der Phase der Strategieformulierung sind sowohl die produkt- bzw. kundenbezogene Strategie als auch die wettbewerbsbezogene Verhaltensstrategie zu bestimmen. Dies bildet den Schwerpunkt des fünften Abschnitts. In der Phase der Strategieimplementierung, die im Mittelpunkt des folgenden Abschnitts steht, werden dann Möglichkeiten zur Umsetzung der entwickelten Strategie aufgezeigt. Hierbei sollen sowohl organisatorische Hebel als auch Methoden des operativen Marketings vorgestellt werden.

Anzumerken bleibt an dieser Stelle, dass das Durchlaufen dieses Prozesses zur Strategieentwicklung und -implementierung kein einmaliger Vorgang sein darf. Vielmehr ist es notwendig – analog zur Strategieentwicklung und -implementierung für das Gesamtunternehmen – diesen Prozess regelmäßig zu

Marketingaspekte waren schon häufig Gegenstand von AC-Bänden ...

... diesmal geht es uns um konkrete Hilfestellungen zu einer kunden- und marktbezogenen Strategiefindung und -umsetzung

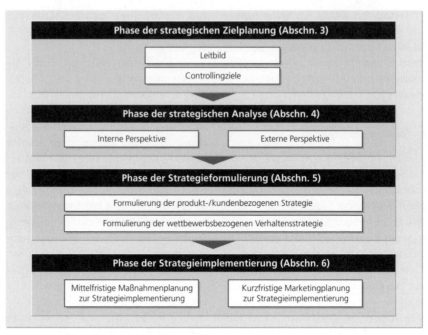

Abb. 36: Handlungsprogramm zur Strategieentwicklung und -implementierung (in Anlehnung an Welge/ Al-Laham 2003, S. 98)

hinterfragen und gegebenenfalls neu aufzulegen.

Hersteller, Kunden, Wettbewerber – der Markt des Controllings

Will man ein Handlungsprogramm zur strategischen Positionierung für den Controllerbereich aufstellen, muss in einem ersten Schritt Klarheit geschaffen werden, ob die Idee einer Übertragung der Marketinginstrumente in den unternehmensinternen Kontext trägt (»Internes Marketing«). Dies erlaubt es uns, die Ziele der Anwendung von Marketingstrategien im Controllerbereich aufzuzeigen. Daran anschließend werden wir das Spielfeld, in dem der Controller hierbei agiert, charakterisieren. Auf Ba-

sis des »strategischen Dreiecks« werden dann die Kunden, die Wettbewerber sowie die Produkte des Controllerbereichs dargestellt.

Internes Marketing im Unternehmen – alter Wein in neuen Schläuchen?

Im Wesentlichen können zwei Ausprägungen des internen Marketings in der Literatur unterschieden werden: die personalorientierte Perspektive und die abteilungsbezogene Sichtweise (vgl. Neuhaus 1996, S.10 ff.).

Ziel der *personalorientierten Perspektive* ist es, mit den Mitteln des Marketings die Motivation und Zufriedenheit der Mitarbeiter zu fördern. Damit steht hier die Beziehung zwischen dem

Personalorientiertes internes Marketing

Marketingstrategien für Controller

Unternehmen und den Mitarbeitern im Mittelpunkt. Der Arbeitsplatz wird als Produkt verstanden, den es aus Sicht des Unternehmens möglichst attraktiv zu gestalten gilt, damit neue Mitarbeiter angezogen und derzeitige Mitarbeiter motiviert werden. Hierbei werden Marketingmethoden beispielsweise auf die Personalauswahl, Anreizgestaltung und Trainingsgestaltung übertragen.

Die zweite Sichtweise – die *abteilungsbezogene Perspektive,* auf die wir uns nachfolgend konzentrieren wollen – sieht alle Mitarbeiter bzw. Abteilungen als interne Dienstleister von anderen Mitarbeitern bzw. Abteilungen an. Hinter diesem Ansatz verbirgt sich die Kernannahme, dass die Steigerung der Qualität in jedem internen Prozessschritt letztendlich die Qualität der kundenbezogenen Leistung erhöht. Die abteilungsorientierte Sichtweise steht somit in der Tradition des Total-Quality-Managements, d. h. eines Managements, bei dem die Qualität der Produkte oder Dienstleistungen im Mittelpunkt steht und durch ein Zufriedenstellen der Kunden ein langfristiger Geschäftserfolg erzielt werden soll. Übertragen auf den Controllerbereich heißt das, dass die Controller die Bedürfnisse ihrer Kunden analysieren und daraus ableiten müssen, wie sie ihre Leistungen in Bezug auf Art, Zeitpunkt und Qualität zu gestalten haben.

Als Ziele einer Anwendung des internen Marketings im Controllerbereich können folgende Punkte angesehen werden (ähnlich Stauss 2001, S. 698 f.):

- Controller sollten den spezifischen Nutzen ihrer Dienstleistungen für ihre Kunden erhöhen und somit einen größeren Wertbeitrag für das Gesamtunternehmen leisten.
- Controller sollten gegenüber anderen, insbesondere externen Dienstleistern ihre Wettbewerbsposition stärken und damit gleichzeitig ihre Position im Unternehmen sichern.
- Controller sollten sich bemühen, dass ihre Leistungen verstärkt von ihren Kunden in Anspruch genommen werden.

Abteilungsbezogenes internes Marketing

Das abteilungsorientierte interne Marketing zielt *nicht* auf den Aufbau oder die Stärkung von Bereichsegoismen. Klares Ziel ist die konsequente Umsetzung des Total-Quality-Gedankens und damit eine konsequente Ausrichtung auf die internen Kunden. Weder die Idee des Total-Quality-Managements noch die gängigen Marketingmethoden und -instrumente, die im internen Marketing zum Einsatz kommen, sind grundsätzlich neu. Gerade für den Controllerbereich ergeben sich jedoch durch das »Aufsetzen der Marketingbrille« neue Perspektiven. Dies dürfte bereits im nächsten Abschnitt deutlich werden, wenn wir das »Spielfeld des Controllers« umreißen.

Der Controllingmarkt – Das Spielfeld des Controllers

Zur Systematisierung des Spielfeldes wollen wir uns am »strategischen Dreieck« *der Controller* orientieren. Dieses besagt, dass alle Marketingaktivitäten in einem Spannungsfeld zwischen dem Unternehmen (Controllerbereich), den Kunden (Managern) und den Wettbewerbern (interne Beratung, strategische Planung etc.) stattfinden. Alle drei Be-

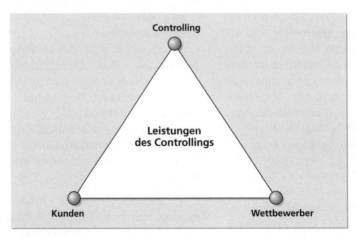

Abb. 37: Strategisches Dreieck der Controller

reiche sollen nun aus Marketingsicht beleuchtet werden (vgl. Mosiek 2002).

Der Controllerbereich und seine Produkte

Das Produkt-Portfolio der Controller kann als sehr komplex bezeichnet werden. Es reicht von der Informationsversorgung des Managements über Planungs- und Kontrollaufgaben bis hin zu Beratungsleistungen. Um einen neuen (Marketing-)Blick auf die Produktpalette zu werfen, können die angebotenen Leistungen in Such-, Erfahrungs- und Vertrauensgüter aufgeteilt werden. Diese Unterscheidung der Controlling-Produkte bezieht sich auf den Kenntnisstand der Manager hinsichtlich der verschiedenen Controllerleistungen (vgl. Kaas 1990).

Bei einem *Suchgut* kann der Kunde vor dem Kauf die Güte des Produktes für seine Zwecke vollständig beurteilen. Der Kunde hat den gleichen Informationsstand wie der Verkäufer. Eine Banane ist ein gutes Beispiel. Sie zeigt durch ihre Farbe dem Käufer deutlich ihren Reifestand an. Aus der Palette der Controllingprodukte bietet sich das Beispiel eines kostenstellenbezogenen Monatsberichtes an; ein Produkt, das Manager in der Regel gut kennen und dessen Güte sie umfassend beurteilen können.

Bei einem *Erfahrungsgut* kann der Kunde erst nach dem Konsum des Produktes die Güte vollständig beurteilen. Vor dem Kauf existieren Informationsunterschiede zwischen Verkäufer und Käufer. Diese werden durch den Konsum bzw. die Nutzung des Produktes jedoch aufgehoben, so dass der Käufer die Qualität des Produktes abschließend vollständig beurteilen kann. Für uns Deutsche sind beispielsweise die Wassermelone oder die Ananas ein Erfahrungsgut, weil wir ihre Qualität nicht aufgrund äußerer Merkmale beim Kauf, sondern erst im Nachhinein, beim Verzehr, beurteilen können. Bezogen auf Controllingleistungen kann hier das

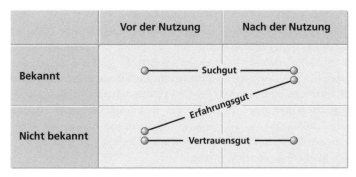

	Vor der Nutzung	Nach der Nutzung
Bekannt	Suchgut	
Nicht bekannt	Vertrauensgut	

Abb. 38: Unterscheidung von Such-, Erfahrungs- und Vertrauensgütern

Beispiel einer einfachen Kostenvergleichsrechnung angeführt werden.

Bei einem *Vertrauensgut* herrscht sowohl vor als auch nach dem Kauf eine Informationsasymmetrie zwischen Käufer und Verkäufer, da der Käufer selbst nach dem Konsum des Produktes dessen Güte nicht oder nur in Teilen einschätzen kann. Ein Paradebeispiel für Vertrauensgüter sind Beratungsleistungen, da die Manager hierbei die Qualität der Beratung – wenn überhaupt – erst dann einschätzen können, wenn sie die Anregungen umgesetzt haben und diese Wirkung zeigen. Die Unterscheidung von Controllingleistungen in Such-, Erfahrungs- und Vertrauensgüter ist vor allem deswegen relevant, weil die verschiedenen Produkte der Controller, je nachdem in welche der Kategorien sie fallen, einer unterschiedlichen Vermarktung bedürfen – aber dazu später mehr!

Weiterhin können zudem die Tätigkeiten der Controller in Entlastungs-, Ergänzungs- und Begrenzungstätigkeiten differenziert werden. Unter *Entlastungstätigkeiten* werden alle Aufgaben gefasst, die der Manager selbst erledigen könnte, aber z. B. aufgrund von Zeitdruck auf den Controller überträgt. Mit *Ergän-*zungstätigkeiten sind die Aufgaben der Controller angesprochen, für die der Manager nicht die notwendigen Fähigkeiten besitzt und die er deshalb »extern einkaufen« muss. Dies könnten z. B. Beratungsaufträge oder Wirtschaftlichkeitsanalysen sein. Die dritte Gruppe der Controllertätigkeiten sind die Begrenzungstätigkeiten. Hiermit ist insbesondere die Funktion des Controllers angesprochen, auf möglichen Opportunismus des Managers Einfluss zu nehmen.

Die Kunden des Controllings

In jedem Standardwerk zum Rechnungswesen wird ganz am Anfang die Frage nach den Adressaten des Rechnungswesens aufgeworfen. Häufig wird hier nur zwischen internen und externen Adressaten unterschieden. Wir wollen einen detaillierteren Blick auf die unterschiedlichen Kundensegmente des Controllerbereichs werfen. Im Bereich der *internen Kunden* lässt sich eine Unterscheidung in Linien- und andere Supportfunktionen vornehmen:

Unterscheidung von Entlastungs-, Ergänzungs- und Begrenzungsaufgaben der Controller

- Bei den *Linienmanagern* können die unterschiedlichen Hierarchieebenen als mögliche Kundengruppen angesehen werden – so z. B. die Geschäftsführung, die Bereichsleiter, sowie die Abteilungs- und Kostenstellenleiter. Eine weitere mögliche Unterscheidung setzt an den Funktionsbereichen an. So können z. B. Führungskräfte im Bereich Marketing, Vertrieb, Logistik, Einkauf und Produktion abgegrenzt werden.
- Im Bereich der Supportfunktionen fallen unter die Kundengruppe z. B. das externe Rechnungswesen und die Revision. So können Controller für im externen Rechnungswesen durchzuführende Niederstwerttests ein Zulieferer sein. Umgekehrt empfangen Controller aber auch Leistungen von diesen Abteilungen. So wird von Seiten des Controllings beispielsweise bei der Wertorientierung auf die Daten des externen Rechnungswesens zurückgegriffen.

Manager sind nicht nur Kunden, sondern auch Wettbewerber von Controllern

Im Bereich der *externen Kunden* sind unter anderen die Analysten sowie die Presse zu nennen. Die Controller sind hier zwar zumeist keine unmittelbaren Lieferanten, dennoch fließen ihre Leistungen in Endprodukte ein, die an diese externen Kunden geliefert werden.

Die Wettbewerber des Controllings

Wettbewerb gibt es nicht nur auf externen Märkten

Um das Spielfeld der Controller vollständig zu beschreiben, fehlt noch der Blick auf mögliche Wettbewerber. Wettbewerb ist nicht nur ein Phänomen auf externen Märkten, sondern kann durchaus auch auf internen Märkten stattfinden. Für den Controllerbereich heißt das, dass Manager im Zuge einer freien Lieferantenwahl auch andere Anbieter mit der Erstellung der Leistung beauftragen können. So sind z. B. neben den Controllern auch die internen Revisoren für die Prüfung interner Vorgänge befähigt. Bei Beratungsleistungen können interne oder externe Berater als Wettbewerber der Controller angesehen werden.

Um einen Überblick über das Wettbewerbsumfeld des Controllerbereichs zu gewinnen, können grundsätzlich drei Gruppen von Wettbewerbern unterschieden werden (vgl. Mosiek 2002):

- der Nachfrager (hier der Manager) selbst,
- andere interne Anbieter (z. B. interne Revision, externes Rechnungswesen),
- externe Anbieter (z. B. externe Berater).

Es mag auf den ersten Blick verwundern, dass der *Manager* selbst ein Wettbewerber des Controllers sein kann. Wir werden hierauf im weiteren Verlauf unserer Argumentation noch ausführlicher eingehen. Kurz vorab: Delegationsentscheidungen aus »zeitkapazitativen« Gründen, d. h. Entlastungstätigkeiten der Controller, sind für Manager eine »Make-or-buy«-Entscheidung, die in beide Richtungen ausfallen kann.

Die zweite Wettbewerbergruppe sind die *internen Wettbewerber*. So ist das externe Rechnungswesen nicht nur ein Kunde der Controller – wie anhand der Niederstwerttests skizziert –, sondern hat zugleich in der Informationsversorgung in hohem Umfang »Marktanteile« gewonnen. Hier besteht für den Controllerbereich die Gefahr, seinen »Stammmarkt« die Informationsversorgung in Teilen zu verlieren.

Die dritte Gruppe potentieller Wettbewerber sind die *externen Dienstleister*, wie beispielsweise IT-Berater oder Wirtschaftsprüfer. Aufgrund der Vertraulichkeit der Daten des Controllerbereichs scheuten bisher viele Unternehmen vor einem Outsourcing der Controllingdienstleistungen zurück. Doch ein Blick auf die Agenden der Controllingkonferenzen macht deutlich, dass Outsourcing nun auch im Controlling auf die Tagesordnung rückt. Und dabei geht es nicht nur um die externe Vergabe von Beratungsprojekten. Auch über die Fremdvergabe von Routineaufgaben der Controller wird laut nachgedacht.

Fazit

Die obigen Ausführungen haben zum einen kurz die Ziele der Anwendung von Marketingstrategien im Controlling dargelegt und zum anderen das Spielfeld des Controllerbereichs aus Marketingsicht beleuchtet. Die Darstellung dürfte deutlich gemacht haben, dass Controller sehr wohl Kunden haben, deren Bedürfnisse sie befriedigen müssen und an die sie ihre Produkte aktiv vermarkten müssen, um in ihrem Wettbewerbsumfeld bestehen zu können. Was haben Marketing und Controlling folglich miteinander zu tun? Die Antwort lautet: Controller müssen die Grundideen des Marketings verinnerlichen und eine Strategie entwickeln, die es ihnen langfristig erlaubt, sich in ihrer angestammten Position zu behaupten – allerdings nur dann, wenn damit die Unternehmensziele besser erreicht werden!

Wie die Umsetzung eines solchen Handlungsprogramms zur Entwicklung und Implementierung einer »Marketingstrategie für Controller« aussehen kann, sei in den folgenden Abschnitten vorgestellt. Dabei soll zum einen der Prozess der Strategieentwicklung bzw. -ableitung skizziert werden. Zum anderen geht es um geeignete Instrumente und Methoden, um die einzelnen Phasen dieses Prozesses zu unterstützen. Das Handlungsprogramm des Controllerbereichs beginnt mit der strategischen Zielplanung, die im nächsten Kapitel beschrieben wird. Diese stellt die Frage nach dem Leitbild und der darin enthaltenen Vision des Controllerbereichs.

Strategische Zielplanung – hat Ihr Controllerbereich eigentlich eine Vision?

Wenn Controller verstanden haben, dass sie auf die veränderte Situation mit einer Neuausrichtung ihrer Arbeit sowie des gesamten Controllerbereichs reagieren müssen, sollten sie zunächst ein Leitbild formulieren, in dem die angestrebte strategische Ausrichtung, das Selbstverständnis ihres Bereichs, festgehalten wird. Wenn Controller im Sinne eines Role-Making ihre Rolle im Unternehmen aktiver selbst gestalten wollen, müssen sie sich zunächst ihr Selbstverständnis »erarbeiten« und fixieren.

Auch im Prozess des strategischen Managements wird die Ausformulierung der Unternehmenspolitik bzw. -philosophie in Form eines Leitbildes als erster Schritt angesehen. Ein Leitbild fungiert für die nachgelagerten Schritte der Analyse – konkrete Strategiebildung, -implementierung und Umset-

Controller müssen die Grundideen des Marketings verinnerlichen

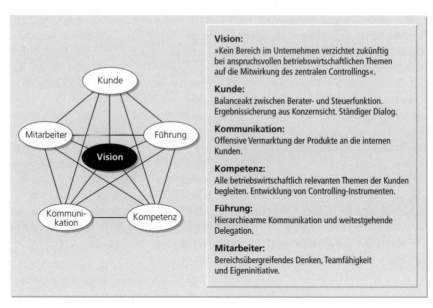

Vision:
»Kein Bereich im Unternehmen verzichtet zukünftig bei anspruchsvollen betriebswirtschaftlichen Themen auf die Mitwirkung des zentralen Controllings«.

Kunde:
Balanceakt zwischen Berater- und Steuerfunktion. Ergebnissicherung aus Konzernsicht. Ständiger Dialog.

Kommunikation:
Offensive Vermarktung der Produkte an die internen Kunden.

Kompetenz:
Alle betriebswirtschaftlich relevanten Themen der Kunden begleiten. Entwicklung von Controlling-Instrumenten.

Führung:
Hierarchiearme Kommunikation und weitestgehende Delegation.

Mitarbeiter:
Bereichsübergreifendes Denken, Teamfähigkeit und Eigeninitiative.

Abb. 39: Controller-Leitbild eines CCM-Unternehmens (entnommen aus Weber/David/Prenzler 2001, S. 21)

Typische Controllerbilder sind zu unpräzise, um als Leitlinie fungieren zu können

Leitbilder wirken nach innen wie nach außen

zung – als verbindliche Grundlage. Inhaltlich können Leitbilder sehr unterschiedlich ausfallen. Grundsätzlich sollten sie ambitioniert sein, d. h. die Messlatte darf nicht zu tief hängen. Des Weiteren bietet sich eine Ausformulierung des obersten Ziels an, das vom Unternehmen oder hier dem Controllerbereich verfolgt wird, der Art der angebotenen Dienstleistungen sowie deren Besonderheiten und der anzusprechenden Abnehmer. Insgesamt sollte das Leitbild das Selbstverständnis des Bereichs reflektieren.

Für Controller finden sich in Unternehmen oft verwendete Bilder wie der »Steuermann« oder das »ökonomische Gewissen«. Diese Bilder eröffnen jedoch noch eine Menge Interpretationsspielraum und »schweben eher im Raum«, als dass sie konkrete Anknüpfungs-

punkte für die Strategieentwicklung liefern. Auch für Controllerbereiche sind schriftlich ausgearbeitete Leitbilder empfehlenswert. Leitbilder sollten idealerweise in einem konsensorientierten Prozess im Controllerbereich entwickelt werden und die Vorstellungen über die strategische Ausrichtung des Controllerbereichs präzisieren.

Leitbilder entfalten ihre Wirkungen in zwei Richtungen: nach innen und nach außen, d. h. sie erfüllen Funktionen direkt im Hinblick auf den Controllerbereich, aber auch im Hinblick auf außerhalb desselben liegende Aspekte.

Die wichtigste Funktion besteht sicherlich in der – bereits angesprochenen – Lieferung einer Grundlage sowohl für die tägliche Controllerarbeit als auch für anstehende strategische Entscheidungen. Leitbilder übernehmen somit eine

Marketingstrategien für Controller

Steuerungsfunktion im Strategiebildungsprozess und fungieren darüber hinaus auch als Instrument zur Koordination von Entscheidungen. Zudem tragen Leitbilder zur Herausbildung gemeinsamer Denkmuster und einer Vereinheitlichung des Sprachgebrauchs im Controlling bei. Hierzu können bereits Diskussionen zwischen Controllern unterschiedlicher Bereiche in der Phase der Entwicklung des Leitbilds beitragen.

Weiterhin ist Leitbildern eine Motivations- und Kommunikationsfunktion zuzuschreiben, weil mit der Darstellung eines Leitbilds die Politik des Controllerbereichs an dessen Mitarbeiter vermittelt werden kann. Zugleich kann zum Beispiel die gemeinsame Erarbeitung der Inhalte eines Leitbildes in Gruppen motivierend auf die Mitarbeiter wirken.

Neben diesen nach innen gerichteten Funktionen wirkt ein Leitbild im Idealfall schließlich auch *nach außen*. So liefert es die Grundlage für eine Positionierung des Controllerbereichs und damit den Schlüssel zu einer konsistenten Kommunikationspolitik. Gerade wenn Controller die Notwendigkeit einer kundenorientierten Ausrichtung erkennen und ihr Leistungsangebot marktgerecht gestalten wollen, kann ein entsprechendes Leitbild dazu beitragen, die angestrebte Positionierung in die Organisation hinein zu tragen und ihre Akzeptanz zu verankern. In der Abbildung 39 findet sich ein Beispiel eines Leitbilds aus der Praxis, das als Anregung für Ihr Unternehmen dienen kann.

Inhaltlich sollte ein Leitbild in jedem Fall eine Vision enthalten. Hierbei müssen sich Controller insbesondere die Frage beantworten, mit welchem Anspruch sie als Controller im Unternehmen arbeiten. Die Sicherstellung der Rationalität der Führung kann ein solcher Anspruch sein, der dazu führt, dass ein eigenständiger Controllerbereich für das Unternehmen unverzichtbar ist. Neben der Formulierung der Vision sollte das Leitbild Vorstellungen über das beschriebene Spielfeld des Controllers – Produkte, Kunden, Wettbewerber – enthalten. Auch wenn in späteren Phasen des Handlungsprogramms eine Revidierung dieser Inhalte möglich ist, sollte die Bedeutung »zu wissen, woher man kommt« nicht unterschätzt werden.

Strategische Analyse – wie ist Ihr Controllerbereich derzeit positioniert?

Nachdem ein Leitbild entwickelt und ausformuliert wurde, liegt die grobe Stoßrichtung des Controllerbereichs fest. Um diese in die Realität umzusetzen, bedarf es aber nicht nur einer Vision. Vielmehr muss eine präzise Strategie ausformuliert werden. Die Entwicklung dieser Strategie steht im Fokus der folgenden Kapitel. Die Basis der Strategieformulierung bildet hierbei die genaue Analyse der internen und externen Situation des Controllerbereichs. Diese strategische Analyse soll nachfolgend näher erläutert werden.

Die strategische Analyse betrachtet detailliert sowohl die interne als auch die externe Situation des Controllerbereiches. Bei der Analyse der externen Situation werden die Kunden und ihre Bedürfnisse beleuchtet und die Wettbewerber und ihre Stärken und Schwächen näher untersucht. Die interne Perspektive beschäftigt sich dahingegen mit den

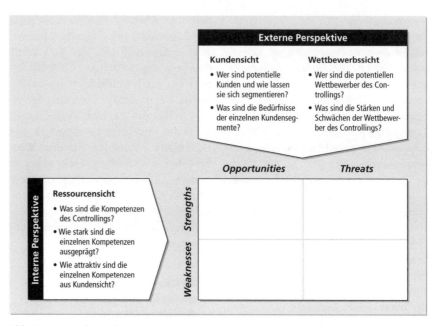

Externe Perspektive

Kundensicht
- Wer sind potentielle Kunden und wie lassen sie sich segmentieren?
- Was sind die Bedürfnisse der einzelnen Kundensegmente?

Wettbewerbssicht
- Wer sind die potentiellen Wettbewerber des Controllings?
- Was sind die Stärken und Schwächen der Wettbewerber des Controllings?

Opportunities   *Threats*

Interne Perspektive

Ressourcensicht
- Was sind die Kompetenzen des Controllings?
- Wie stark sind die einzelnen Kompetenzen ausgeprägt?
- Wie attraktiv sind die einzelnen Kompetenzen aus Kundensicht?

Strengths

Weaknesses

Abb. 40: Bezugsrahmen der strategischen Analyse

Nutzung des SWOT-Ansatzes als Basis der Analyse

Kompetenzen des Controllerbereichs. Einen guten Strukturierungsrahmen für die strategische Analyse bildet der SWOT-Ansatz, der als Klammer für die internen und externen Aspekte der strategischen Analyse genutzt werden kann.

Der so genannte *SWOT-Ansatz* bildet den Rahmen der strategischen Analyse. Das Akronym SWOT steht für Strengths-Weaknesses-Opportunities-Threats. Der SWOT Ansatz wurde in den 80er Jahren in Harvard entwickelt (Andrews 1980) und sieht eine umfassende Analyse der Vielzahl strategisch relevanter Entwicklungen innerhalb und außerhalb des Unternehmens vor. Die unternehmensinterne Analyse zielt auf die möglichst objektive Identifizierung und Systematisierung der Stärken (Strengths) und Schwächen (Weaknesses). Im Rahmen der unternehmensex-

ternen Analyse werden die Chancen (Opportunities) und Risiken (Threats) des Unternehmensumfeldes erfasst und mögliche Veränderungen prognostiziert.

Eine Übertragung dieses Konzepts aus dem Strategischen Management auf den Controllerbereich bedeutet für die systematische Strategieentwicklung zunächst die Durchführung der Abgrenzung des relevanten Marktes der Controller, die Segmentierung desselben anhand geeigneter Kriterien und die Ermittlung der Bedürfnisse der Kunden. Zudem müssen interne und externe Wettbewerber analysiert werden. Bezogen auf das »Bereichsinnere« sind Fähigkeiten und Kompetenzen der Controller zunächst aufzuzeigen und in ihrer Attraktivität für die Kunden zu bewerten. Ziel dieser umfassenden Analyse ist die Ableitung einer Strategie, die sich aus dem Abgleich unternehmensinterner Stärken und Schwächen mit den unternehmensexternen Chancen und Risiken ergibt. Im Idealfall sollten die internen Stärken darauf ausgerichtet werden, Chancen des Controllerbereichsumfelds zu ergreifen.

Externe Perspektive – Der Blick über den Tellerrand Ihres Controllerbereichs

Externe Analysen umfassen – wie bereits angesprochen – Analysen der Kunden und ihrer Bedürfnisse sowie des Wettbewerbsumfelds des Controllerbereichs. Hierzu sollen nun Herangehensweisen und Instrumente erläutert werden.

Die Kundensicht

»Kenne deinen Kunden« – dies dürfte wohl der älteste Grundsatz des Marketings sein. Unserer Erfahrung nach wissen aber die wenigsten Controller genau, wer ihre Kunden sind. Allenfalls implizit werden sie die Manager, mit denen sie eng zusammenarbeiten, als Kunden wahrnehmen. In den wenigsten Unternehmen stehen eine Segmentierung der Kunden oder regelmäßige Befragungen derselben nach ihren Bedürfnissen und ihrer Zufriedenheit auf der Agenda der Controller. Die Leistungen, die Controller anbieten, sind häufig vornehmlich durch die Interaktion einiger weniger – mit besonderen Kompetenzen und Entscheidungsbefugnissen ausgestatteter – Personen, wie zum Beispiel dem Chefcontroller und Vorstand, bestimmt. Diese erarbei-

ten die grundsätzliche Linie der Controllerarbeit und legen sie fest. Eine bewusste Ausrichtung der Controllerarbeit an den Anforderungen der Gesamtheit der Kunden erfolgt nur selten. So erklärt sich auch die recht schlechte Beurteilung der Kundenorientierung der Controller in ihrem angestammten Feld der Kostenrechnung (vgl. Homburg et al. 1998, S. 25).

Eine Analyse der Kundensicht soll im Wesentlichen drei Fragen beantworten:

- Was ist der »Markt« der Controller bzw. wer sind ihre potentiellen Kunden?
- Wie können die Controllingkunden sinnvoll gruppiert bzw. segmentiert werden, damit die Komplexität unterschiedlicher Kundenbedürfnisse überschaubar wird?
- Was sind die Bedürfnisse der unterschiedlichen Kundensegmente? Und wie zufrieden sind sie mit dem aktuellen Angebot?

Der relevante Markt

Die erste Frage, die es zu beantworten gilt, ist die nach der Definition des relevanten Gesamtmarktes für Leistungen des Controllerbereichs. Controller leisten – wie angesprochen – neben den klassischen Führungsunterstützungsaufgaben auch Ergänzungs- und Begrenzungstätigkeiten. Der Controller findet sich bei beiden in der Rolle des kritischen Counterparts des Managements wieder. Unternehmensintern sind somit diejenigen als potentielle Controllingkunden zu erfassen, die unmittelbar – aber auch mittelbar – an der Führung des Unternehmens beteiligt

Nur die wenigsten Controller kennen ihre Kunden genau

Wie sieht der relevante Markt der Controller aus?

Strategische Analyse – wie ist Ihr Controllerbereich derzeit positioniert?

Unterschiedliche Segmentierungsansätze stehen zur Auswahl

sind. Damit ist der unternehmensinterne Abnehmerkreis der Controllingprodukte recht groß und das Management kristallisiert sich als Kern dieses Abnehmerkreises heraus.

Über den internen Kundenkreis hinaus finden Controllingprodukte auch außerhalb des Unternehmens ihren Absatz, wie bereits im zweiten Abschnitt kurz skizziert. Controller haben zwar in der Regel keinen direkten externen Kundenkontakt, liefern aber »Vorprodukte« an das externe Rechnungswesen oder an Investor Relations, die wiederum direkt externe Informationsadressaten bedienen.

Die Kundensegmente

Im zweiten Schritt müssen Controller die Frage nach einer sinnvollen Segmentierung ihres Marktes beantworten.

Auf dieser Grundlage können sie dann die Bedürfnisse der einzelnen Segmente, d. h. Kundengruppen ergründen und die Gestaltung ihrer Produkte danach ausrichten. Wie stark eine solche Personalisierung ausfällt, hängt von der Größe der Segmente ab. Auf dem Kontinuum von »one-size-fits-all« (also der Standardisierung aller Controllingprodukte ohne kundenspezifische Anpassungen) bis hin zum »segment-by-one«-Ansatz (jedes Controllingprodukt wird nach individuellen Kundenwünschen gefertigt) ist alles denkbar. Da jedoch in der ersten Variante wichtige Kundenbedürfnisse nicht berücksichtigt werden und die zweite Variante zu viele Ressourcen der Controller binden würde, wird für die Mehrheit der Controllerabteilungen die »goldene Mitte« der beste Ansatz sein.

Die Idee der Marktsegmentierung ist es hierbei, einen hinsichtlich der Struktur der Kundenbedürfnisse heterogenen Gesamtmarkt in homogene Segmente aufzuteilen, so dass diese auf den Einsatz der Marketinginstrumente ähnlich reagieren. So benötigt beispielsweise ein Vorstand Informationen wahrscheinlich in einem anderen Aggregationsgrad als ein Bereichsleiter.

Eine erste grobe Segmentierungsmöglichkeit des Marktes, den Controller zu bedienen haben, besteht somit offensichtlich entlang der Unternehmenshierarchie. Neben einer hierarchischen Gliederung erlaubt auch die funktionale Gliederung des Marktes (Unternehmensbereiche) einen Rückschluss auf benötigte Controllerleistungen. Auch Unternehmensstandorte, die zumeist mit abgrenzbaren Verantwortungsbereichen einhergehen, erfordern spezifische Informationen.

Neben diesen groben Segmentierungsansätzen, die sich fast intuitiv aufdrängen, sollen im Folgenden Segmentierungsansätze des klassischen Marketings kurz erläutert und – sofern möglich – übertragen werden, die eine detailliertere und damit eventuell aussagekräftigere Segmentierung erlauben. Merkmale, die zur Bildung eines Segments führen, werden in der Marketingliteratur als Segmentierungskriterien bezeichnet.

Das Marketing unterscheidet zwischen geographischen, soziodemographischen, psychographischen und verhaltensbezogenen Kriterien. Diese Differenzierung liefert Denkanstöße für eine mögliche Segmentierung der Kunden der Controller.

Eine unmittelbar *geographische Segmentierung* der Kunden des Controllings nach Ländern oder Kontinenten (makrogeographisch) bietet sich immer dann an, wenn das Controlling Leistungen erbringt, die mit dem Unternehmensumfeld variieren. Ein Beispiel können hier rechtliche Auflagen sein, denen Control-

Durch eine Marktsegmentierung soll unterschiedlichen Kundenbedürfnissen Rechnung getragen werden

Abb. 41: Segmentierungskriterien analog zu Freter 1983, S. 46

Strategische Analyse – wie ist Ihr Controllerbereich derzeit positioniert?

ler auch bei der Befriedigung des Informationsbedarfs gerecht werden müssen.

Unter *soziodemographischen Segmentierungskriterien* versteht man im klassischen Marketing zum einen den Beruf, Ausbildung und Einkommen (sozioökonomisch) und zum anderen Alter, Geschlecht, Familienstand etc. (demographisch). Im hier betrachteten Kontext können soziodemographische Segmentierungskriterien auf den organisatorischen Kontext, in dem Controllingleistungen erbracht werden, bezogen werden. Hiernach lassen sich Abnehmer der Controllingleistungen anhand ihrer Stellung in der ihrer Beziehung zur Unternehmensorganisation voneinander abgrenzen. Eine erste Unterscheidung wäre hier die Zugehörigkeit zur Organisation an sich (unternehmensinterner oder -externer Adressat). Darüber hinaus sind die bei den grob skizzierten Segmentierungsmöglichkeiten angesprochenen Kriterien wie Hierarchieebene, Funktionszugehörigkeit etc. von Relevanz und können nach Belieben feiner untergliedert werden. Eine genauere Betrachtung der Strukturen der Organisationseinheiten, die Controllingleistungen abnehmen, lässt darüber hinaus erkennen, dass zumeist mehrere Personen mit unterschiedlichen Rollen an diesem Beschaffungsprozess beteiligt sind. So wird z. B. die Vergabe eines Beratungsprojektes in der Regel nicht allein entschieden. Hier sind zumeist mehrere Personen – z. B. der Gesamtvorstand oder Bereichsleiter und Vorstand – mit eingebunden, und die letztendlichen Empfänger der Leistung können noch einmal von den Entscheidern abweichen. Im Zuge einer Segmentierung sollten Controller die von den einzelnen Personen wahrgenommenen Rollen verstehen und ihre Ansprache dementsprechend gestalten. Gegenüber potentiellen externen Wettbewerbern haben Controller als intime Kenner der internen Organisationsstrukturen hierbei einen deutlichen Vorteil.

Bezogen auf *psychographische Kriterien* bedient man sich im Absatzmarketing oft des AIO-Dreiklangs (Activities, Interests, Opinions). Man versucht zur Segmentierung Anhaltspunkte für psychographische Konstrukte unterschiedlicher Komplexität wie Motive, Einstellungen, Nutzenvorstellungen, Werte oder Lifestyles zu gewinnen. Auch im Controllingkontext können Motive der Leistungsinanspruchnahme der Kunden, die Einstellung zum Controllerbereich, Nutzenvorstellungen usw. Anhaltspunkte für eine sinnvolle Segmentierung und für eine davon abgeleitete adressatengerechte Ansprache bieten. So können bei den Motiven Kunden unterschieden werden, die freiwillig Leistungen des Controllings nutzen (um zum Beispiel ihre Entscheidungsgrundlagen zu verbessern) und solche, die zur Nutzung verpflichtet sind. Einer Segmentierung nach Nutzenvorstellungen müssen umfassende Analysen über den erwarteten Nutzen und damit auch den Bedarf an Controllingprodukten vorausgehen. Eine solche Segmentierung ist somit wesentlich aufwendiger als eine nach der organisatorischen Zugehörigkeit. Es wird indes schnell deutlich, dass sie zugleich auch (erheblich) bessere Anhaltspunkte für die Bearbeitung der einzelnen Segmente liefert.

Als letzte Kategorie sind *verhaltensbezogene Segmentierungskriterien* zu nennen. Die im klassischen Marketing gebräuchliche Einteilung der Kunden

Segmentierung nach psychographischen Kriterien

Verhaltensbezogene Segmentierung

Marketingstrategien für Controller

nach ihrem beobachtbaren Kaufverhalten kann hier anhand des beobachtbaren Beschaffungs- oder auch Nutzungsverhaltens von Controllingleistungen erfolgen.

Bezogen auf das *Nutzungsverhalten* bestehen Überschneidungen zu einer Segmentierung nach psychographischen Kriterien. In beiden Fällen soll intendiertes bzw. konkret zu beobachtendes Nutzungsverhalten, also der Umgang der Kunden der Controller mit den gelieferten Informationen, analysiert werden. Als Beispiel einer Segmentierung nach dem Nutzungsverhalten von Informationen kann die Unterscheidung in instrumentelle, konzeptionelle und symbolische Nutzung genannt werden. Die instrumentelle Nutzung bezieht sich hierbei auf die Nutzung von Informationen zur Lösung konkreter Prognose- oder Bewertungsprobleme. Die konzeptionelle Nutzung dient mehr dazu, eine bestimmte Sicht auf ein Problem zu entwickeln und »dieselbe Sprache« zu sprechen, als ein konkretes Problem zu lösen. Die symbolische Informationsnutzung hingegen bezieht sich auf die Begründung bzw. Durchsetzung bereits getroffener Entscheidungen mittels der Informationen. Mit einer umfassenden Kenntnis über die Nutzungsabsicht seiner Kunden kann der Controller in dieser Hinsicht abgestimmte Informationen bereitstellen.

Bezogen auf das *beobachtbare Beschaffungsverhalten* kann z. B. das Informations- und Kommunikationsverhalten der Kunden beobachtet werden. Es ist die Aufgabe der Controller, ihre Kunden auf den unterschiedlichen – von ihnen genutzten Kommunikationskanälen – anzusprechen und über ihr Leistungsangebot zu informieren. Gegenüber externen Wettbewerbern haben sie den Vorteil, unternehmensinterne Kommunikationswege sowie verstärkt informelle Kommunikationsmöglichkeiten nutzen zu können.

Auch die Produktwahl ist als ein Aspekt des beobachtbaren Beschaffungsverhaltens zu klassifizieren. So kann hierbei eine Segmentierung der Kunden danach erfolgen, ob diese Produkte des Controllings nutzen und in welchem Umfang und Rhythmus sowie mit welcher Intensität sie als Abnehmer in Erscheinung treten. Segmente können hier zum Beispiel im Zuge einer ABC-Analyse – also eine Einteilung der Controllingkunden nach der Nutzungsintensität der Controllingprodukte – gebildet werden.

Zusammenfassend erlauben geographische und soziodemographische Segmentierungen eine vergleichsweise einfache Abgrenzung einzelner Kundensegmente. Verhaltensorientierte und psychographische Segmentierungen erfordern oftmals tiefer gehende Analysen, die dann jedoch auch gute Hinweise auf die Bedürfnisse und zielgenaue Ansprache der Kundengruppen bieten.

Mit der Bildung homogener Marktsegmente ist der Prozess der Marktsegmentierung aber nicht abgeschlossen. Die Segmente müssen noch bewertet werden, um auf dieser Grundlage eine sinnvolle Fokussierung der Leistungen des Controllerbereichs bestimmen zu können. Dabei sind insbesondere folgende Aspekte zu berücksichtigen:

- Bezogen auf die *Marktmacht* sind die hierarchischen Beziehungen zwischen den Controllern und ihren Kun-

Unterschiedliche Segmentierungstechniken erlauben unterschiedlich tiefe Einblicke in die Unterschiedlichkeit der Kunden der Controller

Strategische Analyse – wie ist Ihr Controllerbereich derzeit positioniert?

dengruppe zu beachten. So kann angenommen werden, dass die Unternehmensleitung neben der qualitativen Marktmacht (qua hierarchischer Anweisung) auch quantitativ der größte Leistungsabnehmer und damit wichtigste Kunde sein wird. Ein Risiko in der Konzentration auf die Unternehmensleitung liegt in der Abhängigkeit von einem Großkunden.

Viele Kriterien sind für die Bewertung der Marktsegmente relevant

- Neben der Marktmacht der Kunden ist auch der *Standardisierungsgrad der für ein Segment erstellten Leistungen von* Relevanz. Je stärker die Controller-Leistungen standardisiert sind, desto leichter ist ein Abnehmerwechsel für die Kunden. Insbesondere Entlastungsleistungen sind zumeist hoch standardisiert. Bei der Auswahl der Segmente sollten Controller im Sinne einer Risikodiversifizierung darauf achten, dass sich in ihrem Portfolio sowohl Kundengruppen befinden, die hoch standardisierte Leistungen empfangen, als auch solche, für die individuellere Leistungspakete geschnürt werden müssen.

Der Informationsbedarf kann auf induktivem oder auf deduktivem Wege ermittelt werden

- Die Bewertung eines Segments hat auch unter Beachtung des zuvor ausformulierten *Leitbilds* zu geschehen: Steht die Ansprache eines Segments im Einklang mit dem Leitbild des Controllerbereichs?
- Zudem müssen die *Ressourcen,* die dem Controllerbereich zur Verfügung stehen, geeignet sein, die Anforderungen der ausgewählten Kundensegmente zu bewältigen.
- Darüber hinaus sollte die *Wettbewerbssituation, d.* h. die Anzahl der Wettbewerber, ihre Stärken und Schwächen, eine Betätigung in diesem Bereich sinnvoll erscheinen lassen.

Die zuletzt genannten Aspekte – Wettbewerbssituation und Ressourcen des Controllerbereichs – werden in den folgenden Abschnitten noch detailliert behandelt werden. Zunächst wollen wir aber den Bedarf der Kundensegmente etwas näher beleuchten.

Der Bedarf der Kunden

Auf die Klärung der Fragen »Was ist der relevante Markt der Controller?« und »Wie können die Kunden der Controller sinnvoll segmentiert werden?« ist nun im dritten Schritt die Frage nach den Bedürfnissen der Kunden zu beantworten. Dabei ist zum einen relevant, was der Kunde grundsätzlich will und darauf aufbauend, wie zufrieden er mit dem ist, was ihm derzeit angeboten wird. Zur Darstellung möglicher Techniken zur Ermittlung des Kundenbedarfs soll Bezug auf die Kernleistung des Controllerbereichs – die Informationsversorgung – genommen werden. Dabei können – wie die Abbildung 42 zeigt – grundsätzlich induktive und deduktive Analysemethoden voneinander unterschieden werden.

Bei einer *induktiven Vorgehensweise* stehen Dokumentenanalysen, die datentechnische Analyse, die Organisationsanalyse sowie die Befragung der Informationsverwender als mögliche Techniken zur Verfügung. Da die ersten drei Methoden auf der Analyse der bestehenden Daten bzw. Dokumente beruhen, erfassen sie im Kern nur das Informationsangebot. Defizite im Controlling bestehen aber zumeist nicht in der Kenntnis des Informationsangebots, sondern im Wissen über die Kundenbedürfnisse. Zur Ermittlung des subjektiven, von den

Marketingstrategien für Controller

	Informationsquellen			
	Betriebliche Dokumente	Betriebliche Datenerfassung		Informations-verwender
Induktive Analysemethoden	Dokumenten-analyse	Daten-technische Analyse	Organisations-analyse	Befragung • Interview • Fragebogen • Bericht

	Informationsquellen		
	Aufgaben und Ziele der Unternehmung	Planungsmodelle der Unternehmung	Theoretische Planungsmodelle
Deduktive Analysemethoden	Deduktivlogische Analyse	Modellanalyse	

Abb. 42: Methoden der Informationsbedarfsanalyse (vgl. Küpper 2001, S. 145)

Kunden empfundenen Informationsbedarfs bietet sich zum einen die Möglichkeit qualitativer Interviews an, um mit Managern im Detail ihren Informationsbedarf und ihre Änderungswünsche zu analysieren. Bei Großunternehmen besteht zum anderen die Möglichkeit, mittels eines strukturierten Fragebogens ein breites Meinungsbild der Manager einzuholen. Um klare Handlungsempfehlungen aus der strukturierten Befragung der Kunden abzuleiten, bietet sich die Technik der *Wichtigkeits-/Zufriedenheitsmatrix* an. Nachfolgend wollen wir dieses Instrument kurz als ein Beispiel für eine induktive Ermittlung des Kundenbedarfs darstellen. Die Wichtigkeits-/Zufriedenheitsmatrix liefert zudem darüber Aufschluss, wie zufrieden die Kunden mit dem ihnen aktuell angebotenen Produkt-Portfolio sind und wo aus Kundensicht Verbesserungsbedarf besteht (vgl. Homburg/Werner 1998, S. 82 ff.).

Der erste Schritt zur Erstellung der Wichtigkeits-/Zufriedenheitsmatrix besteht darin, das relevante Produkt-Portfolio der Controller zu bestimmen. Im Anschluss daran sind die Kunden zum einen dazu zu befragen, wie sie die Bedeutung bzw. Wichtigkeit der einzelnen Leistungen einstufen. Hierzu bietet sich zum Beispiel der Einsatz einer Skala von »sehr wichtig« bis »unwichtig« an. Zum anderen gilt es, die Zufriedenheit mit den Produkten abzufragen. Auch die Zufriedenheit kann mittels einer Skala von »sehr zufrieden« bis »unzufrieden« erfasst werden. Dabei lässt sich die Zufriedenheit mit einem Produkt anhand der Teilzufriedenheiten mit einzelnen Leistungsmerkmalen des Produktes ermitteln, die es dann in einem weiteren Schritt zu aggregieren gilt. Zur Konsistenzüberprüfung bietet sich der Abgleich mit einer direkt erfragten Gesamtzufriedenheit an.

Interessant ist in diesem Zusammenhang, wie – dem so genannten *Kano-Modell* folgend (vgl. Homburg/Werner 1998, S. 92) – bestimmte Bestandteile einer Leistung die Zufriedenheit mit ihr

Die Wichtigkeits-/Zufriedenheitsmatrix bietet einen sehr anschaulichen Überblick

Nutzung des Kano-Modells

149

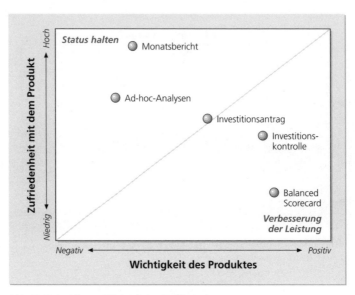

Abb. 43: Beispiel einer Wichtigkeits-/Zufriedenheitsmatrix

beeinflussen. Das Kano-Modell unterscheidet in Basis-, Leistungs- und Begeisterungsfaktoren. Ein *Basisfaktor* kann nicht zu einer Steigerung der Zufriedenheit, jedoch bei Nichtvorhandensein zu einem hohen Maß an Unzufriedenheit führen. Leistungsfaktoren beeinflussen die Zufrieden- bzw. Unzufriedenheit linear. Begeisterungsfaktoren hingegen lösen bei Erfüllung ein deutliches Anwachsen der Zufriedenheit aus. Fehlen sie, sind die Kunden hingegen nicht unzufrieden. Um ein hohes Maß an Kundenzufriedenheit zu erzielen, müssen Controller sich bewusst machen, welche der von ihnen erbrachten Leistungen bzw. Leistungsbestandteile in welche Kategorie fallen. Das Kano-Modell kann aber auch auf das gesamte Produkt-Portfolio übertragen werden. Auch hier greift die Untergliederung der Leistungen in Basis-, Leistungs- und Begeisterungsfaktoren. So zählen Controllingprodukte wie Monatsberichte zu den Basisleistungen, wohingegen Benchmarkingstudien oder Konkurrenzanalysen zu den Leistungsfaktoren gezählt werden können. Zusatzleistungen, Beratungsprojekte oder Vorschläge zur Unternehmensentwicklung etc. können als Begeisterungsfaktoren wirken.

Die für jedes Produkt ermittelten Wichtigkeits- und Zufriedenheitswerte sind in eine Matrix mit korrespondierenden Dimensionen einzutragen (Wichtigkeit X-Achse; Zufriedenheit Y-Achse). Aus der Hypothese, dass die wichtigsten Qualitätsmerkmale auch am besten erfüllt werden sollten, folgt, dass im Idealfall alle in der Wichtigkeits-/Zufriedenheitsmatrix eingetragenen Punkte *auf oder über* der vom Ursprung des Koordinatensystems ausgehenden Winkelhalbierenden liegen sollten. Befindet sich ein Punkt unterhalb der Winkelhalbierenden und hier ins-

Marketingstrategien für Controller

besondere im rechten Quadranten, so bedeutet dies einen erhöhten Handlungsbedarf in Bezug auf das durch ihn markierte Produkt. Der hohen Bedeutung steht eine Unzufriedenheit der Kunden mit diesem Produkt entgegen, die es im Zuge einer verstärkten Kundenorientierung zu beheben gilt.

Der Einsatz der skizzierten Matrix eignet sich somit zum einen zur Aufnahme des Status Quo der Kundenzufriedenheit mit dem Leistungsangebot des Controllings. Zum anderen bietet es sich an, eine solche einmal konzipierte Umfrage in regelmäßigen Abständen zu wiederholen und so kontinuierlich ein Leistungsbild des Controllerbereichs in den Augen seiner Kunden zu ermitteln. Ein solcher kontinuierlicher Einsatz der Wichtigkeits-/Zufriedenheitsmatrix erlaubt es darüber hinaus, im Sinne einer Erfolgskontrolle zu überprüfen, ob eine Verbesserung des Leistungsangebots als Reaktion auf identifizierten Handlungsbedarf gelungen ist (vgl. auch Gleich/ Brokemper 1998, S. 152).

Für Controller ist es in diesem Kontext wichtig zu beachten, dass sie – trotz aller gebotenen Kundenorientierung – nicht einfach blind den Wünschen ihrer Kunden folgen sollten. Vielmehr sind sie auch gefordert, auf der Basis eines Abgleichs der Ergebnisse der induktiven und deduktiven Analyse ein fundiertes Angebot an Controllerleistungen zu liefern. Denn zum einen ermöglicht die Befragung der Controllingkunden nicht die Ergründung latenter Kundenbedürfnisse, also solcher Bedürfnisse, die dem Kunden nicht bewusst sind. Zum anderen ist es auch Aufgabe des Controllers, im Sinne einer Rationalitätssicherung die Aufmerksamkeit des Managements auf die relevanten Informationen zu fokussieren und ihn somit vor einem »Information overload« zu bewahren. Induktive Bedarfsanalysen sind demnach offensichtlich ergänzungsbedürftig.

Im Fokus deduktiver Bedarfsanalysen steht die Ableitung des Bedarfs aus den zu bewältigenden Aufgabenstellungen sowie dem Handlungskontext. Deduktive Bedarfsanalysen zielen demnach auf die Ermittlung eines objektiven Informationsbedarfs und sind die geforderte notwendige Ergänzung des induktiv ermittelten subjektiven Informationsbedarfs der Kunden. Beispiele für die deduktive Bedarfsanalyse sind der Abbildung 42 zu entnehmen. So kann der Controller z. B. aus dem Aufgabenbereich und den Zielen des Managers einen »objektiven Informationsbedarf« ableiten und sich somit eine eigene Meinung über den Informationsbedarf des Managers bilden.

Die Wettbewerbssicht

Zur Ableitung einer strategischen Positionierung des Controllerbereichs ist ein Blick auf die Kunden und ihre Bedürfnisse noch nicht erschöpfend. Zusätzlich müssen die Controller auch ihre potentiellen Wettbewerber identifizieren und deren Stärken und Schwächen analysieren. Nur auf der Grundlage einer fundierten Kenntnis der Wettbewerber und ihres Verhaltens können Controller sich selbst innerhalb des Wettbewerbsumfelds erfolgreich positionieren und von den Konkurrenten abgrenzen. Die zu beantwortenden Fragen im Rahmen einer Wettbewerbsanalyse lauten für Controller demnach: »Wer sind meine Wettbewerber und wer könnte potentieller Wettbewerber sein?« und »Was sind die Stärken und Schwächen meiner Wettbewerber?«

Wettbewerber

Für die Beantwortung der Frage »Wer sind meine Wettbewerber?« gilt es – analog zum Vorgehen bei der Beantwortung der Frage »Wer sind meine Kunden?« – zunächst das Feld grob abzustecken. Dabei lassen sich – wie im zweiten Abschnitt skizziert – grundsätzlich drei Wettbewerbsbereiche unterscheiden (vgl. Mosiek 2002, S. 162): Ein potentieller Kunde der Controller kann sich bei entsprechender Qualifikation dazu entscheiden, eine vom Controlling gelieferte oder angebotene Leistung selbst herzustellen. Des Weiteren kann er auf spezialisierte Anbieter für die geforderte Leistung zurückgreifen, seien es unternehmensinterne oder -externe:

Interne Kunden

Alte Schwerpunkte zu verlassen, um in neue Felder zu gehen, ist ein gefährliches Unterfangen

Interne Wettbewerber

- *Interner Kunde:* Manager geben bei Entlastungsaufgaben diese aufgrund eines Delegationskalküls an Controller ab. Hier stehen keine Qualifikationsbegrenzungen, sondern eher zeitliche Engpässe im Vordergrund. Ob der potentielle Kunde selbst im Rahmen von »Make-or-Buy«-Entscheidungen ein Wettbewerber ist, hängt zunächst von der Zufriedenheit der Manager mit den bisher erbrachten Leistungen der Controller ab. Ein weiterer Grund für die Eigenerstellung kann der sein, dass Manager sich nur ungern »in ihre Karten schauen« lassen.
- *Interne Wettbewerber:* Controller können zudem mit anderen spezialisierten internen Anbietern im Wettbewerb stehen, deren Produkt-Portfo-

lio Überschneidungen mit dem der Controller aufweist oder die sich bewusst »in Richtung Controlling« diversifizieren. In der »Controller Excellence«-Studie des CCM (vgl. Kapitel 2, S. 51 ff.) konnten interne Unternehmensberater, Revisoren, Accountants, Qualitätsmanager und Strategische Planer als solche identifiziert werden. Welche dieser Abteilungen am ehesten als Wettbewerber der Controller einzustufen ist, hängt von der aktuellen Positionierung des Controllerbereichs ab. Bezogen auf Routineprozesse der Informationsversorgung wäre dies dominant das externe Rechnungswesen. Insbesondere die Internationalisierung des Rechnungswesens führt dazu, dass in vielen Unternehmen auf getrennte Rechnungskreise für die Kostenrechnung verzichtet wird. Zur internen Steuerung werden Zahlen aus dem externen Rechnungswesen häufig nur geringfügig angepasst oder direkt übernommen. Insofern gewinnt das externe Rechnungswesen an Bedeutung und bildet sich als Wettbewerber des Controllings heraus.

Diese mögliche Verdrängung aus angestammten Feldern bietet den Controllern zwar die Möglichkeit, in andere Bereiche vorzudringen. Doch auch eine solche Schwerpunktverlagerung in andere Tätigkeitsbereiche – z. B. in Planung oder Beratung – geht mit einer Konfrontation mit neuen Wettbewerbern – in diesem Fall den Planern oder Inhouse Consultants – einher. Gerade das Verlassen angestammter Bereiche, der Wurzeln der Controllerarbeit, bei gleichzeitig noch

Competitive-Based-View

Der Competitive-Based-View sucht Erklärungen für Erfolgsunterschiede zwischen Anbietern in ihrer Stellung gegenüber den Wettbewerbern. Im Sinne des strategischen Dreiecks wird die Sichtweise des Market-Based-View (Anbieter selbst und Kunden) um die Wettbewerber erweitert. Während klassische industrieökonomische Ansätze annehmen, dass die Branchenstruktur die Profitabilität des Unternehmens bestimmt, geht der Competitive-Based-View davon aus, dass sich der Unternehmenserfolg aus der Wahl einer attraktiven Branche und dem Beherrschen der Wettbewerbsspielregeln in dieser Branche zusammensetzt. Der Competitive-Based-View beschäftigt sich somit insbesondere mit der Ableitung der optimalen strategischen Positionierung zum Wettbewerb in einem spezifischen Branchenumfeld.

unsicherer Positionierung in neuen Bereichen, kann zu einer Identitätskrise des Controllerbereichs führen. Der im weiteren Verlauf angesprochene Abgleich der eigenen Stärken und Schwächen mit den sich bietenden Chancen und abzeichnenden Bedrohungen der Umwelt ist ein nicht zu unterschätzender Schritt in der Entwicklung einer zukunftsfähigen strategischen Positionierung des Controllerbereichs.

- *Externe Wettbewerber:* Auch außerhalb der eigenen Unternehmensgrenzen finden sich aktuelle und potentielle Wettbewerber der Controller. So haben gerade bei Beratungs- oder Coachingleistungen externe Anbieter große Marktanteile erringen können. Diese sind möglicherweise eher als die Controller selbst in der Lage, durch eine starke Spezialisierung Lernkurveneffekte zu realisieren, da sie sich ausschließlich mit spezifischen Controllingfragestellungen beschäftigen. Externe Anbieter können zudem als neutrale Beobachter andere Impulse geben als interne Anbieter. Dies hängt natürlich von der Art der

zu erbringenden Leistung ab. Plausibel erscheint es vor diesem Hintergrund, dass z. B. bei der Entwicklung und Umsetzung wertorientierter Steuerungskonzepte spezialisierte externe Dienstleister zum Zuge kommen (vgl. Weber/David/Prenzler 2001, S. 10).

Stärken und Schwächen

Nachdem nun zunächst grob das interne und externe Wettbewerbsumfeld der Controller skizziert wurde, ist die zweite Frage »Was sind die Stärken und Schwächen der Wettbewerber des Controllings?« zu beantworten. Hierbei lassen sich Aussagen darüber gewinnen, mit wem Controller intensiv im Wettbewerb stehen oder wer gar Substitute anbietet. Als Instrument zur Analyse der Stärken und Schwächen der Wettbewerber bietet sich eine *Konkurrenzanalyse* an. Für eine detaillierte Konkurrenzanalyse werden weitreichende Informationen benötigt, die aus unterschiedlichen Quellen in Erfahrung zu bringen sind, wie beispielsweise Kundenbefragungen, Stellenbeschreibungen und

Um Wettbewerber besser einschätzen zu können, braucht man eine Konkurrenzanalyse

Vier Bereiche der Konkurrenzanalyse

Informationen aus internen Dokumentationen über Tätigkeiten anderer Abteilungen. Es lassen sich vier Bereiche unterscheiden, aus denen Informationen gewonnen werden können:

- Der erste Bereich stellt die *ressourcenbezogene Analyse der Wettbewerber* dar. So können die Kapazitäten relevanter Wettbewerber eingeschätzt, die Qualifikationen der jeweiligen Mitarbeiter erfasst und die Beherrschung bestimmter Verfahren analysiert werden.
- Den zweiten Bereich bildet die *kundenbezogene Konkurrenzanalyse*. Dabei sind Fragen wie »Wen begreifen meine Wettbewerber als ihre Zielgruppe?«, »Wer sind derzeit ihre Hauptabnehmer?«, »Was lässt sich über die Zufriedenheit der Kunden meiner Wettbewerber sagen?« usw. von Interesse.

- Im dritten Bereich, einer *produktbezogenen Konkurrenzanalyse,* gilt es, die Marktanteile der Produkte zu schätzen, diese technisch möglichst objektiv zu vergleichen, den Standardisierungsgrad der Produkte zu erfassen und vielleicht auch die subjektive Produktwahrnehmung, d. h. die Positionierung der Produkte in den Augen der Abnehmer, in Erfahrung zu bringen.
- Im vierten und letzten Bereich einer detaillierten Konkurrenzanalyse sind *verhaltensbezogene Elemente* herauszuarbeiten. Hierunter könnten beispielsweise die Kommunikationsintensität zwischen den Wettbewerbern und den Kunden, mögliche Produktneueinführungen der Wettbewerber oder auch die ihnen offen stehenden und von ihnen genutzten Distributionswege erfasst werden.

Abb. 44: Beispiel einer Wettbewerbsvorteilsmatrix

Resource-Based-View

Als einer der Pioniere des ressourcenbasierten Ansatzes sah Penrose (1959) ein Unternehmen als ein Bündel von Ressourcen und ging davon aus, dass Wettbewerbsvorteile von Unternehmen primär durch die Qualität dieser internen Ressourcen oder Kernkompetenzen erklärt werden können. Die Strömung des Resource-Based-Views entstand vor allem aus der Kritik des damals vorherrschenden industrieökonomischen Ansatzes, der postuliert, dass die Struktur der Branche das Verhalten der Unternehmen und somit die Profitabilität treibt. Ressourcen als unternehmensinterne Aspekte bleiben hierbei unberücksichtigt. Aus dieser Kritik entstand der Grundgedanke des Resource-Based-Views: Der Besitz bestimmter (Kern-) Kompetenzen schlägt sich in der Profitabilität des Unternehmens nieder (vgl. Welge/Al-Laham 2003). Als Kompetenzen eines Unternehmens können die Ressourcen und Fähigkeiten des Unternehmens definiert werden, die sich im Laufe der Zeit entwickelt haben. Dabei werden als *Ressourcen* alle »materiellen und immateriellen Güter, Vermögensgegenstände sowie Einsatzfaktoren« (Hungenberg 2000, S. 99) bezeichnet, über die ein Unternehmen verfügt. Die *Fähigkeiten* beschreiben dagegen, »inwieweit ein Unternehmen in der Lage ist, seine Ressourcen durch eine zielorientierte Ausrichtung und Koordination auch zu nutzen« (Hungenberg 2000, S. 99). Da nicht alle Unternehmen über die gleichen Informationen verfügen, sind Unternehmen in der Lage, Kompetenzen aufzubauen, die anderen Unternehmen nicht zugänglich sind. Wenn diese Kompetenzen nicht-imitierbar, nicht-substituierbar und relevant für den Kundennutzen sind, so spricht man von *Kernkompetenzen*. Diese können dem Unternehmen dauerhafte Wettbewerbsvorteile und somit eine höhere Profitabilität sichern.

Aus den so erhobenen Charakteristika der Wettbewerber lässt sich ein Stärken-Schwächen-Profil erstellen, in dem die eigene Position der der Wettbewerber gegenübergestellt wird. Zu beachten ist, dass eine solche Gegenüberstellung auf subjektiven Einschätzungen beruht und die Wahrnehmung der Kunden noch nicht erfasst ist. Die Aufstellung einer Wettbewerbsvorteilsmatrix (Simon 1988, S. 473) kann diese Lücke schließen.

Die Wettbewerbsvorteilsmatrix führt Aspekte der Wichtigkeits-/Zufriedenheitsmatrix und des Stärken-und-Schwächen-Profils zusammen. Auf der X-Achse wird die *relative Wettbewerbsposition* hinsichtlich der interessierenden Merkmale – in der Regel die, die für das Stärken-Schwächen-Profil erhoben wurden – eingetragen. Hierzu wird die eigene Position im Stärken-Schwächen-Profil gegenüber der des stärksten Wettbewerbers erfasst. Auf der Y-Achse wird die *Wichtigkeit des Merkmals aus der Perspektive der Kunden* eingetragen. Ein strategischer Wettbewerbsvorteil besteht nur dann, wenn der eigene Bereich überlegen ist und wenn die Abnehmer diesen Vorteil auch wahrnehmen und als wichtig erachten. Im Ergebnis geht es für Controller dann darum, Wett-

Die Wettbewerbsmatrix gibt einen schnellen Überblick über die Wettbewerbsposition

Strategische Analyse – wie ist Ihr Controllerbereich derzeit positioniert?

bewerbsvorteile in den Augen der Kunden zu realisieren und sich gegenüber den alternativen Anbietern zu positionieren.

Interne Perspektive – der Blick in das Innere Ihres Controllerbereichs

Nutzung der Technologie-Portfolio-Analyse

Die Ausführungen zur strategischen Analyse externer Aspekte umfassten im Wesentlichen Marktsegmentierungsmöglichkeiten für Controller, Analysen der Bedürfnisse der Kunden und Stärken und Schwächen der Wettbewerber. Eine Umsetzung dieser Vorgehensweisen ermöglicht – im Sinne des SWOT-Ansatzes – die Ergründung der Chancen und Risiken im Umfeld des jeweiligen Controllerbereichs. Doch das ist für die Entwicklung und Ausformulierung einer Strategie noch nicht ausreichend. Zur Vervollständigung müssen vielmehr im nächsten Schritt die internen Stärken und Schwächen des Controllerbereichs betrachtet werden, um dann als Grundlage der Strategieformulierung einen Abgleich zwischen den eigenen Stärken und den Chancen des Umfelds vornehmen zu können. Ein solcher Ansatz folgt den Grundideen des so genannten Resource-Based-View im strategischen Management.

Die Technologie-Portfolio-Analyse stellt die beiden Größen Ressourcenstärke und Ressourcenattraktivität einander gegenüber

Um strategische Handlungsempfehlungen für das Controlling aus der internen Perspektive abzuleiten, sind folgende Leitfragen zu beantworten:

- Welches sind die Ressourcen oder Kompetenzen des Controllings?
- Wie stark sind die einzelnen Kompetenzen des Controllings ausgeprägt? D. h. wie hoch ist die »Ressourcenstärke«?
- Welchen Kundennutzen stiften die Fähigkeitspotentiale bzw. (Kern-)Kompetenzen und welche Bedeutung haben sie für die Entwicklung von Wettbewerbsvorteilen? D. h. wie hoch ist die »Ressourcenattraktivität«?
- Welche Kompetenzen und Fähigkeiten des Controllings sollten daher gestärkt werden?

Ein für die Beantwortung dieser Fragen hilfreiches Instrument ist die *Technologie-Portfolio-Analyse*. »Eine Technologie-Portfolio-Analyse versucht prinzipiell, die in einem Produkt steckenden bzw. im Unternehmen angewandten Technologien in einer zweidimensionalen Matrix abzubilden und aus den sich ergebenden Konstellationen differenzierte Strategien für zukünftige Entwicklungsaktivitäten abzuleiten« (Pfeiffer et al. 1989, S. 79). Die beiden Bewertungsdimensionen des Technologie-Portfolios sind zum einen die vom Unternehmen beeinflussbare *Ressourcenstärke* und zum anderen die vom Unternehmen nicht-beeinflussbare Technologie- bzw. *Ressourcenattraktivität*. Die Möglichkeit zur Anwendung des Technologie-Portfolios im Controlling erschließt sich, wenn Technologie als Lösungskompetenz für spezifische Problembereiche verstanden wird – wir werden hierauf am Beispiel der Kostenrechnung später noch genauer eingehen.

Ressourcen und Kompetenzen des Controllings

Ressourcen und Kompetenzen des Controllerbereichs können insbesondere in spezifischem Wissen und bestimmten Fähigkeiten gesehen werden.

Marketingstrategien für Controller

Bei dem Wissen des Controllerbereichs steht das Faktenwissen über das Rechnungswesen, die Kostenrechnung und Kalkulation im Vordergrund. Aber auch Methodenwissen über die Durchführung bestimmter Analysen lässt sich als eine Kompetenz der Controller erkennen. Bei Fähigkeiten sind insbesondere die monetäre Bewertungsfähigkeit und Kommunikationsfähigkeit des Controllerbereichs in den Vordergrund zu stellen.

Zur Ermittlung der Ressourcen und Kompetenzen des eigenen Controllerbereichs bietet es sich an, eine Gesamtliste aller vom Controlling erbrachten oder potentiell zu erbringenden Leistungen zu erstellen. Auf dieser Basis können das hinter den Controllingleistungen stehende Wissen sowie die Fähigkeiten und Kompetenzen systematisch erfasst werden. So liefert das Produkt »Kostenrechnung« den Hinweis auf Wissen über Methoden der Kostenverteilung und Kostenplanung.

Gerade nicht-substituierbare, nicht-imitierbare und Kundennutzen stiftende Ressourcen sind wertvoll. Der Schutz dieser Ressourcen bzw. Kompetenzen ist Teil einer ressourcenorientierten Strategie. Für interne Märkte bedeutet dies aber auch, dass Kooperation, die Nutzung von Synergien, nicht Bestandteil der Strategie sind. Dies kann sich unter Umständen negativ auf die Verwirklichung der Ziele des Gesamtunternehmens auswirken!

Bewertung der Ressourcenstärke

In einem zweiten Schritt ist die Stärke der einzelnen Ressourcen des Controllerbereichs zu bewerten. Zur Ermittlung der Ressourcenstärke werden die zur Realisierung des Technologiepotentials nötigen, im Unternehmen bereits vorhandenen Mittel – letztlich gemessen in Relation zur Konkurrenz – berücksichtigt. Konkret bedeutet dies zu ermitteln, wie ausgeprägt die personellen Fähigkeiten, Erfahrungen und DV-technischen Möglichkeiten bei der Erstellung einer spezifischen Controllingleistung im Vergleich zu den Fähigkeiten der anderen Anbieter sind. Zu beachten ist, dass die Einschätzungen stets nur subjektiv ermittelt werden können.

Bestimmung der Ressourcenattraktivität

Um die Technologieattraktivität der Controllerfähigkeiten zu beurteilen, sind diese hinsichtlich ihrer Potentialrelevanz – also in Hinsicht auf die Weiterentwicklungsmöglichkeiten der Fähigkeiten – und der Bedarfsrelevanz – also in Hinsicht auf mögliche Anwendungsarten und den möglichen Anwendungsumfang – zu beurteilen. So kann letztendlich das gesamte Nutzenpotential einer bestimmten Fähigkeit eingeschätzt werden (vgl. Welge/Al-Laham 2003, S. 428 f.).

Um die *Potentialrelevanz* zu beurteilen, kann der Produktlebenszyklus wichtige Hilfestellung geben. Der Produktlebenszyklus besagt, dass jedes Produkt bzw. jede Technologie einem Lebenszyklus folgt, von der Entstehung über Wachstum zur Reife bis hin zur Sättigungs- bzw. Verfallsphase. Die Einordnung der betrachteten Fähigkeit kann den Stand der weiteren Entwicklungsmöglichkeiten aufzeigen. So ist die Fähigkeit der Vollkostenrechnung in Deutschland bereits der Reifephase zu-

Vorgehen der Technologie-Portfolio-Analyse

Ein zu starkes wettbewerbliches Verhalten der Controller kann den Unternehmenszielen entgegenwirken

Abb. 45: Beispiel eines Kostenrechnungs-Portfolios

zuordnen, während sich das Wissen um die Berechnung von Realoptionen noch in der Wachstumsphase befindet.

Um die *Bedarfsrelevanz* der einzelnen Fähigkeiten einschätzen zu können, ist eine Untersuchung des Nutzenpotentials erforderlich. Der Nutzen von Controllerleistungen liegt im Kern in der Möglichkeit, Kostenersparnisse zu erzielen oder Umsatzpotentiale aufzuzeigen, wobei in der derzeitigen Controllerarbeit (noch?) ersteres überwiegt. Bewertet man z. B. die Attraktivität des Kostenrechnungs-Know-hows, ist es erforderlich, die unterschiedlichen Einsatzmöglichkeiten der Kostenrechnung aufzuzeigen und ihren möglichen Einfluss auf das Unternehmensergebnis bzw. auf die Schaf-

fung von Wettbewerbsvorteilen zu beurteilen. Die Kostenrechnung kann sich zum einen auf den laufenden Betrieb beziehen, aber auch bei notwendigen Rahmenentscheidungen wie z. B. der Produktentwicklung und der Anlagenautomatisierung Kostensenkungsmöglichkeiten aufzeigen. Diese Kostensenkungspotentiale sind abzuschätzen und in ihrer Bedeutung für die Wettbewerbsfähigkeit des Unternehmens zu beurteilen. Auch die weiteren Einsatzmöglichkeiten – wie z. B. Preisbestimmung bei relationalen Lieferbeziehungen – sind auf ihren möglichen Beitrag zur Wettbewerbfähigkeit des Unternehmens zu untersuchen.

Marketingstrategien für Controller

Ableitung von Handlungsempfehlungen

Bewertet man die Ressourcenstärke und Technologieattraktivität für die einzelnen Fähigkeitspotentiale, so erhält man abschließend ein Technologie-Portfolio, wie es in einem fiktiven Beispiel für die Kostenrechnung die Abbildung 45 zeigt. Wie in jedem Portfolio, so lautet auch hier die generelle Empfehlung, eine möglichst ausgewogene Portfoliosituation anzustreben. Die einzelnen Kompetenzen sollten sich im Idealfall also auf dem Gleichgewichtspfad zwischen Attraktivität und Ressourcenstärke befinden. Wenn sich beispielsweise für die Plankostenrechnung eine zunehmend geringe Bedeutung – etwa durch eine stärkere Automatisierung ausgelöst – ergeben sollte, so rät das Technologie-Portfolio, die Investitionen in diese Fähigkeiten zu reduzieren. Umgekehrt sind Fähigkeiten, die unterhalb des Gleichgewichtspfades liegen, grundsätzlich reduzierbar. Auf Basis dieser Analyse können Handlungsempfehlungen bzw. strategische Leitlinien für den gezielten Auf- und Umbau von Controllingkompetenzen abgeleitet werden.

Bei der Durchführung der Technologie-Portfolio-Analyse handelt es sich selbstverständlich nicht um eine mathematisch exakte Methode. Sie basiert vielmehr auf den subjektiven Einschätzungen der Ersteller. Der Schwerpunkt bei der Anwendung dieses Instruments sollte daher weniger auf eine möglichst exakte Positionierung einer Fähigkeit in der Matrix gelegt werden, sondern vielmehr auf den bei der Erstellung des Portfolios angestoßenen Diskussionsprozess, der nicht nur unter den Controllern, sondern auch mit den internen Kunden geführt werden sollte.

Mit der Betrachtung der internen Perspektive ist nun die Phase der strategischen Analyse beendet. Sowohl die Chancen und Risiken als auch die Stärken und Schwächen des Controllerbereichs wurden eingehend untersucht. Nun geht es im folgenden Abschnitt um die Formulierung einer Controllerbereichsstrategie auf der Basis der strategischen Analyse.

Strategieformulierung – wie soll sich Ihr Controllerbereich zukünftig positionieren?

Die Intention des unserer strategischen Analyse zugrunde liegenden Rahmenkonzepts, des »SWOT-Ansatzes«, ist die Erzielung eines strategischen Fits zwischen den Chancen und Risiken des Umfelds sowie den internen Stärken und Schwächen. Letztlich geht es um die Ableitung einer Strategie, die es ermöglicht, die sich ergebenden Chancen zu nutzen und die hierfür notwendigen Stärken zu entwickeln. Dabei fungiert das zu Beginn des Prozesses ausformulierte Leitbild als Basis der Strategieableitung: Die Strategie sollte im Einklang mit dem Leitbild des Controllerbereichs stehen.

Die zur Strategieableitung benötigten Informationen können mit den in den vorangegangenen Abschnitten vorgestellten Analysemethoden ermittelt werden. So liefert das Technologie-Portfolio Hinweise über die Ressourcenposition des Controllings und damit auch über die Position der dahinter stehenden Produkte. Auf dieser Basis können Anhaltspunkte für die geschickte Allokation von

Interne und externe Sicht sind bei der Strategiebildung miteinander zu verbinden

Entscheidend sind – wie bei vielen Instrumenten – die durch das Ergebnis ausgelösten Diskussionen

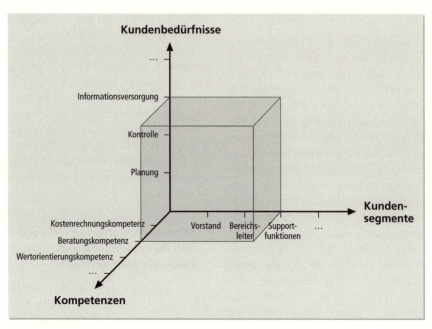

Abb. 46: Dreidimensionale Definition der Controllerstrategie in der Logik des Abell-Modells

Ressourcen und die strategische Gestaltung des Produkt-Portfolios gewonnen werden. Dabei ist dieser erste Schritt zunächst von einer internen Sichtweise geprägt. Diese Sichtweise gilt es dann in einem zweiten Schritt an der Umwelt zu spiegeln: Können mit den herausgearbeiteten Stärken die Bedürfnisse der gebildeten und zur Bearbeitung ausgewählten Marktsegmente befriedigt werden? Lässt sich in dieser Hinsicht ein Fit erzielen? Kann eine Optimierung der Wichtigkeits-/Zufriedenheitsmatrix mit der sich aus der Ressourcenposition ergebenden Strategie erzielt werden? Und führt die Strategie zu einer geschickten Positionierung gegenüber den als relevant identifizierten Wettbewerbern?

Auf der Grundlage der Kenntnis der Bedürfnisse der Kunden, des Produktangebots der als relevant erachteten Wettbewerber, der eigenen Positionierung im Vergleich zu der der Wettbewerber sowie der Ressourcenbasis kann die Definition einer Controllerbereichsstrategie vorgenommen werden.

Als Strukturierungsrahmen für die Strategieformulierung bietet sich die dreidimensionale Definition des Unternehmenszwecks nach Abell (vgl. Abell 1979) an. Ausgehend von der aktuellen Positionierung gilt es, für die Dimensionen Bedürfnisse, Kundensegmente und Kompetenzen bzw. die dahinter stehenden Produkte die zukünftige – dem strategischen Fit entsprechende und mit dem Leitbild im Einklang stehende – Positionierung des Controllerbereichs zu bestimmen.

In der Logik von Abell sind zunächst die absatzpolitischen Ziele genau zu definieren. Welche Chancen im Markt sollen mit hoher Priorität angegangen werden? Diese absatzpolitischen Ziele finden ihren Ausdruck in den ausgewählten Kundensegmenten und den zu adressierenden Bedürfnissen dieser Kunden. Ein Beispiel wäre hier die Fokussierung auf das Kundenbedürfnis Informationsversorgung, das durch die Ergebnisse der umfangreichen Analysen noch näher spezifiziert werden kann. Als besonders ergiebiges Kundensegment hat sich möglicherweise die Gruppe der Bereichsleiter herausgestellt. Somit können die Ziele auf der Kunden- und Produktseite genau beschrieben werden. Das *Abell-Schema* fordert aber nun auch die Verbindung der Kunden-/Marktseite mit der Ressourcenseite, indem die zur Gewinnung der priorisierten Kundensegmente notwendigen Kompetenzen festgelegt werden. Nehmen wir an, dass die Bereichsleiter insbesondere kostenrechnerische Informationen benötigen. Gerade diese Kompetenz wäre dann gefragt.

Auch wenn keine der drei Dimensionen des *Abell-Schemas* explizit die Wettbewerber mit einbezieht, sind Positionierungsüberlegungen immer an der Positionierung und den relativen Stärken und Schwächen der Wettbewerber zu spiegeln. Grundsätzlich lassen sich auf der einen Seite innovative und imitative Verhaltensstrategien und auf der anderen Seite wettbewerbsvermeidende und wettbewerbsstellende Strategien unterscheiden. Letztere Unterscheidung kann auch als reaktiv und proaktiv bezeichnet werden. Die Kombination dieser Dimensionen und ihrer Ausprägungen führt zu vier Basisstrategien im Wettbewerbsverhalten:

- Eine *Anpassungsstrategie* ist wettbewerbsvermeidend, imitativ und zielt auf die Erhaltung der einmal erreichten Marktposition. Das eigene Verhalten orientiert sich reaktiv an dem der Wettbewerber, auf eine aktive Positionierung gegenüber den Wettbewerbern wird verzichtet.

- Auch bei einer *Ausweichstrategie* versucht der Anbieter, den Wettbewerbsdruck zu umgehen, diesmal jedoch aktiv durch innovatives, Marktbarrieren errichtendes Verhalten, um einen Vorsprung gegenüber den Wettbewerbern zu gewinnen. Nutzen Controllerbereiche eine solche geschützte Position jedoch für die Verwirklichung eigener, mit denen des Gesamtunternehmens nicht kongruenter Ziele, so kann sich eine Ausweichstrategie nachteilig für das Gesamtunternehmen auswirken.

- Bei *wettbewerbsstellenden Strategien* können die Konflikt- und die Kooperationsstrategie unterschieden werden. Die auf Innovationen beruhende Konfliktstrategie setzt auf den Gewinn von Marktanteilen durch ein Verhalten, das stark von den Wettbewerbern abweicht. Gerade bei unternehmensinternen Wettbewerbskonstellationen kann diese oft mit offener Konfrontation verbundene Strategie zu erheblichen Nachteilen für das Gesamtunternehmen führen. Der Versuch, die eigenen Stärken deutlich hervorzukehren, kann zudem ins Gegenteil umschlagen und zu einem Reputa-

Vier Strategietypen können unterschieden werden

Strategieformulierung – wie soll sich Ihr Controllerbereich zukünftig positionieren?

	Innovativ	Imitativ
Wettbewerbs-vermeidend	Ausweichung	Anpassung
Wettbewerbs-stellend	Konflikt	Kooperation

Abb. 47: Wettbewerbsgerichtete Verhaltensstrategie
nach Meffert/Bruhn 2003, S. 253

tionsschaden des Controllerbereichs führen. Gegenüber externen konkurrierenden Anbietern verspricht diese Strategie dagegen eher Erfolg.

• Verfolgen Controller eine *Kooperationsstrategie,* so versuchen sie, eigene eventuell defizitäre Ressourcenpositionen durch die Zusammenarbeit mit anderen Anbietern – extern oder intern – auszugleichen und so gemeinsam, d. h. durch eine Ergänzung der jeweiligen Stärken- und Schwächen-Profile, eine gute Leistung zu erbringen.

Die kurzen Ausführungen sollten die Notwendigkeit einer Synthese der in den vorangegangenen Abschnitten separat erläuterten Analyseinstrumente verdeutlichen. Nur eine Gesamtschau bereichsinterner und -externer Aspekte kann zu einer erfolgreichen Positionierung des Controllerbereichs führen. Die **Die beiden darge-** beiden vorgestellten Schemata zur Stra-**stellten Schemata** tegieformulierung – *Abell-Schema* und **sollen als Struktu-** die vier Basisstrategien des Wettbe-**rierungshilfe** werbsverhaltens – sind hierbei nicht **dienen** »sklavisch« zu befolgen, sondern eher als Strukturierungshilfe zur Formulierung der produkt-/kundenbezogenen sowie der wettbewerbsbezogenen Strategie zu verstehen.

Strategieimplementierung – wie können Sie Ihre Strategie zum Leben erwecken?

Die Arbeit an der Controllingstrategie hört keineswegs mit der Formulierung der Strategie auf. Eine Strategie kann nur zum Erfolg führen, wenn sie auch von den Mitarbeitern »gelebt« wird. Nachfolgend sollen nun Wege aufgezeigt werden, die entwickelte Strategie für die Controllerbereiche in die Tat umzusetzen und zu verwirklichen. Dabei sind zum einen organisatorische Maßnahmen einzuleiten, die auf mittelfristige Sicht wirksam werden. Diese Maßnahmen betreffen unter anderem die organisatorische Struktur und das Management- und Anreizsystem des Controllerbereiches sowie die Fähigkeiten der Mitarbeiter im Controlling. Zum anderen lassen sich aber auch operative Marketingmethoden zur Strategieimplementierung heranziehen, die in kurzer Frist die Nutzungsintensität von bestimmten Controllingleistungen erhöhen können. Hierbei handelt es sich um »klassische« Marketingmethoden, die auf die Erhöhung des »Absatzes« von Controllingleistungen zielen. Beide Maßnahmenbündel, die zur Realisierung der entwickelten Controllerstrategie geeignet sind, werden nachfolgend kurz vorgestellt.

Mittelfristige Massnahmen – was kann man tun, um die Strategie in der Organisation zu verankern?

Im folgenden Abschnitt sollen zunächst die organisatorischen Maßnahmen zur Verankerung der Strategie vorgestellt werden. Zur Strukturierung der möglichen Maßnahmen wird dabei auf das 7-S-Konzept zurückgegriffen. Die operativen Marketingmethoden werden dann im nachfolgenden Kapitel dargestellt.

7-S-Konzept

Das 7-S-Konzept der Unternehmensberatung McKinsey (vgl. Welge/Al-Laham 2003, S. 550 f.) bietet eine Übersicht der wesentlichen Erfolgsfaktoren für eine Strategieimplementierung, die es auf die gewählte Strategie zuzuschneiden gilt. Dabei sind im 7-S-Konzept sowohl »harte« Faktoren, wie die Organisationsstruktur (Structure) und das Managementsystem (Systems), als auch »weiche« Faktoren, wie Personal (Staff), Fähigkeiten (Skills) und Kultur (Style), strategiekonform anzupassen. Den Ausgangspunkt bilden die aus der Analyse abgeleitete Strategie (Strategy) und das ausformulierte Leitbild (Superordinate Goals), das als Reaktion auf eine veränderte Situation den Rahmen des

Das 7-S-Konzept eignet sich sehr gut, die Strategieimplementierung zu strukturieren

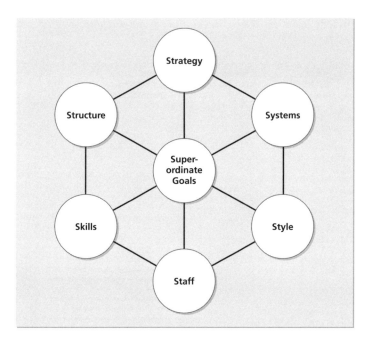

Abb. 48: Das 7-S-Konzept

strategischen Managementprozesses absteckt. Im Folgenden sollen die fünf bisher nicht adressierten »S« im Controllerbereich (Structure, Systems, Staff, Skills, Style) betrachtet werden. Anzumerken ist vorab noch, dass der Prozess einer Strategieentwicklung nicht immer nur nach vorne gerichtet ist, sondern dass es im Prozessverlauf auch sinnvoll sein kann, noch einmal zu vorgelagerten Schritten zurückzugehen und Zwischenergebnisse zu verändern.

Structure (Organisationsstruktur)

Als erster wichtiger »harter«, auf die Strategie auszurichtender Faktor ist die Organisationsstruktur zu nennen. Das wohl bekannteste Zitat zum Zusammenhang zwischen Strategie und Struktur stammt von Chandler (1962): »structure follows strategy!« Zunächst erscheint es nur in sehr leicht zu überblickenden und wenig dynamischen Unternehmenskontexten möglich zu sein, die Strategie direkt in eine Struktur zu übersetzen. Stellenweise wird dem sogar entgegen gehalten, es sei umgekehrt, die Strategie folge der Struktur – oder zu mindest könne eine bestehende Organisationsstruktur das Spektrum strategischer Möglichkeiten begrenzen. Unzweifelhaft ist jedoch, dass ein Zusammenhang zwischen beiden Elementen besteht und sie aufeinander abzustimmen sind. Um nun zu überprüfen, ob die derzeitige Organisationsstruktur des Controllerbereichs mit der Strategie des Bereiches konform ist, müssen die Komponenten beider Elemente überprüft werden. Eine zu diesem Zweck geeignete Strategie-Struktur-Matrix findet sich in der Abbildung 49.

Dabei müssen die im Folgenden kurz umrissenen wesentlichen Strukturmerkmale einer Controllingorganisation auf

Strukturkomponenten ╲ Strategiekomponenten	Fokus auf Kundenorientierung	Fokus auf Beratung	Fokus auf Strategieentwicklung	...
Umfang der Spezialisierung				
Art der Spezialisierung				
Grad der Formalisierung				
...				

++ = sehr kompatibel/unterstützend
+ = tendenziell kompatibel/unterstützend
0 = neutral
– = tendenziell inkompatibel/behindernd
– – = sehr inkompatibel/behindernd

Abb. 49: Strategie-Struktur-Matrix in Anlehnung an Kolks 1990, S. 136

Marketingstrategien für Controller

ihre Stimmigkeit mit der Strategie hin überprüft werden (für eine ausführliche Diskussion der Strukturkomponenten des Controllings vgl. Kieser/Walgenbach 2003, S. 77 ff.):

- Der *Umfang der Spezialisierung* beschreibt die Anzahl der spezialisierten Stellen, wie z. B. Einkaufscontroller, Investitionscontroller.
- Die *Art der Spezialisierung* erfasst die Grundstruktur der Controllingorganisation. Es können grundsätzlich eine divisionale (Controlling Sparte A, Controlling Sparte B etc.) und eine funktionale Struktur (Marketingcontrolling, Logistikcontrolling etc.) unterschieden werden.
- Die Dimension *Entscheidungsdelegation* steht für den Grad, in dem Entscheidungsbefugnisse auf untere hierarchische Controllingebenen verteilt werden.
- Der *Formalisierungsgrad* beschreibt das Ausmaß, in dem schriftlich fixierte organisatorische Regeln verwendet werden. Er kann somit als Maß für die Bürokratisierung der Controllerorganisation angesehen werden.
- Die Dimension *Konfiguration* schließlich berücksichtigt die Struktur der Weisungsbeziehungen. Hierbei werden insbesondere Punkte wie hierarchische Einbettung der Controllingabteilung, Weisungsbeziehung zwischen zentralem und dezentralem Controlling sowie die Leitungsspanne im Controlling beschrieben.

Bei einer Bewertung der Stimmigkeit gilt es nun zu beurteilen, inwieweit die einzelnen Strukturkomponenten die festgelegte strategische Stoßrichtung fördern können. Zum Beispiel wäre eine zu starke Spezialisierung, ohne den Kontakt zwischen Controlling und Managern zu bündeln, dem Ziel einer hohen Kundenorientierung eher hinderlich, denn – so zeigte Sandt in einer an der WHU durchgeführten empirischen Studie – die Kundenzufriedenheit der Manager steigt, wenn diese eine Informationsversorgung aus einer Hand erhalten. Auch ein hoher Formalisierungsgrad würde die flexible Reaktion auf die Kundenwünsche eher erschweren und wäre mit dem strategischen Ziel nicht kompatibel. Auch wenn die Strategie-Struktur-Matrix auf qualitativen Einschätzungen beruht, so ist sie doch geeignet, eine Diskussion über eine geeignete Controllingstruktur anzustoßen und liefert somit auch eine Argumentationsbasis gegenüber dem Management bei der aktiven Gestaltung der Controllerorganisation im Rahmen eines konsequenten »Role-Making« der Controller.

Systems (Managementsysteme)

Das zweite »harte« Element, das strategiekonform ausgerichtet werden muss, ist das Managementsystem. Von besonderem Interesse für den Controllerbereich sind hier Informations- und Anreizkomponenten.

Der Aufbau eines *Informationssystems* über die Leistungen des Controllerbereichs hat zwei wesentliche Funktionen: Zum einen soll – im Sinne einer interaktiven Nutzung der Informationen – die Tätigkeit der Controller auf die wesentlichen Punkte fokussiert werden. Zum anderen geht es darum, dem Controllingleiter einen Überblick über den

Bewertung der Stimmigkeit der Strukturen

Interne Kunden- und Marktperspektive	Prozessperspektive
• Verhältnis Budget Controller-Consultants/externe Managementberater: + 10% gegenüber Vorjahr • Anteil der Bearbeitungszeit von Controller-Aufgaben, die in den letzten zwei Jahren neu eingeführt wurden, an der Gesamtzeit: > 10% • Erreichter Wert des MSI (Manager Satisfaction Index): > 70% • Reduzierung der Durchlaufzeit von Investitionsanträgen um 10 Tage • Controlling-Schulungen für Nicht-Controller: > 1.250 Teilnehmer-Manntage	• Durchlaufzeit der operativen Planung: Reduktion von 39 auf 26 Wochen • Aktualität der Monatsberichte: 2 Werktage nach Monatsultimo Eilbericht, 5 Werktage nach Monatsultimo Gesamtbericht • Systemintegration: Vollzogene Kopplung Vertriebsinformationssystem – Kostenrechnung • Systemqualität: Reduktion der Zahl der Buchungskorrekturen um 25% • Gesamtqualität: Uneingeschränktes Prüfungstestat der Internen Revision

Controller-Vision

Wir sind die Marktführer im betriebswirtschaftlichen Coaching unserer Manager – auf allen Führungsebenen

Strategien zur Umsetzung der Vision

• Trennung zwischen Consulting- und Accounting-Funktionen innerhalb des Controllerbereichs
• Empowerment der Controller-Consultants
• Controller-produktbezogenes Innovationsprogramm
• Image- und Aufklärungskampagne
• ...

Lern- und Entwicklungsperspektive	Finanzperspektive
• Controllerinterne Schulung: im Durchschnitt 8,5 Tage p.a. pro Controller • Controllerinteraktion im Intranet: 1.250.000 Zugriffe auf die Controller-Homepage p.a. • Aktualität des Controller Handbuchs: durchschnittliches Alter einer Seite des Handbuchs < 6 Monate • Anteil von innovativen Projekten an der Arbeitszeit der Controller: > 10% • Interpersonelle Wissensweitergabe: Anzahl von Vorträgen pro Controller > 2 p.a.	• Planungskosten: Reduzierung der Kosten der operativen Planung und Budgetierung von 0,5‰ auf 0,4‰ der Gesamtkosten • R3-Einführung: Einhaltung des Budgets (bei Verkürzung der Projektlaufzeit um drei Monate) • Consultancy-Erfolg: Einhaltung der versprochenen Pay-off-Zeiten in den von Controllern durchgeführten Beratungsprojekten ± 1 Quartal • Gesamtkosten des Controllerdienstes: Senkung des Anteils der Controllerkosten an den Gesamtkosten um 5%

Abb. 50: Beispiel einer BSC eines Controllerbereichs

Grad der Umsetzung der Controllerbereichsstrategie zu verschaffen, um steuernd eingreifen zu können (diagnostische Nutzung). Ein Informationssystem, welches beide Funktionen erfüllen kann, ist die Balanced Scorecard. Die Balanced Scorecard ist somit für die Verbindung zwischen Strategie und operativem Geschäft geeignet.

Die BSC ist aus der Kritik an rein finanziell geprägten Kennzahlensystemen entwickelt worden und strebt eine ausgewogenere Abbildung des Unternehmens an, indem sie auch verschiedene nicht-finanzielle Kennzahlen aufnimmt. Die BSC kann aber nicht nur auf der Gesamtunternehmensebene angewendet werden, sondern auch im Controllerbereich eingesetzt werden. Hierbei sind die vier Dimensionen der BSC, die finanzielle Perspektive, die Kundenperspektive, die Prozessperspektive und die Lern- und Entwicklungsperspektive entsprechend auszurichten. Nachfolgend ist eine fiktive BSC für den Controllerbereich skizziert, die als Anregung für eine konkrete Implementierung dienen soll. Grundlage ist die zuvor abgeleitete

Die BSC hilft auch im Controllerbereich, Strategien ins »richtige Leben« zu übersetzen

Motivatoren	Hygienefaktoren
• Leistungserfolg, Selbstbestä-tigung • Anerkennung der eigenen Leistung • Inhalt der Arbeit selbst • Verantwortung • Aufstieg, Beförderung • Entfaltungsmöglichkeiten	• Unternehmenspolitik und -organisation • Führungsstil des Vorgesetzten • Beziehungen zu Unterstellten, Vorgesetzten, Gleichgestellten • Arbeitsbedingungen • Gehalt • Privatleben • Status • Arbeitsplatzzufriedenheit
als Faktoren, die bei Erfüllung zu Zufriedenheit führen	*als Faktoren, die bei Nicht-Erfüllung zu Unzufriedenheit führen*

Abb. 51: Zwei-Faktoren-Theorie der Motivation nach Herzberg

Strategie. Deren einzelne Kernelemente sind zu treffen und messbar zu machen (vgl. Weber/Schäffer 2000).

Neben dem Informationssystem ist die optimale Gestaltung der Anreizsysteme der Controller ein weiterer wichtiger Umsetzungshebel. Das Thema »Anreizgestaltung« ist in der Controllingliteratur eher stiefmütterlich behandelt wurden. Tatsächlich geht wahrscheinlich ein beträchtlicher Teil der negativen Controller-Bilder (»Bremser«, »Zahlenknecht«) auf eine mangelnde Motivation der Controller zurück. Bei der Entwicklung eines Anreizsystems sind zum einen die Frage nach der Bezugsgröße der Incentivierung und zum anderen die nach der Art der Incentivierung zu beantworten:

• *Bezugsgröße der Incentivierung:* Die Controllerleistung ist aufgrund ihrer Immaterialität in ihrer Gesamtheit schwer zu erfassen. Die Controllerleistungen sind zumeist nicht sichtbar und für andere wenig transparent. Erst bei »Fehlleistungen«, wie beispielsweise großen Fehlinvestitionen, steht das Controlling im Mittelpunkt und gerät unter Rechtfertigungsdruck.

• Um diese Situation zu überwinden, bietet es sich an, Teilausschnitte der Controllingleistung zu messen. Ansätze hierzu finden sich in der oben beschriebenen Controller-Balanced-Scorecard. Die Controller können an der Erreichung dieser Ziele (oder von Teilzielen) gemessen werden.

• *Art der Incentivierung:* Grundsätzlich lassen sich materielle und nicht-materielle Anreize unterscheiden, wobei die materiellen weiter in finanzielle (z. B. Gehalt) und nicht-finanzielle (z. B. Dienstwagen) differenziert werden können. Bei der Frage, welche der Anreize am besten gewählt werden sollten, gibt die bekannte Studie von Herzberg (Herzberg/Mausner/Synderman 1967) Aufschluss. Sie zeigt,

Auch Controller können durch Anreize motiviert werden

Strategieimplementierung – wie können Sie Ihre Strategie zum Leben erwecken?

dass Führungskräfte im Wesentlichen durch die Arbeit selbst und die dabei erreichten Ergebnisse sowie durch die Anerkennung ihrer Leistung angetrieben werden. Somit ist die Schaffung von Transparenz und das »Sichtbarmachen« der Leistung der Controller bereits ein starker Anreiz – ein weiterer Grund für die Implementierung der Controller-BSC! Zusätzlich sollte aber auch der zweitstärkste Motivator, die Anerkennung, nicht zu kurz kommen. Diese Motivation ist für das Unternehmen kostenlos, aber sehr wirkungsvoll! Dennoch »vergessen« Controllingleiter positives und motivierendes Feedback häufig in der Hektik des Alltagsgeschäfts. Weiterhin bietet auch die Karrieregestaltung der Controller weitere Möglichkeiten, effektive Anreize zu setzen.

Skills & Staff (Personal)

Wie schon intensiv diskutiert, erfordert die Umsetzung einer Strategie auch die notwendige Ressourcenausstattung bzw. ermöglicht eine bestimmte Ressourcenausstattung erst die Schaffung von Wettbewerbsvorteilen. Da die Fähigkeiten und Kompetenzen des Controllerbereichs zu großen Teilen an den dort arbeitenden Personen hängen, sind »Skills & Staff« gemeinsam als weitere wesentliche Faktoren bei einer Implementierung der Strategie zu berücksichtigen. In diesem Bereich ist zum einen zu gewährleisten, dass die notwendige Menge an Mitarbeitern vorhanden ist, d. h. keine kapazitativen Beschränkungen vorliegen. Zum anderen ist sicherzustellen, dass die Mitarbeiter des Controllerbereichs auch das zur Strategieumsetzung erforderliche Fähigkeitsprofil aufweisen.

Damit die Auswahl neuer Mitarbeiter bzw. die Fortbildungsmaßnahmen im Controlling auf der gewählten Strategie beruhen, sind die strategischen Leitlinien in Funktionsbeschreibungen und Anforderungsprofile zu übersetzen. In der *Funktionsbeschreibung* müssen die organisatorische Einbindung der Stelle bzw. die Ziele und die Kernaufgabe derselben aufgeführt sein. Für die *Anforderungsprofile* sind auf Basis der Funktionsbeschreibung die notwendigen fachlichen Qualifikationen (formale Qualifikation wie Studium, notwendige Erfahrungen) sowie die persönlichen Anforderungen (z. B. Teamfähigkeit, Kundenorientierung) festzulegen. Auf Basis dieser Anforderungsprofile können dann fundierte Entscheidungen über Neubesetzungen bzw. Trainingsmaßnahmen getroffen werden. Die Erstellung der Anforderungsprofile ist insbesondere dann von hoher Bedeutung, wenn die Strategie die Diversifikation in neue Leistungen (wie z. B. Coaching) oder neue Kundengruppen (z. B. Marketing) vorsieht, da hierbei zumeist neue bzw. andere Fähigkeiten erforderlich werden.

Style (Kultur)

Ein sehr »weicher« auf die Controllerstrategie auszurichtender Faktor ist die Kultur des Controllerbereichs. Hier sei unter Unternehmenskultur die Gesamtheit der Werte, Normen und Einstellungen verstanden, die von der großen Mehrheit der Organisationsmitglieder geteilt werden und die die Entscheidungen, Handlungen und das Verhalten der einzelnen Organisationsmitglieder

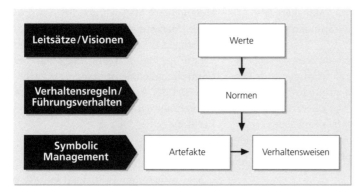

Abb. 52: Ansatzpunkte zur Beeinflussung der Unternehmenskultur
(vgl. Homburg/Krohmer 2003)

beeinflussen (Dill 1987, S. 59). Gerade wenn man der Kultur eine Verhaltenssteuerungsfunktion zuspricht, kann sie den Erfolg einer Strategieimplementierung erheblich beeinflussen.

Wie entsteht eine unternehmens- oder hier bereichsspezifische Kultur? Ihr Ursprung wird für gewöhnlich in der Interaktion zwischen den einzelnen Organisationsmitgliedern gesehen. Auch zwischen Controllern kann eine intensive Interaktion zur Ausprägung einer Kultur im Controllerbereich führen, da sich bestimmte Denk- und Verhaltensmuster etablieren. Bis zu einem gewissen Maß kann die Controllingleitung in diese Interaktionen eingreifen und so versuchen, Einfluss auf die Entwicklung zu nehmen. Hierbei sind aber unter Umständen Grenzen durch die Unternehmenskultur gesetzt. Nicht jede unterstützt ein marktorientiertes Verhalten der einzelnen Bereiche. Zudem muss die Veränderung einer Kultur als ein Prozess gesehen werden, der eine lange Zeitspanne benötigt. Trotz dieser Umstände sollte jedoch der »Implementie-

rungshebel« der Kultur nicht vernachlässigt werden.

Um die »Bereichskultur« in eine strategiekonforme Richtung zu beeinflussen, kann das Management an mehreren Ebenen ansetzen.

(1) Die Controllingleitung kann die Werte im Controlling, also die von den Controllern geteilten Vorstellungen über das Wünschenswerte, direkt beeinflussen. Dies gelingt insbesondere über die Formulierung des in Abschnitt 3 angesprochenen Leitbilds, d. h. der »Superordinated Goals«. Bei dem Entwurf des Leitbilds ist es insbesondere wichtig, dass alle Controller in die Erarbeitung einbezogen sind und ein Konsens über das Leitbild erzielt wird. So kann sichergestellt werden, dass Controller diesem Leitbild auch in ihrer tagtäglichen Arbeit folgen.

(2) Die Leitung kann Verhaltensregeln für die Controller formulieren, um so die Normen, also die impliziten Regeln der Controller, zu beeinflussen. So wären bei einer angestrebten höheren Kundenorientierung folgende Verhaltensregeln denkbar:

Die Controllingleitung hat viele Möglichkeiten, auf die Controllerkultur einzuwirken

Strategieimplementierung – wie können Sie
Ihre Strategie zum Leben erwecken?

- »Jeder Anruf eines Managers ist innerhalb von 24 Stunden zu beantworten.«
- »›Das geht nicht‹ ist keine akzeptable Antwort auf Analyseanfragen von Managern. Es sind zumindest alternative Analysevorschläge zu erarbeiten.«
- »Jeder Manager ist mindestens einmal jährlich über die Zufriedenheit mit den Controllingleistungen zu befragen.«

(3) Der Controllingleiter kann ein so genanntes »Symbolic Management« betreiben. Symbolic Management bezieht sich auf die Artefakte, d.h. die direkt erfassbaren Objekte, Erzählungen, Sprachelemente und Rituale mit starkem symbolischem Charakter. Beispiele für eine Beeinflussung der Artefakte zur Durchsetzung einer hohen Kundenorientierung sind die folgenden:

- Offene Gestaltung der Büroräume zur Erleichterung der Interaktion mit dem Kunden und zur Symbolisierung einer »offenen Tür«.
- Häufige Verwendung kundenbezogener Worte, wie z. B. Kundennutzen, Zufriedenheit.
- Erzählung und Weitergabe positiven Feedbacks der Manager auf stärkere Kundenorientierung (»war stories«) (vgl. Homburg/Krohmer 2003, S. 1083 f.).

Kurzfristige Marketing-Massnahmen – Wie kann man Controllerprodukte vermarkten?

Nachdem nun ausführlich dargelegt wurde, wie eine Controllerstrategie entwickelt und in der Organisation verankert werden kann, sollen nun noch abschließend Maßnahmen für das operative Marketing von Controllerdienstleistungen dargelegt werden. Sie zielen darauf ab, die Nutzungsintensität der Controllingdienstleistungen zu erhöhen. Bei der Festlegung des operativen Marketingprogramms stellen sich zwei Kernfragen:

- Mit welcher Intensität sollen die einzelnen Produkte vermarktet werden bzw. auf welchen Produkten sollte der Fokus der Marketingaktivitäten liegen?
- Welche Marketinghebel sind bei welchem Produkt besonders effektiv?

Vermarkten – aber was?

Die erste Frage, die sich die Controller vor dem Einsatz operativer Marketinginstrumente stellen müssen, lautet: Auf welchen unserer Produkte sollte der Fokus der Vermarktungsaktivitäten liegen? Die Antwort ergibt sich zum einen aus der abgeleiteten Strategie des Controllerbereichs. Bei der Entwicklung der Positionierung wurden spezifische Kunden- und Produktgruppen als »Targets« identifiziert. Hier sollte natürlich der Fokus der Vermarktungsaktivitäten liegen. Zusätzlich sollte jedoch noch genauer analysiert werden, welche Produkte eine intensive »Marketingunterstützung« erfordern. Hierzu ist eine Analyse der Produkte unter drei Aspekten erforderlich: Art der Dienstleistung, Grad des Konkurrenzdrucks und Integrationsgrad des Kunden in die Leistungserstellung.

Entscheidend für den Grad der Vermarktungsintensität ist die Frage nach der Art der Dienstleistung. In diesem Kontext können »Muss-Leistungen«

Auch Controllerleistungen sollten vermarktet werden – für viele Controller eine ungewohnte Vorstellung!

und »Kann-Leistungen« unterschieden werden. »Muss-Leistungen« sind Leistungen, die die Manager vom Controlling abnehmen müssen, ob sie wollen oder nicht. Ein sehr gutes Beispiel hierfür ist die Kontrolle. Das Controlling wird vom Vorstand dazu bemächtigt, Kontrollen durchzuführen. Die Kontrollierten müssen sich diesen Kontrollen unterziehen. Folglich ist bei »Muss-Leistungen« die Notwendigkeit einer Vermarktung eher gering. Insbesondere gilt es, Vermarktungsaktivitäten auf die Auftraggeber der Leistungen – in unserem Beispiel also auf die Auftraggeber der Kontrollen und nicht auf die Kontrollierten – auszurichten.

Eine zweite wichtige Analyse betrifft den Grad des Konkurrenzdrucks. Etwas polarisierend können Monopol- und Wettbewerbsdienstleistungen unterschieden werden (vgl. Mosiek 2002, S. 184 ff.). Diese Differenzierung ist von elementarer Bedeutung, da sie den Grad, in dem Controller ihre Leistungen »aktiv verkaufen müssen«, zu weiten Teilen festlegt. Allgemein ist der Konkurrenzdruck davon abhängig, ob

- alternative Anbieter der Leistung existieren,
- die Leistungen der Controller aus Sicht der Nachfrager substituierbar sind,
- die Entscheidung über den Anbieter grundsätzlich oder fallweise getroffen werden kann,
- interne Nachfrager den Anbieter frei wählen können und ob
- eine der Leistung entsprechende Verrechnung oder Umlage erfolgt.

Je mehr Konkurrenzdruck bei einer Dienstleistung des Controllings besteht,

desto höher ist die Gefahr, dass Teile der Leistung von anderen Anbietern übernommen werden. Folglich sollte der Fokus der Vermarktungsintensität auf diesen Dienstleistungen liegen. So ist beispielsweise für die Investitionskontrolle ein geringerer Konkurrenzdruck anzunehmen als für die Moderation der Entwicklung der Unternehmensstrategie.

Ein weiterer, bei der Festlegung des Grades der Vermarktungsintensität zu beachtender Faktor ist der Grad der Integration des Kunden in die Leistungserstellung. So sind Kunden zum Beispiel bei Beratungsleistungen stark in den Produkterstellungsprozess mit einbezogen; sie begleiten diesen von der Projektdefinition über den Kick-off bis hin zur finalen Präsentation eines Projektes eng. Bei der Erstellung des Monatsberichtes hingegen empfangen sie in der Regel nur das fertige Produkt, ohne laufend in den Erstellungsprozess integriert zu sein. Je höher der Grad der Integration, desto höher sollte auch die Intensität der Vermarktungsaktivitäten sein, da sich bei diesen Produkten eine stärkere Kundenbindung erzielen lässt.

Vermarkten – aber wie?

Ist nun der Fokus der Marketingaktivitäten geklärt, so stellt sich die Frage, mit welchen Mitteln die Nutzungsintensität erhöht werden kann. Im Kern stehen hierfür die bekannten vier P des Marketing bereit: Product, Price, Place, Promotion. Um den optimalen Mix davon auszuwählen, hilft die oben getroffene Unterscheidung der Controllingprodukte in Such-, Erfahrungs- und Vertrauensgüter weiter:

Art und Umfang der Vermarktung sollten von der Konkurrenzsituation abhängen

Aufgreifen der Unterscheidung in Such-, Erfahrungs- und Vertrauensgüter

171

- Da Kunden bei *Suchgütern* die Qualität der Produkte bei dem Kauf einschätzen können, sollte hier bei der Vermarktung auch das Produkt im Vordergrund stehen. Die Kunden suchen ein qualitativ hochwertiges Produkt, das zu einem günstigen Preis leicht zu beschaffen ist. Zur Optimierung der empfundenen Qualität der einzelnen Produkte und Prozesse im Controlling bietet sich die diskutierte Wichtigkeits-/Zufriedenheitsmatrix an. Mit Hilfe dieses Instruments können Schwächen eines einzelnen Produktes aus Kundensicht offengelegt und entsprechend adressiert werden. Insbesondere ist die Anwendung der Wichtigkeits-/Zufriedenheitsmatrix hilfreich, wenn zusätzlich zur Einschätzung des eigenen Produktes auch die Einschätzung der relevanten Wettbewerbsprodukte analysiert wird. So können klare Handlungsempfehlungen abgeleitet werden, die die Produktqualität signifikant verbessern.
- Bei *Erfahrungsgütern* hingegen ist die Optimierung der reinen Produktqualität nicht ausreichend. Kunden können erst nach dem Konsum die Qualität beurteilen. Deshalb ist es bei diesen Leistungen entscheidend, die Kunden zu einem »Erstkonsum« zu bewegen. Hier bietet sich die Ergänzung der Vermarktungsaktivitäten um den Bereich der Promotions an. Auch wenn die Vergabe von »Produktproben« nicht so leicht fällt wie im Konsumgüterbereich, so eröffnen sich doch vergleichbar wirksame Hebel. Beispielsweise kann das Controlling mit einem Erfahrungsgut in Vorleistung gehen und es dem Manager

ohne die Verrechnung interner Kosten zur Verfügung stellen oder die Vorzüge eines Produktes im Rahmen eines Trainings erklären. Auf diese Weise können neue Kunden für Erfahrungsgüter gewonnen werden.
- Bei *Vertrauensgütern* kann der Kunde die Qualität auch nach dem Konsum nicht vollständig einschätzen. Dies sollte die Controller allerdings keineswegs dazu verleiten, die Produkt- und Prozessqualität bei diesen Produkten zu vernachlässigen! Hier ist es wichtig zu wissen, dass sich diese Produkte vor allem über die Reputation des Controllerbereichs und das diesem Bereich entgegengebrachte Vertrauen verkaufen. Hieraus resultieren Fragen wie etwa »wie etabliert ist die Marke »Controlling« im Unternehmen?« und »mit welchen Attributen verbindet der Kunde dieselbe?«. Wenn die Controller das Image von »Bremsern« haben, so werden sie sicher nicht mit einer Reorganisation beauftragt werden. Daher gilt es, bei der Vermarktung von Vertrauensgütern vor allem eine Verbesserung des Images der Marke »Controlling« zu bewirken.

Eine analytische Methode, um das derzeitige Markenprofil des Controllings zu analysieren, wäre eine Untersuchung der einzelnen tangiblen und intangiblen Markenattribute im Vergleich zum Wettbewerb (z. B. Fähigkeit im Umgang mit Zahlen, Zuverlässigkeit, Risikofreude etc.). Aber auch schon qualitative Interviews mit Managern sowie das Zuhören bei »Flurdiskussionen« über den Controllerbereich können Aufschluss über die Wahrnehmung des Controllings sowie erste Ansätze zur Verbesserung geben.

Eine Verbesserung des Images des Controllerbereichs bei den einzelnen Managern – sollte sich dies als erforderlich herausstellen – kann jedoch nicht von heute auf morgen erreicht werden. Auch die Re-Positionierung von Marken benötigt Zeit. Aber das Controlling kann z. B. durch die Erzielung hoher Zufriedenheitswerte bei Such- und Erfahrungsgütern das Vertrauen bei seinen Kunden aufbauen. Auch durch verbesserte Kommunikation der Erfolge des Controllings sowie durch Anpassung des Verhaltens der Controller im Unternehmen kann sich das Bild des Controllings nachhaltig ändern.

Fazit

»Marketingstrategien für Controller« – was haben Marketing und Controlling miteinander zu tun? Diese Frage bildete den Einstiegspunkt des Kapitels. Dass Ideen, Vorgehensweisen und Instrumente des Marketings auf vielfältige Weise Eingang in das Management des Controllerbereichs finden können, sollte an dieser Stelle hinlänglich klar sein. Auch Controller bewegen sich in einem Markt und müssen sich dort mit ihren Leistungen gegenüber ihren Wettbewerbern behaupten. Die Möglichkeit, sich hierbei Marketingstrategien zu Nutze zu machen, den relevanten Markt in einzelne bearbeitbare Segmente zu unterteilen, die Bedürfnisse dieser Segmente zu ergründen und die eigenen Leistungen bewusst an diesen Kundenbedürfnissen auszurichten, sollte von Controllern aktiv genutzt werden. Gerade in Zeiten des Umbruchs, wie sie der Con-

trollerbereich derzeit erlebt, sollten sich Controller im Sinne eines Role-Makings aktiv im Unternehmen positionieren. Zur Erarbeitung einer solchen Positionierung bzw. der dahinter liegenden Strategie präsentiert dieses Kapitel ein vierstufiges Handlungsprogramm:

- Erarbeitung der strategischen Ziele und Ausformulierung eines Leitbilds
- Analyse des Controllerbereichsumfelds (Kunden, Wettbewerber) sowie der Fähigkeiten und Kompetenzen des Controllerbereichs selbst
- Ausformulierung der Strategie auf der Basis der durchgeführten Analysen und mit Bezug auf das ausformulierte Leitbild
- Verankerung der Strategie in der Organisation und Ergreifen geeigneter Vermarktungsmaßnahmen

Controller sollten sich mit diesem Handlungsprogramm oder einzelnen Aspekten auseinandersetzen und die Rolle und Aktivitäten ihres Bereichs im Unternehmen bedenken. Wenn sie verstanden haben, dass Kundenorientierung der Schlüssel zum langfristigen Erfolg ist, sollten sie dies in einem Leitbild fixieren. Damit wäre der erste Schritt getan ...!

Literatur: Wo können Sie sich weitergehend informieren?

Abell, D. F./Hammond, J. S.: *Strategic Market Planning*. Englewood Cliffs. N. J., 1979.
Andrews, K.: *The Concept of Corporate Strategy*. Revised edition. Homewood, 1980.
Cramer, B.: *Marketing für innerbetriebliche Weiterbildung*. Frankfurt, 1987.
Dill, P.: *Unternehmenskultur*. Bonn, 1987.

Gerade in Zeiten des Umbruchs sollten Controller ein aktives »Role-Making« betreiben

173

Gleich, R./Brokemper, A.: »Kunden- und Marktorientierung im Controllerbereich schaffen«. In: *Controller Magazin*, Jg. 1998, S. 148–156.

Herzberg, F./Mausner, B. M./Synderman, B. B.: *The Motivation to Work*. New York, 1967.

Homburg, Ch./Weber, J./Aust, R./Karlshaus, J. T.: *Interne Kundenorientierung der Kostenrechnung – Ergebnisse der Koblenzer Studie*. Band 7 der Reihe Advanced Controlling. Vallendar, 1998.

Homburg, C./Krohmer, H.: *Marketingmanagement: Strategie – Instrumente – Umsetzung – Unternehmensführung*. Wiesbaden, 2003.

Homburg, C./Werner, H.: *Kundenorientierung mit System – Mit Customer Orientation Management zu profitablem Wachstum*. Frankfurt/New York, 1998.

Hungenberg, H.: *Strategisches Management in Unternehmen: Ziele – Prozesse – Verfahren*. Wiesbaden, 2000.

Kaas, K. P.: »Marketing als Bewältigung von Informations- und Unsicherheitsproblemen im Markt«. In: *DBW*, 50. Jg. (1990), S. 539–548.

Kieser, A./Walgenbach, P.: *Organisation*. 4. Auflage. Stuttgart, 2003.

Kolks, U.: *Strategieimplementierung. Ein anwenderorientiertes Konzept*. Wiesbaden, 1990.

Kotler, P./Bliemel, F.: *Marketing-Management: Analyse, Planung und Verwirklichung*. Stuttgart, 2001.

Küpper, H.-U.: *Controlling: Konzeption, Aufgaben und Instrumente*. 3. Auflage. Stuttgart, 2001.

Meffert H./Bruhn, M.: *Dienstleistungsmarketing: Grundlagen – Konzepte – Methoden*. 4. Auflage. Wiesbaden, 2003.

Mosiek, T.: *Interne Kundenorientierung des Controlling*. Frankfurt am Main et al., 2002.

Neuhaus, P.: *Interne Kunden-Lieferanten-Beziehungen*. Wiesbaden, 1996.

Nieschlag, R./Dichtl, E./Hörschgen, H.: *Marketing*. 19. Auflage. Berlin, 2002.

Penrose, E.: *The theory of the growth of the firm*. Oxford, 1959.

Pfeiffer, W./Metze, G./Schneider, W./Amler, R.: *Technologie-Portfolio zum Management strategischer Zukunftsgeschäftsfelder*. 5. Auflage. Göttingen 1989.

Porter, M. E.: *Wettbewerbsvorteile. Spitzenleistungen erreichen und behaupten*. Frankfurt am Main, 1986.

Simon, H.: *Wettbewerbsvorteile und Wettbewerbsfähigkeit*. Stuttgart, 1988.

Stauss, B.: »Internes Marketing«. In: Diller, H.: *Vahlens Großes Marketinglexikon*. 2. Auflage. München, 2001.

Weber, J.: *Marktorientiertes Controlling*. Band 4 der Reihe Advanced Controlling. Vallendar, 1997.

Weber, J./David, U./Prenzler, C.: *Controller Excellence – Strategische Neuausrichtung der Controller*. Band 23/24 der Reihe Advanced Controlling. Vallendar, 2001.

Weber, J./Schäffer, U.: *Balanced Scorecard & Controlling: Implementierung – Nutzen für Manager und Controller – Erfahrungen in deutschen Unternehmen*. 3. Auflage. Wiesbaden, 2000.

Welge, M. K./Al-Laham, A.: *Strategisches Management: Grundlagen – Prozess – Implementierung*. 4. Auflage. Wiesbaden, 2003.

4 Controlling einfach gestalten

Jürgen Weber

Das Problem

Controller sind Experten. Darauf sind die meisten stolz. Sie genießen die damit geschaffene Sicherheit, wenn nicht unentbehrlich, so doch zumindest nicht schnell ersetzbar zu sein. Experten neigen aber dazu, ihr Wissen und ihre Instrumente ständig zu verfeinern und zu perfektionieren. Dies gehört quasi zum Berufsethos. Auch Controller unterliegen diesem Drang. Er führt aber leicht zu einem »Over-Engineering«, zu dem, was Controller bei Ingenieuren und Technikern so häufig monieren, dem Entwickeln von »goldenen Wasserhähnen«.

Controller sind Dienstleister des Managements. Ihr Nutzen zeigt sich allein und ausschließlich darin, dass die Manager ihre Aufgaben mit Controllern besser erfüllen können als ohne. Alle Perfektion im Back-office der Controller ist lediglich eine »Blindleistung«, wenn sie nicht hilft, die Managerperformance zu steigern. Fragt man Manager nach der Zufriedenheit mit ihren Controllern, bietet sich häufig ein wenig vorteilhaftes Bild: Die Manager überschauen das Leistungsspektrum der Controller nicht, nehmen einzelne Leistungen selektiv wahr (z. B. ungeliebte Kontrolle), fordern andere verstärkt (insbesondere Beratung) und haben kaum Verständnis dafür, dass der Betrieb des Instrumentariums einen so großen Anteil an der Controllerarbeit ausmacht (SAP lässt grüßen) – Näheres ist in Weber 2005, S. 79 ff. sowie in Kapitel 2 (S. 51 ff.) nachzulesen.

Häufig wird die latente Unzufriedenheit nicht deutlich ausgesprochen; in welchen Unternehmen gibt es schon eine systematische Kunden-Lieferanten-Perspektive und Leistungsabsprache zwischen Managern und Controllern? Dann gilt es, verstärkt auf »schwache Signale« zu achten, die sich in Aussagen wie den folgenden verbergen:

Auch Controller haben ihre »goldenen Wasserhähne«, nicht nur die Ingenieure!

- »*IAS, US-GAAP und HGB liefern ganz unterschiedliche Messergebnisse für den Erfolg. Wenn ich so meine Maschinen konstruieren würde, wäre ich schon längst entlassen worden!*«
Hier zeigt sich ein tief gehendes *Verständnisproblem* des Managers. Betriebswirtschaftliche Erfolgsgrößen sind Konventionen, keine objektiven naturwissenschaftlichen Erkenntnisse. Unterschiedliche Fragestellungen bedürfen unterschiedlicher Ausprägungen der Variable »Erfolg«. Je mehr ähnliche Größen für ähnliche

Sachverhalte vorliegen, desto größer ist aber die Notwendigkeit, dem Management genau die Ähnlichkeit und Unterschiedlichkeit zu erklären und die Regeln zu kommunizieren, wann welche Größe zu verwenden ist.

- *»Wie unterscheiden sich eigentlich kritische Erfolgsfaktoren, nicht-finanzielle Werttreiber und BSC-Kennzahlen genau voneinander?«*
  Mit dieser Frage kann man nicht nur BWL-Studenten in Prüfungen irritieren, sondern auch Controller in der Praxis. Nur wenige von diesen können das sich hinter der Frage verbergende *Know-how-Problem* der Manager lösen. Alle drei Größen haben unterschiedliche Problemstellungen als Basis, besitzen in der praktischen Anwendung aber erhebliche Überschneidungsbereiche. Letztere sind so groß, dass die parallele Verwendung der Kenngrößen kaum Sinn macht. Diesen Tatbestand müssen Controller im ersten Schritt selbst wissen, im zweiten Schritt aber auch ihren Managern vermitteln.

- *»Wozu soll ich auf Variantenebene planen, wenn ich nicht einmal weiß, ob ich die Produkte im nächsten Jahr am Markt noch loswerde?«*
  Hier zeigt sich ein grundsätzliches *Steuerungsproblem*. Manager »im Markt« sehen Entwicklungen zumeist deutlich früher als Controller. Letztere halten an Prozessen noch fest, wenn sie schon verändert werden müssten. Insbesondere können sie – so zeigt die Erfahrung – schlecht mit Dynamik umgehen: Wer eine »Planungsbürokratie« liebt, für den sind Lernen und Veränderungen eher ein Dorn im

Auge. Komplexität und Dynamik vertragen sich nicht.

- *»70 % meiner Berichtszahlen interessieren nur den Vorstand!«*
  In dieser Aussage liegt ein weiteres *Steuerungsproblem* verborgen. Die üblichen Berichtssysteme der Controller differenzieren nicht systematisch nach der Steuerbarkeit und der Steuerungsebene der ausgewiesenen Größen. So macht es zwar Sinn, dass ein Kostenstellenleiter eine Gesamtkostensumme für seine Kostenstelle bekommt. Er weiß aber zum einen nicht, ob damit wirklich alle Kosten der Kostenstelle erfasst sind (i. d. R. werden Einzelkosten den Produkten, nicht den Kostenstellen zugeordnet!). Zum anderen wird er nicht darauf hingewiesen, welche der Kosten wirklich von ihm beeinflussbar sind und wie unmittelbar eine solche Beeinflussung wirkt – dieses Thema wird in Kapitel III./1. (vgl. S. 401 ff.) ausführlich diskutiert! Die per Benchmarking ermittelten kurzfristig beeinflussbaren Kosten schwankten dabei zwischen den Unternehmen im Bereich von 9 % bis 24 %!

- *»Wer soll da noch durchblicken: In unserer Kostenrechnung gibt es mehr Kostenstellen als Mitarbeiter!«*
  Controller lieben es, präzise zu sein. Schnelle Abschätzungen, ungefähre Aussagen (»rough and dirty«) stehen bei ihnen nicht hoch im Kurs. Häufig haben sie damit auch schlechte Erfahrungen gemacht. Zahlen, die Controller liefern, müssen stimmen, sonst fangen einige Manager leicht ein Spiel mit den Controllern an. Nicht selten verwechseln Controller allerdings Präzision mit Detaillie-

rung. Nicht jede Nachfrage eines Managers muss bis in die letzte Verästelung genau beantwortet werden; wird die erreichbare »Auflösung des gelieferten Bildes« offen kommuniziert, sind Manager schnell bereit, Detaillierung gegen Schnelligkeit und geringere Kosten aufzuwiegen. Das sich hinter der wobigen Aussage verbergende *Gestaltungsproblem* wird aber von vielen Controllern nicht beherrscht. Sie realisieren Detaillierung quasi in »voreilendem Gehorsam«, ohne Berücksichtigung der damit verbundenen hohen Kosten und – schlimmer – der immer schwieriger werdenden Reaktion auf Veränderungen (Komplexität versus Dynamik!).

• »*Wenn ich es mir recht überlege: So richtig kann ich meinen Mitarbeitern nicht erklären, wie sich der WACC genau zusammensetzt ...*«

Hier sehen wir einen Manager vor uns, der Controlling-Instrumente nicht nur selbst verstehen, sondern auch seinen Mitarbeitern adäquat vermitteln möchte. Dieses *Kommunikationsproblem* geht damit noch einen Schritt weiter als die oben angesprochenen Verständnis- und Know-how-Schwierigkeiten. Ein großer Teil der Führungsaufgaben werden nicht von einzelnen (Top-)Managern, sondern von vielen Führungskräften wahrgenommen, und auch der einzelne Mitarbeiter hat ein Anrecht darauf erklärt zu bekommen, warum er etwas wie tun soll. Je schwieriger und ausgefeilter Steuerungssysteme und -instrumente ausfallen, desto umfangreicher und problematischer wird die Kommunikation »in die Fläche«.

• »*Meine Controller sind nur noch damit beschäftigt, ihre Zahlen aktuell und konsistent zu halten. Für Beratung bleibt keine Zeit mehr!*«

An dieser Stelle werden Controller von ihren eigenen Ansprüchen gefangen. Sie bekommen ein *Allokationsproblem* ihrer knappen Ressourcen. Instrumentelle Perfektion geht ebenso zu Lasten von freier Beratungskapazität wie zu hoch geschraubte Ansprüche an Detaillierung und Auswertungsflexibilität.

All diese Fragen signalisieren eine latente Unzufriedenheit mit der vorherrschenden Logik, mit der Controller ihre Leistungen gestalten, und der konkreten Ausprägung ihres Leistungsprogramms. Wie schon in vielen Bänden unserer Schriftenreihe Advanced Controlling angesprochen, kann eine solche versteckte Unzufriedenheit schnell zu mangelnder interner Kundenbindung führen; Controller werden dann eher geduldet als gebraucht. Eine solche Situation ist angesichts des immensen aktuellen Rationalisierungsdrucks für Controller sehr gefährlich: Sparen müssen nicht immer nur andere, gespart werden kann auch durch die Streichung von Controllerstellen. Das Problem ist virulent.

Warum ist es zu hoher Komplexität des Controlling gekommen?

Unzufriedenheit der aufgezeigten Art entsteht selten von alleine. Veränderungen haben in aller Regel konkrete Gründe. Sie zu kennen, macht es leichter, ihnen zu begegnen. Zwei Ursachen-

Die Controller sind mit Allokations- und Gestaltungsproblemen konfrontiert

felder sind unserer Meinung nach zu unterscheiden: Veränderungen im Controlling-Kontext, auf die Controller reagiert haben, und das typische »Mindset« eines Controllers als quasi »hausgemachte« Ursache.

Kontextveränderungen

Unternehmensführung ist in den letzten Jahren nicht leichter geworden – und dies gilt unabhängig von dem hohen Ergebnisdruck, der auf die goldenen Boomzeiten der »New Economy« folgte. Auf der einen Seite haben – wie die Abbildung auf der Folgeseite zeigt – diverse Einflüsse die Anforderungen erhöht. Auf der anderen Seite eröffneten neue Instrumente – seien es konzeptionelle oder DV-technische – neue Handlungsmöglichkeiten, die es zu nutzen galt:

- Die *zunehmende Internationalisierung* führte als ganz offensichtlicher Einfluss zu einer Veränderung der externen Rechnungslegung. An die Seite von HGB-Abschlüssen traten solche nach US-GAAP und IFRS (vormals IAS); manche Konzerne betreiben derzeit alle drei Systeme parallel. Die zusätzliche Komplexität liegt auf der Hand. Weniger offensichtlich stieg die Herausforderung, unterschiedliche Unternehmenskulturen in den unterschiedlichen Kontinenten zusammenführen zu müssen. Weltumspannende Unternehmen sind heute kaum noch mit einer traditionellen deutschen Sicht der Welt zu führen. Dies betrifft auch Steuerungs- und Anreizsysteme. Auch hieraus resultiert zusätzliche Komplexität.

- Der Hype der »New Economy« führte zu erhöhten Geschäftsrisiken ebenso wie zur Versuchung, in den Büchern mehr Wachstum und Ergebnis zu zeigen, als wirklich vorhanden war. In Folge kam es zu einer beispiellosen Ordnungswelle, von KonTraG bis zum Corporate Governance-Kodex. *Rechtliche Anforderungen* bedeuten eine starke Formalisierung von Führungsprozessen. Diese werden dadurch nicht schlanker, ganz im Gegenteil!

- Vielen Unternehmen reichte die Geschwindigkeit organischen Wachstums nicht aus. Sie wuchsen durch die *Akquisition* bestehender Unternehmen. Die sich anschließende Post-Merger-Integration erhöhte ebenfalls die Komplexität der Steuerungsprozesse, sowohl durch das anfängliche Nebeneinander unterschiedlicher Unternehmenskulturen, als auch durch das partielle Beibehalten unternehmensspezifischer Regelungen.

- Erhöhter Wettbewerb führte zur *Ausdifferenzierung des Leistungsangebots*. Produkte werden immer kundenspezifischer (»Mass Customization«), Hauptleistungen immer mehr durch Nebenleistungen (»Dienstleistungskranz«) ergänzt. Dies hat zu einer deutlichen Ausweitung des Produktspektrums geführt. Hieraus resultieren neue Controlling-Themen (Variantenkalkulation, Ermittlung kundenspezifischer Kosten) ebenso, wie die Komplexität von Steuerungsprozessen erhöht wird (z. B. Integration von Customer Relationship Management (CRM) in die periodische Budgetierung).

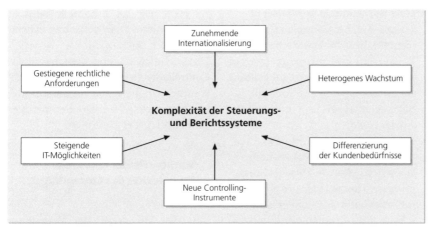

Abb. 53: Viele Gründe haben zu einer hohen Komplexität der Steuerungs- und Berichtssysteme geführt

- Verbesserte *DV-technische Möglichkeiten* eröffnen die Möglichkeit, spezifischere Informationen schneller und müheloser dem Management an die Hand zu geben. Integrierte Data-Mining-Systeme, Data Warehouses und OLAP-Tools sind entsprechende Stichworte. Gesteigerte Möglichkeiten bedeuten neue und zusätzliche Informationen. Manager können – und müssen – mit einer höheren Informationskomplexität umgehen.
- Schließlich ist auch noch ein Kontextfaktor für den einzelnen Controller zu beachten, der von Beratern und aus der Controller-Community selbst heraus getrieben wird. Diese waren in den letzten Jahren nicht untätig und haben neue *Controlling-Instrumente* entwickelt. Die Balanced Scorecard und Value-Based-Management-Systeme sind hierfür exponierte Beispiele. Sie fokussieren neue Fragestellungen und Engpässe und ergänzen damit im Wesentlichen das bereits

bestehende Instrumentarium. Auch diese Ausdifferenzierung ist somit ein Grund für zusätzliche Komplexität. Der einzelne Controller kann ihr nur schwer widerstehen; schnell besteht die Gefahr, als unmodern zu gelten.

Selbstverständnis der Controller

Die bisher genannten Gründe wirken quasi »von außen« auf die Controller ein. Diese sind gefordert, neue Herausforderungen ebenso wie neue Möglichkeiten zu berücksichtigen und konkret in den Berichts- und Steuerungsprozessen umzusetzen. Dabei, ob und wie sie dies tun, bestehen für sie allerdings erhebliche Freiheitsgrade – und exakt an dieser Stelle kommt dem Selbstverständnis der Controller eine zentrale Rolle zu. Sicher gibt es nicht »den« Controller; die meisten von ihnen werden sich allerdings in den folgenden Prinzipien (»genetischer Code«) mehr oder weniger vollständig wieder finden:

Die genannten fünf Prinzipien werden wohl von den meisten Controllern geteilt

Warum ist es zu hoher Komplexität des Controlling gekommen?

- *Mehr Informationen sind* besser *als weniger.* Welcher Controller fühlt sich nicht für die betriebswirtschaftliche Transparenz im Unternehmen verantwortlich? Der Einfluss dieser Haltung auf die Komplexität des Controlling-Instrumentariums liegt unmittelbar auf der Hand.
- *Reflexion ist* besser *als Intuition.* Controller stehen für gut strukturierte, analytisch gestaltete Entscheidungsprozesse. Hierzu sind zum einen Informationen, zum anderen Entscheidungsinstrumente erforderlich.
- *Planung ist* besser *als Emergenz.* Controller wollen die Zukunft planen. Nur im Nachhinein zu schauen, was sich aus Handlungsoptionen konkret ergeben hat, d. h. ein Bauen auf Improvisation und ein »Trial and Error«, ist ihnen fremd. Auch dies führt zur Notwendigkeit entsprechender Informations- und Steuerungsinstrumente.
- *Mehr Koordination ist* besser *als weniger.* Controller sehen die Chancen, die sich aus einer engen Abstimmung der Unternehmensaktivitäten ergeben. Sie versuchen deshalb, die Leistungszusammenhänge adäquat in ihren Steuerungssystemen zu erfassen.
- *Genauere Zahlen sind* besser *als ungenauere.* Auch diese Regel scheint mehr oder weniger selbstverständlich zu sein. Wenn ein Manager einen Tatbestand genauer einschätzen kann, ist er in der Lage, besser zu entscheiden. Eine höhere Genauigkeit steigert allerdings auch die Komplexität des Controlling-Instrumentariums (z. B. durch aufwändigere Analyseverfahren).

»Halb zog sie ihn, halb sank er hin«: An dieser Stelle sollte hinreichend verständlich sein, warum es in vielen Unternehmen zu einer Komplexität der Controllingsysteme und -prozesse gekommen ist, die schon für die Controller, erst recht aber für die Manager kaum noch überschaubar ist.

Warum schadet eine hohe Komplexität des Controllings?

Viele Gründe haben zu einer Erhöhung der Komplexität der Steuerungs- und Berichtssysteme geführt. Zwei Kernargumente sind vorzubringen, warum diese Komplexität in den Unternehmen zum Problem geworden ist.

Kognitive Begrenzungen und Opportunismus

Komplexität muss nicht per se schädlich sein. Man könnte beispielsweise argumentieren, dass die Controller und Manager nicht dümmer geworden sind, sondern umgekehrt betriebswirtschaftlich zunehmend besser ausgebildet. Die mangelnde Gültigkeit dieser Sichtweise lässt sich letztlich nur empirisch überprüfen. Dennoch sprechen zumindest zwei Argumente dafür, dass Controller ihre Manager systematisch kognitiv überfordern:

- Controller haben – wie bereits angesprochen – eine Vielzahl neuer Instrumente entwickelt. Dem lagen stets konkrete neue oder bislang nicht hinreichend abgedeckte Problemstellungen zu Grunde. Für die Balanced Scorecard war dies etwa die mangelnde Umsetzung von Strategien im täglichen Geschäft, für Wertorientierung der Eindruck der Anteilseigner, das angestellte Management kümmere sich zu sehr um eigene Ziele, nicht um die der Aktionäre. Bei der Einführung eines Instruments gerät dieser Bezug aber schnell in Vergessenheit. Konkrete Implementierungsfragen (»Wie soll der Cash Value Added genau berechnet werden?«) fordern die gesamte Aufmerksamkeit der Controller. Damit lernen die Manager die Instrumente nur als solche kennen. Für die Frage, wie sie damit im täglichen Geschäft umgehen sollen, bleibt zu wenig Zeit. Welcher Manager kann beispielsweise exakt beantworten, warum er seinen Kostenstellenbereich in welcher Weise mit einem Cash Value Added besser managen kann als mit einem Betriebsergebnis?

Noch mehr »auf der Strecke« bleiben die Voraussetzungen, die zur adäquaten Anwendung eines Instruments gegeben sein müssen. Die Perspektive »Lernen und Entwicklung« in der BSC sinnvoll zu füllen, gelingt etwa nur dann, wenn sich das Unternehmen hinreichend mit Fragen des Wissensmanagements und des organisationalen Lernens auseinander gesetzt hat. Hier besteht aber ein signifikantes Defizit. Bei der Einführung von Instrumenten weder die Anwendungsgebiete noch die Risiken und Nebenwirkungen zu vermitteln, präjudiziert Anwendungsprobleme und -gefahren. Ihnen zu begegnen, erfordert erhebliche Coaching-Zeit. Eine rechtzeitige Kenntnis dieser Probleme und Verfahren würde in vielen Unternehmen dazu führen, man-

che Instrumente erst gar nicht zu implementieren. Auf Instrumenten-Ruinen stößt man in der Praxis an jeder Ecke!

- Controller haben sich – zumindest im deutschsprachigen Raum – zu wenig mit den generellen kognitiven Begrenzungen von Menschen auseinander gesetzt. In den USA gibt es seit etwa einem halben Jahrhundert eine angeregte Diskussion über die Verhaltenswirkung von Rechnungslegungs- und Budgetierungssystemen (»Behavioral Accounting«). Diese ist bislang kaum in deutsche Lehrbücher eingeflossen. In der internationalen Finance-Diskussion hat sich ein neuer Theoriezweig gebildet, der unter dem Label »Behavioral Finance« ebenfalls versucht, Verhaltensaspekte in die Erklärung und Prognose empirischer Phänomene einzubeziehen. Auf die Controlling-Diskussion hat dies ebenfalls bislang keinen nennenswerten Einfluss gehabt. Wie umfangreich und heterogen das Spektrum kognitiver Begrenzungen ist, wissen Leser der Schriftenreihe Advanced Controlling spätestens seit Band 34 (vgl. Weber 2005, S. 49 ff.). Dieses Wissen führt quasi automatisch dazu, die Komplexität von Controllingprozessen und -instrumenten kritisch zu hinterfragen.

Gründe für eine potenzielle Schädlichkeit hoher Komplexität sind aber auch bei den Managern zu suchen:

- Eine kognitive Begrenzung eigener Art ist im Sicherheitsstreben der Manager zu sehen. Menschen leben leichter, wenn sie ihre eigene Un-

Oftmals geraten die Anwendungsbedingungen und -grenzen von Instrumenten in Vergessenheit

Viele Manager haben es nicht ungern, wenn ihnen betriebswirtschaftliche Instrumente ihre eigene Entscheidungsunsicherheit abnehmen

Instrumente verständlicher zu machen, führt zu einem anderen Miteinander-Umgehen der Manager

Komplexität und Dynamik vertragen sich nicht

sicherheit durch Vorbilder und Referenzen reduzieren können. Beziehen wir dies auf die Bereitstellung von Controlling-Instrumenten: Neue Instrumente treffen in Unternehmen – gut vermarktet – auf fruchtbaren Boden: Manager suchen nach Hilfsmitteln, um ihre immer komplexere Führungsaufgabe zu bewältigen. Instrumente versprechen genau diesen Halt. Wie komfortabel ist es doch, statt tief gehende eigene Überlegungen anzustellen, dem Ratschlag einer Entscheidungsrechnung zu folgen? Instrumente versprechen, den Managern Tagesprobleme abzunehmen. Zudem macht die Nutzung moderner Instrumente selbst modern. Wer will schon vor Vorstandskollegen anderer Unternehmen zugeben müssen, instrumentell nicht up to date zu sein? Schnell kommt es zum Herdentrieb: wenn man mit dabei ist, kann man nichts falsch machen. Innovationen werden zu Moden – und zum willkommenen Geschäft von Beratern.

- Schließlich eröffnen komplexe Systeme Managern spezielle Spielräume für Opportunismus. Ist ein für alle Manager leicht verständliches Transparenzmaß erreicht, kann jeder Manager von den selben Zahlen ausgehen, dann bekommt jeder denselben Blick auf die Lage des Geschäfts. Verhindert das Streben nach Genauigkeit dagegen einen leichten Zugang zu den Informationen und ein unmittelbares Verständnis der sich darin widerspiegelnden Erkenntnisse, so kommt es zur Möglichkeit von Expertenwissen und Expertenmacht. Einige Manager wissen eher als andere, was

passiert; sie kennen besser die Wirkungen des eigenen Tuns auf das, was andere als Zahlen und Fakten sehen. Sie erkennen schnell, wie sie durch gezielte Informationen sich besser und/oder andere schlechter erscheinen lassen können. Sicher gehört ein solches Spielen mit Informationen in einem bestimmten Umfang zu einem gesunden Konkurrenzverhalten. Sehr schnell ist aber die Grenze zur Schädlichkeit für das Unternehmen überschritten. Manager, die so handeln, sind von den Controllern schwer zu erkennen, da sie mit den Mitteln des Systems gegen dasselbe spielen. »Waffengleichheit« durch Coaching der »unwissenderen« Manager herzustellen, kann ebenso eine sinnvolle Strategie der Controller sein, wie der Weg, die Komplexität der Systeme so zu reduzieren, dass sie aus sich heraus leichter für die Manager verständlich sind.

Gleichzeitigkeit von Komplexität und Dynamik

Parallel zur Komplexität der Steuerungs- und Berichtssysteme ist in den vergangenen Jahren auch die auf diese einwirkende Dynamik deutlich angestiegen. Damit wird die Problematik erheblich verschärft, denn Komplexität und Dynamik vertragen sich nicht! Ein starker Veränderungsdruck ist u. a. auf folgenden Feldern zu erkennen:

- *Rechtliche Veränderungen:* Von diesen schlagen für Controller insbesondere die bilanziellen (z. B. IFRS) und die steuerrechtlichen zu Buche (z. B. Einfluss auf interne Werteströme).

Controlling einfach gestalten

- *Höhere Marktdynamik:* Hierunter fallen z. B. kürzere Produktlebenszyklen. Hieraus resultieren entsprechende Veränderungsbedarfe bei Produktkalkulation und Programmplanung.
- *Höhere Technologiedynamik:* Früher wurden – als Beispiel – Fabriken für Generationen gebaut, heute trifft man auf Fälle, in denen Fabrikationsstätten für neue Produkte errichtet und mit Ablauf der Herstellung dieser Produkte wieder abgerissen werden. Die Folgen für die Controllingsysteme liegen auf der Hand.
- *Verstärkte Wettbewerbsdynamik:* Aus dieser resultiert ein permanenter Rationalisierungsbedarf, d. h. ein Zwang zu ständiger Verbesserung, der häufige Veränderungen der Steuerungs- und Berichtsprozesse nach sich zieht.

- *Veränderung der Unternehmensgrenzen:* Aus vielerlei Gründen werden Leistungsbereiche zunehmend in den Markt gegeben (Outsourcing). Hiermit sind entsprechende Veränderungen im Controlling verbunden (z. B. Einführung von Beziehungscontrolling, vgl. S. 374 ff.).
- IT-bezogene *Veränderungen:* Hier ist vorrangig an Releasewechsel zu denken, die ganze Heerscharen von Controllern auf Trab (bzw. vor dem Bildschirm) halten.

Diese und andere Veränderungen bedeuten im ersten Schritt erhebliche Zusatzarbeit für die Controller. Die ständige Anpassung von Steuerungs- und Berichtssystemen ist sehr aufwändig. Konsistenz- und ähnliche Qualitätsprobleme entstehen, wenn die Anpassungsintensität und -geschwindigkeit nicht

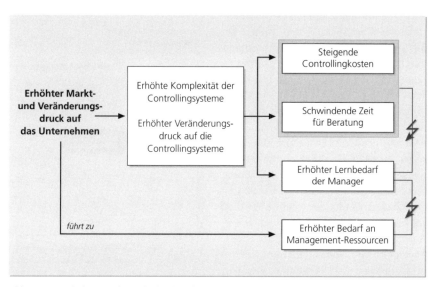

Abb. 54: Der erhöhte Wettbewerbsdruck ist letztlich der entscheidende Grund für die Notwendigkeit, dass im Controlling einschneidende Veränderungen erforderlich sind

mehr der Veränderungsrate folgen, sei es aus Aufwandsgründen, sei es wegen zeitlicher Überlastung der Controller. Schließlich wird ein großer Teil der Controller-Kapazitäten Controlling-intern gebunden. Dadurch kommen die »eigentlichen Leistungen am internen Kunden«, Coaching und Beratung, zu kurz. So hört man von vielen Controllern, sie seien schon froh, wenn sie angesichts der permanenten Änderungen Konsistenzprobleme in ihren Informationssystemen vermeiden könnten; für eine Interpretation der den Managern gelieferten Daten hätten sie aber einfach keine Zeit mehr.

In der Gesamtschau ergibt sich damit – wie auch die Abbildung 54 zeigt – eine sehr missliche Situation: Der erhöhte Wettbewerbsdruck auf die Unternehmen führt zu komplexeren Controllingsystemen ebenso, wie er einen starken Veränderungsdruck auf diese Systeme ausübt. Beide Effekte verursachen steigende Controllingkosten, wobei die Steigerung in vielen Unternehmen durch eine Verlagerung der Controlleraktivitäten zu mindest zum Teil kompensiert wird. Das Abziehen von Beratungs- und Coaching-Kapazität zugunsten interner Aufgaben läuft aber exakt dem steigenden Lernbedarf der Manager hinsichtlich der komplexer werdenden und sich schneller ändernden Steuerungs- und Berichtssysteme entgegen. Zudem bindet der erhöhte Wettbewerbsdruck auch direkt immer mehr Aufmerksamkeit und Zeit des Managements. Somit fällt ein Instrumentenlernen – selbst wenn es von den Controllern angestoßen und unterstützt wird – aus Kapazitätsgründen immer schwerer.

Zwischenfazit: Notwendigkeit zur Komplexitätsreduktion

Am Ende des Argumentationsgangs steht aus unserer Sicht die Erkenntnis, dass die im Titel dieses Kapitels erhobene Forderung, Controlling einfacher zu gestalten, wirklich zwingend ist. Eine Vielzahl von Gründen hat zu hoher Komplexität der Steuerungs- und Berichtssysteme geführt; begrenzte Zeit und begrenztes Know-how der Manager zusammen mit einer steigenden permanenten Anpassungsnotwendigkeit dieser Systeme auf externe Dynamik machen diese Komplexität immer problematischer. Wie die unten stehende Abbildung plakativ zeigt, hat dieser Weg die Controllingsysteme in vielen Unternehmen in einen Status gebracht, den man überspitzt als »Transparenz- und Steuerungsillusion« bezeichnen könntc.

Abb. 55: Wer nicht darauf hofft, dass die Wettbewerbs- und Technologiedynamik sinkt, muss sich intensiv mit einer Verringerung der Komplexität beschäftigen

Controlling einfach gestalten

Diesen Bereich wieder zu verlassen, kann nur über eine Verringerung der Änderungsgeschwindigkeit oder eine Reduzierung der Komplexität erfolgen. Da Unternehmen kaum Chancen haben, der Wettbewerbs- und Technologiedynamik auszuweichen, bleibt realistisch nur die zweite Möglichkeit offen. Nach einer Phase des Wachstums (neue Instrumente, verbesserte Möglichkeiten, Investitionen in Systeme) einfacher zu werden, ist ein ungewohnter und beschwerlicher Weg, der auch ein grundlegendes Umdenken der Controller, eine Veränderung ihres »genetischen Codes« erfordert. Insbesondere müssen sie ein realistischeres Menschenbild entwickeln und die (sehr) knappe Zeit und Aufmerksamkeit des Managements zum Ausgangspunkt ihrer Überlegungen machen.

Was hierzu im Einzelnen getan werden muss, ist wiederum komplex und vielschichtig sowie auch stark von der spezifischen Situation im konkreten Einzelfall abhängig (die ökonomische Theorie spricht hier von »Pfadabhängigkeit«). Uns kann es im Folgenden deshalb nur darum gehen, den zu beschreitenden Weg in seinen Umrissen zu beschreiben und durch nähere Ausleuchtung bestimmter Wegabschnitte genügend Anschauung für seine Konstruktion zu geben. Deshalb haben wir im Folgenden ein dreistufiges, unterschiedliche Perspektiven betonendes Vorgehen gewählt:

- Das erforderliche grundsätzliche Umdenken der Controller sei am Beispiel der Informationsversorgungsaufgabe näher ausgeführt (Abschnitt 4).

- Die Facetten konkreter Vereinfachungen werden am Beispiel von Steuerungsaufgaben der Controller veranschaulicht (Abschnitt 5).
- Schließlich wollen wir auch einen komplexitätsreduzierenden Umgang mit Controlling-Instrumenten propagieren. Mit diesem Thema beschäftigt sich der Abschnitt 6.

Leichte Überschneidungen und Wiederholungen sind dabei nicht ganz zu vermeiden. Sehen Sie uns das bitte nach.

Veränderung des ›genetischen Codes‹ der Controller am Beispiel der Informations-Aufgaben

Im Abschnitt 2 sind wir bereits kurz auf übliche Denkweisen der Controller eingegangen, die zu einer (zu) hohen Komplexität der Steuerungs- und Berichtssysteme geführt haben. Dieses »klassische Controllerdenken« muss für ein einfacheres und flexibleres Controlling dringend verändert werden. Wir wollen es im Folgenden nicht bei einer bloßen Umkehr der oben geäußerten Prinzipien bewenden lassen, sondern am Beispiel des Umgangs mit Informationen zeigen, wie der »genetische Controller-Code« konkret neu ausgerichtet werden kann beziehungsweise muss.

Besichtigen geht vor Berichten

Diese alte, auf Leopold L. Illetschko zurückgehende Einsicht gilt auch heute noch unverändert. Controller wollen den Managern durch Zahlen Transparenz schaffen und ihnen damit eigenen Informationsaufwand ersparen. Zahlen sind aber nur Statthalter einer viel infor-

Eine Reduzierung der Komplexität des Controllings erfordert bei den Controllern ein tief greifendes Umdenken

Veränderung des »genetischen Codes«
der Controller am Beispiel der
Informations-Aufgaben

mationsreicheren Realität. Nur wenige – wenn auch wichtige – Facetten des Gesamtbilds werden damit kommuniziert. Hieraus entsteht leicht eine Transparenzillusion; Zahlenfülle spiegelt hinreichendes Wissen um Situationen und Tatbestände nur vor. Persönliche Anschauung ist durch nichts zu ersetzen, ein »Management by walking around« einer reinen Beobachtung des Geschäfts durch Zahlen vorzuziehen.

Controller sollten deshalb sehr sensibel das Informationsverhalten ihrer Manager im Auge behalten. Sich auf die Zahlen zu verlassen, ist nur dann ein für Manager gangbarer Weg, wenn direkte persönliche Anschauung und Kommunikation den Kontext der Zahlen bereitet. Ein Besichtigen durch ein Berichten zu ergänzen und durch Routineinformation geschaffene zeitliche Kapazität der Manager zu ermöglichen, muss das Ziel sein, nicht es zu ersetzen!

Minimierung des Informationsangebots

Zusätzliche Information kann auch schaden!

Menschen besitzen (nur) begrenzte kognitive Fähigkeiten – wir haben diesen Punkt bereits angesprochen. Eine große Fülle an Informationen führt damit nicht automatisch zu besserem Wissen der Manager. Vielmehr ist eher der Zustand einer Nicht-Nutzung zu beobachten (»Zahlenfriedhöfe«) – im schlimmsten Fall ein »information overload«, der zu Fehlentscheidungen führt oder Entscheidungen gar ganz verhindert. Zusätzliche Information kann deshalb durchaus schaden, kann den Wissensstand und die Urteilsfähigkeit des Managers verringern, anstatt beide zu erhöhen.

Ein Zuviel an Informationen begünstigt aber nicht nur Könnens- sondern auch Wollensprobleme des Managements – auch dieser Punkt wurde zuvor bereits angesprochen. Je weniger überschaubar die verfügbaren Informationen sind, desto mehr besteht die Möglichkeit zu einem opportunistischen Handeln: Wer sich gut in einem umfangreichen Datenpool auskennt, kann leicht immer (nur und genau) die Informationen heraussuchen, die ihn in einem guten Licht erscheinen lassen. Informationen werden von ihm in diesem Fall symbolisch genutzt (wir werden auf Nutzungsarten von Informationen gleich noch näher eingehen). Ein solches Verhalten ist nicht nur in der »großen« Politik hinlänglich bekannt.

Schließlich vermeidet die Beachtung der Regel »Das Informationsangebot ist auf ein Minimum zu begrenzen« hohe Kosten der Informationsbereitstellung. Neben den Implementierungskosten ist hier insbesondere an den hohen Aufwand für die laufende Pflege der Systeme zu denken: Komplexität und Dynamik treiben den Veränderungsaufwand progressiv in die Höhe.

Was genau unter dem anzustrebenden »Informationsminimum« zu verstehen ist, hängt sicher vom konkreten Einzelfall ab. Dennoch gibt es generelle Leitlinien. So verweisen die Psychologen auf die Zahl von maximal sieben gleichzeitig gegeneinander abwägbaren Variablen (»magic number seven«). Nicht rein zufällig hat die Balanced Scorecard nur vier Perspektiven und fordert pro Perspektive nur 5–7 konkrete Ziele und darauf ausgerichtete Maßnahmen! Weiter ist Controllern die Heuristik bekannt, alles Wesentliche möglichst auf

Controlling einfach gestalten

nur einer Seite auszudrücken (»one page only«). Auch um eine Heuristik handelt es sich schließlich bei der Regel, im Berichtswesen für jede vom Manager geforderte zusätzliche Zahl eine vorhandene zu streichen.

Laufende Informationen nur für Standardprozesse

Informationen sind dann am besten nutzbar, wenn sie in ein vorgegebenes Raster passen; dies tun sie dann am besten, wenn dieses Raster immer wieder verwendet wird. Dies bedeutet für unser Thema die Idee, eine laufende Bereitstellung nur für solche Informationen vorzusehen, die in Standard-Managementprozessen benötigt werden. Wer monatlich Plan-Ist-Abweichungen verantworten muss, ist an einer präzisen Bestimmung und hinreichenden Erklärung der Abweichungen interessiert. Wer monatlich Umsatz- und Ergebnisforecasts abgeben muss, wird sich über entsprechende Markterwartungen »auf Knopfdruck« freuen. Daten in Warehouses »auf Vorrat« bereitzuhalten, für die konkrete Zwecke fehlen und die noch keinem Manager bekannt sind, macht dagegen wenig Sinn. Hier ist es meist besser, Informationen im konkreten Bedarfsfall separat zu generieren.

Informationen als Sprache

Controller stellen den Managern Informationen bereit, damit diese besser entscheiden können. Wer wollte diese Aussage bezweifeln? Sie ist fest in Lehrbüchern und Seminaren verankert. Allerdings vermittelt sie nur die halbe Wahrheit: Informationen werden von Managern (und Menschen generell) noch in anderer Hinsicht verwendet. Hinter Informationen stehen stets bestimmte Ideen und Sichtweisen, die neben der konkreten Aussage (»Der Deckungsbeitrag beträgt 5,13 €.«) von der Information mitgeliefert werden. Wer etwa die Führungskräfte einer Kommune von der Einführung eines kaufmännischen Rechnungswesens überzeugen will, muss erst die Philosophie vermitteln, die hinter der Bildung von Periodenerfolgen steckt. Sie ist einem typischen Dezernenten fremd; dieser denkt in Haushaltstiteln und Zahlungsgrößen. Die hinter bestimmten Zahlen steckenden betriebswirtschaftlichen Sichtweisen sind – im Sinne einer ökonomischen Sprache – häufig viel wichtiger als die Ausprägung der Informationen selbst – Näheres ist im Kasten auf der nachfolgenden Seite nachzulesen. Auf die Frage, wie Controlling-Instrumente diese Lernprozesse unterstützen und was dies für sie selbst bedeutet, werden wir später noch eingehen.

Gegen eine unmittelbar problembezogene, instrumentelle Nutzung von Informationen spricht schließlich auch der Zweifel, ob Daten aus Standard-Informations- und Berichtssystemen jemals so spezifisch und exakt sein können, dass eine unmittelbare Problemlösung wirklich hinreichend möglich ist: Wer erinnert sich z. B. nicht an die lange Diskussion, welche der in der laufenden Kostenrechnung enthaltenen Daten denn nun wann und wofür relevante Kosten seien.

Controller sollten nicht die Illusion nähren, ihre immer mächtigeren Informationssysteme könnten unmittelbar Probleme lösen. Eine solche Entlas-

Die hinter bestimmten Zahlen steckenden betriebswirtschaftlichen Sichtweisen sind häufig viel wichtiger als die Ausprägung der Informationen selbst

Veränderung des ›genetischen Codes‹ der Controller am Beispiel der Informations-Aufgaben

Unterschiedliche Nutzungsarten von Informationen

Informationen können beim Empfänger in ganz unterschiedlicher Weise zu einer Erhöhung der Wissensbasis führen. Eng verknüpft damit ist die Frage, wozu die Informationen vom Empfänger verwendet werden. Beide Aspekte sind in einer Differenzierung von Nutzungsarten von Informationen kombiniert, die von Menon/Varadarajan (1992) stammt:

- Informationen können direkt zur Willensbildung genutzt werden. In diesem Fall lösen sie unmittelbar Handlungen der Manager aus. Diese entscheidungsorientierte Nutzung wird *instrumentell* genannt. Sie dominiert in der Controlling-Literatur und im Controller-Verständnis stark.

- Darüber hinaus können Informationen das allgemeine Verständnis des Geschäfts und der Situation fördern, in der sich der Manager befindet. Die Informationen führen hier allerdings nicht zu konkreten Entscheidungen. Wenn die Informationen in dieser allgemeinen Weise die Denkprozesse und Handlungen der Manager beeinflussen, wird dies *konzeptionelle* Nutzung genannt.

- Eine dritte Art der Nutzung löst sich explizit von der Annahme, dass die Informationen zuerst vom Manager verarbeitet werden, um unmittelbar oder zu einem späteren Zeitpunkt in Kenntnis der Informationen Entscheidungen zu treffen. Von *symbolischer* Nutzung wird gesprochen, wenn die Informationen erst dann benutzt werden, wenn die Entscheidung an sich schon getroffen ist, und die Informationen dann zur Durchsetzung eigener Entscheidungen und Beeinflussung anderer Akteure eingesetzt werden.

Manager nutzen Informationen keinesfalls allein zur Lösung konkreter Entscheidungsprobleme

Die Frage, wie Manager Controlling-Informationen nutzen, ist empirisch noch wenig erforscht. Hier besteht – auch in Bezug zu vergleichbaren Fragestellungen im Marketing – ein erheblicher Forschungsrückstand. Drei aktuelle empirische Arbeiten liegen für den deutschsprachigen Raum vor, deren Ergebnisse kurz referiert werden sollen.

In der sog. »Koblenzer Studie« – zusammengefasst im Band 7 der Schriftenreihe Advanced Controlling (vgl. Homburg et al. 1998) – zeigte sich für die Kostenrechnung, dass Manager dieses Instrument keinesfalls allein instrumentell nutzen. Vielmehr besteht die Hauptnutzungsart in der Erzielung eines besseren Verständnisses des Geschäfts und eines Überblicks über die Zusammenhänge im Unternehmen. Die symbolische Nutzung war in der Studie schließlich ähnlich ausgeprägt wie die Nutzung für konkrete Entscheidungen. In der Analyse der Erfolgswirkung der Nutzungsarten (gemessen als relativer Marktanteil, der wiederum einen sehr starken Einfluss auf die Umsatzrendite besitzt), zeigte sich unerwartet ein negativer Zusammenhang zwischen der instrumentellen Nutzung von Kostenrechnungsinformationen und dem relativen Marktanteil (vgl. Karlshaus 2000, S. 178). Als Erklärung wird eine mangelnde Anpassung der Kostenrechnung an externe und interne Veränderungen genannt. Diese führt dazu, dass Kostenrechnungsinformationen das Management nicht adäquat unterstützen können (vgl. Karlshaus 2000, S. 179). Zwar wird ein geringer, signifikant positiver Zusammenhang zwischen der konzeptionellen Nutzung und dem Marktanteil nachgewiesen, dieser fällt aber weitaus schwächer aus als der negative Einfluss der instrumentellen Nutzung.

Die zweite Studie bezieht sich ebenfalls auf Kostenrechnung, nun aber in Kommunen. Übereinstimmend bildet hier die konzeptionelle Nutzung die häufigste Nutzungsart. Jedoch zeigt sich im kommunalen Kontext eine deutlich gesteigerte Bedeutung symbolischer Nutzung: Die Kämmerer verwenden Kostenrechnungsinformationen ähnlich häufig symbolisch wie konzeptionell. Die instrumentelle Nutzung fällt dagegen deutlich ab (vgl. Hunold 2003, S. 145). Auch in Kommunen findet sich für die instrumentelle Nutzung ein negativer Einfluss auf die Erfolgsgröße, hier die Wirtschaftlichkeit der Kommune. Zwischen konzeptioneller und symbolischer Nutzung auf der einen Seite und der Wirtschaftlichkeit der Kommunen auf der anderen Seite konnte schließlich kein signifikanter Zusammenhang festgestellt werden (vgl. Hunold 2003, S. 225).

Die dritte Studie ist schließlich auf die Managern präsentierten Kennzahlen gerichtet – die Leser der Schriftenreihe Advanced Controlling kennen das Design und einige Ergebnisse der Studie aus dem Band 21 (vgl. Weber 2005, S. 379 ff.). Auch für Kennzahlen gilt der Befund, dass die instrumentelle Nutzung keinesfalls dominiert, sondern vielmehr von allen drei Nutzungsarten am wenigsten ausgeprägt ist. Erstaunlicherweise werden Kennzahlen am stärksten symbolisch genutzt! Von der Wirkung her wurden beide Nutzungsarten gegen die abhängigen Variablen »Qualität des Führungsprozesses« und »Anpassungsfähigkeit des Unternehmens« getestet. Für die instrumentelle Nutzung zeigt sich – an dieser Stelle nicht mehr ganz überraschend – wiederum kein positiver Einfluss; signifikante Werte ergeben sich weder für die Qualität des Führungszyklus noch für die Anpassungsfähigkeit (Sandt 2003, S. 200). Beide Größen wurden dagegen von der konzeptionellen Nutzung hoch signifikant und stark positiv beeinflusst. Schließlich wirkt sich die symbolische Nutzung auf die Anpassungsfähigkeit negativ, auf die Qualität des Führungszyklus dagegen positiv aus; um Letzteres zu erklären, bedarf es noch weitergehender Forschung.

Insgesamt zeichnen die empirischen Ergebnisse aber ein klares Bild: Erfolgreich machen Informationen insbesondere dann, wenn man sie als eine Art betriebswirtschaftlicher Sprache versteht. Diese muss relativ einfach sein, um von möglichst vielen verstanden zu werden. Hohe Komplexität verträgt sich mit Verständlichkeit nicht. Je stärker ein Controller Informationssysteme nach dem Muster »entscheidungsorientiert« aufbaut und damit an Detaillierung und Komplexität denkt, desto mehr muss er aufpassen, nicht zum Misserfolg seiner Manager beizutragen!

In Kommunen wird die Kostenrechnung stark symbolisch genutzt – Ähnliches gilt für die Nutzung von Kennzahlen in Unternehmen

189

Veränderung des ›genetischen Codes‹
der Controller am Beispiel der
Informations-Aufgaben

Unternehmerische Entscheidungen sind zu komplex, als sie durch auf einfachen Informationen basierende einfache Kalküle ersetzen zu können

tungsfunktion wird – zumindest implizit – spätestens seit den Anfängen entscheidungsorientierter Kostenrechnungssysteme propagiert. Unternehmerische Entscheidungen sind aber zu komplex, um sie durch einfache Kalküle substituieren zu können. Controller dürfen nicht versuchen, den Managern das Denken und Entscheiden abzunehmen. Dies wäre fatal.

Kommunikation statt Information

Controller philosophieren oftmals über den Unterschied zwischen Daten und Informationen. Die handwerklich geprägte Datenverarbeitung geben sie gerne in andere Hände ab; sie fühlen sich erst dann zuständig, wenn es gilt, aus Daten Informationen zu machen. Controllern geht es stets – so zumindest das Eigenbild – um Führungsrelevanz.

Grundsätzlich lässt sich gegen eine solche Sichtweise auch nichts einwenden. Der Schritt von Daten zu Informationen ist vielmehr ohne Zweifel wesentlich. Allerdings führt er nicht direkt zum Ziel des Weges. Ein weiterer Schritt fehlt: Führungsrelevanz bedeutet noch nicht, dass Informationen auch tatsächlich für Führungsprozesse verwendet werden. Hierzu muss der Manager eine Information erst einmal richtig verstehen und einordnen können. Genau betrachtet haben Controller kein Informations-, sondern ein Kommunikationsproblem zu lösen. Information als Begriff bezieht den Sender und den Empfänger nicht (beziehungsweise höchstens indirekt) in die Betrachtung ein. Gerade hier liegt aber häufig ein Problem:

- Wenn ein Controller von Einzelkosten spricht, versteht ein Manager leicht variable Kosten.
- Das Nebeneinander von vier Perspektiven einer Balanced Scorecard wird schnell als implizites Zugeständnis verstanden, finanzielle Größen nicht mehr so ernst nehmen zu müssen.
- Die Einführung einer rollierenden Budgetierung wird als Erlaubnis zur permanenten Anpassung von Zielhöhen fehlinterpretiert.

Gerade im Zusammenspiel mit Spezialisten und Generalisten ist eine sorgfältige Analyse und Absicherung des gegenseitigen Verständnisses ausgesprochen wichtig. Wenn man das Stille-Post-Syndrom schon bei Gerüchten nicht ganz ausschalten kann, sollte man es bei der wesentlichen betriebswirtschaftlichen Standardkommunikation unbedingt vermeiden!

Handlungsanweisung an die Controller hier ist zum einen, den Unterschied zwischen Information und Kommunikation zu erkennen und ernst zu nehmen, und sich zum anderen viel stärker als bisher um das Verständnis der Controlling-Informationen bei den Managern zu kümmern. Dies leitet über zum nächsten Punkt.

»Verkaufen« von Informationen

Controller machen sich – so unsere Erfahrung – zu wenig Gedanken darüber, wie viel ihre Manager wirklich über die von ihnen erbrachten Leistungen, über ihre »Controller-Produkte« wissen. Probleme, denen man sich nicht hinreichend bewusst ist, werden aber nicht gelöst. Abhilfe ist leicht möglich;

Controlling einfach gestalten

hierzu bedarf es nur stichprobenmäßiger Kontrollfragen bei ausgewählten Managern.

Akzeptieren Controller den Grundsatz, müssen sie systematisch überlegen, wem welche Informationen wie zu vermitteln sind:

- *Informationsempfänger:* Einem Manager, der selbst längere Zeit als Controller gearbeitet hat, wird man die Einführung von wertorientierter Steuerung sicher anders zu vermitteln haben als einem Naturwissenschaftler, der gerade die Leitung eines Produktionsbetriebs übernommen hat. Controller müssen deshalb genaue Kenntnis der Fähigkeiten ihrer internen Kunden besitzen und sie – zusammen mit deren Informationspräferenzen – entsprechend segmentieren (also im Prinzip dasselbe tun, was im Marketing mit den externen Kunden passiert). Hierfür ist es sehr hilfreich, den Ausbildungsgang und den Karrierepfad der Manager näher zu analysieren.
- *Informationsarten:* Es liegt auf der Hand, dass neue Informationsinstrumente – beispielsweise ein neues Prognose-Tool – hinreichend vorgestellt und erklärt werden müssen. Controller sollten aber auch scheinbar Altbekanntes immer wieder einmal näher vermitteln. Zum einen ändert sich der Kreis der mit Informationen zu versorgenden Manager ständig; ein neuer Manager muss nicht zwangsläufig wissen, warum gerade mit zwei und nicht mit vier Deckungsbeitragsstufen in der Ergebnisrechnung gerechnet wird. Zum anderen ist es normal, dass ein erworbenes Wissen,

wenn es nicht von Zeit zu Zeit aktualisiert wird, wieder vergessen werden kann. Wer einmal aufwändig über die Berechnung eines Cash Value Added informiert wurde und dies auch verstanden hat, muss nicht zwangsläufig Monate später einem Mitarbeiter diese Rechengröße erklären können. Controller sollten es sich deshalb zur Regel machen, bei der Präsentation von Standardinformationen (z. B. dem Monatsbericht) neben den reinen Fakten immer wieder die Hintergründe der einzelnen Zahlen zu vermitteln, etwa immer gerade von derjenigen Größe, die zahlenbezogen am stärksten kommentiert werden muss.

- *Vermittlungsprozess:* Mit der »en passant« erfolgenden Erklärung gewohnter Controllinginformationen haben wir bereits Aussagen zur dritten Frage, dem »wie« der Informationsvermittlung getroffen. Zwei zusätzliche Anmerkungen erscheinen uns wichtig: Zum einen sollten Controller generell mehr Zeit für derartige Prozesse einplanen. Zum anderen sollten sie derartiges Coaching der Manager nicht mit Schulung verwechseln. Schulung vermittelt zum einen die Assoziation einer »Lehrer-Schüler-Beziehung«, die bei Managern nicht selten auf Ego-Probleme stößt. Zum anderen hat Schulung einen Charakter des Einmaligen. Bei der Aussage »Unsere Manager müssen alle in wertorientierter Steuerung geschult werden« denkt man an Tages- oder Wochenprogramme in separierten Schulungsräumen. Coaching ist aber ein permanentes Geschäft, das untrennbar in die normalen, laufenden Geschäftsprozesse der Controller

Controller müssen genaue Kenntnis der Fähigkeiten ihrer internen Kunden »Manager« besitzen

Coaching ist ein permanentes Geschäft der Controller

Veränderung des ›genetischen Codes‹ der Controller am Beispiel der Informations-Aufgaben

verwoben sein muss. Schulungen sind nur die Spitze eines Eisbergs; sie verpuffen, wenn sie nicht durch unspektakuläres, fortdauerndes, kaum gesondert sichtbares Coaching fortgeführt werden.

Die kurzen Überlegungen zeigen, dass der Weg zu einem einfacheren Controlling ein erhebliches Umdenken der Controller erfordert. Sie müssen – als gemeinsamer Kern der Neuausrichtung – weit stärker als bisher die Eigenschaften von Menschen – insbesondere ihre kognitiven Begrenzungen – in die Überlegungen einbeziehen. Deren Möglichkeiten haben die Steuerungs- und Berichtssysteme der Controller zu bestimmen, nicht die Versprechungen oder konkreten Opportunitäten, die von der DV-Seite geschaffen werden. Längst ist nicht mehr die Datengewinnung, sondern die Selektion aus einem Datenüberfluss das relevante Problem.

Ein entsprechendes Umdenken fordert es den Controllern schließlich – wie im Editorial bereits angemerkt – auch ab, auf entsprechende Expertenmacht zu verzichten. Sie müssen bereit sein, ihren Status nicht durch einen Vorsprung bezüglich der Kenntnis komplexer Informationssysteme zu erhalten, sondern durch professionelle personenbezogene Arbeit in Augenhöhe mit dem Management. Controller haben die Aufgabe, die Manager auf dem »Pfad der betriebswirtschaftlichen Tugend« zu halten und individuelle Ziele (Macht, Prestige u. a. m.) zu begrenzen. Dieser Anspruch sollte, ja muss auch für sie selber gelten!

Unterstützung zu leisten, sollte nicht dazu führen, jeden Unterstützungsbedarf als gegeben anzunehmen

Wie kann die Steuerungsaufgabe konkret vereinfacht werden?

Nachdem im letzten Abschnitt die notwendige Veränderung der grundsätzlichen Denkweise von Controllern diskutiert wurde, wollen wir nun konkret mögliche Vereinfachungen im Bereich der Steuerungssysteme betrachten.

Das Thema ist grundsätzlich nicht neu; wer erinnert sich nicht an die Diskussion, die vor nun schon längerer Zeit unter dem Stichwort »Lean Controlling« geführt wurde? Sie hat allerdings nur wenig Wirkung für die Controllerpraxis gehabt. Ziel ist es im Folgenden deshalb zum einen, das Vorgehen als solches transparent zu machen, seine Dringlichkeit zu vermitteln und damit zu zeigen, dass es sich nicht um einen zweiten Aufguss einer bereits einmal gescheiterten Modewelle handelt. Zum anderen geht es uns um konkrete Ansatzpunkte für Schritte des Weges zur Vereinfachung.

Reduktion des Steuerungsumfangs

Controller sind Führungs-Dienstleister. Sie helfen dem Management, seine Steuerungsaufgabe zu lösen. Unterstützung zu leisten, sollte aber nicht dazu führen, jeden Unterstützungsbedarf als gegeben anzunehmen. Eine professionelle Dienstleistung für die Manager heißt auch, den Unterstützungsbedarf kritisch zu hinterfragen. Angesichts steigender Komplexität und Dynamik der Steuerungsaufgabe sollte Controller an dieser Stelle folgender Grundsatz leiten: »Vermeidung vor Bewältigung von Steuerungsbedarf«.

Eine Vereinfachung der Steuerung ist am ehesten dann zu erzielen, wenn

Controlling einfach gestalten

das Geschäft vereinfacht wird. Hier sollte zwar nicht der »Schwanz mit dem Hund wackeln«, aber es wäre umgekehrt geradezu sträflich, wenn die Controller nicht auch über Möglichkeiten zur Reorganisation des Geschäftssystems nachdenken würden. Wenige mögen ein solches Mitdenken aus Standingproblemen scheuen; häufiger wird der Grund darin liegen, dass höhere Steuerungskomplexität intellektuell anspruchsvoller erscheint und den Controllern Wichtigkeit verleiht. Hier ist ein entsprechendes Umdenken erforderlich: Den richtigen Grad an Einfachheit zu finden, ist eine mindestens ebenso spannende Aufgabe!

Dafür, wie eine Reduktion der Geschäftskomplexität zu erreichen ist, stehen viele Wege offen. Drei von diesen seien kurz angesprochen:

- *Reduktion des Diversifizierungsgrades:* Diese Form größerer Einfachheit wird seit gut zehn Jahren intensiv unter dem Stichwort der »Beschränkung auf Kernkompetenzen« diskutiert. Ein ganzer Zweig betriebswirtschaftlicher Theorie (»Ressourcenbasierter Ansatz«) beschäftigt sich damit. Ein weiterer Anstoß kam aus der Shareholder-Value-Bewegung. Diese machte sichtbar, dass durch die Zerschlagung von Konglomeraten oft ein höherer Wert erzielt werden kann, als dadurch, das Konglomerat fortzuführen.
  Für Controller bedeutet dies unter anderem, sich in Eigeninitiative intensiv mit dem Konstrukt der Kernkompetenzen auseinanderzusetzen und es einer konkreten Operationalisierung und Messbarkeit zugänglich zu

machen. Hiermit können sie wesentliche Hilfestellung leisten, zu den richtigen Rückschnitten der vielfältigen Unternehmensaktivitäten zu kommen.

- *Reduktion der Wertschöpfungstiefe:* Diese Form der Komplexitätsreduzierung ist von vielen Unternehmen schon in erheblichem Maße realisiert worden (»Outsourcing«). Controller spielen dabei zumeist eine wichtige Rolle, weil sie für die zugrunde liegenden Wirtschaftlichkeitsrechnungen verantwortlich sind. Durch die Art der Rechenmethodik nehmen sie jedoch oft in ungewollter Weise Einfluss auf die Entscheidung. In den Rechnungen erscheinen nur diejenigen Größen, die sich (mehr oder weniger leicht) monetär messen lassen. Dies sind im Wesentlichen die durch das Outsourcing einsparbaren Kosten (einschließlich der ersparten Kapitalbindungskosten). Die mit einem Outsourcing verbundene potenzielle Leistungssteigerung für das Unternehmen wird vernachlässigt. Zumeist erfolgt das Outsourcing aber an Unternehmen, die sich auf die entsprechende Leistung spezialisiert haben, die genau dort ihre Kernkompetenz besitzen. Eine Leistungssteigerung wäre möglich. Diese Möglichkeit wird aber nicht hinreichend genutzt, weil sie in den Entscheidungsrechnungen deutlich schlechter als Kostenersparnisse quantifiziert werden kann. Einen empirischen Beleg für diesen Zusammenhang haben wir kürzlich für das Outsourcing von Logistikleistungen erbracht (vgl. Engelbrecht 2003, S. 63). Dieses führt empirisch zu einer verbesserten

In den Entscheidungen wird das leicht vernachlässigt, was sich nicht in monetären Größen messen lässt

Wie kann die Steuerungsaufgabe konkret vereinfacht werden?

Kostenposition, hat aber keine Steigerung der logistischen Leistungsfähigkeit zur Folge. Gerade diese besitzt jedoch einen zentralen Einfluss auf den Unternehmenserfolg. Für Controller stellt sich damit die Herausforderung, alle mit einer Outsourcing-Entscheidung verbundenen ökonomischen Wirkungen hinreichend zu berücksichtigen. Die bereits angesprochene Kenntnis der Kernkompetenzen des Unternehmens ist hierzu ebenso erforderlich wie das Aufgeben einer reinen Input- bzw. Kostenperspektive. Dies wird der Tendenz nach noch zu einer Steigerung des Outsourcingumfangs führen.

- *Differenzierung von Geschäftssystemen:* Im Zuge von Reengineering-Projekten wurde in vielen Unternehmen deutlich, dass die Geschäftssysteme zu breit ausgelegt waren, zu viele zu unterschiedliche Leistungen parallel in denselben Strukturen und Prozessen erstellt wurden. Controller waren hieran nicht ganz schuldlos, weil sie zusätzliche Varianten zumeist genauso kalkuliert haben wie Standardprodukte. Die Logistikkostenrechnung beziehungsweise die Prozesskostenrechnung haben gezeigt, dass eine »richtige« Kalkulation viele Varianten als unwirtschaftlich entlarvt und damit die Variantenexplosion im Keim erstickt hätte. Die Erkenntnis zu hoher Heterogenität führte zu Maßnahmen, Unterschiedlichkeit zu reduzieren sowie Unterschiedliches auch unterschiedlich zu behandeln (»Fertigungssegmentierung«). Mit beidem war und ist eine deutliche Komplexitätsreduzierung verbunden. Controller können diese Ideen durch entsprechend ausgerichtete Rechnungen wesentlich unterstützen. Zunehmende Verrechnungsprobleme sind für sie ein Indiz für einen Differenzierungsbedarf; sie sollten den Anstoß zum Aufwerfen entsprechender Fragen nutzen und nicht versuchen, die Komplexität durch Anpassung in den Steuerungssystemen zu bewältigen. Außerdem führt das Bewusstsein für die Möglichkeit differenzierter Geschäftssysteme dazu, einschlägige Investitionsprojekte unter einer neuen Perspektive zu betrachten: Wenn das Thema Komplexitätskosten derzeit in Investitionsanträgen nicht thematisiert wird, spielt es auch bei der Entscheidungsfindung keine Rolle!

Dezentralisierung der Steuerungsaufgabe

Ein zweiter Schritt auf dem Weg zu einfachen Strukturen liegt in der Dezentralisierung der Steuerungsaufgabe. Ziel ist es, eine deutliche Reduktion des Steuerungsumfangs zu erreichen. Auch hierzu stehen mehrere Möglichkeiten zur Verfügung:

- *Veränderung der grundsätzlichen Steuerungslogik:* Was sich hierunter verbirgt, lässt sich am einfachsten am Beispiel der Konzernformen verdeutlichen: Die »Urform«, der Stammhauskonzern, bündelt alle Steuerungskompetenz in der Konzernspitze. Entsprechend komplex aufgebaute Steuerungssysteme sind die Folge. Diese sind nur dann effektiv, wenn das Geschäft relativ homogen ist. Steigende Heterogenität mar-

Unterschiedliche Konzernformen als Muster unterschiedlicher Dezentralisierungsgrade

Controlling einfach gestalten

kiert deshalb den Übergang zur Management-Holding, in der die einzelnen Geschäftsfelder operativ weitgehend autonom steuern, aber über eine gemeinsame strategische Führung verbunden sind. Noch mehr dezentrale Freiheitsgrade bestehen schließlich in einer Finanzholding, in der die dezentralen Einheiten letztlich wie fremde Beteiligungen gesteuert werden. In die gleiche Richtung weist die Differenzierung in cost center, profit center und investment center, die durch eine zunehmende dezentrale Steuerungskompetenz gekennzeichnet ist.

Controller können einen wesentlichen Beitrag zur Veränderung der grundsätzlichen Steuerungslogik leisten, indem sie die Vorteile dezentraler Steuerung einerseits und die Nachteile zurückgehender Ausschöpfung von Synergien und Verbundbeziehungen anderseits operationalisieren und messbar machen – und nicht gegen eine Dezentralisierung arbeiten, um in komplexen Steuerungssystemen Einfluss und Bedeutung zu erhalten. Wiederum müssen sich Controller vor eigenem opportunistischem Verhalten hüten!

- *Ausdünnung der Budgetierung:* Die operative Planung in den Unternehmen war in der Vergangenheit sehr detailliert und komplex. Ein hoher Koordinationsgrad ging mit einer gewissen Bürokratisierung des Budgetierungsprozesses einher. Anforderungen schnellerer Veränderungen in den Märkten haben dazu geführt, die Budgetierung deutlich zu »entschlacken« und damit schneller und zeitnäher zu gestalten. Hierfür stehen die Begriffe »Better Budgeting« und »Beyond Budgeting«. Wir haben diese Thematik ausführlich in Band 33 der Schriftenreihe Advanced Controlling (vgl. Weber 2005, S. 217 ff.) behandelt. Auch dort waren Komplexität und Dynamik zentrale Elemente der Diskussion, so dass die dort zu findende Argumentation exakt zu der hier geführten passt. Sie muss deshalb hier nicht wiederholt werden. Für Controller heißt das aktuell, sich sehr intensiv mit einer Reduzierung der Detaillierung der operativen Planung und einer Beschleunigung des hierzu ablaufenden Planungsprozesses auseinander zu setzen. Zwar ist Beyond Budgeting nur für wenige Unternehmen eine sinnvolle Alternative; fast überall werden Controller aber die Budgetierung entschlacken und beschleunigen können.

- *Striktere Trennung in Steuerung und Berichtswesen zwischen Information und Verantwortung:* Steuerungs- wie Berichtssysteme trennen in der Regel nicht danach, welche der ausgewiesenen Beträge von einem Budgetverantwortlichen zu verantworten und welche wirklich von ihm zu beeinflussen sind. Typisches Beispiel hierfür sind Kostenstellenberichte bzw. periodische Kostenplanungen. Sie erfassen die einer Kostenstelle insgesamt zugerechneten Kosten, inklusive all jener Beträge, die nicht vom Kostenstellenleiter, sondern nur von übergeordneten Instanzen gesteuert werden können. Das damit gelieferte Gesamtbild der Kostenstelle ist sicher für den Kostenstellenverantwortlichen von Interesse; mehr noch würden ihn allerdings die von ihm direkt beein-

Controller sollten stets ein Auge darauf werfen, ob die gewählte Steuerungslogik wirklich noch passt

Die meisten Berichte trennen nicht sauber nach Information und Verantwortung

flussbaren Kosten interessieren. Nur so würde der Delegationsgrad und -umfang auch im Steuerungs- und Berichtssystem deutlich.

Beides zusammen im selben Berichts- und/oder Steuerungssystem deutlicher voneinander abzugrenzen, ist für Controller eine der möglichen Lösungen des Problems, die ohne großen Aufwand realisiert werden kann. Eine andere besteht darin, die Information von der Beeinflussbarkeit zu trennen – wir werden auf diesen Aspekt unter dem Stichwort »unterschiedliche Arten von Steuerungssystemen« gleich noch zurückkommen.

Steuerung kann auch heißen, nur dle Spielregeln für das Spiel festzulegen, nicht in das Spiel direkt einzugreifen

- *Vorgabe und Kontrolle von Steuerungsrichtlinien statt eigener Durchführung der Steuerung:* Die letzte hier anzusprechende Möglichkeit, die Steuerungsaufgabe zu dezentralisieren, besteht darin, die Verantwortung für die Struktur und die für den Inhalt zu trennen. Dies bedeutete für das Beispiel wertorientierter Steuerung etwa, die einzelnen Geschäftsfelder zur Anwendung von Werttreiberbäumen als Instrument zu verpflichten und hierfür konkrete Vorgaben zu erlassen, aber die dann dezentral erarbeiteten Ausprägungen nicht mehr tiefgehend inhaltlich zu hinterfragen oder gar an ihrer Erstellung aktiv mitzuwirken. Die Kontrolle der Zentrale beschränkt sich dann vielmehr auf die Überprüfung, ob mit dem Instrument sinnvoll (»richtig«) umgegangen wird (»Einhaltung von Spielregeln«). In der Theorie wird dies als Übergang von einer direkten zu einer Kontextsteuerung beschrieben. Dieses Prinzip zu befolgen, schafft eine erhebliche Vereinfachung des Steuerungs-

prozesses, setzt aber auch eine entsprechende Unternehmenskultur voraus. Wenn jeder Manager nur sein eigenes Wohl und Wehe im Auge hat, ist das damit geschaffene Maß dezentralen Handlungsspielraums nicht effizient. Für Controller bedeutet dies den Verzicht auf unmittelbare Mitwirkung und den damit verbundenen Einfluss. Nicht jeder wird diesen Weg deshalb gerne gehen.

Stärkere Trennung zwischen regel- und anlassgetriebener Steuerung

Unserer Erfahrung nach besteht ein implizites Grundverständnis der Controller (und der Manager!), dass Steuerungssysteme stets das ganze Geschäft berücksichtigen sollten. Diese Aussage erscheint so selbstverständlich, dass ihre Nennung bei vielen Controllern Verwunderung hervorrufen wird. Das hinter diesem Grundverständnis liegende Problem wurde zum ersten Mal richtig bei der strategischen Planung sichtbar: Angesichts hoher Unsicherheit ist es kaum möglich, ein »Komplettbild« des Unternehmens in 5 oder 10 Jahren zu entwerfen. Der Versuch, es trotzdem zu tun, führte zu einer gewissen Unverbindlichkeit der so gestalteten strategischen Pläne mit der Folge hoher Unzufriedenheit. Viele Unternehmen gehen derzeit dazu über, auf der einen Seite die regelmäßige strategische Planung auf einen verkürzten Zeitraum bezogen wieder stärker als (modifizierte) Fortschreibung des bestehenden Geschäfts zu akzeptieren und deshalb auch wieder stark finanziell auszurichten, auf der anderen Seite »wirkliche« strategische Themen aber abseits des Regelprozesses zu realisieren (beispielsweise projekt-bezogen, mit Hilfe von Szenarien).

Die Übertragung dieses Vorgehens auf die Steuerung generell bedeutet, die laufende Steuerung konsequent auf eine Regelsteuerung zu beschränken und offensichtliche Koordinationsmängel bzw. neu auftretende wichtige Koordinationsprobleme durch Projekte und Einzelmaßnahmen abzudecken. Diese Idee entspricht der Unterscheidung von Simons in interaktive und diagnostische Steuerungssysteme, auf die wir weiter oben aus anderer Richtung schon gekommen sind. Wen dieses Konzept näher interessiert, informiere sich im unten stehenden Kasten.

Unterscheidung von interaktiver und diagnostischer Nutzung

Unterschiedliche Formen von Steuerungssystemen

Der in Harvard arbeitende Simons hat einen Ordnungsansatz entwickelt, der betriebliche Steuerungssysteme in diagnostische und interaktive differenziert:

- *Diagnostische Steuerungssysteme* geben der Unternehmung Sicherheit, ohne dass die ständige Aufmerksamkeit des Managements erforderlich ist. Wie ein Thermostat reguliert sich das System im Idealfall über negative Rückkopplungsschleifen selbst und erfordert im laufenden Betrieb keine weitere Aufmerksamkeit. Die Mechanismen periodischer, stochastischer und ausnahmengetriebener Fremdkontrollen stellen sicher, dass die Kapazität des Managements nur in vertretbarem Umfang in Anspruch genommen wird (Simons 1995, S. 59 ff.).
- *Interaktive Steuerungssysteme* stehen im Zentrum der organisationalen Aufmerksamkeit und sollten ständig im Bewusstsein des Managements sein. Sie treiben die Unternehmung und generieren Spannung. So wird die Energie und Aufmerksamkeit des Managements auf den Teil des diagnostischen Systems fokussiert, der in besonderem Maße mit strategischer Unsicherheit behaftet ist (Simons 1995, S. 91 ff.). Unter Umständen handelt es sich dabei nur um eine einzige Steuerungsgröße.

Kennt man beide Steuerungsarten, so stellen sich schnell zwei Fragen: (1) Können beide von einem gemeinsamen System gleichzeitig abgedeckt werden oder sind zwei getrennte Systeme erforderlich? (2) Welche der beiden Steuerungsarten ist für die Unternehmen wichtiger? Empirische Antworten auf diese Fragen liegen unseres Wissens nicht vor. Eine erste Operationalisierung der beiden Steuerungsarten erfolgte kürzlich in der bereits angeführten Studie von Sandt 2003 zu Kennzahlen. Sie zeigte eine deutliche Präferenz der Manager für eine interaktive Nutzung der Kennzahlen, die allerdings keinen Einfluss auf die Qualität von Planung und Kontrolle sowie auf die Anpassungsfähigkeit des Unternehmens hatte. Ein solcher Einfluss geht dagegen – und dies sehr stark und hoch signifikant – von einer diagnostischen Nutzung aus (Sandt 2003, S. 203). Dies spricht dafür, die Steuerung komplexitätsreduzierend diagnostisch auszurichten. Sind deutliche Veränderungen erforderlich, so ist dies besser in Projektform zu realisieren, als dafür – komplexitätserhöhend – eine Erweiterung des laufenden Steuerungssystems vorzunehmen.

Eine diagnostische Nutzung von Kennzahlen wirkt sich positiv auf den Erfolg aus

Wie kann die Steuerungsaufgabe konkret vereinfacht werden?

Eine Vereinfachung der Steuerungs- und Berichtssysteme ist – wie die vorstehenden Aussagen deutlich machen – zumeist mit einer Stärkung dezentraler Führungsverantwortung verbunden. Diese macht nur dann Sinn, wenn dezentral auch die Fähigkeiten und Motivation vorhanden sind, den Freiraum zum Wohle des Unternehmens auszuschöpfen. Ohne die richtigen Manager kann Dezentralisierung zu einem Desaster werden.

Ohne die richtigen Manager kann Dezentralisierung zu einem Desaster werden

Wer eine Vereinfachung der Steuerung anstrebt, muss sich deshalb in einem ersten Schritt Klarheit darüber verschaffen, ob das vorhandene Managementpotenzial für die zu schaffenden Freiheitsgrade ausreicht. Dies bedeutet, die einzelnen Manager hinsichtlich Steuerungs-Know-how und Steuerungsmotivation einzuschätzen – Kenntnisse, die sich für Controller praktisch in »allen Lebenslagen« auszahlen. Wir haben schon mehrfach darauf verwiesen: Wer seinen Kunden nicht kennt, kann ihn auch nicht richtig bedienen!

Welcher Controller kann »aus dem Stand« alle von ihm benutzten Instrumente nennen?

Es ist von den Controllern also durchaus zu erwarten, bei Entscheidungen über neue Steuerungskonzepte konkrete Annahmen über das zu erwartende Verhalten einzelner Manager zu treffen. Weiterhin bedarf es generell und punktuell eines intensiven Coachings der Führungskräfte in allen Fragen der Steuerungssysteme, von speziellen Sessions bis zu einem permanenten anlassbezogenen Erklären – hierauf sind wir bereits im Abschnitt 4 ausführlicher eingegangen. Schließlich kann das betriebswirtschaftliche Empowerment der Manager auch dadurch unterstützt werden, dass die Controller bei der Gestaltung des Steuerungssystems den Fokus auf eine leichte Verständlichkeit der Steuerungsgrößen und der Steuerungslogik legen, indem sie bei wertorientierten Steuerungsgrößen beispielsweise auf kapitalmarktmäßige Brillanz anstelle leichter Kommunizierbarkeit der Steuerungsgrößen verzichten. Dieser Gedanke leitet zugleich über zum Abschnitt 6, der sich mit der Vereinfachung des Controlling-Instrumentariums beschäftigt.

Prinzipien zur Vereinfachung des Controlling-Instrumentariums

Im Abschnitt 3 sind wir bereits auf die Bedeutung und Gefahren von betriebswirtschaftlichen Instrumenten eingegangen. Zumeist werden nur ihre Segnungen betont (»Wertorientierte Steuerung macht erfolgreich.« – »Die Prozesskostenrechnung ermöglicht entscheidende Fortschritte bei der Gestaltung des Produktprogramms.« – »Erst eine Kundendeckungsbeitragsrechnung lässt die wirklich wertvollen Kunden sichtbar werden.«). Dies führt schnell zu einem instrumentenbezogenen Overinvestment, zumal dies »alle anderen Unternehmen auch so machen« (Herdeneffekt).

Wir glauben, dass Unternehmen zu leichtfertig mit ihren betriebswirtschaftlichen Instrumenten umgehen. Unsere – allerdings empirisch noch unbelegte – These lautet: »Diejenigen Unternehmen sind erfolgreich, die mit wenigen Instrumenten auskommen, diese aber intensiv und breitflächig einsetzen«. Wir wollen diese These im Folgenden in Form von Leitsätzen näher ausführen und konkretisieren. Diese tragen zum Teil den Charakter konkreter Forderungen, zum Teil den von Feststellungen, an die sich konkrete Gestaltungshinweise anknüpfen.

Instrumentenkenntnis

Eine Erleichterung des Werkzeugkastens der Controller setzt Kenntnis darüber voraus, was die verwendete Toolbox alles an Instrumenten enthält! Der erste Schritt zu einer Verringerung der Instrumentenvielfalt besteht deshalb darin, das bestehende Set an Instrumenten erst einmal zu sichten und zu ordnen. Dies bedeutet die Notwendigkeit eines grundlegenden Instrumentenchecks, der den meisten Controllern schwerer fallen wird, als ihnen dies auf den ersten Blick erscheinen mag. Für einen solchen Check bieten sich die folgenden Fragen an:

- *Was ist überhaupt ein Instrument?* Diese Frage klingt trivial, ist aber bei näherem Hinsehen nur schwer »aus dem Stand« zu beantworten. Die Kostenrechnung zählt ohne Zweifel dazu, Kennzahlen auf Grund ihrer vielfältigen und sehr heterogenen Ausprägungen eher nicht? Bei der ebenfalls Kennzahlen verwendenden Balanced Scorecard lässt sich wiederum von einem Instrument sprechen, aber ist die operative Planung ein Instrument oder eher ein ganzes Steuerungssystem? Im Kontext einer Dienstleistungsproduktion – und hierbei handelt es sich bei den Leistungsbereichen von Controllern schließlich – ist es zudem nicht trivial, den Prozess und das damit erzielte Ergebnis exakt auseinander zu halten. Die Aufstellung eines Produktkatalogs fordert somit konkrete Festlegungen und Definitionen und kann sich bereits auf Grund der durch die Diskussion gewonnenen Einsichten »rechnen«.

- *Wozu dient ein Instrument?* Die Diskussion von Rechnungszwecken besitzt bei der Kostenrechnung eine lange Tradition. Bei einigen Instrumenten scheint der Zweck ganz offensichtlich auf der Hand zu liegen (etwa bei der Kapitalwertrechnung), bei anderen Instrumenten besteht erhebliche Unklarheit: Ist die Balanced Scorecard nun ein Kennzahlen- oder ein Managementsystem? Außerdem ergeben sich durchaus erhebliche Unterschiede zwischen den gedachten und den tatsächlich gelebten Zwecken; wir sind auf diesen Aspekt bereits im Zusammenhang mit den unterschiedlichen Nutzungsarten von Informationen näher eingegangen. Auch für die Instrumente gilt das Argument, dass eine gute Problemerkennung und -beschreibung schon einen erheblichen Teil der Wegstrecke zur Problemlösung darstellt. In Konsequenz bedeutet dies die Forderung, die Zwecke von Instrumenten viel genauer als bislang in den meisten Unternehmen praktiziert zu analysieren, zu konkretisieren und mit den Kunden der Controller abzustimmen.

- *Wie viele Instrumente sind wo »gelistet«?* Zur Beantwortung dieser Frage sind zwei Probleme zu lösen: Zum einen bedarf es der Kenntnis der Gesamtzahl aller in einem Unternehmen eingesetzten Controlling-Instrumente. Unterschiedliche Anwendungshäu-

Die Zwecke von Instrumenten sind selten hinreichend transparent – ebenso wie die für sie geltenden Anwendungsvoraussetzungen

figkeiten führen schnell zur Überlegung, ob diese auf unterschiedliche Geschäftsprobleme oder unterschiedliche Vorlieben der Controller (und der Manager) zurückzuführen sind. Zum anderen stellt sich das Problem, ob unterschiedliche Nutzungen in unterschiedlichen Unternehmensbereichen toleriert werden sollen oder nicht. Für ersteres spricht die Vermeidung von Kommunikations- und Verständnisproblemen: Es ist deutlich leichter, ein Investitionsbudget für ein Unternehmen zu vereinbaren, wenn alle Unternehmensbereiche gleich rechnen. Denkt man aber etwa an sehr unterschiedlich kapitalintensive Unternehmensbereiche in wertorientierten Steuerungskonzepten, so wird auch sichtbar, mit welchen Problemen man bei einem völligen Verzicht auf Differenzierung zuweilen zu rechnen hat.

- *Wie viele Instrumente sind konkret im Einsatz?*

Diese Frage ist sehr verwandt mit der zuvor gestellten, setzt aber zu ihrer Beantwortung noch mehr Wissen voraus. Dies beginnt schon bei der Festlegung, wie ein Einsatz konkret gemessen werden sollte. In manchen Fällen ist dies im Wesentlichen problemlos als eine Häufigkeit möglich (z. B. Messung der Zahl von mit Realoptionsrechnungen fundierten Investitionsanträgen). In anderen Fällen ist auch die Art der Verwendung von Bedeutung: Welcher Manager wird beispielsweise nicht mit dem Brustton der Überzeugung davon berichten, dass er den Monatsbericht immer genau studiere? Wie viel Zeit er darauf verwendet, wie viele weitergehende Analysen erfolgen (etwa durch »Drill-down«), ist mit einer reinen »ja-nein«-Antwort allerdings nicht erfasst. Nur in wenigen Fällen besteht eine Messbarkeit aus dem System heraus, beispielsweise mit Hilfe von Zugriffshäufigkeiten bei Informationssystemen. Ansonsten verbleibt es der Aufmerksamkeit der Controller, sich einen entsprechenden Eindruck zu verschaffen. Im Ergebnis ist zu vermuten, dass auch hier die 80-20-Regel zutrifft, dass also manche Instrumente in der Toolbox verstauben. Wenig benutzte Instrumente den Managern besser in ihrem Nutzen klar zu machen oder sie aus dem Instrumentarium zu streichen, sind die beiden Handlungsmöglichkeiten, die es zu überprüfen gilt.

Am Ende dieser instrumentenbezogenen Bestandsaufnahme werden unserer Erfahrung nach zwei Ergebnisse stehen: Zum einen eine Reduzierung der Vielzahl und Vielfalt der Tools um wenig genutzte Instrumente, zum anderen aber auch eine Vereinheitlichung von Instrumenten ähnlicher Ausrichtung. Wer in Unternehmen strategische Erfolgsfaktoren, Balanced Scorecards und operative wie strategische Werttreiberhierarchien parallel realisiert erlebt hat, kann den Umfang möglicher Standardisierung hinreichend abschätzen. Die Vereinheitlichung der Steuerungsgrößen interner und der externer Rechnungslegung sind davon nur ein kleiner Teil. Nicht zuletzt werden es die Manager ihren Controllern durch ein besseres Verstehen der verbleibenden Instrumente danken!

Weniger und besser genutzte Instrumente werden das Ergebnis einer Überprüfung des Controller-Werkzeugkastens sein

Controlling einfach gestalten

Lebensdauer von Instrumenten

Instrumente gelten nicht auf Dauer, sondern sind in festen Abständen jeweils wieder zu bestätigen! Die Idee stammt ursprünglich aus dem Bereich des New Public Management (»sunset legislation«) und ist für den Controlling-Kontext meines Wissens gänzlich neu. Instrumente werden im Normalfall mit der Perspektive unbegrenzter Nutzungsdauer eingeführt. Dies gilt für die Kostenrechnung ebenso wie z. B. für die Kapitalwertmethode. Nicht jedes Instrument deckt aber eine Problemstellung ab, die auf Dauer im Unternehmen Relevanz besitzt. Oftmals fokussieren sie – wie bereits an früherer Stelle unserer Argumentation ausgeführt – auf spezifische Fragestellungen. Der Balanced Scorecard liegt so das eklatante Umsetzungsdefizit von Strategien zu Grunde, wertorientierte Steuerung will ein erkanntes Anreizproblem zwischen Aktionär und Manager lösen, das Rechnen mit Realoptionen wird der Tatsache gerecht, dass Investitionen nicht immer komplett zu einem Zeitpunkt geleistet, sondern über die Zeit hinweg entwickelt werden können. Wenn aber solche Probleme historisch sind in dem Sinne, dass sie nur zeitweise und schwerpunktmäßig auftreten, liegt der Schluss nahe, die Instrumente mit dem Abklingen dieser Steuerungsengpässe wieder »einzumotten«. In der Konsequenz bedeutet dies für Controller, sehr genau zu analysieren, welche Problemstellungen einen permanenten Charakter besitzen und welche eher sporadischer Natur sind. Hierzu bieten sich folgende Fragen an:

- Wie *lange gibt* es *die einzelnen Instrumente in welcher Form schon?*
  Sie betrifft die Analyse der Einführungsgründe und des Einführungskontextes.
- *Wann wurden sie zum letzten Mal aktualisiert?*
  Viele Instrumente weisen eine »Pflege-Historie« auf (»Releasewechsel«). Die Gründe für die vorgenommenen Veränderungen (bei der Kostenrechnung im Wesentlichen die Anpassung an gestiegene DV-technische Möglichkeiten) sind hier ebenso von Bedeutung wie mögliche Konsequenzen der Veränderung (etwa höhere Akzeptanz bei den Nutzern).
- *Was würde genau passieren, wenn sie gestrichen würden?*
  Dies beinhaltet zunächst die Analyse der Verfügbarkeit schon vorhandener oder aber fallweise zu schaffender Alternativen. Weiterhin muss bestimmt werden, welche Möglichkeiten der Kostenreduktion einerseits beständen (»Welche Kosten fielen weg, wenn das Unternehmen keine Kostenrechnung mehr hätte?«) und wie stark eine Verschlechterung der Managerperformance andererseits ins Gewicht fiele (»Wie viel schlechter würden Manager entscheiden, wenn sie nicht auf Daten der Kostenrechnung zurückgreifen könnten?«).

Entsprechendes Wissen ist derzeit in den Unternehmen kaum vorhanden. Unseres Erachtens sollte es zumindest in den Grundzügen aufgebaut werden.

Die Idee einer »sunset legislation« ist für Controlling-Instrumente gänzlich neu

Maximalanzahl von Instrumenten

Für jedes neue Instrument ist im Regelfall ein altes zu streichen!

Für jedes neu einzuführende Instrument ist im Regelfall ein altes zu streichen! Kommt Ihnen diese Regel aus dem Zusammenhang mit dem Berichtswesen bekannt vor? Sie verhindert dort das Ausufern von Berichten vom prägnanten Informationsinstrument zum Zahlengrab. Auf Instrumente übertragen vermeidet sie Verwirrung der Manager hinsichtlich immer neuer Instrumente, deren zusätzlicher Erkenntniswert auch auf den zweiten Blick nicht ganz klar sein muss. Im Einzelnen ist folgender Fragenkatalog abzuarbeiten:

Die Dauer des Einführungsprozesses von Instrumenten wird zumeist erheblich unterschätzt!

- *Welches Instrument soll durch das neue abgelöst werden?*
  Beispiele für derartige Austauschprozesse haben wir implizit im vorangegangenen Absatz bereits genannt: zum einen strategische Erfolgsfaktoren durch vorlaufende Kennzahlen in der BSC und zum anderen das Betriebsergebnis durch einen EBITDA. Kommt bei der Analyse heraus, dass das neu einzuführende Instrument tatsächlich eine bislang nicht abgedeckte Problemstellung berücksichtigt; so können auch Ausnahmen von der Streichungsregel vorgenommen werden, dies allerdings wirklich nur in Sonderfällen. Ein Beispiel wäre etwa das Target Costing, das erstmals eine systematische Integration beteiligter und/oder betroffener Unternehmensbereiche in den Produktentstehungs- und -gestaltungsprozess im Fokus hat. Die Austauschregel klingt auf den ersten Blick wenig kundenfreundlich und zu weitgehend. Dennoch erscheint sie uns vor dem angesprochenen Hintergrund von Könnens- und Zeitproblemen des Managements hilfreich und sinnvoll, zumindest aber als Denkanstoß wichtig. Sie sollte auf jeden Fall bei hoher Ähnlichkeit von Instrumenten befolgt werden. Ansonsten kommt es schnell zu einer »hausgemachten« Verwirrung des Managements durch die Controller.

- *Wann und wie soll die Ablösung erfolgen?*
  Hier geht es um die Abschätzung der Dauer des Ablösungsprozesses und der (Netto-)Ressourcenbindung durch die Ablösung. Die Dauer von Instrumenteneinführungen wird meist (deutlich) unterschätzt. Dabei muss man noch nicht einmal an SAP-Einführungen denken; maßgeblich ist vielmehr der Effekt, dass Manager (viel) Zeit brauchen, um sich mit einem neuen Controlling-Instrument wirklich anzufreunden. Diese Gewöhnungsfrist geht deutlich über den technischen Implementierungsprozess hinaus. Spiegelbildlich gilt dies auch für das Aufgeben bestehender Instrumente. Wenn sich Manager z. B. daran gewöhnt haben, Investitionen mit Hilfe von Kapitalwerten zu beurteilen, werden sie auch dann nicht wirklich mit Realoptionen rechnen, wenn ihnen das von den Controllern vorgeschrieben wird. Wahrscheinlich ist dann vielmehr der Gebrauch einer »Übersetzungslogik« für per DCF ermittelte Vorteilhaftigkeiten in die Modellwelt der Realoptionen, ganz analog dem Motto: »Wenn unsere Controller unbedingt eine Vier-Jahres-Planung wollen, dann nutzen wir eben alle Möglichkeiten, die uns Excel bietet.« Wenig em-

pirische Erfahrung liegt schließlich darüber vor, wie viel Ressourcen durch den Ablösungsprozess gebunden werden. Vermutlich ist der Aufwand nicht zu unterschätzen.

- *Warum muss das Instrument tatsächlich zusätzlich eingeführt werden?*
An dieser Stelle der Argumentation wird auch diese Frage nicht mehr überraschen. Hinter ihr steht die Erfahrung, dass neue Instrumente häufig zu leichtfertig eingeführt werden, etwa weil man den süßen Klängen der Berater erliegt oder einfach Modewellen folgt.
Erforderlich ist es vielmehr, intensiv und explizit den Nutzen ebenso wie die Risiken und Nebenwirkungen von Instrumenten herauszuarbeiten. Zu letzteren gehören auch die zur Anwendung des Instruments zu erfüllenden Voraussetzungen. Das Urteil sollte dabei nicht nur Experten – also den Controllern – überlassen werden; vielmehr sind auch die späteren Nutzer der Instrumente intensiv mit einzubeziehen – wohl wissend und berücksichtigend, dass bei einigen von diesen mit Veränderungsträgheit und damit »gefärbter« Meinungsäußerung zu rechnen ist. Schließlich macht es Sinn, die für die Einführung maßgeblichen Argumente und Erwartungen im Sinne eines »Einführungsproposals« festzuhalten und nach gewisser Zeit der Instrumentennutzung zu überprüfen. Ein solches Vorgehen ermöglicht nicht nur, das Instrument selbst besser einzuschätzen, sondern besitzt auch Ausstrahlungseffekte für kommende neue Instrumente. Vielleicht ist gerade dies der geeignete Weg, um zu realistischeren Einschätzungen über Nutzen und Wirkungen zu kommen.

Einfachheit von Instrumenten

Menschen sind kognitiv begrenzt; zusätzliche Komplexität ist teuer, insbesondere, wenn sie mit hoher Veränderung kombiniert auftritt. Nimmt man diese Erkenntnisse zusammen, erscheint die These möglichst weitgehender – aber dabei noch hinreichender! – Einfachheit von Instrumenten schon fast tautologisch. Dennoch ist sie empirisch vielfach widerlegt: Eine Deckungsbeitragsrechnung ist komplexer als eine Nettoergebnisrechnung, eine Investitionsrechnung auf Basis des Realoptions-Ansatzes komplizierter als eine Discounted-Cashflow-Rechnung, eine CVA-Ermittlung schwieriger als die Bestimmung des Betriebsergebnisses. Der Widerspruch klärt sich auf, wenn man das »möglichst einfach« mit den zu lösenden Problemen konfrontiert und damit zu einem »so einfach wie irgend möglich« verändert. Sollen kurzfristige Ergebnisbeiträge ermittelt werden, dann reicht ein Nettoergebnis nicht aus; soll die Tatsache berücksichtigt werden, dass Investitionen nicht immer einen festen Investitionszeitpunkt haben, sondern über die Zeit »gestreckt« werden können, dann ist die DCF-Methode mehr oder weniger ungeeignet; soll die Kapitalmarkterwartung hinsichtlich Rendite und Risiko in die Periodenerfolgsermittlung einbezogen werden, dann ist das Betriebsergebnis die unpassende Größe. Damit gilt das Ziel »möglichst einfach«

Die Anforderung hinreichender Einfachheit von Instrumenten resultiert aus kognitiven Begrenzungen der Manager ebenso wie aus dem Bedarf häufiger Veränderung

Das Ziel des »möglichst einfach« gilt nur unter der Nebenbedingung des »aber noch für das Problem geeignet«

nur unter der Nebenbedingung »aber noch für das Problem geeignet«.

Allerdings wird hiergegen unserer Erfahrung nach in der Praxis vielfach und weitgehend verstoßen. Aus einer anfangs schon angesprochenen Spezialisten-Attitude heraus werden Instrumente häufig (viel) komplexer, als sie sein müssten. Wer etwa in einem Unternehmen die Diskussion verfolgen kann, ob man nun 42 oder 47 der knapp 150 möglichen Anpassungen einer EVA-Berechnung vornehmen solle und dabei häufig das Argument möglichst hoher konzeptioneller (»theoretischer«) Richtigkeit vernimmt, erkennt ebenso (verfehltes) Spezialistentum wie dann, wenn um Feinheiten der Bestimmung risikoadjustierter Zinsfüße gestritten wird (»Kann der Branchen-Beta wirklich für unseren Geschäftsbereich XYZ herangezogen werden?«). Statt Perfektion im Detail zu suchen, sollten sich Controller viel mehr um die Prämissen und Anwendungsbedingungen von Instrumenten kümmern. Wer etwa die Prognoseunsicherheit von Eingangsvariablen in eine DCF-Rechnung nicht kennt oder kontrolliert, der sollte sich möglichst keine Gedanken darüber machen, ob nicht besser mit einem geteilten Zins für positive oder negative Cashflows gerechnet werden sollte. Rechnerische Perfektion eines Instruments ist häufig mit Imperfektion der Ausgangsdaten, zuweilen sogar der Anwendungsprämissen verbunden. Leicht können Schein und Wirklichkeit unsanft miteinander kollidieren.

Instrumente als Denkwerkzeuge, als Hilfsmittel zur Problemstrukturierung, nicht zur Problemlösung zu verstehen, ist für viele Controller eine ungewohnte Denkweise. Sie ist aber in hohem Maße kompatibel zu unseren Ausführungen zu den Nutzungsarten von Informationen im Abschnitt 4 (empirisch untermauertes Primat konzeptioneller gegenüber instrumenteller Nutzung)! Auch aus einer solchen Sicht resultiert eine Tendenz zur Einfachheit. Die Betonung liegt auf der richtigen Anwendung eines Werkzeugs in möglichst vielen Händen. Lange Gebrauchsanleitungen sind hierfür kontraproduktiv!

Nutzung von Instrumenten

Was Controlling-Instrumente wirklich bewirken, darüber besteht nur wenig Wissen. Ob selbst die überall propagierte wertorientierte Steuerung die Unternehmen erfolgreicher macht als deren bisherige Steuerungssysteme, ist empirisch noch nicht belegt. Aber auch die viel einfachere, leichter zu klärende Fragestellung, wie Manager Instrumente konkret nutzen und wie zufrieden sie damit sind, ist bislang noch viel zu wenig beantwortet. Auf die empirischen Studien, die sich über die Nutzungsarten von Informationen Gedanken gemacht haben, wurde in diesem Kapitel schon mehrfach verwiesen. Dort finden sich auch Überblicke über den (sehr bescheidenen) Stand der empirischen Forschung. Sie können den Controllern erste Anhaltspunkte liefern. Die Situation »vor Ort« müssen sie aber selbst erheben. Hierzu sind für jedes Instrument zwei Fragen zu beantworten:

- *Wer nutzt welches Instrument wozu wie lange?*
  Diesen Aspekt haben wir bereits an früherer Stelle der Argumentation angesprochen.

Entfeinerung der Kostenrechnung

Die Kostenrechnung in ihrer Komplexität zu reduzieren, ist eine Idee, die uns schon seit langem beschäftigt. Die folgenden kurzen Ausführungen gehen auf einen Aufsatz aus dem Jahr 1992 zurück (Weber 1992). Sie sind in der Praxis unseres Wissens kaum aufgenommen worden. Erst mit den Anstößen aus der externen Rechnungslegung (»Common System«) ist wieder etwas Bewegung in die Kostenrechnung gekommen. Unter »Entfeinerung« sei eine Reduzierung von Aktualität, Genauigkeit, Detaillierung oder Zweckentsprechung der Kosten-, Erlös- und Ergebnisinformationen verstanden. Für sie besteht ein sehr großes Spektrum an Möglichkeiten, wie dies die unten stehende Abbildung zeigt. In dieser ist als weiteres Strukturierungskriterium die Phaseneinteilung in Erfassung, Speicherung und Auswertung gewählt. Bezogen auf die übliche Einteilung in Kostenarten-, Kostenstellen- und Kostenträgerrechnung bedeutete dies, die Zahl der Kostenarten (die in manchen Unternehmen eine vierstellige Zahl ausmacht), die Zahl der Kostenstellen (sie überschreitet – z. B. auf Grund eines hohen Anteils von Verrechnungskostenstellen – zuweilen die Zahl der Mitarbeiter!) und die Zahl der Kostenträger (hier trifft man auf Werte, die die Zahl der Kostenarten noch um den Faktor 10 übersteigen!) zu reduzieren. Mit einer solchen Verringerung der Komplexität werden zum einen unsinnige Detaillierungsfacetten aufgegeben, zum anderen durch Verzicht auf wenig begründete Verrechnungsannahmen die Datenqualität in Teilbereichen der Kostenrechnung gesteigert statt vermindert.

Trotz gesteigerter DV-technischer Möglichkeiten die Kostenrechnung weniger komplex zu machen, ist eine eher ungewöhnliche Idee

	Erfassung	Speicherung	Auswertung
Aktualität	Monatliche statt real-time erfolgende Datenübernahme aus Vorsystemen	Zulassen unterschiedlicher zeitlicher Stati von Kostendaten zwischen Konsistenz- bzw. Integritätsterminen	Verzicht auf aktuelle, real-time-orientierte Abrufbarkeit von Kosten- und Ergebnisinformationen
Genauigkeit	Verstärktes Zurückgreifen auf Standards (z.B. Normverbräuche aus Stücklisten) anstelle von Ist-Erfassungen	Verzicht auf die laufende Speicherung erfasster, aber selten benötigter Kostenmerkmale	Pauschaler Abschluss der Standard-Ist-Abweichungen gegen das Betriebsergebnis statt differenzierter Abweichungszuordnung
Detaillierung	Verzicht auf Einzelkostenerfassung zugunsten einer Erfassung als unechte Gemeinkosten	Verzicht auf Einzelkostennachweis (Speicherung lediglich von Summensätzen)	Verzicht auf Einzelkostennachweis in Standardauswertungen (Ausweis lediglich auf Basis von Summensätzen)
Zweck-adäquanz	Verzicht auf das parallele Erfassen alternativer Wertansätze (z.B. kostenrechnerische und bilanzielle Abschreibungen)	Rechnungszweckbezogene Verdichtung statt Verfolgung der Grundrechnungsidee	Verzicht auf multifunktionale Auswertungsmöglichkeiten der gespeicherten Daten

Ziel der Controller muss es sein, eine Art »Know-how-Landkarte« ihrer Manager aufzustellen

- *Wie und warum hat sich die Nutzung der Instrumente in der letzten Zeit verändert?*
  Mögliche Gründe für solche Veränderungen könnten Zeitmangel und fehlende Anwendungsanlässe ebenso sein wie mangelndes Verständnis des oder Enttäuschung über das Instrument.
- *Wer sollte ein Instrument nutzen, tut es aber nicht?*
  Auch diese Frage gilt es sorgfältig zu beantworten. Instrumente können nicht nur zu viel, sondern auch zu wenig benutzt werden!

Zusammengefasst sollten (müssten) Controller systematisch Erkenntnisse darüber aufbauen, wie stark einzelne Instrumente verwendet werden, wovon diese Nutzung wesentlich abhängt und wie man sie beeinflussen kann. Diese Aussagen klingen ganz selbstverständlich und sollten es auch sein. Trotzdem bleiben sie häufig unberücksichtigt, weil es keinen echten internen Markt für Controlling-Instrumente gibt: Einzelne Manager müssen für ihre Nutzung zumeist nichts bezahlen und bis vor kurzem befanden sich auch keine potenziellen Konkurrenten in »Lauerstellung«, die darauf warteten, eine schlechte Performance von Controlling-Instrumenten auszunutzen (aktuell ändert sich dies insbesondere in Richtung Accountants). Da beide Korrektive gegen eine potenzielle Schlechtleistung fehlen oder schlecht entwickelt sind, müssen die Controller ständig – quasi prophylaktisch – selbst für Instrumenten-Performance sorgen. Eine »operational excellence« ist die beste Gewähr dafür, von den Kunden gebraucht (und nicht wegrationalisiert) zu werden!

Operative Exzellenz ist der beste Schutz davor, wegrationalisiert zu werden – das gilt auch für Controller

Instrumentenkenntnis

Instrumente werden vom Manager nur dann richtig genutzt, wenn er sie kennt! An dieser Stelle ist wenig Zusätzliches zu sagen. Schon mehrfach haben wir darauf hingewiesen, dass Manager zumeist (deutlich) weniger Wissen hinsichtlich Steuerungs- und Berichtssystemen besitzen, als dies Controller glauben. Ziel der Controller muss es sein, eine Art Know-how-Landkarte ihrer Manager aufzustellen, dabei bestimmte Typen zu bilden (vgl. die Ausführungen im Abschnitt 4) und für diese bestimmte Vermittlungs- und Coaching-Strategien zu entwickeln. Hierzu könnten folgende Fragen hilfreich sein:

- *Welches Set an vom Controller bereitgehaltenen Instrumenten kennt der einzelne Manager? Wo bestehen Lücken?*
  Hiermit knüpfen wir an zuvor gestellte Fragen an. In den meisten Unternehmen – so unsere Erfahrung – herrscht an dieser Stelle keine Klarheit, sondern liegt nur ein sehr umrisshaftes Wissen vor. Dies bedeutet einen akuten Handlungsbedarf für Controller. Instrumente zu streichen, weil sie von den Managern nicht nachgefragt werden, ist dann eine schlechte Strategie, wenn die fehlende Nachfrage nur auf einen unzureichenden Know-how-Stand zurückzuführen ist!
- *Was weiß welcher Manager von den Einsatzbedingungen und dem Aussagegehalt welcher Instrumente?*
  Die Anwendungsvoraussetzungen kommen in der Praxis häufig ebenso zu kurz wie die »Risiken und Nebenwirkungen« der Instrumente (z. B. hinsichtlich selektiver Wahrnehmung

Controlling einfach gestalten

oder der versuchten Abgabe von unternehmerischer Verantwortung an das Instrument). Hier können bzw. müssen die Controller häufig auch noch selbst lernen.

- *Wie sind welche Instrumente welchem Manager näher gebracht worden?*
  Es soll Unternehmen geben, in denen die Instrumente quasi auf dem Postweg bekannt gemacht werden, in denen die Möglichkeit eines hinreichenden Vertrautmachens aus Zeit- oder Aufwandsgründen oder aus fehlender Wahrnehmung der Problematik gänzlich unterbleibt. Die Beantwortung dieser Frage schafft Wissen für konkret erforderlichen »Nachbesserungsbedarf« und leitet zugleich zu unserem letzten Aspekt über.

Instrumenten-Vermarktung

Instrumente werden von den Managern nur dann richtig verstanden, wenn sie als Produkte professionell von den Controllern verkauft werden. Instrumente brauchen einen konkreten »Verkaufsplan« – wir sind im Abschnitt 4 hierauf bereits in anderem Zusammenhang eingegangen. Dieser wird je nach Neuigkeitsgrad und Verwendungszweck des Instruments unterschiedlich aussehen. Um Ihnen einen ersten Eindruck zu vermitteln, greifen wir auf das Beispiel Kostenrechnung zurück. In Kapitel III./1. (vgl. S. 401 ff.) findet sich ein Aktionsprogramm zur Vereinfachung und größeren internen Kundennähe der Kostenrechnung, das verkürzt dem unten stehenden Kasten zu entnehmen ist.

(Re-)Positionierung der Kostenrechnung

Die (Re-)Positionierung der Kostenrechnung gegenüber ihren internen Kunden lässt sich in einem Sechs-Punkte-Programm zusammenfassen.

1. Formulieren Sie eine passende Grundausrichtung für Ihre Kostenrechnung!

Kostenrechnung kann sehr unterschiedlichen Zwecken dienen. Sie sind alle intuitiv wichtig: Wer will nicht die Wirtschaftlichkeit kontrollieren oder Programmentscheidungen fundieren? Allerdings halten solche vagen Urteile einer genaueren Analyse selten Stand. Insbesondere zeigt sich immer mehr, dass das Bild der Kostenrechnung als ein für alle möglichen Zwecke geeignetes Instrument nicht zutrifft. Controller und Manager müssen sich entscheiden. Hierbei hilft Know-how aus dem Bereich der strategischen Planung. Es schlägt drei Stufen vor:

- *Philosophie* (Ein Beispiel: »Wir sehen in unserer Kostenrechnung in erster Linie eine betriebswirtschaftliche Sprache, die helfen soll, die Führungskräfte auf den unterschiedlichsten Ebenen zu koordinieren.«).
- *Leistungsstrategien* (etwa: »Wir führen im Vertriebsbereich eine Prozesskostenrechnung ein.«).
- *Ressourcenstrategien* (z. B.: »Um besser mit dem Management ins Gespräch zu kommen, werden wir die Kommunikationsfähigkeiten unserer Kostenrechner stark ausbauen.«).

Ein Sechs-Punkte-Programm zur (Re-)Positionierung der Kostenrechnung als Beispiel

2. Bestimmen Sie die alten und neuen Kunden der Kostenrechnung!

Die Kostenrechnung ist in vielen Unternehmen in der Vergangenheit stark angebotsorientiert betrieben worden. Die Kostenrechnungsspezialisten bestimmten im
Wesentlichen Inhalt und Form der Rechnung; die Einbindung der Informationsempfänger erfolgte meist zögerlich und partiell (»Hätten Sie gerne noch eine Graphik
mehr?«). Die Umstellungsprobleme in der DV (Standardsoftware) bestärkten dies
noch. Erforderlich ist eine strikte Ausrichtung am internen Kunden. Kundensegmentierungen und Marktforschung sollte man nicht dem Marketing überlassen!

3. Stimmen Sie mit den Kunden die alten und neuen Kostenrechnungsprodukte ab!

Dieser Schritt zerfällt in einige Unterschritte. Kostenrechnungsprodukte müssen
zuerst definiert werden – eine spannende Angelegenheit für den, der einen Monatsbericht, eine Produktkalkulation oder eine bestimmte Zeitreihenanalyse noch nie
als (Informations-)Produkt gesehen hat. Für die Produkte sind anschließend Qualitätsmerkmale festzulegen. Für einen Kostenstellenbericht zählen hierzu beispielsweise die Aktualität (X Tage nach Monatsultimo), die Genauigkeit und bestimmte
Merkmale der Verständlichkeit. Auch den Preis (bzw. die Kosten) der Kostenrechnungsprodukte gilt es zu messen und mit den Kunden zu vereinbaren. Dabei kann
es durchaus zu Einschnitten in der internen Geschäftsbeziehung Kostenrechner –
Management kommen, aber Wettbewerb hat noch nie geschadet!

*4. Forcieren Sie den Service für Ihre Kostenrechnungsprodukte. Begreifen Sie Ihr
Know-how als eigenständige Leistung!*

Führungskräfte haben ein Recht darauf, dass ihnen die Zahlen hinreichend erklärt
werden. Eine derartige Beratungsleistung erhöht den Nutzen und die Akzeptanz
der Kostenrechnung erheblich. Sie verlangt von manchem Kostenrechner ungewohnte Fähigkeiten. Bei der Beratung geht es nicht darum, brillante Systemkenntnis zu zeigen, sondern den individuellen Wissensstand der Führungskraft richtig
einzuschätzen. Mangelnder Service führt schnell zu mangelnder Akzeptanz, diese
zu zurückgehender Nachfrage nach Zahlen der Kostenrechnung. Das Know-how
der Kostenrechner (Wie erkennt und behandelt man Verbundeffekte? Wann kann
man welche Kosten wie zurechnen?) wird gar nicht oder unter Wert verkauft.

5. Lassen Sie sich nicht zu stark von den Möglichkeiten der DV-Software leiten!

Nicht die DV, sondern Ihre Kunden sollten die Kostenrechnungsprodukte bestimmen! Die vielfältigen Möglichkeiten moderner Standard-Software suggerieren
beliebige Machbarkeit. Nun wird aber nicht der Auswertungsmodus, sondern die
Dateneingabe zum Problem: Es ist zwar erhellend, neben den Produktkosten parallel auch die Kosten von Kunden oder Vertriebswegen zu sehen; wenn diese Informationen jedoch durch heroische Aufteilungen entstanden sind, gilt nur der Satz
»Garbage in – Garbage out«. Bei der Nutzung der vielfältigen Auswertungsmöglichkeiten muss man sich also strikt beschränken. Die Auswahl sollte primär durch
die Wünsche der Kostenrechnungskunden bestimmt werden. In zweiter Linie
müssen die Kostenrechner überprüfen, ob sie den Wünschen auf Dauer (!) mit hinreichender Qualität entsprechen können.

6. Messen Sie laufend die Zufriedenheit der Kunden der Kostenrechnung mit den nachgefragten Produkten.

Dann, wenn die Produkte der Kostenrechnung mit den von Ihnen betreuten Führungskräften als Kunden abgestimmt sind, dürfen Sie einen letzten Schritt nicht vergessen: Eine solche interne Marktorientierung ist kein einmaliger Prozess, sondern muss laufend nachjustiert werden. Kundenzufriedenheit wird nicht nur durch richtige Produkte erzeugt; vielmehr sind für sie auch laufende Anpassungen an Änderungen der Kundenwünsche und permanenter Kontakt zu den Kunden wesentlich. Kundenzufriedenheit erzeugt man nur in einem permanenten Bemühen. Also sollten Sie auch laufend die Zufriedenheit Ihrer Kunden kennen!

Fazit

»Lean Controlling« ist vor Jahren wie eine Modewelle über die Controller-Bereiche hinweggeschwappt. Controller waren weder überzeugt, dass sie intensiv vor der eigenen Tür kehren mussten, noch haben sie Vereinfachung als spannende und sie voranbringende Aufgabe gesehen.

Wir hoffen, dass dieses Kapitel dazu führt, das Thema Vereinfachung noch einmal, und nun intensiv und nachhaltig aufzugreifen. Wir sehen aus dem Umfeld der Unternehmen, aus dem massiven Wettbewerbsdruck und der hohen Veränderungsgeschwindigkeit Vereinfachung in der Führung als schlichte Notwendigkeit, um im Markt zu verbleiben. Controller müssen dabei helfen; ja ihnen kommt dabei eine Schlüsselrolle zu.

Die hierzu in diesem Kapitel aufgeführten Hinweise und Vorschläge sind in der Summe dazu geeignet, die anfangs angesprochenen Probleme (vgl. S. 7–9) zu lösen oder zumindest deutlich abzumildern:

- Verständnisprobleme wie *Know-how-Probleme* des Managers werden beseitigt oder verringert, indem die Zahl der Instrumente reduziert wird und Controller mehr Wert auf die Vermittlung des in den Instrumenten steckenden betriebswirtschaftlichen Know-hows legen. Dies beseitigt zugleich instrumentenbezogene Kommunikationsprobleme zwischen Managern und ihren Mitarbeitern.
- *Steuerungsprobleme,* die auf gestiegene Komplexität und Dynamik zurückzuführen sind, werden durch Vereinfachung der Prozesse, stärkere Dezentralisierung, eine Trennung zwischen Routine- und Projektsteuerung und ein striktes Abstellen der Berichts- und Steuerungssysteme auf die Kompetenz und Verantwortung der Manager berücksichtigt bzw. gelöst.
- Selbst geschaffene *Gestaltungsprobleme* der Berichts- und Steuerungssysteme, die sich in mangelnder Überschaubarkeit und Veränderungsresistenz zeigen, werden durch eine strikte Vereinfachung ebenso behoben, wie dadurch das Allokationsproblem der Controller gelöst wird: Sie haben dann wieder mehr Zeit für die wirklich wichtigen Probleme.

Dies bedeutet ein erhebliches Umdenken. Controller haben in der Vergangenheit eher den umgekehrten Weg be-

Eine konsequente Vereinfachung im Controlling ist die richtige Antwort auf die anfangs aufgeführten vielfältigen Probleme des Managements

schritten, Eigenkomplexität aufgebaut, statt Komplexität generell zu verringern. Für sie ergeben sich neue Herausforderungen, etwa sehr viel mehr über ihre internen Kunden zu wissen, als dies heute der Fall ist, stärker die kognitiven Begrenzungen und die immer geringer zur Verfügung stehende Zeit zu beachten. Für sie ergeben sich aber auch neue Risiken; sie können sich nicht mehr hinter komplexen Berichts- und Steuerungssystemen verstecken; sie müssen den Mut haben, auf Expertenmacht zu verzichten.

Intelligente Vereinfachung wird das Geschäft der Controller menschenbezogener, weniger technikbestimmt machen. Den Wünschen der Manager nach mehr interner Beratung kommen sie damit entgegen. Für Controller, die im Laufe ihrer Karriere selbst einmal auf einem Managersessel sitzen wollen, wird der Job damit spannender. Vielleicht wird es auch dazu führen, dass weniger Controller benötigt werden. Dies wäre dann ein Beitrag zur Kostensenkung durch Reduktion eigener Kapazitäten – sicher kein Effekt, der die Reputation der Controller verminderte, ganz im Gegenteil!

Literatur: Wo können Sie sich weitergehend informieren?

Engelbrecht, Chr.: »Logistik-Outsourcing: Erfolgsfaktoren und Erfolgswirkungen – Erkenntnisse aus der Praxis«. In: Weber, J./Deepen, J. (Hrsg.): *Erfolg durch Logistik. Erkenntnisse aktueller Forschung*, Bern u. a., 2003, S. 43–76.

Homburg, Ch./Weber, J./Aust, R./Karlshaus, J. T.: *Interne Kundenorientierung der Kostenrechnung – Ergebnisse der Koblenzer Studie.* Schriftenreihe Advanced Controlling, Band 7. Vallendar, 1998.

Hunold, C.: *Erfolgsfaktoren kommunaler Kostenrechnung – Eine empirische Untersuchung.* Dissertation. Vallendar, 2003.

Karlshaus, J.-T.: *Die Nutzung von Kostenrechnungsinformationen im Marketing. Bestandsaufnahme, Determinanten und Erfolgswirkungen.* Wiesbaden, 2000.

Menon, A./Varadarajan, P. R.: »A Model of Marketing Knowledge Use within Firms«. In: *Journal of Marketing*, 56. Jg., S. 53–71.

Sandt, J.: *Gestaltung und Nutzung von Kennzahlen und Kennzahlensystemen. Bestandsaufnahme, Determinanten und Erfolgsauswirkungen.* Dissertation. Vallendar, 2003.

Simons, R.: *Levers of Control – How Managers Use Innovative Control Systems to Drive Strategic Renewal.* Boston, 1995.

Weber, J.: »Entfeinerung der Kostenrechnung?« In: Scheer, A.-W. (Hrsg.): *Rechnungswesen und EDV, 13. Saarbrücker Arbeitstagung.* Heidelberg, 1992, S. 173–199.

Weber, J.: *Das Advanced-Controlling-Handbuch.* Weinheim, 2005.

5 Controlling & Psychologie

Jürgen Weber, Maximilian Riesenhuber

Zur Motivation dieses Kapitels

»Einen Wahn verlieren macht
weiser als die Wahrheit finden.«
Ludwig Börne

Die Psychologie ist die Wissenschaft vom Handeln und Erleben des Menschen – ein Feld, in dem alle Menschen als Experten gelten. Dennoch beansprucht die Psychologie Erkenntnisse für sich, die über Erfahrungen, die wir im täglichen Leben machen, hinausgehen.

Im Folgenden werden verschiedene psychologische Phänomene und deren Wirkmechanismen beschrieben. Anschließend werden sie auf mögliche Auswirkungen auf die Arbeit des Controllers hin untersucht. So werden die Auswirkungen von Gefühlen (Affekten) auf unsere Informationsverarbeitung (siehe S. 212 ff.), die Gegenwehr (Reaktanz) gegen jegliche Beschneidung der empfundenen Freiheit (siehe S. 229 ff.) und ähnliche Verhaltensweisen des Menschen beleuchtet. Ein besonderes Gewicht bekommen die Mechanismen, die das Urteilsvermögen beeinträchtigen, die Urteile also verzerren. Ein besonderes Gewicht sollen sie deshalb haben, weil Entscheidungen – und damit Urteile – im betrieblichen Alltag von besonderer Bedeutung sind. Die hier möglicherweise wirksamen Verzerrungen und Fehlerquellen betreffen den Kern der Aufgabe des Controllers.

Alle diese Phänomene bedeuten, dass in der Folge ihrer Erscheinung Handlungen nur noch insofern als rational gelten können, als dass sie aus Sicht des Handelnden und in Kenntnis der Situation nachvollziehbar sind. Die Ergebnisse weichen dabei von den eigenen Zielen ab, ebenso wie sie erheblich von dem abweichen können, was das Unternehmen anstrebt – ein Zustand also, den es zu vermeiden gilt.

Nimmt man die Rationalitätssicherung als Funktion des Controlling an (Weber 2002, S. 48–66), so handelt es sich nicht nur um ein Thema des täglichen Erlebens und Handelns von Controllern, sondern vielmehr um deren Kernaufgabe. Um beiden Aspekten (Aufgabe und persönlicher Beteiligung) gerecht zu werden, seien jeweils mögliche Auswirkungen auf Manager (als diejenigen, die die zu sichernde Rationalität produzieren sollen) und auf Controller (die eben jene Rationalität sichern sollen und im Rahmen dieser Aufgabe selber zu Produzenten von Rationalität werden) betrachtet. Es wird dementsprechend zu jedem Verhaltensphänomen eine allgemeine Darstel-

Im Feld der Psychologie fühlen sich viele Menschen als Experten

Für Controller, die sich als Rationalitätssicherer verstehen, sind psychologische Kenntnisse unverzichtbar

211

lung geben, der eine spezielle Betrachtung möglicher Auswirkungen auf die Zusammenarbeit von Managern und Controllern folgt. In dieser speziellen Betrachtung soll illustriert werden, wie das Verhalten eines Managers aussehen könnte und welche Probleme daraus resultieren. Im nächsten Schritt wird skizziert, welche Möglichkeiten ein Controller besitzt, darauf zu reagieren.

Bei der Illustration der Wirkmechanismen für Controller und Manager werden wir die Phänomene in überzeichneter Weise darstellen. Selbstverständlich treten sie in der Realität nicht oder nur selten in der beschriebenen Intensität und Vollständigkeit auf – glücklicherweise sind wir dazu in der Lage, unser Verhalten weitgehend zu kontrollieren. Die gewählte Darstellungsweise soll Ihnen helfen, ein plastisches Bild möglicher Situationen zu skizzieren – um sie in den Situationen, in denen wir selber oder unsere Gesprächspartner doch nicht mehr zu der eben erwähnten Kontrolle des Verhaltens in der Lage sind, zu erkennen und zu verstehen; und im besten Fall sinnvoll gegensteuern zu können.

Um eine größere Nähe zum betrieblichen Alltag herzustellen, wird jeder Abschnitt von einer kurzen Geschichte, jeweils in einem grauen Kasten, eingeleitet. Diese Geschichte soll alltägliche Situationen beschreiben, die Elemente des Folgenden beinhalten. Am Ende jeden Abschnittes wird dieselbe Geschichte, ebenfalls grau unterlegt und in kursiver Schrift, mit veränderten Verhaltensweisen des Controllers erzählt. Diese Darstellung ist natürlich ebenfalls stark vereinfacht und kann, um realistisch zu bleiben, nur Teilaspekte der verschiedenen Phänomene beinhalten.

Die Beschreibung konkreter Szenen wird helfen, die Aussagen verständlich zu machen

Informationsverarbeitung im Affekt

Montag, 18. März, 08:30 Uhr,
Büro eines Geschäftsbereichsleiters: Schon beim Betreten des Raumes merken Sie, dass Ihr Manager heute überragend gute Laune hat. Bereits seine Sekretärin war von dieser guten Laune angesteckt. Er begrüßt Sie mit den Worten »Heute holen wir sie uns!« – Sie haben es bereits geahnt. Die geplante Akquisition macht ihm so richtig Freude. Leider haben Sie festgestellt, dass sich das Geschäft nicht so darstellen lässt, wie Ihr Manager das hofft. Als Sie ihm die Zahlen vorlegen, lächelt er sanft und kommentiert sie mit den Worten »Ach Sie schon wieder. Immer dieser Pessimismus. Man muss auch mal was wagen!« Und so wird auch der Rest des Gespräches ... egal was Sie vorbringen, seine gute Laune und sein Optimismus lassen sich nicht bremsen.

10:30 Uhr, Büro des nächsten Geschäftsbereichsleiters:
Als Sie eintreten, telefoniert Ihr Manager noch. Gerade macht er seinen Gesprächspartner »richtig rund«. Ein toller Start – vielleicht war das Gespräch eben doch nicht so schlecht. Kaum aufgelegt beschimpft er Sie: »Warum haben Sie mir denn diesmal alles kaputtgerechnet? Es ist doch immer dasselbe mit euch Controllern. Selber schafft ihr nichts, aber dafür haltet ihr andere von ihrer Arbeit ab.« Sie kontern sofort mit ihren Argumenten, die Sie natürlich auch mit der Unterlage bereits eingereicht haben. Aber selbst die besten Argumente verhallen

im Raum. Nach einer halben Stunde verlassen sie den Ort mit dem Hinweis auf ihren Bericht. Mal sehen, was er daraus macht.

Die Tatsache, dass unser Denken unsere Gefühle beeinflusst, ist allgemein bekannt. Jeder konnte schon einmal spüren, wie die Gedanken an eine außergewöhnliche Situation (z. B. Prüfungen, Präsentationen vor dem Vorstand oder auch erfreulichere Situationen wie ein Heiratsantrag) sich auf unsere Gefühle auswirken – große Ereignisse also ihre Schatten vorauswerfen.

Diese Phänomene, die sich im Negativen hin zu Teufelskreisen entwickeln können, werden im Positiven von den Ansätzen zum »positiven Denken« genutzt. Kognitive Strukturen (z. B. automatische Gedankenketten) zu analysieren und gegebenenfalls in sinnvolle, das heißt in realistische und an den persönlichen Mustern orientierte Strukturen zu überführen, ist ein sehr erfolgreicher Ansatz. Die stark vereinfachten Anleitungen zum »positiven Denken« haben hiermit allerdings häufig wenig gemein.

Um einen Teufelskreis oder eine positive Rückwirkung zu ermöglichen, muss also auch das Gefühl die Gedanken beeinflussen. Erst wenn die entstandenen positiven oder negativen Affekte wiederum Einfluss auf das Denken nehmen, ist ein sich selbst aufschaukelnder Kreislauf, sozusagen ein Perpetuum mobile der Psyche möglich.

Dieser zweite Teil – die Wirkung von Affekten auf die Kognitionen – soll im Folgenden näher beschrieben werden:

Informativer Effekt

Gute oder schlechte Stimmungen werden nicht lediglich hingenommen oder ausgelebt. Menschen nutzen vielmehr die Information über die eigenen Affekte in vermutlich nur teilbewusster Weise, um Urteile oder Handlungsentscheidungen zu unterstützen. In guter Stimmung hilft die Information über eben diese Stimmung z. B. ein positives Urteil über die Menschen, mit denen man seine Zeit verbringt, zu festigen (Clore/Itken 1977). Schlechte Laune ist ein »gutes« Indiz dafür, dass das Leben »wirklich« unerfreulich ist. Personen beziehen also ihre Affekte direkt mit in die Beurteilung von Personen oder Situationen ein, dies am wenigsten dann, wenn eine gute Erklärung vorliegt, die eine situationale Ursache vermuten lässt. Bei positiven Affekten spricht vieles dafür, dass nicht aktiv nach möglichen Ursachen gesucht wird, so wie es bei negativen Affekten passiert.

Motivations- und Lenkungseffekte

Wenn Personen negative Affekte verspüren, so sind sie daran interessiert, deren Ursache zu finden, also die »Schuldfrage« zu klären. Ebenso wollen sie herausfinden, wie sie solche Zustände in Zukunft vermeiden oder den aktuellen Zustand ändern können (Wyer/Carlston 1979). Je nach Ergebnis dieser Recherche verliert der Affekt seinen informativen Charakter (siehe oben), mit Glück auch seine Wirkung (siehe kognitive Dissonanzen, S. 229 ff.). Diese Motivation zur Suche nach Ursachen entsteht bei positiven Affekten nicht – wer wollte auch dafür sor-

Gefühle beeinflussen das Denken – wer könnte hierfür nicht vielfältige eigene Erfahrung anführen?

gen, dass eine gute Stimmung verloren geht. Infolgedessen tritt die kognitionssteuernde Wirkung hier verstärkt auf: auch wenn man »nur« aufgrund einer situationalen Bedingung gut gelaunt ist, wird man Urteile und Entscheidungen eher ändern.

Ablenkungseffekte

Starke affektive Erregung vermag die Aufmerksamkeit abzulenken – ein Effekt, der insbesondere in Verhandlungen von Bedeutung ist. So können hier unwichtige Argumente dadurch wichtiger werden, dass ihr (mangelnder) Bedeutungsgehalt nicht erkannt wird und die starke Ablenkung gleichzeitig die Generierung von Gegenargumenten behindert. Ebenso können gute Argumente geschwächt werden, da auch ihre Güte nicht richtig eingeschätzt wird (Wyer 1974).

Verfügbarkeit

Typische Verhaltensweisen von Managern und Controllern

Neben der schlechteren Erinnerung von Gedächtnisinhalten durch Ablenkung verändert sich die Verfügbarkeit von Informationen aus dem Gedächtnis auch in qualitativer Hinsicht. Es werden bevorzugt solche Informationen erinnert, die der momentanen Stimmung entsprechen (Bower 1981, Clark & Isen 1982). Diese Form der selektiven Erinnerung wird oftmals mit dem Begriff der »rosaroten« oder der »schwarzen« Brille beschrieben. Wenn man guter Stimmung ist, fällt es schwer, Negatives zu erinnern, die ganze Welt sieht positiv

Die rosarote Brille ist »tief rosarot«, die schwarze eher grau

aus. Die »schwarze« Brille dagegen scheint nicht ganz so schwarz, eher eine »graue« Brille zu sein. Mit negativer Stimmung erinnert man zwar überwiegend Negatives, daneben aber auch Positives. Hier wird wiederum der automatische Versuch vermutet, sich aus der negativen Stimmung zu befreien (Clark/Isen 1982).

Affektive Urteile

Einige Untersuchungen deuten schließlich darauf hin, dass Präferenzen zum Teil auf rein affektiver Basis erstellt werden, ohne kognitive Prozesse einzubeziehen. Das würde also bedeuten, dass Objekte bevorzugt werden, ohne dass ein bewusster Grund benannt werden könnte. Diese Möglichkeit werden wir im Weiteren allerdings unberücksichtigt lassen. Im beruflichen Alltag ist zu erwarten, dass Manager und Controller klare Steuerungshilfen (Standardprozesse, Entscheidungsmatrix, etc.) erlernt haben, die sie zu einer bewussten kognitiven Verarbeitung von Entscheidungssituationen zwingen.

Die hier beschriebenen Phänomene wirken sich natürlich auf Manager und Controller in den verschiedensten Situationen aus. Wir wollen diese Wirkungen im Folgenden exemplarisch weiter veranschaulichen.

Manager

... beurteilen Chancen und Risiken je nach Stimmung unterschiedlich.

Das kann bedeuten, dass ein Manager ein Projekt schlechter beurteilt, wenn er negativen Affekten und besser (mit hin euphorisch), wenn er positiven Affekten unterliegt. In beiden Fällen ginge seine Beurteilung an einer realistischen Einschätzung vorbei. Dieses Phänomen tritt auch dann auf, wenn er eine schriftliche Entscheidungsgrundlage vorliegen hat, die aus Sicht des Controlling »eindeutig« ist. Sie ist eben nur in der den Controllern quasi »berufsmäßig« eigenen, stets »neutralen« Stimmung eindeutig.

... suchen nach Informationen, die sich mit ihrer eigenen Stimmungslage decken. In all den schönen Unterlagen, die dem Manager zur Verfügung stehen, wird dieser nur oder zumindest bevorzugt diejenigen Informationen finden, die sich mit seiner Stimmung decken, und damit sein Urteil unterstützen. *erinnern sich überwiegend an das, was zu ihrer Stimmung passt.* Ebenso eingeschränkt werden wir das Gedächtnis vorfinden: Nur die Erinnerungen, die zur derzeitigen Stimmungslage passen, werden erinnert. Probleme bei vorangegangenen Projekten werden vergessen oder herabgespielt. Es hat ja geklappt.

... erkennen die Bedeutung von Argumenten nicht. Wenn in einer streitigen Diskussion die stärksten Argumente hervorbracht werden, erkennen Manager die Bedeutung nicht und übergehen diese ebenso wie einen schwachen unbedeutenden Einwand.

Controller

... verkennen den Einfluss affektiver Färbung in ihrem Urteil. Aufgrund ihrer »professionalen Neutralität«, die sie stets als Schutzschild vor sich hertragen, halten Controller eine affektive Färbung ihrer eigenen Urteile für schlechterdings unmöglich.

... halten die Argumente ihrer Umwelt stets für rational, verstandesgemäß. Diese nicht immer richtige Annahme kann zu Fehlinterpretationen des Verhaltens von Managern führen. Auch den so genannten intuitiven Entscheidungen des Managers unterstellt man in der Regel keine affektiven Verzerrungen.

Konsequenzen für die Rationalitätssicherung

Die hier beschriebenen Auswirkungen affektiver Zustände lassen sich – ebenso wie die folgenden Phänomene – nicht »abschalten«. Das bedeutet: Es hilft nicht sich vorzunehmen, die affektiven Zustände »herauszurechnen« oder bewusst zu »kontrollieren«. Vielmehr gilt es, mit deren Wirkung umgehen zu lernen.

Das bedeutet:

- Manager über diese Phänomene aufzuklären, wenn der Eindruck entsteht, dass Urteile und Entscheidungen affektiv »eingefärbt« sind.
- In Diskussionen gute Argumente nicht zu verpulvern, wenn die Beteiligten zu erregt sind, um diese zu würdigen.
- Managern »Erinnerungshilfen« geben, wenn die Erinnerung einseitig wird, diese »einseitige« Erinnerung aber als das interpretieren, was sie ist: eine affektive Färbung, keine bewusste Manipulation.
- Bei negativen Affekten nach situationalen Ursachen suchen helfen.
- Sich immer wieder daran erinnern, dass es Neutralität (der Affekte) nur selten gibt.

Was können wir als lessons learned festhalten?

- Bei eigenen affektiven Färbungen Regelungen finden, die helfen, einen Dritten einzubeziehen und auch auf dessen Rat zu hören. Zum Beispiel im Zweifelsfall künstliche Pausen, wie die berühmte Nacht über etwas zu schlafen, einführen.

Montag, 18. März, 08:30 Uhr,
Büro eines Geschäftsbereichsleiters:
Schon beim Betreten des Raumes merken Sie, dass Ihr Manager heute überragend gute Laune hat. Bereits seine Sekretärin war von dieser guten Laune angesteckt. Er begrüßt Sie mit den Worten »Heute holen wir sie uns!« – Sie haben es bereits geahnt. Die geplante Akquisition macht ihm so richtig Freude. Leider haben Sie festgestellt, dass sich das Geschäft nicht so darstellen lässt, wie Ihr Manager das hofft. »Na, gute Laune heute?« antworten Sie. Danach unterhalten Sie sich erst mal über die Ursache dieser wunderbaren Stimmung. Im Verlauf des Gespräches lacht Ihr Manager. Er erinnert sich natürlich an das Gespräch über die Urteilsverzerrungen. Schließlich schlagen sie vor, den Plan gemeinsam durchzugehen. In der Auseinandersetzung mit den Zahlen lassen sie ihren Manager mögliche Ergebnisse rechnen und kommen gemeinsam zu einem Urteil.

10:30 Uhr, Büro des nächsten Geschäftsbereichsleiters:
Als Sie reinkommen, telefoniert Ihr Manager noch. Gerade macht er seinen Gesprächspartner »richtig rund«. Ein toller Start. Kaum aufgelegt beschimpft er Sie: »Warum haben Sie mir denn diesmal alles kaputtgerechnet? Es ist doch immer dasselbe mit euch Controllern. Selber schafft ihr nichts, aber dafür haltet ihr

andere von ihrer Arbeit ab.« Sie geben dem Manager die Möglichkeit, erst mal so richtig Dampf abzulassen. Danach fragen Sie nach, was die Ursache für seine schlechte Stimmung ist und unterhalten sich mit dem Manager darüber; im Zweifelsfall deeskalieren Sie ein wenig. Ein paar Minuten später, wenn die gröbsten Wogen sich gelegt haben, entscheiden Sie gemeinsam mit Ihrem Manager, ob es ein guter Zeitpunkt für die Besprechung ist, und steigen hoffentlich in eine gute Diskussion ein.

Sozialer Einfluss

Dienstag, 19. März, 09:00 Uhr,
im eigenen Büro:
Der Vorstand hat angerufen. Die Zahlen passen nicht zur Einschätzung von Analysten und Kapitalmarkt. Pfeif auf die Analysten, aber was macht man mit dem Kapitalmarkt? Der ist doch ziemlich handfest und objektiv. Nach einer Stunde haben Sie die »Fehler« gefunden und alles passt wieder.

14:00 Uhr, Meeting mit den Dezentralen Controllern:
Der junge Mitarbeiter, den Sie kürzlich erst in einen der operativen Bereiche entsendet haben, spinnt mal wieder. Vielleicht wird er doch langsam zum Manager.

Unter sozialem Einfluss versteht man die Veränderung von Urteilen, Meinungen und Einstellungen eines Menschen als Ergebnis der Konfrontation mit den Urteilen, Meinungen und Einstellungen anderer (de Montmollin 1977). In Gruppensituationen gibt es insbeson-

Zwei besonders wichtige Aspekte des sozialen Einflusses wollen wir im Folgenden näher betrachten

Controlling & Psychologie

dere zwei Phänomene sozialen Einflusses, die im Folgenden näher beschrieben werden sollen: *Konformität* als Anpassung der eigenen Urteile und Meinungen an die Gruppenmeinung und die *Gruppenpolarisierung*, bei der die Gruppendiskussion extremer in ihrer Position wird, als die Einzelmeinungen dies zu Beginn waren.

Konformität

Konformitätsverhalten lässt sich nach Witte (1979) als das Ausmaß der Übereinstimmung mit dem Verhaltensstandard der Referenzgruppe und dem der spezifischen Kleingruppe beschreiben.

Interessant sind die Motive, die zu einem konformen Verhalten führen: Jones 1964 zum Beispiel beschreibt die »*Einschmeichelkonformität*« (Ingratiation), bei der Personen sich durch die Vortäuschung von Ähnlichkeiten einschmeicheln; taktisch kalkulierend, dass Menschen, die man als ähnlich empfindet, häufig auch gemocht werden. So wechseln Studenten in mündlichen Prüfungen oftmals vom Studenten-Look hin zu einer Kleidung, die derjenigen des Prüfers, bzw. der angestrebten Berufsgruppe ähnlich ist.

Hymann und Singer 1968 beschreiben die *Selbstsicherheitskonformität*. Hier schafft die Nähe zu einer Bezugsgruppe persönliche Sicherheit bei sozialen Stellungnahmen. Zusätzlich wird noch die *Gehorsamkeitskonformität* beschrieben, die durch Strafandrohung entsteht.

Zunächst ist Konformität ein sinnvolles Verhalten. Menschen suchen in unstrukturierten und mehrdeutigen Situationen einen Bezugsrahmen, der durch eine Majorität gegeben werden kann und Sicherheit verspricht. Schließlich beruht ein großer Teil dessen, was man lernt, auf Informationen anderer.

Problematisch wird es dann, wenn die Veränderung hin zum Urteil der Gruppe nicht aus Gründen der Unsicherheit des eigenen Urteils geschieht. Untersuchungen in der Psychologie zeigen, dass es sogar soweit geht, dass Konformität auch dann entsteht, wenn das Urteil der Majorität offensichtlich falsch ist.

Der erste Versuch zu diesem Phänomen stammte von Asch (1951; 1956): Versuchspersonen sollten im ersten Durchgang ein Urteil alleine abgeben; hierbei waren 95 % der Antworten richtig. Im zweiten Durchgang saßen die Versuchspersonen in Gruppen, in denen sie ihre Antwort laut hörbar geben sollten. Die ersten sechs Personen, die ihre Antwort abgaben, waren Mitarbeiter des Versuchsleiters (was den wirklichen Versuchspersonen unbekannt blieb) und haben einstimmig ein falsches Urteil abgegeben. Diesem falschen Urteil folgten 75 % der Versuchspersonen.

Die wesentlichen Mechanismen, die hier zu einer Veränderung des eigenen Urteils führen, sind die oben bereits angedeuteten. Es gibt einen Informationseinfluss und einen normativen Einfluss:

- Der *Informationseinfluss* bringt Personen in die Situation, zwischen zwei an sich verlässlichen Informationsquellen zu wählen: den eigenen Wahrnehmungen und den Informationen anderer, auf denen der größte Teil unseres Wissens aufbaut. Die Stärke dieses Einflusses hängt von verschie-

Unterschiedliche Arten von Konformität sind zu differenzieren

Zwei Einflüsse können die eigene Meinung verändern

denen Komponenten ab: so konnte gezeigt werden, dass wahrgenommene Kompetenz und Selbstsicherheit das Ausmaß an Konformität verändern (Mausner 1954). Die wahrgenommene Kompetenz wiederum steigt, wenn die Gruppe in mehreren Durchgängen das richtige Ergebnis produziert hat (Di Vesta 1959). Mit steigender Aufgabenschwierigkeit steigt auch die Unsicherheit und damit erhöht sich das Ausmaß, in dem man sich auf andere verlässt. Bei allen Kombinationen zeigt sich eine höhere Konformität mit steigender Gruppengröße (solange die Personen als unabhängig wahrgenommen werden). So haben auch mehrere »unabhängige« Kleingruppen einen höheren Einfluss als eine große. Die Konformität sinkt dagegen drastisch, wenn die Einstimmigkeit einmal gebrochen ist. Insbesondere soziale Unterstützung für eine abweichende Meinung lässt Konformität unwahrscheinlich werden.

Der Konformitätsdruck hängt vom Status in der Gruppe und vom Druck auf die Gruppe ab

- Daneben ist jeder bestrebt, die Sympathien der anderen für sich zu maximieren, da hierdurch die Befriedigung einer Vielzahl von Bedürfnissen gesichert werden kann. Es entsteht ein *normativer Einfluss*, da Gemeinsamkeiten im Urteil Sympathien fördern, wohingegen Unterschiede zu offener Ablehnung führen können. Der normative Einfluss steigt – wie schon lange bekannt ist – in Situationen, in denen ein erhöhter Gruppendruck vorliegt: wenn die Gruppe in Abhängigkeit vom Ergebnis belohnt wird (Deutsch/Gerard 1955) oder wenn eine Wettbewerbssituation vorliegt (Thibaut/Strickland 1956). Der

Druck zur Konformität ist für Personen mit mittlerem Status am höchsten. Personen mit hohem Status können sich eine Abweichung leisten, Personen mit einem niedrigen Status haben »nichts zu verlieren« (Dittes/Kelley 1956).

Neben diesen Ergebnissen konnte gezeigt werden, dass der Wunsch gemocht zu werden (normativer Einfluss), von dem Wunsch, die richtige Antwort zu geben (informativer Einfluss), verstärkt wird. Es besteht also eine verstärkende Wechselwirkung, die sich dann offenbaren kann, wenn die Meinung »öffentlich« präsentiert werden muss und wenn »objektiv« nachgewiesen werden kann, ob die Antwort richtig ist.

Gruppenentscheidungen

Wenn mehrere Menschen mit unterschiedlichen Einzelmeinungen zusammenkommen, könnte man annehmen, dass ihre gemeinsame Entscheidung einen Mittelwert der Einzelmeinungen darstellte. Das ist in der Regel *nicht* der Fall. Kommen Gruppen zusammen, so findet man Positionen, die extremer sind als die ursprünglichen Einzelpositionen.

Ebenso sind die Einzelpositionen nach der Konsensfindung extremer als in der Phase vor der Konsensfindung. Dieses Phänomen des *Risikoschubes* findet man aber nicht nur in die Richtung des Risikos. Es tritt ebenso ein *Entscheidungsschub* in die entgegengesetzte, die »vorsichtige« Richtung auf.

Die *Gruppenpolarisierung* beschreibt allgemeiner die Bewegung hin zu einem schon zu Beginn der Gruppendiskussion favorisierten Pol, also eine Verstär-

Controlling & Psychologie

kung einer anfangs dominanten Position durch eine Gruppendiskussion. Hier ist eine Veränderung hin zur Risikobereitschaft enthalten.

Diese Veränderung der Positionen kann nur teilweise durch Informations- und normative Einflüsse erklärt werden. Wichtiger ist die *Selbstkategorisierung*. Menschen definieren sich selber und auch die Gruppen, denen sie angehören, über ein System von Begriffen, das normative Qualitäten annimmt, sobald die Definition bedeutend ist. Diese Definition lenkt also die Aufmerksamkeit auf das, was die Gruppe verbindet und von anderen Gruppen unterscheidet. Eine solche Gruppennorm entsteht nicht aus dem Mittel der Einzelmeinungen, sondern ist über einen Prototypen definiert, der sich möglichst stark von Mitgliedern anderer Gruppen und möglichst wenig von den Mitgliedern der eigenen Gruppe unterscheidet. Der Effekt der Gruppenpolarisierung wird also verstärkt, wenn eine Fremdgruppe vorhanden bzw. bewusst ist (»bremsende Controller«) und diese sich möglichst stark von der eigenen unterscheidet (»entscheidungsfreudige Manager«).

Eine extreme Form der Polarisierung ist das *Gruppendenken* (Janis 1982). Gruppendenken entsteht dann, wenn in hoch kohäsiven Gruppen das Streben nach Konsens so stark dominiert, dass die Wahrnehmung der Realität beeinträchtigt wird. Dies tritt insbesondere dann auf, wenn die Gruppe von alternativen Informationsquellen isoliert ist und der Gruppenführer eine bestimmte Lösung eindeutig favorisiert. Beispiele für die extreme Wirkung von Polarisierung sind die Invasion in die Schweinebucht und vermutlich auch die Explosion der Raumfähre Challenger. In beiden Fällen ist eine Reihe dramatischer Fehlentscheidungen von überlegen intelligenten Menschen getroffen worden.

Manager

... passen sich an erwünschte Meinungen an,

... haben aufgrund der Ergebnisverantwortung und bestehender Wettbewerbssituation einen erhöhten Gruppendruck zu tragen,

... variieren in ihrem Konformitätsstreben mit dem Status, den sie haben (der höchste Konformitätsdruck besteht bei einem Status auf mittlerem Niveau),

... bewegen sich in Gruppensituationen hin zu einer prototypischen Position.

Controller

... schmeicheln sich ein,

... unterliegen demselben Gruppendruck wie ihre Manager,

... suchen wie alle anderen Sicherheit in der Beurteilung durch andere,

... sichern Entscheidungsprozesse bereits aufgrund ihrer Funktion als kritischer Counterpart an sich (Aufbrechen der Konformität).

Konsequenzen für die Rationalitätssicherung

Um in dieser Ausgangssituation eine möglichst weitgehende Rationalitätssicherung zu erreichen, sind drei Postulate umzusetzen:

- Eine Unternehmenskultur schaffen, bei der eine Anpassung an die geltende »Norm« von Vorteil ist. Das heißt auch,

Was können wir als Ergebnis für Manager festhalten?

Eine besonders gefährliche Form von Gruppeneffekten ist das so genannte »Gruppendenken«

Was können wir als Ergebnis für Controller festhalten?

Verhaltensideale für Management-situationen zu definieren.

- Gruppensituationen bewusst neuen Informationsquellen öffnen (z. B. Lösungsvorschläge durch die zukünftig betroffenen Mitarbeiter bewerten lassen).
- Bewusst eine Rolle zum Aufbrechen von Einstimmigkeit in der Diskussionsphase definieren, um die normative Wirkung zu brechen. Auch hier hilft es, die Bewertungsphase deutlich abzutrennen.

Menschen entscheiden häufig auf Basis von Heuristiken

> *Dienstag, 19. März, 09:00 Uhr, im eigenen Büro:*
> *Der Vorstand hat angerufen. Die Zahlen passen nicht zur Einschätzung von Analysten und Kapitalmarkt. Sie prüfen die Zahlen und gehen diese anschließend noch einmal mit Ihrem Vorstand durch. Anschließend überlegen Sie gemeinsam mit dem Vorstand, wie eine bessere Kommunikation in den Markt realisiert werden kann.*
>
> *14:00 Uhr, Meeting mit den Dezentralen Controllern:*
> *Der junge Mitarbeiter, den Sie kürzlich erst in einen der operativen Bereiche entsendet haben, kommt zum regelmäßigen Meeting mit dem Team. Er freut sich, mal wieder in der Zentrale zu sein. Die einfachen Maßnahmen zur Stärkung des Teams haben sich ausgezahlt.*

Urteilsverzerrungen

> *Mittwoch, 20. März, 08:30 Uhr, Konferenzraum:*
> *Beim Versuch, die neue Mittelfristplanung zu erstellen, will Ihr Manager Ihnen schon wieder erzählen, dass sich in den nächsten Monaten alles*

verbessern wird. Sie denken nur »Jaja, mein Sohn spielt auch Hockey ... will der das denn nie lernen?« Sie versuchen, ihn an die letzte Planung zu erinnern – erfolglos, »da war ja alles anders« und außerdem konnte ja keiner damit rechnen, dass die Situation sich dermaßen ändern würde. Die völlig aberwitzigen Argumente, die jetzt gleich folgen werden, kennen Sie bereits. Als Sie versuchen, ihm die Berechnungen näher zu bringen, steigt er schon beim zweiten Satz aus. Das sei alles »zu kompliziert«, da glaube doch eh keiner dran. Sie versuchen es noch einmal; vielleicht klappt es ja, wenn er die Algorithmen erst mal verstanden hat ...

Aufgrund von Beschränkungen an Information, an Zeit und an kognitiven Kapazitäten nutzt der Mensch so genannte *Heuristiken*, um ein Urteil zu fällen. Das bedeutet, dass man aufgrund eben dieser »Findungskunst« dazu in der Lage ist, eine Situation oder einen Sachverhalt näherungsweise einzuschätzen, obwohl die notwendigen Informationen fehlen und die vorhandenen Kapazitäten, die vorliegenden Informationen zu verarbeiten, nicht ausreichen – ein Zustand, der im Unternehmen vielfach in kontrollierter Weise genutzt wird. So werden Daten in die Zukunft extrapoliert und mögliche Szenarien auf Jahre im Voraus entwickelt. Der Vorteil bei diesem Vorgehen liegt darin, dass es bewusst geschieht und die Heuristiken (in diesem Fall Algorithmen) offen vorliegen.

Bei den meisten Urteilen ist es jedoch nicht klar, ob der Entscheidung eine vollständige Prüfung aller (zumindest relevanten) Informationen zu Grunde liegt. Man kann nicht einschätzen, welche Heuristiken angewendet werden; das Ausmaß der kognitiven Kapazitäten ist nicht wirklich bekannt.

Im Folgenden sollen einige Heuristiken beschrieben werden. Das Wissen ob dieser Mechanismen soll helfen, mögliche eigene Fallen zu erkennen und im Dialog mit Managern auch bei diesen das Bewusstsein für die Notwendigkeit rationaler Entscheidungen zu schärfen.

Verfügbarkeit

Um die Wahrscheinlichkeit oder die Häufigkeit eines Ereignisses einzuschätzen, wird oftmals einfach versucht, das Ereignis oder ein ähnliches zu erinnern. Das bedeutet, dass Mitarbeiter z. B. um eine mögliche Marktentwicklung einzuschätzen (Kundenverhalten, Mitarbeiterreaktion, etc.) prüfen, wie häufig sie eine solche Situation erlebt oder von einer solchen gehört haben. Fallen ihnen hierzu spontan mehrere Beispiele ein, so wird dies als Hinweis für eine hohe Wahrscheinlichkeit gewertet. Natürlich wird hier auch die Relation zu der Anzahl gegenteiliger Fälle, die man erinnert, einbezogen. Dieses Vorgehen stellt eine Umkehr der Grundlagen des Gedächtnisses dar: je häufiger etwas wiederholt wird, desto besser kann es erinnert (reproduziert) werden.

Tatsächlich besteht diese intuitiv angenommene Beziehung zwischen realer Auftretenswahrscheinlichkeit und der Leichtigkeit des Erinnerns. Problematisch sind lediglich die Fehlurteile, die hierbei entstehen können: das Gedächtnis wird nicht nur durch die Häufigkeit der Darbietung, sondern parallel durch eine Reihe weiterer Faktoren bestimmt. So zeigt es sich als bedeutsam, dass sich der Prozess der Informationssuche an der Gedächtnisorganisation orientiert. Der genaue Aufbau des Gedächtnisses und die Mechanismen der Speicherung und des Erinnerns sind zu komplex, um hier in kurzer Weise dargestellt zu werden. Wichtig ist jedoch, sich klar darüber zu sein, dass ein Urteil auf Basis der Prüfung der Erinnerbarkeit gleicher Fälle eine Reihe möglicher Fehler beinhaltet. Es lohnt sich hier also zu prüfen, auf welche Weise solche Erinnerungen entstanden sein können. Sind die »Schlüsselreize«, nach denen man sucht, nicht an den Gedächnisprinzipien orientiert, stehen Häufigkeit der erinnerten Beispiele und Erinnerungsgeschwindigkeit nicht mehr im Verhältnis zum realen Auftreten.

Ebenso werden Häufigkeitsschätzungen durch die Schwierigkeit von kognitiven Operationen bestimmt. Urteile, die leicht nachvollziehbar sind, bzw. Lösungen, die leicht generiert werden können, wirken wahrscheinlicher als solche, die komplizierte kognitive Prozesse erfordern. Beispiele finden sich in vielen Logikaufgaben.

Stellen Sie sich eine Gruppe von zehn Personen vor und überlegen Sie, wie viele Untergruppen aus zwei und wie viele aus acht Personen sich bilden lassen. Die meisten Personen schätzen, dass es mehr Zweierkombinationen gäbe. Über alle Kombinationsmöglichkeiten steigt die Anzahl geschätzter Kombinationsmöglichkeiten linear bei sinkender Personenzahl pro Untergruppe. Richtigerweise liegt eine u-förmige Beziehung vor. Zweier- und Ach-

Wir halten das für wahrscheinlicher, für das wir viele Beispiele finden

Leicht nachvollziehbare Lösungen erscheinen plausibler als komplexe

tergruppen sind gleichwahrscheinlich, Achtergruppen aber in der Vorstellung schwerer zu generieren.

Die Verfügbarkeit von Gedächtnisinhalten wird neben der grundsätzlichen Struktur des »Speichers« von der momentanen Aufmerksamkeit bestimmt. Inhalte, die im Fokus der Aufmerksamkeit stehen, werden deutlich schneller erinnert als solche, die momentan unbedeutend sind. So kann man zum Beispiel Inhalte und Details aus dem privaten Umfeld (Namen, Verabredungen und ähnliches) nur sehr viel langsamer erinnern, wenn man gerade bei der Arbeit ist. Entsprechend werden unternehmerische Möglichkeiten in einem Bereich (Markt), mit dem man sich aktuell stark beschäftigt, anders eingeschätzt als in einem anderen.

Bilder über Personen festigen sich automatisch

Dieses »Vorwärmen« von Gedächtnisspuren bezieht sich auch auf die Kategorien, in denen der Mensch sein Wissen abspeichert. Inhalte des Gedächtnisses werden bestimmten, nicht immer eindeutigen Kategorien zugeordnet. So kann eine riskante Entscheidung sowohl positiv als auch negativ wahrgenommen werden, je nach dem, von wem und in welchem Kontext sie getroffen wird. Durch das »Vorwärmen« einer bestimmten Kategorie (durch intensive oder nur kurz zurückliegende Beschäftigung) können solche nicht eindeutigen Elemente in ihrer Zuordnung verzerrt werden. Dieselbe Entscheidung/derselbe Sachverhalt kann also positiv oder negativ bewertet werden, je nach dem, womit Sie sich vorher beschäftigt haben!

Eine besondere Verzerrung besteht bei der Ursachenzuschreibung in der Personenbeurteilung. Hier ist der Fokus der Beobachtung von besonderer Bedeutung. Personen schreiben dasselbe Verhalten bei anderen Personen eher deren Persönlichkeit und bei sich selber eher der Situation zu. Dieses Phänomen wird dadurch verstehbar, dass man bei anderen stets die Person, für sich selber jedoch stets die Umwelt im Zentrum der Beobachtung hat. In Gruppensituationen führt das dazu, dass man Personen, die im Vordergrund stehen (sich in das Zentrum der Aufmerksamkeit bringen), für besonders aktiv hält und ihnen die Verantwortung für die Entwicklung der Situation zuschreibt. Die Unauffälligeren werden entsprechend für passiv und im Verlauf unbedeutend gehalten – ein Effekt, der auch durch Vorinformationen gesteuert werden kann. Personen werden dann so wahrgenommen, wie man glaubt, dass sie sind.

Erwartungen über das Eintreten eines Ereignisses werden ebenfalls durch die Verfügbarkeit beeinflusst. So werden die in den Medien häufig vertretenen Todesursachen für wahrscheinlicher als andere gehalten, die nicht so oft berichtet werden. Dies führt zu einer deutlichen Überschätzung der Wahrscheinlichkeit z. B. des Unfalltodes gegenüber dem Herzinfarkt. Ähnlich funktioniert der so genannte »egocentric bias«: üblicherweise hält man seinen eigenen Anteil an einem Projekt für größer, als er wirklich ist, da man diesen Anteil besonders intensiv erlebt und dadurch gut im Gedächtnis hat.

»False consensus« bezeichnet die Verzerrung, die entsteht, wenn man Merkmale der eigenen Person heranzieht, um Häufigkeiten und Wahrscheinlichkeiten zu schätzen. Autoliebhaber überschätzen den Anteil der Autofans in der Gesellschaft, da sie von sich selber aus-

gehend schätzen. Eine Verzerrung, die dadurch verstärkt wird, dass man sich üblicherweise mit Menschen umgibt, die gleiche Interessen haben.

Repräsentativität

Ähnlichkeiten zwischen Objekten spielen in unserer Wahrnehmung und in unserem Urteil eine besondere Rolle. So werden Objekte aufgrund ihrer Ähnlichkeiten zu Kategorien sortiert. Hierbei ist insbesondere die Ähnlichkeit zum Prototypen einer Kategorie von Bedeutung. Jeder heimische Singvogel wird schneller und richtiger als Vogel identifiziert, als zum Beispiel der Strauß oder der Pinguin. Da die Ähnlichkeit zwischen Urteilsgegenstand und Modell jedoch nicht immer die tatsächliche Klassenzugehörigkeit anzeigt (wie das Beispiel zeigt), führt auch diese Heuristik zu systematischen Fehlurteilen.

Fehlurteile durch die mangelnde Repräsentativität der Stichprobe findet man zum Beispiel bei der Einschätzung möglicher Lottozahlen. Hier werden unregelmäßige Zahlenkombinationen für wahrscheinlicher gehalten als systematische (z. B. 1 2 3 4 5 6 7), obwohl beide Formen gleich wahrscheinlich sind, da jede Ziehung unberührt von der vorangegangenen bleibt. Ebenso interessiert sich auch ein Würfel nur wenig für das Gesetz der großen Zahl und produziert mit der gleichen Wahrscheinlichkeit sechs mal hintereinander eine sechs wie jede andere (bestimmte) Kombination. Trotzdem hält man diese Kombinationen für weniger wahrscheinlich. Da es sich um Zufallsprozesse handelt, wirken Regelmäßigkeiten unwahrscheinlich.

Bei der Zuordnung von Einzelelementen zu Kategorien wird regelmäßig die *Repräsentativitätsheuristik* gegenüber anderen Informationsquellen – wie beispielsweise Verteilungsinformationen in der Grundgesamtheit – bevorzugt. In einem Experiment von Kahnemann & Tversky (1973) wurden Beschreibungen von Juristen (insgesamt 30) und Ingenieuren (insgesamt 70) vorgelegt. Die Beschreibungen waren an Stereotypen über die Berufsgruppen orientiert. Die Versuchspersonen sollten nun anhand einer Beschreibung entscheiden, ob es sich bei der Person um einen Juristen oder um einen Ingenieur handelt. Hierbei wurden die Informationen aus den Beschreibungen regelmäßig gegenüber den Informationen über die Verteilung (70:30) bevorzugt. Dies war auch dann noch der Fall, als die Personenbeschreibungen nur noch Informationen ohne jeglichen diagnostischen Wert enthielten; in diesem Fall wurde die Wahrscheinlichkeit auf 50:50 geschätzt. Erst bei völligem Fehlen anderer Informationen wurden die Verteilungsinformationen (70:30) genutzt.

Der *»fundamentale Attributionsfehler«* lässt sich ebenfalls unter dem Gesichtspunkt der Repräsentativität diskutieren. Durch die Annahme, dass die beobachteten Handlungen stabile Eigenschaften repräsentierten, wird die Berücksichtigung wichtiger Situationsmerkmale verhindert.

Ein interessantes Experiment von *Ross, Amabile* und *Steinmetz* (1977) illustriert den fundamentalen Attributionsfehler deutlich: In dem Experiment wurden zwei Personen zufällig die Rollen des Quizmasters und des Teilnehmers zugeordnet. Der Quizmaster hat Fragen

Ein Beispiel für die Repräsentationsheuristik – sie führt nicht selten in die Irre

»Fundamentaler Attributionsfehler«

gestellt (Allgemeinwissen) und die jeweilige Antwort als richtig oder falsch benannt; bei falschen Antworten die richtige nachgeliefert. Anschließend sollte die eigene Allgemeinbildung und die der anderen Versuchsperson eingeschätzt werden. Hier wurde regelmäßig die Allgemeinbildung desjenigen, der die Rolle des Quizmasters innehatte, überschätzt (von den Teilnehmern und auch von Zuschauern), obwohl dieser durch seine Rolle offensichtlich die Möglichkeit hatte, Themen und Fragen auszuwählen – natürlich so, dass er die jeweilige Antwort kannte.

Unter dem Stichwort »*conjunction fallacy*« beschreiben *Kahnemann* und *Tversky* (1983) die Konflikte zwischen der Repräsentativitäts-Heuristik und den Axiomen der Wahrscheinlichkeitstheorie. Gemäß diesen Axiomen ist die Wahrscheinlichkeit für das Eintreten zweier verknüpfter Ereignisse niemals größer als die Wahrscheinlichkeit für jedes der beiden Einzelereignisse (Die Wahrscheinlichkeit eine sechs zu Würfeln ist 1:6, die Wahrscheinlichkeit beim nächsten und beim übernächsten Wurf eine sechs zu Würfeln nur 1:36). Wenn man zum Beispiel Personenbeschreibungen vorlegt, in denen »typische Controller« beschrieben werden und danach eine Beurteilung vornehmen lässt, so sollte auch hier gelten, dass konjunkte Eigenschaften weniger wahrscheinlich sind als einzelne.

In einem Versuch wurden Eigenschaftslisten vorgelegt, deren Eigenschaften einer Person zugeordnet werden sollten. Im Controllingumfeld wären die entsprechenden Eigenschaften zum Beispiel: »hat eine Banklehre absolviert«, »ist künstlerisch aktiv« oder »hat eine

Banklehre absolviert *und* ist künstlerisch aktiv«. Es ist zu vermuten, dass die künstlerische Aktivität nicht wirklich repräsentativ für den Controller ist. Sie hat also eine geringe Wahrscheinlichkeit. Im Versuch zeigte sich, dass der verbundenen Eigenschaft (»hat eine Banklehre absolviert und ist künstlerisch aktiv«) eine höhere Wahrscheinlichkeit zugeordnet wird als der einzelnen, unwahrscheinlichen. Auf diese Weise werden Eigenschaften oder Ereignisse im Verbund falsch, nämlich in ihrer Auftretenswahrscheinlichkeit zu hoch, eingeschätzt. Diese Urteilsstrategie ist offenbar auch durch eingehende Kenntnisse über Statistik und Wahrscheinlichkeitstheorie nur wenig zu beeindrucken.

Ankereffekte

Bei der Einschätzung verschiedenster Größen beginnen Personen oftmals mit einem Anfangswert, von dem aus die Schätzung immer weiter angepasst wird. Dieser Anfangswert kann zufällig gewählt, vorgegeben oder aus vorhandenen Informationen bestimmt sein. Diese Schätzungen sind meist unzureichend. In verschiedensten Untersuchungen konnte gezeigt werden, dass die endgültigen Urteile systematisch in Richtung des Anfangswertes (Anker) verzerrt sind. Der Effekt wird umso größer, je weiter der Anker vom Endergebnis entfernt ist.

Ein einfaches Beispiel besteht darin, eine Zahlenreihe zu multiplizieren: soll man in fünf Sekunden schätzen, wie viel 1×2×3×4×5×6×7×8 ergibt, so bleibt zu wenig Zeit zum Rechnen; es muss geschätzt werden. Bei dieser Einschätzung wird das durchschnittli-

Schätzungen sind häufig systematisch in Richtung des anfangs angenommenen Werts verzerrt

Controlling & Psychologie

che Schätzergebnis deutlich unter demjenigen liegen, das angegeben wird, wenn in der gleichen Zeit die Zahlenkette 8×7×6×5×4×3×2×1 geschätzt werden muss. Vermutlich dienen die ersten zwei bis drei Multiplikationen, die man in der Zeit absolvieren kann, als Anker für die Schätzung des Endergebnisses. Im Experiment ergaben sich Mittelwerte von 512 im einen, 2.250 im anderen Fall. Das wirkliche Ergebnis lautet 40.320.

Weitergehend konnte gezeigt werden, dass nicht nur der Anker einen Effekt besitzt, sondern später folgende Informationen oftmals nur wenig Einfluss haben. Ist ein Ergebnis einmal erstellt und verstanden, bewirken spätere Informationen lediglich eine geringfügige und unzureichende Anpassung – ein Umstand, der insbesondere für die Beziehung der Controller zu ihren Managern bedeutsam sein dürfte.

Manager

... erinnern ähnliche Fälle nicht, wenn die Darstellung von der damaligen abweicht. Hierdurch wird eine positive Verstärkung ebenso verhindert wie eine negative,

... nehmen Schlussfolgerungen, die einfach und klar zu verstehen sind, eher an,

... können nur schwer folgen, wenn sie thematisch noch mit etwas anderem beschäftigt sind,

... halten sich selber für einen wesentlichen Faktor im Geschehen. Hierdurch erfährt ihr eigenes Engagement ein besonderes Gewicht,

... überschätzen den Einfluss besonders aktiver Gruppenmitglieder,

... überschätzen die Bedeutung unwichtiger Eigenschaften, wenn diese an wichtige gekoppelt sind,

... liegen in ihrer Einschätzung umso weiter von der Realität entfernt, je größer die Distanz des Ausgangspunktes (Anker) ihrer Schätzung ist.

Controller

... sind von ihrem stets auf Misserfolge justierten Blickwinkel geprägt,

... unterschätzen die Bedeutung der Darstellung ihrer Daten. Änderungen sollten hier gezielt genutzt werden, um Aufmerksamkeit zu erwecken oder negative Assoziationen zu vermindern,

... stellen ihre Analysen bisweilen zu kompliziert dar,

... wechseln Themen zu schnell, bzw. stürzen zu schnell ins Detail,

... unterschätzen die Einflussmöglichkeiten der aktiven Personen zugunsten der Situation,

... laufen trotz ihrer speziellen Sozialisierung Gefahr, Informationsquellen wie beispielsweise die Verteilung in der Grundgesamtheit oder die Axiome der Wahrscheinlichkeitstheorie zu vernachlässigen.

Konsequenzen für die Rationalitätssicherung

Folgendes gilt es für Controller festzuhalten, wenn sie zur Rationalitätssicherung des Managements beitragen wollen:

• Feste Berichtsschemata ermöglichen es, Erfahrungswerte einzubeziehen. Abweichungen sollten gezielt genutzt werden. Hierdurch entsteht die

Was gilt es, für Manager und Controller festzuhalten?

Möglichkeit, sich von »Vorurteilen«, die ihre Berechtigung verloren haben, zu lösen.

- Die Ergebnisse verschiedener Analysen sollten in gleicher Klarheit vorliegen. Insbesondere bei der Bearbeitung durch verschiedene Personen/Abteilungen liegt hier ein Problem.
- Gesprächspartner sollten sich inhaltlich auf das Gespräch einstimmen. Hier zeigt sich die Bedeutung eines warming-up. Fachleute (eben Controller) sollten das Bedürfnis nach Wiederholung und Einführung in das Thema nicht vor dem Hintergrund der eigenen Expertise (Anker) unterschätzen.
- Informationen über Verteilung, theoretische Entscheidungshilfen und ähnliche Quellen, die regelmäßig zu wenig berücksichtigt werden, sollten in institutionalisierter Weise einbezogen werden.

Mittwoch, 20. März, 08:30 Uhr, Konferenzraum:
Beim Versuch die neue Mittelfristplanung zu erstellen, will Ihr Manager Ihnen schon wieder erzählen, dass sich in den nächsten Monaten alles verbessern wird – dann fängt er langsam an zu lächeln. Seit er sich mit Ihnen über Urteilsfehler unterhalten hat, ist er wenigstens bereit, darüber nachzudenken und ernsthaft zu prüfen, ob ein solcher vorliegt. Sie erstellen die Rechnung in groben Zügen gemeinsam und einigen sich auf ein Vorgehen.

Kontrolle, Hilflosigkeit und Reaktanz

Donnerstag, 21. März, 12:00 Uhr, Büro eines dezentralen Managers:
Nachdem Sie eine Abweichungsanalyse gerechnet haben, ist es wieder mal so weit. Sie müssen versuchen, mit dem Manager gemeinsam einen Weg zu finden, wieder auf Kurs zu kommen. Hierfür haben Sie einige gute Vorschläge im Gepäck, es sieht ganz gut aus. Als Sie reinkommen, bemerken Sie bereits die gedrückte Stimmung. Oh je, es sieht doch nicht so gut aus. Der Manager nennt Ihnen tausend »gute Gründe« für die vorübergehende Abweichung zum jetzigen Zeitpunkt und ebenso viele Bereiche, in denen es ganz genauso läuft. Als Sie versuchen, ihm die Vorschläge zu erklären und auf die Vorteile hinweisen, die sie in jedem Fall bringen werden, wirkt ihr Manager sehr angespannt und gestresst. Vielleicht, überlegen Sie, sollten Sie ein andermal wiederkommen.

13:00 Uhr, in Ihrem Büro:
Es ist wieder so weit. Sie sitzen nach dieser hervorragenden Woche in Ihrem Büro und fragen sich, was das alles bringen soll. Es hat ja eh keiner auf Ihre Vorschläge gehört.

Die Bedeutung des Begriffes Kontrolle ist in der Psychologie durch unterschiedliche Interpretationen geprägt. Die meisten unterscheiden sich deutlich von denen des Controlling. In der Psychologie geht es um das Bedürfnis des Menschen, die Geschehnisse und Ereignisse in seiner Umgebung zu kontrollieren. Die objektive Kontrollierbarkeit oder Unkontrollierbarkeit einer Situation ist dabei nur ein möglicher Blickwinkel. Unter dem Begriff der »*perceived control*« versteht man die subjektive Überzeugung, eine Situation beherrschen zu können; unabhängig von der objektiven Realität der Situation. Potentielle Kontrolle besteht, wenn man der Überzeugung ist, eine Situation im Notfall in den Griff zu bekommen. Einer Illusion von Kontrolle unterliegt man, wenn man glaubt, Ereignisse kontrollieren zu können, eigentlich aber keinerlei Einfluss hat. Diese Illusion von Kontrolle entsteht insbesondere in Situationen, die wirklich kontrollierbaren Situationen ähnlich sind.

Wichtige Formen der Kontrolle sind *out-come control*, das Gefühl, Ergebnisse kontrollieren zu können; *agenda control*, das Gefühl, Situationen kontrollieren zu können; *decision control*, das Gefühl, zwischen Alternativen frei wählen zu können; und efficacy *control*, das Gefühl, eine zur Zielerreichung gewählte Handlung erfolgreich umsetzen zu können. Der Verlust von Kontrolle kann zu unterschiedlichen Folgen führen. Zwei der Bedeutendsten sind die »*erlernte Hilflosigkeit*« und die »*Reaktanz*«. Beide sollen im Folgenden dargestellt werden.

Eine weitere Bedeutung von Kontrolle liegt darin, dass Stress, der durch aversive Ereignisse erzeugt wird, durch Kontrolle oder die Illusion dessen reduziert werden kann. Vor dem Hintergrund der Auswirkungen von Stress auf die Informationsverarbeitung und auch die Arbeitszufriedenheit haben wir also ein Thema vor uns, das auch für Controller von Bedeutung ist.

Erlernte Hilflosigkeit

Unter Erlernter Hilflosigkeit versteht man ein Verhalten, das mit der Erwartung entsteht, dass zwischen dem eigenen Verhalten und externen Geschehnissen kein Zusammenhang vorliegt. Dieses Verhalten ist durch ein *motivationales Defizit* gekennzeichnet. Dies zeigt sich in dem Mangel an Bereitschaft, aktiv die Situation zu kontrollieren. Ein *kognitives Defizit* verhindert, die Zusammenhänge von Verhalten und Situation in anderen Zusammenhängen zu erkennen. Ein *emotionales Defizit* äußert sich in einem erhöhten Stressgefühl oder in depressiven Verstimmungen.

Ursprünglich entdeckt wurde dieses Verhalten in Tierexperimenten in den sechziger und siebziger Jahren. So zeigten Overmeir & Seligman (1967), dass Hunde, die in einer ersten Phase unentrinnbar elektrischen Schocks ausgesetzt waren, in einer zweiten Phase die Chance, über eine Barriere hinweg zu fliehen, gar nicht oder nur kaum nutzten. Hunde, die keine Erfahrungen mit solchen Situationen gemacht hatten, entflohen dagegen mit Leichtigkeit über die Barriere.

Diese Verhaltenstendenz ist nachfolgend in vielen Experimenten auch beim Menschen nachgewiesen worden. Diese hatten das Glück erfreulicherer Versuchsanordnungen. Hilflos fühlten sie sich dennoch. Aber auch außerhalb des Labors zeigen sich deutliche Parallelen: insbesondere bei gesellschaftlichen Randgruppen ist ein solches Verhalten zu beobachten, und auch im Arbeitsumfeld stößt man häufig darauf. Die Klage, dass es »ohnehin nichts nütze« sich zu engagieren, ist weithin bekannt.

Oftmals haben Menschen nur eine Kontrollillusion, nicht ihr Problem unter Kontrolle

Psychologisch relevante Arten von Kontrollen

Motivationale und emotionale Defizite führen zu Hilflosigkeit

Reaktanz

Wenn eine Person glaubt, frei zwischen unterschiedlichen Alternativen wählen, sich also in einer Situation frei verhalten zu können, und plötzlich feststellt, dass diese Freiheit eingeengt oder aufgehoben wird, so reagiert sie in der Regel mit Reaktanz.

Reaktanz ist eine motivationale Erregung, die daraufhin zielt, die ursprüngliche Freiheit wiederherzustellen. Die konkrete Folge kann von rein kognitiver Verarbeitung (z. B. der Neubewertung der gegebenen Situation) bis hin zu offen aggressiver Ausübung der Freiheit reichen.

Was bestimmt den Umfang reaktanten Verhaltens?

Die Wichtigkeit der Freiheit wird in diesem Zusammenhang von Dickenberger (1978) als eine Größe beschrieben, die nicht nur durch den instrumentellen Wert der Freiheit bestimmt ist. Die wichtigen Größen sind die Erwartung, in den Genuss der Freiheit zu kommen, und die Befriedigung, die daraus resultiert. Die resultierende Wichtigkeit bestimmt das Ausmaß der Reaktanz.

Es handelt sich also um eine Situation, in der sozialer Einfluss nicht zur Konformität (siehe oben), sondern zu Widerstand führt. Bei weiterer Eskalation kann sich ein passives Verhalten (erlernte Hilflosigkeit) anschließen.

Was haben Controller zu beachten?

In Experimenten zeigte sich, dass Zwang zur Teilnahme, Festlegung durch die Instruktion und Argwohn gegenüber Täuschungsmanövern die Reaktanz erhöhten. Ein sicherlich bekanntes Phänomen ist der so genannte »Romeo und Julia Effekt« (Driscoll 1977): verbotene oder nicht erreichbare Liebe führt zur Intensivierung der Liebesgefühle.

Manager

... bewerten Situationen überraschend neu,

... reagieren mit Widerstand,

... begegnen ihrem Controller mit Gleichgültigkeit,

... können teilweise nur schlecht folgen und wirken gestresst, weil sie den Verlust einer bestimmten Form von Kontrolle empfinden,

... sind in manchen Situationen unverständlich gelassen, weil sie einer nicht nachvollziehbaren Illusion von Kontrolle unterliegen.

Controller

... sind bisweilen nur lustlos beteiligt,

... fühlen sich gestresst, wenn sie ihre Zahlen vorlegen müssen, weil sie einen Mangel an Kontrolle empfinden oder diesen auch deutlich vor Augen geführt bekommen,

... geraten in schwierige Situationen, weil sie ihre Gesprächspartner »hilflos machen«,

... bewerten Situationen falsch, weil sie bisweilen ebenfalls Illusionen von Kontrolle unterliegen, die nicht nachzuvollziehen sind.

Konsequenzen für die Rationalitätssicherung

Auch zu Ende dieses Abschnitts seien wieder die Punkte für Controller festgehalten, die sie beachten sollten, wenn sie zur Rationalitätssicherung des Managements beitragen wollen:

• Es sollte klare Richtlinien darüber geben, wer welche Kompetenzen hat. Hierdurch wird die deutliche Demonstration von Kontrolle oder eben nicht Kontrolle unnötig.

- Ein respektvoller Umgang, der unnötige Einschränkungen der persönlichen Freiheitsgrade vermeidet, lässt Widerstände geringer werden.
- Das Verständnis über die Bedeutung der persönlichen Kontrolle ermöglicht es, unerwartete Verhaltensreaktionen zu hinterfragen. Eine gemeinsame Suche nach Lösungen wird ermöglicht.
- Gegenseitige Einflussbereiche wertzuschätzen, erlaubt, eine angeregte und stressfreie Arbeitsbeziehung aufzubauen.

Donnerstag, 21. März, 12:00 Uhr, Büro eines dezentralen Managers:
Nachdem Sie eine Abweichungsanalyse gerechnet haben, ist es wieder mal so weit. Sie müssen versuchen, mit dem Manager gemeinsam einen Weg zu finden, wieder auf Kurs zu kommen. Sie haben ein, zwei Ideen – aber noch keine Lösung. Ihr Manager ist nur leicht gedrückter Stimmung – kein Wunder. Er freut sich bei allen Problemen auf das Gespräch mit Ihnen, da die Erfahrung der gemeinsamen Lösungssuche Sie zu einem Partner gemacht hat. Ihre persönliche Stellungnahme und Begleitung im weiteren Verlauf hat er als hilfreich und zielführend erlebt.

Dissonanz

Freitag, 22. März, 08:30 Uhr, Konferenzraum:
Sie »dürfen« eine Budget-Sitzung moderieren. Zum Glück ist es Freitag – so bleibt eine Rest-Hoffnung, dass es

ein Ende geben wird. Zunächst beginnt die Sitzung in einem freundlichen und höflichen Ton. Davon lassen Sie sich jedoch nicht beeindrucken; das kennen Sie schon. Bereits nach kurzer Zeit bricht der erwartete Streit zwischen den Managern los. Jeder sieht nur die Argumente für seinen Standpunkt und auch über die Bedeutung der einzelnen Argumente gibt es mindestens so viele Meinungen wie Teilnehmer. Sie versuchen, die Gewichtung mit Hinweis auf Ihre neutrale Position einzuordnen. Da kommen auch schon die ersten weniger freundlichen Hinweise auf ihren »Mangel an Fach- und Branchenkenntnis«. Der Rest wird folgen, sobald die Herren mit den gegenseitigen Beschimpfungen fertig sind. Thank god, it's friday.

Kognitionen, hier verstanden als alle möglichen Gedanken einer Person (also beispielsweise Meinungen, Wertehaltungen und Wissenseinheiten), stehen in relevantem oder irrelevantem Verhältnis zueinander. Eine relevante Beziehung besteht, wenn die Kognitionen inhaltlich verbunden sind. Die Kognition »ich rauche« steht also zu »rauchen erzeugt Krebs« in relevanter, zu »mein Manager versteht nichts von Wertorientierung« in irrelevanter Beziehung. Kognitionen, die in relevanter Beziehung zueinander stehen, können konsonant oder dissonant sein. Festinger (1957) geht davon aus, dass Menschen ein Gleichgewicht in ihrem kognitiven System anstreben. Dissonanzen, wie sie durch die Kognition »ich rauche« und die parallel existierende Kognition »rauchen erzeugt Krebs« entstehen, werden

Viele der von uns beschriebenen Effekte sind in der Psychologie schon lange erforscht – den Controllern aber wenig bekannt

**Rationalitäts-
defekte zeigen
sich in unter-
schiedlichen
Feldern**

also vermieden. Das Ausmaß der Dissonanz ist nach Festinger abhängig von der Wichtigkeit der beteiligten Kognitionen und dem Verhältnis von konsonanten zu dissonanten Kognitionsbeziehungen.

Dissonanz erzeugt eine Motivation, konsonante Beziehungen herzustellen, also Dissonanz zu reduzieren. Um das Gleichgewicht wiederherzustellen, gibt es verschiedene Methoden: es können neue konsonante Kognitionen addiert werden, vorhandene dissonante Kognitionen subtrahiert werden oder es können Kognitionen substituiert werden (Addition konsonanter bei gleichzeitiger Subtraktion dissonanter). Das heißt, es wird entweder das Verhalten, das im Gegensatz zu den Kognitionen steht oder die Kognitionen, somit also Meinungen, Werte oder Interpretation von Wissensinhalten geändert. Man hört also auf zu

**Menschen neigen
dazu, Dissonanzen
vermeiden zu
wollen – nicht
immer führt das
zu einem rationalen Ergebnis**

rauchen oder sammelt neue Informationen, die gesundheitliche Risiken bestreiten; oder man sorgt eben an anderer Stelle für mehr Konsonanz. Auf diese Weise wird auch das massive Erklärungsbedürfnis von Menschen mit gefährlichen Angewohnheiten verstehbar.

Bei der Änderung von Kognitionen wird zunächst diejenige Kognition verändert, die am wenigsten änderungsresistent ist. Die Resistenz steigt mit der Anzahl an Kognitionen, zu der die betreffende in konsonanter Beziehung steht, und dann, wenn sie eine außerpsychische Realität repräsentiert (also nicht einfach geändert werden kann). Die Bedeutung dieses Phänomens zeigt sich besonders deutlich in den folgenden Bereichen:

Entscheidungen

Nach Entscheidungen kann es zur so genannten *»post-decisional dissonance«* kommen. Durch die Wahl zwischen zwei Alternativen muss man die negativen Aspekte der gewählten Alternative in Kauf nehmen und auf die positiven Aspekte der nicht gewählten Alternative verzichten. Diese Art der Dissonanz kann auf verschiedenen Wegen reduziert werden. So kann durch Attraktivitätsveränderungen der Alternativen (*»spreading apart«-Effekt*), durch eine Änderung der Sicherheit, dass die richtige Wahl getroffen wurde, oder durch die gezielte und einseitige Suche nach konsonanten Informationen (»selective exposure«) das Problem gemindert werden.

Betrachten wir diese etwas abstrakten Ausführungen an einer konkreten Situation, einer wichtigen Kaufentscheidung. Ist man sich nicht ganz sicher, dass der Computer, den man gerade erworben hat, wirklich der beste ist (im Preis-Leistungs-Verhältnis), so dekliniert man noch einmal die Vorteile des gewählten Modells, spricht gerne mit anderen über die Nachteile der Alternative und setzt sich ungern der Erfahrung eines nicht genutzten Preisvorteils aus (manche Läden oder Abteilungen meidet man erst einmal).

Hierzu passt auch der so genannte *»Inertia-Effekt«*: der Wert von Informationen, die der präferierten Alternative entsprechen, wird überschätzt, der Wert gegenläufiger Informationen unterschätzt (Grabitz/Grabitz-Gniech 1973).

»Forced Compliance«

Bei diesem Phänomen entstehen besonders bizarre Situationen: wenn eine Person durch Belohnung oder Bestrafung dazu bewegt wird, ein Verhalten zu zeigen, das diskrepant zu ihrer Einstellung ist, so ändern sich die Einstellungen der Person. Allerdings passiert dies nur, wenn die Illusion der Freiwilligkeit bestehen bleibt.

In einem Versuch von Cohen (1962) wurden die Teilnehmer gebeten, nach einem besonders langweiligen Versuch am Computer einer Person im Vorzimmer zu erzählen, der Versuch sei interessant und unterhaltsam gewesen. Hierfür erhielt ein Teil der Teilnehmer einen Dollar, die anderen 20 Dollar Belohnung.

Zwei Wochen später nach ihrer Einstellung zu dem Versuch befragt, war die Einstellung derjenigen, die nur einen Dollar bekommen haben, deutlich positiver als die der anderen. Als Erklärung dafür gilt ein Dissonanz-Phänomen: aufgrund der niedrigen Entlohnung fehlte denjenigen Teilnehmern jeder vernünftige externe Grund, die Person im Vorzimmer anzulügen ... also »musste« die positive Einstellung, die nach dem Versuch berichtet wurde, die eigene gewesen sein (die Kognition »der Versuch war langweilig« war relevant und dissonant zu »ich habe erzählt, der Versuch war interessant«). Die Einstellung wurde also angepasst. Zwei Wochen später wurde entsprechend eine deutlich positivere Einstellung berichtet. Die Personen mit den zwanzig Dollar konnten als Grund für ihre Ausführungen nach dem Versuch ihre Belohnung annehmen und mussten ihre Einstellung in der Folge nicht ändern (die Kognitionen »der Versuch war langweilig« und »für zwanzig Dollar Belohnung habe ich behauptet, er sei interessant gewesen« sind konsonant). Die Einstellung war also auch zwei Wochen später unverändert negativ.

»Social Support«

Insbesondere soziale Situationen bergen die Chance, Dissonanzen hervorzurufen. Als Maßnahmen, diese Dissonanz zu reduzieren, kann man seine Meinung der kommunizierten anpassen, den Kommunikator abwerten, andere überzeugen oder soziale Unterstützung suchen (Gleichgesinnte). So fand Festinger (1956) beispielsweise, dass Mitglieder einer Sekte besonders stark nach neuen Mitgliedern suchten, nachdem der prophezeite Weltuntergang nicht eingetreten war. Sie zweifelten also nicht an ihrem Glauben, sondern erhöhten die Anzahl konsonanter Kognitionen.

Als sie das Ziel aus den Augen verloren, verdoppelten sie ihre Anstrengungen ...

Manager

... suchen bisweilen sehr einseitig nach Informationen,

... bewerten Informationen sehr unterschiedlich, je nachdem, ob sie zu ihrer Meinung passen,

... passen ihre Meinung dem eigenen Verhalten an,

... ändern ihre Meinung in Diskussionen überraschend,

... diffamieren den Vertreter einer alternativen Darstellung,

... argumentieren bei guten Gegenargumenten um so verbissener,

... suchen Gruppen Gleichgesinnter auf, statt Argumente zu akzeptieren.

Controller

... reagieren zu wenig auf die Argumente, die ihnen genannt werden. Sie messen ihnen aufgrund von Dissonanzen (Inertia-Effekt) weniger Bedeutung bei,

... passen ihre Einstellungen mehr und mehr den Anforderungen an. Die dauerhafte Konfrontation (kritischer Counterpart) wird zur Überzeugung,

... zeigen aufgrund der Reversibilität ihrer Positionen (seltener werden Entscheidungen getroffen) weniger starke Dissonanz-Effekte.

Konsequenzen für die Rationalitätssicherung

Was gilt es wiederum festzuhalten?

Die Controller können erfolgreich auf die Dissonanzphänomene ihrer Manager wirken

• Die hier genannten Effekte zeigen die Notwendigkeit einer geordneten Entscheidung, bei der die einzelnen Phasen (z. B. Alternativen generieren und Alternativen bewerten) deutlich voneinander getrennt sind.

• Eine gemeinsame Unternehmenskultur kann helfen, Dissonanzphänomene zu reduzieren.

• Bei antizipierten Dissonanzen hilft es, die konsonanten Elemente der Position hervorzuheben.

• »Ungewöhnliche« Verhaltensweisen sollten auf ihre dissonanzreduzierende Bedeutung geprüft werden. Dient ein solches Verhalten dazu, Dissonanzen abzubauen, so können alternative Wege der Herstellung eines Gleichgewichtes gefördert werden.

Freitag, 22. März, 08:30 Uhr, Konferenzraum:

Sie moderieren eine Budget-Sitzung. Ihr Auftrag ist es, den Prozess zügig und zielorientiert zu moderieren, die Sitzung also mit einem Ergebnis pünktlich zum Abschluss zu bringen. Zunächst beginnt die Sitzung in einem freundlichen und höflichen Ton. Davon lassen Sie sich jedoch nicht beeindrucken; das kennen Sie schon. Bereits nach kurzer Zeit bricht der erwartete Streit zwischen den Managern los. Jeder sieht nur die Argumente für seinen Standpunkt und auch über die Bedeutung der einzelnen Argumente gibt es mindestens so viele Meinungen wie Teilnehmer.

Das kann Sie alles nicht sonderlich beeindrucken. Sie haben zu moderieren gelernt und beschränken sich zunächst darauf, den Prozess zu steuern. Kritische Situationen können Sie deeskalieren und die Hauptargumente herausarbeiten. Insbesondere die klare Trennung der einzelnen Phasen des Prozesses kommt bei den Teilnehmern gut an. Es stellt sich schnell eine gute Arbeitsatmosphäre ein. Sie kommen halbwegs pünktlich zum Ende und können jetzt endlich ins Wochenende gehen. Sie freuen sich auf zwei schöne Tage nach einer erfolgreichen Arbeitswoche.

Konsequenzen des aufgezeigten Wissens für Controller

In den vorangegangenen Kapiteln haben wir eine Reihe von Mechanismen beschrieben, die auf jeden Menschen wirken. Diese zu kennen kann helfen, die wichtigsten Fallen zu umgehen – ausschalten lassen sie sich jedoch nicht.

Mit solchen Einschränkungen wirklich gut umgehen zu können, erfordert neben der theoretischen Kenntnis praktische Übung. Erst durch das intensive Einüben von alternativen Handlungsstrategien wird es möglich, auch in Belastungssituationen (Stress) – wenn also die Kapazitäten zu intentional rationalem Verhalten eingeschränkt sind – die besagten Fallen zu umgehen, schwierige Situationen zu »entschärfen«.

Neben dieser Übung, die alternative Verhaltensweisen vertraut und damit wahrscheinlich macht, sind in den hier beschriebenen Situationen Elemente enthalten, die auf die Bedeutung des Rollenverständnisses des Controllers und das jeweilige Selbst- und Fremdbild des Controllers hinweisen. Es gilt also, neben den Techniken zu verschiedenen Situationen ebenso übergeordnete Management-Qualitäten zu entwickeln. Der Bereich des Controlling – verstanden als eine beratende Tätigkeit zur Sicherung der Rationalität der Führung – hat sich zu einer Position mit vielen Führungstätigkeiten entwickelt. Diese müssen entsprechend erlernt, bzw. vermittelt werden. So müssen Controller heute Arbeitskreise professionell moderieren können, Konflikte steuern, mit unterschiedlichen Menschen in einer Weise kommunizieren, die ein richtiges Verständnis der Information sichert, Rückmeldungen angemessen geben und auch entsprechend entgegennehmen können. Sie müssen mit einer großen Anzahl an Rollenbildern (Vorurteilen) umzugehen lernen und bei all dem bemüht sein, die Beobachtungs- und Urteilsfehler bei anderen und sich selber zu kontrollieren.

Es wird also von Controllern eine große Anzahl von Fähigkeiten verlangt, die in ihrer üblichen Ausbildung nicht geschult werden. Gleichzeitig stehen fachliche Weiterbildungen oftmals im Vordergrund – eine systematische Entwicklung, wie sie beim Management-Nachwuchs als Standard angenommen werden kann, gibt es unserer Erfahrung nach in den Unternehmen bislang nur selten. Vor dem Hintergrund der Tatsache, dass die »normale« Weiterentwicklung eines Controllers Management-positionen vorsieht, erscheint eine entsprechende Entwicklung im Controlling umso passender. Auf diese Weise erhielte man eine Möglichkeit zur Gestaltung einer fachlichen Weiterentwicklung mit einer gleichzeitigen Vorbereitung auf die Entwicklung im gesamten Unternehmen.

Abwehrmaß-nahmen gegen psychologische Fallen können eingeübt werden

Zugleich sollte die Ausbildung von Controllern zukünftig auch psychologischen Aspekten mehr Raum schenken

Literatur: Wo können Sie sich weitergehend informieren?

Allgemeine Quellen

v. Rosenstiel, L.: *Grundlagen der Organisationspsychologie*. Stuttgart, 1992.

Schuler, H.: *Organisationspsychologie*. Göttingen, 1993.

Ulich, E.: *Arbeitspsychologie*. Stuttgart, 1994.

Denken und Fühlen

Birnbaum, M.: »Thinking and Feeling: A sceptical review«. In: *American Psychologists* 36 (1981), S. 99–101.

Dagleish, T./Power, M. J.: *Handbook of Cognition and Emotion*. Weinheim, 1999.

Forgas, J. P.: *Feeling and Thinking – The Role of Affect in Social Cognition*. Cambridge, 2000.

Zajonc, R. B.: »Feeling and Thinking – Preferences need no inferences«. In: *American Psychologists* 35 (1980), S. 151–175.

Gruppenprozesse

Langmaack, B./Braune-Krickau: *Wie die Gruppe laufen lernt.* München, 1987.
Luft, J.: *Einführung in die Gruppendynamik.* Stuttgart, 1986.

Urteilsheuristiken und Entscheidungsverzerrungen

Jost, P.-J.: *Organisation und Motivation.* Wiesbaden, 2000.
Jungermann, H. (Hrsg.)/Pfister, H.-R./Fischer, K.: *Die Psychologie der Entscheidung.* Heidelberg, 1998.
Kahnemann, D./Slovic, P./Tversky, A. (Hrsg.): *Judgement under Uncertainty: Heuristics and Biases.* Cambridge, 1982.
Strack, F.: »Urteilsheuristiken«, In: Frey, D./Irle, M.: *Theorien der Sozialpsychologie. Band III: Motivations- und Informationsverarbeitungstheorien.* Stuttgart, 1985.

Kontrolle und Hilflosigkeit

Frese, M.: »Kontrolle und Tätigkeitsspielraum«. In: Greif, S./Holling, H./Nicholson, N. (Hrsg.) *Arbeits- und Organisationspsychologie.* Weinheim, 1997.
Oesterreich, R.: *Handlungsregulation und Kontrolle.* München, 1981.
Seligman, M. E. P.: *Erlernte Hilflosigkeit.* München, 1979.

Dissonanz

Festinger, L.: *A Theory of Cognitive Dissonance.* Stanford, 1957.
Festinger, L.: *Conflict, decision and dissonance.* Stanford, 1964.
Frey, D.: *Informationssuche und Informationsbewertung bei Entscheidungen.* Bern, 1981.

Wirkung und Gestaltung von Arbeit

Ulich, E.: »Gestaltung von Arbeitstätigkeiten«. In: Schuler, H. (Hrsg.): *Organisationspsychologie.* Göttingen, 1993.

6 Wissensmanagement für Controller

Jürgen Weber, Martin Grothe, Utz Schäffer

Einführung

Allseits und euphorisch wird die Bedeutung von Wissen auf Seminaren, Kongressen und durchaus auch in der theoretisch angehauchten Literatur herausgestellt und das Management desselben zum Imperativ erhoben. In der Tat ist die volkswirtschaftliche Bedeutung des Produktionsfaktors Wissen, wie die folgende Abbildung zeigt, kontinuierlich gestiegen. Der lebenslange Neuerwerb von Wissen gehört deshalb heute zu den wichtigsten Aufgaben aller Entscheidungsträger. Sie werden zu Geistesarbeitern, Wissen zum entscheidenden Produktionsfaktor und das Management des Wissens zu einem zentralen Wettbewerbsvorteil für Unternehmen.

In Unternehmen setzt sich die Erkenntnis, dass Wissen eine wertvolle Ressource bedeutet, die eines systematischen

Wissensmanagement: mehr als ein theoretisches Konzept?

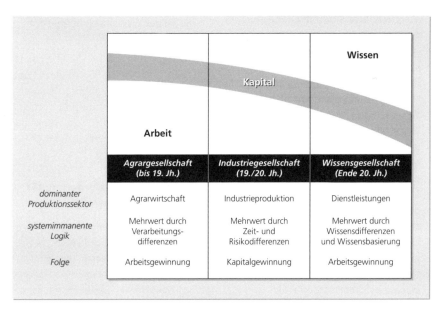

Abb. 56: Die Entwicklung von Gesellschaften (in Anlehnung an Wilke 1993, S. 56)

Viele Controller wissen weder etwas über Wissensmanagement – noch halten sie etwas davon!

Managements bedarf, immer mehr durch. Bei näherem Hinsehen konstatieren wir jedoch ein starkes Missverhältnis aus (mehr oder weniger stark ausgeprägter) akademischer Brillanz der Konzepte zu Wissensmanagement und lernender Organisation auf der einen Seite und massiven Schwierigkeiten bei der Implementierung in vielen Unternehmen auf der anderen Seite. Wird »Wissensmanagement eingeführt«, dominiert zumeist die technikgetriebene Implementierung von IT-Lösungen oder der große konzeptionelle Wurf wird top-down im Unternehmen verordnet, vorzugsweise von zentralen Stabsabteilungen fern des operativen Geschäfts. Beide Wege erscheinen nicht optimal. Die Relevanz des Themas für Controller ist in zweierlei Hinsicht gegeben:

- Controller haben bislang zur Party Wissensmanagement in den Unternehmen wenig beigesteuert, obwohl sie durch ihren traditionellen Fokus auf Informationsbereitstellung und -systeme durchaus dazu prädestiniert sein könnten, entsprechende Bemühungen des Managements zu unterstützen. Spezifische Instrumente des Wissensmanagements und -controlling sind in der Toolbox des Controllers nur selten zu finden. Viele Controller tun sich entsprechend schwer damit, ihren Beitrag zu definieren.
- Daneben kann Wissensmanagement die Arbeit von Controllern unterstützen, indem die Ressource Wissen im Controllerbereich selbst besser genutzt wird. Wissensmanagement für Controllerbereiche ist aber ein bislang in Theorie und Praxis vernachlässigter Bereich.

In einer Reihe von Telefoninterviews fanden wir unsere Erwartung, dass sich Controller mit Wissensmanagement und -controlling eher schwertun, bestätigt. Wir trafen auf zwei Lager. Die einen konnten mit einem Wissensmanagement für Controller denkbar wenig anfangen:

- »Was hat das mit Wertorientierung oder ROCE zu tun?«
- »Wir haben andere Probleme.«
- »Wir sind zahlenorientiert. Wissensmanagement: da kann man ja nichts rechnen ... ich sehe da keinen Zusammenhang.«
- »Wissensmanagement? Da habe ich keine Ahnung von ... wir stellen gerade auf SAP um.«

Andere (der kleinere Teil!) standen dem Konzept positiv gegenüber, ja sahen darin einen zentralen Teil ihrer zukünftigen Aufgaben:

- »Wissensmanagement ist doch die klassische Aufgabe des Controllers.«
- »Das ist der Wachstumsmarkt für Controller.«

Die Befragung machte daneben deutlich, dass bei vielen Controllern nur begrenztes Wissen bezüglich Wissensmanagement und -controlling vorliegt! Grund genug also, im folgenden die für Controller relevanten Grundzüge herauszuarbeiten.

Wissen als Herausforderung für Manager und Controller

»Knowledge is the only meaningful economic resource« (Drucker 1995, S. 54 ff.).

»In an economy where the only certainty is uncertainty, the one sure source of lasting competitive advantage is knowledge« (Nonaka 1991, S. 96).

Zitate wie diese belegen die Relevanz, welche der Auseinandersetzung mit Wissen und dem Management von Wissen zunehmend beigemessen wird. Dabei fällt es allerdings noch vielfach schwer, die Begriffe Daten, Information und Wissen voneinander abzugrenzen. »Während wir mühelos den Unterschied zwischen Aufwendungen und Kosten oder Cashflow und Gewinn erklären können, macht uns die Differenzierung von Daten, Information und Wissen oder von implizitem und explizitem Wissen häufig sprachlos« (Probst/Raub/Romhardt 1997, S. 31).

Was ist eigentlich Wissen?

Deshalb soll zunächst begrifflich Klarheit geschaffen werden. Was ist der Unterschied zwischen Daten, Information und Wissen?

- Daten sind die Grundbausteine für Information und Wissen. Sie bestehen aus beliebigen Zeichen-, Signal- oder Reizfolgen.
- Informationen sind diejenigen Daten, die der einzelne Akteur persönlich verwerten kann. Informationen sind also im Gegensatz zu Daten nur subjektiv wahrnehmbar und verwertbar.
- Wissen entsteht durch die Verarbeitung und Verankerung wahrgenommener Informationen in unserem Gehirn, wir sprechen in diesem Fall vom Prozess des Lernens. Altes, bereits gespeichertes Wissen ist dabei der Anker, um aus neu aufgenommenen Informationen neues Wissen in der Struktur unseres Gehirns zu vernetzen. Wissen stellt

das Endprodukt des Lernprozesses dar, in dem Daten als Informationen wahrgenommen und als neues Wissen gelernt werden.

Lassen Sie uns den abstrakten Zusammenhang noch an einem Beispiel verdeutlichen: Ein Kind sieht am Herd die Anzeigen »100°«, »180°« und »240°« (Daten). Es fasst an die Platte und denkt sich: »Holla, das ist aber heiß!« (Information). Am nächsten Tag weiß das Kind: »Wenn ich die Hand auf die Platte lege, tut das zwar weh, aber ich bekomme schulfrei!« (Wissen).

Schon die Grundbegriffe des Wissensmanagements sind häufig unklar

Was ist Wissensmanagement?

Im Zusammenhang mit erfolgreicher Unternehmensführung ist Wissen keine neue Größe. Seit jeher sorgt das gekonnte Management der Unternehmensressource Wissen für Wettbewerbsvorteile auf dem Markt. Geheimrezepturen und Patente sichern das Überleben vieler Unternehmen, die am Anfang unseres Jahrhunderts gegründet wurden, bis in unsere Tage hinein. Wissen war daher zu jeder Zeit ein kostbares Gut. Gemessen an dieser Bedeutung ist es umso erstaunlicher, dass dem Management dieser Ressource lange Zeit kaum Beachtung geschenkt wurde. Abgesehen von vereinzelten wissenschaftlichen Publikationen in den sechziger Jahren zur allgemeinen Bedeutung des Wissens in unserer Gesellschaft sowie darauf aufbauenden Arbeiten zu seiner ökonomischen Relevanz fehlte bis vor kurzem jede systematische Auseinandersetzung mit der Frage nach dem optimalen Umgang mit dem Wissen des Unternehmens (vgl. Güldenberg 1997,

Wissen als Herausforderung für Manager und Controller

S. 231 ff.). Auch in der Praxis war das Thema – vielen Lippenbekenntnissen zum Trotz – lange Zeit bedeutungslos.

Zweck des Wissensmanagements ist es nun, dafür zu sorgen, dass das knappe Gut Wissen effektiv und effizient eingesetzt wird. Dabei können wir vier Teilaufgaben des Wissensmanagements unterscheiden:

- die Wissensgenerierung, d. h. die Entwicklung und den Erwerb von Wissen;
- der Wissenstransfer;
- die Wissensaufgabe – ein oft vernachlässigter Aspekt – sowie
- die zielgerichtete Wissensnutzung und -speicherung.

Im Rahmen unserer Telefoninterviews sah die Hälfte der Befragten Wissenscontrolling als notwendige und wichtige Controlleraufgabe an, ein Viertel hielt entsprechende Vorstellungen für »völlig praxisfremd!« und immerhin ein weiteres Viertel gab an, kein ausreichendes Verständnis bzw. keinen genügenden Überblick über das Thema zu haben. Überträgt man unser Verständnis von Controlling (vgl. dazu S. 15 ff.) auf das Anwendungsobjekt Wissen, so ergibt sich unmittelbar die Definition:

Definition des Wissenscontrolling

Wissenscontrolling ist die Funktion der Sicherstellung eines rationalen Managements der Ressource Wissen.

Diese gilt es im folgenden zu operationalisieren: Die soeben dargestellten Zwecke des Wissensmanagements lassen sich dabei auch als unterschiedliche Kombinationen aus Wissensbedarf, -nachfrage und -verfügbarkeit interpretieren, die (immer wieder) ins Gleichgewicht gebracht werden müssen. Das Verhältnis dieser drei Größen

Regelkreis des Wissenscontrolling

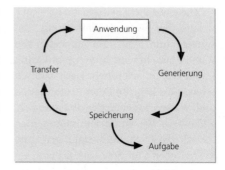

Abb. 57: Zyklus des Wissensmanagements (ähnlich z. B. Güldenberg 1997, S. 247)

zeigt als Modell die Abbildung 58. Durch die Schnittmengen der die Wissensattribute darstellenden Kreise ergeben sich Situationen, von denen aus eine Bewegung ins Gleichgewicht (der Bedarfsdeckung) angestrebt werden sollte. Je nach Situation kann diese Bewegung durch Wissensgenerierung, -transfer, oder -aufgabe erfolgen. Im inneren Feld stimmen Bedarf, Nachfrage und Verfügbarkeit überein. Dieser Schnittbereich wird aber in der Realität eher selten erreicht. Der Begriff des Gleichgewichts ist auch nicht als eine statische Situation, sondern im Sinne eines Fließgleichgewichts zu interpretieren, denn alle drei Wissensattribute unterliegen einer ständigen Veränderung. Die Sicherstellung eines rationalen Managements der Ressource Wissen heißt also zu gewährleisten, dass Wissensbedarf, -nachfrage und -verfügbarkeit zum Ausgleich gebracht werden! Daraus abgeleitet ergeben sich folgende Teilaufgaben eines Controlling des Faktors Wissen im Unternehmen, zusammen bilden sie den Regelkreis des Wissenscontrolling:

238

- Gewinnung von Transparenz über das verfügbare Wissen (»Ist«)
- Ermittlung des voraussichtlichen Wissensbedarfs (»Soll«)
- Ableitung von Wissenszielen sowie ggf. die engpassorientierte Fokussierung des Wissensmanagements als Ergebnis des skizzierten Prozesses.

Wissensmanagement und -controlling spielen so zusammen. Sie sind komplementär zu verstehen. Wissenscontrolling unterstützt das Management durch den Abgleich von Bedarf und verfügbarem Wissen sowie die Ableitung von Wissenszielen und engpassorientierten Strategien des Wissensmanagements. Durch diesen kybernetischen Regelkreisprozess kann das Controlling (Manager und Controller im Team!) ein rationales Management der Ressource Wissen sicherstellen.

Controller können hier ihr methodisches Know-how insbesondere in der Schaffung von Transparenz bezüglich Methoden- und Faktenwissen in Planungsprozessen, in zielorientierter Datenbereitstellung und in Abweichungsanalysen zum Einsatz bringen. Sie können weiter dazu beitragen, die Gesamtorganisation für die Bedeutung der Ressource Wissen zu sensibilisieren und zu mobilisieren. Der Leiter des Controllerbereichs vertritt dann auch die Wissensperspektive in der Geschäftsleitung und trägt die Verantwortung für die Infrastrukturen des Wissens wie Kompetenzzentren oder Informationssysteme.

Als wesentlicher Vorteil einer solchen Lösung lässt sich anführen, dass der Wasserkopf des Unternehmens nicht mit einem eigens dafür abgestellten, hauptamtlichen »Chief Knowledge Officer« weiter aufgebläht wird (»... schon wieder eine Alibifunktion wie der Umweltbeauftragte ...«). Andererseits setzt eine entsprechende Funktion von Controllern voraus, dass man ihnen das Thema »abnimmt und dass ausreichend Kapazität im Controlling dafür abgestellt werden kann. Zudem müssen Controller die Vorbildfunktion in Sachen Wissensmanagement leben. Das bedeutet aber: Sie müssen zunächst bei sich selbst versuchen, ihre Dienstleistungsqualität durch internes Wissensmanagement zu verbessern!

Doch betrachten wir zunächst die oben angesprochenen einzelnen Phasen eines Wissenscontrolling etwas stärker ins Detail gehend.

Controller als Vorbild in Sachen Wissensmanagement?

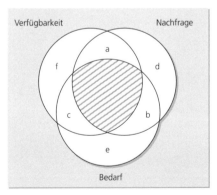

Abb. 58: Spannungsfeld Wissensverfügbarkeit, -nachfrage und -bedarf

Wissensorientiertes Controlling

Gewinnung von Transparenz über das verfügbare Wissen

Die Schaffung von Wissenstransparenz als erster Schritt eines entsprechenden Controlling verdeutlicht bestehende Wissenslücken im Unternehmen und schafft die Voraussetzungen, um über Wissenserwerb oder Wissensentwicklung zu entscheiden. Dabei gilt: Angemessene statt absolute Transparenz! Transparenz über intern und extern vorhandenes Wissen stellt sich jedoch nicht automatisch ein. Transparenz muss organisatorisch unterstützt werden. Der erste Schritt hierzu besteht darin, unterschiedliches Wissen im Unternehmen zu lokalisieren.

Lokalisierung des Wissens

Wenn das Unternehmen wüsste, was es weiß

Zur Lokalisierung des Wissens bieten sich insbesondere zwei vergleichsweise einfache Tools an:

- *Expertenverzeichnisse und Gelbe Seiten:* Eine effektive und relativ wenig aufwendige Methode zur Identifikation von (unter Umständen weltweit verteilten) Wissensträgern ist die Erstellung

von Expertenverzeichnissen. So erhob der Schweizer Chemiekonzern Hofmann-LaRoche die speziellen Kenntnisse der eigenen Forscher auf der ganzen Welt und fasste diese Informationen in sogenannten »Gelben Seiten« zusammen. Wissensinseln werden so verbunden und die Suchkosten nach geeigneten Ansprechpartnern für spezielle Fragestellungen können erheblich gesenkt werden. Das charmante an den Gelben Seiten ist, dass sie auf Basis eines vorhandenen Telefonverzeichnisses mit vergleichsweise wenig Aufwand erstellt werden können! In der Regel ist die Standardfunktionalität von Programmen wie Lotus Notes völlig ausreichend. Gelbe Seiten bieten sich daher als (pragmatischer) erster Schritt zu mehr Transparenz über das Wissen

---

 Bert Beispiel

Bert Beispiel am 25.07.98 um 17:15

ProFinder	
Telefon:	0211-5602-823X
Fax:	0211-5602-826X
Mobil:	0177-474-853X
Standort:	Düsseldorf Albertusbogen
Raum:	E 4XX
Themen: *(Bitte auch Synonyme angeben!)*	Miniruf (Paging/Quix), Bouygues (Mobilfunk) Beteiligungscontrolling Budgetanalyse, Beurteilung / Analyse von Geschäftsplänen Monatsreporting Sitzungsvorbereitung Wirtschaftlichkeitsrechnung Unternehmensbewertung
Weiteres:	Französisch: sehr gute Kenntnisse

Abb. 59: Beispiel für einen Expertensystemeintrag

240

in Ihrem Unternehmen an. Entsprechend hat auch knapp die Hälfte der von uns befragten Unternehmen Gelbe Seiten bereits eingeführt. Die Abbildung macht jedoch deutlich, dass solche Verzeichnisse auch schon recht einfach als Einträge in Diskussionsdatenbanken unter Lotus Notes gestaltet werden können.

- *Knowledge Map:* Etwas aufwendiger ist die Erstellung einer Landkarte der eigenen Wissensbasis. Als Ausgangspunkt für die Erstellung stellt man sich vor allem zwei Fragen: wer im Unternehmen braucht wann und wozu welches Wissen und woher wird dieses Wissen intern beschafft? Man nimmt sich dazu z. B. das Organigramm und kategorisiert die dort aufgeführten Personen danach, welches Wissen zur Bearbeitung der übertragenen Aufgaben dort »offiziell« vorhanden ist. Zusätzlich überlegt man sich aber auch, welches Wissen jenseits der eigentlichen Stellenbeschreibung in der täglichen Praxis durch die Akteure im Unternehmen abgerufen und verwendet wird. So kann latent vorhandenes Wissen in einer Landkarte des eigenen Wissens visualisiert werden. Prüfen Sie kritisch, ob sich der Mehraufwand zu den Gelben Seiten wirklich lohnt! Von den befragten Unternehmen verwendete zum Zeitpunkt der Befragung nur eines eine Knowledge Map.

Wie Sie sich auch entscheiden: Mit den aufgezeigten Tools kann man mit vergleichsweise überschaubarem Aufwand ein »ordentliches« Maß an Transparenz gewinnen.

Messung und Bewertung des Wissens

Im zweiten Schritt der Schaffung von Wissenstransparenz geht es nun um die Messung und Bewertung von Wissen. Kann Ihr Unternehmen heute aus irgend einem Berichtswesen ablesen, wie sich Ihre Wissensbasis innerhalb des letzten Jahres verändert hat? Die Antwort scheint uns klar. Dabei gilt die alte Controller-Weisheit: »Was man nicht messen kann, das kann man auch nicht managen!« Die Messung und Bewertung von Wissen gehört allerdings zu den größten Problemen, die das Wissenscontrolling zu bewältigen hat – letztlich sind bislang alle Versuche einer direkten Messung des organisationalen Wissens gescheitert. Als Alternative zur direkten Quantifizierung wird in der Literatur eine indirekte Bewertung der Übertragungswege des organisationalen Wissens durch ein System von Wissensindikatoren diskutiert. Eine solche Vorgehensweise folgt dem Gedanken, organisationale Prozesse und Strukturen zu identifizieren, die durch eine Veränderung organisationalen Wissens betroffen sind, oder umgekehrt die Entwicklung organisationalen Wissens beeinflussen. Durch die Definition von Indikatoren und eine anschließende Messung ihrer Entwicklung lassen sich Rückschlüsse auf positive oder negative Veränderungen der organisationalen Wissensbasis ziehen.

Das üblicherweise zitierte Beispiel ist die in Schweden beheimatete Firma Skandia, die verschiedene Wissensindikatoren in einem relativ umfassenden System der Wissensbewertung integriert hat. Ausgangspunkt des Ansatzes ist die Feststellung eines Missverhältnis-

Die Bewertung von Wissen stellt eine der größten Herausforderungen des Wissensmanagements dar

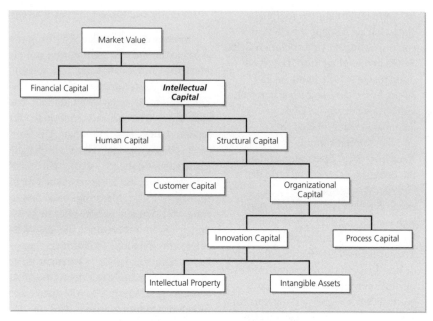

Abb. 60: Strukturierung des Intellectual Capital bei Skandia
(vgl. Edvinsson 1997, S. 369)

ses zwischen der Marktbewertung von Unternehmen und ihren Buchwerten. Als unsichtbarer Vermögensgegenstand, der nicht separat in der Bilanz erscheint, aber dennoch häufig einen sehr großen Anteil am Gesamtwert eines Unternehmens einnimmt, wird im Ansatz von Skandia das »Intellectual Capital« (IC) verstanden. Um den Begriff des intellektuellen Kapitals fassbarer zu machen, werden Kapitalkategorien auf verschiedenen Ebenen gebildet (vgl. die nebenstehende Abbildung). Das IC besteht nach dieser Logik aus Humankapital und Strukturkapital.

Konzeptionelle Verbindung zur Balanced Scorecard

• Humankapital ist der Teil des IC, der »täglich nach Beendigung der Arbeitszeit das Unternehmen verlässt«. Er kann vor allem als implizites Wissen interpretiert werden und steht in unmittelbarer Beziehung zum Strukturkapital.

• Dieses bezeichnet entsprechend den Teil des IC, der übrig bleibt, wenn die Mitarbeiter abends nach Hause gehen. Es kann weiter unterteilt werden in einen Kunden-(»customer«), Prozess-(»process«) und Erneuerungs- und Entwicklungsfokus (»renewal & development focus«).

Unschwer können Sie im Strukturkapital die nicht-finanziellen Perspektiven der (am Standard von Kaplan/Norton orientierten) Balanced Scorecard wiedererkennen (vgl. ausführlich zur Balanced Scorecard den Band 8 der Schriftenreihe Advanced Controlling, Weber/Schäffer 1998b)! Diese bilden bei Skandia mit der Humanperspektive die Bereiche, die

Wissensmanagement für Controller

durch eine Veränderung organisationalen Wissens betroffen sind, oder umgekehrt die Entwicklung organisationalen Wissens beeinflussen. Nun gilt es im Skandia-Konzept, in jeder Perspektive die Indikatoren zu finden, deren Entwicklung mit der Veränderung organisationalen Wissens in einen plausiblen Zusammenhang gebracht werden kann. Dies werden aber just die Kennzahlen dieser Perspektive sein! Haben Sie eine Balanced Scorecard, ist nur der letzte Schritt neu für Sie: Aufgrund der Anzahl und des Gewichts der Indikatoren lässt sich die Bedeutung der einzelnen Perspektiven für das IC qualitativ bestimmen. In einer dynamischen Betrachtung können Sie so Rückschlüsse auf positive oder negative Veränderungen der organisationalen Wissensbasis ziehen. Kritisch kann man fragen, was dadurch erreicht wird. Neben einer entsprechenden Sensibilisierung der Mitarbeiter und einer eventuellen Marketingwirkung nach außen (wie bei Skandia!) wird in der Regel wenig übrigbleiben. Prüfen Sie daher kritisch, ob der (Rechen- und Diskussions-) Aufwand in Ihrem Unternehmen gerechtfertigt ist!

Uns erscheint dagegen in jedem Fall der folgende, pragmatische Ansatz eines »Wissensattraktivitätsportfolios« sinnvoll: Dieses bewertet den Wissensbestand und den potentiellen Nutzen für strategisch wichtige Wissensbereiche eines Unternehmens. Für die Wettbewerbsfähigkeit als besonders wichtig angesehene Wissensbereiche werden dabei in einer 2×2-Matrix erfasst. Aus diesem Orientierungsrahmen lassen sich Empfehlungen für das Wissensmanagement ableiten. Die Portfolioachsen sind mit »Wissensvorsprung« und »Wissensnutzung« gekennzeichnet. Als Einordnungskriterien sind jeweils »stark« und »schwach« möglich. Den Vergleichsmaßstab für die Wissensposition stellen Konkurrenzunternehmen und für die relative Nutzungshäufigkeit andere Wissensbestände dar.

- Wissen, das wenig genutzt wird und bei dem der Vorsprung gegenüber Wettbewerbern nicht hoch ist, hat tendenziell keinen hohen Wert. Es stellt sich die Frage, ob versucht werden sollte, die Position auszubauen und ob dort eingeordnetes Wissen einen entscheidenden Beitrag für ein Unternehmen leisten kann.
- Bei ebenfalls geringer Wissensnutzung aber starker Wissensposition liegt eine potentielle Erlösquelle brach. Hier muss sich das Management fragen, wie der Vorsprung in Produkte und Wettbewerbsvorteile umsetzbar ist und so die Nutzung und der Wert erhöht werden.
- Bei geringem Wissensvorsprung aber starker Nutzung scheint es sich um wichtiges Wissen zu handeln, bei dem der Vorsprung gesichert werden sollte. Gibt es Möglichkeiten dazu? Wie stark wird darauf hingearbeitet? Kann der Vorsprung gehalten werden? Will das Unternehmen in dem Bereich weiter konkurrieren?
- Wissen, bei dem die Position und die Wissensnutzung stark sind, hat sehr großen Wert für ein Unternehmen. Es stellt eine große potentielle Erfolgsquelle dar. Auf die Übertragung dieses Wissens auf andere Bereiche und die Verteidigung des Vorsprungs muss besonders hingearbeitet werden.

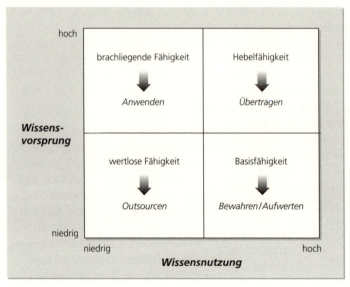

Abb. 61: Wissensportfolio zur Bewertung von Wissen
(aus Probst/Raub/Romhardt 1997, S. 83)

Noch ein letzter Punkt: Wissenscontrolling muss die Kompetenzveränderungen der Konkurrenten mitberücksichtigen. Selbst wenn Sie Ihre internen Wissenziele erreicht und das angestrebte Soll-Kompetenzportfolio aufgebaut haben, kann dies im starken Kompetenzwettbewerb nicht ausreichend sein, wenn die Konkurrenz sich noch schneller weiterentwickelt hat. Benchmarking wird daher zur Pflicht (vgl. dazu auch ausführlich Band 10 der Schriftenreihe Advanced Controlling, Weber/Wertz 1999)!

Ermittlung des Wissensbedarfs – Setzung von Wissenszielen

Wissensmanagement und lernende Organisationen sind positiv besetzte Begriffe, die bei der Auslösung von Veränderungsprozessen hilfreich sein kön-

nen. Doch ohne Konkretisierung wird Wissensmanagement leicht zu einem nebulösen »Buzz-Word«; die positiven Assoziationen können schnell ins Negative umschlagen. Erst wenn konkrete Ziele für organisationales Wissen entwickelt werden, kann organisationales Lernen und die Verwendung der knappen Ressource Wissen rational erfolgen! Wissensziele sorgen dafür, dass organisationale Lernprozesse eine Richtung erhalten und der Erfolg sowie der Misserfolg von Wissensmanagement überprüfbar gemacht werden kann. Sie sind die wissensbezogene Übersetzung der Unternehmensziele. Wissensziele ergänzen herkömmliche Unternehmensziele auf zahlreichen Ebenen. Bei den meisten langfristigen Managemententscheidungen ist es heute unabdingbar, Auswirkungen auf die organisationale Wissensbasis zu berücksichtigen. Eine

Wissensmanagement für Controller

bewusste Wissensperspektive kann zudem neue strategische Optionen eröffnen.

Wichtig ist, dass der einer Zielplanung zugrundeliegende Bedarf immer subjektiv, durch die Brille des Managers, wahrgenommen wird (vgl. die Abbildung 58). Die Nachfrage von Managern nach Wissen ist nicht immer deckungsgleich mit dem objektiven Bedarf. Sie ist sowohl Informationsquelle wie auch Störgröße in dem Prozess der Planung von Wissenszielen. Aufgabe des Controllers ist es, hier im Zusammenspiel mit Managern zu objektivieren. Unterstützend kann die von Albrecht propagierte Methode der Ableitung des kritischen Erfolgswissens eingesetzt werden: Bei kritischem Erfolgswissen handelt es sich um jenes Wissen,

- das in seiner quantitativen und qualitativen Ausprägung (Wissensposition) die Wettbewerbsfähigkeit des Unternehmens und damit in der Folge auch seine Überlebensfähigkeit wesentlich bestimmt;
- das Bestandteil der organisationalen Wissensbasis sein muss, wenn man als Unternehmen in seinem Bereich Erfolg haben will.

Das Konstrukt des kritischen Erfolgswissens kann dabei die Perspektive des erforderlichen Wissens sowohl aus Sicht des Unternehmens und seiner strategischen Intention als auch aus Sicht des

Aufgabe des Controllers ist es, Wissensbedarfe zu objektivieren

Organisations-einheit	KEF	gegenseitig vorhandenes KEW			zukünftig erforderliches KEW			Maßnahmen zur Wissensgenerierung		
		Beschreibung	Wissensposition		Beschreibung	Wissensposition		vorhandenes internes Wissen nutzen	externes Wissen beschaffen	neues Wissen entwickeln
			stark	schwach		stark	schwach			
			+3 +2 +1 0 −1 −2 −3			+3 +2 +1 0 −1 −2 −3				
Forschung & Entwicklung	Qualifikation der Mitarbeiter	feinoptisches Expertenwissen			digital technisches Expertenwissen			−	−	in einem Lernprojekt entwickeln
		Handlungs-wissen für Produktent-wicklungen			Handlungs-wissen für Produktent-wicklungen			Handlungs-wissen durch die Erstellung von Mind Maps verbessern	−	−
Beschaffung	Qualität	Fakten- und Handlungs-wissen zur ISO 9000 ff.-Norm			Handlungs- und Grund-lagenwissen zu TQM und EQA			Verbesserung des betrieb-lichen Vor-schlagswesens	Hinzuziehung externer Berater	−
Produktion	Systemtechnik	Handlungs-wissen im System-Engineering			Handlungs-wissen im System-Engineering			*Wissensabbau durch Verlernen und Verkauf*		
	Durchlaufzeit	Rezeptwissen in der Zeit-optimierung			Rezeptwissen in der Zeit-optimierung			*kein Handlungsbedarf, Wissen erhalten*		
...										

Abb. 62: Schema zur Ableitung von kritischem Erfolgswissen (vgl. Albrecht 1993, S. 139)

Marktes enthalten. Der Aspekt der Integration dieser beider Sichtweisen bzw. Ansätze wird in dem obenstehenden Formular strukturiert dargestellt.

Fassen wir zusammen: Wissenscontrolling umfasst Aktivitäten zur Generierung von Transparenz über das im Unternehmen verfügbare Wissen und zur Ableitung von konkreten Wissenszielen. Es kann so dazu beitragen, dass Wissensmanagement im Unternehmen engpassorientiert fokussiert wird und kein Ressourcen verschlingender »strategische Nebel« bleibt.

Wissensmanagement für Controllerbereiche

Wissensmanagement tangiert Controller aber nicht nur insofern, als dass sie die Rationalität des Einsatzes der Ressource Wissen durch die Manager des Unternehmens sicherstellen. Vielmehr besteht eine große Herausforderung für Controller auch in der Optimierung des Wissensmanagements »zu Hause«, im Controllerbereich selbst. In den von uns befragten Controllerbereichen gab es von wenigen Ausnahmen abgesehen keine systematischen Ansätze zum Management von Controller-Wissen zu vermelden. Entsprechende Aktivitäten beschränken sich folglich auf spezielle Projekte oder Ideen, die durch einzelne Controller vorangetrieben werden. Damit läuft Wissensmanagement für Controllerbereiche – wenn überhaupt – als eines von vielen Projekten quasi nebenbei mit.

Als Haupthindernis wurde unisono fehlende Kapazität genannt (»Wissensmanagement ist nur ein Add-on. Dafür haben wir keine Zeit und Kapazität.«).

Controller müssen auch für sich selbst Wissensmanagement betreiben!

Schade – kann doch durch ein intelligent gestaltetes Wissensmanagement im Controllerbereich signifikant Kapazität für andere Aktivitäten freigemacht werden! So sind die Erfahrungen der Controllerbereiche, die mit der Einrichtung eines Intranet bereits einen ersten Schritt gegangen sind, durchweg positiv. Besonders betont wird die Verminderung des Papierkriegs, die vereinfachte Kommunikation und der unkomplizierte Austausch von Informationen und Tools. Weiter wird die schnelle Aktualisierung von Handbüchern und Methoden-Standards positiv hervorgehoben. Doch damit erscheinen uns die Möglichkeiten des Wissensmanagements für Controllerbereiche noch bei weitem nicht ausgeschöpft. Immerhin: Ein Viertel der befragten Controller gab an, sich in nächster Zeit verstärkt mit Wissensmanagement im Controllerbereich befassen zu wollen.

Im folgenden zeigen wir die Normpfade auf, die zu einem effektiven Wissensmanagement des Controllerbereichs führen – ganz an die jeweilige Ausgangssituation angepasst.

Wissen verteilen

Gehen wir zunächst von einer Aufgabenstellung aus, in der relevantes Wissen verfügbar ist, jedoch vom Controller nicht genutzt wird. Es ist denkbar, dass der Wissensbedarf von ihm richtig erkannt wird, zur Befriedigung desselben jedoch nicht auf bereits verfügbares Wissen zurückgegriffen, sondern durch eigene Anstrengung das Wissen neu generiert wird. Das »Rad« wird so mehrfach neu erfunden, obwohl es wesentlich einfacher zu bekommen wäre.

246

Durch Teilung von Erfahrungen können Fehler, die einmal gemacht wurden, beim nächsten Mal verhindert werden. Wissensverteilung kann weiterhin der Dezentralität und damit der (internen) Kundennähe dadurch förderlich sein, dass Wissen – sowohl als Faktenwissen als auch als Fähigkeiten – immer dort genutzt wird, wo es nötig ist und keine Umwege über »Wissenszentralen« genommen werden müssen.

Die strategische Bedeutung von Wissensverteilung für den Unternehmenserfolg ist von Arthur Andersen auf eine einfache Formel gebracht worden: $K = (P+I)^S$. Wissen (Knowledge) ergibt sich dabei als Resultat aus Mitarbeitern (People) und Informationen (Information), die durch Technologie (symbolisiert durch das Pluszeichen) verbunden werden. Potenziert wird diese Form durch das Teilen von Wissen (Sharing). Obwohl die Form der mathematischen Verknüpfung keinerlei Anspruch auf Exaktheit erhebt, erfüllt diese Gleichung zwei wesentliche Funktionen: Durch ihre weltweit erfolgte interne Verbreitung gelang es, die Aufmerksamkeit auf die Bedeutung von Wissen als grundlegenden Parameter des Wettbewerbserfolgs zu lenken. Darüber hinaus unterstreicht die Formel die besondere Rolle, die der Wissens(ver)teilung im Rahmen des Wissensmanagements zukommt. Bei der Verteilung von Wissen geht es dementsprechend darum, verfügbares Wissen so aufzubereiten, dass es für andere im Controllerbereich nutzbar wird, und dafür zu sorgen, dass Nachfrage entsteht, dass das Wissen also auch tatsächlich genutzt wird. Der Wissenstransfer wird durch verschiedene Barrieren behindert:

- Bei der Wissensfreigabe wird die *Wollen-Komponente* durch Angst bzw. Machtbewahrungsstreben und inadäquate Zielsysteme beeinflusst. Wissensträger befürchten, dass sie sich durch Freigabe ihres Wissens selbst überflüssig machen. Wenn Wissensträger ihre Machtstellung über die Kontrolle von Informations- und Kommunikationskanälen oder Expertenwissen sichern, dann können sie solange kein Interesse an der Preisgabe dieser Ressourcen haben, wie ihnen die Erhaltung oder der Ausbau ihrer Ressourcen nicht auf andere Weise gelingt. Aufgrund inadäquater Zielsysteme wird die Wissensteilung nicht belohnt. Wissen freizugeben kostet jedoch Zeit und Ressourcen – sei es für die Eingabe in ein Wissensmanagement-System oder die Beantwortung von Fragen –, die ansonsten zur Erreichung der belohnten Ziele verwendet werden könnten.

- Die *Können-Komponente* der Wissensfreigabe wird schließlich ebenfalls mehrfach behindert, und zwar insbesondere durch begrenzte kommunikative Fähigkeiten und die Eigenheiten impliziten Wissens.

Weithin bekannt ist das Wissenstransfer-Konzept von Nonaka/Takeuchi. Die Autoren gehen davon aus, dass Wissen zunächst nur im Menschen als individuellem Akteur geschaffen werden kann. Die Aufgabe des Wissensmanagements wird darin gesehen, dieses an das Individuum gebundene Wissen der gesamten Unternehmung zugänglich zu machen. Dies geschieht im Rahmen einer »Spirale des Wissens«.

Die (Ver-)Teilung des Wissens potenziert seinen Nutzen!

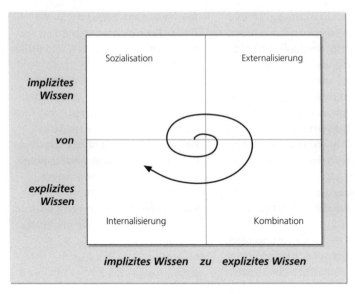

Abb. 63: Die Spirale des Wissens (entnommen aus Nonaka/Takeuchi 1995, S. 71)

- In einem ersten Schritt eignet sich der Akteur implizites Wissen an. Dieser Vorgang der *Sozialisation* bedeutet z. B. das Erlernen von Verhaltensweisen, die unter dem Begriff Unternehmenskultur zu subsumieren sind, oder das Erlernen von Fähigkeiten durch Zusehen. Er kann gefördert werden, z. B. durch Mentoren-Konzepte, feste Arbeitskreise oder Controller-Tagungen.
- Im zweiten Schritt, der *Externalisierung,* wird dieses implizite Wissen in explizites und damit kommunizierbares und transferierbares Wissen umgewandelt, z. B. durch bloßes Aufschreiben. Ein Beispiel für solche Kommunikationsinstrumente ist das einer Controller-»Hauszeitschrift« oder ein Diskussionsforum im »Controller-Net«, dem Intranet Ihres Controllerbereichs. In einer Zeit-

schrift können aktuelle, alle Controller gleichermaßen betreffende Informationen einheitlich kommuniziert werden. Das Intranet bietet darüber hinaus die Möglichkeit, Nachrichten auf spezifische Ziel- oder Interessensgruppen maßzuschneidern. Das Forum einer (papiernen oder elektronischen) Zeitschrift bietet die Gelegenheit, individuell entwickelte Lösungen ebenso darzustellen, wie systematisch über die Controllerprobleme in unterschiedlichen Unternehmensbereichen zu berichten. Der Nutzen einer Controller-Zeitschrift oder einer eigenen Controller-Homepage beschränkt sich aber nicht allein auf den Controllerbereich. Sie kann auch dazu eingesetzt werden, »Außenstehende« über Ziele und Probleme der Controller zu informieren und damit zum besseren

Wissensmanagement für Controller

Verständnis der Arbeit der Controller bei den Linienverantwortlichen beitragen. Die folgende Abbildung zeigt – wiederum auf Lotus Notes-Basis – eine solche Controlling-Plattform, die eine Vielzahl einzelner Prozesse, Inhalte und auch Services transparent und effizient machen kann.

- Durch die *Kombination* wird dieses kommunizierte Wissen von anderen Akteuren oder Akteursgruppen im Unternehmen geordnet und in neue Zusammenhänge gebracht. Individuelle Lösungen können auf andere Probleme übertragen werden oder geben Anstoß zur Lösungsfindung in anderen Bereichen. Auch hier bietet das Intranet Ihnen eine ideale techni-

sche Basis für entsprechende Diskussionsprozesse. Daneben muss eine gemeinsame Sprache aller Beteiligten sichergestellt sein.

- Wird explizites Wissen wiederum Teil des internen Modells eines anderen Akteurs und vergrößert bzw. verändert sich dadurch dessen Wissensbasis, handelt es sich um den Prozess der *Internalisierung.* Selbstorganisierende Gruppen und soziale Kontakte (die vom gemeinsamen Mittagessen bis zum Wochenende in den Bergen reichen können) fördern diesen Prozess.

Allerdings bestehen auch Grenzen der Wissensverteilung. Kognitive Beschränkungen der menschlichen Informationsverarbeitung würden eine »to-

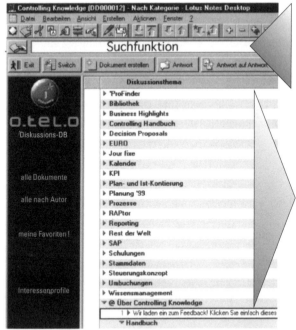

Abb. 64: Beispielhafte Controlling-Plattform auf Lotus Notes Basis

tale Wissensverteilung« ineffizient machen. Vertraulichkeits- und Geheimhaltungsinteressen der Unternehmung stehen einer vollkommenen Wissensverteilung ebenso entgegen. Um den reibungslosen Wissenstransfer im Controllerbereich zur Realität werden zu lassen, muss den Mitarbeitern Zeit eingeräumt werden, um ihr Wissen zu dokumentieren oder Anfragen zu beantworten und so ihr Wissen zu teilen. Es muss ein Bewusstsein im Controllerbereich dafür geschaffen werden, dass diese Zeit nicht vergeudet ist. Denn für den gesamten Bereich wird in der Summe Arbeitszeit dadurch eingespart, dass das gleiche Problem nicht mehrfach von neuem durchdacht werden muss.

Richtige Anreize helfen ungemein, die Wissensverteilung zu fördern!

Um nicht in Zwiespalt von Zielerreichung im Gebiet der normalen Arbeitsaufgabe und Zeitaufwand für Wissensteilung zu gelangen, erfordert dies eine Einbeziehung der Wissensteilung in die Entlohnungs- und Beurteilungssysteme von Controllern. Auf Unternehmensebene orientieren sich z. B. bei Lotus 25 % des jährlichen Bonus an der Wissensteilung und ABB bewertet seine Manager nicht nur auf Basis der Ergebnisse ihrer Entscheidungen, sondern auch auf Basis des für den Entscheidungsprozeß verwendeten Wissens (vgl. Davenport 1998, S. 4). Analoge Überlegungen für Controller sind hingegen (noch) neu!

Im Rahmen der Einführung einer Balanced Scorecard können nun entsprechende Kennzahlen für den Controllerbereich (wir werden darauf noch zurückkommen) in der Wissens- und Lernperspektive mit dem Vergütungssystem gekoppelt werden! Neben der monetären Entlohnung darf aber auch die über den Transfer von Wissen erzielbare Reputation als Anreizfaktor nicht vernachlässigt werden. Individuellen Vorbehalten kann schließlich dadurch entgegengewirkt werden, dass den Controllern die Freiheit eingeräumt wird, anfangs nur soviel von ihrem Wissen preiszugeben, wie ihnen recht ist. Durch eine (Selbst-) Darstellung der eigenen Wissensbestände in den Gelben Seiten oder im Intranet wird nur ein »Meta-Know-That« (»Ich weiß, dass X das weiß«) erzeugt; das eigentliche Wissen verbleibt jedoch unter Kontrolle des Wissensträgers.

Ein geeigneter – wenn auch nicht unbedingt euphorisch stimmender – Einstieg in Richtung verbesserter Wissenstransfer bietet sich in vielen Controllerbereichen durch das vorne bereits angesprochene Konzept der Gelben Seiten an (vgl. im folgenden ausführlich Grothe 1999). Um jeden Overhead zu vermeiden, sollte die Eingabe und Pflege der Profile dezentralisiert werden. Dabei gilt es, eine Anfangshürde zu überwinden: So bietet die anfänglich noch weitgehend spärliche Sammlung den ersten Anwendern nur wenig Information. Entscheidend für den Erfolg einer solchen Struktur ist demnach die schnelle Gewinnung einer hinreichend großen Teilnehmerzahl (Netzeffekte!).

Die entsprechenden Inhalte lassen sich übersichtlich in Dokumenten- oder Diskussionsdatenbanken ablegen. Da der Begriff Datenbank leicht falsche Assoziationen wecken könnte, sollten Sie diese Plattformen allerdings besser als Wissens- oder Diskussions-Foren bezeichnen. So kann in diesen Foren einerseits explizites Wissen, z. B. Terminpläne, Handbücher und Prozessbe-

Best Practice: McKinsey & Company

Anfang der achtziger Jahre begann McKinsey mit dem Aufbau eines Wissensmanagement-Systems, das – unabhängig von den einzelnen Mitarbeitern – Wissensbestände für das Unternehmen sichert. Im Jahre 1987 organisierte man das Firmenarchiv als elektronische Datenbank. Diese Datenbank enthält neben Veröffentlichungen von McKinsey-Mitarbeitern auch einen vollständigen Überblick über alle Beratungsprojekte mit Grunddaten, formalisierten Beschreibungen über den Beratungsprozess und Presseveröffentlichungen. Für die Pflege der Datenbank sind die jeweiligen Projektmitarbeiter verantwortlich. Sie erhalten die Erlaubnis zur Abrechnung des Projektes erst dann, wenn ein Bericht über das Projekt in die Datenbank eingegeben wurde. Jährlich erscheint ein Verzeichnis der Wissensressourcen (Knowledge Resource Directory) bei McKinsey, für das der Leiter des Wissensmanagements zuständig ist und es in Zusammenarbeit mit einer Reihe von Experten erstellt. Das Verzeichnis der Wissensressourcen gibt Auskunft darüber, welcher Mitarbeiter bei McKinsey was worüber weiß.

Anfang der neunziger Jahre entwickelte man als Kern dieses neuen Wissensmanagement-Systems ein Netz von Datenbanken (Practice Development Network), in die von den Mitarbeitern Lernerfahrungen und damit neues Wissen eingegeben werden, das sie während der einzelnen Phasen eines Beratungsprojektes gewinnen konnten. Die Eingabe erfolgt mit Hilfe von standardisierten Dokumenten, in denen die Aufgabenstellung, die Vorgehensweise, die Lernerfahrungen und das daraus abgeleitete neue Wissen aus dem jeweiligen Projekt erfasst werden. Tausende von Lernerfahrungen werden damit in systematischer und allgemein verständlicher Form allen Unternehmensmitgliedern zugänglich gemacht. Jährlich werden die Dokumente aussortiert, die nicht nachgefragt bzw. vom Projektleiter als veraltet eingestuft werden. Diese Funktion des Vergessens schützt das System und die Unternehmensmitglieder vor Überlastung.

Wenn Controller auch Berater nicht immer gerne sehen – vielleicht können sie hier von ihnen lernen!

Die Qualität des Datenbanknetzes hängt aber auch von der Qualität der eingegebenen Information ab. McKinsey fördert die Qualität, indem die Beförderung eines Mitarbeiters auf die nächste Ebene auch von seinem Wissensbeitrag und von der internen Reputation, die sich ein Berater erwirbt, abhängt. Dazu gehören neben den erzielten Projektergebnissen und der regelmäßigen Abfassung von Projektberichten auch eigene Beiträge zum Aufbau und zur Pflege der organisationalen Wissensbasis sowie die dadurch ausgelöste Nachfrage nach den von ihm verfassten Dokumenten.

Der dritte Baustein ist das Rapid Response Network. Dieses besteht aus einem zusätzlichen Datenbanknetz und »On-Call-Consultants«. Das Besondere ist die Verbindung von personalisierter Dienstleistung mit der organisationalen Wissensbasis. Das Management dieses Netzes hat die Aufgabe, hereinkommende Anfragen zu beantworten. Falls dazu die Wissensbasis des Netzes nicht ausreichen sollte und auch weitergehende Recherchen bei zusätzlichen Wissensquellen kein Ergebnis bringen sollten, werden die On-Call-Consultants eingeschaltet. Dabei wird garantiert, dass jede Anfrage innerhalb von 24 Stunden beantwortet wird.

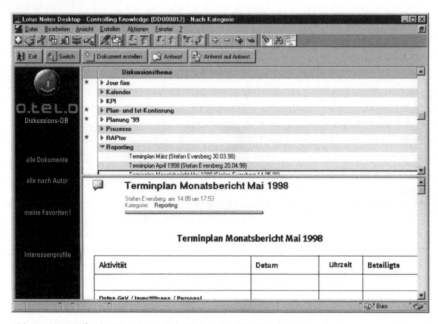

Abb. 65: Beispiel für die Gestaltung einer Diskussionsdatenbank mit Terminplan

schreibungen, abgelegt werden. Andererseits können diese Dokumente auch direkt mit individuellen Beiträgen und Kommentaren versehen werden. Diese geringe Schwelle fördert die Integration des vorhandenen impliziten Wissens in den gemeinsam geteilten Wissenspool. Dabei zeigt die Erfahrung, dass die Begeisterung schnell nachlassen kann. Es muss demnach ein Weg aufgezeigt werden, um eine Informationsüberflutung zu vermeiden. Grundsätzlich gilt: Keine noch so gute Strukturierung, ergänzt um Querbezüge und zahlreiche Kommentare, kann auf alle Fragestellungen und Lösungsstrategien zugeschnitten sein! Eine Lösung dieser Aufgabenstellung wird durch die Unterscheidung von Pull- und Push-Services erreicht (vgl. wieder Grothe 1999). Für einmalige oder sehr spezielle Fragestellungen

zieht sich der Anwender eigenhändig die Information aus dem Forum (Pull-Service). Für solche Aspekte aber, die für ihn permanent von Interesse sind, definiert er ein Interessenprofil und wird dann automatisch auf die neuen Beiträge und Änderungen hingewiesen, die seine Interessen berühren (Push-Service). Denkbar ist z. B. ein Hinweis bei Änderungen am Controlling-Handbuch oder neuen Reporting-Terminen sowie eine Benachrichtigung bei neuen Einträgen, die den Begriff »Abschreibungen« oder »Euro« enthalten. Beispielhaft sei hier ein solches Interessenprofil dargestellt:

Die möglichen Einsatzkonzepte von Push-Services können derzeit noch nicht einmal abgeschätzt werden, zu sehr waren die bisherigen Ansätze auf eigenes Suchen oder gar nur standardisierte Reportverteilung ausgerichtet. Dies gilt insbesondere dann, wenn diese Ansätze nicht nur auf quantitative Daten bezogen werden, sondern auch qualitative Datenpools integrieren.

Die Bereitschaft im Controllerbereich, Informationen zu teilen, muss aktiv gefördert werden: Organisatorische und technische Infrastrukturen sind notwendige Voraussetzungen effizienter Wissens(ver)teilung. Doch viele Projekte zum Wissensmanagement hören hier auf – das hat auch unsere telefonische Befragung bestätigt. Mit der Bereitstellung solcher Infrastrukturen werden tatsächliche Prozesse der Wissens(ver)tei-

lung jedoch noch nicht ausgelöst. Vielmehr werden diese in der Regel durch eine Vielzahl individueller oder kultureller Teilungsbarrieren erschwert. Diese können aus funktionalen oder hierarchischen Quellen herrühren und zu einer Zersplitterung der organisationalen Wissensbasis führen, die nur schwer zu überwinden ist. Zur Neutralisierung solcher Hindernisse müssen entsprechende Rahmenbedingungen vor allem im Bereich der Mitarbeiterführung sowie in Hinsicht auf kulturelle Aspekte geschaffen werden. Dabei bildet die Erzielung einer ausreichenden Teilungsbereitschaft das Leitbild aller Interventionen.

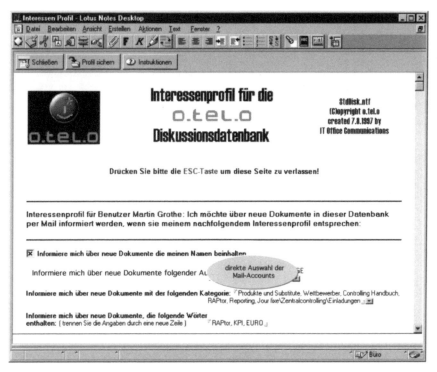

Abb. 66: Beispiel für ein Interessenprofil

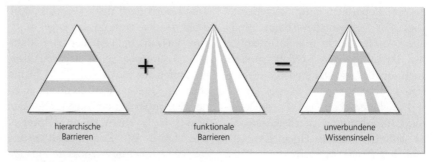

hierarchische Barrieren   funktionale Barrieren   unverbundene Wissensinseln

Abb. 67: Wissensbarrieren führen zu Wissensinseln
(entnommen aus Probst/Raub/Romhardt 1997, S. 255)

Wissen erwerben und entwickeln

In vielen Fällen ist relevantes Wissen nicht verfügbar. Es mag dann sinnvoll sein, Wissen in der Controllerabteilung intern zu entwickeln, auch wenn es von externen Beratern oder anderen Anbietern beschafft werden könnte. Dafür können ökonomische oder strategische Gründe ausschlaggebend sein:

Wer Wissen generieren will, braucht Freiräume

- Ökonomisch macht die Eigenentwicklung Sinn, wenn die Controller das Wissen intern günstiger erstellen können, als es über den Markt zu beziehen ist. Müssen Sie einen Controller nur zu zwei Seminaren schicken, um die unterschiedlichen Verfahren der Shareholder Value-Berechnung zu erlernen, erscheint es wenig hilfreich, zehn Beratertage dafür zu investieren.
- Aus strategischen Gründen kann interne Wissensentwicklung dann Sinn machen, wenn der Controllerbereich zentrale Fähigkeiten erhalten will: Auch wenn Ihre Controller nicht begeistert sein mögen, sich laufend in SAP-Software fitzuhalten, dies ist unabdingbar, um überhaupt mit der DV und/oder den Beratern gesprächsfähig zu bleiben!

Entscheidet man sich doch für externe Berater, sollten diese schon im Vorfeld auf den Prüfstand gestellt werden. Der unkritische Umgang mit Propheten, Beratern und Gurus muss der Vergangenheit angehören. Fordern Sie Vorpräsentationen oder informieren Sie sich im Vorfeld, welche Fähigkeiten von welcher Beratungsfirma am ehesten zu erwarten sind!

Wer Wissen intern generieren will, braucht Freiräume zum Nachdenken und Reflektieren. Solche Freiräume sollten explizit auch in die Arbeitsplatzgestaltung des Controllers mit einbezogen werden. Im Controlleralltag hat aber zu häufig das kurzfristige Handeln Priorität. Die Beschäftigung mit Verbesserungsideen und Innovationen geht dabei in der operativen Hektik unter – gerade in einer Zeit, in der häufig ein Lean Controlling gefordert wird. Damit der einzelne Controller sich den (vermeintlichen) Sachzwängen von Zeit zu Zeit entzieht,

- kann es Sinn machen, das Überdenken der eigenen Arbeit zu institutionalisieren – z. B. gestützt durch einen geführten Fragebogen, in dem Punkt

Wissensmanagement für Controller

für Punkt die Arbeit der vergangenen Woche reflektiert wird und insbesondere verbesserungswürdige Punkte festgehalten werden;

- können Controller – analog der Methode vieler innovativer Entwicklungsabteilungen – während eines gewissen Anteils ihrer Arbeitszeit sich mit selbstdefinierten Analysen beschäftigen, um proaktiv neues Wissen zu generieren und so aus ihrer traditionell eher passiven, reagierenden Rolle herauszukommen.

Sie können zu vielfältigen Maßnahmen greifen, um neue Ideen zu ermutigen. Doch kein Instrument kann seine beabsichtigte Wirkung zeigen, wenn es nicht zum bestehenden Controllingkontext passt. So bleibt die Einführung einer Ideenbox auf dem Intranet in einer hierarchisch geprägten, innovationsfeindlichen Controllingkul-

tur solange ohne Wirkung, bis der Wandel zu mehr Offenheit und neuen Ideen glaubwürdig vermittelt wird. Oft kommt man gar ohne die Einführung neuer Instrumente weiter, da sich bestehende Instrumente reaktivieren lassen. So existiert beispielsweise in vielen Unternehmen ein betriebliches Vorschlagswesen, welches – häufig als zentrale Stelle institutionalisiert – die Aufgabe hat, neue Ideen zu sammeln und durch Prämien aller Art zu honorieren. Viele dieser Vorschlagsstrukturen haben im Laufe der Jahre – wie die Abbildung 68 zeigt – ihren Schwung verloren und funktionieren nur noch schlecht. Sie können sogar negativ wirken, wenn der Eindruck entsteht, dass Kreativität im Alltagsgeschäft nicht erwartet wird und jede weitergehende Ideenentwicklung zusätzlich honoriert werden muss. In einer aktiv Wissensentwicklung propagierenden Lernkultur sollten Verbesse-

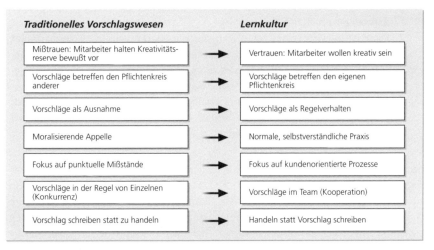

Abb. 68: Philosophieunterschiede zwischen traditionellem Vorschlagswesen und aktiver Lernkultur (modifiziert entnommen aus Probst/Raub/Romhardt, 1997, S. 191)

Die Regeln für ein problembezogenes Feed-back gelten ähnlich auch für Abweichungsgespräche!

Regeln eines problemorientierten Feed-backs

1. »Ich bin o.k. – Du bist o.k.«: Feed-backs über persönliches Verhalten sind ein Angebot, mehr darüber zu erfahren, wie andere einen wahrnehmen. Sie sind keine objektiven Wahrheiten und keine Werturteile. Und: Sie betreffen nicht den Kern der Persönlichkeit, sondern deren Erscheinungsbild.

2. Beschreiben – nicht bewerten: Wer Feed-back gibt, beschreibt seine Wahrnehmungen und Beobachtungen – also das, was ihm am anderen aufgefallen ist. Und er beschreibt, was das in ihm selbst auslöst: Gefühle, Empfindungen, Fragen, Überlegungen. Er fällt keine Werturteile, er macht keine Vorwürfe, er moralisiert nicht.

3. Immer zuerst positive Rückmeldungen: Entweder positive und kritische Rückmeldungen oder gar keine – und die positiven immer zuerst! Es ist wichtig, dass sowohl der Sender als auch der Empfänger beide Dimensionen betrachten. Einseitigkeit führt immer zu Verzerrungen. Außerdem helfen positive Aspekte dem Empfänger, Kritisches zu akzeptieren und zu verdauen.

4. Möglichst konkrete Rückmeldungen geben: Mit Allgemeinplätzen und abstrakten Betrachtungen kann der Empfänger nichts anfangen. Feed-back sollte daher konkret und nachvollziehbar sein. Am besten ist es, wenn sie durch praktische Beispiele aus der gemeinsamen Arbeit untermauert werden können (Aber: Nicht ein einziges Beispiel als »Drama« hochspielen!).

5. Jeder spricht für sich selbst: Jeder spricht per »ich« und nicht per »man«. Der Feed-back-Geber spricht den Empfänger direkt und persönlich an. Jeder bezieht sich auf seine eigenen Erfahrungen und Empfindungen.

6. Bei Störungen »Signal« geben: Wer sich verletzt oder durch die aktuelle Situation verunsichert fühlt, teilt dies den anderen sofort mit, so dass darüber gesprochen werden kann.

7. Jeder ist für sich selbst verantwortlich: Feed-backs sind keine Verdikte und keine Verpflichtungen, sondern Angebote zur Selbstüberprüfung. Der »Empfänger« entscheidet selbst, was er aufnehmen und annehmen sowie gegebenenfalls bei sich verändern will – und was nicht!

8. Strikte Vertraulichkeit: Alles, was im Rahmen von persönlichem Feed-back gesprochen wird, bleibt ausschließlich im Kreis der Anwesenden und wird nicht nach außen weitergetragen.

Controllerbereiche sind oft sehr hierarchisch geprägt – trifft das auch für Ihr Unternehmen zu?

rungen aber nicht mehr nur gesammelt, sondern sofort umgesetzt werden – auch und gerade im Controllerdienst! Durch die anfangs beschriebenen Komponenten einer solchen Kultur soll Kreativität und aktives Lernen zum selbstverständlichen Teil des Controlleralltags gemacht werden.

Angesichts der vielfach streng hierarchisch geprägten Controllerbereiche kommt es darauf an, die Arbeitsatmosphäre so umzugestalten, dass es möglich wird, Probleme an Argumenten orientiert und nicht hierarchisch zu lösen (keine »hierarchy of thought«!). Teamarbeit und partnerschaftliche Pro-

Wissensmanagement für Controller

fessionalität sind wichtige Elemente dieser Zusammenarbeit. Controlling, das sich als Beratung des Managements versteht, erfordert reichliches intellektuelles Geben und Nehmen, gepaart mit einem hohen Gefühl für individuelle Verantwortung. Die Schaffung einer Kultur, in der offenes und objektives Feedback die Regel ist und Fehler offen angesprochen werden, kann dazu beitragen, häufig anzutreffenden Kommunikationsproblemen in der Problemlösung abzuhelfen. Hier können zum Beispiel innerhalb der Controllerabteilung Workshops veranstaltet werden, in denen die von jedem Teilnehmer zu unterschreibenden Regeln eines problemorientierten Feedbacks eingeübt werden.

Arbeitsgruppen und Gesprächsforen innerhalb der Controllerabteilung können bewusst zur Generierung von Wissen geformt werden. So kann losgelöst von der Struktur der Regelorganisation systematisch neues Wissen entwickelt werden. Die Einrichtung von Gesprächsforen zu bestimmten Themen hilft zudem, informelle Wissensgruppen (»communities of practice«) aufzubauen, die den Prozess der Wissensgenerierung auch außerhalb institutionalisierter Foren weiterführen. Eine solche Bildung von Arbeitsgruppen und Gesprächsforen muss nicht an den Unternehmensgrenzen aufhören. Durch die Bildung von Forschungsgemeinschaften, Benchmarking oder einfach regelmäßiger Kommunikation mit anderen Unternehmen oder auch Hochschulen kann aus dem gegenseitigen Austausch neues Wissen entstehen. Insbesondere die Brücke von der Theorie in die Praxis und umgekehrt bringt erfahrungsgemäß neue Erkenntnisse. Der Kontakt zu »think tanks« oder Lehrstühlen sichert die Nähe zu neuen Theorien oder Instrumenten, welche langfristig Einfluss auf die Verbesserung der eigenen Fähigkeiten haben könnte.

Altes Wissen aufgeben

Kritisch ist der Fall, dass verfügbares Wissen von Controllern nachgefragt und angeboten wird, obwohl kein realer Bedarf besteht. Selten ist dies aber wohl nicht! Wir haben bereits darauf hingewiesen, dass Controller angesichts aktueller Herausforderungen vielfach das Problem haben, dass sich der Charakter ihrer Dienstleistung und das von ihnen benötigte Wissen ändert. Bei graduellen Veränderungen besteht die Gefahr, dass Veränderungen von Controllern gerade wegen ihrer geringen Auswirkungen übersehen und erst dann beachtet werden, wenn sich das verfügbare, genutzte Wissen bereits stark vom relevanten Wissen unterscheidet. Controller sollten deshalb regelmäßig ihre eigene Wissensbasis kritisch überdenken und bezüglich ihres – aktuellen und zukünftigen – Wissensbedarfs sensibilisiert werden. Ggf. müssen dann Fähigkeiten, die aus der Vergangenheit stammen, abgelegt (»verlernt«) werden. Bei großen Veränderungen besteht die Gefahr, dass sie nicht erkannt werden, dagegen weniger. Eine Anpassung ist jedoch weitaus schwieriger, denn sie erfordert eine radikale Trennung von bekannten Denkweisen des Controllers. Bei einem solchen Strukturbruch müssen veraltete mentale Modelle vollends über Bord geworfen und durch neue ersetzt werden. So unternehmen ehemalige Staatsunternehmen wie die Deutsche Bahn AG

Neues lernen heißt oft auch, Bewährtes vergessen zu müssen!

oder die Deutsche Post AG gewaltige Anstrengungen, um ihre ehemals beamteten und an Dienstvorschriften gewöhnten Controller in Kundenorientierung und Servicebereitschaft zu schulen. Während es früher für die Controller entscheidend war, sich entsprechend den Vorschriften zu verhalten und Dienstwege einzuhalten, müssen sie nun in der Lage sein (= wissen), auf individuelle (interne) Kundenbedürfnisse einzugehen!

In beiden Fällen ist es wichtig, den Trend der Veränderung zu erkennen, um proaktiv Wissensnutzung, -verfügbarkeit und -bedarf in Einklang zu bringen. Dies erfordert ein ständiges Hinterfragen der eigenen Erfolgsrezepte von gestern. Neue Aufgaben zu übernehmen heißt immer auch, alte Aufgaben – und ggf. das damit verbundene Wissen – aufzugeben. Controller sollten diesen Prozess nicht aufzuhalten versuchen, sondern aktiv fördern!

Wissen bewahren und nutzen

Der Wissensgenerierung muss die Wissensspeicherung unmittelbar folgen, ansonsten besteht die Gefahr des organisationalen Vergessens. Da Dokumentation immer Aufwand bedeutet und ihr Ertrag selten kurzfristig anfällt, braucht es Selektionsregeln. Es ist unsinnig, alles und jedes zu dokumentieren; man kann und soll nicht alles bewahren. Die Herausforderung liegt darin, wertvolle und wertlose Erfahrungen voneinander zu trennen und die wertvollen Daten in organisatorische Systeme zu überführen, in denen sie für die Gesamtunternehmung nutzbar werden.

• *Wissensdokumente:* Die Materialisierung des Wissens in Wissensdokumenten wie Wissenskarten oder »lessons learned« löst die Erfahrungen vom Individuum ab und sichert sie für das Unternehmen. Hierbei kommt es darauf an, das Wissen auf gewisse Kernpunkte zu konzentrieren und einen deutlichen Bezug zu speziellen Problemstellungen herzustellen. Nur was in der Zukunft für Dritte nutzbar sein könnte, verdient, bewahrt zu werden. Alles andere raubt dem zukünftigen Nachfrager nur Zeit und sein Vertrauen in die Qualität des Dokumentationssystems. Dabei ist allerdings zu berücksichtigen, dass wir nur einen kleinen Teil der zukünftigen Informationsbedürfnisse abschätzen können und daher unsere Selektionsgrenzen nicht zu eng ziehen sollten.
Die nebenstehende Abbildung zeigt ein Beispiel für die Integration eines Softwarehandbuchs in den gemeinsamen Wissenspool. Auch hier besteht die direkte Möglichkeit, Kommentare und Ergänzungen beizusteuern.

• *Schlüsselmitarbeiter:* Mit neuen Technologien wie Dokumenten-Management-Systemen eröffnen sich sicherlich neue Dimensionen der Bewahrung organisatorischen Wissens. Dennoch, an den entscheidenden Stellen der Prozesse sind es immer noch Menschen, welche sinnvolle oder fatale Selektionen vornehmen. Mitarbeiter können nicht durch Maschinen oder Computersysteme ersetzt werden. Ihre Erfahrungen sind der Schlüssel zu einer sinnvollen Organisation der organisatorischen Vergangenheit. Diese Controller zu

Menschen und Systeme als Wissensträger

Wissensmanagement für Controller

identifizieren und zu binden, ist der sicherste Weg, um den kollektiven Gedächtnisschwund im Controllerbereich zu verhindern.

Nachdem das bewahrungswürdige Wissen von weniger wichtigen Wissensbestandteilen getrennt worden ist, muss es in einem nächsten Schritt in angemessener Form in der organisatorischen Wissensbasis gespeichert werden. Auf der individuellen Ebene lassen sich beispielhaft drei Methoden anführen:

• Ehemalige Top-Controller können dem Unternehmen weiter als Berater zur Verfügung stehen. Das Unternehmen kann so weiterhin auf seine ehemaligen Leistungsträger im Controlling zurückgreifen und die leistungswilligen »Alt-Controller« erhalten die persönliche und finanzielle Bestätigung, dass sie und ihre Erfahrungen noch gebraucht werden.

• Eine weitere Möglichkeit zur systematischen Bewahrung kritischer Fähigkeiten liegt im gezielten Aufbau eines Nachfolgers für die eigene Position. Dieser sollte schon lange vor dem Wechsel Schritt für Schritt in seine Aufgaben eingeführt werden und so die kritischen Fähigkeiten des »Meisters« langfristig erwerben.

• Jedem Controlling-Neueinsteiger wird ein älterer Mentor zugewiesen

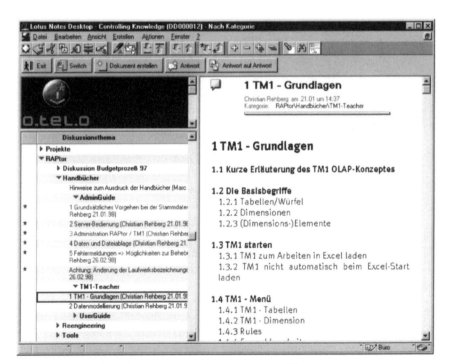

Abb. 69: Beispielhafte Realisierung von EDV-basierten Wissensdokumenten

und von ihm erhält der Vertreter der jüngeren Generation alle nötigen Tricks und Kniffe vermittelt. Das Verhältnis zwischen den beiden sollte idealerweise auch durch gemeinsame Freizeitaktivitäten systematisch gestärkt werden, so dass eine Vertrauensbasis für den Austausch von Informationen aller Art geschaffen wird.

Der explizite Teil des individuellen Wissens kann aber auch durch die Bewahrung im kollektiven Gedächtnis vom einzelnen Akteur gelöst aufbewahrt werden: Probleme ergeben sich dann unter Umständen in der geeigneten Speicherung des unstrukturierten Teiles des elektronischen Gedächtnisses. Graphiken, Berichte, Word-Dokumente aller Art und Präsentationsunterlagen bilden in vielen wissensintensiven Unternehmen einen wichtigen Teil des intellektuellen Kapitals. Wer schon einmal seine eigene Festplatte nach einer wichtigen Graphik abgesucht hat, weiß, wie leicht wertvolle Informationen durch nachlässige Speicherung verloren gehen können. Auf der organisationalen Ebene, auf der teilweise Tausende von Festplatten und Servern miteinander verbunden sind, potenziert sich das Problem dementsprechend. Durch Klassifikations- bzw. Ablageverfahren kann dieses Kapital gesichert werden: Zum Beispiel können wichtige Dokumente mit Hilfe eines verbindlichen »controlled vocabulary« der Organisation mit Schlagworten versehen werden. Diese Unternehmenssprache wird durch die Sammlung und Definition relevanter Schlagworte innerhalb des Unternehmens aufgebaut und ermöglicht eine spätere Zuordnung des Dokumentes zu Handlungsfeldern des Unternehmens. Sein Nachteil liegt im hohen Aufwand für die Pflege und Durchsetzung der Sprache. Gelingt das Management des Aktualisierungsprozesses nicht, kann ein Wissenssystem leicht in die in der Abbildung 70 skizzierte Todesspirale geraten.

Unternehmen müssen beim Management ihres Gedächtnisses insbesondere Vertrauensprobleme und Zugriffsprobleme lösen. Ist das Vertrauen in die Datenqualität gegeben und gleichzeitig ein einfacher Zugriff auf das System gewährleistet, so wird das System auch genutzt und gepflegt, was wiederum der Datenqualität zugute kommt. Ist allerdings die aktuelle Wissensbasis bereits fehlerhaft, so schwindet mit dem Vertrauen auch die Bereitschaft der Controller, Aufwand in die Pflege des Systems zu investieren. Die Datenqualität verschlechtert sich weiter, das System stirbt. Dies kann bei der häufig sehr geringen Halbwertszeit des Wissens relativ schnell der Fall sein.

Die Bewahrung von Wissen bildet daher einen wichtigen Baustein innerhalb des Konzepts des Wissensmanagements für Controllerbereiche. Der Wert des organisatorischen Gedächtnisses wird heute insbesondere in Reorganisationsprozessen vielfach unterschätzt. Die Trennung von Controllern, die sich gegen den Wandel stemmen, kann Blockaden lösen, aber gleichzeitig kostet sie den Controllerdienst auch persönliche Erfahrungen. Viele Unternehmen mussten inzwischen die bittere Erfahrung machen, dass durch konsequentes lean management und die dementsprechenden »Freisetzungen« und Outsourcing-Maßnahmen wertvolles Know-how das

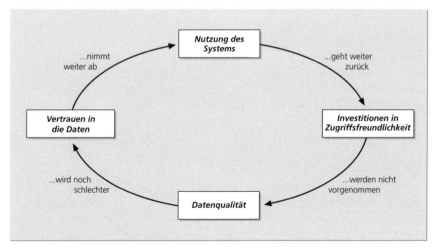

Abb. 70: Todesspirale der elektronischen Wissensbasis
(in Anlehnung an Manago/Auriol 1996, S. 28)

Unternehmen verlassen hat, welches schon nach kurzer Zeit über teure externe Beraterhonorare zurückgekauft werden musste!

Fazit und Ausblick

Wissensmanagement ist für Controller relevant: Zum einen gilt es, das rationale Management des Produktionsfaktors Wissen sicherzustellen. Zu diesem Zweck umfasst Wissenscontrolling in erster Linie Aktivitäten zur Generierung von Transparenz über das im Unternehmen verfügbare Wissen und zur Ableitung von konkreten Wissenszielen. Wenn Ihre (internen) Kunden sich verstärkt mit Wissen im Unternehmen befassen (oder es tun sollten!), dürfen Sie als Controller nicht beiseitestehen!

Daneben kann Wissensmanagement Ihre eigene Arbeit unterstützen, indem die Ressource Wissen im Controllerbereich selbst besser genutzt wird. Dabei

geht es nicht darum, eine Modewelle unbesehen am eigenen Leib nachzuvollziehen. Vielmehr sollten Sie das sicherlich zum Teil diffuse Konzept des Wissensmanagements auf den potentiellen Nutzen für Ihre tägliche Arbeit hin überprüfen. Lassen Sie sich dabei nicht davon abschrecken, wenn dieser Nutzen nicht auf Cent und Euro genau quantifizierbar ist. Wichtig ist Ihre subjektive Einschätzung, dass Wissensmanagement Ihre Arbeit effizienter und effektiver macht. Gehen Sie dabei (auch im eigenen Bereich) pragmatisch und engpassorientiert vor. Doch bedenken Sie: »ein bisschen schwanger« gehen mit Wissensmanagement erscheint wenig erfolgversprechend. Wenn Ihr Projekt Wissensmanagement im Controllerbereich erfolgreich sein soll, müssen Sie ausreichende Kapazitäten dafür bereitstellen!

Wie so oft können auch hier Kennzahlen und deren Verknüpfung mit

Lesson learned: Controller müssen sich mit Wissensmanagement beschäftigen!

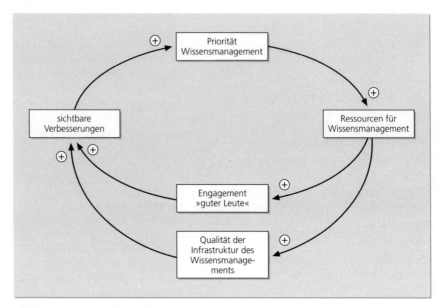

Abb. 71: »Grow or Go« des Wissensmanagements
(entnommen aus Probst/Raub/Romhardt 1997, S. 343.

dem Vergütungssystem dazu beitragen, den Stein ins Rollen zu bringen. Die Schwierigkeit liegt allerdings darin begründet, möglichst präzise messbare und auf Ihren Entwicklungspfad passende Kennzahlen zu finden. Als Anregung (keinesfalls zur »blinden« Übernahme!) seien einige mögliche Kennzahlen »im Stil der Balanced Scorecard« genannt:

- Controllerinterne Schulung: im Durchschnitt 8,5 Tage p. a. pro Controller
- Controllerinteraktion im Intranet: 1.250.000 Zugriffe auf die Controller-Homepage p. a.
- Aktualität des Controller-Handbuchs: durchschnittliches Alter einer Seite des Handbuchs: 6 Monate

- Anteil ungerichteter Kreativzeiten der Controller: 10 %
- Interpersonelle Wissensweitergabe: Anzahl von Vorträgen pro Controller 2 p. a.

Die aufgeführten Kennzahlen sprechen wichtige Aspekte der Wissensproduktion und -vermittlung an – es müsste Spaß machen, in einem solchen Controllerumfeld zu arbeiten!

In Band 13 der Schriftenreihe Advanced Controlling haben wir Ihnen gezeigt, dass Wissensmanagement nicht das Ende der Fahnenstange, wohl aber ein Schritt in die richtige Richtung ist (vgl. Weber/Grothe/Schäffer 1999).

Haben Sie die Entwicklungsstufe Wissensmanagement in Ihrem Unternehmen und in Ihrem Controllerbereich erfolgreich realisiert, gilt es, das

Wissensmanagement für Controller

erreichte Kommunikationsniveau weiter auszubauen. Ziel ist dabei, fragmentierte Unternehmens- und Wettbewerbsdaten noch konsequenter in handlungsgerichtetes Wissen über die betrachteten internen oder externen Handlungsfelder zu transformieren. Wir bezeichnen diesen Prozess als *Business Intelligence*. Im Mittelpunkt steht die Beschreibung eines Werkzeugkastens, der zielführende Controlling-Lösungen auch bei hoher Wettbewerbsdynamik erschließt. So liegt das Problem ja nicht in einer wie auch immer gearteten Informationsflut begründet – dies müssten ja für jeden Controller paradiesische Zustände sein –, sondern im Fehlen von Instrumenten, die eine Handhabung dieser Fülle erlauben, die Informationsmassen in nutzbares Wissen transformieren.

Nur – es gibt diese Instrumente.

Literatur: Wo können Sie sich weitergehend informieren?

Albrecht, F.: *Strategisches Management der Unternehmensressource Wissen*. Frankfurt am Main, 1993.

Davenport, Th. H.: *Wenn Ihr Unternehmen wüsste, was es alles weiß*. Landsberg/Lech, 1998.

Drucker, P. F.: *Managing in a Time of Great Change*. New York, 1995.

Edvinsson, L.: *Intellectual Capital: Realizing Your Company's True Value by Finding it's Hidden Roots*. New York, 1997.

Gomez, P./Probst, G. J. B.: *Die Praxis des ganzheitlichen Problemlösens – Vernetzt denken – Unternehmerisch handeln – Persönlich überzeugen*. Bern et al., 1995.

Güldenberg, S.: *Wissensmanagement und Wissenscontrolling in lernenden Organisationen – Ein systemtheoretischer Ansatz*. Wiesbaden, 1997.

Grothe, M.: »Wissensmanagement im Controlling und darüber hinaus«. In: Gentsch, P. (Hrsg.): *Wissen managen mit moderner Informationstechnologie: Bausteine – Instrumente – Fallstudien*. Wiesbaden, 1999.

Manago, M./Auriol, E.: »Mining for Or«. In: *OR/MS Today*. Februar 1996, S. 28–32.

Nonaka, I./Takeuchi, H.: »The Knowledge-Creating Company«. In: *Harvard Business Review*, November-December 1991, S. 96–104.

Nonaka, I./Takeuchi, H.: *The Knowledge Creating Company – How Japanese Companies Create the Dynamics of Innovation*. Oxford, 1995.

Probst, G./Raub, S./Romhardt, K.: *Wissen managen – Wie Unternehmen ihre wertvollste Ressource optimal nutzen*. Frankfurt am Main, 1997.

Weber, J./Grothe, M./Schäffer, U.: *Business Intelligence*. Band 13 der Reihe Advanced Controlling. Vallendar, 1999.

Weber, J./Schäffer, U.: *Sicherstellung der Rationalität von Führung als Controlleraufgabe?* WHU-Forschungspapier Nr. 49, April 1998.

Weber, J./Schäffer, U.: *Balanced Scorecard*. Band 8 der Reihe Advanced Controlling. Vallendar, 1998.

Weber, J./Wertz, B.: *Benchmarking Excellence*. Band 10 der Reihe Advanced Controlling. Vallendar, 1999.

Willke, H.: »Systemlogik und kontextuelle Einbindung der Ökonomie in hochdifferenzierten Gesellschaften«. In: Gerster, W./Heitger, B./Selmitz, Ch. (Hrsg.): *Managerie: 2. Jahrbuch für systemisches Denken und Handeln*. Heidelberg, 1993.

II Aufgabenfelder

7 Marktorientiertes Controlling

Jürgen Weber

Kunden und Wettbewerbsorientierung: eine Herausforderung für Controller

Controller sind in den Unternehmen seit vielen Jahren bewährte Dienstleister des Managements. Sie sorgen für Ergebnistransparenz, unterstützen die Linie in der Planung, sorgen für ein ständiges Lernen aus Abweichungsanalysen und wirken projektbezogen als interne Unternehmensberater. Dennoch ist der Berufsstand in der letzten Zeit unter Druck geraten. Wenn das ganze Unternehmen schlanker werden muss, bleibt kein Bereich ausgespart – auch das Controlling nicht! In einer solchen Situation ist es naheliegend, zunächst nach Defizitbereichen zu suchen, die dann als Begrün-

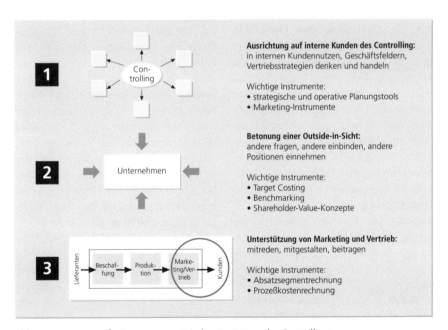

Abb. 72: Das Drei-StufenProgramm zur Marktorientierung des Controlling

dung im Abbauprozess verwendet werden können: Everybody's Darling ist kein Kandidat für Restrukturierungsmaßnahmen, eher der, der seine Hausaufgaben nicht gut gemacht hat!

Ein zentraler derartiger Defizitbereich fällt schnell ins Auge: Controller richten ihren Blick nur selten aus dem Unternehmen hinaus, berücksichtigen nur unzureichend die Unternehmensumwelt. Ihr Fokus liegt auf internen Prozessen, dort schwerpunktmäßig auf der Produktion. Sollkosten, Verbrauchsabweichungen, Sekundärkostenverrechnung – das ist die Welt der Controller.

Kennen Sie diese Situation? Die Markt- und Kundenseite wird dem Marketing und Vertrieb überlassen. Controller haben dort – wenn sie sich in dieses Terrain vorwagen – häufig einen schweren Stand. Ein anderer Defizitbereich knüpft eng daran an: Die Ferne von Wettbewerbs- und Kundenfragen erstreckt sich auch auf die interne Aufstellung des Controlling: Das Denken in internen Kunden-Lieferanten-Beziehungen, das ständige Überlegen, ob die Leistungen noch genug »value for money« stiften, das permanente Suchen nach neuen Lösungen und neuen Kunden, das Hinterfragen, ob nicht andere im oder außerhalb des Unternehmens einige Controllerleistungen besser und/oder billiger erstellen können, ist für Controller in den meisten Unternehmen weitgehend fremd. Obwohl sie das Wort des Altmeisters Albrecht *Deyhle* vom »Zahlenverkäufer« häufig in den Mund nehmen, spricht die Realität zumeist eine andere Sprache.

Kunden- und Wettbewerbsorientierung – nach innen wie nach außen – bildet deshalb in mehrfacher Hinsicht eine aktuelle, bedeutsame Herausforderung für das Controlling. Wir wollen uns dem Thema deshalb auch in mehreren Schritten nähern und schlagen ein *Drei-Stufen-Programm* vor, das das Bild auf der Vorseite zeigt. Es beginnt bei einer grundsätzlichen Überprüfung des Leistungsspektrums der Controller.

Interne Märkte der Controller: den ›Zahlenverkäufer‹ konsequent umgesetzt!

1. Das Problem

»Wie Du mir, so ich Dir!«

Angenommen, Sie sitzen als Controller mit dem Leiter einer Strategischen Geschäftseinheit zusammen und sprechen über dessen Geschäftserwartungen. Was die SGE grundsätzlich macht, wissen Sie aus der Vergangenheit. Dies reicht Ihnen aber – natürlich – nicht aus. Ein differenzierterer Einblick ist erforderlich. Sie sprechen über alte und neue Produkte, alte und neue Kunden, über aktuelle und künftige Wettbewerbsvorteile, über Preise und Preisentwicklungen. Sie merken nach einiger Zeit, dass Ihr Counterpart im Detail nicht ganz sattelfest ist. Vieles von dem, was er vorhat, resultiert aus mehr oder weniger undifferenziertem Fortschreiben der Vergangenheit. Ihnen fehlt eine hinreichende analytische Durchdringung, eine genügend sorgfältige Vorbereitung auf das Gespräch. Sie vereinbaren einen neuen Termin und lassen Ihr Gegenüber mit einer Liste von Hausaufgaben zurück. Für welchen Controller ist dies nicht eher Alltagsgeschäft denn Ausnahmefall?

Angenommen, der Leiter der Strategischen Geschäftseinheit ist mit dem Ergebnis des Gesprächs ganz und gar nicht zufrieden. Er erfüllt zwar – notgedrungen – seine To-do-Liste bis zum nächsten Termin, konfrontiert Sie aber ganz zum Schluß des Gesprächs mit einer völlig unerwarteten Frage: »Wenn ich so alle Controller bei uns zusammenzähle, kommt eine stattliche Zahl zusammen. Rechnen sich die eigentlich alle? Könnte ich einmal Ihren eigenen Business-Plan sehen?« Vermutlich wird Ihnen dann schlagartig klar, dass Sie ein Problem haben!

Controller schmücken sich gern mit dem Begriff des »Zahlenverkäufers«. Jeden, der sich mit Total Quality Management oder anderen Ansätzen zu einer stärkeren Marktorientierung aller Mitarbeiter befaßt hat, muss ein solches Wort froh stimmen. Nur: Welcher Controller hält sich schon an diesen Anspruch? Jeder von Ihnen, der jetzt protestieren will, beantworte bitte ehrlich die folgenden Fragen:

- Können Sie Ihren Führungskräften in der Linie »aus dem Stand heraus«, ohne weitere Vorbereitung, einen Katalog Ihrer wichtigsten Leistungen (»Controller-Produkte«) nennen?
- Kennen Sie die Qualitäten Ihrer Leistungen und deren Preise? Wären Sie in der Lage, beides schnell zu messen und nachzuweisen?
- Kennen Sie Ihre internen Märkte, d. h. ihre derzeitigen und zukünftig gewünschten Controllerleistungen für ihre derzeitigen und zukünftigen Kundengruppen?
- Haben Sie eine eigene strategische Planung für Ihre »Geschäftsfelder«?

- Wissen Sie, wie viel Ihre internen Kunden über Ihre Produkte wissen? Haben Sie für bekannte Leistungen andere »Vertriebs«strategien als für solche Leistungen, von denen die Führungskräfte nur wenig verstehen?

Nur selten werden Controller auf diese Fragen durchweg auskunftsfähig sein. Sich in Richtung Marktorientierung zu entwickeln, heißt für Controller, auch selber kunden- und wettbewerbsorientiert zu werden! Der hierzu zu gehende Weg ist lang und steinig. Wir wollen im folgenden einige wichtige Wegmarkierungen hervorheben. Hierzu nehmen wir zwei unterschiedliche Sichten ein. Zum einen betrachten wir die gesamte anzugehende Aufgabe im Überblick. Zum anderen greifen wir spezieller, mehr ins Detail gehend, auf eine klassische Controlleraufgabe zurück, die Informationsversorgung des Managements.

2. Aufgabenstruktur

Der Weg zu einer internen Kunden- und Wettbewerbsorientierung

Das Problem, das uns hier beschäftigt, hat seine Wurzel letztlich darin, dass Controller durch eine Organisationsentscheidung ins Unternehmen gekommen sind, nicht durch die direkte Nachfrage vieler einzelner interner Kunden (Führungskräfte). Die Controllerbereiche sind hierarchie-, nicht marktbestimmt. Aufgaben wurden und werden eher verordnet als verhandelt. In den meisten Fällen macht es deshalb Sinn, das bestehende Leistungsprogramm des Controlling in einem ersten Schritt kritisch zu überprüfen. Hilfreiche Fragen hierfür sind u. a.

- *Seit wann werden die einzelnen Leistungen unverändert bereitgestellt (z. B. der monatliche Kostenstellenbericht)?*
Sie werden feststellen, dass die Erneuerungsrate der Controller-Produkte um Größenordnungen hinter der Erneuerungsrate des Absatzprogramms Ihres Unternehmens zurückbleibt!
- *Wann wurden Inhalt, Umfang und Leistungshäufigkeit (z. B. wöchentlich oder nur monatlich) der Leistungen das letzte Mal von den Controllern selbst überprüft?*
Wer kennt nicht die Zahlenberge und -gräber, die Berichte, die über die Zeit hinweg immer länger geworden sind? Sie zeigen, dass hier in der Unternehmenspraxis häufig ein erheblicher Handlungsbedarf besteht.
- *Wann wurden Inhalt, Umfang und Leistungshäufigkeit zuletzt mit den Empfängern der Leistungen detailliert durchgesprochen?*
Sie werden feststellen, dass solche Absprachen bei einigen Leistungen gänzlich fehlen!
- *Wie verteilt sich das Zeitbudget der Controller auf die unterschiedlichen Leistungen?*
Häufig wird bei solchen Überlegungen das Ergebnis herauskommen, dass viel zu viel Zeit für reine Datenerfassung und -aufbereitung verwendet werden muss, dass Kapazitäten für das Arbeiten mit den Zahlen und ebenso für interne Beratung des Managements fehlen.
- *Wann sind zum letzten Mal die »Produktionsverfahren« der einzelnen Controller-Leistungen überprüft worden?*
Auch hier wird es in vielen Unternehmen einiges zu tun geben. Wir

Eine Checkliste zur Überprüfung

haben in einem Arbeitskreis Benchmarking Controlling, von dem an späterer Stelle noch die Rede sein wird, u. a. die Genehmigung von Investitionen untersucht. In einem Unternehmen konnten diverse Mannmonate dadurch eingespart werden, dass unnötige Schleifen im Bearbeitungsprozeß durch entsprechende organisatorische Maßnahmen beseitigt wurden – selbstverständlich ohne Qualitätseinbußen!

Fragen dieser Art können die Controller noch aus dem eigenen Bereich heraus beantworten – und sollten es konsequent tun! Im nächsten, anschließenden Schritt müssen dann die Führungskräfte – als Kunden der Controller – direkt befragt werden. Es gilt dabei die (Hypo-)These: Wüssten die Manager, wie teuer einzelne Leistungen der Controller sind, würden sie auf viele lieber heute als morgen verzichten! Natürlich ist nicht jedes Urteil des Kunden gleich und kritiklos in Maßnahmen umzusetzen: Manchem Kostenstellenleiter käme es ohne Zweifel sehr gelegen, bekäme er nicht mehr monatlich den Spiegel des Kostenstellenberichts vorgehalten. Dennoch macht es umgekehrt auch keinen Sinn, den Managern jedes Recht auf Nutzen-Kosten-Betrachtungen der Controllerleistungen abzusprechen!

Die Einbeziehung der Manager in die Bestimmung der Controllingleistungen wird automatisch zu Bereinigungen des »Produktprogramms« führen. Was liegt näher, als sich über neue Produkte und/oder neue Kunden Gedanken zu machen? Für einen ersten Einstieg eignet sich sehr gut eine matrixförmige Gegenüberstellung, die aus der Strategischen

Geschäftsfeldplanung heraus bekannt ist. In der Abbildung 73 sind einige Angaben beispielhaft aufgeführt.

Allein das durch diese – zugegebenermaßen relativ grobe – Strukturierung erzwungene systematische Vorgehen eröffnet unserer Erfahrung nach erhebliches kreatives Potential, das erforderlich ist, um notwendige Veränderungen im Controlling anzustoßen und voranzutreiben. Auf einige der neuen Produkte werden wir im folgenden noch näher eingehen, andere sind Gegenstand weiterer Hefte der Schriftenreihe Advanced Controlling. Neue Kunden finden sich auch schnell; der F&E-Bereich zählt hierzu ebenso wie die Logistik oder Marketing und Vertrieb, diejenige interne Kundengruppe, auf die später noch ausführlich eingegangen werden soll.

Das weitere Vorgehen lässt sich mit folgenden Schritten kurz beschreiben:

- *Festlegung der Produktmerkmale:*
  Liegt das Produktprogramm des Controlling als solches fest, gilt es, jeweils die wesentlichen Produkt-

merkmale zu bestimmen. Hier geht es z. B. um die Detailliertheit einer Standard-Produktkalkulation oder um die Lieferschnelligkeit eines Monatsberichts (wie viele Tage nach Ultimo soll sie dem Management vorliegen?). Diese – zwischen Controlling und Linie auszuhandelnde – Festlegung führt zu konkreten Leistungsvereinbarungen.

- *Festlegung von Leistungsmengen:*
  Hier geht es z. B. um die Einigung über Kapazitäten von Controllern für Sonderauswertungen und interne Beratungsleistungen (z. B. 20 Manntage pro Monat).

- *Festlegung von Leistungspreisen:*
  Diesen Aspekt kann man – wenn man dies möchte – so weit treiben, dass aus dem Controlling ein Profit-Center wird, das jede einzelne erbrachte Leistung »nach Preisliste« verkauft, oder sich darauf beschränken, in der operativen Planung jeweils aus dem geplanten Leistungsvolumen abgeleitete Kostenkontingente zu vereinbaren und dann zu verrechnen.

Abb. 73: Strukturieren Sie Ihr Controlling-Programm systematisch

Interne Märkte der Controller: den »Zahlenverkäufer« konsequent umgesetzt!

- *Kontrolle der erbrachten Leistungen:* Controller sind gewohnt, für alles und jeden Soll-Ist-Vergleiche durchzuführen. Dies muss auch für die von ihnen selbst erbrachten Leistungen gelten. Objekt der Überprüfung sind alle zuvor beschriebenen Aspekte. Ein wesentlicher Teil der Überprüfung sollte in unmittelbaren Feed-back-Gesprächen mit den internen Kunden erfolgen. Dies überwindet Messprobleme und unnötige Erfassungskosten ebenso, wie es dem (komplexen) Charakter vieler Controllerleistungen entgegenkommt.

3. Vorgehensbeispiel

Informationsversorgung als konkretes Anschauungsobjekt

Im Folgenden wollen wir die soeben geäußerten Ideen an einem konkreten Aufgabenfeld des Controlling weiter verdeutlichen und konkretisieren. Betrachtet wird die Informationsversorgungsfunktion, die Controller für die Führungskräfte übernehmen.

Im ersten Schritt muss die grundsätzliche Art der bereitzustellenden Informationen festgelegt werden

Controller haben sich in der Vergangenheit auf monetäre Informationen konzentriert, speziell auf Erfolgswerte, und unter diesen wiederum schwerpunktmäßig auf Kosten. Die Kostenrechnung ist in vielen Unternehmen dem Controllerbereich organisatorisch zugeordnet; gilt dies nicht, haben Controller zumindest erheblichen Einfluss auf deren inhaltliche Gestaltung. Controller besitzen bei Erfolgsgrößen mit anderen Worten (fast) ein Informationsmonopol.

Wie die Abbildung 74 veranschaulicht, bilden Erfolgsgrößen aber nur einen Teil der führungsrelevanten Informationen. Kosten kommt für unmittelbare Führungsaufgaben eine immer geringere Bedeutung zu. Stark gestiegene Komplexität und Dynamik lassen Kosten als zu wenig aktuell und zu entfernt von den konkret zu beurteilenden oder anzustoßenden Aktivitäten erscheinen. Mengendaten, speziell aber Qualitätswerte und Zeiten, gewinnen für die kurzfristige Führung »vor Ort« stark an Bedeutung. Sie treffen die Denk- und Sprachwelt der Führenden und Mitarbeiter ebenso unmittelbarer wie die aktuellen Erfolgsfaktoren in vielen Unternehmen (vgl. hierzu ausführlicher auch Advanced Controlling Band 1: »Prozeßorientiertes Controlling«, Weber, 1997). Mengen-, Zeit- und Qualitätsdaten waren in der Vergangenheit von Ermittlung und Auswertung her eine Domäne des Linienmanagements. Mit Betriebsdatenerfassungssystemen oder Qualitätsmessung haben sich Controller nur in Ausnahmefällen beschäftigt. Spezialisierungsvorteile waren kaum gegeben: Wer Kostenrechnung gestaltet, nimmt nur in sehr geringem Einfluss auf die zugrundeliegenden »technischen« Basisdaten. Diese sind über alle Unternehmensbereiche hinweg heterogen, so dass Skaleneffekte nicht zu vermuten sind. Beschränken sich Controller aus diesen Gründen auch weiterhin darauf, Kosten- und Erlösdaten bereitzustellen, so nimmt ihre Funktion der Informationsversorgung des Manage-

Abb. 74: Kosten und Erlöse reichen als Steuerungsgrößen nicht mehr aus!

ments in der Bedeutung komparativ ab. Als neue Aufgabe käme nur hinzu, die Beziehungen zwischen den Mengen-, Zeit- und Qualitätsdaten auf der einen Seite und Kosten sowie Erlösen auf der anderen Seite zu analysieren. Hier entstehen neue Märkte für die Controller; alte, angestammte verlieren an Bedeutung.

Im zweiten Schritt ist der Umfang der bereitzustellenden Informationen festzulegen

Wenn Controller führungsrelevante Informationen liefern sollen, müssen sie zum einen den Bedarf des Managements, zum anderen aber auch die tatsächliche Informationsnachfrage kennen. Mit anderen Worten: Informationsangebot, Informationsbedarf und Informationsnachfrage müssen gegeneinander abgeglichen werden. Das Verhältnis dieser drei Größen zeigt die Abbildung auf der folgenden Seite. »Ideale« Lösung dieses Abgleichs ist das *Feld 1*, in dem Bedarf, Nachfrage und Angebot übereinstimmen. Dieser Schnittbereich wird aber in der Realität eher selten erreicht:

- Das Management kennt ohne entsprechende Kommunikation der Controller nicht alle Informationsmöglichkeiten, für die es grundsätzlich Bedarf hätte *(Feld 6)*. Informationsprodukte, die vom Manager als Kunden nicht nachgefragt werden, müssen in diesem Feld gesondert »verkauft« werden. Beispiel ist etwa eine Prozesskostenstudie in Gemeinkostenbereichen, dann, wenn bislang im Unternehmen hierfür keine Erfahrung vorliegt.
- Schlägt ein solches Verkaufen auch nach mehreren Versuchen noch fehl, könnte es daran liegen, dass die Con-

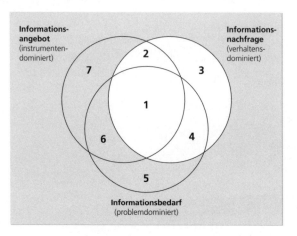

Abb. 75: Die magischen Kreise der Informationsversorgung

troller einen Bedarf lediglich vermutet haben, der de facto gar nicht vorhanden ist *(Feld 7)*. Ein Beispiel hierfür könnten detaillierte Kostenzusammenstellungen sein, die dem Kostenstellenleiter Führungshilfen geben wollen, die dieser gar nicht umsetzen kann. Aufgabe des Controllers muss es dann sein, das Angebot so schnell wie möglich einzustellen, um keine unnötigen Kosten zu verursachen.

- Schwieriger zu erkennen ist der Fall, wenn Informationsprodukte abgenommen werden, für die bei näherem Hinsehen gar kein Bedarf besteht *(Feld 2)*. Selten ist der Fall aber wohl nicht. Hierauf deuten zwei häufig gehörte Klagen von Controllern hin: Viele Manager würden sich nicht kurzfristig melden, wenn sie einen Monatsbericht aus Versehen nicht pünktlich bekommen hätten (»Wen kümmert schon der Monatsbericht?«). Einige Sekretärinnen würden mit den gelieferten Berichten sorgsam umgehen und sie in Plastikhül-

len gepackt ablegen. Griffe man die entsprechenden Ordner und nähme Berichte heraus, bräche stets der Kunststoff (»Wer schaut schon häufig in die Berichte«?).

Das dahinterliegende Phänomen ist das der Unentgeltlichkeit der von Controllern erbrachten Informationsleistungen. Müßten Manager für jeden Bericht oder jede gelieferte Zahl Verrechnungspreise zahlen, wäre das Feld 2 schnell unbesetzt.

- Im *Feld 5* liegen »versteckte Informationsprodukte«, innovative Produkte, die vom Management noch nicht nachgefragt, aber prinzipiell gebraucht werden. Stets auf der Suche nach solchen Informationsprodukten zu sein, erhält den Nutzen der Controller für das Management. EinBeispiel könnte etwa eine nach Prinzipien des Shareholder-Value-Konzepts erstellte interne Erfolgsrechnung sein.
- Im *Feld 3* haben wir es mit Nachfrage des Managements zu tun, die fehlge-

Marktorientiertes Controlling

leitet ist. Ein Beispiel könnte das Verlangen nach Vollkostenwerten für die Fundierung kurzfristiger Entscheidungen sein. Aufgabe des Controllers ist es in einem solchen Fall, das Management »aufzuklären«, entsprechendes Know-how zu vermitteln und die jeweils »richtigen« Informationen anzubieten.

- Das *Feld 4* kennzeichnet schließlich potentielle Informationsprodukte hoher Priorität: Das Management hat nicht nur einen tatsächlichen Bedarf, sondern fragt die entsprechenden Informationen bereits nach, ohne dass die Controller sie anbieten. Von derartigen Situationen wird häufig im Zusammenhang mit Informationsreisen des Managements oder mit Benchmarking-Projekten berichtet. Hier herrscht Handlungsbedarf, der nur von zu hohen Kosten der neuen Informationsprodukte gebremst werden dürfte.

Eine hohe interne Kundennähe der Controller ist eine Nebenbedingung der Neuausrichtung

Wollen die Controller ihre interne Markt- und Kundenorientierung konsequent vorantreiben, so müssen sie auch bereit sein, Marketing-Know-how zu erwerben. In entsprechenden Büchern finden sich viele nützliche Denkweisen und Instrumente, die – mehr oder weniger einfach – direkt auf das Controlling übertragen werden können. Wir wollen im folgenden als Ausschnitt davon das Stichwort »Kundennähe« diskutieren. Für ein kundennahes Verhalten haben sich in Produktmärkten drei Kriterien

als besonders bedeutsam – und parallel zu beherrschend – herausgestellt:

- Genaues Treffen des Bedarfs,
- Flexibilität bei Bedarfsänderungen des Kunden und
- enger kommunikativer Kontakt

(vgl. ausführlich Homburg, 1995). Wir wollen diese Kriterien im folgenden beispielhaft auf die kundengerechte Gestaltung des Informationsinstruments Kostenrechnung anwenden und damit näher verdeutlichen.

Erkennen und Erfüllen des Informationsbedarfs

Hiermit wird ein Aspekt aufgegriffen, den wir vorab schon kurz angesprochen haben: Um die tatsächlichen Informationsbedarfe des Managements zu kennen, darf es nicht bei eigenen Bedarfsvermutungen der Controller bleiben; erforderlich sind vielmehr »Kunden-Lieferanten-Gespräche« zur Vereinbarung von Produkten (z. B. monatlichen Primärkostenaufstellungen) und deren Ausgestaltung (z. B. Anteil von Graphiken, Aktualitätsgrad).

Hierzu ist es für die Controller hilfreich, sich zuvor Gedanken über den Kenntnisstand des Managements bezüglich der Controllerleistungen zu machen. Die Marketingtheorie (vgl. z. B. Kaas, 1990) bietet hierfür eine tragfähige Denkfigur an, indem sie zwischen Vertrauens-, Erfahrungs- und Sucheigenschaften von Produkten unterscheidet:

- Hat ein Gut überwiegend *Sucheigenschaften*, so kann es der (potentielle) Kunde vor dem Kauf gänzlich für seine Zwecke beurteilen. Beispiel aus

275

dem täglichen Leben ist eine Banane (zumindest für einen deutschen Kunden). Für die Kostenrechnung kann das ein normaler kostenstellenbezogener Monatsbericht sein.

- Bei *Erfahrungsgütern* ist ihm eine vollständige Beurteilung eines Gutes erst nach dessen Konsum möglich. Um das Obstbeispiel fortzusetzen: Wiederum für einen »normalen« Deutschen bedeutet eine Wassermelone ein derartiges Erfahrungsgut (für einen Griechen ist sie dagegen ein Suchgut). Bezogen auf die Kostenrechnung lässt sich als Beispiel eine einfache Kostenvergleichsrechnung anführen, deren Entstehung der Manager genau nachvollziehen kann.
- Güter mit überwiegend *Vertrauenseigenschaften* schließlich sind vom Kunden nie in Gänze, stets nur in Ausschnitten beurteilbar. Im Obstbeispiel wäre hier eine tropische Frucht undefinierbaren Geschmacks zu nennen, die den Laien nach Verzehr kaum in die Lage versetzt, zwischen »deliciös« und »leider verdorben« zu unterscheiden. Als Vertrauensgut der Kostenrechnung mag man sich beispielhaft eine komplexe Analyse der Kosten eines Geschäftszweigs vorstellen, die nach dessen Aufgabe wegfallen würden.

Was wissen die Manager von den Controller-Produkten?

Die Marketingtheorie zeigt, dass Güter dieser unterschiedlichen Kategorien ganz unterschiedlich verkauft werden müssen. So sind beispielsweise bei Vertrauensgütern Standing und Reputation des Anbieters von ausschlaggebender Bedeutung. Dies gilt analog auch für entsprechende Informationsleistungen aus dem Rechnungswesen (vgl. umfassend Weißenberger, 1997). Die praktische Leitmaxime von Controllern »Präsentiere nie eine Zahl, die falsch ist«, findet hier ihren Ursprung. Zur Erreichung von bedarfsentsprechenden Produkten ist es schließlich auch hilfreich, ihre Qualität und Akzeptanz zu messen. Für die Kostenrechnung könnte eine Qualitätsmessung z. B. in der Aufzeichnung von Terminverzögerungen und Datenfehlern bestehen; für die Akzeptanzmessung bieten sich periodische Kundengespräche an (Zufriedenheitsmessungen). Einige Unternehmen verfügen hier bereits über entsprechende Erfahrung. Als positive Nebenwirkung gewinnen Controller durch ein solches Vorgehen generell an Akzeptanz: Wer von anderen Leistungsmessung und -reporting verlangt, sollte selbst nicht hinter diesem Anspruch zurückstehen!

Flexible Anpassung an Bedarfsänderungen

Kennen Controller die Informationsbedarfe und das Nachfrageverhalten der Manager, ist es nur ein kleiner Schritt dahin, das Informationsangebot ständig an Veränderungen von Bedarf und Nachfrage anzupassen. Für das betrachtete Beispiel der Kostenrechnung bedeutet dies dreierlei:

- Controller müssen laufend die Prämissen überprüfen, die zur Ausgestaltung der betriebenen Kostenrechnung geführt haben. Unsere praktische Erfahrung zeigt, dass diese Aufgabe derzeit nur sehr unzureichend wahrgenommen wird (vgl. Weber, 1996).

- Controller müssen sich – wie bereits ausgeführt – ständig Gedanken über neue Kostenrechnungs»produkte« machen.
- Controller müssen dem Phänomen der Systemflexibilität eine deutlich höhere Bedeutung zumessen, als in der Vergangenheit geschehen. Es geht nicht an, dass in Unternehmen notwendige Reorganisationsmaßnahmen nur deshalb verzögert bzw. hinausgeschoben werden, weil das Rechnungswesen aufgrund seiner Mächtigkeit nicht schnell genug auf die neuen Verhältnisse angepaßt werden kann!

Betrachtet man die geringe Innovationsrate der Kostenrechnung in den vergangenen Jahren, wird deutlich, wie wichtig Flexibilität als Kriterium für Kundennähe geworden ist.

Intensive Interaktion mit den Kostenrechnungsadressaten

Kundennahes Verhalten bedeutet schließlich auch, engen Kontakt zum Kunden zu halten. Über die rein fachlichen Aspekte hinaus geht es hier um persönliche Vertrautheit, um das Einschätzbarmachen der Person, um damit dem Management einen Rückschluss auf die Produkte des Controllers zu ermöglichen. Ständige Interaktion baut das Image einer »grauen Eminenz« genauso ab wie das eines »Erbsenzählers« und schafft die Basis für eine nutzenstiftende interne Geschäftsbeziehung.

Die Outside-in-Sicht: Neue Perspektiven, neue Instrumente

Unternehmen haben sich in Deutschland in den vergangenen Jahren und Jahrzehnten weitgehend auf ihre eigenen Fähigkeiten und Stärken verlassen. Der Erfolg gab ihnen recht. Weltmarktfähige Produkte konnten von ihnen auch ohne umfassende, explizite Einbeziehung von Kundenwünschen engineert, Prozess und Technologiestrukturen auch ohne Bezug zum Leistungsstand von Wettbewerbern oder anderen Vorbildern gestaltet, Aktionärsinteressen auch ohne einen weitgehenden Einfluss derselben befriedigt werden. Felix Germania!

Diese Position der Überlegenheit ist aber in der letzten Zeit immer stärker erodiert. Heute ist ein Wechsel der Blickrichtung erforderlich, es ist an der Zeit, den Inside-out- durch einen Outside-in-Blick zu ergänzen. Hiervon sind auch die Controller betroffen. Ihr Blick war ausschließlich nach innen gerichtet. Sie haben zwar Kostensenkungsprogramme initiiert und entsprechende Einsparungspotentiale eröffnet, sich aber nicht in gleicher Weise um die Beeinflussung der Erlöse gekümmert.

Sie haben aus mehreren Investitionsalternativen die günstigste herausgefiltert, aber nicht danach gefragt, ob die gewünschte Technologie bei einem anderen Unternehmen erfolgreicher eingesetzt wird; der interne Zinsfuß war die Meßlatte, nicht das Erfolgsniveau einer best practice. Controller haben kalkulatorische Zinsen aus den Zinsen für langfristiges Fremdkapital des Unternehmens hergeleitet, aber keinen Finanzanalysten konsultiert, wie dieser

Facetten der outside-in-Sicht

Die Outside-in-Sicht: Neue
Perspektiven, neue Instrumente

das Risiko einer Kapitalbindung im Unternehmen sieht.

Auch für Controller ist ein massives Umdenken erforderlich. Neue Instrumente stehen zur Verfügung, die neue Herausforderung zu bestehen, systematisch von den Märkten in das Unternehmen hineinzudenken. Drei von ihnen sollen gesondert hervorgehoben werden:

- *Target Costing:*
  Dieses Instrument beantwortet die Frage, welchen Preis der Kunde bei welchen Produktmerkmalen für ein Produkt zu zahlen bereit ist. Target Costing unterstützt damit das Unternehmen dabei, zu marktgerechten Produkten zu kommen.
- *Benchmarking:*
  Hier geht es darum, von anderen Unternehmen durch den direkten Vergleich von Prozessen zu lernen. Benchmarking leistet Hilfestellung bei dem Bemühen, zu marktgerechten Prozess-Strukturen zu kommen.
- *Shareholder-Value-Analyse:*
  Dieses derzeit ebenfalls sehr erfolgreiche Instrument bringt die Sicht des Kapitalmarkts in das Unternehmen. Es hilft dem Management, zu marktgerechten Renditen und Wertsteigerungen für ihre Anteilseigner zu kommen.

Target Costing und Benchmarking wollen wir uns im Folgenden näher zuwenden; die Shareholder-Value-Analyse sei abschließend nur kurz gestreift; ihr sind zwei eigenständige, bereits erschienene Hefte in der Schriftenreihe Advanced Controlling gewidmet.

1. Target Costing

Die Denkweise der Kostenrechnung auf den Kopf gestellt!

Die traditionelle, alt bekannte Kostenrechnung beschäftigt sich seit ihren Ursprüngen mit der Preisgestaltung der Produkte; Preisgestaltung steht auch im Fokus des neuen Instruments Target Costing. Dennoch haben beide kaum mehr als den Wortbestandteil »Kosten« gemein. Das Target Costing stellt vielmehr, wie das nachstehende Bild zeigt, das Vorgehen der Kostenrechnung quasi »auf den Kopf«. Target Costing ist ein Instrument, das hilft, zu wettbewerbsfähigen neuen Produkten zu kommen. Der Weg hierzu führt über die systematische Einbeziehung von Markt- und Kundenanforderungen in die Phase der Produktentstehung (einschließlich der Festlegung der zur Produkterstellung erforderlichen Prozesse). Target Costing ist die Antwort auf immer stärker gestiegene Wettbewerbsintensität: Reichte es früher Unternehmen, im Zuge der Produktentstehung die zukünftig anfallenden Kosten zu kalkulieren (»was wird ein Produkt kosten?«), mussten sie sich später auf einen mehr oder weniger gegebenen Marktpreis einstellen (»was darf ein Produkt kosten?«). Selbst das reicht heute nicht mehr; im Zuge einer immer stärkeren Kundenorientierung und Differenzierung ist es vielmehr erforderlich, von der Produkt- auf die Produktmerkmals- oder -komponentenebene zu gehen (»was darf ein bestimmtes Merkmal eines Produkts kosten?«). Das Target Costing versucht, genau an dieser Stelle anzusetzen.

Ziel des Target Costing ist es, die Zielkosten so festzulegen, »wie dies dem

Marktorientiertes Controlling

Abb. 76: Target Costing: Ableitung von Kosten aus den Wünschen der Kunden

Kundenwunsch entspricht, unabhängig davon, ob die Technik, mit der der Kundenwunsch vom Unternehmen verwirklicht werden könnte, diesem bereits bekannt ist, und unabhängig davon, ob die vom Markt erlaubten Kosten zur Verwirklichung des Kundenwunsches zum Zeitpunkt dessen Definition bereits als erreichbar erscheinen« (Horváth/Seidenschwarz, 1991, S. 4). Grundsätzlich wird die simple Regel postuliert: »Ein idealer Ressourceneinsatz ist ... der, Ressourcen so einzusetzen, wie dies den vom Kunden gewünschten Produktwertrelationen entspricht« (Horváth/Seidenschwarz, 1992, S. 145). Ein solches Vorgehen lässt sich zum einen technologisch nie in reiner Form realisieren; zum anderen vernachlässigt es die Tatsache, dass der Kunde beim Kauf eines Produkts bestimmte Grundfunktionen einfach als gegeben voraussetzt, für diese also keine Nutzenpräferenzen äußert. Allerdings soll uns hier weniger

die Meinung einiger Autoren, sondern vielmehr das grundsätzliche Vorgehen des Target Costing interessieren. Hierfür wollen wir in gebotener Kürze ein Produkt betrachten, das den meisten hinreichend bekannt und damit nachvollziehbar ist: ein *Automobil* (vgl. im Detail Rösler, 1996).

Zu gestalten ist der Nachfolger einer im Markt eingeführten Baureihe. Die Anforderungen der Kunden werden in drei Arten unterteilt:

- *Basisanforderungen*:
  Hierunter sind die Anforderungen an das Fahrzeug zu verstehen, die es zur Erfüllung gesetzlicher und funktionaler Mindestanforderungen in seiner Fahrzeugklasse aufweisen muss (z. B. Vorhandensein eines Gurtsystems).
- *Leistungsanforderungen*:
  Sie beeinflussen die Kundenzufriedenheit in ihrer Höhe: die Kundenzufriedenheit verändert sich in Abhän-

Die Outside-in-Sicht: Neue
Perspektiven, neue Instrumente

gigkeit vom Erfüllungsgrad dieser Anforderungen (z. B. Verbrauch, Beschleunigung).

- *Begeisterungsanforderungen*: Hierunter fallen solche Anforderungen, an die der Kunde selbst nicht denkt, die er aber (erheblich) positiv honoriert, wenn sie erfüllt werden (z. B. Regensensor, automatisches Zuziehen der Heckklappe).

Nicht alles, was der Kunde will, geht gleich in die Zielkostenbestimmung ein

Die Zielkosten des Fahrzeugs setzen sich folglich aus den Kosten eines »Basisfahrzeugs«, den Kosten gemäß der Priorisierung der Leistungsanforderungen durch die Kunden und einem Kostenbestandteil für die Begeisterungsanforderungen zusammen. Um zu den Kosten des Basisfahrzeugs zu kommen, kann man z. B. auf die Kosten einer kleineren Fahrzeugklasse abstellen oder aber die Kosten eines – im Ausstattungsumfang reduzierten – Vorgängerfahrzeugs heranziehen. Kundenpräferenzen

haben hierauf keinen Einfluss. Technisches Know-how ist gefragt. Im Ergebnis liegt mit den Kosten des Basisfahrzeugs ein großer Teil der vom Markt her erlaubten (»allowable costs«) Kosten fest.

Die große Stunde des Marketing schlägt bei den Leistungsanforderungen. (Nur) Hier gilt auch die vorab zitierte Faustregel »Je höher die Kundenpräferenz, desto höher das Kostenbudget«. Durch geeignete Marktforschungsinstrumente (z. B. eine Conjoint-Analyse) sind im ersten Schritt für die wichtigsten Produktmerkmale, für die ein Leistungsanforderungscharakter vermutet werden kann, Kundenpräferenzen zu erheben. Dies mag zu folgendem Ergebnis führen: Die technische Fahrzeugentwicklung ist im nächsten Schritt gefordert, diese kundenbezogenen Produktmerkmale in Bezug zu den einzelnen Komponenten des Fahrzeugs zu bringen. Die Tabelle in Abbildung 78 zeigt

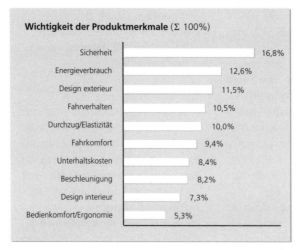

Abb. 77: So schätzen die Kunden Leistungsanforderungen ein (Beispiel)

| Produktkomponenten | Karosserie | | Ausstattung | | | | Fahrwerk | | | | Antrieb | | | Elektrik | | | | |
Produktmerkmale	Rohkarosse	Türen/Klappen	Außenausstattung	Innenausstattung	Cockpit	Sitze	Vorderachse	Hinterachse	Lenksäule/Pedalerie	Bremssystem	Motor/Abgas/Kühler	Hinterachsgetriebe	Getriebe	Heizung/Klimatisierung	Elektronik/Instrumentierung	Bordnetze	Elektromechanik	Σ über alle Komponenten
Sicherheit	30	10			20	10			20						10			100
Energieverbrauch			10				10	10			60		10					100
Design exterieur	40	20	20				10	10										100
Fahrverhalten	10						40	40								10		100
Durchzug/Elastizität											100							100
Fahrkomfort	10			10		20	10	10					20	20				100
Unterhaltskosten			20				10	10			30	10	10			10		100
Beschleunigung										10	90							100
Design interieur			10		10	30	20		10							10	10	100
Bedienkomfort/Ergonomie			10		20	10			20					10	10	10	10	100

Abb. 78: Die Übersetzung von Kundenanforderungen in Produktmerkmale –
die zentrale Herausforderung im Target Costing-Prozess!

hierfür das Ergebnis. Für diesen Schritt ist in erheblichem Maße technischer Sachverstand und Kreativität erforderlich. Die Zuordnungsleistung erfordert zudem eine enge Zusammenarbeit zwischen den unterschiedlich spezialisierten Produktentwicklern, so dass der Zuordnungsprozess auch hohe Anforderungen an die Kommunikationsfähigkeit aller an der Aufgabe Beteiligten stellt. Genau hier definiert sich der wesentliche Teil der Rolle der Controller im Target Costing-Prozess: Sie haben als Moderatoren und Kümmerer dafür zu sorgen, dass die Kommunikation zwischen der Markt- und der Entwicklungsseite stets eng bleibt, dass auch in Phasen zunächst fehlender technischer Ideen die Marktsicht der Techniker erhalten bleibt, sie nicht vorschnell in die alte, erstellungsgetriebene Sichtweise zurückfallen. Verbindet man die Nutzeneinschätzungen der Kunden mit der Zuordnung von Leistungsanforderungen zu Produktkomponenten, so kann man den Beitrag jeder Komponente zur Erzielung von Kundennutzen errechnen und hat damit die benötigten Werte zur Zuordnung von Kostenbudgets ermittelt. Begeisterungsanforderungen schließlich lassen sich nicht komponentenbezogen planen. Für sie bietet es sich an, ein bestimmtes Entwicklungsbudget zu vereinbaren.

Fazit

Betrachtet man die Methodik des Target Costing im Überblick, so lässt sich als ein großer Vorteil die systematische Einbindung von Kundenwünschen in die Produktgestaltung nennen (»market into company«). Man kann empirisch belegen, dass Produktentwickler oftmals

Target Costing als unbedingtes Muss!

Die Outside-in-Sicht: Neue
Perspektiven, neue Instrumente

mangelnde Kenntnis der Kundenwünsche besitzen und eher nach eigenen Zielvorstellungen vorgehen (»Entwicklerstolz«). Target Costing ist kein Recheninstrument, das bestimmte »richtige« Werte ermittelt. Die gefundenen Zielwerte sind stets mit anderen (z. B. bottom up aus der bestehenden Technologie heraus geplanten oder durch Benchmarking-Studien ermittelten) Werten abzugleichen. Target Costing ist vielmehr zu verstehen als Hilfsmittel zur systematischen Kommunikation zwischen Marketing und Entwicklung, zur Überwindung von Sprach- und Denkbarrieren zwischen diesen beiden Bereichen. Controller wirken als Moderatoren und Kümmerer an diesem

Prozess mit – und lernen selbst sehr viel über die Märkte und die Marktfähigkeit des Unternehmens!

2. Benchmarking

Von anderen lernen – konsequent umsetzen

Das Target Costing ist – wie gezeigt – darauf gerichtet, zu marktfähigen Produkten zu kommen, die Märkte optimal zu bedienen. Das nun betrachtete Instrument fragt primär danach, wie die Strukturen zur Marktbedienung verbessert werden können. Ein Weg, um Wissen über hierzu mögliche Lösungen zu erwerben, ist das Lernen von anderen

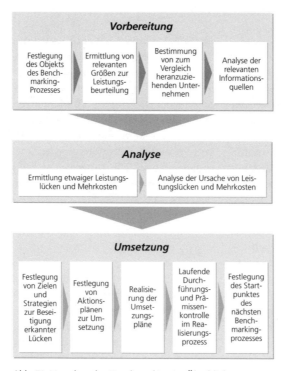

Abb. 79: Vorgehen des Benchmarking im Überblick

Unternehmen. Früher als Betriebsvergleich bezeichnet und nur selten für konkrete Strukturveränderungsmaßnahmen eingesetzt, hat sich für diesen Ansatz heute der Begriff Benchmarking herausgebildet.

Das Konzept weist einen längeren Entwicklungsweg auf. Mitte der achtziger Jahre zunächst als »competitive benchmarking« angelegt, das über einen traditionellen Betriebsvergleich kaum hinausging, hat sich das Instrument über die Stufen des funktionalen und internen Benchmarking bis zum sogenannten »generischen« Benchmarking entwickelt (Zairi/Leonhard, 1994, S. 46–50). Heute repräsentiert Benchmarking eine ausgereifte Methode zur kontinuierlichen Messung, Beurteilung und Verbesserung von Produkten, Prozessen und Funktionsbereichen im Vergleich mit direkten Wettbewerbern oder den anerkannten Trägern von funktionalen Kernkompetenzen (Camp, 1989, S. 10). Das grundsätzliche Vorgehen zeigt die folgende Abbildung. Vorteile des generischen Benchmarking liegen in der Fokussierung auf betriebliche Funktionsbereiche, die in Bezug auf ihr Aufgabenspektrum in unterschiedlichsten Unternehmen anzutreffen sind.

Diese generischen Funktionsbereiche werden zum Objekt eines Vorgehens, das die Erfahrungs- und Faktenbasis von Unternehmen ohne Berücksichtigungen spezifischer Unternehmensgrößen, Branchen und Märkte gerade wegen ihrer Vielfalt zur Ausarbeitung von Effizienzsteigerungsmaßnahmen nutzt. Basierend auf diesen Informationen werden alle Leistungsaspekte eines Funktionsbereiches erfasst, analysiert und vergleichend beurteilt, um dann –

als zentraler Inhalt der Methode – einen Prozess des sog. »organizational learning« anzustoßen. Dies führt über das reine Kopieren fremder Vorgehensweisen hinaus zur selbständigen Weiterentwicklung der betrachteten Bereiche. Der besondere Vorteil des Benchmarking liegt in der Möglichkeit, Leistungsstandards aufzuzeigen, die von anderen Unternehmen gesetzt worden sind und daher offensichtlich auch erreicht werden können.

Dies ermöglicht es, Änderungen auch in solchen Funktionsbereichen zu erzielen, die in ihrer eigenen Kultur und Denkweise befangen sind und die die Notwendigkeit zu Leistungsveränderungen oftmals noch nicht erkannt haben bzw. gegebene Veränderungsnotwendigkeiten leugnen. Benchmarking wirkt damit der Neigung zu Selbstzufriedenheit und Bürokratisierung entgegen und schlägt die Brücke von der reinen Leistungsanalyse hin zu selbständigen Lernprozessen und eigenständigen Veränderungsprozessen. Das Aufbrechen bestehender, verkrusteter und ineffizienter Strukturen wird dabei durch die selbständige Entdeckung anderer, besserer und bereits realisierter Lösungswege wesentlich erleichtert.

Benchmarking lässt sich nicht nur für die klassischen von Controllern betrachteten Unternehmensbereiche »produktiver Leistungserstellung« anwenden, sondern ist hervorragend auch und gerade für Gemeinkostenbereiche einsetzbar. Controller können das Instrument auch für sich selbst nutzen. In einer dreijährigen Arbeitskreisarbeit an der WHU Koblenz zum »Benchmarking Controlling« haben mehrere Großunternehmen einen tiefen Einblick in die

Beispiele aus dem Arbeitskreis »Benchmarking Controlling« an der WHU

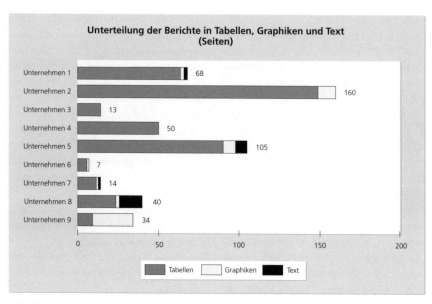

Abb. 80: Ergebnisse eines Benchmarking des Berichtswesens

Unterschiedlichkeit der Controllingprozesse und deren Begründung erhalten. Bezogen auf das Berichtswesen zeigen die folgenden Abbildungen einige konkrete Ergebnisse. Insgesamt konnten erhebliche Verbesserungspotentiale eröffnet werden. Über das Benchmarking der Kostenrechnung berichtet ein weiterer Band der Schriftenreihe Advanced Controlling.

Zusammenfassend lassen sich sieben Gestaltungs- und Nutzenmerkmale aufführen, die das Wesen der Methodik Benchmarking ausmachen:

• Benchmarking setzt explizit bei einzelnen Funktionsbereichen, nicht beim Unternehmen insgesamt an.
• Benchmarking ist ein dezentraler, alle Funktionsverantwortlichen umfassender Prozess.

• Benchmarking verlangt, bei jeder einzelnen Funktion ein passendes »Vorbild« zu finden; nicht der globale Gesamtvergleich, sondern der spezifische Einzelvergleich steht im Vordergrund.
• Benchmarking zielt darauf ab, unkonventionelle Gedanken zu fassen und aus den Branchenusancen auszubrechen.
• Benchmarking führt kompetente Gesprächspartner in einem Prozess des Erfahrungsaustausches zusammen.
• Benchmarking motiviert Führungskräfte, im Unternehmen Veränderungen konkret anzugehen.
• Benchmarking stößt einen kontinuierlichen Verbesserungsprozess an, der die Leistungserstellung des jeweiligen Bereichs laufend analysiert.

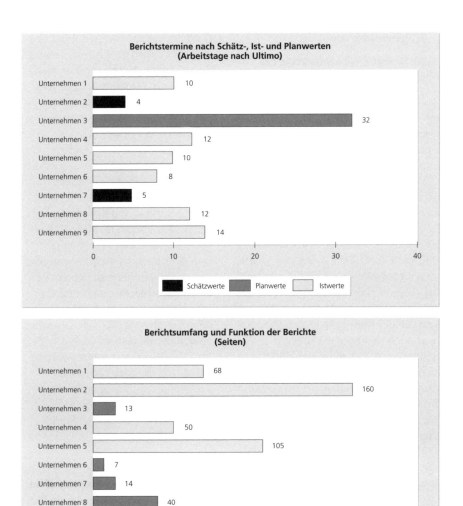

Abb. 81: Ergebnisse eines Benchmarking des Berichtswesens

Die Outside-in-Sicht: Neue
Perspektiven, neue Instrumente

3. Shareholder Value

Die Sicht des Kapitalmarkts in das Unternehmen bringen

Die dritte »outside-in-Sicht« hat derzeit fast den Charakter einer Management-Modewelle: Shareholder-Value bzw. Wertorientierung der Unternehmensführung ist in aller Munde.

Wir wollen an dieser Stelle – wie bereits vermerkt – nur ganz kursorisch vorgehen und uns auf eine kurze Auflistung der Kernmerkmale des Konzepts beschränken. Nähere Ausführungen sind zwei weiteren Bänden der Schriftenreihe Advanced Controlling vorbehalten (»Shareholder-Value: Eine Controlling-Perspektive«, »Implementierung Shareholder Value«). In beiden Papieren wird auch deutlich, wie wichtig es für Controller ist, sich der neuen Sichtweise zu öffnen und sie ganz aktiv mitzugestalten. Hier treffen sie auf interne Wettbewerber (Finanzabteilung), hier können sie ein neues Produkt für alte Kunden gestalten.

Nun aber zu den Kernmerkmalen; wir wollen diese in sieben Punkten zusammenfassen:

- Der traditionelle Weg, die Rentabilität von Unternehmen zu bestimmen (z. B. Return on Investment (ROI), Betriebsergebnis), besitzt erhebliche Aussagegrenzen (Bewertungsspielräume, Vergangenheitsorientierung, Vernachlässigung des Risikos).
- Eine Wertsteigerung (Gewinn) liegt erst dann vor, wenn das Unternehmen sein gesamtes Kapital marktüblich bedient hat. Für das Eigenkapital bedeutet dies, einen risikoangepassten Zinssatz zu verwenden.
- Die Vergangenheitswerte des Jahresabschlusses zählen für die Bestimmung des zukünftigen Unternehmenswerts nicht (wenig). Zukünftige Cashflows sind zu ermitteln und zu bewerten.
- Der Shareholder-Value-Ansatz belässt es nicht bei der Bewertung des Gesamtunternehmens, sondern versucht auch, einzelne strategische Geschäftseinheiten zu bewerten.
- Der Shareholder-Value-Ansatz geht weit über Mess- und Bewertungsfragen hinaus. Ziel ist es, Maßnahmen zur Wertsteigerung anzustoßen.
- Den Blick stets auf die Steigerung des Unternehmenswerts zu richten, ist in Deutschland wichtig und fruchtbar (traditionelle Sicht des Unternehmens als »vor den Anteilseignern zu schützende Institution«).
- Shareholder-Value-Ansätze zeichnen sich durch eine klare, schlüssige Konzeption aus, bereiten aber in der operativen Umsetzung erhebliche Probleme. Hier schlägt die Stunde der Controller!

Externe Märkte als Aufgabenfeld von Controllern: Halb zog sie ihn, halb sank er hin

Controller haben in der Vergangenheit um Marketing und Vertrieb eher einen großen Bogen gemacht als sich in diesem Bereich sehr wohl gefühlt. Hieran sind nicht allein sie selbst schuld. Ein »richtiger« Verkaufsprofi hält wenig von einem akribischen Zusammenstellen von Zahlen; er wittert Marktchancen und will sie nutzen, koste es, (fast) was es wolle. Zu viel zahlenbedingter Zögerlichkeit ist dem Markter-

Shareholder-Value wird ein künftiges Starprodukt der Controller

folg oft hinderlich – allerdings ein »zahlenloses« Agieren ebenso! Marketing/Vertrieb und Controlling brauchen einander: Wie können sie zusammenkommen? Wir meinen, dass hierzu drei Schritte besonders geeignet sind:

- Controller sollten versuchen, mit neuen Instrumenten die Arbeit der Marketing- und Vertriebskollegen zu unterstützen. Wir werden hierzu die Ergebnisrechnung als Beispiel herausgreifen.
- Controller sollten zur Verbesserung bestehender Instrumente beitragen. Als Beispiel hierzu gehen wir kurz auf die Umsetzung von Kundenzufriedenheit ein.
- Controller sollten schließlich ihre Rolle als kritischer Gesprächspartner stärker konturieren und deren Nutzen für die Marketing- und Vertriebsverantwortlichen besser klar machen. Diesen Punkt werden wir abschließend kurz allgemein streifen.

1. Neue Instrumente

Marktbezogene Ergebnisrechnungen als Beispiel

Ergebnisse zu planen, zu berichten und zu kontrollieren ist seit jeher eine Kernaufgabe der Controller. Entsprechend lange liegen die hierzu benötigten Instrumente vor. Sie gelten als bewährt und ausgereift: Die Kostenrechnung als Basis liefert Ist- und Plankosten, die Erlöse werden der Fakturierung entnommen und schließlich beide Größen in der Ergebnisrechnung einander gegenübergestellt. Nettoergebnisse gehören ebenso zum Informationsstandard wie – häufig vielstufige – Deckungsbeiträge. Trotz der erheblichen angesammelten Instrumenten-Erfahrung sind die Kunden der Erfolgsrechnung aber zunehmend unzufrieden: Für wesentliche markt- und kundenbezogene Fragestellungen kann die traditionelle Ergebnisrechnung keine hinreichenden Antworten geben! Ihr Fokus ist auf die Erfolgsermittlung der *Produkte* gerichtet, kunden- und marktspezifische Kosten und Erlöse sind ihr nicht oder nicht vollständig zu entnehmen. Gerade diese interessieren aber Marketingmanager angesichts der zunehmenden Individualisierung der Nachfrage immer mehr:

- *Lohnt sich der Gang in einen neuen Markt?*
  Dies hängt von den dort erzielbaren Erlösen ebenso ab wie von den Kosten der Markterschließung und -bedienung (z. B. spezielle Verkaufsorganisation oder marktspezifische Werbung).
- *Rechnet sich ein bestimmter (Groß-)Kunde?*
  Von der Summe der mit ihm netto (nach Abzug aller Erlösschmälerungen) fakturierten Umsätze sind neben den Kosten der verkauften Produkte auch die kundenindividuellen Marketing- und Vertriebskosten abzuziehen. Das Spektrum solcher Kosten ist breit, ihre Höhe zuweilen beträchtlich. Sie gehen bislang zumeist in den Vertriebsgemeinkosten unter. Genauere Zuordnungen sind wünschenswert.
- *Ist ein bestimmter Vertriebsweg lohnend?*
  Auch hier müssen wieder spezifische Erlöse und Kosten zusätzlich zu den üblichen Produkterlösen und -kosten berücksichtigt werden.

Mehrdimensionale Erfolgsrechnungen – Wie weit sind Sie auf diesem Feld?

Externe Märkte als Aufgabenfeld von Controllern: Halb zog sie ihn, halb sank er hin

All diese Beispiele zeigen, dass der traditionelle Aufbau der Kostenrechnung für heutige Erfolgsrechnungsaufgaben nicht mehr ausreicht; die Kostenanalyse und -zuordnung muss für absatzmarktbezogene Fragestellungen neu vorgenommen werden.

Bildung von Absatzsegmenten

Zusätzliche Kostenanalyse und -zuordnung sowie zusätzliche Auswertungsmöglichkeiten kosten Geld. Differenzierung um der Differenzierung willen ist nicht angebracht. Die Ergebnisrechnung sollte nur für die wichtigsten absatzwirtschaftlichen Fragestellungen spezifische Ergebnisse liefern. Übersetzt in Marketingterminologie heißt dies, sich auf *wesentliche Absatzsegmente* zu beschränken. Welche hierzu zählen, kann der Controller in der Marketingabteilung erfragen – gerade vor dem Hintergrund des Erfassungs- und Auswertungsaufwands muss er diese aber nicht kritiklos akzeptieren. Aus seiner Sicht gilt es, zwei grundsätzliche Aspekte zu hinterfragen bzw. zu betonen:

- *Ist das in Absatzsegmente differenzierte Geschäft aktuell und in Zukunft hinreichend unterschiedlich?*
  Unterschiedliches Geschäft muss unterschiedlich gesteuert werden. Hierzu – und nur hierzu – werden spezifische Informationen benötigt.
- *Wie leicht lassen sich die für die unterschiedlichen Absatzsegmente benötigten Informationen gewinnen?*
  Nur das sollte getrennt gerechnet werden, was sich auch tatsächlich getrennt erfassen und zuordnen lässt. Für den Erfassungsaspekt sind letzt-

lich Erfassungskosten entscheidend (Liegen die benötigten Daten bereits vor, sind aber noch nicht ausgewertet, oder müssen sie neu, zusätzlich erfasst werden?). Für den Aspekt der Zuordenbarkeit ist es ausschlaggebend, in welchem Maße Kosten- und Erlösverbundenheiten bestehen; nicht alles, was getrennt vorliegt, kann auch getrennt zugeordnet werden!

Beide Fragestellungen seien im folgenden an einem Beispiel miteinander verbunden und dabei näher ausgeführt. In der neueren Marketingtheorie trifft man auf eine Unterscheidung, die für unsere Zwecke erheblich weiterhilft, die in *relationales Geschäft* bzw. Netzgeschäft einerseits und *Spotgeschäft* andererseits. Das Spotgeschäft ist die typische Marktbeziehung in Massenmärkten. Folgende Merkmale sind kennzeichnend:

- geringe Bedeutung des einzelnen Kunden und des einzelnen Kaufvorgangs,
- anonyme Kunden-Lieferanten-Beziehung,

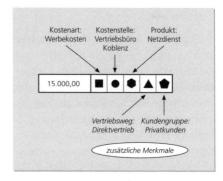

Abb. 82: Eine Erfassung zusätzlicher marktbezogener Merkmale ermöglicht entsprechende Auswertungen

Marktorientiertes Controlling

- statistische Planbarkeit des Geschäfts-
aufkommens,
- Standard-Marketing- und -Vertriebs-
prozesse jeweils geringen Volumens.

Eine relationale Geschäftsbeziehung
unterscheidet sich von einem Spotgeschäft in allen soeben angesprochenen
Aspekten:

- hohe Bedeutung des einzelnen
Kunden,
- Kenntnis des Kunden, seines Bedarfes
und seiner Eigenschaften,
- bilaterale Verhandlung des Geschäfts-
volumens,
- kundenspezifische, aufwendige
Ansprache und Betreuung des
Kunden.

Für eine gesonderte ergebnismäßige
Abbildung eines Spotgeschäfts reicht es
häufig aus, bei der Fakturierung der Erlöse und bei der Kontierung der Kosten
zusätzliche Merkmale vorzusehen und
auszufüllen. Das nebenstehende Bild
zeigt dies beispielhaft. Moderne Standardsoftware – wie etwa SAP R3 – lässt

ein solches Vorgehen unproblematisch
zu. Relationales Geschäft verlangt dage-
gen erhebliche zusätzliche Erfassungs-
anstrengungen. Controllern kommt hier
eine wichtige, eigenständige Rolle im
Zusammenspiel mit Marketing und
Vertrieb zu. Einsetzbares, tragfähiges
Instrument sind Prozesskostenstudien.
Ein für andere Gemeinkostenbereiche
bewährtes Instrument wird als neues
Controllerprodukt auf den alten Kunden
Marketing & Vertrieb übertragen.

Das Beispiel in der Abbildung 83
zeigt die authentischen Ergebnisse eines
mittels Befragung der Außendienstmit-
arbeiter gewonnenen Einblicks in die –
sehr unterschiedlichen! – Vertriebs-
anstrengungen für einzelne Produkte.
Sie macht die Unzulänglichkeit traditioneller Kostenverteilung in der Kostenrechnung deutlich.

Obwohl hier auf Produkte bezogen,
zeigt die Tabelle zugleich das notwendige Vorgehen für relationale Markt-
beziehungen: Hielten die Außendienst-
mitarbeiter zusätzlich die Gesprächszei-
ten bei den einzelnen Kunden fest, so

Produkt	Werte der Befragung		Werte nach üblicher Zuordnung		Differenz
	absolut	in %	absolut	in %	
10	1.040	13	2.180	27	-1.140
17	960	12	1.386	17	-426
30	480	6	98	1	382
14	720	9	1.309	17	589
50/51/52	2.800	35	2.374	30	-426
49	1.120	14	233	3	887
22	400	5	234	3	166
25/27	480	6	186	2	294
Total	8.000	100	8.000	100	

Abb. 83: Die traditionelle Kostenrechnungen birgt
erhebliche Zuordnungsfehler

lieferte die Befragung auch die Basis für eine aussagekräftige Kundenerfolgsrechnung! Sie müssen dabei nicht nur – wie hier – ex post erfolgen, sondern bilden auch die Basis für entsprechende Planungen, bis hin zu einem Vorgehen, das als Ermittlung eines »Customer Lifetime Value« bezeichnet wird. Hier wird der Kunde explizit – auch vom gewählten Rechenverfahren her – als ein Investitionsobjekt betrachtet, das sich – hoffentlich – lohnt!

2. Verbesserungen

Überassen Sie das Thema Kundenzufriedenheit nicht allein dem Marketing!

Das Beispiel Messung und Monitoring von Kundenzufriedenheit

Kundenzufriedenheit hat sich zu einem zentralen Erfolgsfaktor von Unternehmen entwickelt. Entsprechend vehement sind die Anstrengungen, Kundenzufriedenheit als zentrales Element der Unternehmensführung zu verankern (vgl. z. B. Homburg 1995, Simon/Homburg 1995). Notwendige Bedingung hierfür ist die Operationalisierung des zunächst unscharfen Begriffs, seine Messung und sein ständiges Monitoring. Exakt hier können Controller weiterhelfen. Fragen der Bereitstellung und Weitergabe erfolgsrelevanter Informationen zählen zu ihrem angestammten Kerngeschäft. Ihr Wissen kann auch für die Größe Kundenzufriedenheit nutzbringend und hilfreich sein. Um diesen Aspekt deutlich und verständlich machen zu können, müssen wir etwas tiefer in die spezifische Materie einsteigen.

Informationserfassung

Welche Merkmale Kundenzufriedenheit abbilden und wie man diese Merkmale grundsätzlich erfassen kann, ist kein angestammtes Feld von Controllern. Hier liegen Kompetenz und Gestaltungsverantwortung eindeutig beim Marketing (siehe z. B. Homburg/Rudolph 1995). Die Controllerperspektive wird jedoch bei Erfassungsfragen i. e. S. relevant, die sich teils aus allgemeinen Wirtschaftlichkeitsüberlegungen, teils aus konkreten Informationsbedarfen des Managements ergeben.

- Erweist sich Kundenzufriedenheit zunehmend als strategischer Erfolgsfaktor in allen Märkten, so ist sie in alle Geschäftsfeldplanungen einzubeziehen. Zwar ist zu erwarten, dass die konkreten Messgrößen von Geschäftsfeld zu Geschäftsfeld unterschiedlich sein werden, nicht jedoch die Messlogik. *Einheitlichkeit* sichert Vergleichbarkeit. Vergleichbarkeit erleichtert die Verdichtung der einzelnen Teilstrategien zu einer Gesamtstrategie.
- *Konstanz* der Erfassung von Kundenzufriedenheit im Zeitablauf ermöglicht den Aufbau von Erfahrung und bildet die Basis für Ergebniskontrollen: Geplante Zufriedenheitswerte können erzielten gegenübergestellt werden. Hierzu sind an die Qualität der erhobenen Zufriedenheitswerte erhebliche Anforderungen zu stellen. Die Erfassungsgüte muss hoch genug sein, um auch kleine Veränderungen der Zufriedenheit verlässlich abzubilden. Außerdem darf nicht die Situation eintreten, dass nur diejenigen Facetten der Kundenzufriedenheit

Marktorientiertes Controlling

von den jeweils Verantwortlichen verfolgt werden, die auch gemessen werden. Die Konstanz der Erfassung von Kundenzufriedenheit begünstigt schließlich auch die Formalisierung und Instrumentierung entsprechender Erfassungssysteme, was die *Funktionsfähigkeit* der Zufriedenheitsmessung erhöht.

- *Richtigkeit* und *Verlässlichkeit* der erfassten Zufriedenheitswerte sind Voraussetzung für die zweckbezogene Verwendbarkeit der Informationen. Während der erste Aspekt durch technische Maßnahmen sichergestellt werden kann und in der praktischen Anwendung unproblematisch sein sollte, erweist sich der zweite Aspekt als bedeutsamer und mehr Aufmerksamkeit erfordernd. Kundenzufriedenheit ist ein multidimensionales Konstrukt. Dies führt zu – etwa im Vergleich zur Erhebung von Umsatzdaten – komplexeren Erfassungsmethoden. Solche bergen stets die Möglichkeit, gewollte Ungenauigkeiten oder gar Verfälschungen zuzulassen bzw. vorzunehmen, die ohne ins Detail gehende Überprüfungen unbemerkt bleiben. Diese Gefahr ist umso größer, je stärker der Anteil derjenigen Personen an der Erfassungsaufgabe ausfällt, die direkt oder indirekt an den Kundenzufriedenheitswerten gemessen werden. Dieses Problem ist in der externen Rechnungslegung unter dem Stichwort »Bilanzpolitik« bekannt. Der Anspruch hoher Verlässlichkeit der erfassten Zufriedenheitswerte legt damit eine Trennung zwischen Erfassenden und davon Betroffenen nahe.

- Zufriedenheit von Menschen hat komplexe Ursachen, die bislang in ihrer Zahl und in ihrem Zusammenwirken nicht hinreichend bekannt sind. Unstrittig erscheint jedoch u. a., dass Zufriedenheiten stark von temporären Ereignissen beeinflusst werden. Erfasste Kundenzufriedenheitswerte sollten folglich zum einen um die Information möglicher punktueller Einflüsse ergänzt werden (z. B. Verspätung einer Lieferung oder Qualitätsprobleme kurz vor der Messung der Zufriedenheit). Zum anderen bedeutet die starke Situationsprägung neben dem Erfassungsaufwand eine weitere *Grenze für die Zeitnähe* der Zufriedenheitswerte. Immer dann, wenn das Unternehmen wesentlich Stammkundengeschäft betreibt, sollte die Messung der Zufriedenheit nicht laufend, sondern nur in größeren Abständen erfolgen. Kurzfristige Ausschläge haben keinen Erklärungswert, sondern führen u. U. zu Fehlentscheidungen und Demotivation der entsprechenden Vertriebsverantwortlichen.

Betrachtet man diese Argumentation in der Gesamtschau, so spricht viel dafür, dass Controller nach erfolgter gemeinsamer Aufbauphase das Instrument der Kundenzufriedenheitsmessung ganz von der Marketing-Abteilung übernehmen. Hierfür spricht die instrumentelle Nähe zu anderen Informationssystemen ebenso wie die per se vorhandene Unabhängigkeit der Controller – sie profitieren von bestimmten Ausprägungen der Zufriedenheitswerte nicht, anders als die Marketing-Manager!

Eine solche Aufgabenträgerschaft eröffnet auch den Weg, Kundenzufriedenheit in die Anreizgestaltung der Marktmanager aufzunehmen. Hiermit läge ein Vergütungsbestandteil vor, der – anders als Umsätze oder Deckungsbeiträge – eine langfristige Perspektive der Anstrengungen betont.

Informationsweitergabe

Neben Fragen der Informationserfassung beinhaltet die Wahrnehmung der Informationsversorgungsaufgabe auch die Informationsweitergabe. Hier ist insbesondere das Berichtswesen angesprochen. Dieses zählt zu den »klassischen« Controlling-Funktionen. Auch hier kann das Erfahrungswissen der Controller hilfreich sein:

- Über die erfassten Werte ist objektiv und für den Berichtsempfänger nachvollziehbar zu berichten. *Objektivität* lässt sich als Verzicht auf gezielte empfängerbezogene Informationsauswahl und -verdichtung interpretieren. Sie kann in direktem Konflikt zur Forderung nach *Benutzeradäquanz* stehen: Das Informationsaufnahme- und -verarbeitungsverhalten von Managern ist individuell unterschiedlich; entsprechend unterschiedlich sollten auch die gelieferten Informationen sein.
  Eine Lösung des sich hier auftuenden Dilemmas kann durch eine Aufteilung der Berichte in z. B. einen für jeden Kundenmanager identischen und einen jeweils individuell gestalteten Teil gelöst werden. Gegenstand individueller Ausgestaltung sind dabei sowohl die Menge (z. B. alle die Kundenzufriedenheit bestimmenden Merkmale oder nur diejenigen, die sich im Berichtszeitraum in ihrer Ausprägung signifikant verändert haben) als auch die Art der Aufbereitung (z. B. graphisch oder tabellarisch).

- Gerade bei einem so komplexen Messgegenstand wie Kundenzufriedenheit ist es erforderlich, dass der Berichtsempfänger die im Bericht ausgewiesenen Werte hinreichend *nachvollziehen* kann. Bereits das Gefühl, den Werten blind vertrauen zu müssen, kann die Akzeptanz der Informationen erheblich beeinträchtigen. Entsprechende Erfahrungen mit Kostenstellenberichten in der Produktion zeigen, wie schnell das Berichtswesen zur ungeliebten Form degenerieren kann. Generell besteht hier für Controller Handlungsbedarf.

- Schließlich ist erhebliche Sorgfalt darauf zu richten, *falsche Verwendungen* der berichteten Zufriedenheitswerte zu *vermeiden*. Weist man etwa zur Beurteilung des Vertriebserfolgs eines Kundenmanagers die Zufriedenheit seiner Kunden in ihren vielfältigen Facetten neben den kargen, wenige Zeilen benötigenden Kundendeckungsbeiträgen aus, so muss die jeweilige Wertigkeit der Informationen berücksichtigt werden. Dies lässt sich wiederum durch eine entsprechende Stufung der Berichterstattung erreichen.

Fazit

Die wenigen Beispiele mögen ausreichen, um klarzumachen, dass Controller sich nicht nur um »klassische«

Controller-Tools (wie für den Fall der Ergebnisrechnung ausgeführt) kümmern sollten, sondern sie durchaus – und erheblich – Nutzen stiften können, wenn sie sich auch mit dem Werkzeugkasten der Marketing- und Vertriebsseite beschäftigen. Das Zusammenwirken von inhaltlichem und prozessualem Fachwissen kann die Schlagkräftigkeit vieler dieser Instrumente erheblich steigern.

3. Mitsprache

Zusammenwirken von Controlling, Marketing und Vertrieb im Entscheidungsprozess

Der letzte hier anzusprechende Punkt betrifft eine allgemeine, alle Unternehmensbereiche durchziehende Aufgabe der Controller. Sie bezieht sich auf das Fällen von Entscheidungen. Angesprochen ist die Funktion der *Kontrolle* vorbereiteter Pläne der Linie, die zur Begutachtung über den Tisch des Controllers gehen. Diese Aufgabe wird oftmals begrifflich »in Watte gepackt«, um ja keine falschen Assoziationen zu wecken (»helfende Mitwirkung«, »Mitspracherecht« – oder, schon bestimmter, »Vetorecht«). An solchen Formulierungen wird deutlich, dass man es sich zu leicht macht, wenn man sagt: »Controller sind für die Inhalte der Planung überhaupt nicht zuständig; Planungsinhalte liegen in der Verantwortung der Linie. Entscheidungen sind das Geschäft des Managements«. Die Aussage ist ohne Zweifel grundsätzlich richtig, aber: Eine inhaltliche Einbindung der Controller in die Entscheidungsfindung von Marketing und Vertrieb macht aus – zumindest – drei Gründen Sinn:

- Marketing- und Vertriebsmanager sind zumeist vorantreibende, dynamische, berufsmäßig optimistische Führungskräfte. Diese für den Markterfolg notwendigen Eigenschaften wirken sich in der Planungsphase jedoch zuweilen negativ aus. Wer kennt nicht den »hockey-stick-Effekt«, wer nicht Absatzerwartungen, die sich nach kurzer Zeit als Seifenblase erweisen? Controller können hier als »*advocatus diaboli*« zu realistischen Planwerten verhelfen; ihre einzunehmende risikoscheue Weltsicht zusammen mit der sehr optimistischen und risikofreudigen der Marktmanager kommt zu besseren Ergebnissen als beide Sichten für sich alleine.

- Marketing- und Vertriebsmanager sind Menschen (und keine Automaten). Die kognitiven Fähigkeiten von Menschen sind begrenzt (auch wenn manche das nicht wahrhaben wollen). Einschränkungen bestehen bezüglich der Entscheidungsfähigkeit einzelner und bezüglich der von Gruppen von Entscheidungsträgern. Psychologen können hier viel erzählen: Dadurch, dass sich die Entscheider lange kennen und eine ähnliche Weltsicht besitzen, werden missliebige Informationen leicht ebenso ausgeblendet wie neue, Veränderungen andeutende Erkenntnisse unter den Tisch gekehrt (»weak signals«). Psychologen sprechen hier von »*Entscheidungsautismus*«. Controller können helfen, dieses Problem im Griff zu behalten. Sie sind anders sozialisiert (nicht im Marketing groß geworden), haben eine unterschiedliche Erfahrungs-

Mischen Sie sich fundiert in die Entscheidungsfindung ein!

Externe Märkte als Aufgabenfeld von
Controllern: Halb zog sie ihn, halb sank er hin

basis und sind nicht im Ergebnisdruck des Tagesgeschäfts verhaftet. Am Rande sei vermerkt: Je länger ein Controller in einem Unternehmensbereich tätig ist, desto weniger kann er die hier angesprochene notwendige Unabhängigkeit wahren. Dies spricht für kontinuierliche Jobrotation.

- Menschen neigen dazu, konsequent ihre eigenen Ziele zu verfolgen, die einen mehr, die anderen weniger. Diese Ziele müssen nicht immer und unbedingt mit den Zielen des Unternehmens übereinstimmen. Die ökonomische Theorie spricht hier von *Opportunismus*. Die inhaltliche Beurteilung von Plansätzen durch Controller ist ein Mittel (neben anderen), um einem zu starken Opportunismus einen Riegel vorzuschieben.

Das Feld des Controlling in Marketing und Vertrieb ist – wie sich gezeigt hat – breit. Controller sollten keine Scheu haben, sich als Führungsdienstleister anzubieten. Anfängliche Abwehrhaltung der Linie sollte nicht als pure Böswilligkeit abgebucht werden. In der Vergangenheit haben auch die Controller wenig dazu beigetragen, den Nutzen enger Interaktion klar zu machen. Konflikte zwischen beiden Bereichen nutzen heute allerdings nur einem: der Konkurrenz! Für Controller muss die Leitmaxime lauten: Mitreden, mitgestalten, zum Erfolg beitragen!

Ausblick: Aufbruch zu neuen Ufern

Die intensive Beschäftigung mit Kunden und Wettbewerbern zählte nicht zu den großen Stärken der deutschen Wirtschaft. Böse Formulierungen wie die der »Servicewüste Deutschland« belegen dies ebenso wie der Erfolg des Total Quality Managements und des Zauberworts »Kundennähe«. Auch für Controller ist die Marktorientierung, das Ausrichten auf Kunden und Wettbewerber, häufig längst überfällig. Die traditionelle Konzentration auf Kosten und der Ansatz, Bestehendes zu optimieren, führte zu einer gewissen »Blindheit« gegenüber Marktaspekten.

An dieser Stelle ist ein erhebliches Umdenken erforderlich. Kunden und Wettbewerber müssen sowohl auf den Absatzmärkten als auch intern in den Vordergrund des Controller-Interesses treten. Controller sollten den hierzu notwendigen Veränderungsprozess schnell und aktiv angehen; sie sollten nicht warten, von Marktleuten angemahnt zu werden. Je schneller sie voranschreiten, desto eher werden sie das (Zerr-?)Bild des ungeliebten – und nicht mehr gebrauchten – Erbsenzählers los!

Wie auch sonst im Leben, so werden die Controller dann am meisten Erfolg haben, wenn sie für sich selbst mit gutem Beispiel voranschreiten. Der altbekannte »Zahlenverkäufer« muss durch eine umfassende interne Wettbewerbs- und Kundensicht mit Leben erfüllt werden! Das Denken in Produkten, Qualitäten, Preisen, Zahlungsbereitschaft und Kundennutzen hat noch niemandem geschadet!

Vielen Controllern fehlen heute die dafür erforderlichen Kenntnisse und Fähigkeiten. Erneutes Lernen in ungewohnten Gebieten ist die Folge; Schulung und Personalentwicklung lassen sich als wesentliche Konsequenz für die Controller ableiten. Am Ende dieses

Prozesses stehen wohl (deutlich?) weniger Controller. Diese sind aber besser ausgebildet, sie werden stärker vom Management gehört und nehmen anspruchsvollere und sie selbst mehr erfüllendere Aufgaben wahr: Der Zahlenknecht ist tot, es lebe der Management Consultant!

Literatur: Wo können Sie sich weitergehend informieren?

Camp, R. C.: *Benchmarking: The Search For Industry Best Practices That Lead To Superior Performance.* Milwaukee, 1989.

Homburg, Chr.: *Kundennähe von Industriegüterunternehmen. Konzeption – Erfolgswirkungen – Determinanten.* Wiesbaden, 1995.

Homburg, Chr., Rudolph, B.: »Theoretische Perspektiven zur Kundenzufriedenheit«. In: Simon, H., Homburg, Chr. (Hrsg.): *Kundenzufriedenheit. Konzepte – Methoden Erfahrungen.* Wiesbaden, 1995. S. 29–49.

Horváth, P., Seidenschwarz, W.: *Die Methodik des Zielkostenmanagements.* Forschungsbericht der Universität Stuttgart 1991.

Horváth, P., Seidenschwarz, W.: »Zielkostenmanagement«. In: *Zeitschrift Controlling,* 4. Jg. (1992). S. 142–150.

Kaas, K.P.: »Marketing als Bewältigung von Informations- und Unsicherheitsproblemen im Markt«. In: *Die Betriebswirtschaft,* 50. Jg. (1990). S. 539–548.

Rösler, F.: *Target Costing für die Automobilindustrie.* Wiesbaden, 1996.

Simon, H., Homburg, Chr. (Hrsg.): *Kundenzufriedenheit. Konzepte – Methoden – Erfahrungen.* Wiesbaden, 1995.

Weber, J.: *Kostenrechnung am Scheideweg?* Forschungspapier der WHU Koblenz, 1996.

Weber, J.: »Prozeßorientiertes Controlling«. *Schriftenreihe Advanced Controlling,* Band 1, Vallendar, 1997

Weißenberger, B. E.: *Die Informationsbeziehung zwischen Management und Rechnungswesen. Analyse institutionaler Koordination.* Wiesbaden, 1997.

Zairi, M., Leonhard, P.: *Practical Benchmarking: The Complete Guide.* London, 1994.

8 Logistik-Controlling

Jürgen Weber, Hannes Blum

Logistik-Controlling: Für viele Controller ein weißer Fleck

»What gets measured, gets done«, hieß die Devise von Percy Barnevik während seiner Zeit als Vorstandsvorsitzender bei ABB. Gerade im Bereich der Logistik hört man diese Forderung sowohl in der Praxis als auch in theoretischen Beiträgen fortlaufend. Schon im ersten Band unserer Schriftenreihe Advanced Controlling haben wir monieren müssen, dass die Querschnittsfunktion Logistik vom Controlling häufig vernachlässigt oder nur »halbherzig« angegangen wird (vgl. Weber 1997).

Auf Ansätze, wie man Logistik misst, trifft man in Theorie und Praxis in größerer Zahl, sie differieren jedoch teilweise stark. Erkenntnisse darüber, welche Elemente zu einem Logistik-Controlling zu zählen sind, ob und wie intensiv die Logistik in der Praxis gemessen wird und was sich mit einer solchen Messung erreichen lässt, findet man jedoch nur sporadisch. Ebenso gibt es nur wenige Antworten auf die Frage, wo und wie man ein Controlling der Logistik organisatorisch eingliedern sollte. Die letzte hinreichend fundierte empirische Studie liegt für den deutschsprachigen Raum mehr als zehn Jahre zurück (*Küpper/Hoffmann* 1988)!

Der diesem Kapitel zu Grunde liegende Band 20 der Schriftenreihe Advanced Controlling beschäftigte sich mit genau diesen Fragen. Er basierte auf langjähriger theoretischer Forschung und Entwicklung, zahlreichen Praxisprojekten und Arbeitskreisen sowie einer empirischen Erhebung zum Thema Logistik-Controlling, die im Herbst 1999 durchgeführt wurde.

Bevor wir uns intensiv mit dem Controlling der Logistik auseinandersetzen, erfolgt zunächst im Abschnitt 2 (S. 298 ff.) eine kurze Begriffsabgrenzung der Logistik. Hintergrund hierfür sind teilweise sehr unterschiedliche Auffassungen von Logistik, die sowohl in der Praxis als auch in der Theorie vorzufinden sind. Außerdem wollen wir Sie damit vertraut machen, wie groß der Erfolgsbeitrag sein kann, den eine »richtig aufgestellte« Logistik leisten kann – und dieser geht weit über Einsparpotentiale hinaus!

Im Abschnitt 3 (S. 301 ff.) möchten wir dann das Verständnis von Logistik-Controlling vertiefen. Die hier behandelten Ansätze bezüglich der Elemente, Aufgaben, möglichen Träger und organisatorischen Eingliederung des Logistik-Controlling stellten auch die Grundlage für die empirische Erhebung dar.

Über den Stand des Logistik-Controlling in der Praxis gab es bisher nur sehr wenig Informationen

Deren Aufbau und wesentliche Ergebnisse werden in den Abschnitten 4 (S. 304 f.), 5 (S. 305 ff.) und 6 (S. 318 ff.) vorgestellt.

Der Abschnitt 7 (S. 321 f.) fasst dann abschließend die Erkenntnisse zusammen und stellt Ihnen auf dieser Basis kritische Fragen für ein Selbstaudit zum Thema Logistik-Controlling. Dieses Selbstaudit soll Ihnen als Hilfestellung dienen, Handlungsbedarf in diesem Aufgabenbereich zu erkennen, um der Kernaufgabe des Controlling als Rationalitätssicherung des Managements auch zum Thema Logistik gerecht zu werden.

Logistik: Die unterschätzte strategische Fähigkeit

Logistik – ein schillernder Begriff in Theorie und Praxis

Das, was in Theorie und Praxis unter Logistik-Controlling verstanden wird,

hängt wesentlich davon ab, welches Verständnis der Logistik einerseits und des Controlling andererseits vorliegt. Leser der Schriftenreihe Advanced Controlling – überwiegend Controller – sind mit den Sichtweisen des Controlling vertraut – ansonsten sei auf Kapitel 1 (S. 15 ff.) verwiesen. Deshalb können wir den Schwerpunkt der einführenden Überlegungen auf die unterschiedlichen Perspektiven der Logistik legen.

Versorgungssicherheit als »roter Faden« der Logistikentwicklung

Wenn man sich mit der Logistik näher beschäftigt und nach deren »Pudels Kern« fragt, bekommt man leicht ein Déjà-vu-Erlebnis: Nicht nur der Controllingbegriff ist schillernd; Gleiches gilt auch für die Logistik! Die Zahl der Bei-

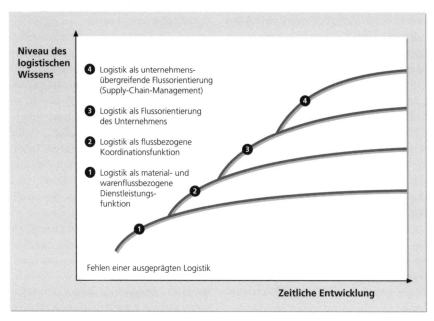

Abb. 84: Vier Entwicklungsstufen der Logistik bauen aufeinander auf (entnommen aus Weber 2001)

träge und Bücher zur »richtigen« Abgrenzung füllt diverse Regale. Auch hier scheint die Zahl der Meinungen nahe an die Zahl der Autoren zu reichen. Und die letzte Analogie: Die unterschiedlichen Meinungen stehen nicht isoliert nebeneinander, sondern bauen aufeinander auf: Das, was für das Controlling die Rationalitätssicherung der Führung ist, ist für die Logistik die Deckung eines Versorgungsproblems! Dies liegt schon der ältesten überlieferten Definition der Logistik zugrunde, die vom byzantinischen Kaiser Leontos dem VI. stammt. Für ihn war die Logistik neben der Taktik und Strategie die dritte Kriegskunst mit der Aufgabe, eine umfassende Unterstützung des Heeres zu gewährleisten.

Diese grundsätzliche Aufgabe hat in unterschiedlichen Situationen eines Unternehmens ganz unterschiedliche Schwerpunkte. Insbesondere lassen sich vier verschiedene, aufeinander aufbauende Entwicklungsstadien der Logistik unterscheiden, die auch die Abbildung 84 zeigt.

Die Logistik hat sich in mehreren Stufen entwickelt

Die vier Stufen der
Logistikentwicklung

Der Ursprung der Unternehmenslogistik liegt in einer ganzheitlichen Betrachtung material- und warenflussbezogener Dienstleistungen, insbesondere von Transporten, Umschlagsvorgängen und Lagerungen (»TUL-Logistik«). Diese, die gesamte Wertschöpfungskette eines Unternehmens durchziehenden Aktivitäten, waren zuvor aufgrund geringer Bedeutung vernachlässigt worden. U. a.

angestoßen durch erhöhten Wettbewerbsdruck und technologische Entwicklungen (z. B. Lagerautomatisierung), wurden ab Mitte des 20. Jahrhunderts Rationalisierungsgewinne insbesondere durch Investitionen in die TUL-Technologie (z. B. automatische Hochregallagersysteme), verbesserte Planungsverfahren und die Berücksichtigung von Interdependenzen zwischen den material- und warenflussbezogenen Dienstleistungen erzielt (z. B. Lewis/Cullington/Steel 1956). Logistik in diesem Sinne als eine funktionsbezogene Spezialisierung zu verstehen, ist noch heute weit verbreitet.

Die nächste Phase der Logistikentwicklung lässt sich als eine Folge dieser Funktionsspezialisierung auffassen. Nach einer vollzogenen Rationalisierung der gegebenen Transporte, Umschlags- und Lagervorgänge sind weitere Spezialisierungsgewinne nur dadurch möglich, dass die Logistik aktiven Einfluss auf die Bedarfe nimmt. Ihr Fokus wendet sich von der Effizienz einer isolierten Funktion zur Effizienz der Koordination unterschiedlicher Funktionsbereiche. Nicht genügend berücksichtigte Interdependenzen bieten breiten Raum für Rationalisierungsgewinne. So »rechnet sich« z. B. eine Just-in-time-Bereitstellung von Einsatzgütern erst bei einer gemeinsamen Steuerung von Bereitstellungs- und Produktionsprozessen.

Organisatorischer Ausdruck der Wahrnehmung dieser Koordinationsaufgabe ist die Übertragung der Produktionsplanung und -steuerung an die Logistik. Mit der Aufgabenausweitung wächst der dispositive Anteil der Logistikaktivitäten erheblich. Gleichzeitig gewinnt die Logistik im Unternehmen an Bedeutung.

Die zweite Entwicklungsphase der Logistik weist ihr Koordinationsaufgaben zu

Logistik: Die unterschätzte
strategische Fähigkeit

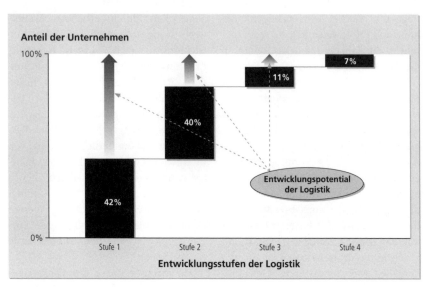

Abb. 85: Der Weg vieler Unternehmen zu hoher Logistikkompetenz
ist noch weit (Weber/Dehler 2000, S. 57)

**Noch weiterent-
wickelt, will die
Logistik Unter-
nehmen fluss-
orientiert
gestalten**

Die dritte Phase der Logistikentwicklung stellt nicht nur die Bedarfe an TUL-Leistungen, sondern die gesamte Struktur der Wertschöpfungsprozesse in Frage. Nur durch eine konsequente Flussorientierung des Gesamtunternehmens sind noch zusätzliche Wirtschaftlichkeitsgewinne erzielbar. Sie ermöglicht sowohl eine Ausschöpfung des leistungsbezogenen Wettbewerbspotentials der Logistik (insbesondere durch Lieferschnelligkeit, Liefersicherheit und Lieferflexibilität), als auch zusätzliche Kostensenkungen (z. B. durch Fertigungssegmentierung, bestandslose Fertigung oder die Realisierung von Pull-Prinzipien). Logistik wird in dieser Entwicklungsstufe zu einer stark durch Führungsaufgaben geprägten Funktion, die alle Wertschöpfungsprozesse flussorientiert gestalten will. Als Supply Chain Management bezieht sich diese

Aufgabe schließlich in der vierten Entwicklungsphase nicht nur auf Prozesse innerhalb eines Unternehmens, sondern – zumindest idealtypisch – auf alle Unternehmen einer Wertschöpfungskette. Nur wenige Unternehmen haben derzeit – wie Abbildung 85 zeigt – dieses Stadium bereits erreicht.

Ein fortgeschrittener
Entwicklungsstand der Logistik
rechnet sich!

Für Controller sollten schließlich die folgenden empirischen Erkenntnisse von besonderer Wichtigkeit sein: Die Entwicklungsstufen der Logistik sind nicht nur von akademischem Interesse; vielmehr gehen von ihnen starke Wirkungen auf den Unternehmenserfolg aus: Wie die aktuelle Studie von Weber/Dehler 2000 gezeigt hat, sind Unternehmen mit zunehmender Entwicklungsstufe der Logistik zunehmend erfolgreicher, und dies betrifft nicht nur das unmittelbare wirtschaftliche Ergebnis, sondern auch die Vorsteuergrößen dieses Erfolgs, die Positionierung in den Märkten und die Anpassungsfähigkeit an Marktveränderungen. Ein wesentlicher Teil des Erfolgsunterschieds der befragten Unternehmen konnte durch die Unterschiede im Entwicklungsstand ihrer Logistik erklärt werden. Grund genug, sich auch als Controller stärker mit der Logistik zu beschäftigen als bisher!

Ausgestaltung des Logistik-Controlling

Wenn Logistik so unterschiedlich weit entwickelt sein kann, ist es beinahe selbstverständlich, dass es auch kein Logistik-Controlling »von der Stange« geben kann. An die Stelle eines »one size fits all« muss ein individuell zu gestaltendes Konzept treten.

Controlling für die TUL-Logistik

Für Unternehmen, für die Logistik in erster Linie Transportieren, Umschlagen und Lagern heißt, steht die Optimierung dieser material- und warenflussbezogenen Dienstleistungen im Vordergrund. Dies bedeutet für das Controlling, in einem ersten Schritt diese Aktivitäten mengen- und qualitätsmäßig, zeitlich und in ihrer Wirkung auf die »klassischen« monetären Steuerungsgrößen hin zu erfassen und auszuweisen. Es erfordert also, mit anderen Worten, eine Kosten- und Leistungsrechnung für die Logistik aufzubauen.

An dieser Stelle sind in der Praxis diverse Mängel festzustellen. Obwohl für die erste Phase der Logistikentwicklung Kosteneinsparungen ganz oben auf der Wunschliste des Logistikmanagements stehen, findet sich die Logistik nur unzureichend in der Kostenrechnung berücksichtigt (ausführlich schon Weber 1987 bzw. in der 2. Auflage 2002). Erweiterungen und Präzisierungen sind insbesondere im Bereich der Kostenstellenrechnung erforderlich.

Erhebliche Mängel bestehen aber auch hinsichtlich der Logistikleistungen. Das Fehlen bzw. erhebliche Entwicklungsmängel einer solchen Rechnung erweisen sich in vielen Unternehmen zum einen als Engpass des Aufbaus einer Logistikkostenrechnung. Zum anderen wissen wir nicht erst seit der Balanced Scorecard, dass Leistungsgrößen zur Steuerung des Unternehmens eine eigenständige, sehr bedeutsame Rolle zukommen kann – wir sind hierauf auch im bereits angesprochenen ersten Band (vgl. Weber 1997) der Schriftenreihe Advanced Controlling (»Prozessorientiertes Controlling«) genauer eingegangen.

Liegt eine hinreichende Informationsbasis vor, können die Transport-, Umschlag- und Lagerbereiche auch hinreichend exakt in den »normalen« Planungs- und Kontrollregelkreis aufgenommen werden. Erst dann ist es möglich, die Logistik auf Basis von Leistungsmengen zu budgetieren und Kostenabweichungen einer aussagefähigen Abweichungsanalyse zu unterziehen – und damit Logistik-Managern eine ähnliche Informationsbasis anzubieten wie ihren Produktionskollegen.

In der Kostenrechnung sind der TUL-Prozesse nur unzureichend berücksichtigt

Controlling für die koordinationsorientierte Logistik

Die Schwelle zur zweiten Entwicklungsphase der Logistik ist überschritten, wenn es dem Logistikmanagement mehr und mehr darauf ankommt, Einflussgrößen auf den Material- und Warenfluss »in den Griff« zu bekommen. Was nützt der schnellste und präziseste Transportvorgang, wenn die gelieferte Ware ungeplant mehrere Tage auf ihre Weiterverarbeitung warten muss? Abstimmungsfragen zwischen Beschaffung, Produktion und Absatz stehen nun im Mittelpunkt. Lohnt sich etwa – wie bereits angesprochen – eine bedarfssynchrone Bereitstellung von Material angesichts hoher Kosten der Beschaffungslogistik für sich alleine betrachtet nicht, kann sie in Just-in-time-Konzepten Vorteilhaftigkeit gewinnen, dann nämlich, wenn eine integrierte Sicht die Nutzen in der Produktions- und in der Distributionslogistik hinzunimmt.

Für derartige Fragestellungen benötigt das Logistikmanagement Informationen und andere Führungsunterstützung. Deren Aufgaben gewinnen folglich stark einen projektmäßigen und fallbezogenen Charakter. Die Basis der Logistikkosten- und -leistungsrechnung erweist sich als wichtige Hilfestellung zur Lösung der Koordinationsprobleme; allerdings müssen etliche Daten auch einzelfallbezogen erhoben werden. Weiterhin führt die breitere Perspektive dazu, den Blick auch auf die Produktkalkulation zu richten. Eine »logistikgerechte Kalkulation« würde zu erheblichen Veränderungen der Produktprogramme führen – insbesondere Sonderausführungen und wenig gängige

Varianten werden in der traditionellen Kostenrechnung mit viel zu geringen Kosten belastet.

In der zweiten Entwicklungsphase kommt die Logistik schließlich auch in Berührung mit der strategischen Planung. Ihre gewachsene Bedeutung und die höhere Aufmerksamkeit des Managements lässt Fragen ihrer strategischen Bedeutung aufkommen, die mit Hilfe des Logistik-Controlling zu beantworten sind.

Controlling für flussbezogene Logistik

Mit weiter ansteigendem logistischen Know-how treten grundlegende strukturelle Fragen in den Mittelpunkt der Managementaufgaben. Hierzu zählen z. B. Fertigungssegmentierung, Reduktion der Zahl der Lieferanten oder Veränderung der Distributionsstruktur. Das ganze Geschäftsmodell des Unternehmens befindet sich auf dem Prüfstand. Entsprechend fallen die Aufgaben des Logistik-Controlling aus: Projektbezogene Arbeit, die Vorbereitung und Begleitung der weitreichenden Strukturfragen steht im Zentrum. Controller wirken als interne Berater des Logistik-Managements. Aber auch die Aufgabe der laufenden Informationsbereitstellung erfährt eine Erweiterung. Die Logistik wird nicht länger primär als Funktion gesehen, deren Beitrag für die Wettbewerbsfähigkeit des Unternehmens in der Reduzierung von Kosten liegt. Die Erlösseite gewinnt an Bedeutung.

Wie die anfangs zitierte empirische Erhebung von Weber/Dehler 2000 gezeigt hat, kann eine hohe logistische Leistung (Servicegrad, Lieferzuverlässigkeit, Lieferschnelligkeit u. a. m.) den entscheidenden Vorsprung vor der Konkurrenz verschaffen, der sich in einer besseren Marktposition und einem höheren Ergebnis niederschlägt. Solche »erlösnahen« Leistungsgrößen rücken ebenso in den Mittelpunkt der laufenden Informationsbereitstellung wie gesondert messbare Erlöswirkungen der Logistik (z. B. Preiszuschläge bei besonders schneller Belieferung – Ansätze und weitere Beispiele zur Quantifizierung der Erlöswirkung der Logistik finden sich bei Kaminski 1999).

Controlling für das Supply-Chain-Management

Die letzte Entwicklungsstufe der Logistik weitet den Blick auf das logistische Zusammenspiel mehrerer Unternehmen in einer Wertschöpfungskette. Die zusätzliche Herausforderung besteht darin, rechtlich und wirtschaftlich selbständige Unternehmen zu einer engen Zusammenarbeit zu bringen. Fragen von Macht sind ebenso relevant wie »klassische« TUL-Problemstellungen (etwa Herstellung der »Gesprächs-

Spätestens in der dritten Entwicklungsphase der Logistik rücken Fragen der Erlösgestaltung und -kontrolle in den Fokus der Betrachtung

Logistiksichten	Ausprägung des Logistik-Controlling
TUL-Logistik	• Abbildung der Material- und Warenflüsse in der Kostenstellenrechnung • Aufbau eines Kennzahlensystems zur kostenstellenbezogenen Steuerung (inklusive Leistungserfassung) • Einbindung der Material- und Warenflussprozesse in die operative Planung und monatliche Plan-Ist-Kontrolle • Fokus auf Kostenreduzierungen bei Einhaltung von Leistungsanforderungen
Flussorientierte Koordination innerhalb bestehender interner Strukturen	• Erweiterung der Betrachtung auf kostenstellenübergreifende Fragestellungen (z.B. Just-in-time-Versorgungskonzepte) in fallweisen Analysen • Einbindung der Logistik in die Kostenträgerrechnung („Prozesskostenkalkulation") • Fokus wie in der Vorphase
Flussorientierte Gestaltung interner Strukturen	• Starke Ausweitung der Untermauerung von organisatorischen Fragestellungen (z.B. Geschäftssegmentierungen, business process reengineering-Projekten) • Verstärkte Einbeziehung von Marktanforderungen und deren Gestaltung (Servicegrade), Veränderungen des Produktprogramms • Fokus zunehmend von Effizienz zu Effektivität wechselnd (Optimierung des Logistikniveaus, Ermöglichung von Differenzierung)
Flussorientierte Gestaltung unternehmensübergreifender Strukturen	• Ausweitung der Untermauerung von organisatorischen Fragestellungen auf supply-chains • Lieferung von Kosten- und Leistungswerten als Basis unternehmensübergreifender Netzwerkbeziehungen • Fortsetzung der strategischen Sichtweise der Logistik (z.B. im Rahmen der Repositionierung der Unternehmensgrenzen) • Fokus: Effektivität (Steigerung des Unternehmenswertes)

Abb. 86: Die Aufgaben des Logistik-Controlling hängen von der erreichten Entwicklungsphase der Logistik ab

fähigkeit« der jeweiligen Steuerungssysteme). Das Feld neuer Management-Herausforderungen ist weit, ebenso das der Unterstützungsaufgaben des Logistik-Controlling. Die Abbildung 86 nennt einige von diesen und fasst auch die Aussagen in diesem Abschnitt zusammen.

Die empirische Studie im Überblick

Befragt haben wir Logistik-Manager in über tausend Unternehmen

- Was wird in der Praxis unter Logistik-Controlling verstanden?
- Welche Aufgaben werden mit dem Begriff verbunden?
- Wie ist das Logistik-Controlling in Unternehmen organisatorisch verankert und wer sind die Träger der wesentlichen Aufgaben?

- Lässt sich der im vorigen Kapitel beschriebene Zusammenhang zwischen den Entwicklungsstufen der Logistik und den Schwerpunkten eines Logistik-Controlling auch empirisch belegen?
- Welche weiteren Faktoren haben signifikanten Einfluss auf ein Logistik-Controlling?
- Welchen Einfluss besitzt ein Logistik-Controlling auf den Logistikerfolg eines Unternehmens?

Dies sind die Kernfragen, die uns als Motivation für eine ausführliche empirische Erhebung zum Thema Logistik-Controlling dienten. Unsere Ansprechpartner waren die leitenden Logistikmanager der befragten Unternehmen, da sie in erster Linie Adressaten und auch Treiber für Controlling-Tätigkeiten in der Logistik sein müssten. Diese Hypo-

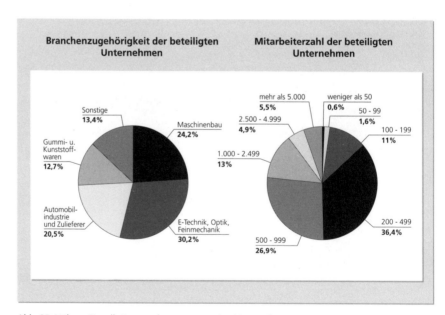

Abb. 87: Nähere Einzelheiten zu den antwortenden Unternehmen

these wurde im Rahmen von knapp zwanzig Experteninterviews im Vorfeld der Studie bestätigt. Darüber hinaus dienten die Experteninterviews zur Weiterentwicklung und Validierung des Fragebogens, der der Untersuchung zugrunde lag.

Die von uns befragten deutschen Unternehmen stammen aus den Branchen Maschinenbau, Elektrotechnik, Feinmechanik, Optik, Fahrzeug- und Fahrzeugzulieferindustrie sowie der Gummi- und Kunststoffwarenindustrie. Diese Auswahl resultierte aus der Annahme einer relativ vergleichbaren Wertschöpfungskette und somit einer nicht zu stark divergierenden Logistikauffassung. Darüber hinaus haben wir die Grundgesamtheit auf Unternehmen mit mehr als 200 Mitarbeitern eingegrenzt. Erst ab einer gewissen Größe der Unternehmen kann man von einer intensiven Auseinandersetzung mit dem Themengebiet Logistik ausgehen. Von 1.394 personalisiert versendeten Fragebögen wurden 316 auswertbare Fragebögen zurückgesendet, was einer Rücklaufquote von 23 % entspricht.

Details zu der Branchenzugehörigkeit und der Größe der teilnehmenden Unternehmen finden sich in der Abbildung 87 (Anmerkung: Bei den Einheiten mit weniger als 200 Mitarbeitern handelt es sich um kleinere Geschäftseinheiten/Divisionen der befragten (größeren) Unternehmen).

Stand des Logistik-Controlling in der Praxis

Bei der Darstellung der Ergebnisse der empirischen Erhebung wollen wir zuerst auf die Rahmenbedingungen der teilnehmenden Unternehmen eingehen. Danach stehen das Verständnis und die Intensität des Logistik-Controlling in der deutschen Industrie im Fokus der Betrachtung. Abschließend wollen wir Sie dann mit interessanten Zusammenhängen vertraut machen, die sich aufgrund der Datenauswertung mittels multivariater, statistischer Analyseverfahren ergeben haben.

Rahmenbedingungen der teilnehmenden Unternehmen

In Bezug auf die Rahmenbedingungen erscheint in erster Linie die organisatorische Verankerung der Logistik, des Controlling und schließlich des Logistik-Controlling in den Unternehmen von Bedeutung.

Organisatorische Verankerung entsprechender Abteilungen

Die Ergebnisse in der Abbildung 88 verdeutlichen, dass es bei der organisatorischen Verankerung der Logistik keine eindeutige Tendenz gibt. Auch die am stärksten ausgeprägten Organisationsformen, eine separate Logistikabteilung auf Unternehmensebene bzw. die Zuordnung der Logistik zu Unternehmensfunktionen wie Beschaffung, Produktion oder Distribution im Rahmen einer funktional ausgerichteten Organisation des Gesamtunternehmens, halten sich mit jeweils ca. 20 % der Antworten die Waage. Auffallend ist, dass nach wie vor knapp 8 % der Unternehmen angeben, keine gesonderte Logistikabteilung bzw. -funktion zu besitzen.

Bei der Organisation des Controlling ist sowohl bei divisionaler als auch bei

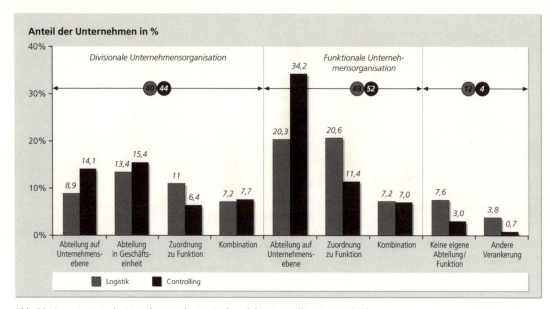

Anteil der Unternehmen in %

Divisionale Unternehmensorganisation

Funktionale Unternehmensorganisation

40 44
48 52
12 4

Divisionale Unternehmensorganisation:
- Abteilung auf Unternehmensebene: Logistik 8,9 / Controlling 14,1
- Abteilung in Geschäftseinheit: Logistik 13,4 / Controlling 15,4
- Zuordnung zu Funktion: Logistik 11 / Controlling 6,4
- Kombination: Logistik 7,2 / Controlling 7,7

Funktionale Unternehmensorganisation:
- Abteilung auf Unternehmensebene: Logistik 20,3 / Controlling 34,2
- Zuordnung zu Funktion: Logistik 20,6 / Controlling 11,4
- Kombination: Logistik 7,2 / Controlling 7,0
- Keine eigene Abteilung / Funktion: Logistik 7,6 / Controlling 3,0
- Andere Verankerung: Logistik 3,8 / Controlling 0,7

Logistik   Controlling

Abb. 88: Organisatorische Verankerung der Logistik und des Controlling im Vergleich

funktionaler Unternehmensorganisation ein deutlicher Schwerpunkt zu einer separaten Abteilung für das Controlling festzustellen. Sehr selten (ca. 3 %) wurde angegeben, dass keine Controllingabteilung bzw. -funktion im Unternehmen verankert ist.

Insgesamt lässt der Vergleich der beiden Funktionen auf eine wesentlich höhere Bedeutung bzw. Reife des Controlling innerhalb der Unternehmen schließen, was angesichts der Historie und einer häufig bemängelten Vernachlässigung der Logistik in der Unternehmenspraxis jedoch nicht verwundert. Bei der Analyse der Organisation des Logistik-Controlling überrascht auf den ersten Blick, dass lediglich 19 % der Unternehmen angeben, keine Logistik-Controlling-Funktion bzw. -Abteilung zu besitzen. Ein Drittel der Unternehmen hat Logistik-Controlling zu ei-

nem Teil im Controlling und zum anderen Teil in der Logistik angesiedelt. Bei der Interpretation dieser Ergebnisse gilt es jedoch, sehr unterschiedliche Auffassungen von Logistik-Controlling zu berücksichtigen, worauf wir im weiteren Verlauf noch näher eingehen werden.

Hierarchische Einordnung der Abteilungen

Der organisatorische Rahmen spielt für die Wahrnehmung der Logistik- und der Controllingaufgaben eine wichtige Rolle. Er wird nicht nur durch die Art der Aufhängung bestimmt. Auch die »Höhe des Aufhängungspunktes« in der Organisationshierarchie ist von Bedeutung. Sie ist ein wichtiger Indikator für die Bedeutung der jeweiligen Funktion innerhalb des Unternehmens. Die Ergebnisse in der Abbildung 90 zeigen

Die Logistik ist deutlich weniger stark in der Unternehmensorganisation verankert als das Controlling

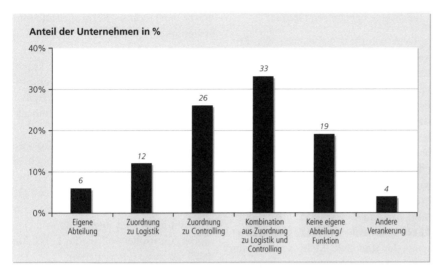

Abb. 89: Organisatorische Verankerung des Logistik-Controlling

auf der einen Seite eine grundsätzliche Ähnlichkeit: Für beide Funktionen liegt der Schwerpunkt auf der 2. Führungsebene. Zum anderen wird aber auch hier die höhere Bedeutung des Controlling im Vergleich zur Logistik deutlich: Sie ist im Durchschnitt signifikant höher aufgehängt.

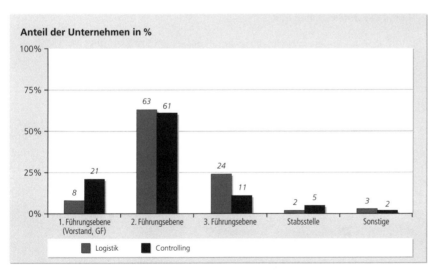

Abb. 90: Organisatorische Aufhängung von Logistik und Controlling

Die Unternehmen haben noch einen weiten Weg in der Entwicklung ihrer Logistik vor sich

In Abschnitt 2 haben wir vier Entwicklungsstufen der Logistik unterschieden. Sie liegen auch der empirischen Studie zugrunde. Wir haben die Logistikmanager nach dem Logistik-Verständnis in den teilnehmenden Unternehmen befragt, und zwar zum einen nach dem aktuell verbreiteten Verständnis (IST), zum anderen nach dem erwünschten, anzustrebenden Zustand im Unternehmen (SOLL). Die Betrachtung der Ergebnisse in der Abbildung 91 offenbart eine starke Diskrepanz zwischen Ist und Soll. Mehr als 80 % der Unternehmen geben an, sich im Ist-Zustand in den Stufen 1 (TUL-Verständnis – Dienstleistungsfunktion) und 2 (Koordinationsverständnis – Querschnittsfunktion) zu befinden, während knapp 80 % der Unternehmen anstreben, Stufe 3 (unternehmensinternes, flussorien-

tiertes Verständnis – Führungsfunktion) beziehungsweise Stufe 4 (unternehmensübergreifendes, flussorientiertes Verständnis) zu erreichen. Die Ergebnisse sind kompatibel mit den empirischen Ergebnissen von Weber/Dehler 2000, auf die wir Abschnitt 2 schon näher eingegangen sind.

Am Grundverständnis und der Einsicht der verantwortlichen Personen in Bezug auf die Logistik mangelt es also offenbar nicht. Vielmehr wird deutlich, dass der Weg von der Erkenntnis zur Umsetzung in aller Regel lang und steinig ist. Controller sollten die Logistiker dabei tatkräftig unterstützen!

Aufgaben des Logistik-Controlling

In Abschnitt 3 wurde das Logistik-Controlling aus »idealtypischer«, theoretischer Sicht – und damit zwangs-

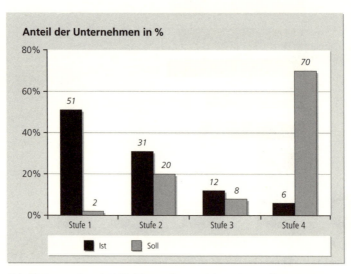

Abb. 91: Anspruch und Wirklichkeit in der Logistik weichen in den meisten Unternehmen derzeit noch deutlich voneinander ab

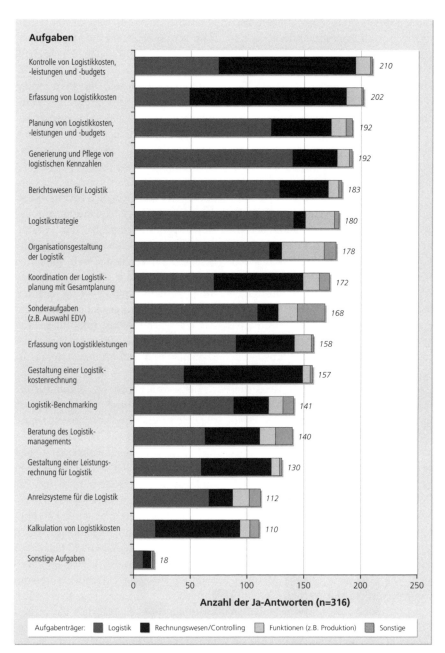

Aufgaben

Aufgabe	Wert
Kontrolle von Logistikkosten, -leistungen und -budgets	210
Erfassung von Logistikkosten	202
Planung von Logistikkosten, -leistungen und -budgets	192
Generierung und Pflege von logistischen Kennzahlen	192
Berichtswesen für Logistik	183
Logistikstrategie	180
Organisationsgestaltung der Logistik	178
Koordination der Logistikplanung mit Gesamtplanung	172
Sonderaufgaben (z.B. Auswahl EDV)	168
Erfassung von Logistikleistungen	158
Gestaltung einer Logistikkostenrechnung	157
Logistik-Benchmarking	141
Beratung des Logistikmanagements	140
Gestaltung einer Leistungsrechnung für Logistik	130
Anreizsysteme für die Logistik	112
Kalkulation von Logistikkosten	110
Sonstige Aufgaben	18

Anzahl der Ja-Antworten (n=316)

Aufgabenträger: ■ Logistik ■ Rechnungswesen/Controlling □ Funktionen (z.B. Produktion) ■ Sonstige

Abb. 92: Aufgaben des Logistik-Controlling und deren Träger - ein großer Handlungsbedarf wird sichtbar (Antworten auf die Frage: »Verstehen Sie die folgenden Aufgaben als Controlling-Tätigkeit der Logistik?«)

läufig etwas abstrakt – beschrieben. Was verstehen nun Praktiker unter dem Begriff bzw. der Funktion, die zwei häufig (kontrovers) diskutierte Unternehmensfunktionen kombiniert? Welche Tätigkeiten werden konkret damit verbunden und wie intensiv werden sie ausgeübt?

Das Schaubild 92 gibt das Verständnis der Unternehmen zu den Aufgaben eines Logistik-Controlling wieder. Die einzelnen Aufgaben sind hierbei absteigend nach der Häufigkeit der Nennungen geordnet. Weiterhin kann man in dem Schaubild die Verteilung der jeweils angegebenen Träger der einzelnen Aufgaben anhand der unterschiedlich schraffierten Aufteilung der Säulen erkennen. Bei genauerem Studium der komplexen Abbildung lässt sich eine Fülle von interessanten Erkenntnissen gewinnen. Wir wollen nur auf einige besonders wichtige Aspekte hinweisen. Auffallend ist aus unserer Sicht die starke Fokussierung auf die Bereitstellung von vergangenheitsgerichteten Informationen: Vier der »Top-Five«-Nennungen beziehen sich darauf. Weiterhin scheint in der Praxis die Auseinandersetzung mit den Kosten der Logistik ganz oben auf der Agenda des Logistik-Controlling zu stehen. Besonders deutlich wird dies bei dem Vergleich der Tätigkeiten »Erfassung von Logistikkosten« (202 Nennungen) und »Erfassung von Logistikleistungen« (158 Nennungen). Die sich nach unserer Meinung dahinter verbergende Vernachlässigung von Logistikleistungen und potentiellen Erfolgsauswirkungen der Logistik ist ein großes Manko in der Praxis. Zur breiten Durchsetzung eines fortgeschritteneren Logistikverständnisses und als Basis für eine bessere Logistik in den Unter-

nehmen führt kein Weg an der Schaffung von Transparenz über Leistungen und Erfolgsauswirkungen der Logistik vorbei!

Interessant ist auch die Betrachtung der jeweiligen Aufgabenträger. Die Kernaufgaben des Rechnungswesens/Controlling liegen in der Auseinandersetzung mit den Logistikkosten. Neben dieser wenig überraschenden Erkenntnis werden weitere Schwerpunkte der Controllingabteilung lediglich bei der »Koordination der Logistikplanung mit der Gesamtplanung« und bei der »Gestaltung einer Logistikleistungsrechnung« gesehen. Bei Letzterem steht genau so häufig die Logistik in der Verantwortung. Verhältnismäßig wenig Einfluss hat das Rechnungswesen/Controlling auf die »Generierung und Pflege von Kennzahlen«, das »Berichtswesen der Logistik« und auf »Anreizsysteme für die Logistik«.

Insgesamt ergibt sich somit für die Controller ein typisches Bild: Das, was die Schwerpunkte in ihrer unternehmensbezogenen Tätigkeit bildet, bieten sie auch der Logistik als Unterstützung an; ihr Fokus liegt auf Kosten und auf den Aktivitäten rund um die Budgetierung. Damit aber muss das Logistikmanagement in wesentlichen Führungsfragen ohne Unterstützung durch das Controlling auskommen! Selbst auf dem »Hometurf« der Informationsversorgung bestehen eklatante Unterstützungslücken, die die Logistiker selbst ausfüllen müssen. Wahrlich ein verbesserungsfähiger und -bedürftiger Zustand! Anders ausgedrückt: Hier liegen erhebliche Marktchancen für Controller, die konsequent angegangen werden sollten! Dies gilt umso mehr, als wichtige Bereiche einer logistikgerechten Führung in den meisten Unternehmen auch vom Logistikmanagement nur unzureichend wahrgenommen werden (z. B. eine logistikgerechte Anreizgestaltung). Es bleibt viel zu tun!

Schwerpunkte innerhalb der Logistikkosten

Kosten stehen in der Praxis im Mittelpunkt des Logistik-Controlling. Grund genug, in unserer empirischen Studie hier genauer nachzufragen. Zunächst ist eine generelle Warnung angebracht: Häufig liest man über Erhebungen und »Benchmarks«, die die Höhe der Logistikkosten (in der Regel als Prozentsatz vom Umsatz) darstellen. Derartige Benchmarks sind mit Vorsicht zu genießen, da nicht nur die Logistikkosten, sondern auch das Verständnis darüber, was diesen im Detail zuzuordnen ist, von Fall zu Fall stark divergieren können! Bevor man also Logistikkosten von Unternehmen vergleicht und gegebenenfalls sogar Ziele daraus ableitet, sollte man sich über die Abgrenzung der Logistikkosten bewusst sein (wen das Thema näher interessiert, sei auf Weber 1995, S. 85–97, verwiesen). Ansätze, besagte Problematik mit Hilfe von standardisierten Definitionen zu lösen bzw. zu verringern existieren bereits, es fehlt lediglich noch an der breiten Durchsetzung in der Praxis (siehe LogiBest 2000).

Das Schaubild 93 belegt unsere Warnung eindrucksvoll. Es zeigt in absteigender Reihenfolge die Häufigkeit potentieller Kostenarten, die von Unternehmen als Logistikkosten verstanden werden. Darüber hinaus gibt die Darstellung ein Gefühl dafür, wie hoch der Anteil der jeweiligen Kostenart an den Gesamtlogistikkosten ist. Insgesamt gilt damit: Wie hoch die Logistikkosten sind, hängt wesentlich davon ab, was man als Logistikkosten ansieht! Eine zentrale Aufgabe des Logistik-Controlling besteht deshalb darin, sorgfältig und systematisch die zu erfassenden, auszuweisenden und zu verrechnenden Logistikkosten zu definieren und im Detail abzugrenzen. Diese Basisarbeit ist von ausschlaggebender Bedeutung für die Aussagefähigkeit der Logistikkostenrechnung. Sie mag wenig spannend sein und eher kleinlich angesehen werden (»Erbsenzähler«); dennoch ist sie als Fundament unersetzlich.

Typen des Logistik-Controlling

Wenn Sie noch einmal zu den Aufgaben des Logistik-Controlling zurückblättern: angesichts der Fülle an Detailinformationen wäre es über die ausgeführten Schwerpunkte hinaus sinnvoll, etwas Struktur in die Vielfalt zu bringen. Und genau dieses wollen wir im Folgenden tun. Wir bedienen uns hierzu des statistischen Instruments der Faktorenanalyse, die Einzelfragen zu übergeordneten Faktoren gruppiert und damit einen nicht direkt erfassbaren Sachverhalt messbar macht. Mit Hilfe einer derartigen Faktoranalyse kristallisieren sich auf Basis der Ergebnisse in unserer Erhebung drei Faktoren zum Logistik-Controlling heraus.

(1) Der erste Faktor gruppiert Fragen, die allesamt als Grundlagen eines Logistik Controllingsystems bezeichnet werden können:

Unterschiede in Logistikkostenanteilen gehen nicht unbeträchtlich auf das Konto unterschiedlicher Abgrenzungen

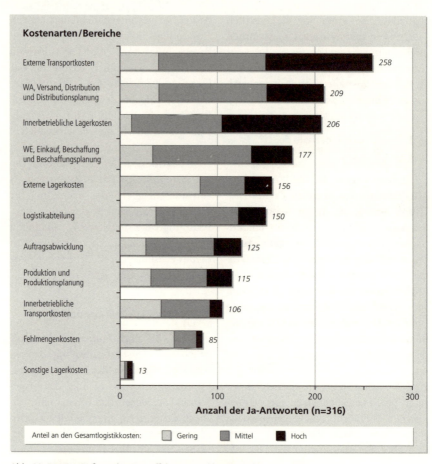

Kostenarten / Bereiche

Externe Transportkosten	258
WA, Versand, Distribution und Distributionsplanung	209
Innerbetriebliche Lagerkosten	206
WE, Einkauf, Beschaffung und Beschaffungsplanung	177
Externe Lagerkosten	156
Logistikabteilung	150
Auftragsabwicklung	125
Produktion und Produktionsplanung	115
Innerbetriebliche Transportkosten	106
Fehlmengenkosten	85
Sonstige Lagerkosten	13

Anzahl der Ja-Antworten (n=316)

Anteil an den Gesamtlogistikkosten: ☐ Gering ▨ Mittel ■ Hoch

Abb. 93: Die Praxis fasst den Begriff der Logistikkosten sehr unterschiedlich weit (Antworten auf die Frage: »Welche der folgenden Bereiche/Kostenarten werden als Logistikkosten erfasst«?)

Die unterschiedlichen Ausprägungen des Logistik-Controlling lassen sich mittels dreier Faktoren typisieren

- Erfassung, Planung und Kontrolle von logistischen Leistungen und Kennzahlen,
- Planung und Kontrolle von Logistikkosten,
- Durchführung von Benchmarking und Sonderanalysen,
- Existenz eines logistischen Berichtswesens sowie
- Planung und Kontrolle von Logistikbudgets.

Der dadurch gebildete Faktor sei unter dem Begriff »Logistik-Controlling-Basis« zusammengefasst.

(2) Der zweite Faktor gruppiert die Fragen zu der expliziten Erfassung von Logistikkosten, der Anwendung einer Prozesskostenrechnung im Bereich Logistik sowie der Berücksichtigung von Logistikkosten in der Produktkalkulation und der Kunden- und Vertriebserfolgsrech-

nung. Dieser Faktor wird im Folgenden als »Logistik-Controlling-Kostendetails« bezeichnet.

(3) Als dritter Faktor kristallisiert sich schließlich eine einzelne Frage nach der Kenntnis der Erlöswirkung der Logistik heraus. Wie bereits in den Abschnitten 2 und 3 angedeutet, bestätigte sich hier die Annahme, dass die Kenntnis über die Auswirkungen der Logistik auf die Erlöse in der Praxis noch recht gering ist.

Die Ausprägungen der Faktoren finden sich – aufgeteilt nach den teilnehmenden Branchen – in der Abbildung 94. Die Werte stellen hierbei den Mittelwert der teilnehmenden Unternehmen über die gruppierten Fragen auf einer Skala von 1 (sehr schwache Ausprägung) bis 7 (sehr starke Ausprägung) dar. Vergleicht man die teilnehmenden Branchen, so zeigt sich über alle Branchen eine erwartungsgemäß starke Ausprägung bei den Basisfunktionen des Logistik-Controlling und eine durchweg relativ schwache Ausprägung bei der Auseinandersetzung mit der Erlöswirkung der Logistik. Die hohe Bedeutung des Faktors »Kostendetails« untermauert zum einen die bereits diskutierte Interpretation der starken Kostenfokussierung im Bereich der Logistik. Sie führt zum anderen aber auch zu der positiven Erkenntnis, dass die gewonnenen Kosteninformationen im Rahmen von Produktkalkulationen und für Kunden- bzw. Vertriebserfolgsrechnungen genutzt werden und nicht nur in vergangenheitsorientierten Berichten verkümmern. Im Maschinenbau ist die intensive Kostenanalyse sogar deutlich stärker ausgeprägt als die Basisfunktionen des Logistik-Controlling.

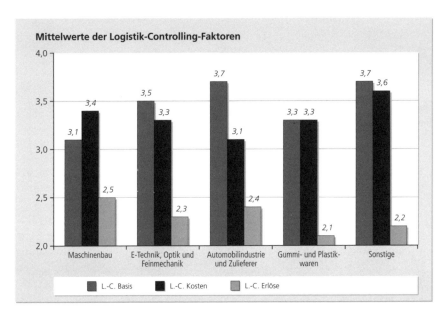

Abb. 94: Ausprägung der unterschiedlichen Controllingschwerpunkte in den befragten Branchen (Mittelwertvergleich)

Stand des Logistik-Controlling in der Praxis

Einflussfaktoren auf das Logistik-Controlling

Wenn es nun offensichtlich nicht »das« Logistik-Controlling in der Praxis gibt – was ja nach den einführenden Aussagen im Abschnitt 3 auch gar nicht angebracht wäre! – stellt sich die Frage, wovon in den Unternehmen die Ausgestaltung wesentlich abhängt. Auch hierzu liefert unsere Erhebung einige wichtige Erkenntnisse. Sie wurden mit Hilfe von Regressions- bzw. Varianzanalysen ermittelt. Wir wollen uns dabei auf wesentliche Abhängigkeiten beschränken.

Einfluss der Bedeutung der Logistik

Bei der Überprüfung der Einflussfaktoren konnten wir zunächst einen starken Einfluss der internen Bedeutung der Logistik auf das Logistik-Controlling feststellen. »Interne Bedeutung« haben wir definiert als der Stellenwert, der der Logistik bei der Geschäfts-, Produktions- und der Marketing- bzw. Vertriebsleitung beigemessen wird. Darüber hinaus fließt noch die Frage nach der Existenz von klaren strategischen Richtlinien und Zielen für die Logistik in die »interne Bedeutung der Logistik« mit ein. Die interne Bedeutung hat einen signifikanten (d. h. statistisch fundierten), positiven Einfluss auf alle Elemente des Logistik-Controlling, die im vorigen Abschnitt unter »Logistik-Controlling Basis«, »Logistik-Controlling Kosten« und »Logistik-Controlling Erlöse« beschrieben wurden. Je höher also die interne Bedeutung der Logistik ist, desto stärker fällt die Ausprägung des Logistik-Controlling aus. Ein fortschrittliches Logistik-Controlling scheint also am ehesten

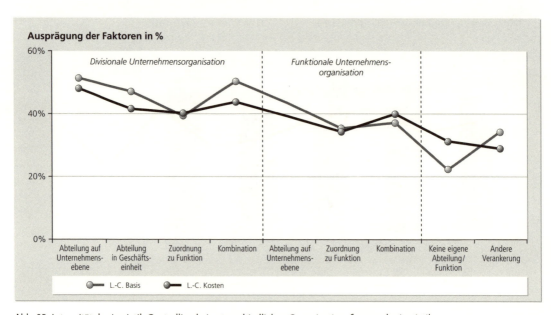

Abb. 95: Intensität des Logistik-Controlling bei unterschiedlichen Organisationsformen der Logistik

dann vorhanden zu sein, wenn die wesentlichen »Köpfe« des Unternehmens die Bedeutung der Logistik entsprechend schätzen und einschätzen. Umgekehrt formuliert: Das Logistik-Controlling steht auf verlorenem Posten, wenn die Logistik noch als verstaubte Unternehmensfunktion (»wer in der Produktion nichts mehr taugt, der kommt ins Lager«), als notwendiges Übel angesehen wird.

Bevor viel Geld in den Aufbau von Informationstransparenz (z. B. durch die Einführung einer Prozesskostenrechnung für die Logistik) investiert wird, sollte bzw. muss zunächst daran gearbeitet werden, Klarheit über die strategische Bedeutung der Logistik für das Unternehmen zu schaffen. Logistiker und Controller sind gefordert, internes

Marketing zu betreiben. Wird diese Aufgabe vernachlässigt, ist alles nur auf Sand gebaut.

Einfluss der Organisationsformen von Logistik und Controlling

Weitere signifikante Zusammenhänge konnten wir zwischen den unterschiedlichen Organisationsformen der Logistik, des Controlling und des Logistik-Controlling einerseits und der Intensität des Logistik-Controlling andererseits feststellen.

Die Abbildung 95 zeigt die Ausprägungen der statistisch signifikanten Faktoren in Abhängigkeit von den verschiedenen Organisationsformen der Logistik auf einer Prozentskala. Erwartungsgemäß schwach ausgeprägt sind die

Die Bedeutung der Logistik hat einen signifikanten Einfluss auf die Ausgestaltung des Logistik-Controlling

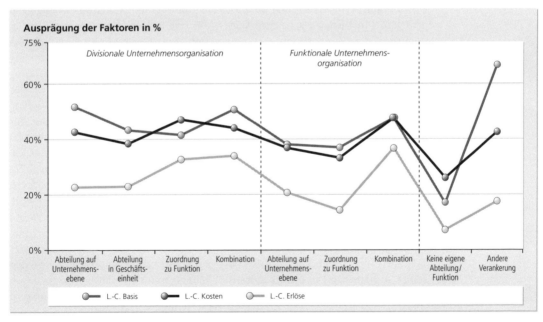

Abb. 96: Intensität des Logistik-Controlling bei unterschiedlichen Organisationsformen des Controlling

Basisfunktionen des Logistik-Controlling, wenn keine Logistikabteilung bzw. -funktion vorhanden ist. Der Faktor »Kostendetails« ist in diesem Fall dennoch verhältnismäßig stark ausgeprägt, was sich mit der Abdeckung dieser Funktionen durch das allgemeine Rechnungswesen/Controlling erklären lässt.

Ein deutlicher Unterschied im Niveau des Logistik-Controlling zeigt sich auch generell zwischen divisionaler und funktionaler Organisation des Gesamtunternehmens. Divisional organisierte Unternehmen verfügen sowohl bei den Basisfunktionen als auch bei den Kostendetails über eine höhere Intensität des Logistik-Controlling. Dieser Trend bestätigt sich bei der Analyse der Aufhängung der Logistik innerhalb der unterschiedlichen Unternehmensorganisationen. Die Zuordnung der Logistik zu Funktionen (bspw. Produktion oder Distribution) resultiert in einer deutlich geringeren Intensität des Logistik-Controlling.

Bei der gleichen Analyse für die unterschiedlichen Organisationsformen des Controlling zeigten sich für alle drei Logistik-Controlling Faktoren signifikante Zusammenhänge. Die Ergebnisse sind in der Abbildung 96 dargestellt. Ist keine Controllingabteilung bzw. -funktion vorhanden, ist auch hier die Intensität aller Faktoren erwartungsgemäß gering. Die soeben beschriebene Tendenz zu einer geringeren Ausprägung des Logistik-Controlling bei funktional orientierten Organisationsformen findet sich auch hier zumindest teilweise bestätigt. Auffallend ist in diesem Zusammenhang lediglich die relativ hohe Ausprägung der Faktoren bei der Zuordnung des Controlling zu Funktionen im

Rahmen einer divisionalen Unternehmensorganisation. Wenig überraschend ist das durchweg geringe Niveau des Faktors »Logistik-Controlling Erlöse«. Dieses Ergebnis untermauert die Erfahrungen der Autoren aus verschiedenen Projekten und bestätigt sich in gleichem Maße bei verschiedenen Analysen im Rahmen der Studie. Die »Ausreißer« bei der Organisationsform »andere organisatorische Verankerung« hängen mit der sehr geringen Anzahl von nur zwei Unternehmen zusammen, die diese Organisationsform im Rahmen des Controlling (siehe auch Abbildung 88) ausgewählt haben. Insofern sollte dies nicht überinterpretiert werden, sondern stellt vielmehr eine Bestätigung der Vollständigkeit der zur Auswahl gestellten Organisationsformen dar.

Abschließend finden sich in der Abbildung 97 die Ausprägungen der drei Logistik-Controlling-Faktoren in Abhängigkeit von unterschiedlichen Organisationsformen des Logistik-Controlling. Erneut zeigt sich durchweg die verhältnismäßig geringe Kenntnis über die Erlöswirkung der Logistik. Erwartungsgemäß hoch ausgeprägt sind alle Faktoren beim Vorhandensein einer eigenen Abteilung für Logistik-Controlling. Ferner ist bemerkenswert, dass eine Kombination aus Zuordnung zu Controlling und Logistik im Hinblick auf die Intensität der Faktoren einer direkten Zuordnung zu jeweils einer der beiden Funktionen überlegen scheint. Diese Erkenntnis ist insofern einleuchtend, als die Fähigkeiten beider Funktionen dann besser genutzt werden können, wenn diese auch organisatorisch eingebunden sind. Bei der Zuordnung zu Controlling beispielsweise ist die detaillierte Kostenanalyse stärker ausgeprägt

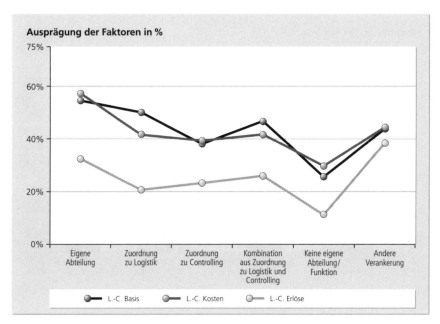

Ausprägung der Faktoren in %

75%

60%

40%

20%

0%

| Eigene Abteilung | Zuordnung zu Logistik | Zuordnung zu Controlling | Kombination aus Zuordnung zu Logistik und Controlling | Keine eigene Abteilung/ Funktion | Andere Verankerung |

L.-C. Basis   L.-C. Kosten   L.-C. Erlöse

Abb. 97: Intensität des Logistik-Controlling bei unterschiedlichen
Organisationsformen des Logistik-Controlling

als die Basisfunktionen des Logistik-Controlling. Dies erscheint in den meisten Fällen wenig sinnvoll, ist aber bei zu geringem Einfluss der Logistik auf Basis der sonstigen Tätigkeitsschwerpunkte des Controlling naheliegend.

Die Analysen verdeutlichen, dass die Schaffung der organisatorischen Rahmenbedingungen einen wesentlichen Einfluss auf die Intensität und die Ausrichtung von Logistik-Controlling-Aktivitäten hat. Dass sich dies in einem weiteren Schritt auch auf den Logistikerfolg der Unternehmen auswirkt (und damit alles andere als nur von »akademischem Interesse« ist), wird im weiteren Verlauf noch belegt.

Einfluss der unterschiedlichen Logistiksichtweisen auf das Logistik-Controlling

Ebenfalls signifikant ist der Einfluss der bereits beschriebenen Logistiksichtweisen auf die Intensität der einzelnen Logistik-Controlling-Elemente. Wie in der folgenden Abbildung am Beispiel »Sichtweise Logistik IST« zu sehen ist, nimmt die Ausprägung aller Logistik-Controlling-Faktoren beim Durchlaufen der verschiedenen Entwicklungsstufen kontinuierlich zu. Wenig überraschend ist hierbei, dass die Basisfunktionen – mit Ausnahme der sehr traditionellen Sichtweise der Stufe 1, für die die intensive Auseinandersetzung mit den Kosten der Logistik an vorderster Stelle steht – am stärksten und die Kenntnis

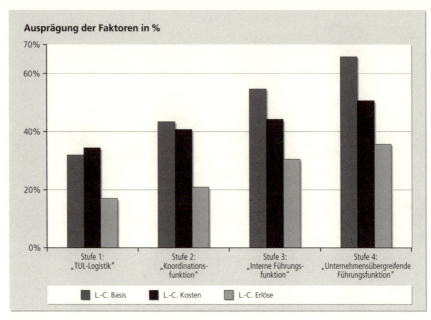

Ausprägung der Faktoren in %

Stufe 1: „TUL-Logistik"
Stufe 2: „Koordinations-funktion"
Stufe 3: „Interne Führungs-funktion"
Stufe 4: „Unternehmensübergreifende Führungsfunktion"

L.-C. Basis   L.-C. Kosten   L.-C. Erlöse

Abb. 98: Die Intensität des Logistik-Controlling hängt stark von der verfolgten Sichtweise der Logistik ab

Kann das Logistik-Controlling den Erfolg der Logistik steigern?

der Erlöswirkung der Logistik durchgehend am schwächsten ausgeprägt ist. Ein fortschrittlicheres Verständnis der Logistik im Allgemeinen geht demnach also mit einem intensiveren Controlling der Logistik einher. Damit werden unsere konzeptionellen Überlegungen aus den Abschnitten 2 und 3 im Wesentlichen bestätigt. Das Bild der aufeinander aufbauenden Entwicklungsphasen zeichnet ein zutreffendes Bild der Unternehmenspraxis.

Eine höhere Stufe zu erreichen, heißt nicht, das Wissen der Vorstufe zu vergessen. Es wird vielmehr weiter kultiviert und vorangetrieben. Andere Wissenselemente kommen allerdings hinzu und müssen ausgebaut werden.

Einfluss des Logistik-Controlling auf den Logistikerfolg

Kommen wir zur Gretchenfrage des Controlling: Wer von anderen Wirtschaftlichkeit fordert, sollte stets seine eigene Wirtschaftlichkeit im Auge haben. Schon oftmals haben wir in der Schriftenreihe Advanced Controlling auf diesen Anspruch an das Controlling verwiesen – und im Band 14 (»Controller & Manager im Team«) erstmals in der deutschsprachigen Literatur auch einen validen empirischen Beleg antreten können (vgl. Weber 2005, S. 97 ff.). Lässt sich ein solcher Nachweis nun auch für eine funktionsgerichtete Ausprägung des Controlling antreten? Kann also das Logistik-Controlling den Erfolg der Logistik steigern?

Maßgrößen des Logistikerfolgs

Um den Erfolg der Logistik zu messen, haben wir eine Reihe unterschiedlicher Indikatoren verwendet, die einzelne Facetten dieses Erfolgs erfassen. Dazu zählten die

- Logistikkosten,
- Liefertreue,
- Lieferzeit,
- Durchlaufzeiten von Produkten,
- Lager- und Work-in-Progress-Bestände,
- Lieferflexibilität und
- Lieferfähigkeit/-bereitschaft.

Auch die einzelnen Indikatoren für den Logistikerfolg wurden mit Hilfe einer Faktorenanalyse verdichtet und überprüft. Hierbei ergaben sich drei Erfolgsmaße, die unter den Überschriften »Logistikerfolg über Zeit«, »Logistikerfolg relative Kosten« und »Logistikerfolg relative Leistung« zusammengefasst werden können. Mit dem ersten der drei Erfolgsmaße wird die Fähigkeit erfasst, die angesprochenen Indikatoren über die Zeit hinweg zu verbessern. Die beiden anderen Maßgrößen erfassen dagegen die logistische Position des Unternehmens gegenüber seinen Wettbewerbern, zum einen bezogen auf die Höhe der Logistikkosten, zum anderen bezogen auf die logistische Leistungsfähigkeit. Diesen Erfolgsmaßen haben wir die drei schon vorgestellten Ausprägungen des Logistik-Controlling gegenübergestellt.

»Logistikerfolg über Zeit«

Auf den Faktor »Logistikerfolg über Zeit« haben sowohl die Basisaktivitäten des Logistik-Controlling als auch die Kenntnis über Erlöswirkungen der Logistik einen signifikanten Einfluss. Ein solcher fehlt dagegen bezogen auf die Detailkenntnis über Logistikkosten. Bezüglich der Stärke des Einflusses liegt der Faktor »Basisaktivitäten des Logistik-Controlling« deutlich über der des Faktors »Erlöswirkungen der Logistik«.

Besonders bemerkenswert ist das Bestimmtheitsmaß der durchgeführten Regressionsanalyse. Demnach können 22 % der gesamten Varianz des Erfolgsmaßes durch die genannten Logistik-Controlling-Aktivitäten erklärt werden. Transparenz über logistische (Basis-)Kenngrößen ist zwecks Verständnis und Motivation demnach unabdingbar. Auch die Auseinandersetzung mit Erlöswirkungen der Logistik forciert offenbar die kontinuierliche Verbesserung in der Logistik eines Unternehmens, während eine detaillierte Analyse der Logistikkosten nach den Ergebnissen unserer Studie eine untergeordnete Bedeutung hat.

Wie können diese Ergebnisse interpretiert werden? Sie fügen sich nahtlos in den Argumentationsgang ein, den wir in zwei Bänden der Schriftenreihe Advanced Controlling bereits bezogen auf die Kostenrechnung allgemein vorgestellt haben: Aufgabe eines laufenden Rechnungswesens – so die dortige Aussage – sollte nicht die Untermauerung einzelner Entscheidungen sein, wie es häufig in der Literatur postuliert wird. Im Fokus sollte vielmehr das Schaffen von Verständnis über grundsätzliche Zusammenhänge und Abhängigkeiten des abgebildeten Geschäfts stehen. Diese »konzeptionelle Nutzung« schafft eine gemeinsame Basis für die unterschiedlichen Führungskräfte und bietet erst die Voraussetzung dafür, in weiter-

Die laufende Verbesserung von Kosten und Leistungen der Logistik wird primär durch die Schaffung von Transparenz für alle beteiligten Mitarbeiter im Unternehmen erreicht

Einfluss des Logistik-Controlling auf
den Logistikerfolg

gehenden, zumeist fallweisen Analysen spezifische Fragestellungen mit Zahlen zu untermauern.

In dieser Perspektive wird die Verbesserung von Logistikleistungen und -kosten über die Zeit hinweg primär durch die Schaffung von Transparenz für alle beteiligten Mitarbeiter im Unternehmen erreicht. Um den gewünschten Effekt zu erzielen, ist eine Beschränkung auf die wesentlichen, leicht nachvollziehbaren Kenngrößen erforderlich. Eine intensive Analyse der Kosten der Logistik wird schnell verhältnismäßig komplex und schwer nachvollziehbar. Hierbei entsteht die Gefahr eines »Zahlenfriedhofs«, der nur noch selektiv oder im Extremfall gar nicht mehr wahrgenommen wird.

Kosten und Leistungen im Vergleich zum Wettbewerb

Will sich ein Unternehmen über die Logistik einen nachhaltigen Wettbewerbsvorteil im Hinblick auf logistische Leistungen oder Kosten verschaffen, so ist ein tieferes Verständnis und eine genauere Analyse der zugrunde liegenden Mechanismen und Hebel erforderlich. Erwartungsgemäß besitzen der Faktor »Logistik-Controlling Kosten« auf den »relativen Logistikerfolg Kosten« sowie »Logistik-Controlling Erlöse« auf den »relativen Logistikerfolg Leistung« einen signifikanten Einfluss. Die Basisfunktionen eines Logistik-Controlling – wie bspw. die Erhebung von Kennzahlen oder ein existentes Berichtswesen der Logistik – reichen dagegen zwar als Impuls aus, um die Logistik über die zeitliche Entwicklung zu verbessern, sind aber noch nicht Anstoß genug, gegenüber dem Wettbewerb die Nase vorn zu haben. Von ihnen geht kein direkter Einfluss auf den relativen Logistikerfolg aus! Man kann die Basisfunktionen folglich wie im Eiskunstlauf als »Pflichtprogramm« bezeichnen. Die Kür beginnt erst bei der detaillierten Analyse von Logistikkosten beim Anstreben der Kostenführerschaft

Die Basisfunktionen des Logistik-Controlling sind quasi ein Pflichtprogramm

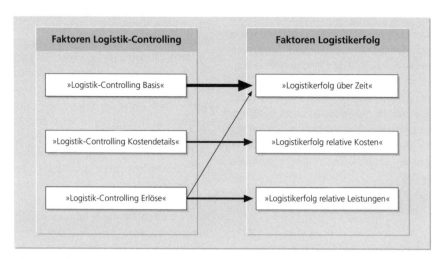

Abb. 99: Einfluss der Logistik-Controlling-Faktoren auf den Logistikerfolg

und/oder bei der fundierten Auseinandersetzung und Kenntnis von Erlöswirkungen der Logistik, wenn man im Bezug auf die logistische Leistung den Wettbewerb hinter sich lassen möchte.

Die Abbildung 99 zeigt abschließend die beschriebenen Zusammenhänge nochmals im Überblick. Die Dicke der Pfeile verdeutlicht dabei die Relation über die Stärke des jeweiligen Zusammenhangs. Im Rahmen der Betrachtung wollen wir nochmals explizit auf die Bedeutung des Faktors »Logistik-Controlling Erlöse« hinweisen. Die Kenntnis über die Erlöswirkungen der Logistik hat auf zwei der drei Erfolgsmaße einen statistisch nachgewiesenen Einfluss. Hält man sich die Ergebnisse über die Intensität der drei Logistik-Controlling-Faktoren vor Augen, so wird hier ein dringender Handlungsbedarf deutlich.

Zusammenfassung und Selbstaudit

Dieses Kapitel soll den Controller anregen, über die Logistik im eigenen Unternehmen nachzudenken. Nimmt er die Rolle als Rationalitätssicherer des Managements ernst, so sollte er im ersten Schritt den Gap zwischen der Bedeutung, die der Logistik im Unternehmen beigemessen wird, und die der Logistik im Unternehmensumfeld angemessen wäre, intensiv analysieren. Im einführenden Teil wurden hierzu als Basis die unterschiedlichen Entwicklungsstufen der Logistik dargestellt: Sie lassen sich als eine Bewegung von einem Rationalisierungsengpass zum nächsten kennzeichnen. Gleichlaufend wurden Anregungen zu den Inhalten und der Gestaltung eines Logistik-Controlling aus theoretischer Sicht gegeben, denen sich ein umfangreicher Blick auf die Praxis des Logistik-Controlling in der deutschen Industrie anschloss.

Die Kernaussage der Studie ist der empirische Nachweis des positiven Einflusses eines Logistik-Controlling auf den Logistikerfolg eines Unternehmens. Nur über den Aufbau von Transparenz und deren konsequente Nutzung kann ein entsprechendes Verständnis für die Bedeutung des komplexen Themas Logistik innerhalb des Unternehmens aufgebaut und entwickelt werden.

Ein fortschrittliches Verständnis von Logistik vorausgesetzt, ist die Beachtung, die dem Thema in den letzten Jahren beigemessen wurde, mehr als berechtigt. Wie viele Märkte gibt es inzwischen, in denen beispielsweise Lieferzeiten aufgrund der zunehmenden Konvergenz von Qualität oder Design eine kritische Rolle über Erfolg oder Misserfolg spielen? Welche Potentiale in einer überlegenen Prozessorganisation liegen, wurde anhand der japanischen Automobilindustrie in den 80er Jahren eindrucksvoll dargestellt. Auch empirisch kann nachgewiesen werden, dass die Logistik einen bedeutenden Einfluss auf den Unternehmenserfolg hat (Weber/Dehler 2000). Haben die handelnden Personen für die Logistik nicht die entsprechende Rückendeckung, ist es die Aufgabe der Controller, die notwendigen Schritte in die Wege zu leiten.

Die folgenden Fragen sollen abschließend noch im Rahmen eines »Selbstaudits« helfen, die Situation im eigenen Unternehmen zu beleuchten und potentiellen Handlungsbedarf abzuleiten.

Das Kernergebnis der Studie: Logistik-Controlling kann den Unternehmenserfolg steigern!

1. Welche Bedeutung hat die Logistik für Ihr Unternehmen im Markt? Ist die eigene Position in Bezug auf die Logistik im Vergleich zum Wettbewerb bekannt? Ermöglicht die Logistik eine wirkliche Differenzierung im Marktumfeld (z. B. Lieferzeiten in Möbelindustrie), ist sie lediglich ein Erfolgsfaktor im Sinne einer Kostenführerschaft oder ist sie generell von untergeordneter Bedeutung (z. B. bei Luxusgütern aus Handfertigung mit sehr hohen Margen)?
2. Welche Bedeutung wird der Logistik intern beigemessen? Besteht ein angemessenes Verhältnis zwischen interner Bedeutung und der Bedeutung im Markt? Falls nein, welche Schritte sind notwendig, um die Bedeutung der Logistik zu erhöhen bzw. zu relativieren?
3. Liegen die organisatorischen Voraussetzungen vor, um ein adäquates Logistik-Controlling im Unternehmen zu ermöglichen? Sind die erforderlichen Aufgaben richtig zugeordnet?
4. Sind zumindest die Basisinstrumente (z. B. Erhebung relevanter Kennzahlen, Berichtswesen) eines Logistik-Controlling vorhanden? Werden die richtigen Kenngrößen im Sinne der Zielsetzung des Unternehmens nachgehalten? Erreichen die jeweiligen Kennzahlen die richtigen Adressaten?
5. Welche Potentiale unter Berücksichtigung des Marktumfeldes bestehen noch in Bezug auf Logistik-Controlling? Kann die logistische Leistung durch Schaffung von Transparenz über die Erlöswirkung der Logistik signifikant erhöht werden? Ist durch die intensive Analyse der Kostensituation der Logistik ein Schritt in Richtung Kostenführerschaft zu erreichen?

Wie bereits gesagt, sollen die Fragen des Selbstaudits als Strukturierung dienen, Defizite zu lokalisieren. Ein Patentrezept gibt es auch im Bereich des Logistik-Controlling nicht. Einmal mehr sind Controller gefordert, die richtigen Antworten für ihr Unternehmen zu finden. Ist die Unternehmenssituation im Hinblick auf die Logistik ausreichend analysiert, kann die Umsetzung beginnen. Dass sich die Mühe lohnt, wurde hier auf breiter Basis empirisch belegt!

Literatur: Wo können Sie sich weitergehend informieren?

Kaminski, A.: Marktorientierte Logistikplanung – Planungsprozeß und analytisches Instrumentarium. In: Weber, J./ Baumgarten, H.: Handbuch Logistik: Management von Material- und Warenflußprozessen. Stuttgart, 1999.

Lewis, H. T./Cullington, J. W./Steel, J. D.: *The Role of Air Freight in Physical Distribution*. Boston, 1956.

Luczak, H./Weber, J./Wiendahl, H.-P.: *Logistik-Benchmarking – Praxisleitfaden mit LogiBest*. Berlin u. a., 2000.

Weber, J.: *Logistikkostenrechnung*. Berlin u. a., 1987.

Weber, J.: *Logistik-Controlling*. 4. Auflage. Stuttgart, 1995.

Weber, J.: »Prozeßorientiertes Controlling«, *Schriftenreihe Advanced Controlling*, Band 1, Vallendar, 1997.

Weber, J.: »Stand und Entwicklungsperspektiven des Logistik-Controlling«. *WHU-Forschungspapier*. Vallendar, 1999.

Weber, J./Dehler, M.: »Entwicklungsstand der Logistik«. In: Pfohl, H.-Chr. (Hrsg.): *Supply Chain Management: Logistik plus?* Berlin, 2000.

Weber, J.: *Logistikkostenrechnung*. 2. Auflage. Berlin u. a., 2002, 1. Auflage 1987.

Weber, J.: *Das Advanced-Controlling-Handbuch*. Weinheim, 2005.

Logistik-Controlling

9 Rating & Controlling

Jürgen Weber, Roman Müller, Mascha Sorg

Einführung: Fremdkapitalfinanzierung gewinnt an Bedeutung – und wird damit zu einem Thema für Controller

Traditionell besitzt in Deutschland die Finanzierung über Bankkredite eine hohe Bedeutung. Demgegenüber wird die Finanzierung über Eigen- und Fremdkapitalmärkte verglichen mit dem Ausland nur relativ selten genutzt. Hinsichtlich der Beschaffung von Eigenkapital wird sich in Deutschland daran wohl auch in Zukunft nichts Wesentliches ändern. Wenn wir uns die Entwicklung der jüngsten Vergangenheit auf den Eigenkapitalmärkten vergegenwärtigen, so ist schnell klar, dass einer Eigenkapitalbeschaffung über Kapitalmärkte auch in Zukunft enge Grenzen gesetzt sein werden. Die Baisse in den letzten Jahren hat dazu geführt, dass die Anzahl von Börseneinführungen und Kapitalerhöhungen drastisch zurückgegangen ist. Als Antwort hierauf gewinnen Finanzierungsalternativen über Fremdkapital zunehmend an Reiz für deutsche Unternehmen.

Wenn wir die Rahmenbedingungen zur Beschaffung von Fremdkapital betrachten, so lässt sich ein erheblicher Wandel feststellen. Dieser Wandel ist zum einen darauf zurückzuführen, dass die Kreditinstitute börsennotierte Unternehmen sind. Im Zuge der Verbreitung von Shareholder Value übt der Kapitalmarkt vermehrt Druck auf die börsennotierten Kreditinstitute aus, der dazu führt, dass sich diese immer häufiger aus dem unrentablen Teil des Firmenkreditgeschäftes zurückziehen. Zum anderen führt die neue Baseler Eigenkapitalvereinbarung (Basel II) zu einer deutlichen Verschärfung der Kreditvergabebedingungen. Kern der neuen Vereinbarung ist, dass Kreditinstitute ihre Kreditrisiken künftig nicht mehr pauschal, sondern abhängig vom spezifischen Risiko des Engagements mit Eigenkapital hinterlegen müssen. Es kann davon ausgegangen werden, dass Basel II zu einer verstärkten Differenzierung von Kreditkonditionen in Abhängigkeit von der Kreditwürdigkeit des Unternehmens führen wird.

Basel II ist in aller Munde

Aus den genannten Gründen folgt, dass die traditionelle Kreditfinanzierung durch Banken zukünftig mehr und mehr durch eine Finanzierung über Kapitalmarktprodukte ergänzt wird. Das zu beobachtende Wachstum des Emissionsvolumens von Unternehmensanleihen ist ein guter Indikator hierfür.

Eine direkte Finanzierung am Fremdkapitalmarkt gewinnt für große Unternehmen stark an Bedeutung

323

Einführung: Fremdkapitalfinanzierung
gewinnt an Bedeutung – und wird damit zu
einem Thema für Controller

Insbesondere für wachsende Unternehmen, die große Investitionen und Akquisitionen zu finanzieren haben, stellt der (Fremd-)Kapitalmarkt zunehmend eine attraktive Alternative zur klassischen Kreditfinanzierung dar. Diese Entwicklung wird darüber hinaus noch durch die zunehmende Integration der europäischen Finanzmärkte befördert.

Rating beschreibt ein Verfahren zur Bonitätsbeurteilung

Die Veränderungen des Umfeldes für Unternehmensfinanzierungen sowie die Anforderungen von Basel II bedingen für alle Unternehmen eine Neuigkeit: Ein Rating wird für die Fremdkapitalfinanzierung in Zukunft unabdingbar sein. Der Begriff »Rating« entspringt dem Englischen und bedeutet wörtlich übersetzt »Einschätzung« oder »Bewertung«. Im engeren Sinne beschreibt Rating ein Verfahren zur Bonitätsbeurteilung. Im Falle einer Kapitalmarktfinanzierung fordern Fremdkapitalinvestoren ein externes Rating durch Ratingagentu-

ren; im Falle einer Finanzierung über Bankkredite sieht Basel II vor, dass sich jedes kreditsuchende Unternehmen einem Rating unterziehen muss.

Im Fokus des vorliegenden Kapitels soll insbesondere das Zusammenspiel zwischen Rating und Controlling näher vorgestellt werden. Wir wollen zeigen, dass sowohl das externe Rating über Ratingagenturen als auch das bankinterne Rating Auswirkungen auf die Arbeit eines Controllers besitzt. Außerdem stellen wir dar, dass die Erfüllung von Anforderungen eines Ratings nicht als lästige Zusatzarbeit, sondern als Chance verstanden werden kann. Die erfolgreiche Durchführung eines Ratings kann wertvolle Informationen zu Tage fördern und verspricht darüber hinaus den Zugang zu günstigem Fremdkapital.

Um Ihnen die Inhalte des Themas Rating und Controlling näher zu bringen, werden wir in Abschnitt 2 (S. 325 ff.) die

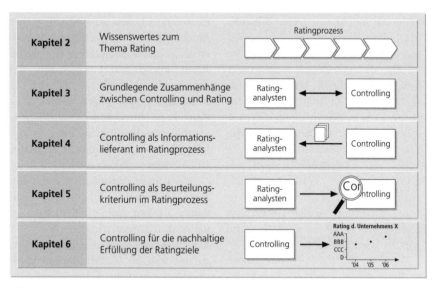

Abb. 100: Strukturierung des vorliegenden AC-Bandes

Grundlagen eines Ratings vorstellen. Anschließend betrachten wir die Wechselwirkungen zunächst auf allgemeiner Ebene in Abschnitt 3 (S. 339 ff.). Detaillierter werden wir uns mit den Zusammenhängen zwischen Rating und Controlling in den Abschnitten 4 bis 6 auseinandersetzen (vgl. Abbildung 1). Hierbei grenzen wir drei Perspektiven voneinander ab:

- Zunächst sind die Controller als zentrale Informationsversorger des Managements auch die primären Ansprechpartner für Ratinganalysten. Eine adäquate Ausgestaltung der Kommunikation mit den Ratinganalysten ist von großer Bedeutung (Abschnitt 4, S. 341 ff.).
- Darüber hinaus steht die Qualität der im Controlling geleisteten Arbeit selbst im Fokus der Beurteilung. Beispielsweise wird geprüft, auf Basis welcher Informationen die Unternehmensführung ihre Entscheidungen trifft, ob eine aussagekräftige Planung für die nächsten Jahre vorliegt oder das Unternehmen über ein wirksames Risikomanagementsystem verfügt (Abschnitt 5, S. 344 ff.).
- In einer dritten Sichtweise geht von Controllern die Initiative aus, auf das Erreichen der Ratingziele hinzuwirken, indem diese in den Steuerungsprozessen des Unternehmens berücksichtigt werden. Damit tragen Controller zur Sicherstellung einer optimalen Finanzierung bei. Die Einleitung von Maßnahmen in Hinblick auf Informationsversorgung, Planung, Organisation und Kommunikation ist hierzu erforderlich (Abschnitt 6, S. 357 ff.).

Wissenswertes zum Thema Rating

Kernaufgabe des Ratings

Für das Verhalten von Kapitalgebern und Kapitalnehmern sind Informationen von entscheidender Bedeutung. Die Beziehung zwischen diesen ist jedoch durch eine asymmetrische Informationsverteilung geprägt. Das bedeutet: Der Kapitalnehmer (das Unternehmen) hat in der Regel einen Informationsvorsprung bezüglich der Erfolgs- und Risikofaktoren des Unternehmens sowie seiner Bonität. Diese Asymmetrie wird durch ein Rating verringert, da dieses die Informationsübertragung an die Kapitalgeber erleichtert. Im Rahmen des Ratingprozesses werden die Erfolgs- und Risikofaktoren eines Unternehmens in Hinblick auf eine Bonitätsbeurteilung ganzheitlich, objektiv und zukunftsbezogen analysiert. Das Ergebnis dieser Beurteilung wird in einem Ratingsymbol zusammengefasst. Jedem Symbol ist eine Ausfallwahrscheinlichkeit zugeordnet. Mehrere Ratingsymbole bilden eine Bonitätsklasse. Abbildung 101 stellt beispielhaft Ratingsymbole und Ratingklassen der beiden Agenturen Standard and Poor's und Moody's vor.

Ratings stellen jedoch per se keine Empfehlung für oder gegen die Vergabe von Fremdkapital dar. Sie treffen lediglich eine Aussage über die Ausfallwahrscheinlichkeit und damit über das Risiko des Engagements. Abhängig von diesem bestimmt sich auch die Verzinsung des Fremdkapitals: Ein niedrigeres Rating und damit ein höheres Risiko auf dem Kapitalmarkt und zukünftig auch auf dem Kreditmarkt erbringt dem Kapitalgeber zum Ausgleich eine höhere Verzinsung. Der Kapitalgeber muss sich im

Ratings vermindern die Informationsasymmetrie zwischen Kapitalgeber und -nehmer

Controller sind selbst auch Gegenstand des Ratings

325

Moody's	Standard & Poor's	Bonitätsklassen
Aaa	AAA	**Sehr gut:** höchste Bonität, praktisch kein Ausfallrisiko
Aa1 Aa2 Aa3	AA+ AA AA-	**Sehr gut bis gut:** hohe Zahlungswahrscheinlichkeit, geringes Insolvenzrisiko
A1 A2 A3	A+ A A-	**Gut bis befriedigend:** angemessene Deckung von Zins- und Tilgungszahlungen, aber auch Elemente, die sich bei Änderung der wirtschaftlichen Lage negativ auswirken können
Baa1 Baa2 Baa3	BBB+ BBB BBB-	**Befriedigend:** angemessene Deckung von Zins- und Tilgungszahlungen, aber auch spekulative Charakteristika oder mangelnder Schutz gegen wirtschaftliche Veränderungen
Ba1 Ba2 Ba3	BB+ BB BB-	**Ausreichend:** Sehr mäßige Deckung von Zins und Tilgung, auch in gutem wirtschaftlichen Umfeld
B1 B2 B3	B+ B B-	**Mangelhaft:** geringe Sicherung von Zins und Tilgung
Caa1 Caa2 Caa3 Ca	CCC CC	**Ungenügend:** niedrigste Qualität, geringster Anlegerschutz, in akuter Gefahr eines Zahlungsverzugs
C	SD/D	**Zahlungsunfähig:** in Zahlungsverzug SD/D C

Abb. 101: Bonitätsklassen und Ratingsymbole ausgewählter Ratingagenturen

Voraus über seine Risikopräferenzen im Klaren sein. Er kann dann die Information des Ratings dazu nutzen, seine Anlageentscheidungen entsprechend seiner Risikopräferenz zu treffen.

Grundsätzlich können Ratings durch Ratingagenturen und bankinterne Ratings unterschieden werden:

• Die ersten Agenturen entstanden vor ca. 100 Jahren in den USA. Ratings durch Agenturen verzeichnen seitdem einen ständigen Bedeutungszuwachs. Für Unternehmen, die Fremdkapital über organisierte Kapitalmärkte aufnehmen, ist ein Rating mittlerweile zum Standard geworden.

• In der deutschen Bankpraxis werden Ratingsysteme erst seit ungefähr zehn Jahren eingesetzt. Im Zuge der Neuordnung der Baseler Eigenkapitalvereinbarung (Basel II) gewinnt das bankinterne Rating zukünftig weiter an Bedeutung, da die Verordnung die Banken dazu verpflichtet, ein Rating zur Grundlage jeder Kreditentscheidung zu machen.

Rating durch Ratingagenturen

Rating durch Ratingagenturen ist insbesondere für die Kapitalbeschaffung über organisierte Kapitalmärkte relevant. Zu unterscheiden sind hier das Unternehmensrating (Emittentenrating) sowie das Rating von Finanztiteln (Emissionsrating).

Unternehmensratings *(Emittentenratings)* beziehen sich auf die generelle Fähigkeit eines Unternehmens, anstehenden Zahlungen nachzukommen. Das *Emissionsrating* ermittelt hingegen die Fähigkeit und die rechtliche Bindung eines Schuldners, Zins und Tilgung einer bestimmten Schuldverschreibung zu bedienen. Hierbei werden zusätzlich die Besicherung der jeweiligen Forderung, Erst- oder Nachrangigkeit, zusätzliche Rechte oder Bedingungen sowie die Laufzeit berücksichtigt. Aus diesem Grund kann das Emissionsrating vom Unternehmensrating des Emittenten abweichen. Bei der Betrachtung des Zusammenspiels von Controlling und Rating möchten wir uns im Folgenden auf Unternehmensratings beziehen.

Im Falle eines Unternehmensratings durch eine Ratingagentur ist zwischen unbeauftragten (»unsolicited«) Ratings und Ratings, die im Auftrag des zu beurteilenden Unternehmens erstellt werden (»solicited«), zu unterscheiden:

- Bei *»unsolicited« Ratings* wird die Ratingagentur ohne Auftrag des Unternehmens aktiv und kann sich bei ihrem Urteil nicht auf unternehmensinterne Unterlagen berufen. Es werden nur frei zugängliche Informationen analysiert. Die Ratingagentur erstellt »unsolicited« Ratings auf eigene Rechnung. Hierbei ist zu berücksichtigen, dass das Unternehmen keinen Einfluss auf das Ratingurteil besitzt, da kein Austausch mit den Ratinganalysten stattfindet. Es besteht die Gefahr einer unangemessenen Einschätzung. »Unsolicited« Ratings kommen in der Praxis eher selten vor.
- Ratings können auch von den Unternehmen bei den Ratingagenturen in Auftrag gegeben werden *(»solicited« Ratings)*. In diesem Fall werden die Agenturen von den Unternehmen bezahlt. Die Unternehmen erhoffen sich von der Erstellung des Ratings attraktivere Finanzierungsmöglichkeiten. Dieser Typ von Rating dominiert in der Praxis. Deshalb wollen wir uns im Folgenden auf ihn konzentrieren.

Was versteht man unter Emittenten- und Emissionsratings?

Formen des Unternehmensratings

Ablauf des Ratingprozesses bei Ratingagenturen

Der Ratingprozess (vergleiche Abbildung 102) beginnt mit der Erteilung des Mandats, dem so genannten »*Rating Re-*

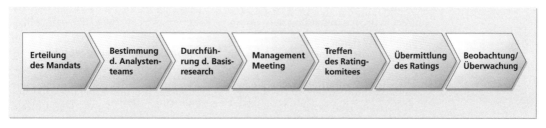

Abb. 102: Ablauf eines »solicited« Ratings bei einer Agentur (in Anlehnung an Meyer-Parpart 1996, S. 118)

Wissenswertes zum Thema Rating

quest« (Schritt 1). Bei der agenturinternen *Auswahl der Analysten* (Schritt 2) wird darauf geachtet, dass die Mitglieder über adäquate Branchen- und/oder Unternehmenskenntnisse verfügen. Das Analystenteam führt zunächst eine *grundlegende Untersuchung* der geschäftlichen Situation des Unternehmens anhand unternehmensinterner und öffentlich zugänglicher Unterlagen durch (Schritt 3).

Der Ratingprozess läuft in 7 Schritten ab

Im *Management Meeting* (Schritt 4) präsentiert die Unternehmensführung den Ratinganalysten Planungen des Unternehmens, Vergleiche mit Wettbewerbern, Finanzierungsalternativen und Geschäftsbereichsanalysen. Das Material, das den Ratingagenturen von den Unternehmen zur Verfügung gestellt wird, enthält zum Teil sehr vertrauliche Informationen. Die Ratingagenturen verpflichten sich deswegen gegenüber dem Unternehmen, die Informationen nur zur Erstellung des Ratings zu verwenden und im Übrigen äußerste Geheimhaltung zu wahren.

Die Inhalte der bereitgestellten Dokumente sowie die in Gesprächen und im Management Meeting gewonnenen Informationen werden daraufhin agenturintern analysiert. Zum Abschluss der Analysephase erfolgt eine Aggregation der Einzelergebnisse zu einer Ratingempfehlung. Etablierte Agenturen wie Standard & Poor's und Moody's folgen hierbei keinem standardisierten Verfahren, sondern erachten jedes Ratingverfahren als unternehmensindividuell. Im Einzelfall werden die einzelnen Kriterien bei der Zusammenfassung genau so gewichtet, wie sie nach der subjektiven Meinung der Agentur auf die Bonität einwirken.

Im Anschluss an die Analysen wird ein *Ratingkomitee* einberufen (Schritt 5), das üblicherweise aus sieben bis neun stimmberechtigten Mitgliedern besteht. Während der Sitzung stellt der leitende Analyst dem Komitee die Ergebnisse der Untersuchung vor, wobei er auch die Ratingempfehlung ausspricht. Nach ausführlicher Diskussion wird das Rating dann von den Komiteemitgliedern verabschiedet, dem Unternehmen mitgeteilt und anschließend *veröffentlicht* (Schritt 6).

Eine Besonderheit des Ratingprozesses bei Standard & Poor's ist das Appelationsrecht. Hiernach besitzt das zu ratende Unternehmen noch vor der Veröffentlichung des Ratingergebnisses die Möglichkeit, der Ratingagentur weitere Informationen zur Verfügung zu stellen. Dem Unternehmen bietet sich somit die Chance, das Ratingurteil positiv zu beeinflussen.

Ein Rating ist ein Urteil auf Zeit. Ratingagenturen legen deswegen die Gültigkeit ihres Urteils in der Regel auf ein Jahr fest. Unterjährig beschränken sich die Agenturen auf formale Quartalsprüfungen. Nach Ablauf des Jahres erfolgt eine ausführliche *schriftliche Überprüfung* (Schritt 7).

Ratingkriterien bei Ratingagenturen

Die Auswahl der herangezogenen Kriterien weicht zwischen den einzelnen Ratingagenturen voneinander ab. Sie sind darüber hinaus branchenspezifisch. In der Industrie oder dem produzierenden Gewerbe gelten betriebswirtschaftliche Kriterien, die zum Beispiel in der Logistikbranche überhaupt nicht relevant sind. Ein Praxisbeispiel: Standard & Poor's zieht für die Beurteilung einer Fluglinie als spezielles Kriterium unter anderem die geographische Lage von Knotenpunkten im Vergleich zu den Wettbewerbern, die entstehenden Kosten pro Sitzmeile, die derzeitige Flotte im Vergleich zum antizipierten Bedarf sowie den Anteil der Flüge an den Gesamtflügen des Flugknotenpunkts heran. Aufgrund der Unterschiedlichkeit der Kriterien möchten wir im Folgenden nur die allgemein gültigen Anforderungen der Ratingagenturen an Unternehmen erläutern.

Bei den Ratingkriterien lassen sich grundsätzlich quantitative und qualitative Kriterien unterscheiden. Quantitative Kriterien können zum großen Teil anhand des Jahresabschlusses beurteilt werden, während Einschätzungen hinsichtlich qualitativer Informationen wesentlich umfassendere Informationen sowie persönliche Gespräche voraussetzen.

Quantitative Kriterien

Die quantitativen Kriterien umfassen eine Beurteilung der Vermögens-, Finanz- und Ertragslage des Unternehmens. Grundlage hierfür sind monetäre Informationen aus dem Jahresabschluss sowie gegebenenfalls aus der Kapitalflussrechnung und sind demjenigen, der sich mit dem Thema Bilanzanalyse beschäftigt hat, weitestgehend bekannt.

Die Analyse der *Vermögenslage* wird durchgeführt, um zu prüfen, ob das Unternehmen über die zur Leistungserstellung notwendigen Werte verfügt, die Vermögensstruktur den Branchen-

bedürfnissen entspricht, ob die Kapitalbindung und -nutzung dem Betriebszweck angepasst sind und ob Substanzerhaltung möglich ist. Substanzerhaltung beschreibt hierbei die Erhaltung des Realvermögens (z. B. Produktionsanlagen) in seiner Leistungsfähigkeit, d. h. die Erhaltung zumindest gleichartiger Gütermengen über eine Periode hinweg. Kennzahlen, die bei der Beurteilung der Vermögenslage eine Rolle spielen, sind beispielsweise die Anlage- und Umlaufintensität.

Die Analyse der *Finanzlage* umfasst Aspekte der Finanzierung und der stichtags- sowie der zeitraumbezogenen Liquidität des Unternehmens:

- Die Untersuchung der *Finanzierung* verdeutlicht wertmäßige Veränderungen in Struktur und Fristigkeit des Kapitals. Eine besondere Bedeutung nimmt in diesem Zusammenhang die Höhe des Eigenkapitals ein, da das Eigenkapital Haftungskapital ist und damit eine Aussage über die Risikotragfähigkeit des Unternehmens ermöglicht. Da bei größerem Eigenkapitalanteil die finanzielle Stabilität höher ist, sollte bei größerem Ertragsrisiko auch der Eigenkapitalanteil entsprechend höher sein. Neben der Eigenkapitalquote ziehen Ratingagenturen auch Kennzahlen zur Verschuldung in die Analyse ein.
- Die *stichtagsbezogene Liquidität* wird aus dem Jahresabschluss auf Grundlage von Liquiditätsgraden, des Working Capitals sowie Deckungsgraden bestimmt.
  Die kurzfristige Liquiditätssituation des Unternehmens wird mit Hilfe von Liquiditätsgraden dargestellt. Diese

Bei den Ratingkriterien lassen sich quantitative und qualitative unterscheiden

Eigenkapitalausstattung

Liquidität

Ertragslage

Ergebnisstruktur- und Wertschöpfungsanalyse

Drei Gründe beschränken die Aussagefähigkeit der Informationen externer Abschlüsse

geben beispielsweise an, zu wie viel Prozent die kurzfristigen Verbindlichkeiten durch vorhandene Liquidität am Bilanzstichtag gedeckt sind. Die Größe Working Capital wird als Indikator für die Finanzkraft eines Unternehmens herangezogen. Auf Basis von Deckungsgraden können Analysten Aussagen über die Fristenkongruenz treffen. Der Grundsatz der Fristenkongruenz besagt, dass die Kapitalbindungsdauer nicht länger sein darf als der Kapitalüberlassungszeitraum (vgl. Coenenberg 2001, S. 924). Die stichtagsbezogene Liquidität hat jedoch nur begrenzten Aussagewert, da die Ratinganalysten mit Hilfe der Kennzahlen nur eine Aussage über die Zahlungsfähigkeit eines vergangenen Zeitpunktes ableiten können.

- Zur Beurteilung *der zeitraumbezogenen Liquidität* wird eine Cashflow-Analyse durchgeführt. Der Cashflow gibt hierbei Auskunft über das Innenfinanzierungsvolumen eines Unternehmens und damit über die Herkunft der Zahlungsmittel.

Die Kapitalflussrechnung stellt den Cashflow der Zahlungsmittelverwendung gegenüber und ermittelt den Finanzmittelbestand am Ende einer Periode. So werden die Finanzmittelzu- und -abflüsse der Periode erfasst. Die Kapitalflussrechnung ist mit dem Gesetz zur Kontrolle und Transparenz im Unternehmensbereich (KonTraG) integraler Bestandteil des Konzernabschlusses geworden. Ratingagenturen bedienen sich bei der Cashflow-Analyse spezifischer Kennzahlen, die das Verhältnis zwischen Cashflow und Verbindlichkeiten beschreiben und damit eine Aus-

sage über die Bedienung von Zahlungsverpflichtungen zulassen.

Die Untersuchung der *Ertragslage* des Unternehmens gestattet Aussagen über Entstehung, Aufteilung und Nachhaltigkeit des Erfolgs. Zur Beurteilung der Ertragslage werden Rentabilitätskennzahlen herangezogen. Von Bedeutung sind beispielsweise die Umsatz- oder die Gesamtkapitalrentabilität.

Weiterhin können bei einer Untersuchung der Ertragslage die *Ergebnisstruktur*- sowie eine *Wertschöpfungsanalyse* von Interesse sein. Die strukturelle Ergebnisanalyse soll die Komponenten und Einflussfaktoren des Gesamtergebnisses offen legen. Hierzu werden die Aufwands- und Ertragsstruktur analysiert. Das Charakteristikum der Wertschöpfungsanalyse liegt in einer Ausdehnung des Erfolgsbegriffs; hier werden Fremdkapitalerträge, Gemeinerträge sowie Arbeitserträge zum Erfolg gerechnet (vgl. Coenenberg 2001, S. 1029).

Mithilfe der Informationen aus dem Jahresabschluss gelangen Ratinganalysten zu einer ersten Einschätzung der quantitativen Kriterien im Rahmen des Ratingverfahrens. Der Analyst muss sich jedoch der teilweise eingeschränkten Aussagekraft von Bilanz und GuV bewusst sein. Die Informationen des Jahresabschlusses können aus drei Gründen nur begrenzt aussagefähig sein:

- Es existieren Gestaltungsspielräume bei der Erstellung von Bilanz und GuV nach den Bestimmungen des Handels- und Steuerrechts. Die Gestaltungsspielräume betreffen zum Beispiel die Festlegung von Abschreibungen oder die Bildung bzw. Auflösung stiller Reserven.

Exkurs

Einige wichtige Kennzahlen, die bei der Untersuchung des Jahresabschlusses beispielsweise von der Ratingagentur Standard & Poor's verwendet werden, sind in der folgenden Abbildung dargestellt.

Die zwei erstgenannten Kennzahlen der Abbildung erlauben eine Aussage über die Deckung von Zinsen durch den EBIT (bzw. EBITDA) des Unternehmens. Bei der Analyse des Cashflows verwendet Standard & Poor's die Kennzahlen 3 und 4, die das Verhältnis zwischen Cashflow und Verbindlichkeiten beschreiben und damit eine Aussage über die Bedienung von Zahlungsverpflichtungen zulassen.

Die fünfte und sechste Kennzahl sind Rentabilitätskennziffern und lassen sich somit in die Analyse der Ertragslage einordnen. Ertragskennzahlen werden zum einen dem durchschnittlichen Kapital gegenübergestellt, zum anderen dem erzielten Umsatz.

Die beiden letztgenannten Kennziffern werden herangezogen, um Erkenntnisse über die Kapitalstruktur des Unternehmens abzuleiten. Sie machen eine Aussage über den Verschuldungsgrad des Unternehmens unter Einbezug der Fristigkeit der Verschuldung. Während Kennzahl 7 nur langfristige Verbindlichkeiten in die Analyse einbezieht, wird in Kennzahl 8 die Gesamtverschuldung betrachtet. Als Verbindlichkeiten gelten hierbei nicht nur die Bilanzposten – es werden auch außerbilanzielle Verbindlichkeiten berücksichtigt wie der Betrag des Operating Leasing.

Kennzahl	Berechnung
1 EBIT interest coverage	Earnings from continuing operations* before interest and taxes / Gross interest incurred before subtracting (1) capitalized interest and (2) interest income
2 EBITDA interest coverage	Earnings from continuing operations* before interest, taxes, depreciation, and amortization / Gross interest incurred before subtracting (1) capitalized interest and (2) interest income
3 Funds from operations/ Total debt	Net income from continuing operations plus depreciation, amortization, deferred income taxes, and other noncash items / Long-term debt** plus current maturities, commercial paper, and other short-term borrowings
4 Free operating Cashflow/ Total debt	Funds from operations minus capital expenditures, minus (plus) the increase (decrease) in working capital (excluding changes in cash, marketable securities, and short-term debt) / Long-term debt** plus current maturities, commercial paper, and other short-term borrowings
5 Return on capital	EBIT / Average of beginning of year and end of year capital, including short-term debt, current maturities, long-term debt**, non-current deferred taxes, and equity
6 Operating income/Sales	Sales minus cost of goods manufactured (before depreciation and amortization), selling, general and administrative, and research and development costs / Sales
7 Long-term debt/Capital	Long-term debt** / Long-term debt + shareholders' equity (including preferred stock) plus minority interest
8 Total debt/ Capital	Long-term debt** plus current maturities, commercial paper and other short-term borrowings / Long-term debt plus current maturities, commercial paper, and other short-term borrowings + shareholders' equity (including preferred stock) plus minority interest
	* Including interest income and equity earnings; excluding non-recurring items. ** Including amount for operating lease debt equivalent.

Abb. 103: Standard & Poor's Kennzahlen

Sie werden von der Unternehmensleitung genutzt, um ein günstiges Bild der Situation zu zeichnen, in der sich das Unternehmen befindet (vgl. Weber 2002, S. 119–129). Ratingagenturen machen sich deswegen bei der Beurteilung des Jahresabschlusses auch ein Bild von der Bilanzierungspraxis des jeweiligen Unternehmens.

- Die externe Rechnungslegung basiert auf einem standardisierten Regelungswerk, in welchem individuelle Vermögens- und Ergebnissituationen nicht detailliert abgebildet werden. Zum Beispiel erfolgt die Bilanzierung des Sachvermögens zu fortgeführten Anschaffungskosten statt zu gegebenenfalls höheren Marktwerten. Des Weiteren wird ein selbsterstellter Geschäfts- oder Firmenwert (Goodwill) nicht berücksichtigt. In Unkenntnis dieser Sachverhalte haben externe Adressaten nur eingeschränkte Möglichkeiten, die wirtschaftlichen Verhältnisse des betrachteten Unternehmens angemessen einzuschätzen (vgl. Weber 2002, S. 135–136).

Die qualitativen Kriterien berücksichtigen Aspekte, die für den künftigen Erfolg des Unternehmens wichtig sind

- Die aus den aufgeführten Gründen eingeschränkte Aussagefähigkeit von Bilanz und GuV wird darüber hinaus noch durch die international voneinander abweichende Bilanzierung erschwert. Da das Ratingurteil die Bonität international vergleichbar macht, können die unterschiedlichen Bilanzierungen zu Verzerrungen führen. So bilden beispielsweise Pensionsrückstellungen oftmals den größten Einzelposten auf der Passivseite in den Bilanzen deutscher Unternehmen. Im Gegensatz dazu werden Pensionsverbindlichkeiten und Pensionsfonds in den Bilanzen angelsächsischer Länder gar nicht aufgenommen. Dieser Sachverhalt erschwert die internationale Vergleichbarkeit (vgl. Meyer-Parpart 1996, S. 133).

Die Jahresabschlussanalyse hat – wie wir gesehen haben – bei der Analyse der quantitativen Kriterien ein großes Gewicht. Die Aussagen, die aus dem Jahresabschluss abgeleitet werden, sind jedoch vergangenheitsbezogen. Ratingagenturen fordern deswegen auch die Vorlage zukunftsbezogener quantitativer Informationen. Hier sind insbesondere die Unternehmenspläne von Bedeutung. Die Analysten nehmen diese als Basis zum Vergleich mit eigens erstellten Prognosen. Sie dienen somit weniger als quantitative Informationsquelle, sondern eher zur Beurteilung der Güte der Planung sowie der Managementphilosophie – Aspekte, die wir in der nächsten Gruppe von Kriterien wiederfinden.

Qualitative Kriterien

Im Gegensatz zur Analyse quantitativer Informationen beschäftigt sich die qualitative Bonitätsanalyse mit den Voraussetzungen für den Erfolg oder Misserfolg wirtschaftlichen Handelns und der zukünftigen Entwicklung des Unternehmens. Die qualitativen Kriterien setzen sich aus einer Analyse des generellen Informationsverhaltens, einer Beurteilung der Unternehmensführung, einer Analyse des Unternehmensumfeldes sowie einer Analyse des Branchenumfeldes und der Länderrisiken zusammen:

- Bei der *Analyse des Informationsverhaltens* wird beurteilt, ob das zu ratende Unternehmen alle zur Bildung des Ratingurteils relevanten Informationen zur Verfügung stellt. Ratingagenturen gehen davon aus, dass Unternehmen mit einer guten Bonität ein Interesse daran haben, diese auch zu belegen. Das Informationsverhalten wird hier als Hinweis auf die Selbsteinschätzung gewertet.
- Ein weiteres wichtiges qualitatives Ratingkriterium stellt die *Analyse der Unternehmensführung* dar. Diese umfasst zahlreiche Aspekte, unter anderem die Eigenschaften des Managements, die Führungsphilosophie sowie die führungsunterstützenden Systeme. Vor allem beim Eintritt unerwarteter Entwicklungen ist die Stabilität des Ratings in hohem Maße von der Leistungsfähigkeit und den Erfahrungen der obersten Führungsebene abhängig (vgl. Berblinger 1996, S. 69). Deswegen werden *Motivation, Qualifikation und berufliche Erfahrung der Unternehmensführung* einer intensiven Untersuchung unterzogen. Aber auch die *Glaubwürdigkeit des Managements* spielt eine wichtige Rolle. Vertrauenswürdige Manager halten sich an die von ihnen selbst festgelegte Geschäftspolitik, es herrscht Konsistenz hinsichtlich der strategischen Zielsetzungen des Unternehmens und der eingeleiteten operativen Maßnahmen. Die *langfristigen Unternehmensgrundsätze* werden ebenfalls von den Analysten erhoben. Hier spielt insbesondere die Bewertung der Managementphilosophie hinsichtlich der Finanzierungspolitik eine Rolle. Die

Analysten erwarten, dass das Management eine Finanzierungspolitik verfolgt, die dem Zusammenhang zwischen Geschäfts- und Finanzrisiko Rechnung trägt (vgl. Standard & Poor's 2001, S. 22).

Die *Nachfolgeplanung* und die *Regelung der Vertretungsbefugnisse* sind wichtige Kriterien, die für eine konsistente Fortführung des Unternehmens im Falle eines Ausfalls des Managements sprechen. Stützt sich die Organisation des Unternehmens in erheblichem Umfang auf eine einzige Person, die beispielsweise in naher Zukunft in den Ruhestand geht, kann dieses Kriterium nicht positiv bewertet werden. Abhilfe wäre durch eine baldige Regelung der Vertretungsbefugnisse zu schaffen.

Bei der Analyse der führungsunterstützenden Funktionen sind als Kriterien die Ausgestaltung des Rechnungswesens sowie die Qualität und Ausgestaltung des Controllings von besonderem Interesse. Auf die Anforderungen, die in Hinblick auf ein Rating an das Controlling gestellt werden, werden wir im Abschnitt 5 ausführlicher eingehen.

- Die *Analyse des Unternehmensumfeldes* umfasst charakteristischerweise die Bereiche Marktanteil und Wettbewerbssituation, Diversifikation und Programmstruktur, Kunden und Lieferanten sowie die Unternehmensstruktur. Der Marktanteil in Relation zum Marktführer ist ein wichtiger Anhaltspunkt für die Beurteilung der Wettbewerbssituation eines Unternehmens. Bei der Diversifikation werden Risikostreuungs- und Synergieeffekte beurteilt. Die Konzentra-

Bei marktbezogenen Aspekten ist zu beurteilen, wie eigenständig sich das Unternehmen im Markt bewegen kann

333

tion auf ein einzelnes Produkt, unabhängig von dessen bisherigem Erfolg, wird als riskant beurteilt (vgl. Meyer-Parpart 1996, S. 125). Die genauen Kriterien sind stark branchenspezifisch. Faktoren wie Preis, Produktqualität, Vertriebskapazität, Image, Kundendienst wird bei einigen Unternehmen ein starkes Gewicht beigemessen, während sie bei anderen Unternehmen keine Hauptrolle spielen.

- Um den konjunkturellen und strukturellen Einfluss der Branche auf das Unternehmen sichtbar zu machen, wird in das Rating auch eine Analyse des Branchenumfeldes einbezogen. Der Einfluss der Branchenzugehörigkeit auf das individuelle Unternehmensrisiko wird auf bis zu 50 % geschätzt. Es besteht ein Zusammenhang zwischen Ausfallquote und Branchenzugehörigkeit. Da es einigen Unternehmen jedoch selbst in von Krisen betroffenen Branchen gelingt, respektable Ergebnisse zu erzielen, wird das Branchenrating in der Regel als Benchmark interpretiert, an dem die Einzelunternehmen zu messen sind. Im Mittelpunkt der Analyse stehen Wachstum und Profitabilität der Branche. Weitere zu berücksichtigende Faktoren sind Wettbewerb, Konzentrationsentwicklung, Kapitalintensität sowie die Anfälligkeit gegenüber saisonalen oder konjunkturellen Schwankungen, technologischem Wandel, Arbeitsunruhen und staatlicher Regulierung.
- Ebenso wie Branchenrisiken werden in ein Rating auch *Länderrisiken* in die

Analyse einbezogen. Hier sind die makroökonomische Volatilität, der Zugang zu Rohstoffen, Wechselrisiken, Regulierungen, Steuern, Gesetzgebung, Infrastruktur, Handelsbarrieren, Korruption, Rechnungslegungsstandards, Inflation und Transferrisiken von Bedeutung (vgl. Standard & Poor's 2001, S. 34 ff.). Die Beurteilung der Länderrisiken geht in ein Länderrating ein. Das Rating für einen Emittenten kann dabei nicht höher ausfallen als dasjenige des Herkunftslandes (vgl. Berblinger 1996, S. 64).

Ein Nachteil qualitativer Kriterien ist generell eine gewisse Subjektivität der Beurteilung. Qualitative Kriterien werden jedoch im Durchschnitt durch die Ratinganalysten positiver bewertet als quantitative (vgl. Brunner/Krahnen/Weber 2000, S. 14). Im Vergleich ist außerdem die Änderungshäufigkeit qualitativer Ratingkriterien deutlich geringer als die quantitativer.

Rating durch Banken

Im Zuge der Neuordnung der Baseler Eigenkapitalvereinbarung (Basel II) werden Banken dazu verpflichtet, ein Rating zur Grundlage jeder Kreditentscheidung zu machen. Da die meistgenutzten Finanzierungsmöglichkeiten mittelständischer Unternehmen neben der Selbstfinanzierung Bankkredite sind, sind für diese die Neuregelungen der Baseler Eigenkapitalvereinbarung besonders relevant. Erstmals wird es damit auch für mittelständische Unternehmen unerlässlich, einen Ratingprozess zu durchlaufen.

Erstmals wird es auch für die meisten mittelständischen Unternehmen unerlässlich, einen Ratingprozess zu durchlaufen

Bestimmungen der Baseler
Eigenkapitalvereinbarung

Die Vereinbarungen des Baseler Ausschusses für Bankenaufsicht stellen einen international akzeptierten Standard dar. Zielsetzung dieser Vereinbarungen ist die Stabilisierung des internationalen Finanzsystems durch die Sicherung einer angemessenen Eigenkapitalausstattung der Banken und die Schaffung einheitlicher Wettbewerbsbedingungen. Bis Ende 2006 galt die Erste Eigenkapitalvereinbarung des Baseler Ausschusses (Basel I). In diesem Regelwerk wurde die Mindestkapitalausstattung der Banken nach unten stehender Formel bestimmt (vgl. Deutsche Bundesbank 2001, S. 17):

Die Kapitalanforderungen an Banken wurden hier von zwei Risikopositionen abhängig gemacht: den Marktrisiken sowie den Kreditrisiken, die im Rahmen von Basel I standardisiert gewichtet wurden. Dies bedeutet, dass Kredite an Unternehmen grundsätzlich mit 100 % in die Summe der Kreditpositionen eingingen (im Gegensatz dazu hatten Kredite an Banken innerhalb der OECD beispielsweise eine Risikogewichtung von nur 20 %). Das Ausfallrisiko eines Unternehmens war irrelevant. Basel I geriet zunehmend in die Kritik, da das Gesamtrisikoprofil der Banken durch die vorgegebene Unterlegung nicht erfasst wurde. Dieser Missstand wurde durch die Bestimmungen von Basel II beseitigt.

Die Neue Baseler Eigenkapitalvereinbarung beruht auf drei Säulen (vergleiche Abbildung 104).

Basel II berücksichtigt die Risikoposition des Unternehmens

$$\frac{\text{Eigenkapital}}{\text{Standardisiert gewichtete Kreditpositionen} + \text{Anrechnungsbetrag Marktrisiko} * 12,5} \geq 8\%$$

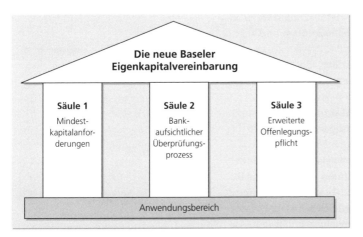

Abb. 104: Die drei Säulen des Baseler Akkords
(vgl. Deutsche Bundesbank 2001, S. 17)

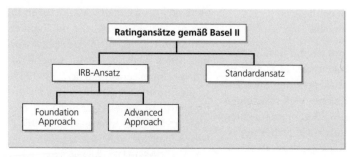

Abb. 105: Ratingansätze gemäß Basel II

Neben den Mindestkapitalanforderungen (Säule 1) enthalten die Bestimmungen auch Neuregelungen der bankaufsichtlichen Überprüfung (Säule 2) sowie eine erweiterte Offenlegung der Banken (Säule 3). Für ein Rating sind allerdings nur einige Neuordnungen der ersten Säule relevant, weswegen wir uns im Folgenden auf die Darstellung dieser konzentrieren möchten.

Analog zu Basel I werden die Risikopositionen auch weiterhin mit mindestens 8 % Eigenkapital hinterlegt. Allerdings erfolgt eine Abkehr von der pauschalen Gewichtung der Unternehmenskredite mit 100 %. Forderungen an Unternehmen sollen künftig in Abhängigkeit von ihrer Bonitätseinstufung gewichtet werden. Zur Beurteilung des Kreditrisikos muss ein Rating durchgeführt werden.

Zwei unterschiedliche Verfahren des Ratings sind zulässig

Das Baseler Abkommen sieht grundsätzlich zwei Ratingansätze vor: den *Internal-Ratings-Based-Ansatz* (IRB-Ansatz) und den *Standardansatz*. Innerhalb des IRB-Ansatzes können wiederum der Basis-Ansatz (Foundation Approach) sowie der fortgeschrittene IRB-Ansatz (Advanced Approach) verfolgt werden (vgl. Abbildung 105):

• Der IRB-Ansatz beruft sich auf ein bankinternes Rating als Grundlage der Kreditentscheidung. Berechnungskomponenten der Eigenkapitalunterlegung eines spezifischen Engagements sind neben der Ausfallwahrscheinlichkeit des Unternehmens (Probability of Default) der erwartete Verlust zum Zeitpunkt des Ausfalls (Loss Given Default), die erwartete Höhe der ausstehenden Forderung im Zeitpunkt des Ausfalls (Exposure at Default) sowie die Restlaufzeit (Effective Maturity). Eine Bank kann hierbei alle Risikokomponenten selbst

Rating	Risikogewicht
AAA bis AAA–	20%
A+ bis A–	50%
BBB+ bis BBB–	100%
BB+ bis BB–	100%
B+ bis B–	150%
Unter B–	150%
Ohne Rating	100%

Abb. 106: Bonitätsbeurteilungen und Risikogewichte für Unternehmen im Standardansatz (vgl. Baseler Ausschuss für Bankenaufsicht 2003, S. 12)

Rating & Controlling

schätzen (fortgeschrittener IRB-Ansatz) oder ausschließlich die Ausfallwahrscheinlichkeit festlegen (IRB-Basisansatz). Im letztgenannten Fall werden die anderen Komponenten von der Bankenaufsicht bestimmt. Bei beiden IRB-Ansätzen wird die tatsächliche Eigenkapitalunterlegung mithilfe von Risikogewichtungsfunktionen angesetzt. Aus der Bestimmung der Eigenkapitalunterlegung mithilfe des Risikogewichts resultiert im Gegensatz zum Standardansatz eine differenziertere Ermittlung des benötigten haftenden Eigenkapitals (vgl. Meeh/Sattler 2005a, S. 1508).

- Mit dem *Standardansatz* kann auch das Urteil von Ratingagenturen bankintern anerkannt werden. Forderungen an Unternehmen werden dann in Abhängigkeit ihres externen Ratings zu 20 %, 50 %, 100 % oder 150 % gewichtet. Voraussetzung hierfür ist, dass die Ratingagenturen bestimmte Kriterien erfüllen. Die Entscheidung über die Eignung einer externen Ratingagentur für die Ableitung der Risikogewichte treffen die nationalen Bankenaufsichtsbehörden.

Für Kredite mittelständischer Unternehmen gelten Erleichterungen bei der Eigenkapitalunterlegung der Banken. Darlehen an Kleinunternehmen bis zu eine Million Euro unterliegen den vereinfachten Regelungen für das Retail-Portfolio. Aufgrund der breiten Risikostreuung muss dieses mit weniger Eigenkapital unterlegt werden. Für die Anerkennung als Kleinunternehmen wird voraussichtlich eine umsatzbezogene Grenze von voraussichtlich 5 Millionen Euro gelten (vgl. KfW 2003, S. 11). Im IRB-Ansatz können Banken bei Forderungen an Unternehmen mit einem Umsatz von weniger als 50 Millionen Euro ferner eine Größenanpassung in die Risikogewichtsfunktion einfließen lassen (vgl. Baseler Ausschuss für Bankenaufsicht 2003, S. 58). Diese Anpassung kann bei den Unternehmen in Abhängigkeit von der Größe einen Risikoabschlag bei der Kapitalunterlegung von bis zu 20 % bewirken (vgl. Baseler Ausschuss für Bankenaufsicht 2002). Da die Bestimmungen von Basel II keine direkte Gesetzeskraft besitzen, wurden sie erst durch die Transformation in nationales Recht und Verwaltungsvorschriften umgesetzt. In Deutschland waren hierzu Änderungen des KWG, der Vorschrift über die Einhaltung von Eigenkapitalanforderungen und der Groß- und Millionenkreditverordnung notwendig.

Zusätzlich zu den Vereinbarungen von Basel II regeln »Mindestanforderungen an das Risikomanagement« (die so genannten MaRisk) des Bundesamtes für Finanzdienstleistungsaufsicht seit Ende 2005, dass eine Bank angemessene Risikomanagement- bzw. Risikoklassifizierungsverfahren einzurichten hat.

Ablauf des Ratingprozesses bei Banken

Der Anlass für ein Rating durch eine Bank ist die Aufnahme von Kreditverhandlungen zwischen dem Unternehmen und dem Institut. Liegt ein externes Rating durch eine durch die Bankenaufsicht anerkannte Ratingagentur vor, kann die Bank den Standardansatz anwenden und auf dieses zurückgreifen. Ansonsten wird ein bankinternes Rating (IRB-Ansatz) durchgeführt. Das Unternehmen übergibt der Bank hierzu umfangreiches Informationsmaterial. Einen Überblick über qualitative Kriterien wie beispielsweise die Managementqualität versuchen die Analysten der Bank meist im Rahmen der Kreditverhandlung zu gewinnen.

Die gesammelten Informationen werden unter Anwendung verschiedener Verfahren ausgewertet und verdichtet. Zu den üblichen Verfahren zählen Scoring-Verfahren, Diskriminanzanalysen, Expertensysteme, neuronale Netze und Fuzzy-Systeme. Das Ergebnis der Auswertung und Verdichtung wird in der Ratingnote zusammengefasst.

Banken teilen das Ergebnis des internen Ratings teilweise nicht einmal den Unternehmen selbst mit. Das Unternehmen kann das Ratingergebnis in diesem Falle nur am Verhalten der Bank »ablesen«. Ein Umdenken in diesem Bereich ist jedoch festzustellen: Kreditinstitute entdecken die Beratung bezüglich des Ratings als Geschäftsfeld und gestalten das Ratingverfahren samt Urteil transparenter.

Ratings werden bankintern jährlich überprüft, sofern kein Anlass für die Vermutung besteht, dass sich die Bonität unterjährig verändert hat (vgl. Weber/Krahnen/Vossmann 1999, S. 135).

	Ratingagentur Standard & Poor's	Ratingagentur Moody's	»Repräsentative« deutsche Bank
Qualitative Kriterien	• **Vermögenslage** • **Ertrags- und Finanzlage:** Rentabilität Kapitalstruktur Cashflow-Absicherung	• **Vermögenslage** • **Ertrags- und Finanzlage:** Cashflow Liquidität Verschuldung Eigenkapital Rentabilität	• **Vermögenslage** • **Ertrags- und Finanzlage:** Ertragslage (Rentabilität etc.) Finanzlage (EK-Quote, Cashflow, Liquidität etc.)
Quantitative Kriterien	• **Informationsverhalten** • **Management:** u.a. Finanzpolitik • **Geschäftsrisiko:** Wettbewerbsvorteile Diversifikation Marktanteile • **Branchenrisiko**	• **Informationsverhalten** • **Management-Qualität:** Planung, Controlling Managementerfahrung Organisationsstruktur Nachfolge • **Wettbewerbs- und Unternehmensrisiken:** Relativer Marktanteil/ Wettbewerbssituation Diversifikation Umsatz, Aufwand, BE Kunden und Lieferanten • **Branchenrisiko:** Wachstumsaussichten, Stabilität, Krisenanfälligkeit	• **Informationsverhalten** • **Management:** Erfahrung Nachfolge Prognosesicherheit Planung/Controlling • **Unternehmenssituation:** Marktbedingungen/ Wettbewerbssituation Produktionsprogramm Spezielle Risiken Unternehmensstruktur • **Brancheneinschätzung** • **Kundenverbindung/ Kontoführung**

Abb. 107: Ratingkriterien von Agenturen und Banken im Vergleich (in Anlehnung an Brunner/Krahnen/Weber 2000, S. 8)

Rating & Controlling

Ratingkriterien bei Banken

Basel II gewährt Banken große Freiheiten hinsichtlich der Auswahl der Ratingkriterien. Einzige Vorgabe ist, dass Banken über »genau bezeichnete Ratingdefinitionen, Prozesse und Kriterien für die Zuordnung von Krediten zu den Risikoklassen eines Ratingsystems« verfügen müssen. Die Kriterien müssen »sowohl plausibel als auch unmittelbar einleuchtend sein« und zu einer ausreichenden Differenzierung der Risiken führen (Baseler Ausschuss für Bankenaufsicht 2003, S. 84). Trotz dieser Freiheit ähneln sich die Systeme von Banken hinsichtlich der prinzipiellen Vorgehensweise und der verwendeten Kriterien.

Welche Kriterien beziehen Banken nun grundsätzlich in die Analyse ein? Wir haben die Ratingkriterien von Agenturen bereits ausführlich dargestellt. Da sowohl Ratingagenturen als auch Banken das Ziel haben, mit Hilfe des Ratingverfahrens eine Aussage über die Ausfallwahrscheinlichkeit von Unternehmen zu treffen, ist davon auszugehen, dass bei den Kriterien eine hohe Übereinstimmung herrscht. Die Kriterien von Ratingagenturen (am Beispiel von Standard & Poor's und Moody's) und einer »repräsentativen« Bank werden einander in Abbildung 107 gegenübergestellt.

Sie zeigt auf, dass sich die Ratingkriterien von Banken und Agenturen nur geringfügig voneinander unterscheiden. So stützen sich auch Banken bei den quantitativen Kriterien primär auf eine Beurteilung der Finanz- und Ertragslage. Informationsverhalten, Managementqualität, das Unternehmensumfeld sowie die Branche werden als qualitative Kriterien von Banken wie auch von Ratingagenturen in die Beurteilung einbezogen.

Bankinterne Analysten haben ferner die Möglichkeit, aus der Analyse der Kontoführung des Unternehmens Informationen über die Bonität abzuleiten. Für diese Analyse werden Daten der Kontoinanspruchnahme, des Überziehungsverhaltens und der Umsatzentwicklung herangezogen. Diese Daten sind jederzeit verfügbar und tagesaktuell. Besteht jedoch eine Vielzahl an Bankverbindungen, ist diese Information weniger aussagekräftig. Kontoführungsdaten sind insbesondere beim Rating mittelständischer Unternehmen mit Hausbankverbindung von Bedeutung.

Zusammenhänge zwischen Controlling und Rating im Überblick

Controller haben – und dies war Gegenstand schon vieler Bände der Schriftenreihe Advanced Controlling – sehr vielfältige und unterschiedliche Aufgaben zu versehen, um ihre Funktion als Entlastung, Ergänzung und Begrenzung des Managements zu erfüllen. Neben reinen Dienstleistungen für das Management – hierzu zählen insbesondere Informationsaufgaben – helfen sie wesentlich mit, Qualitätsprobleme im Management zu vermindern (beispielsweise bedingt durch fehlendes betriebswirtschaftliches Know-how oder opportunistisches Verhalten der Manager). Diese Aufgabenvielfalt und -breite nimmt durch das Thema Rating noch weiter zu.

Die Ratingverfahren von Agenturen und Banken weisen erhebliche Ähnlichkeiten auf

Es wird aber in seiner Struktur nicht verändert – somit dürfte es auch den Controllern grundsätzlich nicht schwer fallen, die neuen Aufgaben zu bewältigen, auch wenn dies ein Einarbeiten in die Welt der Kapitalmärkte erfordert.

Im Ratingverfahren übernehmen Controller zunächst die Rolle eines Informationslieferanten. In dieser Rolle sind sie wichtige Ansprechpartner für die Ratinganalysten – wir werden hierauf im Abschnitt 4 noch intensiv eingehen. Zum Aufgabenbereich der Controller während eines Ratingverfahrens zählt aber nicht nur die Abstimmung mit den Ratinganalysten, sondern auch das Erstellen der Informationen, die von den Analysten gefordert werden. Darüber hinaus ist die Qualität der Controller-Dienstleistungen selbst ein wichtiges Beurteilungskriterium des Ratingverfahrens und wirkt sich somit auf das Ratingurteil aus – hierauf werden wir in Abschnitt 5 näher eingehen. Die Erstel-

lung beziehungsweise Übergabe aussagekräftiger Informationen an das Management sowie eine hohe Qualität der im Controlling geleisteten Arbeit begünstigen ein gutes Ratingurteil.

Aus der anderen Richtung betrachtet können durch ein Ratingverfahren – oder die Vorbereitung darauf – sowohl Defizite der Unternehmensführung als auch Defizite des bestehenden Controllings aufgedeckt werden. Dies liegt darin begründet, dass ein Unternehmen im Ratingverfahren zur Selbstinformation gezwungen ist. Aus den gewonnenen Erkenntnissen können wertvolle Maßnahmen abgeleitet werden, die zur Existenzsicherung des Unternehmens beitragen, wobei die Initiative zur Ableitung und Umsetzung dieser Maßnahmen von den Controllern ausgehen sollte.

Die Aufdeckung von Defiziten der Unternehmensführung kann zu einer direkten Verbesserung der Führungs-

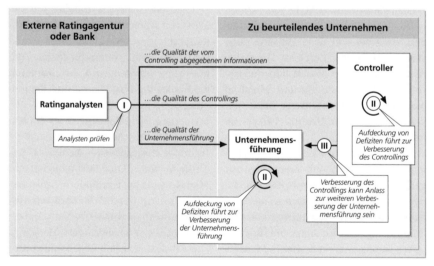

Abb. 108: Grundlegende Beziehungen zwischen Controlling und Rating

Rating & Controlling

prozesse genutzt werden und über die Aufdeckung von Defiziten des Controllings können unmittelbare Verbesserungen in der Unterstützung der Unternehmensführung realisiert werden (II). Ein verbessertes Controlling wiederum kann mittelbar zu einer weiteren Verbesserung der Unternehmensführung führen (III).

Controlling als Informationslieferant im Ratingprozess

Die erfolgreiche Durchführung eines Ratings setzt voraus, dass den Banken beziehungsweise Ratingagenturen detaillierte Informationen über das zu beurteilende Unternehmen zur Verfügung gestellt werden. Die Bereitstellung der im Ratingprozess geforderten Informationen zählt zum originären Aufgabenfeld der Controller.

Ein Blick auf den Eigenkapitalmarkt zeigt, dass für potenzielle Investoren ein Dokument erstellt wird, in dem die Vorteile einer Investition nachvollziehbar veranschaulicht werden (Equity Story). In Analogie zur Equity Story bedarf es auch im Ratingverfahren eines solchen Dokuments (Rating Story). Während die Equity Story eher auf Wachstum abstellt, stehen bei der Rating Story die Aspekte Sicherheit und Liquidität im Vordergrund. Sie sollte die Analysten von der zukünftigen Zahlungsfähigkeit des Unternehmens überzeugen. Die Rating Story umfasst in kurzer und prägnanter Darstellung Aussagen zur Finanzsituation, zur Marktpositionierung, zum Wettbewerb, zur Strategie, zu den Produkten und zum Management.

Wie bereits im ersten Abschnitt angedeutet, ist neben der inhaltlichen Überzeugungskraft auch ein kooperatives Informationsverhalten gegenüber den Analysten von entscheidender Bedeutung für ein erfolgreiches Rating.

Bei der Kommunikation mit den Kreditinstituten bzw. Ratingagenturen sollten folgende Aspekte berücksichtigt werden:

- Die Informationen sollten möglichst *vollständig* sein, d. h. den Analysten ein ganzheitliches Bild des Unternehmens vermitteln. Andererseits ist darauf zu achten, dass die übermittelten Informationen von den Adressaten als *wesentlich* erachtet werden, um einen »Information Overload« zu vermeiden.
- Die getroffenen Aussagen und Stellungnahmen sollten *nachvollziehbar* (d. h. angemessen im Umfang und einfach in der Darstellung), wahrheitsgemäß und möglichst *neutral* sein.
- Wichtig sind ferner die *Aktualität* der kommunizierten Informationen sowie eine *ausreichende Häufigkeit* der Kommunikation.
- Als Maßnahme zur Verbesserung der Kommunikation kann die Bestimmung eines *zentralen Kommunikators* genannt werden (»one-face-Lösung«). Dieser steuert und begleitet den Dialog mit den Ratinganalysten und belegt diesen durch eine entsprechende Dokumentation. Da die von den Ratinganalysten eingeforderten Unterlagen (vorwiegend) im Controlling generiert werden, stammt der qualifizierte Kommunikator üblicherweise aus dem Controlling (vgl. Kopietz 2003, S. 232).

Der Equity Story im Bereich der Investor Relations entspricht im Ratingprozess eine »Rating Story«

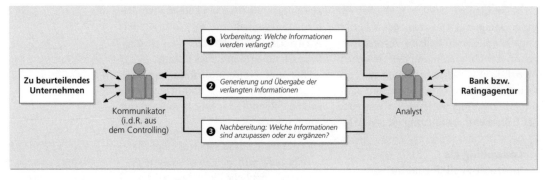

Abb. 109: Controlling in der Rolle als Informationslieferant beim Rating

- Darüber hinaus ist der Aufbau eines persönlichen Kontaktes und Vertrauensverhältnisses zwischen den Analysten einerseits und Vertretern der Unternehmensführung andererseits von großem Vorteil (vgl. Becker/ Müller 2003, S. 540–541; Gleißner/ Füser 2003, S. 278–280).

Drei Phasen sind bei der Erfüllung der Informationsaufgabe zu unterscheiden

Dem zeitlichen Ablauf folgend kann die Vorbereitung auf den Informationsbedarf, die Generierung der Informationen und die Nachbereitung der zur Verfügung gestellten Informationen unterschieden werden. Die Rolle des Controllings als Informationslieferant wird in der Abbildung 109 veranschaulicht.

Bei der *Vorbereitung auf den Ratingprozess* ist es wichtig, dass frühzeitig in Erfahrung gebracht wird, welche genauen Informationen von den Analysten der Banken bzw. Ratingagenturen zur Beurteilung herangezogen werden. Eine Prüfung des anstehenden Informationsbedarfs schützt vor unliebsamen Überraschungen. Aus dem Informationsbedarf der Analysten sind Aufgaben abzuleiten sowie Verantwortlichkeiten zu definieren. Management- und

Kostenstellenebenen sollten, um einen reibungslosen Ablauf des Ratings zu gewährleisten, bereits im Vorfeld über den Ablauf des Ratingprozesses aufgeklärt werden (vgl. Römer 2001, S. 493, und Reiss 2003, S. 8). Im Zweifel kann das Hinzuziehen eines professionellen Rating-Beraters sinnvoll sein. So können Schwachstellen bereits im Vorfeld des Prozesses beseitigt werden.

Zur *Generierung der Informationen* benötigen die Unternehmen leistungsfähige Informationssysteme und effektive Controllinginstrumente. Bei der Generierung der geforderten Informationen leisten Controller einen wichtigen Beitrag zur Strukturierung und Standardisierung aller für das Rating relevanten Daten und Informationen. Dadurch entsteht eine Informationsqualität, die es den Kreditinstituten bzw. Ratingagenturen überhaupt erst erlaubt, eine objektive Einschätzung des Unternehmens vorzunehmen (vgl. Braun/Schäfer 2003, Teil 8.3.1, S. 1)

Die von den Ratinganalysten verlangten Informationen umfassen in der Regel mehrere Jahresabschlüsse, Zwischen- und Quartalsabschlüsse, Be-

Abb. 110: Was können wir Controllern raten?

schreibungen des Geschäftsbetriebs sowie der Produkte. Die gelieferten Unterlagen enthalten in der Regel auch Informationen zur Branchenstruktur, den Branchenaussichten, Vergleiche mit Mitbewerbern und Geschäftsbereichsanalysen. Mittelfristige Pläne einschließlich Erfolgsrechnung und Cashflow-Rechnungen sowie die jeweils zu Grunde liegenden Annahmen, Analysen von Investitionsplänen, Finanzierungsalternativen und Alternativpläne sowie weitere Details wie zum Beispiel die Bewertung von Reservebildungen oder sonstigen Vermögenswerten sind ebenfalls Bestandteil der zu generierenden Informationen (vgl. Standard & Poor's 2001, S. 12 und Meyer-Parpart 1996, S. 116 ff.).

Unternehmen, die schon zu einem frühen Zeitpunkt Investitionen in die Entwicklung und Verbesserung von Informationssystemen geleistet haben, besitzen Vorteile gegenüber Unternehmen, bei denen die Erfüllung eines Informationsbedarfs aufwändige manuelle Aufbereitungen erforderlich macht (vgl. Winkeljohann/Hölscher 2001, S. 558–559), denn die zu erstellenden Unterlagen sind äußerst zahlreich und vielfältig.

In der Phase der *Nachbereitung der zur Verfügung gestellten Informationen* müssen eventuell Rückfragen der Analysten geklärt und Teile der weitergegebenen Informationen detaillierter ausgearbeitet werden. Die mit der Durchführung des Ratings betrauten Controller sollten den Klärungsbedarf proaktiv bei den Ratinganalysten einfordern. Eine angemessene Berücksichtigung der von den Analysten gegebenen Hinweise verspricht nicht nur eine günstige Beeinflussung des Ratingurteils, son-

Controller können in der Informationsaufgabe auch proaktiv wirken

Controlling als Informationslieferant im Ratingprozess

dern schafft darüber hinaus die Möglichkeit, Verbesserungspotenziale im Unternehmen zu identifizieren und auszunutzen. Auch nach Beendigung des Ratingprozesses sollte ein regelmäßiger Austausch mit den Banken bzw. Ratingagenturen stattfinden.

Controlling als Beurteilungskriterium im Ratingprozess

Wie bereits angesprochen, ist die Analyse der Unternehmensführung ein wichtiger Bestandteil des Ratingprozesses. Hierbei steht die Ausgestaltung führungsunterstützender Funktionen auf dem Prüfstand. Auch die Controller müssen sich den kritischen Fragen der Ratingagenturen und Banken stellen.

Auch die Controller müssen sich kritischen Fragen der Ratingagenturen stellen

Die von Controllern geleistete Arbeit lässt sich in drei Aufgabenschwerpunkte einteilen. Diese umfassen Aufgaben zur Informationsversorgung, zur Planung und Kontrolle sowie (speziell in Hinblick auf ein Ratingverfahren) Aufgaben zum Risikomanagement (vgl. Weber 2002, S. 88).

Diese drei Aufgaben möchten wir im Folgenden im Kontext eines Ratingverfahrens diskutieren. Hierbei orientieren wir uns an der Frage, ob die Controller in der Lage sind, den gestellten Aufgaben in hoher Qualität gerecht zu werden.

Informationsversorgungsaufgaben

Controller haben die Aufgabe, der Unternehmensführung die Informationen zur Verfügung zu stellen, die diese zur Entscheidungsfindung benötigt. Controller übernehmen die Rolle des Informationsanbieters und die Unternehmensführung die Rolle des Informationsnachfragers. Die Praxis zeigt, dass nicht zwangsläufig davon ausgegangen werden kann, dass die Unternehmensführung vollständig darüber im Bilde ist, welche Informationen generiert werden können, um die bestmögliche Informationsgrundlage für eine Entscheidung zu schaffen. Aus diesem Grund kommt es zu einem Auseinanderfallen von Informationsnachfrage, Informationsbedarf und der tatsächlich angebotenen Information (vgl. Infokasten).

Die im Infokasten dargestellten Zusammenhänge bieten eine gute Strukturierungshilfe, um Verbesserungspotenziale der Informationsversorgung aufzudecken. Insbesondere die Überwindung einer Weitergabe von Informationen, die angeboten und nachgefragt werden, aber nicht zum Informationsbedürfnis rechnen, ist eine große Herausforderung in der Abstimmung von Controllern und Mitgliedern der Unternehmensführung. Die Frage, in welchen Bereich eine Information einzuordnen ist, hängt von dem zu lösenden Entscheidungsproblem, der Informationspolitik des Unternehmens und den individuellen Eigenschaften der Informationsempfänger ab. Wenn es einem zu ratenden Unternehmen gelingt, die spezifischen im Unternehmen vorhandenen Informationen in dieses Schema einzuordnen und die dabei identifizierten Verbesserungspotenziale zu realisieren, dann ist ein wichtiger Grundstein dafür gelegt, dass Ratinganalysten ein im Hinblick auf die Erfüllung von Informationsversorgungsaufgaben positives Urteil abgeben. Einen Überblick über Fragen, die im Ratingverfahren auf die Unternehmen zum Thema Informationsversorgung zukommen können, finden Sie in Abbildung 112.

Infokasten

Der Bereich 1 in Abbildung 111 beschreibt eine Situation optimaler Informationsversorgung: Informationen dieses Bereichs werden angeboten, nachgefragt und sind auch zum tatsächlichen Informationsbedarf zu zählen, sind also entscheidungsrelevant. Bereich 1 kann nicht immer erreicht werden. Beispielsweise deshalb, weil Controller es versäumen, die Unternehmensführung über wichtige Informationsmöglichkeiten zu informieren (Bereich 6) oder weil wichtiger Informationsbedarf zwar von der Unternehmensführung nachgefragt wird, aber Controller diesen nicht erkennen oder auch nicht in der Lage sind, diese Informationen anzubieten (Bereich 4). Bereich 7 beschreibt Informationen, die vom Controlling angeboten werden, aber nicht zum Informationsbedarf gehören. Umgekehrt bildet Bereich 3 Informationen ab, die nachgefragt werden, aber auch nicht zum Informationsbedarf zählen. In diesem Fall müssen Controller die Unternehmensführung darüber aufklären, dass die Nachfrage fehlgeleitet ist. Nicht selten ist bei der Erfüllung von Aufgaben zur Informationsversorgung Bereich 2 anzutreffen. Controller und Berichtsempfänger haben sich auf die Lieferung von Informationen geeinigt, die bei näherem Hinsehen jedoch keine Entscheidungsrelevanz besitzen. Wichtige Informationen, die weder von Seiten der Unternehmensführung gesehen werden, noch vom Controlling identifiziert oder angeboten werden, repräsentiert der Bereich 5 (vgl. Weber 2002, S. 102–105).

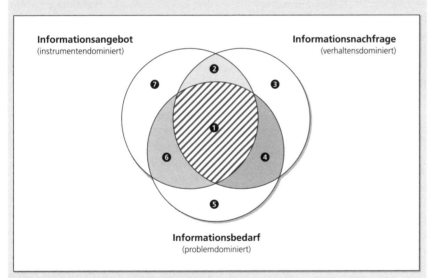

Abb. 111: Gestaltung des Informationsangebots im Spannungsfeld
zwischen Nachfrage und Bedarf (Weber 2002, S. 103)

Controlling als Beurteilungskriterium im
Ratingprozess

Mögliche Fragestellungen im Ratingverfahren bezüglich der Informationsversorgung

- Nutzen Sie die unterschiedlichen Informationsquellen des Controllings in entsprechendem Umfang aus?
- Sind in Ihrem Controllingsystem die zentralen Elemente Ihres unternehmerischen Erfolgs entsprechend abgebildet?
- Beziehen Sie Informationen aus dem Controlling in Ihre tägliche Arbeit und Entscheidungsfindung mit ein?
- Ist sichergestellt, dass Zahlen und Ergebnisse des Controllings an die richtigen Verantwortungsbereiche weitergeleitet werden?
- Sind Sie sich über die Aussagen einzelner Steuerungsgrößen im Klaren?
- Können Sie die Sinnhaftigkeit der generierten Informationen begründen?

Abb. 112: Mögliche Fragestellungen im Ratingverfahren bezüglich der Informationsversorgung (in Anlehnung an Braun/Schäfer 2003, Teil 7.3.1.1, S. 3)

Um die Aufgaben zur Informationsversorgung im Folgenden näher zu beleuchten, werden wir die Bereiche Informationserfassung und -verarbeitung, Informationsverdichtung in Kennzahlen sowie Informationsdarstellung in Berichten differenzieren.

Informationserfassung und -verarbeitung

Ratinganalysten ziehen entscheidungsorientierte Kostenrechnungssysteme der Vollkostenrechnung vor

Während Informationen zum Jahresabschluss im Rechnungswesen erarbeitet werden, besteht der wesentliche Beitrag der Controller darin, über Kosten- und Erlösrechnungen sowie Ein- und Auszahlungsrechnungen entscheidungsrelevante Informationen zu generieren. Abbildung 113 verdeutlicht die Unterschiede wichtiger monetärer Informationssysteme.

In der Kosten- und Erlösrechnung (oder auch kurz Kostenrechnung) erfolgt eine für die Steuerung des Unternehmens wichtige Zuordnung von Kosten und Erlösen auf Kostenträger sowie auf einzelne organisatorische Einheiten. Das zu beurteilende Unternehmen ist im Rahmen eines Ratingprozesses mit den in Abbildung 114 stehenden möglichen Fragestellungen konfrontiert.

Das Basissystem der Kosten- und Erlösrechnung ist die Vollkostenrechnung. Kosten werden gemäß der anteiligen Inanspruchnahme von Kapazitäten auf Kostenstellen oder -träger zugerechnet. Aufgrund der vergleichsweise geringen Komplexität und ihrer intuitiven Verständlichkeit ist sie besonders für den Einstieg in die Kostenrechnung geeignet. Die Vollkostenrechnung kann aber nur dann eine angemessene Entscheidungsgrundlage bilden, wenn längerfristige Entscheidungen getroffen werden, bei denen auch entsprechende Kapazitätsveränderungen möglich sind (vgl. Weber 2002, S. 149–151).

Betriebliches Rechnungswesen			
	erfolgszielbezogene Instrumente		Ein- und Aus-zahlungsrechnung (als liquiditäts-bezogenes Instrument)
Instrumente	Jahresabschluss (Bilanz und GuV)	Kosten- und Erlösrechnung	
Rechengrößen	• Vermögen und Kapital • Erträge und Aufwendungen	• Erlöse und Kosten	• Ein- und Auszahlungen
Objekt und Bezugsperiode der Rechnung	• Gesamtunternehmen • Geschäftsjahr	• Gesamtunternehmen, Kostenstellen, Kostenträger, einzelne Entscheidungen • Geschäftsjahr, (kurzfristiger) Zeithorizont der Entscheidungen	• Gesamtunternehmen • Geschäftsjahr, kürzere Zeitabschnitte (z. B. Wochen), permanent
Zeitbezug	• gemäß HGB vergangen-heitsbezogen • als Plan-Bilanz bzw. -GuV zukunftsbezogen	• als Istkosten- und -erlösrechnung vergangen-heitsbezogen • als Plankosten- und -erlösrechnung sowie als entscheidungsbezogene Kalkulation zukunftsbezogen	• vergangenheitsbezogen • als Planrechnung zukunftsbezogen
Saldogrößen	• Jahresüberschuss/ Jahresfehlbetrag	• Betriebsergebnis, Nettogewinne, Deckungsbeiträge	• Zahlungssaldo

Abb. 113: Überblick über die wichtigsten monetären Informationssysteme (Weber 2002, S. 116)

Die beispielhaft in Abbildung 114 aufgeführten Fragestellungen machen aber unter anderem deutlich, dass Kostenrechnungen, die auf dem Teilkostenverfahren basieren, aus Sicht von Ratinganalysten eine größere Aussagekraft besitzen. Grund hierfür ist die in der Literatur breit und häufig diskutierte Gefahr einer falschen Interpretation der Daten. Die auf Vollkostenbasis ermittelten Nettoerfolge einzelner Erzeugnisse können nicht dahingehend verstanden werden, dass bei Einstellung ihrer Produktion genau diese Beträge wegfielen. Eine solche marginalanalytische Sichtweise verkennt, dass die Streichung von (scheinbaren) Verlustprodukten aus dem Produktions- und Absatzprogramm zumeist nicht zu einer Verbesserung, sondern zu einer Verschlechterung des Un-

ternehmensergebnisses führt, da die vom entsprechenden Produkt bislang getragenen Fixkostenanteile jetzt von den verbleibenden Produkten übernommen werden müssen. Bei einer Produkteinheit mehr fallen weniger Kosten zusätzlich an als die in der Kostenrechnung kalkulierten Vollkosten, bei einer Produkteinheit weniger fallen entsprechend weniger Kosten weg.

Diese Gefahr von Fehlinterpretationen führt dazu, dass Kostenrechnungssysteme, mit deren Hilfe sich Deckungsbeiträge, Preisuntergrenzen sowie Break-Even-Umsätze angemessen berechnen lassen, aus Sicht der Ratinganalysten zu präferieren sind. Dass auch mit solchen Systemen Gefahren verbunden sind (z. B. zu nachgiebige Preissetzung, Förderung kurzfristigen Denkens), sehen

Controlling als Beurteilungskriterium im Ratingprozess

Mögliche Fragestellungen im Ratingverfahren bezüglich der Kostenrechnung
• Verfügen Sie über eine leistungsfähige Kostenarten-, Kostenstellen- und Kostenträgerrechnung? • Nutzen Sie Ihre Kostenrechnung auch als Steuerungsinstrument? • Können Sie die Kosten einer zusätzlichen Produkteinheit angeben? • Werden Ihre Kosten und Erlöse auch auf höherer Ebene aggregiert? • Erfolgt eine Kalkulation zeitnah und detailliert? • Können Sie auf Planabweichungen schnell reagieren? • Ist die Analyse der Daten in Ihrem Unternehmen fest verankert? • Können Sie die Daten Ihrer Kostenrechnung auch langfristig interpretieren? • Werden Deckungsbeiträge, Preisuntergrenzen und Break-Even-Points durchgängig berechnet?

Abb. 114: Mögliche Fragestellungen im Ratingverfahren bezüglich der Kostenrechnung (in Anlehnung an Braun/Schäfer 2003, Teil 7.3.1.2, S. 3)

die Analysten offensichtlich als beherrschbar an.

Unabhängig von der Art des verwendeten Kostenrechnungssystems sollten die von diesem gelieferten Informationen systematisch zur Ertrags- und Kostensteuerung verwendet werden (vgl. Braun/Schäfer 2003, Teil 5.3, S. 32–33). Daten aus der Kostenrechnung sollten als fester Bestandteil in den Unternehmensprozessen verankert sein; wobei die Vorteile einer effizienten Nutzung der Kostenrechnung als Controllinginstrument für alle nachvollziehbar sein sollten (vgl. Braun/Schäfer 2003, Teil 7.3.1.2, S. 4).

Eine Eignung für Steuerungszwecke liegt aber erst dann vor, wenn die Informationen hinreichend differenziert sind – beispielsweise nach Profitcentern oder auch Produkten. Erst die Differenzierung von Umsätzen und Kostenpositionen schafft die erforderliche Transparenz, die Manager benötigen, um eine aussagekräftige Übersicht beispielsweise über die Entwicklung einzelner Geschäftsbereiche zu gewinnen. Die Nutzung differenzierter Deckungsbeiträge bei der Unternehmenssteuerung stellt neben der Berücksichtigung von Analysen zu Schwankungen von Kapazitätsauslastungen ein zentrales Kriterium bei der Beurteilung im Ratingverfahren dar. Darüber hinaus müssen in den Analysen sowohl Ist- als auch Plankosten (bzw. Ist- als auch Planerlöse) berücksichtigt werden (vgl. Kopietz 2003, S. 227–228; vgl. Braun/Schäfer 2003, Teil 8.3.1, S. 34).

Da ein Rating eine Aussage über die zukünftige Zahlungsfähigkeit des Unternehmens macht, ist auch die Liquiditätsrechnung (auch: Ein- und Auszahlungsrechnung oder Finanzrechnung) auf Unternehmensseite ein wichtiges Beurteilungskriterium (vgl. Abbildung 113).

Abb. 115: Mögliche Fragestellungen im Ratingverfahren bezüglich der
Liquiditätsrechnung (in Anlehnung an Braun/Schäfer 2003, Teil 5.3, S. 33)

In der Liquiditätsrechnung werden die Geldbestände und -bewegungen des Unternehmens erfasst. Sie besitzt auf der einen Seite zentrale Bedeutung für die Sicherstellung des finanziellen Gleichgewichts. Wenn ein Unternehmen nicht mehr in der Lage ist, seinen Zahlungsverpflichtungen nachzukommen, muss es ein Insolvenzverfahren anmelden und seine Tätigkeit einstellen. Die Sicherung der Liquidität des Unternehmens besitzt deswegen höchste Priorität. Auf der anderen Seite kann mit Hilfe der Liquiditätsrechnung eine unrentable Überliquidität aufgezeigt werden.

An die Liquiditätsrechnung schließt sich ein Liquiditätsmanagement an. Dazu gehören eine zeitnahe Fakturierung sowie ein wirkungsvolles Mahnwesen zur Vermeidung der Illiquidität einerseits sowie ein effizientes Cash-Management zur Beseitigung einer Überliquidität andererseits. Jedes Unternehmen, welches sich einem Rating unterzieht, sollte nachweisen können, dass es seine Liquidität systematisch überwacht und ausreichende Reserven hält.

Controller haben sich mit Fragen der Liquidität in der Vergangenheit nur am Rande beschäftigt, am ehesten noch in Zusammenhang mit Investitionsprojekten, die auf Basis von Cashflows gerechnet werden. Hier besteht folglich der Bedarf, eine neue »Perspektive der Aufmerksamkeit« ins Auge zu fassen.

Informationsverdichtung in Kennzahlen

Kennzahlen verdichten die komplexe Realität, um die Empfänger schnell und prägnant über ökonomische Sachverhalte zu informieren. Sie bauen auf den kaufmännischen Basissystemen auf. Kennzahlen haben eine zentrale Bedeutung für die Informationsversorgung des Managements. In der Praxis sind insbesondere folgende Kennzahlen von Bedeutung: Umsatzrentabilität, Eigen- und Gesamtkapitalrentabilität sowie die Cash Recovery Rate (Cashflow aus laufender Geschäftstätigkeit/durchschnittliches Gesamtvermögen) (vgl. Weber 2002, S. 189).

Das Thema Liquiditätsrechnung ist für viele Controller neu

Controlling als Beurteilungskriterium im
Ratingprozess

Kennzahlen werden bei einem Rating positiv beurteilt, wenn sie folgende Funktionen erfüllen:

Unterschiedliche Funktionen von Kennzahlen

- *Anregungsfunktion:* Den Managern sollte es möglich sein, anhand der Kennzahlen Auffälligkeiten und Veränderungen zu erkennen.
- *Operationalisierungsfunktion:* Die Kennzahlen werden zur Messung von Zielen verwendet.
- *Vorgabefunktion:* Die Kennzahlen werden den Unternehmensbereichen als Ziele vorgegeben.
- *Steuerungsfunktion:* Komplexe Steuerungsprozesse werden durch die Verwendung der Kennzahlen vereinfacht.
- *Kontrollfunktion:* Anhand der Kennzahlen werden Soll-Ist-Vergleiche durchgeführt.

In vielen Unternehmen hat sich die Einführung eines Systems von Kennzahlen als sinnvoll erwiesen, da einzelne Kennzahlen nur eine begrenzte Aussagekraft besitzen. Ein erfolgreiches Kennzahlensystem, das bereits bei einer Vielzahl von Unternehmen verwendet wird, ist die Balanced Scorecard, bei der traditionelle finanzielle Kennzahlen durch weitere Perspektiven ergänzt und auf die verfolgte Unternehmensstrategie bezogen werden. Der Einsatz einer Balanced Scorecard wird in den Ratingkriterien der unterschiedlichen Kreditinstitute und Ratingagenturen häufig als Indikator für ein hochwertiges Controlling genannt.

Ratingagenturen werten das Vorhandensein einer BSC als Indikator für ein hochwertiges Controlling

Dieses Urteil lässt sich insbesondere auf folgende Merkmale einer Balanced Scorecard zurückführen:

- Verknüpfung von Strategie, Zielen und operativer Umsetzung,

- Verbindung von finanziellen und nicht finanziellen Kenngrößen,
- Balance zwischen objektiven, quantifizierbaren Ergebniskennziffern und subjektiven, qualitativen Potenzialindikatoren,
- Berücksichtigung der Interessen von externen Adressaten (beispielsweise Fremdkapitalgeber, Eigentümer oder Kunden) und internen Adressaten (beispielsweise Mitarbeiter).

Informationsdarstellung in Berichten

Die leistungsfähigsten Informationssysteme und die schönsten Auswertungen sind nutzlos, wenn es nicht gelingt, den Entscheidern des Unternehmens den Wert dieser Informationen zu verdeutlichen. Das Kernprodukt der Arbeit der Controller sind die von ihnen zusammengestellten Berichte für die Unternehmensführung.

In einer funktionierenden Berichterstattung werden die mit den Berichten gelieferten Steuerungsinformationen bei der Entscheidungsfindung berücksichtigt. Einzelne Bereiche des Unternehmens werden gezielt angesprochen und es herrscht Klarheit bezüglich der Verantwortlichkeiten für die einzelnen Unternehmensbereiche (vgl. Braun/Schäfer 2003, Teil 7.3.1.1, S. 2).

Berichtssysteme sollten einfach und funktionsfähig gestaltet sein, so dass ein bedarfs- und termingerechtes Reporting sichergestellt werden kann (vgl. Reiss 2003, S. 8). Bei der Konzeption (oder auch der Verbesserung) des Berichtswesens können die in Abbildung 116 dargestellten Leitsätze als Orientierung dienen.

Bedarfsgerechtigkeit	Die Berichte decken die Informationen ab, die für die Empfänger tatsächlich zur Steuerung ihres Bereiches notwendig sind.
Vollständigkeit	Die Berichte bilden alle relevanten betriebswirtschaftlichen Sachverhalte sachgemäß und ganzheitlich ab.
Nachvollziehbarkeit	Die tabellarischen und graphischen Aufbereitungen der Informationen sind einfach und nachvollziehbar. Als ergänzende Darstellungen von Plan-Ist-Abweichungen bieten sich »Ampeln« an.
Durchgängigkeit	Die Definition von Kennzahlen wird für alle Berichte einheitlich verwendet. Dieselben Sachverhalte besitzen in unterschiedlichen Berichten denselben Wert.
Beeinflussbarkeit	Die in den Berichten abgebildeten Steuerungsinformationen sind vom jeweiligen Empfänger der Information beeinflussbar.
Pünktlichkeit	Die Berichte werden zeitnah erstellt und den Berichtsempfängern rechtzeitig zugestellt.

Abb. 116: Leitsätze des Berichtswesens

Insbesondere die Leitsätze der Bedarfsgerechtigkeit und Beeinflussbarkeit setzen eine Differenzierung von Steuerungsinformationen voraus. Nur für den Fall, dass die in den Berichten dargestellten Informationen auf den Verantwortungsbereich des einzelnen Berichtsempfängers zugeschnitten sind, kann damit gerechnet werden, dass die Informationen eine Steuerungswirkung entfalten. Darüber hinaus bietet erst eine Unterscheidung nach Segmenten die Möglichkeit, Aussagen über die Entwicklung der jeweiligen Geschäftsbereiche des Unternehmens zu treffen oder auch mögliche Quersubventionierungen zu identifizieren (vgl. Fischer/ Holzkämper/Mendel 2003, S. 321).

Die in den Berichten gelieferten Steuerungsinformationen müssen um Abweichungsanalysen ergänzt werden, aus denen hervorgeht, ob Abweichungen einen einmaligen oder nachhaltigen Charakter besitzen. Neben den Abweichungsanalysen sollten alle geplanten Maßnahmen nachvollziehbar dokumentiert sein. Um diese Sachverhalte angemessen abzubilden, bieten Berichterstattungen, die in zwölfmonatigem Turnus erstellt werden, aus Sicht der Analysten keine ausreichende Transparenz. Abhilfe kann nur ein Reporting schaffen, das je Quartal oder besser je Monat erstellt wird (vgl. Paetzmann 2001, S. 496).

Die Forderung nach einer quartalsweisen oder sogar monatlichen Berichterstattung stellt insbesondere für mittelständische Unternehmen eine große Herausforderung dar. Gerade kleinere Unternehmen sind hierzu oft nicht fähig. Sie verfügen über keine unterjährige Ergebnisrechnung, da keine permanente Inventur durchgeführt wird und unterjährige Abgrenzungsbuchungen beispielsweise für Abschreibungen,

Controlling als Beurteilungskriterium im Ratingprozess

Zinsen oder Urlaubsgelder fehlen. Aufschluss über das abgeschlossene Geschäftsjahr gibt in einer solchen Situation erst der Jahresabschluss. Die alleinige Einreichung von Bilanzen, die noch dazu häufig erst sechs bis neun Monate nach Abschluss des Geschäftsjahres vorliegen, wird jedoch den im Kontext des Ratings gestellten Anforderungen nicht gerecht (vgl. Fischer/Holzkämper/Mendel 2003, S. 320–321).

Planungs- und Kontrollaufgaben

Die zweite der drei Kernaufgaben, die von Controllern zu erfüllen sind, betrifft die Planung und Kontrolle. Die beiden Aufgaben der Planung und Kontrolle bedingen sich wechselseitig. Einerseits kann eine Kontrolle, die im Kern als ein Plan-Ist-Vergleich verstanden werden kann, nur dann erfolgen, wenn eine zuvor durchgeführte Planung die entsprechenden Planwerte liefert. Andererseits ist die Festlegung von Planwerten wir-

kungslos, wenn nicht in Form von Plan-Ist-Vergleichen kontrolliert wird, ob die Planung eingehalten wird.

Da die zukünftige Zahlungsfähigkeit im Fokus der Beurteilung von Ratinganalysten steht, kommt einer qualitativ hochwertigen Planung und Kontrolle eine große Bedeutung zu. Planung und Kontrolle sind Voraussetzungen für die zielgerichtete Erwirtschaftung zukünftiger Erfolge und Cashflows. Bezüglich der Güte von Planung und Kontrolle ist im Rahmen eines Ratings das zu beurteilende Unternehmen mit den in Abbildung 117 beispielhaft aufgeführten Fragestellungen konfrontiert.

Diese machen deutlich, dass Ratinganalysten insbesondere der Frage nachgehen, mit welcher Intensität die Planung und Kontrolle im Unternehmen gelebt werden. Wichtige Aspekte, die es hierbei zu beachten gilt, möchten wir im Folgenden nacheinander für die Planungs- und die Kontrollaufgabe erläutern.

Mögliche Fragestellungen im Ratingverfahren bezüglich der Planung und Kontrolle

- Sind die Planungsunterlagen für die Größe und Situation des Unternehmens angemessen? Unternehmen mit angespannter Liquiditätslage sollten bspw. ein kurzfristiges Liquiditätsplanungssystem vorweisen können

- Ist der Planungshorizont groß genug? Kreditinstitute erwarten einen Planungshorizont von drei Jahren

- Kann dargelegt werden, dass die Unternehmensziele und -pläne innerhalb des Unternehmens ausreichend an alle betroffenen Mitarbeiter kommuniziert werden?

- Kann gezeigt werden, dass die Planungssysteme angewendet werden? Die Existenz von Planungshandbüchern alleine genügt nicht als Zeichen einer »Planungskultur« im Unternehmen

- Findet ein regelmäßiger Soll-Ist-Abgleich mit Ursachenanalyse und gegebenenfalls Revision der Handlungsmöglichkeiten statt? Planwerte sollten – da sie Zielvorgaben darstellen – nicht ohne stichhaltige Begründung abgeändert werden, auch nicht, wenn Planziele offenkundig innerhalb der Planungsperiode nicht erreicht werden können

Abb. 117: Mögliche Fragestellungen im Ratingverfahren bezüglich Planung und Kontrolle (in Anlehnung an Braun/Schäfer 2003, Teil 8.3.1, S. 23)

Die Planung ist ein zielorientierter Informationsverarbeitungsprozess und dient der Festlegung zukünftiger Handlungen. Planungsprozesse erfolgen üblicherweise in mehreren Durchläufen, wobei der Rahmen, in dem sich die einzelnen Handlungsträger bewegen können, schrittweise enger gezogen und konkretisiert wird. Die zunächst hohen Wissensbeschränkungen einer langfristigen (strategischen) Planung gehen durch eine sukzessiv steigende Operationalisierung und Konkretisierung in vergleichsweise hohes Zukunftswissen auf der Ebene einer operativen Planung über (vgl. hierzu auch AC-Band 17).

Hinsichtlich des geplanten Zeithorizontes achten die Ratinganalysten darauf, dass die Planung des zu beurteilenden Unternehmens drei unterschiedliche Ebenen umfasst. Neben der operativen oder auch Kurzfristplanung (Planungshorizont: aktuelles Geschäftsjahr) sollte das Unternehmen auch eine Mittelfristplanung (Planungshorizont: zwei bis vier Geschäftsjahre) und eine strategische Planung (Planungshorizont: über vier Geschäftsjahre) vorweisen können. In der strategischen Planung werden Aussagen zu Erfolgspotenzialen des Unternehmens, Wettbewerbsstrategien und strategischen Programmen getroffen (vgl. Weber 2002, S. 232–233). Die strategische Planung enthält für das Unternehmen wichtige und richtungsweisende Informationen und deckt auch aus Sicht von Ratinganalysten einen wichtigen Bestandteil derjenigen Informationen ab, auf denen das Ratingurteil letztlich basiert.

Neben der grundsätzlichen Frage, ob ein Unternehmen auf allen drei genannten Ebenen Planungen durchführt, untersuchen die Ratinganalysten die Intensität der Planung. Bei dieser Untersuchung können zwei Qualitätsmaße voneinander unterschieden werden: die Qualität der Planungsinhalte und der Durchsetzungsgrad der Planung.

- Bei der Qualität der Planungsinhalte steht die Frage im Vordergrund, ob die Planung zu einer zukünftigen Verbesserung der Wettbewerbssituation des Unternehmens beitragen kann und ob die hierzu notwendigen Maßnahmen angemessen ausgearbeitet sind. Die Planung sollte (zumindest anteilig) tatsächliche Neuplanungen enthalten und nicht dadurch gekennzeichnet sein, dass einfach nur die Verhältnisse der Gegenwart in die Zukunft fortgeschrieben werden. Bei einer reinen Fortschreibung der Gegenwart besteht die Gefahr, dass zukünftige Wettbewerbschancen nicht (oder auch nicht früh genug) erkannt und realisiert werden. Die Controller sollten darauf achten, dass die Planung eine Dokumentation konkreter Maßnahmen umfasst. Erst die Ausarbeitung von Maßnahmen stellt sicher, dass der Weg zur Erreichung der Planwerte beschritten werden kann. Schließlich umfassen hochwertige Planungen auch Simulations- und Sensitivitätsanalysen. Die Bereitstellung von Simulations- und Sensitivitätsanalysen schafft die notwendige Voraussetzung, damit das Unternehmen eine konkrete Abschätzung der in Zukunft zu erwartenden Chancen und Risiken vornehmen kann (vgl. Reiss 2003, S. 8).

Zwei Qualitätsmaße können unterschieden werden

Ratinganalysten erwarten eine mehrere Ebenen vorsehende Planung

Controlling als Beurteilungskriterium im Ratingprozess

Ratinganalysten ziehen zur Beurteilung der Durchsetzbarkeit von Plänen zumeist den in der Vergangenheit erreichten Planerfüllungsgrad heran

• Der Durchsetzungsgrad der Planung wird durch die Intensität bestimmt, in der sich sowohl die Unternehmensführung als auch die einzelnen Mitarbeiter mit den Vorgaben der Planung identifizieren. Ratinganalysten ziehen zur Beurteilung des Durchsetzungsgrades den in der Vergangenheit erzielten Planerfüllungsgrad heran. Die Identifikation mit der Planung beginnt damit, dass Controller einen systematischen Planungsprozess gestalten und dokumentieren. Hierbei werden die Abläufe zur Erarbeitung der Planung, die Koordination von Teilplänen und die entsprechenden Verantwortlichkeiten geklärt. Es ist wichtig, dass die Entscheidungsträger deutlich in den Planungsprozess eingebunden sind und dass der einzelne Entscheidungsträger nicht isoliert Planungswerte festsetzt, sondern diese kritisch mit den Controllern diskutiert. Neben der Einbindung in den Planungsprozess kann eine hohe Identifikation mit der Planung und ein hohes Maß an Planerfüllung durch ein Anreizsystem erreicht werden. Beispielsweise unterstützen Zielvereinbarungen im Rahmen einer erfolgsbasierten Vergütung, dass die einzelnen Entscheidungsträger ihre Handlungen konsequent darauf ausrichten, der Planung zumindest gerecht zu werden oder noch besser die Planung zu übertreffen.

Die Aufgabe der Kontrolle kann im Kern als Ermittlung von Abweichungen zwischen Plan- und Istwerten verstanden werden. Die Berechnung erfolgt entweder in Form absoluter oder auch relativer Werte. Während der rein rechentechnische Ausweis einer Abweichung noch keine Anhaltspunkte für die in Frage kommenden Ursachen und Lösungsvorschläge bietet und im Grunde eine Leistung des Informationssystems darstellt, kann die inhaltliche Analyse durch Controller und den jeweils für die Abweichung verantwortlichen Entscheidungsträger nützliche Erkenntnisse liefern. In der inhaltlichen Analyse werden die Geschäftsvorfälle, die zur Abweichung geführt haben, aus den aufgezeichneten Zahlen rekonstruiert. Eine angemessene Interpretation der Zahlen ist nur interaktiv mit dem jeweils Betroffenen zu erreichen. So lässt sich ein erhöhter Personaleinsatz beispielsweise durch einen urlaubsbedingten Einsatz von Aushilfskräften oder durch eine führungsbedingt zurückgehende Einsatzbereitschaft des Stammpersonals erklären. Der alleinige Blick auf Zahlen erlaubt hierüber noch keine Aussage.

Bei der Interpretation des jeweiligen Sachverhaltes kommt darüber hinaus die Schwierigkeit hinzu, dass die entstandene Abweichung auf eine unangemessene Festlegung des Planwertes oder aber auf eine unangemessene Realisation des Planwertes zurückgeführt werden kann. Ein Zielwert muss nicht zwangsläufig erreichbar sein. Umgekehrt sollte ein Zielwert jedoch auch niemals so unsicher sein, dass nicht auch ein abweichender Input im Versuch, den Zielwert zu realisieren, Einfluss auf die Höhe der Abweichung nimmt. Die Aufgabe der Kontrolle ist somit immer mit dem Problem verbunden, den jeweiligen Ursachenschwerpunkt zu bestimmen. Dieser Aufgabe wird kein allgemeingültiger Algorithmus gerecht; bei der Erfüllung dieser Aufgabe ist intuitives Einschätzungsvermögen gefragt. Neben einem intuitiven Einschätzungsvermögen setzt die Wahrnehmung der Aufgabe zur Kontrolle auch eine fachliche und persönliche Akzeptanz des Controllers voraus. Insbesondere wenn der jeweils von einer Abweichung betroffene Entscheidungsträger den Nutzen der Analyse eines Controllers niedrig einschätzt, empfindet er die Arbeit des Controllers nicht als Unterstützung, sondern als Überwachung.

Die Kontrolle erfüllt zwei wichtige Funktionen, die auch aus Sicht von Ratinganalysten einen wichtigen Beitrag für den zukünftigen Erfolg eines Unternehmens darstellen: die Durchsetzungs- und die Lernfunktion. Hinsichtlich der *Durchsetzungsfunktion* zielt die Kontrolle auf eine Beeinflussung der Handlungen derjenigen Personen ab, die die Verantwortung für den jeweils kontrollierten Sachverhalt oder auch Bereich tragen. Hierbei kann festgestellt werden, dass die Intentionen und Handlungen des Kontrollierten bereits im gewünschten Sinne beeinflusst werden, noch bevor die Kontrolle tatsächlich durchgeführt wird. Schon mit dem Wissen, dass eine Kontrolle erfolgen kann, wird der Kontrollierte die Folgen seiner Handlungen abschätzen und danach bewerten, inwiefern eine Handlung zur Erfüllung von Planwerten beiträgt oder nicht.

In Hinblick auf die *Lernfunktion* kann die Kontrolle zur Gewinnung neuer Erkenntnisse beitragen, die zur Erfüllung der aktuellen Planung oder/und zu einer Verbesserung der nächsten Planung genutzt werden können. Die Durchsetzungs- und Lernfunktion wird umso besser erfüllt, je aufschlussreicher die vom Controller durchgeführte inhaltliche Ursachenanalyse ist und je stärker es dem Controller gelingt, Vorschläge und Lösungsansätze zu erarbeiten, die ein höheres Maß an Planerfüllung versprechen. In Wahrnehmung der Kontrollaufgabe wird ein Controller zum internen Unternehmensberater. Diese Beratungsqualität steht im Ratingverfahren auf dem Prüfstand.

Risikomanagement

Die Aufbau- sowie die Ablauforganisation des Risikomanagements obliegt in vielen Fällen den Controllern des Unternehmens. Im Rahmen des Ratingverfahrens spielt die Überprüfung des Risikomanagementsystems im Unternehmen eine wichtige Rolle, da durch ein Risikomanagementsystem die Krisenvorbereitung und -sicherheit eines Unternehmens gestärkt werden soll und dies große Auswirkungen auf die Ausfallwahrscheinlichkeit hat.

Im Ratingverfahren wird untersucht, ob ein Risikomanagementsystem besteht, mit dessen Hilfe die wesentlichen Unternehmensrisiken erkannt und gehandhabt werden können. Die Dokumentation und nachweisbare Umsetzung von Vorgehensweisen zur Identifikation, die Ableitung von Steuerungsmaßnahmen sowie die Umsetzung und Kontrolle der Maßnahmen werden bewertet (vgl. Abbildung 118).

Bei Unternehmen, die im Sinne des KonTraG (Gesetz zur Kontrolle und Transparenz im Unternehmensbereich) zur Prüfung des Risikomanagementsystems verpflichtet sind, wird außerdem die Vorlage eines Prüfungsberichtes erwartet, der das Vorhandensein eines ad-

Bei Kontrolle lässt sich eine Durchsetzungs- und eine Lernfunktion unterscheiden

Controlling als Beurteilungskriterium im Ratingprozess

Mögliche Fragestellungen im Ratingverfahren bezüglich Risikomanagement	
• Welchen Risiken ist Ihr Unternehmen ausgesetzt? • Würden Sie Ihre Unternehmensphilosophie und Ihren Führungsstil als risikobewusst einstufen? • Neigen Sie eher zu einer umfassenden Kontrolle oder gehen Sie bewusst Risiken ein? • Besteht im Unternehmen eine »Risikokommunikation«, das heißt, wird offen über Risikosachverhalte gesprochen? • Führen Sie Ihre Mitarbeiter zu einem bewussten Umgang mit Risiken hin? • Wer trägt in Ihrem Unternehmen die Risikoverantwortung? Wie werden diese Personen unterstützt oder beraten? • Ist das Risikobewusstsein in allen Unternehmensbereichen und -prozessen vorhanden oder beschränkt es sich auf Teilbereiche? • Sind Sie sich über Ihre Unternehmensziele im Klaren? Ist dies Voraussetzung für die Festlegung einer Risikostrategie?	• Werden in Ihrem Unternehmen die wesentlichen Risiken und Risikobereiche strukturiert erfasst? • Sind die Auswirkungen der Risiken auf alle Unternehmensbereiche bekannt? • Sind Sie immer sachgerecht und aktuell über die Risikosituation Ihres Unternehmens informiert? • Werden die bewerteten Risiken dem Risikotragfähigkeitspotenzial gegenübergestellt? • Werden die Risiken kontinuierlich überwacht? Wie geschieht dies? • Welche Maßnahmen ergreifen Sie bei einer Soll-Ist-Abweichung? • Werden Risikoveränderungen erfasst? • Verfügen Sie zur Risikoüberwachung über ein internes Kontrollsystem? • Existieren aktuelle Notfallpläne bzw. Schubladenkonzepte für den Krisenfall?

Abb. 118: Mögliche Fragestellungen im Ratingverfahren bezüglich Risikomanagement (in Anlehnung an Braun/Schäfer 2003, Teil 7.3.2.1, S. 3)

äquaten Risikofrüherkennungssystems dokumentiert.

Komponenten eines Risikomanagementsystems ...

Grundsätzlich besteht das Risikomanagementsystem aus sechs Komponenten (vgl. Weber/Weißenberger/Liekweg 1999, S. 28):

- Die erste Stufe umfasst die *Formulierung einer Risikostrategie.* Hierzu sind Risikopräferenzen zu formulieren und mit der Risikotragfähigkeit des Unternehmens abzugleichen.
- Die *Risikoidentifikation* erfordert eine Analyse des Unternehmens im Hinblick auf aktuelle, zukünftige, potenzielle und theoretisch bestehende Risiken.
- In der Phase der *Risikobewertung* gilt es, die identifizierten Risiken hinsichtlich ihrer Eintrittswahrscheinlichkeiten und ihrer quantitativen Auswirkungen zu bewerten sowie kritische Schwellenwerte zu bestimmen.
- Die *Risikoberichterstattung* besteht darin, die in den einzelnen organisatorischen Einheiten identifizierten und bewerteten Risiken strukturiert zu kommunizieren.
- Die Aufgabe der *Risikosteuerung und -kontrolle* ist die Überwachung der Risikoveränderungen im Zeitablauf. Übersteigen die Frühwarnsignale die Toleranzgrenze, müssen entsprechende Steuerungsmaßnahmen ausgelöst werden.
- Die *Überwachung des Risikomanagementsystems* soll durch eine regelmäßige Überprüfung der Methoden die Aufdeckung von Defiziten in Risikomanagementorganisation und Risikomanagementprozess sicherstellen.

Bei der Einführung eines Risikomanagementsystems im Unternehmen sollten verschiedene Leitlinien beachtet werden, um interne Risikotransparenz herzustellen und den Ratinganforderungen gerecht zu werden:

- Alle Mitarbeiter müssen vorab für Risiken sensibilisiert werden, zum Beispiel mit Hilfe der Formulierung und Dokumentation von Verhaltensregeln zum Umgang mit Risiken.
- Für das Risikomanagement gilt das Gebot der Vollständigkeit, da nur bekannte Risiken gehandhabt werden können.
- Um Risiken vollständig erfassen, bewerten, handhaben und kontrollieren zu können, ist eine systematische Vorgehensweise erforderlich.
- Das System sollte routinemäßig in die Steuerungsprozesse eingegliedert und nicht als Sondereinrichtung begriffen werden.
- Verfahren und Ergebnisse sollten dokumentiert werden, um eine Überprüfung und Rückkopplung des Systems zu gewährleisten.
- Die möglichst frühzeitige Identifikation der Risiken ist für ein rechtzeitiges Gegensteuern notwendig.
- Werden Risiken identifiziert, müssen zuvor eindeutig benannte Entscheidungsträger schnell informiert werden.

Controlling für die nachhaltige Erfüllung der Ratingziele

Für Maßnahmen der Fremdkapitalfinanzierung ist in vielen Fällen ein Rating erforderlich. Unternehmen müssen sich aus diesem Grund mit der Frage auseinandersetzen, wie ein für sie optimales Rating zu erreichen und zu halten ist. Die Herausforderung für die Controller besteht darin, die Auswirkungen wichtiger unternehmerischer Entscheidungen auf das Rating im Vorfeld zu beurteilen. Nur durch eine Berücksichtigung der Ratinganforderungen in der Unternehmenssteuerung kann eine mögliche Einschränkung der Liquidität und Ansteigen der Finanzierungskosten durch ein zu stark sinkendes Rating rechtzeitig erkannt werden.

Die Bemühungen um ein optimales Rating sollten nicht nur für den Zeitraum des eigentlichen Ratingprozesses stattfinden. Da die Analysten ein Ratingurteil zumindest einmal jährlich überprüfen und anpassen, ist die Berücksichtigung von Ratinganforderungen in der Unternehmenssteuerung eine permanente und langfristig zu erfüllende Aufgabe.

Jedes Unternehmen sollte sich zunächst die Frage stellen, welches Ratingurteil überhaupt anzustreben ist. Dies ist davon abhängig, welche Kosten (bzw. welcher Benefit) dem Unternehmen durch eine Einordnung in eine niedrigere (bzw. höhere) Ratingklasse entstehen. Hierzu ein konkretes Beispiel (vgl. Abbildung 119).

Ein Unternehmen hat eine Anleihe mit Step-up-Klausel mit einem Volumen von 24 Milliarden Euro ausgegeben. Step-up-Klauseln besagen, dass der Zinskupon variabel ist und um einen bestimmten Satz (hier: 50 Basispunkte) erhöht wird, sofern die Ratingagenturen das Rating des Unternehmens herabstufen. In unserem Beispiel wird das Unternehmen sowohl von Moody's als auch von Standard & Poor's von A3 bzw.

357

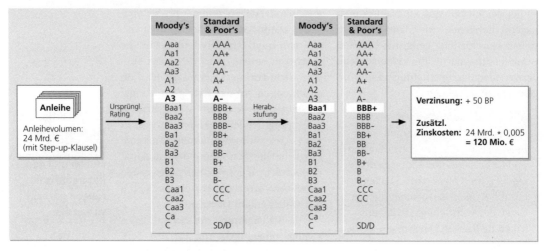

Abb. 119: Folgen der Herabstufung eines Ratingurteils

A- auf Baa1 bzw. BBB+ zurückgestuft und damit auch in eine andere Bonitätsklasse (Befriedigend) eingeordnet. Dies bedeutet für das Unternehmen eine zusätzliche jährliche Zinsbelastung von ca. 120 Millionen Euro. Es kann davon ausgegangen werden, dass diese zusätzliche Belastung als erheblich beurteilt wird. Für das hier vorgestellte Unternehmen hat eine höhere Ratingeinstufung deswegen eine hohe Priorität.

Für alle Unternehmen gesamtheitlich betrachtet kann davon ausgegangen werden, dass ein Ratingurteil angestrebt wird, das zumindest befriedigend ist (vgl. Abbildung 101). Ein Ratingurteil dieser Stufe schafft oftmals erst die notwendige Voraussetzung für einen Zugang zu Fremdkapital. So bestehen beispielsweise bei Investmentfonds häufig vertragliche Vereinbarungen, die den Fondsmanagern verbieten, in Anleihen unterhalb einer bestimmten Bonitätsklasse zu investieren.

Der optimale Verschuldungsgrad – als wesentlicher Einflussfaktor auf das Rating – wird nur sehr selten nahe Null liegen

Das Bemühen um ein Top-Rating ist jedoch nicht notwendigerweise immer zum Vorteil des Unternehmens. AAA mag zwar das höchste Rating sein; es ist deswegen aber nicht unbedingt die »beste« Einstufung. Wenn wir beispielsweise die Kennzahl der Eigenkapitalquote als Beispiel für ein Ratingkriterium herausgreifen, so können wir festhalten, dass ein Unternehmen, das sich vorwiegend über Eigenkapital finanziert, für ein höheres Rating spricht als ein Unternehmen, das vorwiegend über Fremdkapital finanziert ist. Daraus kann jedoch nicht gefolgert werden, dass eine stark auf Eigenkapitalfinanzierung ausgerichtete Strategie betriebswirtschaftlich betrachtet immer sinnvoll ist. Eine Erhöhung des Verschuldungsgrades kann durchaus sinnvoll sein, selbst wenn durch den höheren Fremdkapitalanteil eine schlechtere Ratingklassifikation (im Sinne einer höheren Ausfallwahrscheinlichkeit) verursacht wird. Der optimale Verschuldungsgrad ist ein Trade-Off zwischen den mit dem Verschuldungsgrad steigenden Steuervorteilen (aufgrund der Abzugsfähigkeit von Fremdkapitalzinsen) und den aufgrund der höheren Ausfallwahrscheinlichkeit steigenden Insolvenzkosten. Dieser Trade-Off muss unternehmensindividuell vorgenommen werden.

Um ein optimales Ratingurteil zu erzielen, ist es wichtig, die Anforderungen eines Ratings in den internen Steuerungsprozessen zu berücksichtigen. Die Herabstufung der Ratings zahlreicher deutscher Unternehmen zeigt jedoch, dass Rating oftmals als einmaliger und nicht als fortwährender Prozess betrachtet wird. In Hinblick auf eine Berücksichtigung von Ratinganforderungen in der internen Steuerung lassen sich bei deutschen (insbesondere Groß-)Unternehmen folgende Schwachstellen identifizieren:

- zu einseitige Fokussierung der Steuerung auf Wertorientierung ohne ausreichende Beachtung der Liquiditätssteuerung,
- isolierte organisatorische Verankerung des Rating-Verantwortlichen im Finance-Bereich; fehlende Integration in übergeordnete Gremien,
- unzureichende Ausgestaltung der Schnittstellen zu Entscheidungsträgern in relevanten Bereichen wie Strategie/Konzernentwicklung, Corporate Controlling, Rechnungswesen und Investor Relations,
- fehlende Berücksichtigung der Auswirkungen von Akquisitionen/ Investitionen auf die Ratingbeurteilung oder auch
- unzureichende Steuerung derjenigen Posten, die als Fremdkapital einzuordnen sind (beispielsweise operatives Leasing oder ungedeckte Pensionsverpflichtungen).

In deutschen Großunternehmen lassen sich diverse Schwachstellen hinsichtlich des Ratings feststellen

Veränderung der Informationsversorgung	Wie lässt sich die systemseitige Hinterlegung von Informationen gewährleisten, die beim Rating gefordert werden? Wie können die Informationen im Berichtswesen berücksichtigt werden?
Veränderung der Planung und Kontrolle	Wie können Auswirkungen von Investitions- und Akquisitionsfinanzierungen bei Planungsentscheidungen berücksichtigt werden?
Veränderung der Organisation	Wie lässt sich die Steuerung des Ratings in der Aufbau- und Ablauforganisation sinnvoll verankern?
Veränderung in der Kommunikation (Lernprozesse)	Welche Maßnahmen zur Kommunikation und zum Training können umgesetzt werden, um den Erfordernissen des Ratings gerecht zu werden?

Abb. 120: Wichtige Aspekte bei der Integration von Rating-Anforderungen in die interne Steuerung

Kennzahlen können eine Früh- warnfunktion übernehmen, um eine drohende Veränderung der Risikoklasse zu signalisieren

Bei der Überwindung der genannten Defizite kommt Controllern eine wichtige Bedeutung zu. Ihre Rolle kann als die eines »Change Agent« begriffen werden, der die Veränderungsprozesse zur Integration von Ratinganforderungen in die interne Steuerung initiiert und betreut. Zur Erfüllung dieser Aufgabe befähigen den Controller seine detaillierten Kenntnisse über die Informations-, Planungs- und Kontrollroutinen des Unternehmens, seine Unabhängigkeit, seine Erfahrungen in der Abstimmung unterschiedlicher Interessen sowie sein Know-how in der Organisation von Abläufen (vgl. Weber 2002, S. 410).

Die Berücksichtigung von Ratinganforderungen bei der Unternehmenssteuerung ist für viele Unternehmen ein wichtiges Thema. Ein solcher Veränderungsprozess kann tiefgreifende Veränderungen im Unternehmen bewirken. Der Veränderungsprozess zur stärkeren Berücksichtigung des Ratings kann nach vier Aspekten gegliedert werden (vgl. Abbildung 120).

In das laufende Berichtswesen sollten rating- relevante Aspekte aufgenommen werden

Ratingrelevante Informationen sollten in die *Informationsversorgung* des Managements integriert werden. Dies bedeutet, dass die für das Rating relevanten Informationen in das Standardberichtswesen des Unternehmens aufgenommen werden und die erstellten Berichte damit eine Aussage zur Adäquanz der jeweils aktuellen Ratingklassifikation erlauben. So sollten die relevanten Kennzahlen, die die Ratinganalysten überwachen, ebenfalls Teil des internen Reportings werden. Dem Management ist es so möglich, das Ratingziel als Nebenbedingung konstant im Blick zu behalten. Die Formulierung von Maßnahmen und Empfehlungen zur Erreichung oder zur Erhaltung eines Ra-

tingziels beziehungsweise deren Überwachung ist für das Management ebenso von Bedeutung wie eine kurze Dokumentation des Fortganges des Ratingprozesses und der Verhandlungen mit den Analysten.

Im Aufgabenfeld der *Planung und Kontrolle* ist es wichtig, dass insbesondere finanzwirtschaftliche Entscheidungen unter der Berücksichtigung der angestrebten Ratingklassifikation getroffen werden. Das Rating des Unternehmens sollte im gesamten Planungsprozess als eine Art von Nebenbedingung berücksichtigt werden. Insbesondere sind die Auswirkungen von Investitions- und Akquisitionsentscheidungen auf das Rating zu berücksichtigen. Dies ist darauf zurückzuführen, dass Akquisitions- und Investitionsentscheidungen mit gravierenden Auswirkungen auf das finanzielle Risiko einhergehen können, da die für das Rating relevanten Struktur- und Deckungskennziffern verändert werden. Beispielsweise sind bei Akquisitionsentscheidungen zwei Aspekte zu berücksichtigen. Auf der einen Seite übt eine Akquisition einen negativen Einfluss auf die Kapitalstruktur und den Cashflow (und somit auch auf das Rating) des Unternehmens aus. Andererseits können durch die Akquisition aber auch Wachstumschancen realisiert werden, die eine Verbesserung hinsichtlich des Geschäftsrisikos bewirken. Wenn sich die beiden Einflüsse auf das Risiko kompensieren, dann kann eine Anpassung des Ratings unterbleiben. Ein Rating sollte somit Entscheidungen des Unternehmens nicht dergestalt beeinflussen, dass auf die Wahrnehmung zukünftiger Gewinnchancen zugunsten einer bestehenden finanziellen Risikostruktur verzichtet wird (vgl. Schmidt 1996, S. 270).

Bei der Kontrolle ist es wichtig, dass Rating-Kennzahlen eine Frühwarnfunktion erfüllen, die beispielsweise in Form von Ampel-Schaltungen dargestellt wird. Als grobe Orientierung für den Zusammenhang zentraler Kennzahlen und den damit verbundenen Ratingklassifikationen soll Abbildung 121 dienen. Die in der Abbildung aufgelisteten Kennzahlen wurden mit den zugehörigen Definitionen bereits im zweiten Abschnitt vorgestellt.

In Bezug auf die Veränderung der *Organisation* sind Rating-Anforderungen in der Aufbau- und Ablauforganisa-tion zu verankern. Die Verankerung einer Verantwortung für das Rating und die Veränderung der internen Prozesse sind die Basis für die Berücksichtigung des Ratings in der internen Steuerung:

- Hinsichtlich der *Aufbauorganisation* besteht das Problem, dass (Groß-)Unternehmen in der Regel kein Steuerungssystem besitzen, in der die Steuerung von Eigenkapital (Controlling: Shareholder Value Management) und die Steuerung von Fremdkapital (Finance/Treasury: Debt Management) integriert erfolgt. Die Verbindung zwischen den Abteilungen Finanzen und Controlling muss aus-

Shareholder Value Management und Debt Management müssen eng miteinander verzahnt werden

Key Industrial Financial Ratios							
Kennzahl	**Ratingklassifikationen***						
	AAA	**AA**	**A**	**BBB**	**BB**	**B**	**CCC**
EBIT interest coverage (x)	21,4	10,1	6,1	3,7	2,1	0,8	0,1
EBITDA interest coverage (x)	26,5	12,9	9,1	5,8	3,4	1,8	1,3
Funds from operations/Total debt (%)	128,8	55,4	43,2	30,8	18,8	7,8	1,6
Free operating Cashflow/Total debt (%)	84,2	25,2	15,0	8,5	2,6	(3,2)	(12,9)
Return on capital (%)	34,9	21,7	19,4	13,6	11,6	6,6	1,0
Operating income/Sales (%)	27,0	22,1	18,6	15,4	15,9	11,9	11,9
Long-term debt/Capital (%)	13,3	28,2	33,9	42,5	57,2	69,7	68,8
Total debt/Capital (%)	22,9	37,7	42,5	48,2	62,6	74,8	87,7
Companies	**8**	**291**	**136**	**218**	**273**	**281**	**22**

* U.S. Industrial long term debt – Three-year (1998-2000) medians

Abb. 121: Ratingurteile zu wichtigen finanzwirtschaftlichen Kennzahlen (vgl. Standard & Poor's 2001, S. 54)

Controlling für die nachhaltige Erfüllung der Ratingziele

gebaut werden. Eine zu einseitige Fokussierung der internen Steuerung auf Wertorientierung ohne die ausreichende Beachtung von Liquidität steht den Erfordernissen eines Ratings entgegen. Darüber hinaus ist die Bestimmung eines Rating-Verantwortlichen wichtig. Es liegt nahe, dass dieser Rating-Verantwortliche dieselbe Person ist, die während eines Ratingverfahrens die Kommunikation mit den Ratinganalysten steuert (vgl. Abschnitt 4). Der Rating-Verantwortliche ist die zentrale Ansprechperson für alle Aspekte des Ratings. Er bildet die zentrale Schnittstelle zwischen den Abteilungen Finanzen und Controlling und befindet sich darüber hinaus auch im Austausch mit der Strategie- und Konzernentwicklung, der Abteilung für Investor Relations und dem Rechnungswesen (vgl. Abbildung 122).

Die Kompetenzen des Rating-Verantwortlichen sollten klar definiert werden. Er sollte auch an übergeordneten Gremien, wie beispielsweise dem Investitionsausschuss partizipieren. Andere Aufgaben umfassen die Erstellung von Szenarioanalysen, den Aufbau und die Pflege von Richtlinien bezüglich Rating, die Informationsversorgung des Top-Managements hinsichtlich Rating sowie das Monitoring von Wettbewerbern hinsichtlich der Ratingeinstufung (vgl. Abbildung 123).

• In Hinblick auf die *Ablauforganisation* sind die Informations- und Entscheidungsflüsse an die Erfordernisse eines Ratings anzupassen. Hierbei ist es wichtig, dass alle Beteiligten zunächst für die Wichtigkeit des Themas Rating für das Unternehmen sensibilisiert werden. Bei allen Entscheidungsprozessen, die bedeutende Auswirkungen auf die Beurteilung in einem Ratingkriterium haben können, müssen verantwortliche Personen benannt werden, die eine Einbindung der Ratinganforderungen sicherstellen.

Die Veränderungen in der *Kommunikation* und der gezielte Einsatz von Trai-

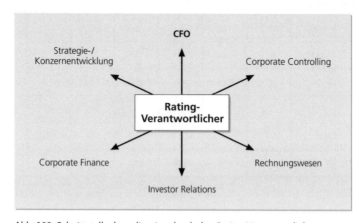

Abb. 122: Schnittstellenkoordination durch den Rating-Verantwortlichen

---

Beispielhafte Aufgaben eines Ratingverantwortlichen

- Teilnahme in Investitionsausschüssen – Sicherstellen der Berücksichtigung der Ratingauswirkungen als Nebenbedingung
- Durchführung von Szenarioanalysen
- Aufbau und Pflege der Investitionsrichtlinie im Bereich Rating
- Informationsversorgung des Top-Managements hinsichtlich Rating
- Abgabe von Empfehlungen zur Optimierung des Ratings
- Koordination der Schnittstellen zu Corporate Finance, Investor Relations, Strategie und Rechnungswesen
- Organisation von Trainings hinsichtlich Rating
- Monitoring von Wettbewerbern hinsichtlich der Ratingeinstufung

---

Abb. 123: Beispielhafte Aufgaben eines Rating-Verantwortlichen

nings sind weitere entscheidende Erfolgsfaktoren für die tatsächliche Verankerung des Ratings in den relevanten Managementprozessen. Die interne Kommunikation des Ratings kann beispielsweise durch den Intranet-Auftritt, das Angebot von Informationsmaterial (beispielsweise Rating Manuals, Kommunikationspapiere oder Schaubildangebote) oder auch durch die Veröffentlichung von Artikeln in einer (evtl. vorhandenen) Mitarbeiterzeitung unterstützt werden. Im Rahmen von Vorträgen bei Führungskräftetagungen, Workshops mit Führungskräften oder auch Planspielen zum Thema Rating können relevante Inhalte des Ratings umfangreich vorgestellt und kommuniziert werden.

Wir haben gesehen, dass die Berücksichtigung von Ratinganforderungen in der Unternehmenssteuerung unmittelbare Auswirkungen auf die Informationsversorgung und auf die Planung und Kontrolle, aber auch auf die Gestaltung der Organisation und Kommunikation besitzt. Die Berücksichtigung

sollte aber nicht soweit führen, dass die Geschäftsführung nur noch an der Erreichung eines bestimmten Ratingziels ausgerichtet ist. Eine Berücksichtigung der Ratinganforderungen sollte vielmehr als Nebenbedingung verstanden werden, die zu einer umsichtigeren Unternehmensführung anzuleiten vermag.

Fazit: Was gilt es festzuhalten?

In diesem Kapitel haben wir zunächst wissenswerte Aspekte zum Thema Rating dargestellt. Es hat sich gezeigt, dass ein Rating aufgrund der Veränderungen auf den Kapitalmärkten und der Bestimmungen von Basel II für viele Unternehmen, die sich (auch) über Fremdkapital finanzieren, unabdingbar ist.

Die Durchführung eines Ratingverfahrens sollte jedoch nicht als lästige Zusatzarbeit, sondern als Chance verstanden werden. Zum einen wird das zu beurteilende Unternehmen umfassend analysiert. Hierbei können Defizite im Unternehmen aufgedeckt und im An-

363

Wichtige Beiträge eines Controllers zur günstigen Beeinflussung des Ratingurteils

Controller…

- bereiten sich selbst und das Unternehmen auf das Rating vor, indem sie die Ratingkriterien im Vorfeld des Verfahrens studieren und entsprechende Maßnahmen zur Erfüllung der Kriterien einleiten

- kommunizieren regelmäßig und vertrauensvoll mit den Ratinganalysten

- stellen die von den Ratinganalysten eingeforderten Informationen vollständig, nachvollziehbar, wahrheitsgemäß und möglichst neutral zusammen

- stellen der Unternehmensführung beispielsweise im Rahmen der Nutzung einer Balanced Scorecard entscheidungsrelevante Informationen u. a. zu differenzierten Deckungsbeiträgen, Preisuntergrenzen, Cashflows oder auch Break-Even-Umsätzen bereit

- gestalten eine wirkungsvolle Planung und Kontrolle, die zu einer zukünftigen Verbesserung der Wettbewerbssituation beiträgt

- engagieren sich bei der Umsetzung eines Risikomanagementsystems

- stellen die nachhaltige Erfüllung der Ratingziele sicher, indem sie einen Veränderungsprozess einleiten und betreuen, der auf die Berücksichtigung von Ratinganforderungen bei der Steuerung des Unternehmens abzielt

Abb. 124: Wichtige Beiträge eines Controllers zur günstigen Beeinflussung des Ratingurteils

Controller sollten im Thema Rating eine exponierte Bedeutung besitzen

schluss überwunden werden. Zum anderen verspricht ein gutes Ratingurteil den Zugang zu kostengünstigem Fremdkapital. Der erfolgversprechenden Gestaltung eines Ratingverfahrens kommt somit eine große Bedeutung zu.

Die besondere Bedeutung des Zusammenspiels zwischen dem Rating von Unternehmen einerseits und der Arbeit von Controllern andererseits liegt darin begründet, dass Controller viele Berührungspunkte mit dem Rating besitzen (vgl. Abbildung 124). Zunächst sind Controller als zentrale Informationsversorger des Managements auch die primären Ansprechpartner von Ratinganalysten. Darüber hinaus nehmen Controller führungsunterstützende Funktionen wahr, die einen wichtigen Beitrag für den in Zukunft zu erwartenden Erfolg eines Unternehmens darstellen. Die Qualität der im Controlling geleisteten Arbeit besitzt somit auch einen Einfluss auf die zukünftige Zahlungsfähigkeit eines Unternehmens und wird deswegen von den Ratinganalysten detailliert untersucht.

Ein weiterer Zusammenhang zwischen Rating und der Arbeit von Controllern ist darauf zurückzuführen, dass Rating nicht als einmaliger, sondern als fortwährender Prozess zu verstehen ist, der nur dann einen dauerhaften Zugang zu kostengünstigem Fremdkapital verspricht, wenn die Anforderungen eines Ratings in der Unternehmenssteuerung berücksichtigt werden. Controller wirken darauf ein, Maßnahmen in der Informationsversorgung, der Planung, der Organisation und der Kommunikation des Unternehmens umzusetzen, die eine nachhaltige Erfüllung der Ratingziele sicherstellen.

Für Controller bedeutet dies: In Zukunft gewinnen Kommunikationsfähigkeiten (unternehmensintern wie auch

-extern) noch weiter an Bedeutung. Das Bild des Controllers als »Erbsenzähler« ist überholt – sein Bild wird sich mehr und mehr in Richtung eines Kommunikators wandeln.

Auch das Anforderungsprofil an Controller wird sich im Zuge dieser Entwicklung ändern: Controller benötigen zunehmend solide Kenntnisse im finanziellen Bereich. Sie müssen sich mit Kapitalmärkten und Rating auseinandersetzen und ihr finanzielles Knowhow in ihre tägliche Arbeit einfließen lassen.

Literatur: Wo können Sie sich weitergehend informieren?

Basel Committee reaches agreement on New Capital Accord issues. Pressemitteilung vom 10.07.02. Basel, 2002.

Baseler Ausschuss für Bankenaufsicht: Konsultationspapier – Überblick über die Neue Baseler Eigenkapitalvereinbarung. Übersetzung der Deutschen Bundesbank, April 2003.

Becker, B./Müller, S.: »Implikationen der Rating-gestützten Kreditvergabe für mittelständische Unternehmen«. In: *Controlling*, 15. Jg., S. 533–543.

Berblinger, J.: »Marktakzeptanz des Rating durch Qualität«. In: *Handbuch Rating*. Hrsg. v. Hans Büschgen und Oliver Everling. Wiesbaden, 1996, S. 21–110.

Braun, P./Schäfer, G. (Hrsg.): *Rating-Leitfaden für den Mittelstand*. Loseblattsammlung, Augsburg, Stand: November 2003.

Brunner, A./Krahnen, J./Weber, M.: *Information Production in Credit Relationships: On the Role of Internal Ratings in Commercial Banking*. Frankfurt, 2000.

Coenenberg, A.: *Jahresabschluss und Jahresabschlussanalyse – Betriebswirtschaftliche, handelsrechtliche, steuerrechtliche und internationale Grundlagen – HGB, IAS, US-GAAP*. 18. Auflage, Landsberg/Lech, 2000.

Deutsche Bundesbank: »Die Neue Baseler Eigenkapitalvereinbarung (Basel II)«. In: *Monatsbericht der Deutschen Bundesbank*, April 2001, S. 15–44.

Fischer, J./Holzkämper, H./Mendel, M.: »Auswirkungen von Basel II auf das Unternehmens-Controlling«. In: *Controlling von jungen Unternehmen*. Hrsg. v. Ann-Kristin Achleitner und Alexander Bassen. Stuttgart, 2003, S. 299–327.

Gleißner, W./Füser, K.: *Leitfaden Rating – Basel II: Rating Strategien für den Mittelstand*. 2. überarbeitete und erweiterte Auflage. München, 2003.

KfW 2003 Kreditanstalt für Wiederaufbau (KfW): Mittelstands- und Strukturpolitik. Ausgabe 30. Frankfurt, 2003.

Kopietz, H.: »Notwendigkeit des ganzheitlichen Controllings im Rating Advisory«. In: *Rating-Advisory – Mit professioneller Beratung zum optimalen Bonitätsurteil*. Hrsg. v. Ann-Kristin Achleitner und Oliver Everling. Wiesbaden, 2003, S. 225–233.

Meyer-Parpart, W.: »Ratingkriterien für Unternehmen«. In: *Handbuch Rating*. Hrsg. v. Hans Büschgen und Oliver Everling. Wiesbaden, 1996, S. 111–173.

Paetzmann, K.: »Finanzierung mittelständischer Unternehmen nach »Basel II« – Neue »Spielregeln« durch bankinterne Ratings«. In: *Der Betrieb*, 54. Jg., S. 493–497.

Reiss, H.-C.: »Basel II: Quo vadis Controlling?« In: *Beitrag zur Sozialwirtschaftlichen Managementtagung*. Mainz, 2003.

Römer, G.: »Rating – Eine neue Herausforderung für den Controller«. In: *Controller Magazin*, Jg. 2001, S. 493.

Literatur: Wo können Sie sich weitergehend informieren?

Schmidt, M.: »Zweck, Ziel und Ablauf des Ratings aus Emittentensicht«. In: *Handbuch Rating*. Hrsg. v. Hans Büschgen und Oliver Everling. Wiesbaden, 1996, S. 253–271.

Standard & Poor's: Corporate Ratings Criteria. New York, 2001.

Weber, J./Weißenberger, B./Liekweg, A.: *Risk Tracking and Reporting – Unternehmerisches Chancen- und Risikomanagement nach dem KonTraG*. Band 11 der Schriftenreihe Advanced Controlling. Vallendar, 1999.

Weber, J.: *Einführung in das Controlling*. 9. Auflage. Stuttgart, 2002.

Weber, J.: *Das Advanced-Controlling-Handbuch*. Weinheim, 2005.

Weber, M./Krahnen, J./Vossmann, F.: »Risikomessung im Kreditgeschäft: Eine empirische Analyse bankinterner Ratingverfahren«. In: *ZfbF*, Sonderheft 41/1999. Hrsg. v. Günther Gebhardt und Bernhard Pellens, S. 117–142.

Winkeljohann, N./Hölscher, F.: »Rating im Mittelstand – Ergebnisse einer empirischen Studie«. In: *Controlling*, Heft 11, November 2001, S. 553–559.

10 Kooperationscontrolling

Jürgen Weber, Bernhard Hirsch, Alexandra Matthes, Matthias Meyer

Kooperationscontrolling als neues Aufgabenfeld für Controller?

Kooperationen zwischen Unternehmen haben in den letzten Jahren zunehmend an Bedeutung gewonnen – sei es durch verstärkte Zusammenarbeit in Joint Ventures oder in der Form einer unternehmensübergreifenden Zusammenarbeit in Wertschöpfungsketten (Stichwort »Supply Chain Management«). Wichtiges Kriterium für das Funktionieren derartiger Formen unternehmensübergreifender Zusammenarbeit ist die »Qualität der Beziehung« zwischen den Partnern. Neben »harten« und prinzipiell leichter quantifizierbaren ökonomischen Faktoren werden damit zunehmend auch »weiche« und schwer erfassbare Aspekte – wie das Vertrauen, das sich die jeweiligen Kooperationspartner entgegenbringen – zu einem zentralen Erfolgsfaktor.

Intuitiv dürfte guten Managern die Bedeutung der Qualität guter Beziehungen auch außerhalb des eigenen Unternehmens schon immer klar gewesen sein. Nicht umsonst wurde beispielsweise der Kontakt zur Hausbank nicht nur auf einer rein sachlichen, sondern immer auch auf einer persönlichen Ebene intensiv gepflegt (»das berühmte gemeinsame Abendessen«). Dies galt und gilt gleichfalls für eine Vielzahl weiterer Geschäftsbeziehungen. Fraglich ist nur, ob angesichts der Zunahme der erwähnten Bedeutung und des Umfangs von Kooperationen die bisherige Herangehensweise noch adäquat ist. Bedarf auch das Management von Kooperationen einer systematischen Unterstützung durch das Controlling?

In diesem Kapitel möchten wir Sie über einige ausgewählte Ansatzpunkte und Möglichkeiten eines derartigen Kooperationscontrollings informieren. Standen bislang vor allem monetäre Informationen im Zentrum des Controllings, so wollen wir im Folgenden bewusst Neuland betreten. Aufgezeigt werden sollen in diesem Kapitel vor allem Wege, wie auch »weiche Faktoren« – wie etwa die Vertrauenswürdigkeit – erfassbar und damit auch gestaltbar gemacht werden können. Zurückgreifen können wir hierbei sowohl auf aktuelle theoretische Ergebnisse aus der eigenen Forschungswerkstatt als auch auf Erfahrungen mit deren Umsetzung in der Praxis. Wenn auch vielleicht vieles für Sie – noch – ungewohnt erscheinen mag, die vorgestellten Konzepte sind sowohl theoretisch fundiert als auch bereits in der Praxis erprobt.

»Weiche« Faktoren gewinnen in der Unternehmensführung zunehmend an Bedeutung

Auch das Controlling muss sich mit den »weichen« Faktoren näher befassen

367

Die aktuelle Bedeutung von Kooperationen wird insbesondere am Schlagwort des »Supply Chain Management« deutlich

Das Kapitel gliedert sich wie folgt: Zunächst soll ein Eindruck davon vermittelt werden, welche Chancen und Risiken Kooperationen bieten (Abschnitt 2). Hieran anknüpfend wird gezeigt, inwieweit sich hieraus eine gesteigerte Notwendigkeit der Bereitstellung von Informationen über den Interaktionspartner und die Beziehungsqualität ergibt (Abschnitt 3, S. 372 f.). Anschließend werden ausgewählte Instrumente eines Kooperationscontrollings dargestellt und bewertet (Abschnitt 4, S. 374 ff.). Dabei gehen wir auch auf Erfahrungen in deren Anwendungen in der Praxis am Beispiel der dm-drogerie markt GmbH + Co. KG (im Folgenden kurz dm genannt) ein (Abschnitt 5, S. 392 ff.). Die Ausführungen schließen mit einem Fazit (Abschnitt 6, S. 396).

Chancen und Risiken von Kooperationen

Die zunehmende Bedeutung von Kooperationen und deren Management lässt sich sowohl in der Theorie als auch in der Praxis beobachten. In der Theoriediskussion sind vor allem zwei Ideen prominent. Zum einen ist dies die Abkehr von der Vorstellung eindeutig abgrenzbarer Wirtschaftseinheiten, zwischen denen lediglich marktbasierte Austauschbeziehungen stattfinden (»Die grenzenlose Unternehmung«, vgl. Picot/Reichwald/Wigand (2003)). Zum anderen wird das Zusammenspiel von Kooperation und Wettbewerb neu gedacht; Kooperationen im Wettbewerb werden denkbar und sind für die Unternehmen zunehmend wichtiger (»Co-opetition«, vgl. Brandenburger/Nalebuff (1997)).

Eine gute Illustration für die Relevanz beider Ideen in der Praxis ist das

Die hohe Bedeutung von Kooperationen schlägt sich auch in der Organisation nieder

zunehmende Interesse an der unternehmensübergreifenden Gestaltung von Wertschöpfungsketten, dem Supply Chain Management. Zum einen macht die Optimierung der Wertschöpfung nicht mehr an den Unternehmensgrenzen halt, sondern erstreckt sich im Idealfall über die gesamte Wertschöpfungskette. Zum anderen hebt dieses neue Konzept das gemeinsame Interesse an der Realisierung von solchen Rationalisierungsgewinnen hervor, die aus der Kooperation zwischen Unternehmen entlang einer Wertschöpfungskette resultieren können. Dominierte in der Kunden-Lieferanten-Beziehung lange Zeit ein Konflikt und Wettbewerbsdenken bezüglich des für sich jeweils optimalen Preis- und Leistungsmixes, so betont dieser Ansatz daneben die gemeinsamen Interessen der beteiligten Unternehmen an der Realisierung von Kooperationsgewinnen durch ein gemeinsames Supply Chain Management. Gegeben die hohen Lohnkostennachteile des Standorts Deutschland, erwarten sich viele Unternehmen von derartigen Kooperationen nachhaltige, da nicht so leicht imitierbare Kosten- und Leistungsvorteile. D.h., wer noch trotz Lohnkostennachteilen in Deutschland fertigt, muss in anderen Bereichen besser sein als die ausländische Konkurrenz, um entweder die Kosten an anderer Stelle einzusparen oder den höheren Preis durch bessere Leistung (Flexibilität durch Nähe zum Abnehmer) zu rechtfertigen.

Welche hohe Bedeutung die Praxis derartigen Kooperationen beimisst, zeigt sich etwa in der neuen Organisationsstruktur der Beiersdorf AG. Diese war bislang – traditionell – nach einzelnen Produkten und den entsprechenden Sparten – cosmed, tesa und medical – organisiert. Vor kurzem wurden diese Sparten in einem Ressort »Marken« zusammengefasst und es wurde parallel hierzu ein separates Ressort Supply Chain Management geschaffen. Dieses soll die Zusammenarbeit zwischen den relativ eigenständig handelnden Marken koordinieren.

Die hohe Wichtigkeit von derartigen, Unternehmensgrenzen überschreitenden Kooperationen wird jedoch auch von anderen Unternehmen gesehen. So zeigt eine von der WHU durchgeführte Studie, dass zum Erhebungszeitpunkt zwar nur circa sieben Prozent der Unternehmen Supply Chain Management realisiert haben, jedoch 57 Prozent der befragten Unternehmen dies in näherer Zukunft anstreben (vgl. Weber/Dehler 1999, S. 35). Diese Ergebnisse wurden in einer zweiten, drei Jahre darauf folgenden Studie bestätigt, in der 12 Prozent der Unternehmen angaben, Supply Chain Management realisiert zu haben und sogar 82 Prozent dies als Entwicklungsziel ihrer Logistik nannten (vgl. Wallenburg 2004, S. 44).

Die Möglichkeiten, Vorteile im Zuge von Unternehmenskooperationen zu realisieren, beschränken sich jedoch nicht nur auf das Supply Chain Management. Auch Forschung und Entwicklung finden zunehmend in Kooperationen statt. In der Pharmaindustrie ist es z. B. häufig ökonomisch nicht zweckmäßig, die immensen Kosten und Risiken für die Entwicklung neuer Medikamente alleine zu tragen. Zudem ist oft unterschiedliches Know-how für einerseits die erfolgreiche Entwicklung und andererseits die erfolgreiche Vermark-

tung neuer Produkte erforderlich. Auch in der Automobilbranche ist die Bedeutung von Kooperationen groß. So werden die Zulieferer bereits eng in der Entwicklungsphase neuer Typen eingebunden, um auf diesem Weg Einsparpotentiale zu realisieren. Gerade wenn dies frühzeitig erfolgt, sind sowohl noch die entsprechenden Optionen als auch die notwendige Flexibilität in ausreichendem Maße vorhanden.

Neben den Chancen, die Kooperationen bieten, bergen diese Formen der unternehmensübergreifenden Zusammenarbeit jedoch auch nicht unerhebliche Risiken. Ein aktuelles Beispiel hierfür ist etwa der Umstand, dass die Produktion des Automobilherstellers Ford für mehrere Wochen durch einen Zulieferer für Türschlösser lahmgelegt wurde (offiziell waren es »Softwareprobleme«). Für Ford resultierte hieraus ein Schaden von mehr als 100 Millionen €. Derartige Vorfälle können in Zukunft sogar zunehmen. Des Weiteren drohen immense Reputationsschäden durch »Werte-Clashs«. So wurde die Reputation vieler namhafter Sportartikelhersteller durch den Vorwurf der Kinderarbeit in ihren Zuliefererbetrieben in Pakistan bei der Herstellung von Fußbällen geschädigt (vgl. für Adidas z. B. www.adidas-salomon.com/de/sustainability/archive/2002/response_child_labour.asp). Auch dagegen kann der sinnvolle Einsatz von Instrumenten des Kooperationscontrollings schützen.

Damit ist Folgendes festzuhalten: Die Realisierung ökonomischer Vorteile im Rahmen von Kooperationen geht einher mit einer gestiegenen Verwundbarkeit durch verstärkte Abhängigkeit vom Verhalten anderer. Auch in diesem

Kooperationen bergen aber auch erhebliche Risiken

Bereich gilt das bekannte ökonomische Prinzip »there is no such thing as free lunch«. Übertragen auf Kooperationen bedeutet dies: Die gestiegenen Chancen sind nur zu haben mit dem gleichzeitigen Eingehen kooperationsbedingter (Verhaltens-)Risiken.

Um das Verhalten des Partners in unsicheren, zukünftigen Situationen einschätzen zu können, sind seine Werte die entscheidende Information. Sie sind für sein Verhalten langfristig handlungsleitend. Insoweit sind sie ein guter Indikator für die Prognose seines Verhaltensspielraums und dienen damit zur Beantwortung der Frage, ob der Partner ein aussichtsreicher Kooperationspartner sein kann.

Aus der Perspektive der neueren ökonomischen Theorie lässt sich folgender allgemeiner Grund hierfür identifizieren (vgl. hierzu auch den später folgenden Exkurs zum Gefangenendilemma): Die Realisierung von Kooperationsgewinnen verlangt das Eingehen einer Vorleistung. Diese kann jedoch vom Kooperationspartner ausgebeutet werden. So genannte (beziehungs-)spezifische Investitionen sind ein häufig diskutiertes Beispiel hierfür. Baut ein Automobilzulieferer beispielsweise seine Produktionsstätte in die Nähe seines wichtigsten Abnehmers, so erlaubt dies zwar eine Reduktion von Transport- und Abstimmungskosten, zugleich erhöht er damit aber seine Abhängigkeit von diesem: Die neu geschaffene räumliche Nähe ist vorrangig von Wert für die spezifische Beziehung, sie dürfte bezogen auf andere potentielle Kooperationspartner sogar von Nachteil sein. Hat der Zulieferer einmal in diese Beziehung investiert, muss er befürchten, dass diese Abhän-

gigkeit von seinem Partner ausgenützt wird. Dieser weiß um die Abhängigkeit und könnte diese im Rahmen zukünftiger Verhandlungen ausspielen. Deshalb sollte er sich vor der Investitionsentscheidung Klarheit über die Werte des Partners verschaffen, um dessen Handlungsspielraum abschätzen zu können.

Ein weiteres Beispiel für das mit der Realisierung von Kooperationsgewinnen einhergehende, gesteigerte Ausbeutungsrisiko stammt wiederum aus dem Supply Chain Management. Um die angestrebte unternehmensübergreifende Optimierung entlang der Wertschöpfungskette realisieren zu können, hat ein Partner auch hier ausbeutungsgefährdete Vorleistungen zu erbringen. Diese könnten beispielsweise in der Offenlegung von Kostenstrukturen oder im Austausch von technischem Know-how bestehen. Sein Kooperationspartner könnte sich auf dessen Kosten besser stellen, indem er diese Informationen im Rahmen nachfolgender Preisverhandlungen für sich nutzt oder die erhaltenen technischen Informationen an Dritte weitergibt. Insoweit sollte auch hier im Vorfeld über die Vertrauenswürdigkeit des Partners intensiv nachgedacht werden.

Entscheidend ist nun, dass dieses Ausbeutungsrisiko aufgrund intensiverer Kooperationen prinzipiell ein Problem für beide Seiten darstellt. Das betreffende Unternehmen erkennt die Gefahr der Ausbeutung und verzichtet dementsprechend auf die für die Realisierung von Kooperationsgewinnen notwendigen Vorleistungen. Der Austausch von Kosteninformationen wäre grundsätzlich im Interesse beider Parteien, doch die vorliegende Unsicherheit

Die Kenntnis von Werten ist für die Prognose von künftigem Verhalten essenziell

Die neuere ökonomische Theorie hat wichtige Einblicke in die Chancen und Risiken von Kooperationen geliefert

Leicht entgehen Kooperationsgewinne für beide potentiellen Kooperationspartner

Exkurs:

Das Gefangenendilemma

Das so genannte »Gefangenendilemma« erlaubt eine modelltheoretische Präzisierung der im Text angestellten Überlegungen zu Kooperationsproblemen. Die der Spieltheorie entlehnte Grundstruktur lässt sich folgendermaßen interpretieren: Die Akteure A und B stehen vor der Entscheidung, ob sie jeweils mit dem anderen kooperieren sollen (kooperieren vs. nicht kooperieren). Tun dies beide, erhalten sie – wie die Graphik auf dieser Seite zeigt – die Auszahlungen (2;2). Hierzu ist es notwendig, eine Vorleistung zu erbringen, die jedoch von dem Kooperationspartner ausgebeutet werden kann. Dies fügt ihm empfindliche Verluste zu (–1), während sich der andere (auf seine Kosten) besser stellt (3). Diese Problematik betrifft beide Akteure; es besteht das Problem wechselseitiger Erwartungsunsicherheit. Die Angst vor einer möglichen Ausbeutung drängt die Akteure in eine suboptimale Position, in ein Gleichgewicht mit den Auszahlungen (0;0). In der Grafik sind diese »wirkenden Kräfte« mit Pfeilen dargestellt.

Die Ursache für dieses Ergebnis liegt in der vertrackten Struktur der Situation; es ist nicht notwendigerweise der »Opportunismus« der Akteure, sondern die Angst vor der Ausbeutung ihrer Vorleistung zu sehen. Diese Befürchtung drängt sie zu einer Art »präventiven Gegenausbeutung« (vgl. Homann/Suchanek 2000, S. 40). Zugleich verdeutlicht dieses Schema aber auch die Funktion von Regeln. Gesetze, Verträge aber auch der Vertrauensmechanismus helfen, den Akteuren die in derartigen Situationen bestehende Erwartungsunsicherheit zu reduzieren. Sie bieten den Beteiligten eine Möglichkeit, sich aus derartigen prekären Situationen zu befreien.

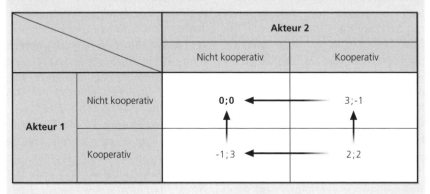

Abb. 125: Das Gefangenendilemma

bezüglich des zukünftigen Verhaltens des Partners verhindert dies. Aufgrund dieses Ausbeutungsrisikos besteht die Gefahr, dass potentielle Kooperationsgewinne unausgeschöpft bleiben, die Partner bleiben hinter ihren Möglichkeiten zurück. Doch gerade dieses Ausbeutungsrisiko kann durch Klarheit über die Werte des Partners und besonders seiner Vertrauenswürdigkeit besser eingeschätzt und insoweit kalkuliert und gezielt eingegangen werden.

Notwendigkeit der Informationsbereitstellung über Vertrauenswürdigkeit

Das klassische Instrument zur Regelung derartiger Ausbeutungsprobleme sind Verträge. Durch eine Festlegung der Rechte und Pflichten der Vertragspartner ist es möglich, die geschilderten Gefahren einzugrenzen. Abgesichert durch vertragliche Regelungen sind die Kooperationspartner eher bereit, die entsprechenden Vorleistungen zu erbringen. Jedoch sollte man auch die Grenzen vertraglicher Arrangements im Blick behalten. Es ist weder möglich, noch sinnvoll, alles vertraglich zu regeln. Zunächst wäre dies sehr aufwändig und teuer (man denke nur an den Umfang vieler amerikanischer Vertragswerke). Zudem lassen sich nicht alle zukünftigen Ereignisse vorhersehen und entsprechend vertraglich regeln. Darüber hinaus schränkt ein Vertrag auch die Flexibilität der Vertragspartner oft in nicht unerheblichem Maße ein. Es kann damit durchaus im Interesse der Beteiligten liegen, bestimmte Aspekte offen zu lassen und später gemeinsam zu regeln.

Dies ist genau der Ort, an dem das in Bezug auf Kooperationsbeziehungen häufig bemühte »Vertrauen« ins Spiel kommt. Gegeben die Unvollständigkeit bzw. Offenheit von Verträgen, setzten sich die Kooperationspartner entlang bestimmter Dimensionen bewusst dem oben skizzierten Ausbeutungsrisiko aus. Sie vertrauen darauf, dass sie ihr Kooperationspartner nicht ausbeuten wird. Exemplarisch für einen derartigen Zugang zum »Vertrauensphänomen« sei an dieser Stelle die Arbeit von Ripperger zitiert. Sie definiert Vertrauen als »die freiwillige Erbringung einer riskanten Vorleistung unter Verzicht auf explizite vertragliche Sicherungs- und Kontrollmaßnahmen gegen opportunistisches Verhalten in der Erwartung, dass sich der andere, trotz Fehlen solcher Schutzmaßnahmen, nicht opportunistisch verhalten wird« (Ripperger 1998, S. 45).

Etwas einfacher formuliert lässt sich damit eine Vertrauensbeziehung folgendermaßen charakterisieren: Der Vertrauensgeber erbringt eine Vorleistung (z. B. das Offenlegen sensibler Kostendaten), die von seinem Gegenüber, dem Vertrauensnehmer, ausgebeutet werden kann. Diese Ausbeutungsgefahr lässt sich nicht vollständig vertraglich ausschließen. Dennoch erwartet er, dass sein Gegenüber es nicht tun wird.

Die Gretchenfrage für ein Kooperationscontrolling ist es nun, wie man es mit dem beobachtbaren Phänomen hält, dass Menschen einander vertrauen. Hat dieses Vertrauen ausschließlich etwas mit Bauchgefühl, mit Intuition zu tun oder kann man damit auch reflexiv, bewusst umgehen? Ohne damit die Relevanz der Intuition grundsätzlich leugnen zu wollen, sind wir der Auffassung, dass sich auch gewisse reflexive Aspekte einbringen lassen. Die Entscheidung, ob man seinem Partner vertrauen soll oder nicht, muss nicht ausschließlich mit dem Bauch, sondern kann auch mit dem Kopf getroffen werden. Vertrauen hat durchaus eine rationale Basis: Sich hiermit zu beschäftigen, ist eine zentrale Aufgabe eines Kooperationscontrollings, es leistet eine Rationalitätssicherung des Managements von Kooperationen.

Grundsätzlich sind zwei Faktoren zu unterscheiden, die die Vertrauensentscheidung beeinflussen. Zum einen ist dies die Vertrauenswürdigkeit in die Person des Gegenübers. Sicherlich würden die meisten Mutter Theresa mehr vertrauen als dem Finanzhai Gordon Gecko aus dem Filmklassiker »Wall Street«. Dieses Vertrauen ist in der Person des Gegenübers, d. h. in dessen Werten und in seinen vergangenen Handlungen, begründet. Zum anderen hängt das Ausmaß an Vertrauen auch von der jeweiligen Situation ab. Es gibt sicherlich Umstände, in denen man Mutter Theresa mehr vertrauen würde als in anderen. Auch eine prinzipiell vertrauenswürdige Person ist nicht in allen Situationen in gleichem Maß als vertrauenswürdig einzustufen.

Im Rahmen der weiteren Ausführungen wollen wir uns auf den ersten Faktor beschränken. Gerade die Erfassung der Vertrauenswürdigkeit eines (potentiellen) Kooperationspartners stellt eine neuartige Aufgabenstellung für das Controlling dar. Auch wenn dies vielleicht noch sehr ungewöhnlich erscheinen mag, kann es hierzu durchaus einen Beitrag leisten. Dies soll im Folgenden aufgezeigt werden. Der Fokus liegt dabei auf Instrumenten, die es erlauben, die jeweilige Vertrauenswürdigkeit zu erfassen und zu managen.

Zuvor ist jedoch noch zu erläutern, warum sich hier ein potentielles Betätigungsfeld für Controller auftut. Zum einen erbringt das Controlling eine klassische Funktion, dies lediglich in einem neuen Kontext. Es ist Informationslieferant, die Bereitstellung von Informationen bezieht sich hier auf die Beziehungsqualität zwischen Kooperationspartnern. Da diese zunehmend zum kritischen Erfolgsfaktor für Unternehmen wird, sollte sich das Controlling eine seiner Kernkompetenzen nicht aus der Hand nehmen lassen. Zum anderen ist auch von ihrer Grundstruktur die Tätigkeit an sich nichts Neues. Im Kern eines Kooperationscontrollings findet sich die Idee eines Soll-Ist-Vergleichs und das bekannte Verfahren der Abweichungsanalyse. Mittels verschiedener, im folgenden Abschnitt genauer zu behandelnder Instrumente lässt sich der Status Quo bezüglich der Vertrauenswürdigkeit in einer Kooperation erfassen und mit den anzustrebenden Werten vergleichen. Auf dieser Grundlage lassen sich Ursachen für eventuelle Abweichungen identifizieren und gegebenenfalls die entsprechenden Maßnahmen einleiten. Wenn auch auf ungewohntem Terrain, von der Grundidee und der sich hieraus ergebenden Verfahrensweise handelt es sich um klassische Betätigungsfelder für Controller.

Vertrauensentscheidungen werden durch zwei Faktoren beeinflusst

Vertrauen messbar zu machen, ist von der Art her eine typische Controlleraufgabe

Notwendigkeit der Informationsbereitstellung
über Vertrauenswürdigkeit

Ausgewählte Instrumente zur Erfassung der Beziehungsqualität

Überblick

Form und Intensität des Kooperationscontrollings sollten sich nach der Bedeutung der Kooperation richten

Die zunehmende Bedeutung von Kooperationen macht es erforderlich, der Beziehungsqualität im Allgemeinen und der Vertrauenswürdigkeit im Besonderen verstärkt Aufmerksamkeit zu widmen. Auch wenn eine exakte quantitative Messung der Vertrauenswürdigkeit potentieller Partner nicht so leicht möglich ist, so kommt es darauf auch oft gar nicht an. In den meisten Fällen genügen relativ grobe Abschätzungen, um mögliche Risiken, aber auch Potentiale in der Entwicklung einer Kooperation zu identifizieren. Ein solches Wissen erlaubt es Managern und Controllern zu bewerten, welche die erfolgversprechenden und damit zu beobachtenden Beziehungen sind. In solche Kooperationen gilt es gezielt zu investieren.

Wir unterscheiden vier Instrumente zur Erfassung der Beziehungsqualität

Natürlich trifft auch für das Kooperationscontrolling die Anforderung zu, dass sein Nutzen die Kosten rechtfertigen muss. Um eine effiziente Verwendung von Instrumenten zur Abschätzung der Vertrauenswürdigkeit von Kooperationspartnern vornehmen zu können, bietet sich eine Klassifizierung der Wichtigkeit der Kooperationspartner an, die in vielen Unternehmen in Form von A-, B- und C-Lieferanten bzw. -Kunden bereits vorliegt. Diese Klassifizierung kann als Ausgangspunkt für ein Kooperationscontrolling übernommen werden. Anpassungen sind nur dann angebracht, wenn die Klassifizierung nach anderen Gesichtspunkten als der Bedeutung des Lieferanten bzw. des Kunden vorgenommen wurde.

Darauf aufbauend kann die Auswahl des geeigneten Instruments für die Messung der Vertrauenswürdigkeit eines Kooperationspartners erfolgen: Je unwichtiger eine Kooperation für das Unternehmen ist (d. h. je weniger Potential sowohl im Positiven wie auch im Negativen in ihr steckt), desto weniger und seltener brauchen ihr das Management und das Controlling Aufmerksamkeit zu schenken. Entsprechend ist auch das Controlling-Instrument auszuwählen.

Jedes der im Folgenden vorgestellten Instrumente des Kooperationscontrollings erfordert einen spezifischen Aufwand und verspricht einen spezifischen Nutzen in Bezug auf die Qualität der zu generierenden Einschätzung der Vertrauenswürdigkeit. Aufwand und Nutzen basieren auf der Häufigkeit, Tiefe und Verarbeitung der zu generierenden und zu analysierenden Daten.

Das erste vorgestellte Instrument, die *erweiterte Partnerbeurteilung*, erfolgt laufend im selben Turnus, in dem auch die allgemeine Lieferanten- und ggf. Kundenbeurteilung in Form klassischer Kennzahlen erfolgt. Sie wird nur seitens eines Unternehmens durchgeführt. Der *Werte-Check* des Lieferanten bzw. Kunden, das zweite Instrument, stellt ein einmaliges Vorgehen dar. Die dafür erforderlichen Daten werden nur bei Beginn einer Beziehung von Seiten eines Unternehmens erhoben. Ein *Kooperationsfragebogen*, den wir als drittes Instrument vorstellen, erfordert die Mitarbeit von mindestens zwei Partnern, d. h. sowohl das liefernde als auch das beschaffende Unternehmen sollen ihn ausfüllen. Die *Value Balance Card* als viertes Instrument stellt ein relativ anspruchs-

374

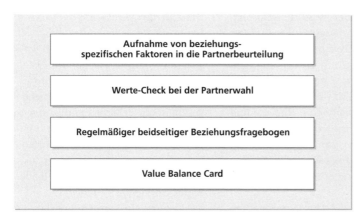

| Aufnahme von beziehungs-spezifischen Faktoren in die Partnerbeurteilung |
| Werte-Check bei der Partnerwahl |
| Regelmäßiger beidseitiger Beziehungsfragebogen |
| Value Balance Card |

Abb. 126: Ausgewählte Instrumente zur Erfassung der Beziehungsqualität

volles Verfahren dar, das neben der Generierung zahlreicher Informationen bei allen beteiligten Partnern auch eine relativ komplexe Bestimmung der Wertekongruenz der einzelnen Partner mit sich bringt.

Im Folgenden werden die Instrumente zur Schätzung der Vertrauenswürdigkeit aktueller und potentieller Kooperationspartner (vgl. als Übersicht die Abbildung 126) in der Reihenfolge des damit verbundenen Aufwands vorgestellt. Bei der Auswahl des Instruments sollte man sich an dem Potential der Kooperationsbeziehung orientieren. Je wichtiger eine Beziehung für ein Unternehmen ist, desto anspruchsvoller und differenzierter in der Aussagekraft sollte das gewählte Instrument sein.

Aufnahme von beziehungsspezifischen Faktoren in die Partnerbeurteilung

Bei Partnern, mit denen eine gute Zusammenarbeit wichtig für den Unternehmenserfolg ist, sollte eine regelmä-

ßige Abschätzung der Vertrauenswürdigkeit erfolgen. In der praktischen Anwendung wird sich dieses Instrument typischerweise in den meisten Unternehmen auf die Lieferanten beschränken, da Kunden erst von wenigen Unternehmen systematisch »beurteilt« werden. Insoweit wollen wir im Folgenden von Lieferanten- statt Partnerbeurteilung sprechen.

Eine regelmäßige Beurteilung zumindest der wichtigsten Lieferanten ist in den meisten Unternehmen bereits institutionalisiert. Sie erfolgt häufig in Form eines gemeinsamen Gesprächs, in dessen Verlauf zukünftige Entwicklungspotentiale der Zusammenarbeit sowie vergangene Schwierigkeiten und deren Lösungsmöglichkeiten diskutiert werden. Dies geschieht auf der Inhaltsebene, die die spezifische Ausgestaltung der Kooperation zum Gegenstand hat. Gleichzeitig werden – häufig implizit – auf der Beziehungsebene viele Informationen ausgetauscht, die maßgeblich bestimmen, wie zukünftig miteinander umgegangen wird. Das heißt, es wird

Lieferantengespräche bieten die Basis, mehr über die Kooperation zu lernen

Was ist genau unter diesen Faktoren zu verstehen?

mehr oder minder deutlich festgelegt, wie künftig Schwierigkeiten gemeistert werden, ob Chancen, die sich aus der gemeinsamen Zusammenarbeit ergeben, gesehen und realisiert werden können oder – ganz einfach – ob für den Partner relevante Informationen rechtzeitig und vollständig weitergegeben werden.

Dieses Wissen transparenter zu machen, ist das Ziel des Controllinginstruments einer erweiterten Lieferantenbeurteilung.

Hierfür wird die Lieferantenbeurteilung, die typischerweise im Anschluss an jedes Lieferantengespräch zu erstellen ist, um die Rubrik Vertrauenswürdigkeit erweitert. Als Operationalisierung für die Vertrauenswürdigkeit haben sich die folgenden Eigenschaften der Beziehung zu dem Lieferanten bewährt: seine Zuverlässigkeit, seine Kompetenz, seine Reputation, seine Loyalität und seine Verletzbarkeit. Diese fünf Faktoren, vier personelle und die Verletzbarkeit als situativer, leiten sich aus der vorne genannten Vertrauensdefinition ab: Die personellen Faktoren sind die Grundlage für die Erwartungshaltung, dass der andere, unabhängig von der Situation, den Vertrauensgeber nicht ausbeuten wird – auch wenn er dies könnte. Der Faktor Verletzbarkeit gibt Auskunft, ob die Vertrauensvorleistung und damit die Verletzbarkeit nur einseitig bzw. sehr ungleichgewichtig erfolgt ist oder ob sich beide Seiten in ähnlichem Umfang dem anderen gegenüber verletzbar gemacht haben. Sie spiegelt damit auch den Gedanken der Reziprozität wider. Unter den Begriffen wird Folgendes verstanden:

Fünf Faktoren bestimmen die Vertrauenswürdigkeit eines Lieferanten

- Die *Zuverlässigkeit des Lieferanten* wird bestimmt durch die Vorhersehbarkeit des Verhaltens eines Lieferanten gegenüber seinem Partner und das Einhalten der bisher getroffenen Abmachungen. Ein gewisses Pflichtgefühl ist ein weiterer signifikanter Bestandteil von Zuverlässigkeit.
- *Kompetenz* umfasst sowohl die fachliche Kompetenz des Lieferanten als auch seine soziale Kompetenz. Beide Aspekte beziehen sich nicht nur auf das Lieferantenunternehmen als Ganzes, sondern besonders auf dessen konkrete Ansprechpartner, mit denen es der Beurteiler der Vertrauenswürdigkeit zu tun hat. So sollten die Ansprechpartner nicht nur sachkundig sein, sondern auch über ein gewisses Einfühlungsvermögen verfügen.
- Die *Reputation* des Lieferantenunternehmens und der Ansprechpartner ist ein relativ weicher und damit oft schwer zu messender Faktor. Er gibt an, inwieweit sowohl Lieferantenunternehmen als auch der Ansprechpartner sich einen guten Ruf beim Einkäufer und im Markt erarbeiten konnten.
- *Loyalität* bedeutet eine gewisse Treue gegenüber dem Partner und ein Achten seiner Interessen. So kann von einem Partner, der sich selbst als loyal bezeichnet, gefordert werden, dass er bei wichtigen, beide Unternehmen betreffenden Entscheidungen die Entscheidungsnotwendigkeit im Vorfeld dem anderen Unternehmen kommuniziert und mögliche Lösungsansätze mit ihm diskutiert.

Sie demonstriert sich auch durch hohe Einsatzbereitschaft für den Partner. Diese Einsatzbereitschaft sollte gegenseitig eingefordert werden können.

- Die *Verletzbarkeit* bestimmt sich durch das Ausmaß vertraulicher Informationen und spezifischer Investitionen, die der Lieferant und das einkaufende Unternehmen in die Kooperation eingebracht haben. So schaffen beziehungsspezifische Investitionen, d. h. Investitionen, die außerhalb der Beziehung signifikant an Wert verlieren, Abhängigkeiten. Diese Abhängigkeiten wollen vorsichtig gemanagt werden. Ein Informationsaustausch sollte stets unter Berücksichtigung der Interessen des Partners erfolgen. Analoges gilt für vertrauliche Informationen, die zwischen den Unternehmen ausgetauscht wurden. Gleichzeitig sollte sichergestellt werden, dass kein Ungleichgewicht der Abhängigkeiten und damit der Verletzbarkeit entsteht. Kein Unternehmen bringt sich gerne in die Situation, einseitig von einem anderen abhängig zu sein und keine Möglichkeit zur Abwehr opportunistischen Verhaltens zu haben. In solchen Situationen entsteht meist Angst vor Ausbeutung und eine derartige Angst wirkt sich sehr negativ auf die Zusammenarbeit aus. Zu beachten ist hier insbesondere die häufig langfristige Wirkung von Verletzungen. Wer im Vertrauen erhaltenes Wissen gegen den Informanten verwendet und damit dessen Verletzbarkeit ausnutzt, muss mit nachhaltigen Problemen in der weiteren Zusammenarbeit rechnen.

Bei der Erfassung und Bewertung der einzelnen Faktoren geht es nicht darum, durch eine exakte Quantifizierung eine trügerische Scheingenauigkeit zu erzeugen. Wichtig ist es, zunächst die Aufmerksamkeit im Unternehmen überhaupt darauf zu lenken. Dabei sollte sichergestellt sein, dass bestimmte, für eine fruchtbare weitere Zusammenarbeit notwendige Anspruchsniveaus nicht unterschritten werden. Dies kann entweder durch eine verbale Beurteilung der einzelnen Kategorien erfolgen oder durch eine grobe Benotung analog den Schulnoten von eins (sehr gut) bis fünf (mangelhaft). Letzteres wird im folgenden Beispiel verdeutlicht.

Sollte das definierte Anspruchsniveau unterschritten sein, so liefert diese Struktur erste Anhaltspunkte, in welchem Gebiet oder in welchen Bereichen genau die Beziehung »auf wackeligen Beinen steht«. Hier gilt es, gezielt – und am besten gemeinsam – Abhilfe zu schaffen.

Als fiktives Beispiel seien für die fünf Kriterien der Lieferantenbeziehung die folgenden Noten vergeben:

- Zuverlässigkeit   2
- Kompetenz   4
- Reputation   1
- Verletzbarkeit   3
- Loyalität   3

Das definierte Anspruchsniveau sollte mindestens 3 sein. Dieses ist im Bereich der Kompetenz unterschritten. Als Konsequenz des Unterschreitens sollte ein gemeinsames Gespräch unter Moderation eines neutralen Dritten erfolgen. In diesem Gespräch sollten die Ursachen für die wahrgenommene – und meist beidseitig vorliegende – Unzufrieden-

Kein Unternehmen bringt sich gerne in die Situation, einseitig von einem anderen abhängig zu sein

Beispiel

Ausgewählte Instrumente zur Erfassung der Beziehungsqualität

**Subjektive
Einschätzungen
sind nie ganz
problemfrei**

**Bei Konflikten ist
die Einschaltung
eines Moderators
hilfreich**

heit in der Beziehung geklärt werden. Im Bereich der Kompetenz kann davon sowohl die fachliche wie die soziale betroffen sein. Wichtig ist, keine Beschuldigungen im Gesprächsverlauf auszusprechen, sondern sachlich Situationen, die Unzufriedenheit hervorgerufen haben, zu beschreiben, Ursachen für diese Situationen zu analysieren und daraus abgeleitet Lösungsmöglichkeiten zu identifizieren. Hierbei ist besonders darauf zu achten, dass jede der Parteien ihr Gesicht wahren kann und nicht im Gespräch verletzt wird. Um dies auch durch den Moderator zu unterstützen, sollte der neutrale Dritte idealerweise keinem der beiden Unternehmen angehören. Es kann aber – aus Vertraulichkeits- oder Kostengründen – auch ein an der Beziehung nicht direkt Beteiligter aus einem der beiden Unternehmen sein. Wenn ein Unternehmensmitglied gewählt wird, so sollte es sich seiner neutralen, moderierenden Rolle bewusst sein und diese auch entsprechend im Gespräch positionieren und leben. Zudem sollte seine Nominierung mit beiden Unternehmen abgestimmt sein. Besonders das andere Unternehmen sollte die Person als jemanden anerkennen, dem man den notwendigen Neutralitätsabstand zuerkennt.

Abschließend soll noch auf Grenzen der Vorgehensweise verwiesen werden. Aus methodischer Sicht sind zwei Aspekte problematisch: einerseits eine gewisse Willkürlichkeit in der Einschätzung der Faktoren und andererseits die Einseitigkeit des Vorgehens.

Die Willkürlichkeit resultiert aus der Art der Informationen zur Einschätzung der Beziehung. Diese sind rein qualitativ und zudem subjektiv auch von

jedem anders interpretierbar. Insoweit ist es schwer, eine intersubjektive Vergleichbarkeit der Einschätzungen herzustellen. So existiert beispielsweise die Gefahr, dass »Herr Müller« Lieferantenbeziehungen systematisch schlechter bewertet als »Frau Meyer«, trotz – soweit objektivierbar – gleicher Beziehungscharakteristika. Da diese Faktoren aber nur sehr begrenzt objektivierbar sind, ist es schwierig, durch andere Maßnahmen – z. B. ein Ranking der Beziehungen je Einkäufer – eine Vergleichbarkeit herzustellen. Woher weiß man, dass »Herr Müller« nicht doch die im Vergleich zu »Frau Meyer« schlechteren Lieferantenbeziehungen unterhält?

Eine (scheinbare) Vergleichbarkeit kann bestenfalls hilfsweise über die Konsequenzen aus der Einschätzung der Lieferantenbeziehung erfolgen. Voraussetzung ist, dass die Konsequenzen aus schlechten Einschätzungen, wie z. B. das gemeinsame Gespräch über die Problembereiche unter Moderation eines neutralen Dritten, immer partnerschaftlich und für alle Beteiligten gleichartig sind. Das heißt besonders, dass diese Gespräche als Chance zur Verbesserung der Beziehung verstanden werden und nicht negativ mit »Selbsthilfegruppe« oder Zeitvergeudung belegt sind. Dann besteht nämlich die Gefahr von verzerrt positiven Einschätzungen, um die sich aus negativen Einschätzungen ergebenden Maßnahmen zu umgehen.

Die nur einseitige Einschätzung der Vertrauenswürdigkeit ist aus der bereits angedeuteten meist wechselseitigen Vertrauensproblematik in der Beziehung sowie der eben diskutierten Subjektivität der Informationsgrundlage kritisch.

Kooperationscontrolling

Jede der betroffenen Parteien hat ihre eigene, subjektive Wahrnehmung der Problemursachen. Die Problemursachen können folglich je nach Wahrnehmung in unterschiedlichen Bereichen liegen. Dies lässt sich meist im Verlauf des Gesprächs klären. Kritischer ist, wenn nur aus Sicht einer Partei Beziehungsprobleme wahrgenommen werden. Diese hat dann – sofern es sich um den Lieferanten handelt – nicht im selben Maße die Möglichkeit, ein solches Gespräch einzuberufen. An dieser Schwäche setzt der später zu diskutierende beidseitige Beziehungsfragebogen an. Zuvor wollen wir jedoch noch ein weiteres einseitiges Instrument, den Werte-Check, vorstellen.

Werte-Check bei der Partnerwahl

Der Werte-Check bei der Partnerauswahl ist die einfachste, aber auch unpräziseste Möglichkeit des Kooperationscontrollings. Er wird einmalig bei der Lieferantenauswahl eingesetzt. Hier gilt es, bei der Wahl neuer Lieferanten – und in deutlich geringerem Umfang auch bei Kunden – zu beurteilen, ob ein Lieferant bestimmte kooperationsrelevante Wertvorstellungen erfüllt beziehungsweise den Werten des auswählenden Unternehmens nicht entgegenläuft. Den Wertvorstellungen kann dann eine handlungsleitende Wirkung in Richtung kooperatives Verhalten zugesprochen werden. Im Gegensatz zu den anderen Instrumenten dient dieses hauptsächlich der Begrenzung der Gefahr durch Kooperationen und zielt weniger auf deren Chancen ab. Sein Ziel ist die Identifikation und der Ausschluss von Partnern, die die Reputation des Unternehmens gefährden. Auf die Chancen von Kooperationen dank ähnlicher Werte und Wertvorstellungen geht später die Value Balance Card ein.

Das Instrument des Werte-Checks ist dabei umso wichtiger, je stärker einzelne Werte zum Beispiel im Leitbild des Unternehmens verankert sind; denn desto wichtiger ist es, bei der Auswahl von Wertschöpfungspartnern darauf zu achten, dass diese in ihrem alltäglichen Verhalten den Werten nicht widersprechen. Dies scheint im ersten Moment intuitiv einsichtig, doch liegt die Schwierigkeit – wie so häufig – in der konsequenten Umsetzung.

Es reicht im Zweifelsfall ein einzelner sich den Unternehmenswerten stark entgegengesetzt verhaltender Lieferant, um das Unternehmen mit negativen Schlagzeilen in die Presse zu bringen. Natürlich kann der Lieferant in diesem Ernstfall so schnell wie möglich ersetzt werden, doch das Unternehmen hat seinen guten Ruf aufs Spiel gesetzt und die Reputation ist zumindest in Teilen angeschlagen. Dies ist besonders deswegen erheblich, da der Reputationsaufbau eine sehr langwierige und damit auch häufig kostspielige Angelegenheit ist. Glaubwürdigkeit und Vertrauen im Markt aufzubauen, kostet Zeit und Geld. Diese zu verlieren, kann hingegen sehr schnell gehen. Gerade deshalb ist es sehr wichtig, im Voraus darauf zu achten, sie nicht leichtfertig zu riskieren. Dies haben auch die zuvor erwähnten Sportartikelhersteller sehr schmerzvoll erfahren müssen, als sie plötzlich beschuldigt wurden, ihre Fußbälle von Lieferanten, die Kinderarbeit zulassen, zu beziehen.

Bei Lieferanten und Kunden, zu denen keine intensiven Beziehungen ge-

Jede betroffene Partei hat ihre eigene, subjektive Wahrnehmung

Reputation aufzubauen, dauert lange – sie zu zerstören, geht dagegen ganz schnell

Ausgewählte Instrumente zur Erfassung
der Beziehungsqualität

plant sind, kann der Schutz vor solchen Reputationsschäden durch standardisierte Kriterien bei ihrer Auswahl geschehen. Die Kriterien sollten dabei sowohl unternehmensspezifische Werte als auch auf dem Markt als notwendig erachtete Werte berücksichtigen. Die Anzahl der Kriterien hängt dabei von der Bedeutung ab, die Werte für das Unternehmen haben. Je wichtiger die Rolle der Werte im Unternehmen und je mehr Werte, für die das Unternehmen steht, desto mehr Kriterienkategorien sollten auch bei der Auswahl von neuen Wertschöpfungspartnern vorhanden sein.

Die Rolle der Kriterien entspricht dabei der von »Hygienefaktoren«. Sie müssen erfüllt sein, damit das Unternehmen mit den Partnern eine zukünftige Zusammenarbeit in Erwägung zicht, aber eine spezielle Ausprägung ist nicht erforderlich. D.h. es gilt nicht zu messen, wie hoch ein Kriterium erfüllt ist, sondern es reicht völlig aus, dass es erfüllt ist (ja/nein).

Diese Wertvorstellungen können als Kriterien beim Werte-Check des Lieferanten herangezogen werden. Weiterhin ist noch auf allgemeine, vom Markt geforderte Werte zu achten. Zu diesen gehören z. B.:

- Umweltschutz,
- akzeptable Arbeitsbedingungen für die Mitarbeiter (z. B. Verzicht auf Kinderarbeit),
- anerkannte Eigentümer (z. B. Vorsicht bei Sekten als Eigentümern) und
- ungeschädigter Unternehmensruf.

Diese unternehmensspezifischen und marktbedingten Wertvorstellungen bilden in diesem Beispiel die Kriterien für

den Werte-Check beim Lieferanten. Sollte er die genannten Werte erfüllen, so wird er in die Liste der potentiellen Lieferanten aufgenommen. Erfüllt er mindestens einen nicht, so sollte auf die Zusammenarbeit mit ihm verzichtet werden.

Problematisch ist grundsätzlich die Beschaffung von Informationen über die Werte des Partners. Kein Partner wird sich offen zu Umweltverschmutzung oder Kinderarbeit bekennen. Hier können der Ruf des Unternehmens und die Marktkenntnis des auswählenden Teams helfen. So gilt es beim marktbedingten Werte-Check besonders vorhandene (negative) Informationen zu berücksichtigen. Da dies ein Instrument für schwach eingebundene Partnerunternehmen ist, soll mit diesem vor allen Dingen systematisch sichergestellt werden, dass nichts »Offensichtliches« übersehen wurde. Analog gilt das auch für die unternehmensspezifischen Werte. Hier bekommt man durch die (Vor-)Verhandlungen einen ersten Eindruck von der Unternehmenskultur des anderen und den in diesem Unternehmen gelebten Werten. Auf diese Weise können Mitarbeiter einen Eindruck davon erhalten, inwieweit die von ihnen postulierten Werte erfüllt sind.

Da es sich nur um »Hygienefaktoren« handelt, gilt »im Zweifel für den Angeklagten«. Sollten keine Informationen bezüglich einzelner Werte vorliegen und diese auch nicht – beispielsweise in einem Gespräch mit dem Lieferanten oder einem seiner weiteren Kunden sowie einem Blick auf seine Homepage – zu erlangen sein, so sollte dies zunächst kein Hinderungsgrund für die weitere Zusammenarbeit sein. Liegen hingegen

Zweifel an den Werten des Lieferanten vor, so sollte sehr bewusst überlegt werden, unter welchen Bedingungen und mit welchen Risiken eine Zusammenarbeit dennoch in Erwägung zu ziehen ist. Die so aufgestellten Restriktionen müssen dann auch eingehalten werden, um keine unkalkulierten Risiken einzugehen.

Sollte bei der Lieferantenauswahl bereits klar sein, dass es sich um eine engere Kooperation handelt, so sollte auch auf das Vorhandensein kooperationsfördernder Werte geachtet werden. Zu diesen gehören insbesondere die schon im vorherigen Abschnitt dargestellten Faktoren von Vertrauenswürdigkeit: Zuverlässigkeit, Kompetenz, Reputation, Loyalität und Verletzbarkeit. Einen Eindruck von diesen erhält man spätestens im Verlauf der Verhandlungen. Alternativ kann auch das später noch vorzustellende Instrument der Value Balance Card eingesetzt werden.

Regelmässiger beidseitiger Beziehungsfragebogen

Ein Beziehungsfragebogen klingt zuerst etwas nach Eheberatung im Berufsleben. Er soll die wechselseitige Vertrauenswürdigkeit der Kooperationspartner abzuschätzen helfen. Wie auch im Fall der Eheberatung soll der Fragebogen nur bei besonderen, das heißt besonders wichtigen Beziehungen angewendet werden. Dies lässt sich durch den hohen Aufwand begründen, der mit der Messung der Vertrauenswürdigkeit verbunden ist. Er sollte jedoch bereits im Vorfeld potentieller Vertrauensprobleme herangezogen werden und nicht erst, wenn die Beziehung bereits als problematisch betrachtet wird.

Die Auswahl der abzufragenden Aspekte der Vertrauenswürdigkeit und die Formulierung der einzelnen Fragen ist unternehmens- und kooperationsspezifisch vorzunehmen. So sollten Werte, für die das Unternehmen steht und die die Vertrauenswürdigkeit betreffen, von jedem Kooperationspartner, für den ein Beziehungsfragebogen eingesetzt wird, abgefragt werden. Andererseits kann es Werte geben, die nur für den Partner zentral sind und die insoweit nur für diese Kooperation erhoben werden sollten.

Als Grundlage für die Erstellung eines Beziehungsfragebogens können die Werte des Unternehmens und die weiter oben genannten fünf Faktoren zur Einschätzung der Vertrauenswürdigkeit in der Partnerbeurteilung dienen. Die Entwicklung des Fragebogens sollte in Abstimmung und unter Einbeziehung der Lieferanten erfolgen. Nur so gelingt es sicherzustellen, dass dieser auch von ihnen als Instrument zur Einschätzung der gegenseitigen Vertrauenswürdigkeit akzeptiert wird. Dazu ist am besten ein Pilotprojektteam aufzusetzen. In der ersten Phase sollte es nur aus Mitarbeitern des eigenen Unternehmens bestehen, die die für die Vertrauenswürdigkeit relevanten Aspekte in Fragen formulieren, die für jeden Lieferanten abgefragt werden sollten. Hierzu gehören zum Beispiel – wie oben erwähnt – die Unternehmenswerte. Im zweiten Schritt sollte das Team um Mitarbeiter eines ausgewählten Lieferanten erweitert werden. In dieser Konstellation werden die kooperationsspezifischen Fragen erarbeitet und die unternehmens-

Ein Beziehungsfragebogen klingt etwas nach Eheberatung im Berufsleben

Ausgewählte Instrumente zur Erfassung der Beziehungsqualität

Wie schätzen Sie den Partner bezüglich der folgenden Aussagen ein?	Trifft immer zu				Trifft nie zu
• Der Partner hält seine Zusagen ein.	○	○	○	○	○
• Der Partner informiert uns bei auftretenden Problemen frühzeitig und umfassend.	○	○	○	○	○
• Wir können uns auf den Partner verlassen.	○	○	○	○	○

Abb. 127: Ausschnitt aus einem Beziehungsfragebogen

Der Fragebogen ist in zwei Abschnitte untergliedert

spezifischen Fragen mit einem ersten Lieferanten abgestimmt. Damit ist der Fragebogen in zwei Abschnitte gegliedert, den unternehmensspezifischen und den kooperationsspezifischen Teil. Um eine vergleichbare Auswertung der Antworten zu ermöglichen, bieten sich geschlossene Fragen an, die mit einer Skala von eins bis fünf hinterlegt sind. Um eindeutige Antworten zu erhalten, sollen die Ausprägungen der Skalen konkret benannt werden.

Beispiel

Beispielhaft sollen unternehmensspezifisch die Unternehmensgrundsätze von dm (»Sich die Probleme des Konsumenten zu Eigen machen«, »Transparenz und Geradlinigkeit«, »Bereitschaft zur Zusammenarbeit in Gruppen«, »Erkennen des Wesens des Partners«, »Anerkennen der Eigentümlichkeiten des Partners«) sowie die in der Partnerbeurteilung genannten fünf Kriterien Zuverlässigkeit, Kompetenz, Reputation, Verletzbarkeit und Loyalität für die Vertrauenswürdigkeit abgefragt werden. Im Unterschied zur Partnerbeurteilung stellen sich jetzt beide Parteien die Fragen zur Vertrauenswürdigkeit und den Unternehmenswerten. Anpassungen bzw. Erweiterungen sind gegebenenfalls ko-

operationsspezifisch vorzunehmen. Allerdings sollten grundsätzlich alle fünf Aspekte der Vertrauenswürdigkeit erhalten bleiben und lediglich kooperationsspezifisch besonders wichtige Aspekte (z. B. Verletzbarkeit aufgrund hoher spezifischer Investitionen) ausführlicher abgefragt werden. Die Ergänzung um ausschließliche Werte des Partners erfolgt im kooperationsspezifischen Teil. Die Fragen können stringent aus den Unternehmensgrundsätzen und den Faktoren zur Vertrauenswürdigkeit entwickelt werden:

Unternehmensgrundsätze

• Die Konsumbedürfnisse unserer Kunden veredeln.
• Den zusammenarbeitenden Menschen Entwicklungsmöglichkeiten bieten.
• Als Gemeinschaft vorbildlich in unserem Umfeld wirken.

Zuverlässigkeit

• Der Partner hält seine Zusagen ein.
• Der Partner informiert uns bei auftretenden Problemen frühzeitig und umfassend.
• Wir können uns auf den Partner verlassen.

Kooperationscontrolling

Als Ausprägungen für die Skalen von eins bis fünf wären folgende Bezeichnungen sinnvoll:

- 1: Trifft immer zu
- 2: Trifft häufig zu
- 3: Trifft manchmal zu
- 4: Trifft selten zu
- 5: Trifft nie zu

Als Fragebogen ergibt sich daraus das in der oben stehenden Grafik skizzierte Format. Die kooperationsspezifischen Fragen orientieren sich an den Werten des Partners. Die Fragen sind analog dem unternehmensspezifischen Teil zu stellen.

Die Durchführung der Befragung sollte nach Möglichkeit Mitarbeiter aller kooperierenden Unternehmen – idealerweise aus korrespondierenden, im Tagesgeschäft zusammenarbeitenden Abteilungen – betreffen. Sie sollte in regelmäßigen Intervallen erfolgen. Ein Turnus von ein- bis zweimal jährlich erscheint zweckmäßig, da wöchentliche bzw. monatliche Schwankungen in den Ergebnissen nicht zu erwarten sind. Außerdem sprechen Kostenüberlegungen gegen eine häufigere Frequenz.

Um einen Eindruck von der Qualität innerhalb der gesamten Kooperationsbeziehung zu erhalten, können Durchschnitte aus den einzelnen Beziehungswerten, die die beteiligten Akteure sich gegenseitig zubilligen, herangezogen werden. Neben den Durchschnittswerten sind auch Varianzen zu berücksichtigen, da insbesondere starke Abweichungen vom Durchschnitt wichtige Anhaltspunkte für eine Ursachenanalyse und darauf aufbauende Verbesserungsmaßnahmen geben.

Die Befragung kann zum einen durch die Kooperationspartner selbst, zum anderen aber auch von einem unabhängigen Dritten – wie z. B. einem Marktforschungsinstitut oder einem externen Berater – durchgeführt werden. Die Übertragung an einen unabhängigen Dritten erscheint dann sinnvoll, wenn die Gefahr einer Verfälschung der Ergebnisse durch die Unternehmen auf Grund von Subjektivität und/oder Opportunismus besteht.

Ziel des Beziehungsfragebogens sollte es sein, Probleme in Bezug auf die Vertrauenswürdigkeit der Kooperationspartner frühzeitig aufzudecken. Daraus ergibt sich eine ganze Reihe von Chancen. So ermöglicht ein Beziehungsfragebogen den Aufbau gegenseitigen Vertrauens und damit einer intensiveren Kooperation. Die Zusammenarbeit erfolgt dadurch reibungsloser, die Stärken der anderen Partner können erkannt und genutzt werden. Bisher notwendige Kontrollen lassen sich reduzieren. Zudem können Konflikte bzw. Konfliktpotentiale frühzeitig erkannt und so ihr Ausbruch bestenfalls verhindert bzw. sichergestellt werden, dass er nur auf der Sachebene, nicht aber persönlich geführt wird. Der Beziehungsfragebogen bietet eine Reihe von Chancen, ist aber auch mit Problemen verbunden. Ausreichende Offenheit und Geradlinigkeit in der Kommunikation sind notwendig, um davon ausgehen zu können, dass beide Unternehmen wahrheitsgemäß antworten. Zudem dürfen keine negativen persönlichen Konsequenzen aus dem Fragebogen gefürchtet werden. So dürfen schlechte Bewertungen beispielsweise nicht zu einseitiger Schuldzuweisung führen, sondern müssen

Die Ausprägungen sollten mit einer 5-teiligen Antwortskala erfasst werden

Ziel des Fragebogens sollte es sein, mögliche Kooperationsprobleme möglichst frühzeitig aufzudecken

eine partnerschaftliche Lösung der gemeinsamen Probleme zum Ziel haben.

Die Value Balance Card

Die bisherigen drei Instrumente zur Messung der Vertrauenswürdigkeit eines Kooperationspartners zeichnen sich durch hohe Anwendungsorientierung und eine leichte Handhabbarkeit aus. Durch die Anwendung der Instrumente gelingt es, Indikatoren zu identifizieren, die eine – im Vergleich zum Bauchgefühl – systematischere Abschätzung der Vertrauenswürdigkeit eines Kooperationspartners ermöglichen. Im Folgenden wollen wir Ihnen ein weiteres Instrument, die Value Balance Card vorstellen, die eine Weiterentwicklung des vorher besprochenen Werte-Checks ermöglicht. Der Werte-Check war ein Instrument, das nur eine »Hygienefunktion« hatte, d. h. das nur ausschloss, dass mit Partnern Beziehungen eingegangen werden, die der Reputation des Unternehmens schaden können. Er konnte nur das Downside-Potential einer Beziehung reduzieren, Aussagen über das Upside-Potential dagegen nicht treffen. Die Value Balance Card hingegen fokussiert genau auf diesen Bereich. Sie soll einem Manager Hilfestellung bei der Entscheidung geben, ob er in unsicheren Umweltsituationen, die zwar hohe Kooperationsgewinne einer Zusammenarbeit, aber ein hohes Ausbeutungsrisiko versprechen, eine Kooperation mit einem potentiellen Partner eingehen soll oder nicht. Sie misst dazu kooperationsfördernde Werte bzw. Wertedifferenzen.

Die Value Balance Card erfasst auch das Upside-Potential einer Kooperation

Mit Hilfe der Value Balance Card wird versucht, aus der Ähnlichkeit von Wertvorstellungen Abschätzungen über die Vertrauenswürdigkeit eines Kooperationspartners in unsicheren Umwelten abzuleiten. Sie kann die im Beziehungsfragebogen neben den Wertvorstellungen zusätzlich abgefragten Dimensionen nach der Zuverlässigkeit, der Kompetenz, der Verletzbarkeit, der Reputation und der Loyalität nicht ersetzen. Vielmehr ermöglicht sie einen – wissenschaftlich reflektierten – systematischen Vergleich der Wertvorstellungen zweier Akteure in Bezug auf die Ähnlichkeit dieser Vorstellungen (vgl. Hirsch 2002, Kapitel 7). Die Ähnlichkeit von Wertvorstellungen ist aus folgenden Gründen im Kontext von Kooperationen bedeutsam: Kooperationspartner können gerade dann in unstabilen Situationen Kooperationsgewinne erzielen, wenn sie sich einerseits auf den Partner »verlassen« und andererseits auf hohe Kosten der Kontrolle des jeweils anderen verzichten können. Das »Sich-verlassen-Können« in unsicheren Umweltkontexten kann bedeuten, dass sich die Partner in Situationen, die für beide neu und unkalkulierbar sind, von ähnlichen Grundregeln leiten lassen. Dies setzt ähnliche Wertvorstellungen, denen eine solche handlungsleitende Wirkung zugeschrieben wird, voraus.

Die Value Balance Card wird durch das in der Abbildung 128 gezeigte Vorgehen erstellt. Die hierbei zu beschreitenden einzelnen Schritte werden im Folgenden erläutert.

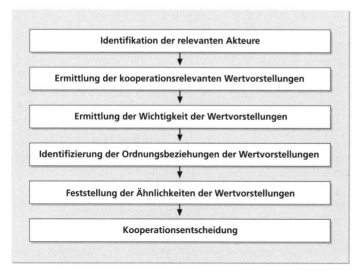

Abb. 128: Die Erstellung der Value Balance Card

Identifikation der relevanten Akteure

Die Value Balance Card bildet die Ähnlichkeiten von Werten derjenigen Personen bzw. Organisationen ab, die über das Eingehen und den Verlauf einer gemeinsamen Kooperation entscheiden. Sind dies (Einzel-)Personen, so ist die Identifizierung der Partner kontextabhängig relativ einfach. Es sind die potentiellen Kooperationspartner auszuwählen. Schwieriger kann sich die Identifizierung von Organisationen, z. B. Unternehmen, als potentielle Partner gestalten. Dafür bieten sich grundsätzlich zwei Vorgehensweisen an: Erstens kann eine Organisation als kollektiver Akteur betrachtet werden. Es sind dann die Werte der Organisation zu analysieren. Ein alternatives Vorgehen wäre es, die Werte von Repräsentanten der Organisation zu untersuchen. Dann sind diejenigen Repräsentanten der Organisation bzw. Gruppe zu identifi-

zieren, die deren Entscheidungen bzw. Verhalten entscheidend beeinflussen.

Ermittlung der kooperationsrelevanten Wertvorstellungen

Jede Person bzw. jede Organisation verfügt in der Regel über mehrere Wertvorstellungen. In diesem Schritt sind diejenigen von diesen herauszufinden, die für das Zustandekommen und den Erfolg der konkret angestrebten Kooperation für beide Seiten relevant sind.

Relevant bedeutet in diesem Zusammenhang folgendes: Ist eine Wertvorstellung für das Handeln eines Akteurs so wichtig, dass ein Abweichen des anderen von dieser Wertvorstellung ein Scheitern der Kooperation oder nachhaltige Probleme in dieser zur Folge haben kann? So kann es für einen Partner extrem wichtig sein, dass die Wertvorstel-

Ausgewählte Instrumente zur Erfassung
der Beziehungsqualität

lungen »Ehrlichkeit« und »Offenheit« in der Kooperation gelebt werden: Ohne sicher zu sein, dass der andere das, was er in Verhandlungen mit gemeinsamen Geschäftspartnern erfährt, auch weitergibt, wäre er nicht bereit, hohe materielle und immaterielle (z. B. Branchen-Know-how) Ressourcen in die Zusammenarbeit zu investieren.

Der Wertekatalog von Hall kann eine gute Hilfestellung sein, wichtige Wertvorstellungen zu identifizieren

Zur Ermittlung der kooperationsrelevanten Wertvorstellungen ist eine Selbsteinschätzung des Entscheiders erforderlich. Eine Einzelperson kann zur Identifizierung ihrer eigenen Wertvorstellungen z. B. den Wertekatalog von Hall (1994) als Auswahlhilfe heranziehen. Dieser bietet eine Liste von 125 Wertvorstellungen und erhebt damit den Anspruch, mögliche Wertvorstellungen, die Menschen haben können, vollständig abzubilden. Die Liste beginnt mit »Accountability« und endet mit »Workmanship« und ist im Anhang dieses Kapitels abgedruckt. Bedeutsam für eine zuverlässige Selbsteinschätzung kann auch der Rückgriff auf Erfahrungen aus früheren Kooperationen sein. Diese sind jedoch auf ihre Tauglichkeit für die in der Zukunft anstehende Kooperation kritisch zu überprüfen.

Die Bewertung erfolgt mit einer Schulnotenskala

Nicht immer werden aus den Befragungen oder (Selbst-) Einschätzungen Listen mit inhaltlich ähnlichen oder gar identischen Wertvorstellungen hervorgehen. Dies bedeutet jedoch nicht, dass deswegen alle weiteren Überlegungen zur Kooperationsfähigkeit der Beteiligten abgebrochen werden müssen. Vielmehr geht es bei der inhaltlichen Bestandsaufnahme darum zu überprüfen, ob eine hinreichende inhaltliche Konformität zwischen den genannten Wertvorstellungen vorliegt. »Hohe Produktivität« einerseits und »Industrieführerschaft« andererseits lassen sich etwa gemeinsam in die Wertvorstellung »Wirtschaftlicher Erfolg« einordnen. Im Fall zu geringer Schnittmengen können die Wertvorstellungen jedoch keine kooperationsfördernde Funktion erfüllen. Die Überlegungen zur Kooperationsrelevanz von Werten sind an dieser Stelle abzubrechen.

Ermittlung der Wichtigkeit der Wertvorstellungen

Zur Messung der Wichtigkeit von Wertvorstellungen schlagen wir eine intervallskalierte, fünfstufige Likert-Skala vor. Die Bewertung »5« wird vergeben, wenn eine bestimmte Wertvorstellung für das Handeln eines Akteurs nicht wichtig ist. Für die Bewertung »1« muss die Aussage zutreffen, dass diese Wertvorstellung eine Haupt-Wertvorstellung eines Akteurs darstellt, auf die er sein Handeln jederzeit ausrichtet (vgl. ähnlich Rothenberger 1992, S. 208). Aus den Einschätzungen der Ausmaße der Wertvorstellungen für das Handeln von Akteuren lässt sich ein Werteprofil ableiten, das beispielhaft in der Abbildung 129 dargestellt ist.

Diese Abbildung zeigt diejenigen Wertvorstellungen auf, die ein Unternehmen für Kooperationen mit potenziellen Partnern als relativ wichtig betrachtet. Diese Wertvorstellungen werden mit den wahrgenommenen Wertvorstellungen, die ein potentieller Partner hat, abgeglichen. Es zeigt sich, dass dem Unternehmen selbst die Wertvorstellung Offenheit sehr wichtig ist, dass es dagegen auf Ehrlichkeit und

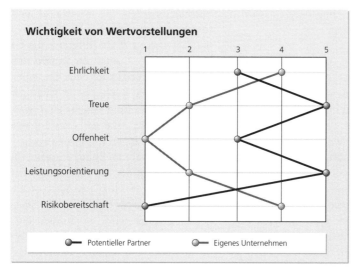

Wichtigkeit von Wertvorstellungen

Abb. 129: Werteprofil für zwei Akteure

Risikobereitschaft weniger Wert legt. Anders der potentielle Partner: Ihm sind Werte wie Risikobereitschaft und (mit Abstrichen) Ehrlichkeit und Offenheit wichtig.

Identifizierung der Ordnungsbeziehungen der Wertvorstellungen

Im Idealfall können ähnliche Wertvorstellungen der Partner die Entscheidung, eine Kooperation mit einem Partner einzugehen bzw. zu vertiefen, erleichtern. Eine Voraussetzung dafür ist, dass sich die Wertvorstellungen eines Partners selbst nicht widersprechen. Ist dies teilweise oder ganz der Fall und stehen diese in Konflikt zueinander – z. B. erachtet ein Akteur die Wertvorstellungen Offenheit und Verschwiegenheit als gleich wichtig – so deutet dies auf eine problematische Kooperationsfähigkeit

des Akteurs hin. Gerade in unsicheren Situationen fällt es ihm schwer, sein Handeln an bestimmten Wertvorstellungen eindeutig auszurichten. Sein Verhalten könnte in sich selbst widersprüchlich sein und ist deswegen schwer vom anderen Partner zu prognostizieren. Deswegen macht es Sinn, die im Werteprofil formulierten Wertvorstellungen dahingehend zu überprüfen, ob diese einerseits in einem neutralen oder komplementären Verhältnis zueinander stehen oder andererseits konfliktär zueinander sind. Betrachtet man die Wertvorstellungen in der Abbildung 129, so ist kein Widerspruch zwischen den Wertvorstellungen Ehrlichkeit, Treue, Offenheit, Leistungsorientierung und Risikobereitschaft zu erkennen. Von den Werten Ehrlichkeit und Offenheit dürften sogar ähnliche Handlungsanweisungen ausgehen.

Feststellen der Ähnlichkeit einzelner Wertvorstellungen

Eine hohe Ähnlichkeit der Wertvorstellungen wirkt sich fördernd auf Kooperationen aus

Die Bedeutung, die jeder Partner bestimmten Wertvorstellungen zumisst, deutet darauf hin, wie tolerant er gegenüber möglichen abweichenden Einschätzungen des potentiellen Partners sein dürfte. Je wichtiger einem Akteur eine Wertvorstellung ist, desto weniger wird er bereit sein, Abweichungen davon als kooperationsfördernd oder -neutral zu akzeptieren. Vor allem dann, wenn er von einer ausreichenden Ähnlichkeit in der Bedeutung bestimmter Wertvorstellungen für sich und den potentiellen Partner ausgehen kann, wird er dem potentiellen Partner vertrauen und bereit sein, eine Kooperation unter unsicheren Bedingungen einzugehen. Er kann dann mit relativ großer Sicherheit davon ausgehen, dass sich der Partner ähnlich wie er verhalten wird, indem dieser sein Handeln von ähnlichen Wertvorstellungen wie er selbst wird leiten lassen.

Je wichtiger eine Wertvorstellung eingeschätzt wird, desto relevanter sind die Unterschiede in den gegenseitigen Einschätzungen

Die folgenden Überlegungen erscheinen uns für die Festlegung einer Skala zur Beurteilung von Ähnlichkeiten von Wertvorstellungen angemessen: Die Wichtigkeit einer Wertvorstellung beschreibt ein Akteur durch die Bedeutung, die er ihr auf einer Skala von 1 bis 5 zumisst. Wertvorstellungen, denen eine sehr hohe Wichtigkeit eingeräumt wird, kann eine potentiell höhere Handlungsrelevanz beigemessen werden als solchen, denen nur eine relativ geringe Wichtigkeit zugeschrieben wird. Dies lässt sich damit begründen, dass (sehr) wichtige Wertvorstellungen den Handlungsraum eines Akteurs mehr eingrenzen als solche, die als wenig wichtig ein-

geschätzt werden. Sie implizieren deswegen auch ein höheres Konfliktpotential. Deswegen soll die Differenz, die die beiden Akteure 1 und 2 der Wertvorstellung zuschreiben, auch von der Höhe der Bedeutung abhängen: Je wichtiger eine Wertvorstellung eingeschätzt wird, desto relevanter sind die Unterschiede in den gegenseitigen Einschätzungen.

Diese Annahme findet Eingang in eine Skala, auf der die Differenzen der Bedeutungen der einzelnen Wertvorstellungen abgelesen werden. Welche Skala genau gewählt wird, ist immer eine situationsspezifische Entscheidung. Der in Abbildung 130 stehende Skalierungsvorschlag kann jedoch eine sinnvolle Variante sein, die eben gemachten Überlegungen angemessen zu berücksichtigen. Auf dieser Skala sind die Bedeutungen, die zwei Akteure einer Wertvorstellung zuschreiben, einzutragen. Daraus lässt sich dann die Differenz ableiten, die sich aus der Summe der in der Abbildung 130 dargestellten Teilabstände ergibt: Teilabständen, die zwischen weniger wichtigen Wertvorstellungen auftreten, wird ein Wert von $t = 1$ zugeschrieben. Dagegen soll der Teilabstand t bei Werten, die mindestens als sehr wichtig eingeschätzt werden (Wichtigkeit $a \leq 2$), dreifach so groß sein wie im Bereich der unwichtigen Werte. Dazwischen liegt der Fall, dass Werte von einem Akteur als wichtig, von dem anderen als bedingt wichtig beurteilt werden. Dieser Teilabstand zwischen den Rängen 3 und 4 soll $t_{34} = 2$ sein.

Ist die Skalierungsfrage geklärt, so erfolgt die Umsetzung des Modells sinnvollerweise in folgenden Schritten: Es bietet sich aus Gründen der Übersichtlichkeit an, die Inhalte und Bedeutun-

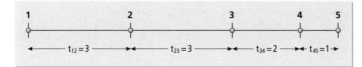

Abb. 130: Skalierungsvorschlag

gen aller Wertvorstellungen bzw. Wertegruppen, die für mindestens einen Akteur wichtig sind, in einer Tabelle aufzuführen, die wir Value Balance Card nennen (vgl. die Abbildung 131). Die Tabelle zeigt exemplarisch für die beiden Akteure 1 und 2 fünf Wertvorstellungen, für die unterstellt wird, dass sie in einem neutralen Verhältnis zueinander stehen. Ihnen wird jeweils ein Buchstabe zugewiesen, der in den späteren Schritten die Funktion eines Index ausfüllen kann.

In einem nächsten Schritt gilt es, die Differenzen der Bedeutungen der Wertvorstellungen zu berechnen. Setzt man die zuvor eingeführte Skalierung weiter voraus, so ergibt sich folgende Situation (vgl. die Abbildung 132): Die Ausprägungen von d_w sind im Folgenden inhaltlich zu beurteilen. Die Differenz d_w

kann einen maximalen Wert von $d_w = 9$ annehmen. Dies trifft zu, wenn ein Akteur 1 einer Wertvorstellung w die Bedeutung $a_{w1} = 1$, der andere die Bedeutung $a_{w2} = 5$ zumisst. Hier ist eine Ähnlichkeit der Bedeutung der Wertvorstellung w für die beiden potentiellen Kooperationspartner nicht mehr gegeben. Dies dürfte bereits dann gelten, wenn $d_w \geq 7$ ist. Dies ist dann der Fall, wenn ein Akteur eine Wertvorstellung mindestens als sehr wichtig einstuft, diese jedoch für den anderen nur bedingt oder wenig wichtig ist.

Von einer geringen Ähnlichkeit einer Wertvorstellung ist dann auszugehen, wenn $4 \leq d_w \leq 6$ gilt. Dies impliziert, dass die beiden Akteure die Bedeutung der Wertvorstellung jeweils im linken Bereich der Skala verorten, also der Wertvorstellung eine sehr hohe Wichtig-

Wertvorstellungen	w	a_{w1}	a_{w2}
Ehrlichkeit	A	4	3
Treue	B	2	5
Offenheit	C	1	3
Leistungsorientierung	D	2	5
Risikobereitschaft	E	4	1

Abb. 131: Die Value Balance Card: Inhalte und Ausmaße kooperationsrelevanter Wertvorstellungen

Ausgewählte Instrumente zur Erfassung
der Beziehungsqualität

Wertvorstellungen	w	a_{w1}	a_{w2}	d_w
Ehrlichkeit	A	4	3	2
Treue	B	2	5	6
Offenheit	C	1	3	6
Leistungsorientierung	D	2	5	6
Risikobereitschaft	E	4	1	8

Abb. 132: Die Value Balance Card: Differenzen in den zugeteilten
Bedeutungen für Wertvorstellungen

keit zuschreiben, diese jedoch über zwei Ränge unterschiedlich beurteilen, oder dies im mittleren oder rechten Bereich der Skala über drei Ränge erfolgt.

Eine relativ hohe Ähnlichkeit weisen Wertvorstellungen mit $d_w = 3$ auf. Dies ist dann anzunehmen, wenn eine Wertvorstellung im linken Bereich der Skala wenig abweichend beurteilt wird (also die Ausmaße nur einen Rang voneinander abweichen) oder der Fall auftritt, dass eine Wertvorstellung von einem Akteur mit $a_{w1} = 3$, vom anderen mit $a_{w2} = 5$ beurteilt wird. Diese Ähnlichkeiten sind in Bezug auf eine eindeutige Aussage über das Zustandekommen der Kooperation nicht unproblematisch. Sie deuten die Möglichkeit der Kooperation zwar an, lassen jedoch auch Zweifel; so können relativ geringe Unterschiede der Ausmaße in dem Skalenbereich, in dem Wertvorstellungen als sehr wichtig angesehen werden, die Wahrscheinlichkeit des Zustandekommens einer vertrauensvollen Kooperation ebenso reduzieren wie ein relativ hoher Unterschied in den Ausmaßen im mittleren Bereich über zwei Ränge.

Sehr ähnlich fällt die Beurteilung einer Wertvorstellung w aus, wenn $d_w < 3$. Davon ist auszugehen, wenn wichtigen oder sehr wichtigen Wertvorstellungen von den beiden Akteuren eine gleiche Bedeutung zugewiesen wird (dann ist $d_w = 0$) und/oder wenn Differenzen im »hinteren« Bereich der Skala vorliegen, also dann, wenn die Wertvorstellung von beiden Akteuren als nicht ganz so wichtig eingeschätzt wird ($a_w \leq 3$).

Entscheidung über die Kooperation

Aus den Differenzen d_w können sich die beteiligten Partner ein Bild darüber machen, ob sie aufgrund ähnlicher Wertvorstellungen eine Kooperation mit dem anderen eingehen wollen oder nicht. Klar ist in diesem Zusammenhang, dass eine solche Abschätzung immer einen subjektiven Charakter hat. Wir gehen jedoch davon aus, dass die zu treffende Einschätzung aufgrund der vorher durchgeführten Differenzbildung aussagekräftiger ist als eine mit Willkür getroffene reine »Bauchentscheidung«.

Kooperationscontrolling

Im angeführten Beispiel wurden folgende Abweichungen d_w errechnet: Für die Ehrlichkeit ergab sich $d_A = 2$, für die Treue, Offenheit und Leistungsorientierung jeweils $d = 6$, und für die Risikobereitschaft $d_E = 8$. Während in Bezug auf die Ehrlichkeit eine hohe Übereinstimmung in der zugewiesenen Bedeutung festzustellen ist, gibt es bei den Werten Treue, Offenheit und Leistungsorientierung mit $d = 6$ schon relativ große Abweichungen. Noch größer sind diese in Bezug auf die Risikobereitschaft. Aufgrund der doch relativ deutlichen Abweichungen bei vier von fünf Wertvorstellungen würden wir von einer Kooperation aufgrund hoher Unsicherheit abraten.

Weitere Überlegungen bezüglich einer (engeren) Kooperation aufgrund der Basis gemeinsamer Werte sollten entweder abgebrochen werden oder es sind Sicherungsmaßnahmen zu etablieren, die eine Zusammenarbeit auf niedrigerem Niveau dennoch zulassen. Folgende Sicherungsmaßnahmen sind denkbar:

- Legt der potentielle Partner wenig Wert auf Ehrlichkeit, so sind Kontrollmaßnahmen zu etablieren, die dessen opportunistisches Verhalten zumindest in Teilen aufdecken können.
- Legt der potentielle Partner wenig Wert auf Treue, so sind Konventionalstrafen zu vereinbaren, die einen kurzfristigen Abbruch der Kooperation unlukrativ werden lassen.
- Wird der Offenheit nur wenig Bedeutung geschenkt, sind Controllinginstrumente zu etablieren, die Transparenz in die Kooperation bringen.
- Verhält sich der Partner wenig leistungsorientiert, sind Anreizsysteme

zu etablieren, die die Leistung des Partners bewerten und belohnen (leistungsorientierte Bezahlung, klare Trennung und Zurechenbarkeit von Leistungen der Partner).
- Verhält sich der Partner wenig risikobereit, sind Risiken ggf. gegen Prämie zu übernehmen; verhält sich der Partner zu risikobereit, ist sicherzustellen, dass dieser das Risiko alleine trägt.

Die Value Balance Card ermöglicht einen systematischen, anwendungstauglichen Vergleich der für eine Kooperation relevanten Wertvorstellungen. Die Grenzen der Value Balance Card zeigen sich insbesondere in zwei Punkten.

Als erster Punkt ist anzuführen, dass ihre Erstellung auf Informationen über Wertvorstellungen angewiesen ist, die von den betrachteten Akteuren vorliegen müssen. Die Gewinnung dieser Informationen ist in der Praxis sicherlich nicht einfach. So müssen sich die Betroffenen zum einen selbst über den Inhalt, die Bedeutung und die Beziehung ihrer eigenen Wertvorstellungen bewusst sein, sie müssen zum anderen auch bereit sein, diese Informationen so zu kommunizieren, dass sie dem potentiellen Partner und/ oder dem Anwender der Value Balance Card glaubwürdig und zugänglich sind.

Eine zweite Schwierigkeit bei der Anwendung der Value Balance Card besteht darin, dass es durch das systematische Vorgehen der Analyse von Wertvorstellungen zwar gelingt, Transparenz in die Wertvorstellungen der Beteiligten zu bringen und damit die Möglichkeit einer verbesserten Prognose des kooperationsrelevanten Handelns herzustellen, dass damit jedoch immer auch subjektive Einschätzungen verbunden sind.

Probleme der Anwendung der Value Balance Card

Welche Möglichkeiten stehen zur Verfügung, um Kooperationen abzusichern?

Messung der Qualität der Zusammenarbeit mit den Lieferanten im Rahmen des Supply Chain Management bei dm-Drogerie Markt

Die vorgestellten Instrumente mögen auf den ersten Eindruck etwas abstrakt erscheinen, doch einige von ihnen wurden bereits in der Unternehmenspraxis getestet. Wir stellen im Folgenden unsere Erfahrungen im Rahmen eines Projektes mit der dm-drogerie markt vor. dm hat einen beidseitigen Beziehungsfragebogen eingeführt. Auf die Unternehmensgrundsätze wurde bereits verwiesen. dm wurde 1973 vom Götz W. Werner gegründet und hat sich seit seiner Gründung zum zweitgrößten Drogeriemarkt in Deutschland entwickelt. Kooperationen im Rahmen des Supply Chain Managements sind ein erklärtes Entwicklungsziel des Unternehmens.

Die enge Kooperation mit den Lieferanten und deren Beurteilung ist schon seit längerer Zeit ein wichtiges Thema bei dm. Zum einen werden umfangreiche Projekte mit den Lieferanten durchgeführt, um den Warenfluss in der Supply Chain zu optimieren. Zum anderen wird von dm-Mitarbeitern bestätigt, dass die enge Kooperation von einem vertrauensvollen Austausch wichtiger Informationen geprägt ist. Basis dieses Austauschs von Daten und der Beurteilung der Kooperation bilden das dm-Extranet und das Prozess-Management-Informationssystem (PROMI).

Für dm ist die Beurteilung der Kooperation und die Quantifizierung beziehungsrelevanter Faktoren sehr wichtig: Dies kommt u. a. durch die Integra-

tion dieses Aspektes in PROMI zum Ausdruck (vgl. Weber 2002, S. 210). Eine Schnittstelle kann durchaus von einem Partner oder von beiden als nicht optimal empfunden werden, obwohl alle messbaren gängigen Kennzahlen zufriedenstellend ausfallen. Mit Hilfe qualitativer Faktoren wird deshalb versucht, die Einschätzung der gesamten Kooperation »greifbarer« zu machen. Dabei werden die qualitativen Einflussfaktoren auf die Kooperationsgüte mit Hilfe eines Fragebogens ermittelt, bei dem sowohl dm als auch der befragte Lieferant eine Einschätzung der Kooperationsqualität in unterschiedlichen Kategorien – beispielsweise Kompetenz des Ansprechpartners oder Vollständigkeit der Information – abgeben (vgl. Strobel 2002, S. 39).

Entwicklung des Beziehungsfragebogens

Der Beziehungsfragebogen wurde im Jahr 2002 entwickelt. Grundlage dafür waren die im Abschnitt 4 vorgestellten Faktoren der Vertrauenswürdigkeit. Die für die Beziehung von dm und seinen Lieferanten wesentlichen Aspekte und die dazugehörigen Fragen wurden in Workshops und Einzelinterviews von dm-Mitarbeitern und Vertretern der Lieferanten entwickelt und abgestimmt. Insgesamt bestand das Projektteam, mit dem die Fallstudie durchgeführt worden ist, aus neun Mitarbeitern. Die dm-Mitarbeiter kamen aus den Bereichen Supply Chain Management, Marketing und Beschaffung (Sortimentsmanagement) sowie Disposition, Filiale und dem Verteilzentrum. Von Lieferantenseite aus beteiligten sich an der Fallstudie Mit-

dm legt traditionell großen Wert auf eine vertrauensvolle Zusammenarbeit

Im Projektteam arbeiteten dm-Mitarbeiter mit Vertretern der Lieferanten zusammen

392

Kooperationscontrolling

arbeiter aus den Bereichen Key Accounting und Logistik.

Das Projektteam wählte im ersten Schritt die relevanten Aspekte aus. In einem zweiten Schritt definierte es Fragen zur Identifizierung der relevanten Aspekte. Um eine vergleichbare Auswertung der Antworten zu ermöglichen, wurde – analog dem empfohlenen Vorgehen beim beidseitigen Beziehungsfragebogen – bei der Entwicklung des Fragebogens darauf geachtet, geschlossene Fragen zu verwenden. Darüber hinaus wurde auf eine konkrete Benennung der einzelnen, 5-teiligen Skalenausprägungen geachtet, damit die Fragen eindeutig beantwortet werden können.

dm hat sich entschieden, eine Bewertung der Kooperation nur mit besonders wichtigen Lieferanten durchzuführen. Mit diesen besteht in den meisten Fällen eine langjährige und intensive Beziehung. Aufgrund des mit der Entwicklung und dem regelmäßigen Durchführen verbundenen Aufwands und der Gefahr des wissentlichen Falschausfüllens bei Lieferanten, zu denen noch kein Vertrauensverhältnis aufgebaut werden konnte, ist diese Entscheidung zu begrüßen. Es wurde – in Übereinstimmung mit den an dieser Fallstudie beteiligten Lieferanten – ein Fokus auf die Aspekte »Werte« mit den Unteraspekten »Kongruenz zentraler Werte« und »bisherige Zusammenarbeit« und »Reputation« mit den Unteraspekten »Kooperationsintensität« und »Kooperationsqualität« gelegt. Diese entsprechen konzeptionell – wenn auch nicht inhaltlich deckungsgleich – den Aspekten »Werte« und »Reputation«.

Bei der Entwicklung von Fragen für die Messung der einzelnen Aspekte wurde auf ähnliche Fragen für dm und seine Lieferanten geachtet, um einen Vergleich der Antworten zu ermöglichen. Idealerweise sollten sogar beide die gleichen Fragen beantworten. Um möglichst präzise Angaben zu erhalten, versah das Projektteam die jeweiligen Extremwerte der Antwortskalen mit Attributen. Beispielsweise bildet bei der Messgröße »Zahl der gemeinsamen Projekte« den einen Extremwert »null bis zwei Projekte«, den anderen Extremwert »größer zehn Projekte in den letzten 24 Monaten«. Bei allen Fragen wurde eine fünfstufige Unterteilung vorgenommen. Weiterhin wurde auf Erfahrungen aus der Entwicklung von PROMI zurückgegriffen.

Operationalisierung der Aspekte

Der Aspekt »*Reputation*« wurde durch die Indikatoren »Kooperationsintensität« und »Kooperationsqualität« beschrieben. Zielsetzung hierbei war es, den »guten Ruf« des jeweiligen Partners bezogen auf die Kooperation zu beurteilen. Die vom Projektteam ausgewählten Messgrößen sind in der Abbildung 133 dargestellt.

Die für die Zusammenarbeit mit dem Lieferanten zentralen Werte wurden ebenfalls im Fragebogen abgefragt. Ausgangspunkt für die Formulierung der Fragen bildeten die grundlegenden Werte von dm, die in der Unternehmensphilosophie verankert sind und sich in den Kunden-, Mitarbeiter- und Partnergrundsätzen widerspiegeln. Die Antworten des Lieferanten wurden dann mit den zentralen Werten von dm abgeglichen. Als Messgrößen für die Kongruenz zentraler Werte wurden die

Die einzelnen Aspekte der Zusammenarbeit sind möglichst präzise zu operationalisieren

Die Werte von dm bildeten den Ausgangspunkt der wertebezogenen Fragen

Messung der Qualität der Zusammenarbeit mit den Lieferanten im Rahmen des Supply Chain Management bei dm-Drogerie Markt

konsequente Kundenorientierung, die Mitarbeiterorientierung im Sinne einer starken Betonung einer eigenverantwortlichen Entfaltung im Team, Pioniergeist/Innovationsfreude und Bekenntnis zu gesellschaftlicher Verantwortung ausgewählt.

Das Ergebnis der Diskussion der Projektgruppe über die kooperationsfördernden Werte und die dafür relevanten Indikatoren ist ebenfalls in der Abbildung 133 dargestellt. Zu jedem der hier genannten Indikatoren sollte der befragte Lieferant eine Einschätzung in Bezug auf dm sowie eine Selbsteinschätzung in Bezug auf das eigene Unternehmen vornehmen. Die Abbildung 133 listet die ausgewählten Faktoren zusammenfassend auf.

Auswertungen der Aspekte Reputation und Werte

Die Befragungen ermöglichen unterschiedliche Analysen. Eine mögliche Form der Auswertung ist in der Abbildung 134 beispielhaft dargestellt. In ihr sind die unterschiedlichen Einschätzungen der Mitarbeiter von dm-Kooperationspartnern bezüglich der Messgrößen »Kooperationsintensität« und »Kooperationsqualität« (bisherige Zusammenarbeit) gegenübergestellt. Betrachtet man den linken Teil der Abbildung, so

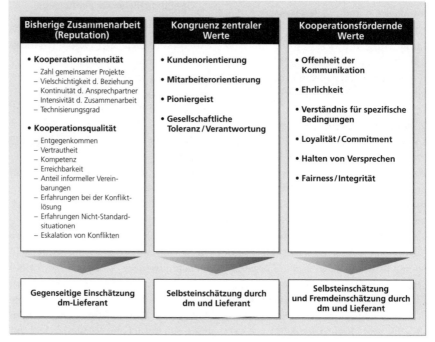

Abb. 133: Zusammenfassung der relevanten Aspekte zur Bewertung der Kooperation

Kooperationscontrolling

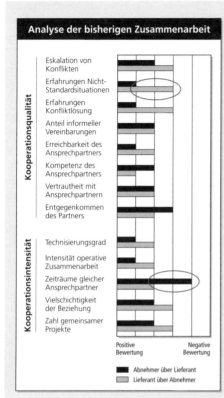

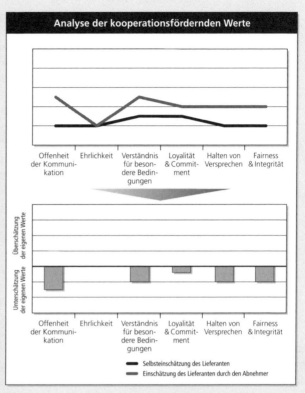

Abb. 134: Mögliche Auswertung des Fragebogens

wird deutlich, dass die meisten Indikatoren, die die Kooperationsqualität und die Kooperationsintensität von dm und seinen Lieferanten aufzeigen, von beiden Parteien ähnlich wahrgenommen werden. Es überwiegen deutlich positive Bewertungen. Lediglich bei den Kriterien »Erfahrungen in Nicht-Standardsituationen« und »Zeiträume mit gleichen Ansprechpartnern« gibt es größere Abweichungen.

Unterschiedliche Auswertungsperspektiven sind auch für die Analysen kooperationsfördernder Werte möglich.

Da hier neben der Einschätzung der Indikatoren in Bezug auf den Partner auch die eigene Einschätzung der Bedeutung einer spezifischen Wertvorstellung abgefragt wird, kann ein Vergleich von Eigen- und Fremdbild erfolgen. Dadurch lassen sich Über- bzw. Unterschätzungen bestimmter Wertvorstellungen identifizieren. So zeigt sich im rechten Teil der Abbildung, dass zwar eine Übereinstimmung in der Bedeutung der Ehrlichkeit für den Erfolg der Kooperation zwischen dm und seinem Lieferanten vorliegt, andererseits aber

Messung der Qualität der Zusammenarbeit
mit den Lieferanten im Rahmen des Supply
Chain Management bei dm-Drogerie Markt

weit weniger Konsens in der Einschätzung der Bedeutung des Verständnisses für besondere Bedingungen besteht. Die Ergebnisse der Analyse werden als Grundlage für eine gemeinsame Diskussion verwendet, um die dadurch identifizierten Schwachstellen gemeinsam angehen zu können. Die vorliegenden insgesamt positiven Einschätzungen der Zusammenarbeit geben aufgrund der großen Gemeinsamkeiten in den Einschätzungen keinen Anlass, die Kooperation mit dem Lieferanten einzustellen oder massiv einzuschränken. Vielmehr bestätigen sie den eingeschlagenen Weg.

Wie bereits im Abschnitt 4 angesprochen, kann ein solcher Fragebogen nur bei einer offenen Kommunikationskultur mit dem Lieferanten sinnvoll eingesetzt werden. Ansonsten ist ein Verfälschen der Antworten aus Angst vor negativen Konsequenzen speziell aus »schlechten« Werten zu erwarten. Damit sich ein Fragebogen wirtschaftlich lohnt, muss eine enge Beziehung oder zumindest eine Beziehung mit hohem Entwicklungspotential vorliegen. Die Grenzen des Fragebogens liegen dabei in den Grenzen der Kooperation. Wenn es keinen Anlass zur Kooperation gibt, so spielt die Vertrauenswürdigkeit des Partners ebenfalls keine Rolle mehr.

Das Praxisbeispiel dm zeigt, dass sich ein Kooperationscontrolling tatsächlich praktisch umsetzen lässt

Fazit

Die beobachtbare zunehmende Bedeutung unternehmensübergreifender Zusammenarbeit eröffnet ein neues, potentielles Betätigungsfeld für Controller. Ziel dieses Kapitels war es, zunächst hierfür zu sensibilisieren: Kooperationen bieten sowohl Chancen als auch Risiken. Entlang beider Dimensionen gilt es, Rationalitätssicherung auf der Basis von Soll-Ist-Vergleichen zu betreiben und hierauf aufbauend zu handeln.

Neben dieser generellen Sensibilisierung für die Thematik wollten wir aber auch Ansatzpunkte für die konkrete Umsetzung dieser neuen Ideen in der Praxis geben. Zu diesem Zweck haben wir in Grundzügen vier Instrumente (erweiterte Partnerbeurteilung, Werte-Check bei der Partnerauswahl, beidseitiger Beziehungsfragebogen, Value Balance Card) vorgestellt. Diese Instrumente erlauben es, aussagekräftige Informationen über die Chancen und Risiken von Kooperationen bereitzustellen, um auf dieser Basis Kooperationen erfolgreicher zu managen.

Es dürfte deutlich geworden sein, dass für das Management von Kooperationen Informationen über Werte und andere eher »weiche Faktoren« wie Reputation eine hohe Bedeutung haben. Dies mag bislang für das Controlling noch ungewöhnlich sein. Das Praxisbeispiel dm zeigt, dass Controller jedoch auch hierzu einen Zugang gewinnen können und für das Management von Kooperationen relevante Informationen bereitstellen können. Wir sind gespannt, wann und inwieweit auch andere Controller diesem Beispiel folgen werden.

Literatur: Wo können Sie sich weitergehend informieren?

Brandenburger, A. M./Nalebuff, B. J.: *Co-opetition*. London, 1997.

Hall, B. P.: *Values Shift: A Guide to Personal & Organizational Transformation*. Rockport, 1994.

Hirsch, B.: *Werte-Controlling*. Wiesbaden, 2002.

Homann, K./Suchanek, A.: *Ökonomik: Eine Einführung*. Tübingen, 2000.

Picot, A./Reichwald, R./Wigand, R.: *Die grenzenlose Unternehmung – Information, Organisation und Management: Lehrbuch zur Unternehmensführung im Informationszeitalter*. 5. Auflage. Wiesbaden, 2003.

Ripperger, T.: *Ökonomik des Vertrauens*. Tübingen, 1998.

Rothenberger, P.: *Ein Mehrebenenkonzept zur Diagnose von Werten in Unternehmen*. Frankfurt /Main u. a., 1992.

Strobel, S.: »Beziehungscontrolling: Vertrauen macht stark«. In: *Logistik Heute*, 24. Jg. (2002), Heft 7/8, S. 38–39.

Wallenburg, C. M.: *Kundenbindung in der Logistik*. Bern, 2004.

Weber, J./Dehler, M.: »Erfolgsfaktor Logistik: Wunsch und Wirklichkeit«. In: *Logistik Heute*, 21. Jg. (1999), Heft 12, S. 34–41.

Weber, J.: *Logistik- und Supply Chain Controlling*. 5. Auflage. Stuttgart, 2002.

Anhang: Die Werteliste von B. P. Hall

1. Accountability/Ethics
2. Achievement/Success
3. Adaptability/Flexibility
4. Administration/Control
5. Affection/Physical
6. Art/Beauty
7. Authority/Honesty
8. Being Liked
9. Being Self
10. Belief/Philosophy
11. Care/Nurture
12. Collaboration
13. Communication/Information
14. Community/Personalist
15. Community/Supportive
16. Competence/Confidence
17. Competition
18. Complementarity
19. Congruence
20. Construction/New Order
21. Contemplation
22. Control/Order/Discipline
23. Convivial Technology
24. Corporation/New Order
25. Courtesy/Hospitality
26. Creativity
27. Decision/Initiation
28. Design/Pattern/Order
29. Detachment/Solitude
30. Dexterity/Coordination
31. Discernment
32. Duty/Obligation
33. Economics/Profit
34. Economics/Success
35. Ecority
36. Education/Certification
37. Education/Knowledge
38. Efficiency/Planning
39. Empathy
40. Endurance/Patience
41. Equality/Liberation
42. Equilibrium
43. Equity/Rights
44. Expressiveness/Joy
45. Faith/Risk/Vision
46. Family/Belonging
47. Fantasy/Play
48. Food/Warmth/Shelter
49. Friendship/Belonging
50. Function/Physical
51. Generosity/Compassion
52. Global Harmony
53. Global Justice
54. Growth/Expansion
55. Health/Healing
56. Hierarchy/Order
57. Honor
58. Human Dignity
59. Human Rights
60. Independence

61. Integration/Wholeness
62. Interdependence
63. Intimacy
64. Intimacy/Solitude
65. Justice/Social Order
66. Knowledge/Insight
67. Law/Guide
68. Law/Rule
69. Leisure
70. Limitation/Acceptance
71. Limitation/Celebration
72. Loyality/Fidelity
73. Macrooeconomics
74. Management
75. Membership/Institution
76. Minessence
77. Mission/Objectives
78. Mutual Accountability
79. Mutual Obedience
80. Obedience/Duty
81. Ownership
82. Patriotism/Esteem
83. Physical Delight
84. Pioneerism/Innovation
85. Play/Recreation
86. Presence
87. Prestige/Image
88. Productivity
89. Property/Control
90. Prophet/Vision
91. Quality/Evaluation
92. Reason
93. Relaxation
94. Research
95. Responsibility
96. Rights/Respect
97. Ritual/Communication
98. Rule/Accountability
99. Safety/Survival
100. Search for Meaning
101. Security
102. Self-Actualization
103. Self-Assertion
104. Self-Interest/Control
105. Self-Preservation
106. Self-Worth
107. Sensory Pleasure
108. Service/Vocation
109. Sharing/Listening/Trust
110. Simplicity/Play
111. Social Affirmation
112. Support/Peer
113. Synergy
114. Technology/Science
115. Territory/Security
116. Tradition
117. Transcendence/Solitude
118. Truth/Wisdom
119. Unity/Diversity
120. Unity/Uniformity
121. Wonder/Awe/Fate
122. Wonder/Curiosity
123. Word
124. Work/Labor
125. Workmanship/Art/Craft

III Instrumente

11 Reengineering Kostenrechnung

Jürgen Weber, Ren Aust

Reengineering Kostenrechnung – Wo liegt überhaupt das Problem?

Die Kostenrechnung ist aus deutschen Unternehmen nicht wegzudenken – bis vor kurzem wäre niemand auf den Gedanken gekommen, an dieser Aussage könne vielleicht etwas nicht stimmen. Auch das international stark beachtete Buch von Kaplan und Johnson (»Relevance lost«) änderte hieran nichts: Die USA hat bezüglich Kostenrechnung erheblichen Nachholbedarf, unsere Kostenrechnung ist ein Grund für die hohe Wettbewerbsfähigkeit der deutschen Wirtschaft – hat Ihnen das Ihr Kostenrechner nicht auch schon einmal erzählt?

1. Ausgangslage

Kostenrechnung als Fels
in der Brandung?

Zweifel an der Notwendigkeit der Kostenrechnung zu äußern, ruft bei den Kostenrechnern selbst zumeist erhebliches Unverständnis hervor. Die Eigeneinschätzung ist eine gänzlich andere. Eine 1993 publizierte empirische Erhebung (Weber, 1993) zeichnet das Bild einer weitgehend heilen Welt:

- Alle üblichen Rechnungszwecke (Programmentscheidungen, Preiskalkulation, Preisuntergrenzenbestimmung, Verfahrenswahl, Wirtschaftlichkeitskontrolle) wurden – wie die Abbildung 135 zeigt – als wichtig und in ihrer Bedeutung eher noch steigend angesehen. Mit der Unterstützung von Investitions- und strategischer Planung kommen neue Zwecke hinzu.
- Der Ausbaustand der Kostenrechnung wurde als noch zu verbessern eingeschätzt. Entfeinerung war kein Thema.
- Die Antworten zur Bedeutung der Kostenrechnung ließen nicht gerade Selbstzweifel erkennen.

Die deutsche Kostenrechnung steht wie ein Fels in der Brandung, unverrückbar, auch den stärksten Stürmen trotzend. Sucht man nach den Gründen, so sind sie nicht in der Kostenrechnung selbst, sondern primär in deren Umfeld in den Unternehmen zu suchen: Als »Rückgrat« der Führung trifft man durchweg auf ein ausgebautes operatives Planungssystem. Stark ausdifferenziert dienen Kosten- und Erlöspläne dazu, das Unternehmen führbar zu halten.

Kostenrechnung als Basis der operativen Planung

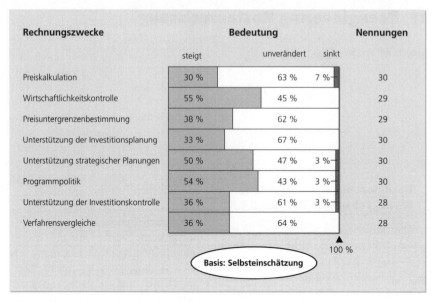

Rechnungszwecke	Bedeutung			Nennungen
	steigt	unverändert	sinkt	
Preiskalkulation	30 %	63 %	7 %	30
Wirtschaftlichkeitskontrolle	55 %	45 %		29
Preisuntergrenzenbestimmung	38 %	62 %		29
Unterstützung der Investitionsplanung	33 %	67 %		30
Unterstützung strategischer Planungen	50 %	47 %	3 %	30
Programmpolitik	54 %	43 %	3 %	30
Unterstützung der Investitionskontrolle	36 %	61 %	3 %	28
Verfahrensvergleiche	36 %	64 %		28

100 %

Basis: Selbsteinschätzung

Abb. 135: Von der Kostenrechnung zu erfüllende Zwecke –
die Einschätzung der Kostenrechner (Weber 1993, S. 268)

Ein solches Planungssystem aufzubauen und in sich stimmig zu machen, erfordert Zeit und (viel) Geld. Funktioniert es, besteht wenig Anreiz, es wieder zu ändern oder ständig anzupassen. Eine hohe Formalisierung (»Planungsbürokratie«) ist ebenso die Folge wie hohe Konstanz über Jahre hinweg. Wenn sich aber an der *Kostenplanung* nichts ändert, so besteht auch wenig Anlass, an der zugrundeliegenden Kostenrechnung etwas zu verändern.

Ebenso wenig, wie der globale Wettbewerb dem Standort Deutschland viel Zeit lässt, notwendige Veränderungen und Anpassungen vorzunehmen, gilt dies »im kleinen« für das Planungssystem und in dessen Folge für die Kostenrechnung. Wenn Unternehmen unter massiven Konkurrenzdruck kommen, bleibt kein Bereich ungeschoren; wenn nun schon Direktoren, Bereichsleiter und Vorstände das Los der Freisetzung ereilt, um das Unternehmen wettbewerbsfähig zu halten, ist es nur eine Frage der Zeit, bis auch andere »heilige Kühe« zur Schlachtbank geführt werden.

2. Veränderungsdruck

Die Kostenrechnung gerät unter
Druck: Mögliche Gründe

Fragt man nach den potentiellen Bedrohungen, denen die Kostenrechnung ausgesetzt ist, so zeigt sich nach einigem Nachdenken ein ganzes Bündel solcher Aspekte. Sie sind in der Abbildung 136 zusammengestellt. Wir wollen sie im folgenden im einzelnen durchgehen.

Komplexität und Dynamik

Der Bedeutungsrückgang der Kostenrechnung speist sich zunächst aus zwei stark sprudelnden Quellen: Die Rechnung muss immer schneller Veränderungen folgen (Dynamik) und zugleich immer komplexere Fragestellungen beantworten (Komplexität):

• Ständige Änderungen der Unternehmensumwelt bedingen ständige Änderungen der Bezugsgrößen der Kosten, ständige Änderungen der Bezugsgrößen führen zu einer immer aufwendigeren laufenden Erfassung und zugleich zu immer geringerem Nutzen erfasster Kostendaten. Das stets mit der Kostenrechnung verfolgte Ziel, Erfahrung aufzubauen, wird immer mehr obsolet: Was hilft es, für eine Plankostenrechnung kostenstellenbezogene Kostenfunktionen zu erarbeiten und akribisch Kosten zu erfassen, wenn diese Kostenstelle nach kurzer Zeit einer Reorganisationsmaßnahme zum Opfer fällt?

• Deutsche Unternehmen haben in der Vergangenheit zumeist keine Chance im Kostenwettbewerb mit internationaler Konkurrenz gesehen. Differenzierung war der wettbewerbliche Ausweg. Differenzierung als Wettbewerbsstrategie führt zu einer Vielzahl von unterschiedlichen angebotenen Leistungen.

In vielen Unternehmen ist so die Zahl der Varianten geradezu explodiert. Leistungskomplexität bedeutet für die Kostenrechnung bei gleichbleibender Genauigkeit eine Vervielfachung der Kalkulationsobjekte. Die Überschau-

Kostenrechnerische Erfahrung wird entwertet

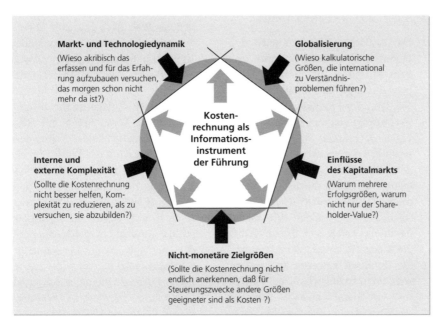

Abb. 136: Die Kostenrechnung ist erheblichen Veränderungen ausgesetzt

Reengineering Kostenrechnung – Wo liegt überhaupt das Problem?

barkeit leidet hierunter ebenso, wie die Kosten der Kostenrechnung steigen.

Zunehmende Komplexität und zunehmende in- und externe Dynamik liefern somit valide Gründe, um die verlorene Relevanz der Kostenrechnung auch in Deutschland zu begründen. Wer nicht der modernen DV geradezu Wunderdinge zutraut, kann sich der Logik der Argumentation nicht entziehen: Ein einheitliches, laufendes Rechnungssystem vermag die geänderten Anforderungen an die Kostenrechnung immer weniger zu erfüllen.

Markteinflüsse

Unter diesem Punkt möchten wir zwei Entwicklungen zusammenfassen, die charakteristisch sind für die Situation vieler deutscher Unternehmen im aktuellen wettbewerblichen Umfeld.

(1) Die deutsche Wirtschaft lernt den Unterschied zwischen Export und dem Mitspielen im globalen Wettbewerb. Lange Zeit ermöglichte es die Exzellenz der Produkte, die deutsche

Art des Wirtschaftens durchzuhalten. Eigene technische Standards waren beispielsweise ebenso möglich wie eigene Standards in der Rechnungslegung. Das stark durch Vorsicht geprägte Denken hat in der Weltwirtschaft Unikatcharakter. Wir sollten darauf nicht stolz sein: Es hat VIDEO 2000 oder Betamax nichts genutzt, die technisch besseren Systeme zu sein; Marktstandard wurde VHS – und wer kennt heute die früheren Konkurrenten noch? Gleiches kann nun auch dem Rechnungswesen pas-

sieren. Zum einen bedeutet das, das HGB gegen IAS (International Accounting Standards) oder GAAP (Generally Accepted Accounting Principles) einzutauschen. Zum anderen ist international die Trennung in externe und interne Rechnungslegung gänzlich unüblich. Dies könnte bedeuten, Kostenrechnung als eigenständige Rechnung gänzlich zu streichen. Dass dies mehr als eine vage Möglichkeit darstellt, zeigen z. B. die konkreten Bemühungen von Siemens und Daimler Benz.

(2) Eine zweite Welle frisst am Fundament der Kostenrechnung: die geänderte Bedeutung des Kapitalmarkts. Letzterer dümpelte in den vergangenen Jahren und Jahrzehnten in Deutschland eher vor sich hin. Banken als Finanzintermediäre hatten weit mehr Einfluss als private Investoren. An den wichtigen Finanzplätzen der Welt sieht dies ganz anders aus – und der Einfluss der Investoren ist in der jüngsten Zeit dort noch weiter gestiegen. Aktuelle Abschlussdaten (z. B. aus Quartalsabschlüssen) beeinflussen Anlageentscheidungen ebenso wie Maßnahmen zur Steigerung des Shareholder Value, dessen Ermittlung in der Praxis oftmals – so in den Konzepten des Cash Flow Return on Investment (CFROI) und Economic Value Added (EVA) – wesentlich auf Daten des Jahresabschlusses aufbaut (wer sich näher mit der Thematik Shareholder Value beschäftigen möchte, sei auf die Bände 2 und 3 der Schriftenreihe Advanced Controlling verwiesen, Knorren/Weber, 1997a und 1997b). Investoren sind an Daten der Kostenrechnung

nicht interessiert. Das Management sollte diejenigen Größen im Griff behalten, an denen Investoren ihre Anlageentscheidung festmachen. Ein grundlegendes Problem der Kostenrechnung ist damit mehr als deutlich geworden.

Nicht-finanzielle Zielgrößen

Noch ein Problem: Die Kostenrechnung hat schon früh den Anspruch erhoben, Führungskräften bei der Lösung ihrer Entscheidungsprobleme zu helfen. Dies spiegelt sich auch in den oben angesprochenen Rechnungszwecken wider. Mit der Zeit wird immer klarer, dass die Bäume hier jedoch nicht in den Himmel wachsen. Bei näherem Hinsehen werden für viele Zwecke Kostendaten erst in zweiter Linie gebraucht: Sie kommen zu spät, sind zu wenig spezifisch und weisen zu wenig direkten Handlungsbezug auf. Mengen-, Zeit- und Qualitätsdaten erweisen sich oftmals als (deutlich) wertvoller und vor allem näher an den Aktivitäten der Informationsempfänger. Kosten werden zwar weiterhin gebraucht, allerdings in gänzlich anderer Funktion.

Wen diese Thematik näher interessiert, findet die Begründung für diese Aussagen und die nähere Beschreibung der Prozessorientierung im Band 1 der Schriftenreihe Advanced Controlling mit dem Titel »Prozeßorientiertes Controlling« (Weber, 1997).

3. Handlungsbedarf

Was ist zu tun?

Unsere bisherige Argumentation liefert ein konsistentes, prägnantes Bild. Veränderung scheint angesagt, zumindest aber ein deutliches Überdenken des Status quo. Aber wer glaubt in der Praxis schon einer Theorie? Zweifel ist durchaus angebracht. Die Wissenschaft muss vereinfachen, um zu verallgemeinerbaren Erkenntnissen zu kommen. Die Berücksichtigung des konkreten Einzelfalls ist ihr nicht möglich. Allerdings sollten sich Theorien stets an ihrem Wirklichkeitsbezug – und das heißt bei betriebswirtschaftlichen Theorien: Praxisbezug – messen lassen. Reine Gedankengebäude helfen nicht viel weiter.

Ganz in diesem Verständnis haben wir im Jahr 1996 ein umfangreiches Benchmarking-Projekt am Lehrstuhl durchgeführt, das die Kostenrechnung von fünf Großunternehmen im Detail analysiert und miteinander verglichen hat. Wir wollen im folgenden die Ergebnisse detailliert vorstellen. Sie geben einen tiefen Einblick in die Realität deutscher Kostenrechnung und bilden die Basis für Sie, Ihre Kostenrechnung einzuordnen. Über die Reengineering-Fragestellung hinaus sollte damit unmittelbar Wert geschaffen werden können. Die Ergebnisse des Benchmarking bestätigen allerdings auch in vielerlei Hinsicht unser Postulat eines bestehenden Veränderungsbedarfs der Kostenrechnung.

Der Arbeitskreis Benchmarking des Controlling

Im Sommer 1996 verglichen fünf deutsche und internationale Großunternehmen unter Leitung des Lehrstuhls für Controlling und Logistik der WHU Koblenz ihre Kostenrechnungsprozesse. Die dritte Runde eines Arbeitskreises »Benchmarking des Controlling« half den Unternehmen, ihre Prozesse in der Kostenrechnung vergleichbar darzustellen und zu verbessern.

Der Arbeitskreis »Benchmarking des Controlling« entstand schon zwei Jahre früher. Anstoß dafür war eine Vielzahl von Projekten zur Analyse der Wirtschaftlichkeit in den Gemeinkostenbereichen deutscher Unternehmen. Oftmals initiierten oder betreuten Controller diese Projekte. Der Controllerbereich selbst blieb von derartigen Wirtschaftlichkeitsüberlegungen weitestgehend unberührt. Schon allein aus Glaubwürdigkeitsgründen durfte diese Situation nicht zu einem Dauerzustand werden.

Tätigkeitsprofil als Ausgangspunkt

Deshalb fanden sich im April 1994 acht namhafte Großunternehmen unter der Leitung des Lehrstuhls für Controlling und Logistik der WHU zu einem Arbeitskreis »Benchmarking des Controlling« zusammen. Benchmarking ist ein kontinuierlicher Prozess, in dem betriebliche Funktionen und Abläufe über Unternehmen hinweg verglichen und verbessert werden. Dieses Instrument sollte den Unternehmen helfen, die Effizienz ihrer Controllingaktivitäten einzuschätzen und zu verbessern.

Mehr Effizienz auch im Controlling

Im ersten Schritt dieses Arbeitskreises wurden standardisierte *Controllingprofile* der beteiligten Unternehmen erstellt. Ein gegenseitiges Verständnis ist die Ausgangsbasis für einen erfolgreichen Benchmarkingprozess. Anschließend legten die Unternehmen die Prozesse der Bearbeitung von Investitionsanträgen und des Berichtswesens als erste Benchmarkingobjekte fest. Zwei Gründe führten zur Auswahl dieser beiden Untersuchungsobjekte (siehe auch nebenstehendes Analyseschema):

- Einerseits rechnete man in diesen Bereichen mit einer guten Vergleichbarkeit der Prozesse, was einen unternehmensübergreifenden Vergleich vereinfacht.
- Andererseits erwarteten die Teilnehmer des Arbeitskreises ein hohes Verbesserungspotential bei der Investitionsantragsbearbeitung und den monatlichen Ergebnisberichten (vgl. Weber/Hamprecht/Goeldel, 1995, S. 18 f.).

Bei der Erhebung der Controllingprofile der am Arbeitskreis beteiligten Unternehmen wurde u. a. festgestellt, dass die Controllingabteilungen die Planungsprozesse gestalten. Da die Planung eine Kernaufgabe der Controller in jedem Unternehmen darstellte, untersuchten wir in der zweiten Runde des Arbeitskreises »Benchmarking des Controlling« die Prozesse der *operativen und strategischen Planung* und deren Verbindung (Luther/Toepfer, 1996). Im Vergleich zur ersten Benchmarking-Runde handelte es sich hier um eine bedeutend schwierigere Analyse, da das Vorgehen der Unternehmen in der Planung sehr stark voneinander abwich. Diese Schwierigkeiten hoffte man durch die Erfahrungen, die man im Laufe der ersten Runde mit dem Benchmarking gewonnen hatte, zu meistern.

Die positiven Erfahrungen der ersten beiden Runden des Arbeitskreises ließen die Unternehmen in eine weitere, dritte Runde des Benchmarkings gehen. Nunmehr sollten die Prozesse der *Kostenrechnung* analysiert werden, um deren Effizienz abschätzen und verbessern zu können. Was führte zur Auswahl gerade der Kostenrechnung?

Reengineering Kostenrechnung

- Die Controllingabteilungen der Arbeitskreisunternehmen waren neben anderen Aufgaben auch für die Ausgestaltung der Kostenrechnungssysteme verantwortlich. Sie sahen einen Bedarf, die vorhandenen Systeme zur vergleichen und zu verbessern.
- In letzter Zeit diskutierten Theoretiker und Praktiker sehr intensiv über die Effektivität und Effizienz einer detaillierten laufenden Kostenrechnung. Das Meinungsspektrum reichte dabei von Abschaffung einer eigenständigen Kostenrechnung bis zu weiterem Ausbau und Verfeinerung der bestehenden Systeme. Die Rolle der Kostenrechnung schien nicht mehr eindeutig definiert (vgl. u. a. Pfaff, 1994, Coenenberg, 1995 oder Weber, 1996b).

- Alternative Instrumente zur Steuerung von Unternehmen gruben und graben am Fundament der Kostenrechnung. Kennzahlensysteme wie die Balanced Scorecard (Kaplan/Norton, 1992 und Kaplan/Norton, 1996) oder die im Rahmen von Shareholder-Value-Konzepten (vgl. die Bände 2 und 3 der Schriftenreihe Advanced Controlling: Knorren/Weber, 1997a und 1997b) vorgestellten und eingesetzten Werttreiberhierarchien ersetzten mehr und mehr ausführliche Kostenberichte.

Kostenrechnung in Gefahr?

Die dritte Runde des Arbeitskreises »Benchmarking des Controlling« fand mit dem Thema Kostenrechnung und fünf teilnehmenden Unternehmen im Sommer 1996 statt.

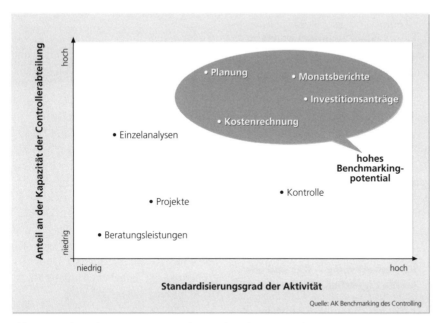

Abb. 137: Analyseschema zur Bewertung des Benchmarkingpotenzials von Controllingaktivitäten

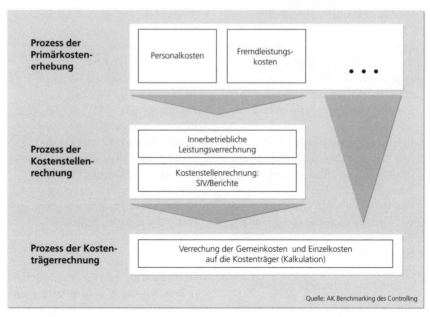

Quelle: AK Benchmarking des Controlling

Abb. 138: Die Untersuchungsobjekte des Benchmarkings
der Kostenrechnungsprozesse

Verschiedene Branchen waren im Arbeitskreis vertreten. Neben zwei Unternehmen des Konsumgüterbereichs beteiligten sich ein internationaler Elektronikkonzern, ein Logistikdienstleister und ein Produzent von elektrotechnischen Geräten. Der Lehrstuhl für Controlling und Logistik der WHU erarbeitete – wie schon in den beiden vorangegangenen Runden – das Grundgerüst des Vorgehens und den theoretischen Hintergrund zur Abbildung der Kostenrechnungssysteme.

Kostenrechnung – Was und wie wurde eigentlich verglichen?

Beim Vergleich der wichtigsten Prozesse der Kostenrechnung wurde die Existenz der Basissysteme des Rech-

nungswesens, die eine gesetzeskonforme Ausführung von Buchführung und Bilanzierung sicherstellen, vorausgesetzt.

In der *Kostenartenrechnung* betrachtete der Arbeitskreis die Prozesse, die die Erfassung von Personal- und Fremdleistungskosten betreffen. Die *Kostenstellenrechnung* wurde anhand der Prozesse der innerbetrieblichen Leistungsverrechnung und der Kostenstellenberichte abgebildet. Ergänzend dazu berücksichtigten wir die Verrechnung von Einzel- und Gemeinkosten auf die Kostenträger, also die Prozesse der *Kalkulation*. Diese Abgrenzung der Benchmarkingobjekte ist in Abbildung 138 festgehalten.

Nachdem an dieser Stelle Klarheit darüber besteht, was verglichen wurde, wird nachfolgend beschrieben, wie wir beim Benchmarking der Kostenrechnungsprozesse vorgegangen sind. Im ersten Schritt des Benchmarkings wurde ein Gesamtverständnis dafür entwickelt, was in den einzelnen Unternehmen unter der Bezeichnung Kostenrechnung tatsächlich passiert, welche Unterschiede zu finden sind und wo eine detaillierte Prozessanalyse sinnvoll erscheint. Der Lehrstuhl für Controlling und Logistik entwarf dazu für die Unternehmen einen Leitfaden. Dieser Leitfaden bildete die Charakterzüge der unternehmensindividuellen Kostenrechnungssysteme auf den Gebieten

- Zwecke der Kostenrechnung,
- kostenrechnerische Methodik,
- Produkte der Kostenrechnung,
- Organisation der Kostenrechnung,
- Systemunterstützung,
- Akzeptanz der Kostenrechnung und
- Entwicklungsperspektiven der Kostenrechnung

ab. Darüber hinaus hielt er die wesentlichen Merkmale des zu untersuchenden Rechnungskreises (z. B. Umsatz, Bilanzsumme, Mitarbeiteranzahl, strategische Ausrichtung) und die groben Prozesse der Kostenrechnung im jeweiligen Unternehmen fest. Die Kostenrechnungsverantwortlichen in den zentralen Controllingabteilungen erhielten den Leitfaden und füllten ihn aus.

Obwohl die Einschätzung der Kostenrechner sicherlich sehr subjektiv war, konnte mit dem Leitfaden ein Überblick über den Umgang mit der Kostenrechnung in den einzelnen Unternehmen gewonnen werden. Die Kenntnisse über die Charakterzüge der Kostenrechnung unterstützten den folgenden Schritt. Die Arbeitskreisteilnehmer legten nun fest,

welche Detailprozesse der Kostenrechnung genauer analysiert werden sollten. Folgende Festlegungen wurden dabei getroffen:

- Die Prozessanalyse *Personalkosten* beschäftigte sich mit der Verrechnung der Grundvergütung und der Personalnebenkosten. Die Bedeutung dieser beiden Kostenblöcke war in den beteiligten Unternehmen sehr hoch. Verbesserungen auf diesem Gebiet ließen deshalb auf beträchtliche Effizienzerhöhungen hoffen. Wir verglichen die Methodik der Reisekostenabrechnung. Das divergierende Vorgehen in den Unternehmen ließ viele Anstöße und Ideen für Prozessveränderungen und -verbesserungen erwarten. Das ebenso betrachtete Personal-Zeiterfassungssystem stellt die Basis für die Verrechnungen und damit einen wichtigen Kostenhebel dar.
- Die Untersuchung der *Fremdleistungskosten* umfasste die Prozesse der Verrechnung von Standard- und Nicht-Standardbüromaterial sowie den Umgang mit Telekommunikationskosten. Damit betrachteten wir hier sehr häufig ablaufende Prozesse. Der Umgang mit den Telekommunikations- und Reisekosten wurde in den Arbeitskreisunternehmen als Anhaltspunkt für das generelle Kostenbewusstsein der Mitarbeiter angesehen, weshalb diese Kostenarten von den Unternehmen auch als »Charakterkosten« bezeichnet werden.
- Die *interne Leistungsverrechnung*, ein Kerngebiet der Kostenrechnung, wurde zuerst insgesamt betrachtet. Danach stand die Verrechnung der

Von einem Leitfaden ...

Kosten der Informationstechnik bzw. Informationssysteme im Blickpunkt, da auch hier erhebliche Divergenzen im Vorgehen der Unternehmen feststellbar waren.

- Die *Kostenstellenberichte* untersuchten wir hinsichtlich ihrer Erstellung, Kommunikation und Akzeptanz bei den Empfängern. Sie stellen das wichtigste Produkt der Kostenrechnung dar und prägen bei den internen Kunden oft das Bild der Kostenrechnung insgesamt.

- Der Unternehmensvergleich bezüglich der Prozesse der *Kalkulation* erwies sich als schwierig, da die untersuchten Unternehmensbereiche teilweise für die Produktkalkulation nicht verantwortlich waren. Die Kalkulation wurde trotz dieser Problematik zum Benchmarkingobjekt, da das Interesse der Unternehmen, die eine Kalkulation in dem betrachteten Rechenkreis durchführen, am Vorgehen anderer Unternehmen beträchtlich war.

Durch diese Konkretisierung war die Basis für eine detaillierte Analyse der Kostenrechnungsprozesse gelegt. Die im Zusammenhang mit dem Ausfüllen der Leitfäden gewonnenen Prozessbilder wurden nun erweitert und vervollständigt, wobei für jede der in den Prozessbildern ausgewiesenen Tätigkeiten vermerkt wurde, ob diese manuell oder maschinell erbracht wird.

Die Prozessanalyse beinhaltete neben dieser Darstellung eine quantitative Beschreibung, also eine Abbildung in Kennzahlen. Die Entwicklung von Kennzahlen beschränkte sich aber nicht nur auf die Prozesse – vielmehr hielten

wir auch die dahinterliegenden Strukturen in Kennzahlen fest. Es zeigte sich sehr schnell, dass Mengen- und Zeitdaten bedeutend einfacher zu erheben waren als Kosten- bzw. Qualitätskennzahlen. Bei Kostenkennzahlen musste man sich oftmals auf Schätzungen verlassen, da genaue Daten nicht vorlagen oder nicht mit einem vertretbaren Aufwand erhebbar waren.

Um die Qualität der Kostenrechnungsinformationen abschätzen zu können, befragten wir die Empfänger des Hauptproduktes der Kostenrechnung, des Kostenstellenberichts, nach ihrem Eindruck von der Kostenrechnung. Unter den Kostenstellenleitern wurde eine in allen Unternehmen gleichartige empirische Erhebung durchgeführt, um fundierte und möglichst zuverlässige Informationen über die Akzeptanz der Kostenrechnung und ihrer Produkte zu gewinnen.

Für alle Unternehmen wurde ein einheitliches Grundgerüst des Fragebogens entwickelt. Die konkrete Ausgestaltung der Fragen wurde dann aber auf jedes der beteiligten Unternehmen zugeschnitten. Ein zentrales Element des Fragebogens stellte die Beurteilung des Kostenstellenberichts aus interner Kundensicht dar. Daneben wurden die Kostenstellenleiter nach ihrem Urteil zu weiteren Aspekten der Kostenrechnung wie der Verständlichkeit der Methoden oder der Nutzung von Online-Berichten befragt.

Die Anwendung des Benchmarkings auf die Kostenrechnung erlaubte es den beteiligten Unternehmen, die Effizienz unternehmensinterner Prozesse zu steigern. Die Praktiken der Arbeitskreisunternehmen konnten gegenübergestellt

... bis zur Erhebung von Kennzahlen und Befragung von Nutzern.

... über genaue Prozessanalysen ...

und Erklärungsansätze für vorhandene Unterschiede entwickelt werden. Über den Vergleich der in den einzelnen Unternehmen erhobenen Informationen glückte es zwar selten, eine »Best practice« zu finden; dennoch gelang es, eine große Anzahl von Verbesserungsvorschlägen mit einem starken Unternehmensbezug zu entwickeln.

Die Ergebnisse des Benchmarkings und die daraus resultierenden Veränderungshinweise wurden in den beteiligten Unternehmen und im Arbeitskreis vorgestellt und intensiv diskutiert. Ein Spektrum an Gestaltungsmöglichkeiten wurde aufgezeigt und dadurch das Problembewusstsein bei Kostenrechnern und Controllern geschärft. Die Nutzer der Kostenrechnung und die Kostenrechner selbst wurden für die Kosten sensibilisiert, die von ihnen verursacht werden.

Trotz des schwierigen Untersuchungsobjekts konnte eine Vielzahl von Veränderungen der Kostenrechnungsprozesse angeregt werden. Diese Ergebnisse und deren Umsetzung gilt es nun zu schildern.

Ergebnisse des Benchmarkings der Kostenrechnung

Der folgende Abschnitt stellt die Charakterzüge der Kostenrechnung der fünf beteiligten Unternehmen in einem Überblick gegenüber. Anschließend beschreiben wir die Ergebnisse der einzelnen Schritte des Benchmarkingprozesses. Wo dies möglich ist, werden die vorgefundenen Merkmale erklärt bzw. verallgemeinert.

1. Überblick

Warum besitzt Ihr Unternehmen eine Kostenrechnung? Mit dieser Frage soll die Analyse der Kostenrechnungssysteme der fünf Unternehmen begonnen werden.

Grundsätzliche Ausrichtung der Kostenrechnung

In der Theorie werden der Kostenrechnung verschiedenste Aufgaben bzw. Zwecke – wie z. B. Dokumentation, Planung und Kontrolle – zugedacht. Auch die Praxis sieht die Kostenrechnung als ein Werkzeug, das für sehr unterschiedliche Aufgabenstellungen eingesetzt werden kann. In den fünf Arbeitskreisunternehmen dient die Kostenrechnung vor allem einer *Wirtschaftlichkeitskontrolle* der betrieblichen Aktivitäten. Daneben wird mit der Kostenrechnung versucht, einen Katalog weiterer Zwecke wie Preiskalkulationen, Vergleiche verschiedener Produktionsverfahren, die Unterstützung der strategischen Planung oder der Produktentwicklung zu erfüllen. In allen untersuchten Unternehmen sollen mehrere Zwecke gleichzeitig erfüllt werden. Welche Zwecke dies dann sind, variiert von Unternehmen zu Unternehmen.

Dieses im Arbeitskreis vorzufindende Bild entspricht durchaus den Ergebnissen empirischer Studien. Diese führen ebenfalls einen Katalog verschiedener Aufgabenbereiche unter herausragender Bedeutung der Wirtschaftlichkeitskontrolle an (vgl. Franz/Kajüter, 1996 oder Lange/Schauer, 1996). Bei einer solchen Dominanz der Wirtschaftlichkeitskontrolle verwundert es nicht,

Wirtschaftlichkeitskontrolle und mehr

dass die Produktionsbereiche am stärksten von der Kostenrechnung durchdrungen sind.

Methoden der Kostenrechnung

Diesen Unterschieden in der grundsätzlichen Ausrichtung der Kostenrechnung folgen – wenn auch nicht immer in Anlehnung an unterschiedliche Aufgaben, wie die Unternehmensvertreter zugeben mussten – methodische Differenzen. Eine hohe Vielfalt kostenrechnerischer Methoden findet sich bei den Unternehmen, die der Kostenrechnung eine hohe Bedeutung in der unternehmensinternen Kommunikation beimessen:

Hohe Vielfalt an Methoden bei intensiver interner Nutzung der Kostenrechnung

- Diese verwenden sowohl Vollkosten- als auch Teilkostenrechnungen auf Basis von Ist-, Standard- bzw. Plankosten.
- Der Einsatz dieser Systeme erfolgt zumeist laufend. Standardmäßig werden verschiedene Typen der Plankostenrechnung und eine stufenweise Deckungsbeitragsrechnung benutzt.

Unternehmen, bei denen die Kostenrechnung unternehmensintern eine geringere Rolle spielt, beschränken sich auf einen ausschließlichen Einsatz von Vollkostenrechnungen. Innerhalb der zur Anwendung kommenden Methoden gleichen sich die betrachteten Unternehmen. Der Anteil fallweiser Auswertungen ist gering, die Komplexität durch die große Anzahl von Kostenarten, Kostenstellen und Kostenträgern hoch.

Kostenstellenbericht – Kernprodukt der Kostenrechnung

Produkte der Kostenrechnung

Eine Produktsicht in der Kostenrechnung (vgl. auch S. 267 ff.) – diese Art der Betrachtung dürfte in einigen Unternehmen Erstaunen hervorrufen. Dieses sollte sich aber schnell legen: Auch Kostenrechner kommen zunehmend in die Situation, ihre Existenz begründen und rechtfertigen zu müssen. Schnell ist der Punkt erreicht, an dem der Nachweis konkreten Nutzens verlangt wird. Und spätestens dann ist es naheliegend, nach Produkten der Kostenrechnung zu fragen, die bei internen Kunden gefragt und gewünscht sind. In den meisten Unternehmen sieht man sich wohl noch ein ganzes Stück davon entfernt, Kostenrechnungsprodukte und deren Preise zu definieren. Das ein solches Vorgehen aber durchaus möglich und sinnvoll sein kann, zeigen die positiven Erfahrungen in einem der Arbeitskreisteilnehmer. Das Elektronikunternehmen wickelt auch unternehmensinterne Kunden-Lieferanten-Beziehungen marktähnlich ab. Die Prinzipien dieses internen Marktes werden näher bei den Prozessen und Prinzipien der innerbetrieblichen Leistungsverrechnung (vgl. S. 419) beschrieben; an dieser Stelle soll es in erster Linie um die Produkte der Kostenrechnung gehen.

In allen Unternehmen erhalten die Kostenstellenleiter einen Kostenstellenbericht, der damit zum wichtigsten Produkt der Kostenrechnung wird. Beim Logistikdienstleister ist es den Berichtsempfängern möglich, den Inhalt dieses Berichtes individuell zu gestalten. Bei allen anderen Unternehmen sind die Inhalte und der meist monatliche Zyklus des Kostenstellenberichts vorgegeben. Neben dem Kostenstellenbericht spielen die Kalkulationen neuer Produkte und die Ergebnisse interner Leistungsverrechnungen eine wichtige Rolle.

Inhaltlich sind die Produkte der Kostenrechnung in allen Unternehmen stark standardisiert. Bei einem Vergleich der fünf am Benchmarking beteiligten Unternehmen zeigt sich, dass sich drei der Unternehmen, die Konsumgüterproduzenten und der Hersteller elektrotechnischer Geräte, in ihrem Kostenrechnungsprofil stark ähneln. Bei diesen besitzt die Kostenrechnung eine hohe unternehmensinterne Bedeutung. Die Wirtschaftlichkeitskontrolle stellt eine herausragende Aufgabe der Kosten-

rechnung dar. Dies spiegelt sich sowohl in der Methodik als auch den Produkten der Kostenrechnung wider. Die Methoden und Produkte der Kostenrechnung zeichnen sich durch eine hohe Standardisierung aus. Die Unternehmen setzen mehrere Methoden gleichzeitig ein, wobei Vollkostenrechnungen im Bereich der laufenden Rechnungen dominieren.

Verschiedene Varianten der Plankostenrechnung werden angewandt; der Produktionsbereich ist am stärksten von der Kostenrechnung durchdrungen.

Ähnlichkeiten im Charakter der Kostenrechnung

	Konsum-güter	Konsum-güter	Elektro-technik	Logistik	Elektronik
interne Bedeutung	extrem hoch	sehr hoch	sehr hoch	mittelmäßig	extrem gering
dominante Rechenzwecke	Wirtschaftlichkeitskontrolle, Preiskalkulation, Produktionsverfahrensvergleich	Wirtschaftlichkeitskontrolle, Produktionsverfahrensvergleich	Wirtschaftlichkeitskontrolle, Produktentwicklung	Wirtschaftlichkeitskontrolle	Produktionsverfahrensvergleich, Produktentwicklung
Schwerpunkt der Rechnung	Produktion	Produktion	Produktion / F & E	Vertrieb / Marketing	kein Schwerpunkt
zentrale Methoden	laufende Voll- und Teilkostenrechnungen	laufende Voll- / laufende und fallweise Teilkostenrechnungen	laufende und fallweise Voll- und laufende Teilkostenrechnungen	laufende Vollkostenrechnung	laufende Vollkostenrechnung
methodische Vielfalt	mittelmäßig	sehr hoch	hoch	sehr gering	gering
Standardisierungsgrad	hoch	hoch	sehr hoch	gering	sehr hoch
Kernprodukte	Kostenstellenbericht, Produktkalkulationen, Ergebnisberichte	Kostenstellenbericht, Produktkalkulationen, Ergebnisberichte	Kostenstellenbericht, Produktkalkulationen, Ergebnisberichte	Kostenstellenbericht, Ergebnisberichte	Kostenstellenbericht, Ergebnisberichte
Produktvielfalt	hoch	sehr hoch	hoch	hoch	gering

Quelle: AK Benchmarking des Controlling

Abb. 139: Vergleich der Charakterzüge der Kostenrechnung in fünf Unternehmen

Kostenstellenberichte sollen die Entscheidungen auf der Kostenstellenebene mit Wertgrößen fundieren.

Weitere Charakterzüge der Kostenrechnung

Dezentral und automatisiert

Die Ähnlichkeiten im Kostenrechnungsprofil der Unternehmen finden auch in anderen Aspekten wie der *Organisation* ihre Fortsetzung. Die Überstellung von Daten aus der Personal-, Anlagen-, Material- und Finanzbuchhaltung sowie der betrieblichen Datenerfassung in die Systeme des internen Rechnungswesens erfolgt laufend auf elektronischem Wege. Gerade in den Unternehmen, bei denen ein relativ großer Anteil der Leistungen der Kostenrechnung dezentral erbracht wird, ist dies von hoher Bedeutung. Als Beispiel können der Logistikdienstleister und der Produzent von elektrotechnischen Geräten angeführt werden, bei denen nur circa 15 Prozent der Kostenrechnungsaktivitäten zentral vorzufinden sind.

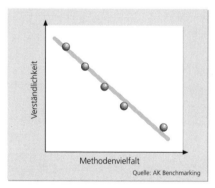

Abb. 140: Methodenvielfalt versus Verständlichkeit der Kostenrechnung im Urteil der Kostenrechner – Überkomplexität?

Bezüglich der *Systemunterstützung* der Kostenrechnung bestehen erhebliche Reserven in der Ausnutzung der durch die Software gebotenen Möglichkeiten. Diese Reserven werden um so geringer eingeschätzt, je länger die Unternehmen das Softwaresystem im Einsatz haben. Ein Aspekt dabei ist sicherlich eine Erhöhung des Anteils maschineller Auswertungen, der sich bei den untersuchten Unternehmen bei etwa 80 Prozent bewegt. In den Unternehmen des Arbeitskreises, in denen SAP/R3 noch nicht eingeführt worden ist, wird der Einsatz dieser Standardsoftware geplant.

Die *Akzeptanz* der Kostenrechnung in den einzelnen Unternehmen ist ein weiterer Aspekt, den die Unternehmensvertreter innerhalb des Arbeitskreises diskutierten. Im ersten Schritt beschreiben wir hier den Eindruck der Kostenrechnungsverantwortlichen. In deren Augen besitzen die von ihnen bereitgestellten Informationen eine hohe Entscheidungsrelevanz. Der Detaillierungsgrad der Informationen wird überwiegend als zu hoch angesehen.

Die Beurteilung der *Verständlichkeit* der bereitgestellten Informationen aus Sicht der *Informationsempfänger* fällt sehr differenziert aus. Das Spektrum der Meinungen der fünf Kostenrechnungsverantwortlichen reicht von kaum bis zu vollständig verständlichen Informationen der Kostenrechnung. Wie sich aus der Abbildung 140 ablesen lässt, scheint die Methodenvielfalt ein Erklärungsansatz für dieses Urteil zu sein. Die Kostenrechnungsverantwortlichen in den Unternehmen haben die Verständlichkeit um so besser bewertet, je weniger verschiedene kostenrechnerische Methoden in den einzelnen Unternehmen angewandt werden.

Da nun dieses Urteil der Kostenrechner nicht das eigentlich interessante ist, da die Akzeptanz ja auf Seiten der Empfänger der kostenrechnerischen Informationen liegen sollte, wird diese Betrachtung an späterer Stelle vertieft (vgl. S. 425). Die Meinung der Kostenrechner wird dann an der (internen) Kundensicht gemessen.

Neben den momentanen Charakteristika schätzten die Unternehmensvertreter innerhalb der Kostenrechnungsprofile auch die *Entwicklungsperspektiven* der Kostenrechnung ein. Die Unternehmen, in denen die Kostenrechnung eine große unternehmensinterne Bedeutung besitzt, erwarten eine Verringerung der Unterschiede zwischen den Systemen des internen und externen Rechnungswesens. Obwohl die Mitarbeiterzahl in der Kostenrechnung als rückläufig eingeschätzt wird, nehmen die Kostenrechner in den einzelnen Unternehmen an, dass die Bedeutung der Resultate der Kostenrechnung intern noch zunehmen wird. Eine Ausnahme bildet allein der internationale Elektronikkonzern, der auch in Zukunft Informationen des externen Rechnungswesens intern benutzen wird und deshalb keinen Bedeutungszuwachs für die Kostenrechnung prognostiziert. Die Zentralisierung und der Detaillierungsgrad der Kostenrechnung werden überwiegend als stark rückläufig eingeschätzt.

Insgesamt zeigte die Beschreibung der Kostenrechnungsprofile der einzelnen Unternehmen deutlich, dass trotz der erheblichen Unterschiede der Unternehmen im Detail Gemeinsamkeiten gefunden werden können. Insbesondere

die beiden Produzenten von Konsumgütern und der Produzent elektrotechnischer Geräte zeigen viele gemeinsame Charakterzüge. Dieses beobachtbare, relativ einheitliche Grundgerüst wurde auf verschiedene Art ausgebaut und ergänzt. Die Komplexität des so entstandenen Kostenrechnungssystems nahm ständig zu, da neue Anforderungen mit Hilfe des alten Fundaments und neuen Aufbauten erfüllt werden sollten, ohne eine Bereinigung des zunehmenden Funktionsumfangs vorzunehmen.

Heute sehen sich viele Kostenrechner vor einem System, welches sie weder überschauen noch in jeder seiner Facetten nachvollziehen können. Wen erstaunt vor diesem Hintergrund, dass auch die Nutzer der Kostenrechnungsinformationen vielfach über eine mangelnde Transparenz klagen?

Ob dies auch in den Arbeitskreis-Unternehmen der Fall ist, sollen vor allem die Ergebnisse einer Befragung zur Akzeptanz der Kostenrechnung bei insgesamt 197 Kostenstellenleitern zeigen. Bevor wir uns den Äußerungen der Kostenrechnungskunden widmen (vgl. S. 425), werden im folgenden die Ergebnisse der Prozessanalysen beschrieben.

2. Prozessanalysen

Wie oben schon beschrieben wurde, stellte die genaue Darstellung der Prozesse der Kostenrechnung einen Kernbereich des Benchmarking dar. Ein einfaches Beispiel eines Prozessbildes für die innerbetriebliche Leistungsverrechnung eines der Unternehmen ist in der Abbildung 141 veranschaulicht.

Das für diese Darstellung benutzte Schema wurde in allen Unternehmen

Zusammenwachsen von externer und interner Rechnungslegung?

für die Aufnahme der Prozesse verwendet. Die vergleichbare Prozessdarstellung ist unverzichtbar für eine gleichzeitige oder spätere Kennzahlenerhebung, die sich an Prozesse anlehnt. Neben der Bedeutung des Schrittes für das Benchmarking erweist sich diese Prozessdarstellung auf direkte Weise als sehr nützlich für die Unternehmen. Der damit zu gewinnende Überblick über die Abläufe in der Kostenrechnung hat für viele Kostenrechnungsverantwortliche einen erheblichen Neuigkeitswert und fördert ein Verständnis für Problembereiche, die in und zwischen einzelnen Abteilungen auftreten können.

Personalkostenverrechnung – schlanker und schneller

Die Personalkosten stellen in jedem Unternehmen einen sehr großen Kostenblock dar. Gesetzliche Regelungen beeinflussen die Prozesse in diesem Bereich sehr stark. Die Verrechnung der Personalkosten auf die Kostenstellen erfolgt größtenteils automatisiert. Diese Bedingungen ließen in diesem Bereich nur geringe Unterschiede zwischen den Unternehmen erwarten. Für die Grundvergütung bestätigte sich dies. In allen Unternehmen wird die Grundvergütung mit den Istwerten direkt auf die Kostenstellen verrechnet.

Die Verrechnung der Personalnebenkosten erfolgt jedoch auf verschiedene Art und Weise. Gesetzliche Personalnebenkosten werden häufig nicht als Plan-, sondern als Istwerte verbucht – sogar innerhalb eines Unternehmens wurde dies unterschiedlich gehandhabt. Variable Bestandteile der Vergütung und noch nicht genommener Urlaub werden teilweise aufwendig abgegrenzt, obwohl der Unterschied zu einer pauschalen Behandlung denkbar gering ist,

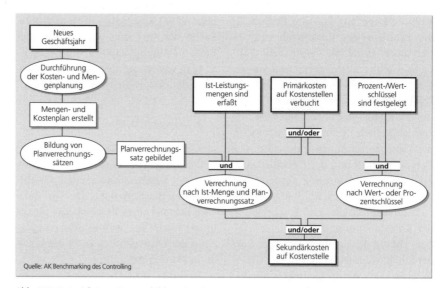

Abb. 141: Beispiel eines Prozessbildes einer internen Leistungsverrechnung

wie die Erfahrungen anderer Unternehmen zeigen.

Auf eine derartig komplizierte Verrechnung von Personalnebenkosten sollte deshalb verzichtet werden. Die Verbuchung von Plan- bzw. Standardsätzen vereinfacht die Vorgänge erheblich und genügt durchaus den Anforderungen der Kostenstellenleiter.

Bei einem solchen Vorgehen können sich die Kostenstellenleiter sehr früh über die Personalkosten informieren, so sie über einen Online-Zugriff auf diese Daten verfügen. Mindestens drei Tage vor Ultimo besteht diese Informationsmöglichkeit in drei der fünf untersuchten Unternehmen. Berichtstermine wie Monatsultimo plus 9 Arbeitstage, wie in einem der Arbeitskreisunternehmen vorgefunden, gehören damit der Vergangenheit an. Die zum Jahresende feststellbaren Differenzen zwischen Ist- und Planwerten sollten laufend auf Abgrenzungskonten gesammelt und am Jahresende direkt, also an den Kostenstellen vorbei, in die Betriebsergebnisrechnung gebucht werden. Dieses in zwei Unternehmen praktizierte Vorgehen reduziert den Aufwand, ohne dass die Kostenstellenleiter auf für sie wesentliche Informationen verzichten müssen.

Zusammenfassend heißt dies für die Verrechnung der Personalkosten:

- Trennen Sie die Verrechnung der Grundvergütung und der Personalnebenkosten.
- Vereinfachen Sie die Verrechnung der Personalnebenkosten, indem Sie monatlich Plan- bzw. Standardsätze verbuchen.

Der Umgang mit »Charakter«-Kostenarten – Spiegel der Unternehmenskultur

Büromaterial-, Telefon- und Reisekosten – schon mancher Controller wird sich mit den endlosen Diskussionen über Richtlinien und Verrechnungsverfahren gequält haben. Was rechtfertigt denn überhaupt den Aufwand, der mit diesen Kosten getrieben wird? Die Summe der Kosten erscheint gerade im Vergleich zu den Personalkosten gering; das Kostensenkungspotential ist deshalb begrenzt. Der Grund für diesen Enthusiasmus findet sich auf einer ganz anderen Ebene:

- Einerseits lässt der Umgang mit Reise-, Telefon- oder Büromaterialkosten auf das generelle Kostenbewusstsein und Verhalten der Mitarbeiter schließen. Sie »offenbaren« ihren Charakter, ihre Einstellung und ihr Engagement in Bezug auf das Unternehmen.
- Andererseits spiegeln die im Unternehmen angewandten Prinzipien hinsichtlich der Charakterkosten die praktizierte Unternehmenskultur wider. Was wird jedem einzelnen Mitarbeiter an Eigenverantwortung und Freiräumen zugestanden? Auf welche Weise und wie stark sollen die Motivation und das Verhalten der Mitarbeiter beeinflusst werden? »Charakter«-Kostenarten besitzen somit auch eine Beeinflussungsfunktion.

Vor diesem Hintergrund lassen sich auch einige Unterschiede in der Behandlung der Büromaterial-, Reise- und Telefonkosten erklären. Vier der fünf

Vereinfachen Sie die Verrechnung Ihrer Personalkosten!

Telefonate, Reisen und Büromaterial – mehr als nur Peanuts!

417

Unternehmen des Arbeitskreises führen eine sehr genaue Erfassung dieser Kosten durch – man kann durchaus von einer ausgeprägten Kontrollphilosophie sprechen.

Reisekostenanträge und -abrechnungen durchlaufen mehrere Genehmigungsstellen. Jede Bestellung von Büromaterial läuft über eine zentrale Einkaufsstelle und wird genau überprüft. Diese Unternehmen nutzen die Erfassung der in Anspruch genommenen Kosten tatsächlich, um sich über das Kostenbewusstsein ihrer Mitarbeiter zu informieren.

Ein Unternehmen nahm die Erkenntnisse über einen sehr verschwenderischen Umgang mit Material zum Anlass, für sein Büromateriallager Entnahmescheine einzuführen. Diese Entnahmescheine wurden allerdings nicht zu einer verbrauchsabhängigen Belastung der Kostenstellen genutzt. Da die Mitarbeiter dies aber nicht wussten, konnte mit dieser Maßnahme tatsächlich ein deutlicher Rückgang des Büromaterialverbrauchs erreicht werden.

Im Gegensatz zu dieser Kontrollphilosophie lässt eines der untersuchten Unternehmen den Mitarbeitern erhebliche Freiräume bei den Charakterkosten. So werden Privattelefonate grundsätzlich nicht festgehalten. Den Mitarbeitern wird somit zugestanden, vom Arbeitsplatz aus private Angelegenheiten telefonisch zu regeln, wenn dies nicht vermeidbar ist. Auch die Reisekostenabrechnungen werden nur stichprobenartig überprüft. Allerdings wird ein festgestellter Missbrauch dieser Freiheiten streng sanktioniert.

Diese Methoden sind sicherlich nicht auf jedes Unternehmen übertragbar, da sie auf einer sehr offenen Unternehmenskultur beruhen. Trotzdem zeigen sie, wie man es auch anders machen kann. Einige aus der Arbeit des Arbeitskreises ableitbare generelle Empfehlungen für den Umgang mit »Charakterkosten« sollen ergänzend aufgeführt werden:

- Ein *hoher Automatisierungsgrad* stellt einen zentralen Erfolgsfaktor bei der Verrechnung der Büromaterial-, Reise- und Telefonkosten dar. So ermöglicht beispielsweise ein PC-gestütztes Bestellsystem und ein damit verbundener Rahmenvertrag mit einem »Hauslieferant« von Büromaterial die Abschaffung eines zentralen Lagers. Wenn die elektronische Erfassung der Reisekosten direkt beim Mitarbeiter erfolgt, brauchen die Daten nur noch elektronisch weitergeleitet werden. Doppelerfassungen und Schnittstellenprobleme entfallen.
- Die oft veralteten *Definitionen von* Standard- und Nicht-Standardbüromaterial müssen überprüft werden. Auch unter Motivationsgesichtspunkten erscheint es nicht sinnvoll, wenn die Bestellung von Disketten erst genehmigt werden muss.
- *Einfache Prozesse* der Abrechnung von Reisekosten sind schneller und kostengünstig. So kann der Mitarbeiter seine Abrechnung direkt und Online an die Reisekostenabteilung weiterleiten, die stichprobenartige Überprüfungen vornimmt und sofort die separate Überweisung veranlasst. Im Vergleich zu anderen Vorgehensweisen können auf diese Weise sechsstellige Kostenbeträge eingespart und die durchschnittliche Bearbeitungs-

Erhebliche Einsparungen durch Detailverbesserungen

zeit bis zur Überweisung an den Mitarbeiter um drei Tage verkürzt werden.

- Da in allen Unternehmen die Erfassung der Telekommunikationskosten *automatisch* erfolgt, sollte dies auch als *Basis der Verrechnung* der Telefonkosten an die Kostenstellen herangezogen werden, um pauschale Umlageverfahren (z. B. pro Kopf), wie sie beispielsweise der Logistikdienstleister benutzt, zu vermeiden. Für die Erfassung der Privattelefonate – so sie gewünscht ist – wird eine automatische Aufzeichnung mit einer Kontrollliste für die Mitarbeiter und eine automatische Abbuchung vom Gehaltskonto statt einer baren Einzahlung empfohlen.

Die detaillierte Analyse der Büromaterial-, Telefon- und Reisekosten im Rahmen des Arbeitskreises »Benchmarking der Kostenrechnung« führte so einerseits zu einem Überdenken des grundsätzlichen Umgangs mit den Charakterkosten als Teil der Unternehmenskultur. Überprüfen Sie auch in Ihrem Unternehmen, ob es möglich ist, den Mitarbeitern ein höheres Maß an Eigenverantwortung für diese Kosten zu gewähren. Wenn bei Ihnen Vereinfachungen möglich sind, lässt dies Einsparungen im sechsstelligen Bereich erwarten, da Kontrollvorgänge entfallen.

Interne Leistungsverrechnung – wer durchschaut das System?

Die interne Leistungsverrechnung wird von Kostenrechnern oft als Glanzstück ihrer Arbeit angesehen, in der sich – pointiert formuliert – vor allem ihre intellektuellen Fähigkeiten widerspiegeln. Der Drang nach Genauigkeit und Gerechtigkeit führt dann zu Verrechnungssystemen mit einer hohen Komplexität und einer Vielzahl von Schlüsselungen; sie sind in der Praxis deshalb keine Ausnahme, eher die Regel (vgl. Weber, 1993). In den Arbeitskreisunternehmen reichte das Spektrum von einer ausschließlichen Verrechnung von Kosten der Informationssysteme bis zu einem ausgefeilten System von Umlagen und Planverrechnungen, das zu einem internen Markt über Verrechnungspreise führt.

Ein Markt für unternehmensinterne Dienstleistungen

Ein solcher interner Markt für Dienstleistungen ist in dem Elektronikunternehmen des Arbeitskreises realisiert. Die dabei verfolgten Prinzipien sollen kurz beschrieben werden:

- Jede Abteilung in der Verwaltung wird vollständig von ihren Kosten entlastet.
- Entweder werden die gesamten angefallenen Kosten am Jahresende über Schlüssel an andere Abteilungen umgelegt, oder am Beginn des Jahres wird in einem Abstimmungsprozess zwischen internen Anbietern und Kunden ein Preis pro Leistungseinheit festgelegt, der als Verrechnungssatz für das folgende Jahr gilt.
- Grundsätzlich steht jedem Leistungsempfänger dabei offen, unternehmensexterne Alternativen in Anspruch zu nehmen.

Etwa 60 Prozent des Kostenvolumens der Verwaltungskostenstellen werden in

Interne Märkte – Ausweg aus dem Dschungel der Verrechnungen?

diesem Unternehmen verrechnet, der verbleibende Rest auf traditionelle Weise umgelegt. Eine solche Kompensationsmethode kommt auch dann zur Anwendung, wenn Leistungen zwischen Unternehmensbereichen – beispielsweise zwischen einem Werk in Frankreich und dem Vertrieb in Deutschland – ausgetauscht werden.

In den anderen Arbeitskreisunternehmen werden die Werke bzw. Unternehmensbereiche nur mit Teilen der Kosten der Verwaltung bzw. Zentrale belastet. In zwei der fünf Unternehmen bestehen grundsätzlich keine internen Verrechnungsbeziehungen zwischen Zentrale und Werken. Diese Unterschiede setzen sich auch bei anderen Merkmalen der internen Leistungsverrechnung fort. Es kommen etwa 10 Schlüsselarten in den einzelnen Unternehmen zur Anwendung. Die automatisierte Verrechnung dauert in Abhängigkeit vom Umfang der Verrechnungsbeziehungen zwischen einem und fünf Tag(en).

Überkomplexität und Verständlichkeitsprobleme

Mehrere Faktoren führen trotz umfangreichen Einsatzes von EDV-Systemen zu einer nicht mehr beherrschbaren Überkomplexität der internen Leistungsverrechnung:

- Die Anzahl der in den Kostenrechnungssystemen geführten Kostenstellen übersteigt in manchen Unternehmen die Mitarbeiteranzahl!
- Die Verrechnungsbeziehungen zwischen den Kostenstellen sind vielfältig und werden detailliert in der internen Leistungsverrechnung abgebildet.
- Mehrere Kostenrechnungsmethoden werden parallel laufend eingesetzt. Auf den Kostenstellen müssen deshalb mehrere Kostensätze gleichzeitig gepflegt und verarbeitet werden.

Nach dieser Darstellung sollte es nicht überraschen, dass die interne Leistungsverrechnung nicht nur von den Kostenrechnern, sondern auch von ihren internen Kunden, den Führungskräften, als ein Problemfeld angesehen wird: Hohe interne Komplexität führt schnell zu mangelnder Verständlichkeit! 184 Kostenstellenleiter in vier Arbeitskreisunternehmen schätzten die Verständlichkeit der Kostenrechnung auf einer Skala von 1 (sehr schlecht verständlich) bis 7 (sehr gut verständlich) nur mit durchschnittlich 3,2 (Standardabweichung 1,4) ein – ein wenig überzeugendes Resultat, wie wir meinen. Ein Beispiel soll diese Ergebnisse illustrieren:

- In einem der Benchmarking-Unternehmen werden allein im Bereich der Informationssysteme 178 verschiedene Produkte unterschieden, die entweder einmalig oder monatlich den Kostenstellen berechnet werden. Dass in einem solchen Fall ein Kostenstellenleiter den Überblick über die verrechneten Kosten verliert, erscheint eher die Regel als die Ausnahme.

Beeinflussbarkeit der Kosten

Ein weiteres markantes Ergebnis unserer Analysen: Wir haben – pointiert formuliert – bei so manchem Kosten-

Reengineering Kostenrechnung

stellenleiter Fatalismus kennengelernt, was die Einflussmöglichkeiten auf die Höhe seiner Kosten betrifft (vgl. Abbildung 142). Die in einem der Unternehmen befragten Kostenstellenleiter halten im Durchschnitt innerhalb eines Monats nur 9 Prozent, innerhalb eines Jahres nur 26 Prozent ihrer Gesamtkosten für beeinflussbar. Eine Ursache dafür liegt im Aufschlag von Verrechnungskosten auf die Primärkosten, der sich in den Unternehmen zwischen 4 Prozent (nur Kosten der Informationstechnologie) und 52 Prozent der Primärkosten bewegt.

Aus dieser Analyse, die neben den Prozessvergleichen auch die Ergebnisse der Befragung der Kostenstellenleiter berücksichtigt, wurden Empfehlungen für die Gestaltung der internen Leistungsverrechnung abgeleitet:

- Machen Sie sich zuallererst bewusst, welche Zwecke Sie mit der Verrechnung interner Leistungen verfolgen. Nur wenn dies klar ist, können effektive und effiziente Strukturen gefunden werden.
- Halten Sie den Planungsaufwand so gering wie möglich.
- Achten Sie darauf, dass die Verrechnungsschemata für die betroffenen Mitarbeiter nachvollziehbar sind.
- Streben Sie einen hohen Automatisierungsgrad der Verrechnungen an, da so die Verrechnungen bedeutend schneller ablaufen können. Software wie SAP kann Sie dabei sinnvoll unterstützen.

Erst das WAS, dann das WIE!

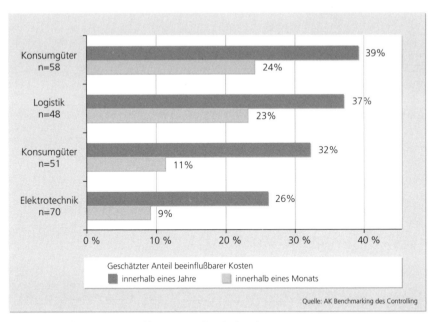

Abb. 142: Kurzfristige und mittelfristige Beeinflussbarkeit der Kosten in den Augen der Kostenstellenleiter

Kostenstellenbericht –
Aushängeschild der Kostenrechnung

In vielen Unternehmen steht und fällt das Bild der Kostenrechnung mit dem Eindruck, den der Kostenstellenbericht bei seinen Empfängern hinterlässt. Er wird in jedem der untersuchten Unternehmen zumindest den Kostenstellenleitern zur Verfügung gestellt. Die Empfänger des Kostenstellenberichts halten ihn für unverzichtbar. Trotzdem spielen – laut eigener Einschätzung – die Erfahrungen der Kostenstellenleiter beim Treffen von Entscheidungen eine wichtige Rolle. Die Informationen des Kostenstellenberichts bilden also nur eine von mehreren Entscheidungsgrundlagen, die benutzt werden.

Da der Kostenstellenbericht eine solche herausragende Bedeutung in den Unternehmen hat, interessiert natürlich, wie sich diese Berichte in den Arbeitskreis-Unternehmen voneinander unterscheiden:

- Die *Anzahl der Seiten* des Kostenstellenberichts variiert zwischen eins und drei, die der Datensätze zwischen 220 und 490.
- In der Regel werden *Plan- und Ist-Informationen* bereitgestellt, die um eine absolute oder prozentuale Abweichung ergänzt werden.

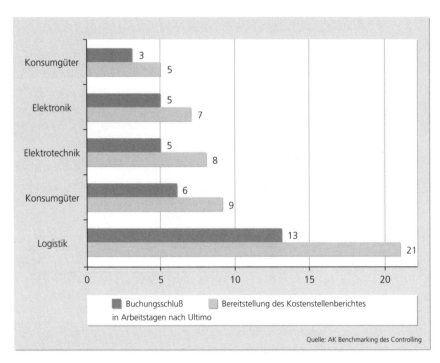

Abb. 143: Buchungsschluss und Bereitstellung des Kostenstellenberichts in Papierform in fünf Unternehmen des Arbeitskreises

Reengineering Kostenrechnung

- Wenn man die Möglichkeit eines Online-Berichts berücksichtigt, finden sich zwischen zwei und fünf *Berichtsarten*. Beim Logistikdienstleister besteht die Möglichkeit, ein benutzerspezifisches Berichtsprofil im System zu hinterlegen und damit den Kostenstellenbericht zu individualisieren.
- Der *Zeitpunkt der Bereitstellung* des Kostenstellenberichts hängt vor allem vom Buchungsschluss in den einzelnen Unternehmen ab. Die erhebliche Verzögerung beim Logistikdienstleister (siehe auch Abbildung 143) wird vom unternehmensexternen Ausdruck des Berichts verursacht.

Aus einer Befragung der Kostenstellenleiter in den Unternehmen konnten einige Empfehlungen zur Gestaltung des Kostenstellenberichts abgeleitet werden:

- *Kurze* und *übersichtliche* Berichte reduzieren den Aufwand zur Erstellung und die Zeit für das Lesen und Verstehen der Informationen.
- Die *Verantwortlichen* für die einzelnen Informationen sollten direkt im Bericht genannt werden. Damit werden eventuelle Rückfragen kanalisiert und direkt an diejenigen Mitarbeiter geleitet, die die entsprechenden Probleme auch lösen können.
- Der *Zyklus der Bereitstellung* des Kostenstellenberichts ist möglicherweise auf ein Quartal verlängerbar. Dafür sprechen einerseits positive Erfahrungen bei einem der Konsumgüterproduzenten und andererseits die minimalen Möglichkeiten zur kurzfristigen Kostenbeeinflussung.

Online-Berichte erfreuen sich einer immer größer werdenden Beliebtheit bei den Kostenrechnern. Damit diese Begeisterung auch auf der Nutzerseite aufkommt, sind kostenrechnerische und DV-Schulungen bei den Kostenstellenleitern zu empfehlen. Die Befragung in den Benchmarking-Unternehmen zeigte, dass ein hoher Schulungsgrad mit einer guten Beurteilung des Kostenstellenberichts einhergeht. Außerdem wird es so schrittweise möglich, auf einen Kostenstellenbericht in Papierform zu verzichten und die Aktualität des Berichtes zu gewährleisten.

Erst schulen, dann Online berichten

Die Kalkulation oder
Der Weg zum Produkterfolg

Die Kalkulationsverfahren wurden nur in drei der fünf Unternehmen verglichen, da in zwei der betrachteten Rechnungskreise andere Unternehmensbereiche für die Kalkulation zuständig waren. In den drei betrachteten Unternehmen dient die Kalkulation vor allem der Bestimmung unternehmensinterner Verrechnungspreise und der Überprüfung der Preispolitik. Jährlich erfolgt eine Plan-Kalkulation, monatlich eine Abweichungsanalyse. Die jährliche Plan-Kalkulation dauert zwischen zwei und drei Monaten und findet zu verschiedenen Zeitpunkten statt. Wegen einer starken Automatisierung ist es möglich, die Ergebnisse der Abweichungsanalyse schon zwischen ein und vier Tagen nach Ultimo bereitzustellen. Die Kosten der Kalkulation betragen etwa DM 150 je Produkt und circa 0,03 Prozent vom Umsatz.

Kostenstellenbericht – warum nicht quartalsweise?

3. Die Kosten der Kostenrechnung

Stellten Sie sich schon einmal die Frage, was die Kostenrechnung in ihrem Unternehmen kostet? Im Arbeitskreis wurde diese Frage schnell zum Gegenstand kontroverser Diskussionen. Die Schwierigkeit lag nicht darin, die Kosten der Kostenrechnung überhaupt zu ermitteln – die Vergleichbarkeit des Ansatzes über die Unternehmen hinweg wurde immer wieder angezweifelt.

Letztlich haben wir in allen Unternehmen die Kosten derjenigen Aktivitäten abgeschätzt, die eine Kostenrechnung über die als vorhanden angenommenen Systeme und Aktivitäten der externen Rechnungslegung hinaus erbringt. Dazu wurden die zentral und dezentral in Controlling- bzw. Kostenrechnungsabteilungen tätigen Mitarbeiter gezählt. Sie gingen mit einem Schätzfaktor in die Rechnung ein, der ihren

zeitlichen Arbeitsaufwand für die Kostenrechnung in Relation zur gesamten geleisteten Arbeitszeit in dieser Kostenstelle setzt.

Der so ermittelte Prozentsatz wurde auf die Gesamtkosten jeder betroffenen Kostenstelle bezogen. Damit werden alle Kostenarten erfasst, die durch die Kostenrechnung in Anspruch genommen werden. Wenn man die Kostenwerte der so erfassten Kostenstellen summiert, erhält man die in der Abbildung 144 zu den Kosten der Kostenrechnung angegebenen Werte, die jeweils auf Umsatz und Mitarbeiteranzahl des entsprechenden Rechnungskreises bezogen sind.

Die Kosten der Kostenrechnung bewegen sich zwischen DM 1.590 und DM 560 je Mitarbeiter oder 0,04 und 0,62 Prozent vom Umsatz. Die höchsten Werte hat jeweils der Logistikdienstleister. Im Benchmarking konnte als Ursache dafür ein relativ niedriger Automati-

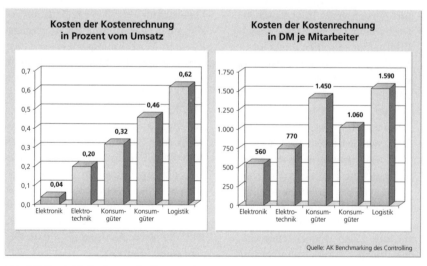

Abb. 144: Vergleich der Kosten der Kostenrechnung von fünf Unternehmen verschiedener Branchen

Reengineering Kostenrechnung

sierungsgrad der Kostenrechnung identifiziert werden. Die geringsten Kosten fallen beim internationalen Elektronikkonzern an, was nicht sehr überrascht. Die Kostenrechnungsaktivitäten beschränken sich auf wenige Methoden und Produkte, die stark standardisiert werden. In Verbindung mit einem hohen Automatisierungsgrad ist die Basis für diese niedrigen Kosten der Kostenrechnung gelegt. Eine Verstärkung des Effektes erfolgt durch einen kostenrechnungsexternen Faktor: Im betrachteten Rechnungskreis werden die Produkte nur montiert und vertrieben, wodurch der Umsatz je Mitarbeiter sehr hoch ist. Der extrem niedrige Wert bei den Kosten in Prozent vom Umsatz ist so nachvollziehbar.

Trotz der deutlichen Unterschiede wurde insgesamt festgestellt, dass die Kosten der Kostenrechnung im Unternehmensmaßstab eine geringe Bedeutung besitzen. *Potential zu einer erfolgreicheren Gestaltung der Kostenrechnung findet sich deshalb vor allem auf der Nutzenseite.* Die Unternehmen des Benchmarkingkreises sahen es als wichtig an, sich über das grundsätzliche Rollenverständnis und die Produkte der Kostenrechnung Gedanken zu machen.

4. Interne Kundenorientierung

Der Ansatzpunkt für eine Suche nach den Charakterzügen einer Kostenrechnung findet sich in den Bedürfnissen der internen Kunden. Bereits im

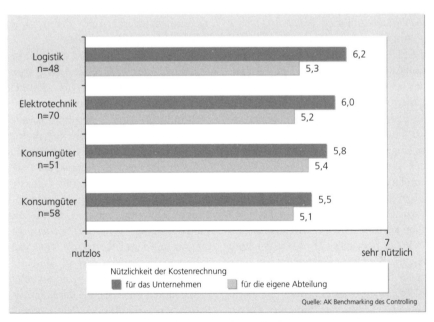

Abb. 145: Beurteilung der Nützlichkeit der Kostenrechnung für das Gesamtunternehmen und die eigene Abteilung durch Kostenstellenleiter

Ergebnisse des Benchmarkings
der Kostenrechnung

Fragen Sie Ihre internen Kunden nach ihren speziellen Wünschen!

Arbeitskreis wurde die Frage nach der Art und den Bedürfnissen der Mitarbeiter der Geschäftseinheit aufgeworfen. Deshalb wurden die Kostenstellenleiter als typische Kunden befragt.

Wie die Kostenrechner selbst sehen sie die Aufgabe der Kostenrechnung vorrangig in einer Wirtschaftlichkeitskontrolle. Die Kostenstellenleiter (n = 179) bewerteten diesen Zweck durchschnittlich mit 6,2 (Standardabweichung = 0,9) auf einer Skala von 1 (sehr geringe Bedeutung) bis 7 (sehr hohe Bedeutung). Darüber hinaus fordern die Kostenstellenleiter, die Kostenrechnung noch stärker dem Zweck einer Wirtschaftlichkeitskontrolle zu widmen. Die Differenz zwischen der Einschätzung, welche Aufgaben die Kostenrechnung derzeitig erfüllt und welche sie erfüllen sollte, ist bei dem Zweck Wirtschaftlichkeitskontrolle mit 1,1 (Standardabweichung = 1,8/ n= 179) am größten.

Auf der Methodenebene zeigt sich deutlich der *Wunsch nach einer Vereinfachung* der Kostenrechnung. Je mehr kostenrechnerische Methoden in einem Unternehmen eingesetzt werden, desto weniger können die Informationen der Kostenrechnung von den Kunden nachvollzogen werden. Dieses Urteil erweckt den Eindruck, dass den Informationsempfängern der Kostenrechnung der Überblick verloren gegangen ist. Ein Verlust an Akzeptanz ist bei einer solchen Konstellation unvermeidlich.

Wenn man diese Hinweise der Empfänger der kostenrechnerischen Produkte beachten würde, ließe sich vielleicht auch vermeiden, dass die Befragungsergebnisse den Sinn der Kostenrechnung teilweise in Frage stellen.

Die Nützlichkeit der Kostenrechnung für die Abteilung wird von den Kostenstellenleitern zwar als hoch eingestuft. Wie lässt sich aber erklären, dass sie die Nützlichkeit für das Unternehmen im Schnitt um einen Bewertungspunkt über dem Nutzen für die eigene Abteilung sehen? Die Kostenstellenleiter scheinen von der Kostenrechnung mehr zu erwarten, als sie für ihre Abteilung tatsächlich leistet.

Fazit – Bedarf einer neuen Kostenrechnung

Der Vergleich der Kostenrechnungsprozesse von fünf deutschen Großunternehmen im Rahmen eines Arbeitskreises war zwar mit Schwierigkeiten verbunden, erbrachte aber letztendlich Ergebnisse, die in allen Unternehmen zu einem besseren Verständnis der Kostenrechnungsprozesse und deren Wirtschaftlichkeit geführt haben.

Die Kostenrechnungssysteme der beteiligten Unternehmen sind sehr komplex und unterscheiden sich deutlich voneinander. Viele Methoden und Verrechnungsprinzipien werden parallel angewandt. Die Unternehmenskultur scheint in einem erheblichen Maße die Auswahl der kostenrechnerischen Praktiken zu beeinflussen. Damit fällt eine einfache Übertragung von Abläufen auf andere Unternehmen im Sinne des Benchmarkings schwer. Trotzdem gelang es mit dem Arbeitskreis, eine Vielzahl von Veränderungen in Teilbereichen der Kostenrechnung anzustoßen und dadurch die Effizienz der ablaufenden Prozesse zu erhöhen. Diese partiellen Verbesserungen führen allerdings noch nicht aus der Sackgasse, in der sich die Kostenrechnung derzeit zu befinden scheint. Die Kostenrechnung reagierte in der Vergangenheit auf neue Herausforderungen, indem sie vorhandene Systeme als Basis für neue Entwicklungen und Methoden benutzte. Die Komplexität der Kostenrechnung nahm so deutlich zu. Allmählich wurde es aber schwieriger, das System als Ganzes zu überblicken. Die Struktur und Prämissen der Rechnungen waren den Kostenrechnern kaum, den Kostenrechnungskunden noch weniger bekannt.

Diese Tendenzen haben dazu geführt, dass sich die Kostenrechnung in heutiger Zeit als Multizwecksystem darstellt (Weber 1996a, S. 22). Mit einem System unter der Bezeichnung Kostenrechnung wird versucht, einer Vielzahl von Aufgaben gerecht zu werden, ohne die dabei auftretenden Zielkonflikte zu beachten. Dass mit diesem Vorgehen Schwierigkeiten verbunden sind, wird zwar teilweise erkannt. Änderungsvorschläge setzen jedoch meist auf Ebenen an, die nachrangig sind.

Um diesen Zustand zu beseitigen, muss in jedem Unternehmen – unabhängig von realisierten Lösungen – über die Zwecke nachgedacht werden, die mit den Systemen der Kostenrechnung erfüllt werden sollen. Die Aufgaben der Kostenrechnung sollten von den Kostenrechnungskunden festgelegt werden. Ihre Informationsbedürfnisse sind ausschlaggebend. Die Ergebnisse der empirischen Untersuchung in den Arbeitskreisunternehmen haben gezeigt, dass eine Befragung unternehmensinterner Kunden nützliche Hinweise hervorbringt. Erst wenn die Zweckausrichtung in einer Strategie der Kostenrechnung fixiert ist, kann die Gestaltung der Kostenrechnung in den Mittelpunkt rücken. Bisherige Erfahrungen sollten dabei nicht über Bord geworfen werden. Allerdings darf keine Angst davor bestehen, innovative oder radikale Lösungsansätze zu verfolgen. So kann es in einem Unternehmen durchaus Sinn machen, mehrere Informationssysteme, die dem Bereich der Kostenrechnung zuzuordnen wären, parallel zu implementieren und zu verwenden. Auf der anderen Seite besteht durchaus die Möglichkeit, auf eine ausgebaute und differenzierte laufende Kostenrechnung zu verzichten, wenn die gewünschten laufenden Zwecke auch mit einer modifizierten externen Rechnungslegung erreichbar sind. Eine Kostenrechnung wäre dann nur noch in wenigen fallweisen Rechnungen erforderlich, hätte aber dort durchaus ihre Berechtigung.

Vor diesem Hintergrund überrascht die in Theorie und Praxis intensiv geführte Diskussion um die Veränderungsnotwendigkeit der Kostenrechnung nicht. Vielmehr werden divergierende Standpunkte und Extremmeinungen nachvollziehbar. Nichtsdestotrotz wird es keinem Kostenrechnungsverantwortlichen abgenommen, über den Sinn oder Unsinn einer Kostenrechnung und deren Ausgestaltung in seinem Unternehmen selbst zu befinden und zu entscheiden. Wir möchten Ihnen im folgenden eine Hilfestellung bei dieser Entscheidung geben.

Von einem Multizwecksystem zu kundenorientierten Rechnungen

Fazit – Bedarf einer neuen Kostenrechnung

Wozu kann eine Kostenrechnung wirklich dienen?

Was können wir an dieser Stelle festhalten? Wir meinen, dass die Praxis in den vergangenen Jahren zu wenig grundsätzlich über die Kostenrechnung nachgedacht hat. Die durchweg als unverzichtbar eingeschätzte Rechnung soll möglichst viele Rechnungszwecke gleichzeitig erfüllen, ohne dass diese Zwecke auf Gehalt und Bedeutung genau hinterfragt werden. Kostenrechnung ist organisch gewachsen, Schein und Sein weichen in vielen Unternehmen immer mehr voneinander ab. Ein grundsätzliches Überdenken, ein »Zero-Base«-Ansatz ist erforderlich.

Trennen Sie strikt nach Entscheidungsfundierung und Entscheidungsbeeinflussung!

Hierfür erachten wir es für hilfreich, zunächst einen Unterschied herauszustellen, der in Deutschland lange Zeit nicht deutlich genug gesehen wurde: Kostenrechnung dient zwar stets der Fundierung und Kontrolle von Entscheidungen; man darf aber nicht – wie in den meisten Kostenrechnungslehrbüchern und -schulungsseminaren implizit unterstellt – dabei die Person des Entscheidungsträgers ausblenden: Menschen sind nur begrenzt rationale Wesen, die zudem neben den Unternehmenszielen auch eigene Interessen verfolgen. Dezentralisierung von Entscheidungskompetenz ist stets mit der Gefahr eigennützigen (opportunistischen) Handelns verbunden. Folglich muss sich die Kostenrechnung nicht nur mit der Fundierung, sondern auch mit der *Beeinflussung von Entscheidungsprozessen* beschäftigen.

Beide grundsätzlichen Zweckrichtungen führen zu unterschiedlichen Anforderungen an die Kostenrechnung. Geht es für die Entscheidungsfundierung um eine möglichst objektive Vorausschau der Entscheidungswirkungen, hat sich der Kostenrechner für die Verhaltensbeeinflussung Gedanken über Transparenz, Einfachheit und Manipulationssicherheit zu machen. Dezentralen Stellen vorgegebene Kostenziele müssen ein den Unternehmenszielen entsprechendes Verhalten erzeugen und eindeutig messbar sein. Die Jahrzehnte in Deutschland so verpönte Zuschlüsselung von Gemeinkosten kann für Zwecke der Verhaltensbeeinflussung der richtige Weg sein!

1. Entscheidungsfundierung

Ist diese immer wieder herausgestellte Ausrichtung der Kostenrechnung am Ende ihres Lebenszyklus angelangt?

Unternehmen im dynamischen Wettbewerbsumfeld zu positionieren, erfordert Entscheidungen auf unterschiedlich aggregierten sachlichen bzw. inhaltlichen Ebenen:

- Den umfassenden Rahmen bildet die Gestaltung einer wettbewerbsfähigen Unternehmensstruktur. Fragen der Wettbewerbsstrategie gehören hierzu ebenso wie die Bestimmung der anzugehenden Erfolgspotentiale (welche Märkte, welche Produkte usw.) und der dafür aufzubauenden sog. Fähigkeitspotenziale (z. B. Technologiekompetenz, Human Ressources, Organisationsflexibilität usw.). Kosten spielen bei dieser Gestaltung stets eine Rolle; allerdings bringt es der Planungsgegenstand zumeist mit sich, nur Größenordnungen der Kosten abschätzen zu können. Die laufende Kostenrechnung ist hierfür nur zum Teil heranziehbar, und wenn, dann reichen aggregierte Kostenwerte aus.

- In dem geschaffenen Rahmen sind Produkte zu gestalten, die der Strategie entsprechen. Die Zeiten sind längst vorbei, in denen ein Unternehmen Preise für Märkte aus seinen Kosten heraus kalkulieren konnte. Heute geht es mehr denn je darum, für ein gegebenes markt- und wettbewerbsbestimmtes Preisniveau das vom Markt erlaubte Maß an Kosten zu erreichen. Immer mehr Unternehmen machen dabei die Erfahrung, dass sie in gegebenen Kostenstrukturen nicht mehr zu diesem Ziel gelangen. Wettbewerbsfähigkeit bedeutet Strukturänderung. Strukturänderung bedeutet Dahinschmelzen eines großen Teils der in den alten Strukturen gesammelten kostenrechnerischen Erfahrung. Produktkalkulation heißt damit für einen Controller, Mithilfe bei der Suche nach neuen, wettbewerbsfähigen Kostenstrukturen zu leisten. Kalkulation als »Entdeckungsverfahren« fordert weniger den Rechner als den Innovator und Moderator. Dies zeigen auch Erfahrungen im Zusammenhang mit dem Target Costing.
- Neue Kostenstrukturen folgen neuen Produktions- und Transaktionsstrukturen (z. B. Wertschöpfungspartnerschaften, Produktionsnetzwerke). Diese zu bewerten, wird instrumentell zumeist der Investitionsrechnung zugewiesen. Wie eben angedeutet, geht es dabei aber weniger um die Anwendung des richtigen Rechen-

verfahrens, denn um das Ringen um die richtigen Eingangsdaten der Rechnung. Der Kostenrechner kann hier mit seinem Methodenwissen helfen. Fragen der Abgrenzung von Entscheidungsfeldern (»Was ist alles zuzurechnen?«) sind ihm auf den Leib geschrieben. Detaillierte Ist-Kosten braucht er dafür nicht.

- Liegt die Struktur fest, geht es darum, sie optimal zu nutzen. Hier lag von jeher das Haupteinsatzfeld der laufenden Kostenrechnung. Nicht zuletzt Erfahrungen im Zusammenhang mit lean production haben aber gezeigt, dass Kosten für diesen Zweck immer weniger geeignet sind. Mengen-, Zeit- und Qualitätsdaten sind unmittelbarer auf das Führungsproblem zugeschnitten, treffen die Sprach- und Denkwelt der Führungskräfte unmittelbar und sind zumeist erheblich zeitnäher (wir behandeln diesen Aspekt ausführlich im Band 1 der Schriftenreihe Advanced Controlling, Weber, 1997).

Welche Entscheidungen stehen überhaupt zur kostenrechnerischen Fundierung an?

Insgesamt zeigt sich damit, dass von der in Deutschland (zu) stark favorisierten Entscheidungsunterstützungsaufgabe der Kostenrechnung im aktuellen Kontext der Märkte wenig übrig geblieben ist. Jeder Kostenrechner muss sich heute fragen, ob seine Produkte (sieht jeder die von ihm bereitgestellten Kostendaten überhaupt als interne Produkte?) auch weiterhin auf Bedarf bei den Führungskräften stoßen, wenn diese Entscheidungen treffen wollen. Jeder Kostenrechner muss sich heute nach neuen Informationsprodukten umschauen.

Welche Entscheidungen kann die Kostenrechnung wirklich unterstützen?

2. Entscheidungsbeeinflussung

Entscheidungs-beeinflussung stellt gänzlich andere Anforderungen an die Kostenrechnung

Liegt der Schwerpunkt der laufenden Kostenrechnung in der Verhaltensbeeinflussung?

Wenn eine laufende, ausgebaute Kostenrechnung für traditionelle Entscheidungszwecke nicht mehr geeignet erscheint, heißt das nicht, dass man auf Kostenrechnung ganz verzichten kann. Es ist nicht vorstellbar, wie man Dezentralisierung von Entscheidungskompetenz gänzlich ohne Vorgabe und Kontrolle monetärer Ziele erreichen will. Das merken derzeit auch die Unternehmen, die ihre Führungskräfte konsequent am Shareholder-Value ausrichten wollen: Den Wertbeitrag von Geschäftseinheiten und gar noch von hierarchisch darunter liegenden Organisationseinheiten ermitteln zu wollen, setzt die Lösung von Verbundproblemen voraus. Nur dann, wenn man ein Unternehmen ganz in interne Märkte zerfallen ließe, käme man um das Problem der Verrechnung gemeinsam genutzter Potentiale herum.

Derartige Verrechnungsaufgaben setzen kostenrechnerisches Know how und kostenrechnerische Verfahren voraus. Mit anderen Worten: Kostenrechnung bildet eine (nicht einfach zu erlernende) Sprache, die hilft, Interessenkonflikte von Führungskräften produktiv zu lösen. Verhaltensorientierung »rettet« die Kostenrechnung als laufendes Informationssystem.

Verhaltensorientierung stellt aber ganz andere Anforderungen an die Rechnung, als sie sich aus einer Entscheidungsfundierung ohne Berücksichtigung der Entscheidungsträger ableiten lassen. Verhaltensorientierung fordert eine vergleichsweise einfache, leicht überschaubare, wenig differenzierte Rechnung. Wird die Sprache zu kompliziert, kann sie nur noch von Spezialisten gesprochen und verstanden werden; damit verfehlt sie ihren Zweck. Kriterien wie Verständlichkeit, Durchschaubarkeit und Nachprüfbarkeit der Datenerfassung und -zuordnung stehen im Vordergrund. Eine geringe Komplexität fördert die Transparenz. Klarheit der Datenentstehung ist die Voraussetzung dafür, Kosten als gerecht zu akzeptieren. Differenzierung erfolgt nur insoweit, als sie für eine Individualität der Zahlen erforderlich erscheint. Derart unterschiedliche Zwecke stellen unterschiedliche Anforderungen an die Kostenrechnung. Wir sind der festen Überzeugung, dass es der Kostenrechnung nicht gelingen wird, als eierlegende Wollmilchsau« in einem System alle zu befriedigen. Strategische Entscheidungen der Kostenrechner sind erforderlich: Reengineeren Sie Ihre Kostenrechnung!

Reengineering Kostenrechnung: ein 6-Stufen-Programm

Resümiert man die vorstehenden Gedanken, so weisen sie den Weg zu einer neuen, geänderten Ausprägung der seit Jahrzehnten bewährten und in den Unternehmen fest verankerten Kostenrechnung: Sie bekommt den Charakter einer wenig differenzierten Basisrechnung, die ausreicht, bilanzielle Vorarbeiten zu erledigen, die Erfolgsentwicklung des Unternehmens und der wichtigsten Unternehmensbereiche abzubilden und zugleich das Gerüst für die Sicherstellung von Kostenbewusstsein zu bilden. Die ausgewiesenen Daten müssen verständlich und in ihrem Entstehungsweg normiert sein. Entscheidungszwecke erfüllt sie nur noch am Rande, die Beeinflussung des Verhaltens dezentraler Entscheidungsträger steht im Vordergrund.

Allerdings handelt es sich hierbei nur um eine Tendenzaussage. Nicht jedes Unternehmen startet von der gleichen Kostenrechnungserfahrung aus, nicht jedes Unternehmen unterliegt in gleichem Maße den zu Anfang dieser Schrift genannten Einflüssen. Auch für die Kostenrechnung gilt: »Business is local«. Jeder muss seinen eigenen Weg der Veränderung gehen. Trotz aller Individualität lassen sich dennoch zwei Aspekte als übergreifend gültig festhalten:

- Der Abschied von Bewährtem und Gewohntem bedeutet auch die Abgabe von Informationsmacht. Spannende neue Aufgaben winken dem Kostenrechner und/oder Controller, aber auch Unsicherheit, ob er es schafft, den neuen Aufgaben zu genügen. Wer davor zurückschreckt, sei an ein berühmtes Zitat erinnert: »Wer zu spät kommt, den bestraft das Leben«. Wer darauf wartet, dass (interne) Märkte wegbrechen, sägt selbst an dem Ast, auf dem er sitzt; er lässt untätig Zeit verstreichen, die er zum Aufbau neuer Märkte dringend benötigt. Erschrecken Sie nicht: Das gilt auch für Kostenrechner und Controller!
- Wenn auch die Lösungen individuell sein müssen, gibt es auf dem Weg dorthin doch einige Gemeinsamkeiten. Das schrittweise Vorgehen, das wir Ihnen empfehlen, bildet den letzten Abschnitt dieses Kapitels.

Schritt 1

Formulieren Sie eine passende Philosophie für Ihre Kostenrechnung!

Wie ausgeführt, kann die Kostenrechnung höchst unterschiedlichen Zwecken dienen. Diese Zwecke sind leicht als relevant zu erachten; wer will nicht Wirtschaftlichkeit kontrollieren oder Programmentscheidungen treffen? Solche Einschätzungen tragen aber zumeist nicht weit. Nimmt man sich genügend Zeit, kann man fast jeden Kostenrechner verunsichern und ihn dazu bringen einzugestehen, dass er über die Zwecke der Kostenrechnung (zu) lange nicht mehr intensiv nachgedacht hat.

Wie man vorzugehen hat, zeigt ein Blick in die strategische Planung. Sie fordert als Basis des Vorgehens eine

- *Philosophie* (ein Beispiel: »Wir sehen in unserer Kostenrechnung in erster Linie eine betriebswirtschaftliche Sprache, die helfen soll, die Führungskräfte auf den unterschiedlichen Ebenen unseres Unternehmens zu koordinieren«), auf der
- *Leistungsstrategien* (z. B.: »Wir führen im Vertriebsbereich eine Prozesskostenrechnung ein«) und
- *Ressourcenstrategien* aufsetzen (etwa: »Um besser mit dem Management ins Gespräch zu kommen, werden wir die Kommunikationsfähigkeiten unserer Kostenrechner stark ausbauen«).

Bekannte strategische Planungsinstrumente können hierbei analog bzw. angepasst genutzt werden. Die Abbildung 146 zeigt exemplarisch ein Kostenrechnungsportfolio, das nach dem Prinzip einer Technologie-Portfolio-Analyse aufgebaut ist.

Strategische Planung der Kostenrechnung

431

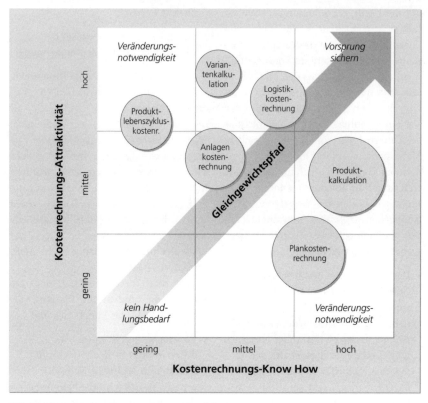

Abb. 146: Beispiel eines Kostenrechnungs-Portfolios

Schritt 2

Bestimmen Sie die alten und neuen (internen und externen) Kunden der Kostenrechnung!

Die Kostenrechnung ist in vielen Unternehmen in der Vergangenheit stark angebotsorientiert betrieben worden. Die Kostenrechnungsspezialisten bestimmten im wesentlichen Inhalt und Form der Rechnung; die Einbindung der Informationsempfänger erfolgte zumeist zögerlich und partiell (»Hätten Sie noch gerne eine Graphik mehr?«). Die Umstellungsprobleme in der DV (Stan-dardsoftware) bestärkten dies noch. Die Konsequenzen wurden auch in unserer Benchmarking-Studie deutlich (Fatalismus der Empfänger der Kostenrechnungsdaten). Wer als Kostenrechner eine solche Einstellung beibehält, schaufelt an seinem eigenen Grab.

Erforderlich ist eine strikte Ausrichtung am internen Kunden. Welcher Controller kennt derzeit schon seine Kunden genau? Kundensegmentierungen und Marktforschung sollte man nicht Vertrieb und Marketing überlassen; beides ist auch unternehmensintern, für die internen Märkte erforderlich! Unserer Erfahrung nach wird dies zu ganz neuen Erkenntnissen führen. Als neue externe Kunden kommen z. B. aktuell Finanzanalysten ins Spiel, die angesichts der zunehmenden Kapitalmarktorientierung Segmentinformationen erhalten wollen; neue interne Kunden sind insbesondere in Marketing und Vertrieb zu suchen (z. B. »Customer value«).

Sie sollten dabei auch darauf achten, wie viel die internen Kunden über Ihre Kostenrechnungsprodukte wissen. Das Marketing zeigt uns, dass die Höhe des Kundenwissens erheblichen Einfluss auf die richtige Vertriebsstrategie der Produkte nimmt – hierauf wird in Kapitel 7 (vgl. S. 267 ff.) näher eingegangen (Weber, 1997, S. 13–15).

Schritt 3

Stimmen Sie mit den Kunden die alten und neuen Kostenrechnungsprodukte ab!

Dieser Schritt zerfällt in einige Unterschritte. Kostenrechnungsprodukte müssen zunächst definiert werden – eine spannende Angelegenheit für den, der einen Monatsbericht, eine Produktkalkulation oder eine bestimmte Zeitreihenanalyse noch nie als ein (Informations-)Produkt gesehen hat. Für die Produkte sind anschließend Qualitätsmerkmale festzulegen. Für einen Kostenstellenbericht zählen hierzu z. B. die Aktualität (X Tage nach Monatsultimo), die Genauigkeit und bestimmte Merkmale der Verständlichkeit. Wie aus TQM-Projekten bekannt, setzt der *Kunde* die Qualitätsstandards, nicht der Produzent. Mit anderen Worten: Wenn

der Kostenrechner mit einer bestimmten Verrechnungsgenauigkeit noch nicht zufrieden ist, kann diese einem Kostenstellenleiter schon viel zu hoch sein! Auch den Preis (bzw. die Kosten) der Kostenrechnungsprodukte gilt es zu messen und mit den Kunden zu vereinbaren.

Dabei kann es durchaus zu Einschnitten in der internen Geschäftsbeziehung Kostenrechnung – Management kommen; aber Wettbewerb hat noch niemandem geschadet! Die Führungskraft als Informationsempfänger hat schließlich auch das Recht, vom Kostenrechner neue Lösungen für alte oder neue Probleme zu verlangen, genauso, wie der Kostenrechner versuchen muss, seine bewährten Produkte (z. B. eine Gemeinkostenanalyse) zu neuen Kunden bringen (z. B. in den Vertriebsbereich). Passiert beides, dann funktioniert der interne Markt!

Schritt 4

Forcieren Sie den Service für Ihre Kostenrechnungsprodukte! Begreifen Sie Ihr Know how als eigenständige Leistung!

Was Qualität ist, bestimmt der Kunde!

Die Kostenrechnung soll Führungskräfte mit relevanten Informationen versorgen. Die gelieferten Zahlen werden erst dann zu Informationen, wenn sie richtig verstanden werden. Nicht jede Führungskraft hat in jedem Fall das spezifische Wissen hierzu. Fehlinterpretationen (»Jedes Produkt, das einen positiven Deckungsbeitrag erzielt, steigert den Gewinn. Also habe ich viel Spielraum im Preiskampf.«) sind ebenso die Folge wie gänzliches Unverständnis mit

Reengineering Kostenrechnung:
ein 6-Stufen-Programm

der Konsequenz, die Zahlen erst gar nicht zu verwenden.

Führungskräfte haben das Recht darauf, dass ihnen die Zahlen hinreichend erklärt werden. Eine derartige Beratungsleistung erhöht den Nutzen und die Akzeptanz der Kostenrechnung erheblich. Sie verlangt von manchem Kostenrechner ungewohnte Fähigkeiten. Bei der Beratung geht es nicht darum, brilliante Systemkenntnis zu zeigen, sondern den individuellen Wissensstand der Führungskraft richtig einschätzen und gut erklären zu können. Was kümmert es einen Manager, dass man die unterschiedlichsten Deckungsbeitragsstufen bilden oder die verschiedensten Verrechnungssatzvarianten anwenden kann, wenn er für eine bestimmte Entscheidung eine Ahnung der relevanten Kostenhöhe und ein Gefühl für deren Beeinflussbarkeit (wesentliche Stellschrauben) bekommen will? Der böse Ausspruch der »Servicewüste Deutschland« trifft auch auf viele Kostenrechnungen zu.

Mangelnder Service führt schnell zu mangelnder Akzeptanz, mangelnde Akzeptanz zu zurückgehender Nachfrage nach Zahlen der Kostenrechnung. Konkurrenten (Shareholder Value, Mengen-, Zeit- und Qualitätsdaten) machen das Geschäft. Das Know-how der Kostenrechner wird gar nicht oder unter Wert verkauft.

Kostenrechnungs-wissen versus Kostenrechnungs-system

Begreifen Sie Ihr Know-how als eigenständige Leistung! Unabhängig davon, wie wenig ausgefeilt und eigenständig die Kostenrechnung in Zukunft realisiert wird: Das Wissen darum, wie man Verbundeffekte erkennt und adäquat berücksichtigt, wann man welche Kosten in welchem Maße zurechnen kann bzw. muss, bleibt wertvoll und bedeutsam. Dieses Wissen ist eine Domäne von Kostenrechnern. Kostenrechner werden auch ohne Kostenrechnung benötigt!

Schritt 5

Lassen Sie sich bei allem nicht zu stark von den Möglichkeiten der DV-Software leiten.

Nicht die DV, sondern Ihre Kunden sollten die Kostenrechnungsprodukte bestimmen! Die Kostenrechnung hatte in der Vergangenheit immer das Problem, dass ihre Detaillierung und Aussagefähigkeit durch die Möglichkeiten der systemtechnischen Umsetzung begrenzt wurden. Das Konzept einer für mehrere Zwecke auswertbaren Grundrechnung ist auf Papier oder mit Lochkarten nicht realisierbar. Die geradezu dramatischen Entwicklungen der DV-Technik haben diese Grenzen nun weitgehend aufgehoben. Mehrdimensionale Deckungsbeitragshierarchien sind auf moderner Standardsoftware DV-technisch kein Problem mehr. Das Schlaraffenland ist nah!?

Wie so häufig, sollte man sich nicht zu früh freuen. Wer seine Kostenrechnung nach den Möglichkeiten der DV gestaltet, macht unserer Erfahrung nach einen unverzeihlichen Fehler. Nicht die Möglichkeiten der Auswertung bestimmen den Wert einer Kostenrechnung, sondern die Qualität der von ihr erfassten Basisdaten. Anders gesagt: Es ist zwar erhellend, neben den Produktkosten parallel auch die Kosten von Kunden oder Vertriebswegen sehen zu können; wenn diese Informationen jedoch durch heroische Aufteilungen entstanden sind, gilt nur der Satz »Garbage in, garbage out«.

Moderne Standardsoftware bietet – glücklicherweise! – eine derartige Vielfalt von Möglichkeiten, dass man sich bei der Auswahl derselben strikt beschränken muss. Diese Auswahl sollten primär die Wünsche der Kostenrechnungskunden bestimmen; (erst) in zweiter Linie muss der Kostenrechner jeweils überprüfen, ob den Wünschen auf Dauer (!) mit ausreichender Qualität entsprochen werden kann (ein Beispiel: Wer Sollkostenfunktionen verwendet, muss sicherstellen, dass sie auch permanent gepflegt werden!).

Ein schlechtes Gewissen zu bekommen, wenn man in Gesprächen mit Kollegen anderer Unternehmen zugeben muss, nur einen geringen Teil des Leistungsspektrums von Software XYZ zu nutzen (»Was, weiter sind Sie noch nicht?«), wäre eine gänzlich falsche Reaktion!

Schritt 6

Messen Sie laufend die Zufriedenheit der Kunden der Kostenrechnung mit den nachgefragten Produkten!

Dann, wenn Sie die Produkte der Kostenrechnung mit den von Ihnen betreuten Führungskräften als Kunden abgestimmt und realisiert haben, sind die wesentlichen Schritte des Reengineering gegangen. Allerdings dürfen Sie einen letzten nicht vergessen: Eine solche interne Marktorientierung ist kein einmaliger Prozess, sondern muss laufend nachjustiert werden. Wir wissen aus der aktuellen Forschung zu Kundenzufriedenheit und Kundenbindung, dass Kundennähe nicht nur durch richtige Produkte erzeugt wird, sondern für sie zusätzlich laufende Anpassungen an Änderungen der Kundenwünsche und permanenter Kontakt zum Kunden wesentlich sind. Die Abbildung 147 macht dies allgemein und an Beispielen deut-

Interne Kundenorientierung

Abb. 147: Sind Kostenrechner kundennah?

lich. Kundennähe als Schnellschuss verstanden, verprellt Ihre Kunden, ehe Sie sie an sich gebunden haben! Kundenzufriedenheit erzeugt man nur in einem permanenten Bemühen. Also sollten Sie auch permanent die Zufriedenheit Ihrer internen Kunden messen!

Fazit

Handeln Sie, bevor Sie gehandelt werden!

Kostenrechnung zu reformieren und neu auszurichten, ist seit langem ein zentrales Anliegen unseres Lehrstuhls (z. B. Weber, 1990, Weber, 1991). Bis vor kurzem verhallten kritische Worte weitgehend ungehört. Dies scheint sich aktuell zu ändern. Globalisierung schleift die Burg der Kostenrechnung. Es ist endgültig Zeit zu handeln.

Wir haben versucht, Ihnen hierfür zum einen die Erfahrungen anderer Unternehmen zu vermitteln, zum anderen einen aus unserer Sicht erfolgversprechenden und zudem sehr konkreten Weg des Vorgehens zu vermitteln. Dieser ist in der Abbildung 148 nochmals zusammengefasst. Reengineering ist für uns kein Ansatz, der sich auf »produktive« Bereiche beschränkt, sondern eine Grundauffassung. Es macht Sinn, ihr auch für die Kostenrechnung zu folgen.

1	Formulieren Sie eine passende Philosophie für Ihre Kostenrechnung!
2	Bestimmen Sie die alten und neuen (internen und externen) Kunden der Kostenrechnung!
3	Stimmen Sie mit den Kunden die alten und neue Kostenrechnungsprodukte ab!
4	Forcieren Sie den Service für Ihre Kostenrechnungsprodukte! Begreifen Sie Ihr Know-how als eigenständige Leistung!
5	Lassen Sie sich bei allem nicht zu stark von den Möglichkeiten der DV-Software leiten. Nicht die DV, sondern Ihre Kunden sollten die Kostenrechnungsprodukte bestimmen!
6	Messen Sie laufend die Zufriedenheit der Kunden der Kostenrechnung mit den nachgefragten Produkten!

Abb. 148: Reengineering Kostenrechnung – 6 Schritte im Überblick

Literatur: Wo können Sie sich weitergehend informieren?

Coenenberg, A. G.: »Einheitlichkeit und Differenzierung von internem und externem Rechnungswesen: Die Anforderungen der internen Steuerung«. In: *Der Betrieb*, 48. Jg., Heft 42/1995. S. 2077–2083.

Franz, K.-P./Kajüter, P.: *Kostenmanagement in Deutschland – Ergebnisse einer empirischen Untersuchung in deutschen Großunternehmen*. Universitätsseminar der Wirtschaft. Erfstadt, 1996.

Kaplan, R. S./Norton D. P.: »The Balanced Scorecard – Measures that Drive Performance«. In: *Harvard Business Review*, Vol. 70, No. 1. S. 71–79.

Kaplan, R. S./Norton D. P.: *The Balanced Scorecard: Translating Strategy Into Action*, Boston, 1996.

Knorren, N./Weber, J.: »Shareholder Value – Eine Controlling-Perspektive –«. In: *Schriftenreihe Advanced Controlling*, Band 2, Vallendar, 1997.

Knorren, N./Weber, J.: »Implementierung Shareholder Value«. In: *Schriftenreihe Advanced Controlling*, Band 3, Vallendar, 1997.

Lange, J.-U./Schauer, B. D.: »Ausgestaltung und Rechnungszwecke mittelständischer Kostenrechnung«. In: *kostenrechnungspraxis*, 40. Jg., Heft 4/1996. S. 202–208.

Luther, L.-U./Toepfer, T.: »Benchmarking von Planungssystemen: Effizienzsteigerung im Controllingbereich«. In: *Signale aus der WHU Koblenz – Otto-Beisheim-Hochschule*, 11. Jg., Heft 2/1996. S. 37–43.

Pfaff, D.: »Zur Notwendigkeit einer eigenständigen Kostenrechnung – Anmerkungen zur Neuorientierung des internen Rechnungswesens im Hause Siemens«. In: *Zeitschrift für betriebswirtschaftliche Forschung*, 46. Jg. (1994). S. 1065–1084.

Weber, J.: »Controlling der Kostenrechnung – Zur Notwendigkeit des Einsatzes von Controlling zur strategischen und operativen Ausgestaltung der Kostenrechnung«. In: *kostenrechnungspraxis*, 34. Jg., Heft 4/1990. S. 203–208.

Weber, J.: »Kostenrechnung als Controlling-Objekt: Zur Neuausrichtung und Weiterentwicklung der Kostenrechnung«. In: Kistner, K.-P / Schmidt, R. (Hrsg.): *Unternehmensdynamik*. Wiesbaden, 1991. S. 443–479.

Weber, J.: »Stand der Kostenrechnung in deutschen Großunternehmen – Ergebnisse einer empirischen Erhebung«. In: Weber, J. (Hrsg.): *Zur Neuausrichtung der Kostenrechnung. Entwicklungsperspektiven für die 90er Jahre*. Stuttgart, 1993. S. 257–278.

Weber, J.: *Kostenrechnung am Scheideweg?* WHU-Forschungspapier Nr. 42/November 1996.

Weber, J.: »Selektives Rechnungswesen – Schlankes Controlling durch selektive Führungsinformation«. In: *kostenrechnungspraxis*, 40. Jg., Heft 4/1996. S. 197–201.

Weber, J.: »Prozeßorientiertes Controlling«. In: *Schriftenreihe Advanced Controlling*, Band 1, Vallendar, 1997

Weber, J./Hamprecht, M./Goeldel, H.: »Benchmarking des Controlling: Ein Ansatz zur Effizienzsteigerung betrieblicher Controllingbereiche«. In: *kostenrechnungspraxis*, 39. Jg., Heft 1/1995. S. 15–19.

12 Internationale Verrechnungspreise im Konzern

Jürgen Weber, Mario Stoffels, Ingo Kleindienst

Altes Problem – Neuer Fokus: Multiple Verrechnungspreise als ›Gordischer Knoten‹ dezentraler Organisationsformen

Der Begriff des Verrechnungspreises ist ein vielschichtiger, häufig verwendeter und aktuell diskutierter Begriff. Dies gilt für die wirtschaftswissenschaftliche Theorie und die betriebliche Praxis gleichermaßen. Auch Finanzgesetzgebung und Finanzverwaltung nehmen zur Absicherung des nationalen Besteuerungspotentials Einfluss auf die Fragestellung. Dies zeigt die gesetzliche Novellierung steuerlicher Rahmenvorschriften für Verrechnungspreise und ihrer Dokumentationspflichten in der deutschen Abgabenordnung – beispielsweise in § 90 III AO.

Zur Erklärung der Bedeutung des vielschichtigen Phänomens »Verrechnungspreise« ist es sinnvoll, auf dessen historische Wurzeln zurückzugehen und einen Altmeister der Betriebswirtschaftslehre zur definitorischen Begriffsbestimmung zu Wort kommen zu lassen. So findet sich bereits bei Schmalenbach folgender Definitionsansatz für den Verrechnungspreis: »Die einzelnen Teile des Betriebs müssen in einen rechnerischen Verkehr treten und diese

Rechnung muss sich der Bewertung der gegenseitigen Leistungen bedienen. Und so entsteht ein eigenartiger Preis: der Verrechnungspreis« (Schmalenbach 1909). Heutige Definitionen unterscheiden sich kaum von der ursprünglichen Definitionsrichtung, die Schmalenbach bereits vorgab. So erklären beispielsweise Ewert/Wagenhofer Verrechnungspreise als »Wertansätze für innerbetrieblich erstellte Leistungen (Produkte, Zwischenprodukte, Dienstleistungen), die von anderen rechnerisch abgegrenzten Unternehmensbereichen bezogen werden« (Ewert/Wagenhofer 2003, S. 585).

Der Begriff des Verrechnungspreises ist also durch die Elemente »Bewertungsansatz« und »unternehmensinterner Leistungsverkehr« gekennzeichnet. Verrechnungspreise nehmen eine Ergebnisverteilung des marktbestimmten Gesamtergebnisses eines Unternehmens auf einzelne Unternehmensbereiche vor. Basis hierfür sind deren Leistungsbeziehungen untereinander. Unabhängig von dem zu Grunde liegenden Mengengerüst enthält diese Ergebnisverteilung und Erfolgsermittlung einzelner Bereiche zumeist Elemente des Ermessens, da für die Preiskomponente des internen Leistungsverkehrs im Regelfall eine Marktbestätigung fehlt. In

Was versteht man unter »Verrechnungspreisen«?

Schon Schmalenbach hat sich mit Verrechnungspreisen auseinander gesetzt

Organisationen mit dezentraler Entscheidungskompetenz und Ergebnisverantwortung bedeutet somit die Bestimmung von Verrechnungspreisen auch immer eine Bestimmung über die Höhe der einzelnen Bereichsgewinne. Steuerungs- und Motivationswirkungen der Ergebnisse der Bereiche werden vor diesem Hintergrund ebenfalls Konsequenz von Verrechnungspreisen sein. Es gibt vermutlich in dezentral aufgestellten Unternehmen wenige Probleme im Controlling, die mehr Managementaufmerksamkeit und -zeit in Anspruch nehmen, als Verrechnungspreise festzulegen, die akzeptiert und den Zielen des Unternehmens gerecht werden. Verrechnungspreise betreffen die Ergebnishöhe ebenso wie deren Beeinflussung – dies macht ihre zentrale Bedeutung aus.

Bei internationalen Konzernen tritt noch eine zusätzliche Problemdimension insbesondere im Bereich der Erfolgsermittlung hinzu. Einzelne Konzernunternehmensbereiche firmieren hier im Regelfall als rechtlich selbständige, aber wirtschaftlich eingebundene Tochtergesellschaften, die an verschiedenen internationalen Standorten liegen können. Durch international unterschiedliche Steuersysteme wird die Verrechnungspreisproblematik ebenso zu einer Frage der Konzernbesteuerung, da Verrechnungspreise vor diesem Hintergrund den Ausgangspunkt der Höhe der jeweiligen nationalen steuerlichen Bemessungsgrundlage bilden. Der Gestaltung des Verrechnungspreissystems ist daher aus Gründen der Vermeidung fiskalischer Akzeptanzrisiken und der Verhinderung erhöhter Steuer(nach-)zahlungen ebenfalls eine besondere Bedeutung beizumessen.

Steuerliche Folgen machen das Verrechnungspreisproblem noch komplizierter

Auch die Kostenrechnung bewertet intern erstellte Leistungen

Verrechnungspreise und die damit verbundene Erfolgsallokation innerhalb eines Unternehmens oder Konzerns erweisen sich somit als »Gordischer Knoten« dezentraler Organisationsstrukturen mit komplexen Steuerungs-, Motivations- und Ergebniswirkungen. Diesen gilt es zu lösen, um allen unterschiedlichen Funktionen und Zielsetzungen ausreichende Beachtung zu schenken und zumindest teilweise gerecht zu werden. Bevor wir jedoch in die Tiefen der praktischen Verrechnungspreispolitik einsteigen wollen, erscheint ein kurzer theoretischer Streifzug durch das Thema »Verrechnungspreise« opportun, der die konzeptionellen Grundlagen mit Hilfe der historischen Entwicklung zu erklären sucht und einen Ausblick auf die zukünftige Entwicklung beinhaltet.

Per aspera ad astra: Historie, Gegenwart und Zukunft von Verrechnungspreisen

Historie

Gemäß Definition existieren Verrechnungspreise immer dort, wo ein Bedürfnis nach monetärer Bewertung innerbetrieblicher Güter- oder Dienstleistungsströme entsteht. Dies ist ein Kerngebiet der Kostenrechnung. Erste Anwendungsfälle von Verrechnungspreisen finden sich dort in der Kostenstellenrechnung, insbesondere der Sekundärkostenrechnung.

Die Sekundärkostenrechnung eines Kostenrechnungssystems verrechnet die primären Gemeinkosten der Kostenstellen. Dies erfolgt mit der Zielsetzung der finalen Zurechnung nicht direkt. Vielmehr werden die Gemeinkosten den Kostenträgern – d. h. den marktabsetzbaren Leistungen des Unternehmens – über Schlüsselgrößen zugeordnet. Diese Kostenüberwälzung bzw. -entlastung kann auch als Entgelt für die Erbringung von Güter- und Dienstleistungen der Hilfskostenstellen für die Hauptkostenstellen gesehen werden. Durch Mengengrößen auf eine einzelne Leistungseinheit heruntergebrochen, ist dieses kostenbasierte interne Entgelt nichts anderes als ein Verrechnungspreis für die erbrachten Leistungen. In Abhängigkeit von der Struktur des Kostenrechnungssystems kann es sich hierbei sowohl um einen vollkosten-, als auch um einen teil-/grenzkostenbasierten Verrechnungspreisansatz handeln. Die Sekundärkostenrechnung erweist sich somit im Ergebnis als einfaches, kostenbasiertes (Ur-)Verrechnungspreissystem für die betriebsinterne, kostenstellenübergreifende Abrechnung.

Gegenwart

Neuere organisatorische Entwicklungen haben zur Bedeutungsaufwertung der Verrechnungspreise beigetragen. Im Rahmen der zunehmenden Dezentralisierung von Organisationsstrukturen und Ergebnisverantwortlichkeit einzelner Bereiche – etwa im Profit-Center-Konzept – wird versucht, Marktmechanismen durch die Bildung interner Märkte in die Unternehmen zu verlagern. So sollen die Steuerungskräfte und Allokationsmechanismen des Marktes auch intern genutzt werden. Ausgehend von den in der Kostenrechnung abgebildeten Kostenverantwortlichkeiten kamen für die einzelnen Unternehmensbereiche einzelne Leistungsverantwortlichkeiten hinzu, aus rein kostenverantwortlichen Cost-Centern wurden ergebnisverantwortliche Profit-Center.

Durch die dezentrale Profit-Center-Ergebnisverantwortlichkeit entsteht für die Koordination des Gesamtunternehmens ein Bedürfnis nach Steuerung der einzelnen Center im Hinblick auf die Gesamtzielsetzung der Unternehmen. Diese Steuerung beinhaltet sowohl die Planung als auch die Kontrolle der ergebnisverantwortlichen Einheiten durch eine eigene Ergebnis- oder Performance-Rechnung. Die Messung des Profit-Center-Ergebnisses in einer eigenständigen Profit-Center-Ergebnisrechnung erfordert jedoch – soweit für diese Center keine Beschaffungs- und Absatzmarktzugänge existieren – die Festlegung von Absatz- und Beschaffungsmarktpreis »surrogaten« in Form von Verrechnungspreisen. Nur so kann der Ausweis eines Ergebnisses für die einzelnen Profit-Center gelingen und nur so können auch damit verbundene Steuerungswirkungen generiert werden. Das Entstehen der Profit-Center und der damit verbundenen Profit-Center-Ergebnisrechnungen von Organisationseinheiten ist somit als eigentlicher »Durchbruch« der Verrechnungspreise zu bewerten und ist heute noch in vielen Unternehmen das Hauptanwendungsfeld betriebswirtschaftlich geprägter Verrechnungspreispolitik.

Die Bildung von Konzernen führte zu einer weiteren Bedeutungszunahme der Verrechnungspreise. Aus den frei nach betriebswirtschaftlichen Zwecksetzungen gestaltbaren internen Verrechnungssystemen der Profit-Center-Rechnung entstanden Verrechnungsstruktu-

In Profit-Center-Konzepten sind Verrechnungspreise unverzichtbar

441

Rechnungslegungsvorschriften reduzieren den individuellen Handlungsspielraum der Unternehmen bei der Festlegung der Verrechnungspreise

ren, die Rechnungslegungsvorschriften zu beachten hatten, entweder in einem Legalkorsett im Sinne des deutschen Handelsgesetzbuches oder in einem privatrechtlichen Rahmen im Sinne der IFRS oder US-GAAP. Die Verrechnungspreisbildung für Leistungsbeziehungen zwischen den einzelnen Gesellschaften orientierte sich somit nicht mehr ausschließlich an betriebswirtschaftlicher Opportunität, sondern an einem extern vorgegebenen Regelgerüst, das auf externe Informationsadressaten ausgerichtet ist. Diese Regelgerüste bestimmen die Rahmenbedingungen und Prinzipien der Verrechnungspreisgestaltung. Die Operationalisierung der konkreten Höhe der Verrechnungspreise im Rahmen dieses »Korsetts« bleibt allerdings dem Unternehmen überlassen.

Die Globalisierung der nationalen Konzerne hin zu multinationalen Global Playern ist ein weiterer Schritt in Richtung des »Erwachsenwerdens« von Verrechnungspreisen, führt aber gleichzeitig zu weiteren Einschränkungen der betriebswirtschaftlichen Gestaltungsfreiheit: Die Internationalisierung des konzerninternen Leistungsverkehrs und die Beteiligung unterschiedlicher nationaler Fisci am Gesamtkonzernergebnis führt zusätzlich zu einer internationalen Verteilungsfrage von Steueraufkommen. Durch internationale Verrechnungspreispolitik grenzüberschreitender Waren- und Dienstleistungstransaktionen entsteht neben der sachlichfunktionalen Ergebnisallokation auch eine geographische und damit fiskalische Gewinnverteilung. Dass hierbei eine allzu willkürliche Anwendung auf Widerstände der beteiligten Fisci stößt, ist nur zu ver-

Steuerliche Bestimmungen wirken noch restriktiver

ständlich. In diesem Zusammenhang sind parallel zu den Vorgaben der Rechnungslegung weitere steuerliche Regelungen der nationalen Fisci hinzugetreten, die die Verrechnungspreisgestaltungsfreiheit multinationaler Konzerne weiter einschränken. Hierdurch entstehen erhebliche Doppelbesteuerungsrisiken durch potentielle Mehrfachbesteuerung von Gewinnen einzelner Konzerngesellschaften, die von der konkreten Verrechnungspreispolitik des Gesamtkonzerns betroffen sind.

In der konzernüblichen Praxis kommt ein weiteres Problem hinzu: Oftmals ergibt sich durch ein Aufeinandertreffen von Verrechnungsbeziehungen unselbstständiger Managementeinheiten mit rechtlich selbstständigen Legaleinheiten eine Gemengelage rechtlich normierter und betriebswirtschaftlich gestalteter Verrechnungspreise, die häufig in separaten Ergebnisrechnungen (Legal- und Management-Accounting) geplant und berichtet werden. Die Koexistenz und die Steuerung dieser Ergebnis- und damit auch »Verrechnungspreisparalleluniversen« erweist sich als weitere Aufgabe einer optimalen Verrechnungspreispolitik. In ihr muss es zwangsläufig darum gehen, Zielkonflikte zu vermeiden und negative Ergebniswirkungen so weit wie möglich zu neutralisieren und in Richtung Gesamtkonzernzielsetzungen zu lenken. Diese aktuellen Herausforderungen insgesamt erscheinen so als »Hohe Kunst« der Gestaltung ausgewogener Verrechnungspreise und Verrechnungspreissysteme.

Internationale Verrechnungspreispolitik steht also im Spannungsfeld betriebswirtschaftlicher Rationalität und Steuerungsfähigkeit, aktiver Steuerplanung und Akzeptanz (»steuerliche Compliance«). Dieses Spannungsfeld auszutarieren und durch ein oder mehrere Verrechnungspreissysteme zu einem stabilen Gleichgewicht der differierenden Zielsetzungen zu kommen, ist die Herausforderung konzernspezifischer Verrechnungspreispolitik.

Zukunft

Durch die fortschreitende internationale Verflechtung und die damit verbundene Ausweitung des konzerninternen Transaktionsvolumens wird die Bedeutung der Verrechnungspreisthematik weiter zunehmen. Zukünftige Verrechnungspreissysteme werden sich daher zusätzlichen Herausforderung stellen müssen. Ohne einen »Blick in die Glaskugel« zu wagen, zeichnen sich bereits folgende betriebswirtschaftliche Entwicklungslinien am Horizont ab:

- Häufiger werdende Konzernumstrukturierungen zum Zwecke einer Gesamtkonzernstrategieumsetzung führen zu einer weiteren Zunahme von Merger- & Acquisitons-Transaktionen. Hierdurch entsteht eine Notwendigkeit zur Integration differierender Verrechnungspreissysteme verschiedener ehemaliger selbstständiger Unternehmen und Unternehmensgruppen. Eine Flexibilisierung der Verrechnungspreissysteme wird zur Sicherung einer nachhaltigen Handhabbarkeit und Anwendung der konzerninternen Abrechnung unabdingbare Voraussetzung. Sie müssen in der Lage sein, konzerninterne Veränderungen effizient abzufedern.

- Standortübergreifende Outsourcing- und Offshoring-Strategien von Rand- und Kernaktivitäten internationaler Konzerne werden vermutlich weiter zunehmen. Dies wird zu einer Ausweitung des konzernweiten internationalen Leistungsverkehrs führen. Das Volumen an grenzüberschreitenden Transaktionen, die mit Verrechnungspreisen zu bewerten sind, wird sich vor diesem Hintergrund vermutlich erheblich erhöhen.

- Die »Entmaterialisierung« der Erfolgsfaktoren der Unternehmen bei gleichzeitiger Internationalisierung durch vermehrte internationale Forschungs- und Entwicklungstätigkeit oder durch den Aufbau globaler Marken wird ebenso zu einer Bedeutungsaufwertung der Verrechnungspreise führen. Die interne Abrechnung dieses »immateriellen Vermögens« erweist sich auch als inhaltliche Herausforderung von Verrechnungspreissystemen.

- Durch die Weiterentwicklung global agierender Konzerne weg vom klassischen Stammhauskonzern hin zu spezifischen Holding-Strukturen erfahren die verrechnungspreisbezogenen Steuerthemen Steuerplanung, Steuergestaltung und Compliance zur Minimierung steuerlicher Risiken zunehmende Relevanz. Die Orientierung am *»dealing at arm's length principle«* (= Fremdvergleichsgrundsatz) der einzelnen nationalen Steuerrechtsnormen erzwingt die betriebswirtschaftliche Konsistenz eines Verrechnungspreissystems. Sie wird hierbei zum Schlüsselfaktor

Internationale Verrechnungspreispolitik steht im Spannungsfeld betriebswirtschaftlicher Rationalität und Steuerungsfähigkeit, aktiver Steuerplanung und Akzeptanz

Die Liste von Gründen für eine wachsende Bedeutung von Verrechnungspreisen ist lang

443

der steuerlichen Anerkennung bei den nationalen Fisci. Nur die Durchgängigkeit des Verrechnungspreissystems vermeidet dauerhaft Doppelbesteuerungen und Nachzahlungen.

- Lose Verbünde, Kooperationen und Unternehmensnetzwerke zur Realisierung von größeren Projekten und deren Notwendigkeit zur Projektsteuerung ergeben für die Verrechnungspreise weitere betriebswirtschaftliche Anwendungsfelder. Die Bedeutung der Steuerung solcher Netzwerke durch netzwerkinterne Verrechnungspreise wird dementsprechend wachsen.

Auch die Komplexität des Verrechnungspreisproblems nimmt weiter zu

Dieses so skizzierte Szenario sollte also Grund genug sein, der zukunftsfähigen und nachhaltigen Gestaltung der Verrechnungspreispolitik und des oder der konzern- bzw. unternehmensweiten Verrechnungspreissysteme hinreichende Bedeutung beizumessen – ein hinreichender Grund also, sich in den Folgekapiteln intensiv mit den theoretischen Grundprinzipien und der zukunftsfähigen praktischen Umsetzung der Verrechnungspreisproblematik näher zu befassen.

Verrechnungspreise haben eine Reihe interner und externer Funktionen zu erfüllen

Theoretische Grundlagen von Verrechnungspreisen

Nach der ersten Skizze der Herausforderungen durch Profit-Center-Accounting und internationale Konzernsteuerung ist es an der Zeit, das theoretische Konzept der Verrechnungspreise ein wenig dezidierter zu durchleuchten, um die angesprochenen Probleme auch theoretisch zu fundieren. Der Fokus wird zunächst auf die generellen Funktionen und Ziele von Verrechnungspreisen gerichtet. Gleichzeitig werden aber auch die Zielkonflikte, die aus den multiplen Zielsetzungen von Verrechnungspreisen entstehen, näher hinterfragt. Die Darstellung betriebswirtschaftlicher und steuerlich angewandter Ermittlungsmethoden beendet den Kanon des theoretischen Überblicks.

Funktionen und Ziele von Verrechnungspreisen

Als Wertansatz für die konzern- oder unternehmensintern erstellten Leistungen können Verrechnungspreise eine Reihe von internen und externen Funktionen erfüllen (Küpper 2001; Ewert/Wagenhofer 2003). Dies verdeutlicht die Abbildung 149. Zu den konzern- oder unternehmensinternen Funktionen zählen:

- Koordination dezentraler Bereiche und Gesellschaften,
- interne Erfolgsermittlung dezentraler Bereiche und Gesellschaften sowie
- Anreizgestaltung für Manager von Geschäftseinheiten.

Die externen Funktionen sind:

- externe Erfolgsermittlung,
- Besteuerung und
- Preisrechtfertigung.

Wie nachfolgend noch gezeigt wird, kann es zwischen internen und externen Funktionen – die beide gleichzeitig erfüllt werden müssen – zu Zielkonflikten kommen.

Koordinations-, interne Erfolgsermittlungsfunktion und Anreizgestaltung

Begrenzte (Entscheidungs-)Kapazität von Managern führt ab einer bestimmten Organisationsgröße wirtschaftlicher Einheiten zu einer Arbeitsteilung im Unternehmen. Diese Arbeitsteilung erfordert ein Koordinationsinstrument, das dazu dient, effiziente dezentrale Entscheidungen zu ermöglichen. Im Vertrauen auf die Koordinations- und Steuerungsfunktion des Marktes wird mit dem Koordinationsinstrument »Verrechnungspreise« versucht, einen fiktiven Marktmechanismus innerhalb des Unternehmens zu implementieren und somit diese dezentralen Entscheidungen über ein Preissystem zu koordinieren. Das Management wird als *Unternehmer im Unternehmen* auch intern dem Marktgeschehen ausgesetzt. Ziel ist es dabei, eine optimale Entscheidungsfindung für seinen Verantwortungsbereich zu ermöglichen.

In großen Organisationen lassen sich keine vollständig voneinander unabhängigen Teilaufgaben und -bereiche bilden. Zwischen den Teilaufgaben liegen unterschiedlichste Verflechtungen und Interdependenzen vor. Deshalb besteht ein Bedürfnis zu einer *(Gesamt)Koordination* der dezentralen Entscheidungen im Bezug auf die Unternehmensgesamtzielsetzung. Auch hierfür können Verrechnungspreise verwendet werden. Verrechnungspreise dienen in diesem Fall nicht nur als dezentrales, sondern auch als übergreifendes Koordinationssystem. Es zielt im Gegensatz zu isolierten Koordinationsinstrumenten darauf ab, Handlungen der gesamten Unternehmung aufeinander abzustimmen (Küpper 2001).

Verrechnungspreise sind wesentlich für die Koordination des gesamten Unternehmens

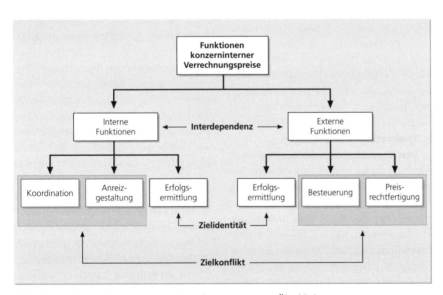

Abb. 149: Funktionen konzerninterner Verrechnungspreise im Überblick

Theoretische Grundlagen von Verrechnungspreisen

Das unternehmens- oder konzerninterne Preissystem dezentraler und über-
greifender Funktionalität ermöglicht
neben der Entscheidungsfindung auch
die Erfolgsermittlung einzelner Bereiche, da durch die Verrechnungspreise
Leistungen und Kosten für jede Einheit
(Profit-Center oder Gesellschaft) separat
bewertet werden können. Hierdurch
gelingt eine Erfolgsermittlung des Bereichs, die für weitere Steuerungszwecke verwendet werden kann. Als
ein wichtiger Steuerungszweck ist die
zentrale Entscheidungsunterstützung
zu nennen, da auch Entscheidungen der
Konzern- oder Unternehmenszentrale
durch Verrechnungspreise beeinflusst
werden. So richten sich strategische
Handlungsalternativen unter anderem
nach dem Beitrag, den ein Bereich – ver-
rechnungspreisbestimmt – zum Gesamt-
ergebnis beigetragen hat.

Eine weitere interne Funktion von Verrechnungspreisen ist die *Anreizgestaltung*.
Bereichsgewinne werden häufig als
Grundlage zur Bewertung eines Bereiches herangezogen. Bereichsmanager
sind bestrebt, den eigenen Bereichsge-
winn zu maximieren. Dies gilt insbesondere dann, wenn das konzern- oder unter-
nehmenseigene Anreizsystem eine be-
reichserfolgsabhängige Karriereentwick-
lung oder Entlohnung vorsieht.

Verrechnungspreise führen aus interner Sicht damit sowohl auf zentraler als
auch auf dezentraler Ebene – wenn
möglich anreizkompatibel – zu Kosten-
transparenz, zu einer Sensibilisierung
des Kostenbewusstseins bei den betroffenen Bereichen und zu einer Legitima-
tion der eigenen unternehmensinternen
Existenzgrundlage. Sie entfalten damit
eine verhaltenssteuernde Wirkung.

Externe Erfolgsermittlung, Besteuerung und Preisrechtfertigung

Externe Funktionen entstehen immer dann, wenn durch Verrechnungspreise die Interessen anderer, d. h. Unternehmensexterner, tangiert werden.
Dies kann beispielsweise durch die Interessen von Kapitalgeber, Fiskus oder
Öffentlichkeit gegeben sein.

Die *externe Erfolgsermittlungsfunktion*
von Verrechnungspreisen dient der Er-
gebnisbestimmung rechtlich selbstständiger Tochtergesellschaften in Konzernen und dient der Erfüllung externer
Publizitätspflichten nach HGB, IFRS
oder US-GAAP. Neben der Erfolgsermittlung von rechtlich selbstständigen
Tochtergesellschaften können Verrechnungspreise zur Bilanzierung und Bewertung von fertigen und halbfertigen
Erzeugnissen herangezogen werden.
Der Wertansatz dieser Erzeugnisse im
Einzelabschluss von Konzerngesellschaften bemisst sich nach der Höhe der
von den konzerninternen Vorlieferanten
in Rechnung gestellten Verrechnungspreise.

Bei internationalen Konzernen mit einem hohen Anteil grenzüberschreitender
interner Liefer- und Leistungsbeziehungen haben Verrechnungspreise zusätzlich im Rahmen der *(Konzern-)Besteue-
rung* eine besondere Bedeutung. Dies resultiert daraus, dass Verrechnungspreise
mit der Bestimmung der Erfolgshöhe
auch die Höhe des Besteuerungssubtrats
für die nationalen Fisci determinieren –
sowohl bei rechtlich selbstständigen
Tochtergesellschaften wie auch bei rechtlich unselbständigen Betriebsstätten.

Zur Vermeidung extremer steuerlicher Gestaltungen durch internationale

Verrechnungspreispolitik und zur Schaffung einer allgemeinen (Steuer-)Rechtssicherheit haben die nationalen Fisci, aber auch supranationale Institutionen (wie beispielsweise die OECD), teils Gestaltungsempfehlungen, teils steuerliche Vorschriften erlassen, die die Höhe und die Bildung von Verrechnungspreisen bestimmen. Hierdurch wird meist auch ein Mindeststeuersubstrat für das jeweilige Land festgesetzt. Diese steuerlichen Regeln zu beachten und nachteilige Konsequenzen für die international tätigen Unternehmen zu vermeiden, ist daher ein weiteres Ziel von Verrechnungspreissystemen. Dies ist insbesondere auf Grund der hohen materiellen Bedeutung für die betroffenen Steuerpflichtigen von Interesse. Er resultiert aus der Gefahr auf Grund »falsch« gebildeter Verrechnungspreise einer Doppelbesteuerung zu unterliegen.

Das Drohpotential dieses Risikos ist dabei auch und gerade für deutsche Unternehmen alles andere als von der Hand zu weisen, wie eine Studie von Ernst & Young aus dem Jahr 2001 belegt. Während im internationalen Durchschnitt bei rund 60 % aller Unternehmen eine Überprüfung der Verrechnungspreise stattfindet, liegt die Quote in Deutschland bei über 80 %. Rund 40 % der in Deutschland überprüften Unternehmen konnten ihre Verrechnungspreise hierbei nicht verteidigen, d. h. mussten diese nachträglich anpassen und steuerliche Nachzahlungen erheblichen Ausmaßes in Kauf nehmen.

Durch die gesetzliche Neuregelung des § 90 Abs. 3 AO im Jahre 2003 werden die Unternehmen in Deutschland weiterhin zu einer schriftlichen Auskunftspflicht bei einer möglichen Betriebsprüfung verpflichtet. Über die reine Dokumentationspflicht hinaus müssen Unternehmen auch Auskunft über die Angemessenheit der Verrechnungspreisgestaltung erteilen. Eine verspätete Auskunft bzw. eine Nichtauskunft kann Nachteile in Form von Strafzahlungen nach sich ziehen.

Bei Fragestellungen des grenzüberschreitendem Warenverkehrs spielen Verrechnungspreise ebenfalls eine Rolle. Sie nehmen hier Einfluss auf die Höhe der Zollbemessungsgrundlage und damit auf die unmittelbare Zollbelastungshöhe für den Konzern. Schließlich können sie auch zu einer öffentlich-rechtlichen Preisrechtfertigung verwendet werden. Im Rahmen von Regulierungsverfahren für besondere Märkte – beispielsweise Post-, Telekommunikations- und Energiemärkte – dienen Verrechnungspreise und hierdurch ermittelte extern orientierte Ergebnisse häufig zur Rechtfertigung gegenüber Regulierungsbehörden für den am (regulierten) Markt geforderten Preis einer Leistung.

Zusammenfassend ist festzuhalten, dass Verrechnungspreise zur Verfolgung unterschiedlicher Zielsetzungen verwendet werden können. Diese einzelnen Ziele sind nicht immer konfliktfrei zu erreichen, insbesondere dann nicht, wenn aus Kosten-Nutzen-Überlegungen ein Verrechnungspreis für multiple Zielsetzungen verwendet wird.

Zielkonflikte multipel verwendeter Verrechnungspreise

Zur Verdeutlichung der Zielkonflikte multipel verwendeter Verrechnungspreise wird im Folgenden eine einfache

Fast die Hälfte der Verrechnungspreise hielt einer steuerlichen Überprüfung nicht stand

Darstellung des Problems anhand eines Beispiels

Problemsituation betrachtet (eine ausführliche Darstellung findet sich bei Laux/Liermann 1997). Das in nachstehender Abbildung betrachtete Unternehmen besteht aus zwei Bereichen, den Unternehmensbereichen A und B, die in einem zweistufigen Produktionsprozess ein Endprodukt herstellen.

Unternehmensbereich A mit Sitz in einem Land mit einem Steuersatz von 40 % stellt ein Zwischenprodukt her und liefert dieses gegen Entlohnung in Höhe des Verrechnungspreises V an Bereich B. Unternehmensbereich B mit Sitz in einem Land mit einem Steuersatz von 30 % veredelt das Zwischenprodukt und verkauft das Endprodukt an unternehmensexterne Kunden.

In Abhängigkeit des Verrechnungspreises V besteht für den liefernden Unternehmensbereich A ein unterschiedlicher Anreiz zur Produktion des Zwischenproduktes (vgl. die Abbildung 151). Für A besteht kein Anreiz zur Produktion für den Fall, dass der Verrechnungspreis unter seinen Grenzkosten liegt, da mit jeder produzierten Einheit des Zwischenproduktes einen Verlust in Höhe der Differenz aus Grenzkosten und Verrechnungspreis erwirtschaftet würde. A wird keine Einheit produzieren, auch wenn der Verkauf des Endproduktes durch B am externen Markt zu einem positiven Ergebnis auf Gesamtunternehmensebene führt. In diesem Fall müsste die Zentrale steuernd eingreifen und A zur Produktion und Lieferung verpflichten.

Ein Anreiz zur Produktion des Zwischenproduktes besteht für A erst dann, wenn der Verrechnungspreis gleich oder höher ist als die anfallenden Grenzkosten. Mit jeder produzierten und an B gelieferten Einheit des Zwischenproduktes erwirtschaftet A dann einen zusätzlichen Deckungsbeitrag in Höhe der Differenz aus Verrechnungspreis und Grenzkosten.

Die Wahl des Verrechnungspreises hat u. a. auf Grund der erfolgsabhängigen Entlohnung der Manager erhebliche Auswirkungen auf das Verhalten der einzelnen Teilbereiche. Auch wenn aus Sicht des Gesamtunternehmens die Wahl des Verrechnungspreises als nicht relevant erscheint, wird das Verhalten

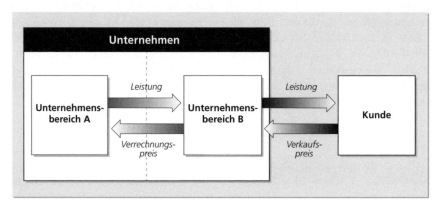

Abb. 150: Beispiel zur Veranschaulichung der Problemsituation

Internationale Verrechnungspreise
im Konzern

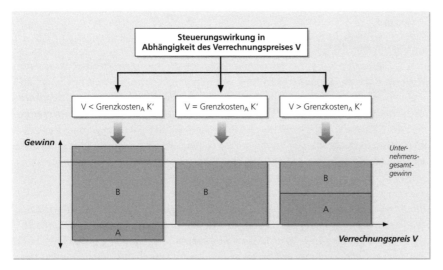

Abb. 151: Einfluss des Verrechnungspreises auf die Produktionsentscheidung

von A durch die Höhe des Verrechnungspreises bestimmt.

Bereits die Festlegung des Verrechnungspreises in Hinblick auf die Steuerung ist auf Grund unvollständiger Informationen beziehungsweise opportunistischem Verhalten nicht trivial. Wird die Besteuerung in das Beispiel integriert, so wird ein der Verrechnungspreisbildung immanenter Zielkonflikt offensichtlich: Steuerung versus Besteuerung.

Wie gezeigt, ist der Gewinn *vor* Steuern, der auf Gesamtunternehmensebene anfällt, zunächst unabhängig vom verwendeten Verrechnungspreis. Auf

Zielkonflikt »Steuerung versus Besteuerung«

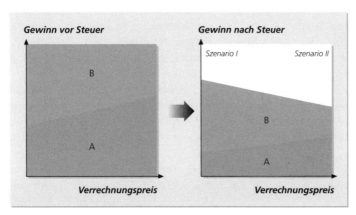

Abb. 152: Gewinnhöhe- und -aufteilung in Abhängigkeit vom gewählten Verrechnungspreis

Theoretische Grundlagen
von Verrechnungspreisen

Grund der unterschiedlichen Steuersätze zeigt sich, dass der Nachsteuergewinn aber vom verwendeten Verrechnungspreis abhängt (vgl. auch Abbildung 152). In Szenario I wird ein sehr niedriger Verrechnungspreis verwendet. Dies führt dazu, dass A einen geringen Gewinn erzielt und B einen hohen. In Szenario II werden diese Sachverhalte gerade umgedreht. Der Verrechnungspreis ist hoch, wodurch der Empfänger B einen niedrigen und der Lieferant A einen hohen Gewinn erzielt. Da B im Beispiel niedriger besteuert wird als A, ist in Szenario II die Gesamtsteuerbelastung höher als in Szenario I. Mit anderen Worten, der Gewinn nach Steuer auf Gesamtunternehmensebene ist in Szenario I höher.

Aus Gesamtunternehmenssicht ist es folglich vorteilhaft, einen möglichst ge-

ringen Verrechnungspreis anzusetzen, um das Steuergefälle zur Gewinnmaximierung zu nutzen. Gleichzeitig setzt ein Verrechnungspreis, der unter den Grenzkosten von A liegt, aber – wie oben beschrieben – keinen Anreiz zur Produktion des Zwischenproduktes. Der aus steuerlicher Sicht optimale Verrechnungspreis steht dem betriebswirtschaftlichen Optimum somit entgegen und führt zu Konflikten.

Die Bestimmung optimaler Verrechnungspreise für einen Konzern erweist sich folglich als ein komplexes Problem. Betriebswirtschaftlich sinnvolle Verrechnungspreise decken sich nicht zwangsläufig mit steuerlichen Anforderungen und umgekehrt. Aus diesem Grund werden in den Folgekapiteln die betriebswirtschaftlichen und steuerlichen Verrechnungspreisermittlungsmethoden vorgestellt. Im Anschluss daran wird versucht, eine Synthese zwischen betriebswirtschaftlichen und steuerlichen Ermittlungsmethoden für die praktische Bestimmung von Verrechnungspreisen abzuleiten.

Methoden der Ermittlung von Verrechnungspreisen

Betriebswirtschaftliche Ermittlungsmethoden

Betriebswirtschaftlich lassen sich Verrechnungspreise marktorientiert, kostenorientiert oder verhandlungsbasiert ermitteln (Küpper 2001, Ewert/Wagenhofer 2003).

Mit Blick auf die ökonomische Theorie erscheint eine Herleitung von Verrechnungspreisen auf Grundlage von *Marktpreisen* sinnvoll. Der Marktmechanismus ist intersubjektiv nachprüfbar und unterliegt im Regelfall keinen Manipulationen. Hierdurch ist auch die Wahrscheinlichkeit interner Nicht-Akzeptanz im Konzern sehr gering, insbesondere dann, wenn die Marktpreisinformationen den Beteiligten transparent sind. Die zielführende Anwendung von Marktpreisen zur Ermittlung von Verrechnungspreisen ist allerdings an gewisse Bedingungen geknüpft:

- Die triviale Hauptbedingung, dass zunächst überhaupt ein Markt für die innerbetrieblich erstellte Leistung existieren muss, ist in der Realität häufig nicht gegeben. Innerbetriebliche Leistungen sind vielmehr auf die individuellen Bedürfnisse des nachfragenden Bereiches abgestimmt und entziehen sich somit häufig einem vergleichbaren, am externen Markt beziehbaren Angebot.

- Existiert ein externer Markt, so darf der Preis nicht von Transaktionen des Unternehmens abhängen und durch Rabatte, Skonti und Ähnliches verzerrt werden.

Ein weiteres großes Anwendungsfeld ergibt sich für *kostenorientierte* Verrechnungspreise. Diese werden in der Praxis am häufigsten verwendet, wobei sich die zu Grunde liegende Basis hinsichtlich Ist-, Plan-, Grenz- oder Vollkosten unterscheiden kann:

- Während die Ermittlung von Verrechnungspreisen auf Basis von *Istkosten* zu einer exakten Deckung des liefernden Bereiches führt, erfährt der beziehende Bereich im Fall von Istkosten erst nach Abnahme die Höhe der Kosten und trägt somit das alleinige Risiko von Kostenschwankungen. Eine Steuerungswirkung lässt sich mit Hilfe von Istkosten für den kostenverursachenden Bereich nicht erreichen.

- Durch die Verwendung von *Plankosten* kehrt sich dieser Zustand um: Der beziehende Bereich kann exakt planen, während der liefernde Bereich das Auslastungsrisiko alleine tragen muss. Allerdings besteht für den liefernden Bereich jetzt ein echter Anreiz zum wirtschaftlichen Umgang mit Ressourcen, zumal die Differenz zwischen den Plankosten und den tatsächlichen Istkosten – für den Fall, dass die Plankosten über den Istkosten liegen – als Gewinn im liefernden Bereich verbleibt.

- Bei der Verwendung *grenzkostenbasierter* Verrechnungspreise entsprechen diese den variablen Stückkosten. Sämtliche Fixkosten verbleiben im liefernden Bereich und führen zu einem Verlust in dieser Höhe.

Marktorientierte Verrechnungspreise

Kostenorientierte Verrechnungspreise

Verhandlungsorientierte Verrechnungspreise

Anders als die markt- und kostenorientierten Verrechnungspreise werden die *verhandlungsbasierten* Verrechnungspreise nicht durch die Zentrale vorgegeben, sondern ergeben sich durch Aushandeln zwischen den Bereichen. Verhandlungsbasierte Verrechnungspreise erweitern zwar die Freiheitsgrade und erhöhen die Motivation der Bereichsmanager. Im Gegenzug ist es der Zentrale allerdings nicht möglich, das Ergebnis vorauszusagen, sie kann somit auch nicht koordinierend eingreifen. Letztlich hängt der Ausgang der Verrechnungspreisverhandlung vom persönlichen Geschick der Beteiligten ab. Den steuerlichen und den gesamtzielentsprechenden betriebswirtschaftlichen Anforderungen wird daher nur zufällig Rechnung getragen.

Den einen optimalen Verrechnungspreis gibt es nicht

Alle vorgestellten Methoden sind grundsätzlich für alle Verrechnungspreiszielsetzungen einsetzbar; einen »richtigen« oder »optimalen« Verrechnungspreis gibt es nicht. Wohl aber können Verrechnungspreise für einzelne spezifische Zwecke entwickelt und gezielt eingesetzt werden.

Steuerlich relevante Ermittlungsmethoden

In Analogie zu den betriebswirtschaftlichen Ermittlungsmethoden gibt es auch auf steuerlicher Seite sowohl Regeln und Grundsätze wie auch konkrete Methoden zur Festlegung steuerlich akzeptierter Verrechnungspreise.

Steuerlich wird die Festsetzung von Verrechnungspreisen bei konzerninternen Leistungen durch das »dealing at arm's length principle«, d. h. den Grundsatz des Fremdvergleichs bestimmt. Das »dealing at arm's length principle« beinhaltet die Drittvergleichskonformität von konzerninternen Geschäften. Artikel 9 des OECD-Musterabkommens formuliert: »Wenn die beiden verbundenen Unternehmen in ihren kaufmännischen oder finanziellen Beziehungen an vereinbarte oder auferlegte Bedingungen gebunden sind, die von denen abweichen, die unabhängige Unternehmen miteinander vereinbaren würden, so dürfen Gewinne, die eines der Unternehmen ohne diese Bedingungen erzielt hätte, wegen dieser Bedingungen aber nicht erzielt hat, den Gewinnen dieses Unternehmens zugerechnet und entsprechend besteuert werden.«

Zur steuerlichen Anerkennung sind die Verrechnungspreise folglich unter Beachtung des Fremdvergleichsgrundsatzes zu bilden. Dies findet sich auch in den jeweiligen nationalen steuerlichen Regelungsvorschriften wieder.

Der Fremdvergleichsgrundsatz schreibt alleine jedoch kein bindendes Kalkulationsverfahren vor, vielmehr muss ein solches durch den Steuerpflichtigen selbst operationalisiert werden. Dies ist auch die grundsätzliche Auffassung der deutschen Finanzrechtsprechung. So hat der BFH festgelegt, dass es den richtigen Verrechnungspreis nicht gibt; vielmehr ist für jeden Verrechnungspreis eine individuelle Bandbreite existent, die sich an den unterschiedlichen Funktionen, Risiken, Strategien und Zielsetzungen der beteiligten Unternehmen orientiert (BFH 2001).

Zur Konkretisierung der Verrechnungspreisermittlung lassen sich in Anlehnung an die OECD prinzipiell transaktionsbezogene sowie gewinnbezogene Methoden der Verrechnungspreisermittlung unterscheiden, was die

Internationale Verrechnungspreise
im Konzern

Transaktionsbezogene Methoden	Gewinnbezogene Methoden

• Preisvergleichsmethode
Comparable Price Method
 	
• Wiederverkaufspreismethode
Resale Minus Method
 	
• Kostenaufschlagsmethode
Cost Plus Method
	• Gewinnaufteilungsmethode
	Profit Split Method
	  – Comparable Profit Split
	  – Residual Profit Split
	
	• Transaktionsbezogene Netto-
	margenmethode
	Transactional Net Margin Method

Abb. 153: Steuerliche Ermittlungsmethoden von Verrechnungspreisen im Überblick

Abbildung 153 verdeutlicht (OECD 2001, Scholz 2001). Bevorzugt auszuwählen ist laut BFH diejenige Methode, mit der das »*arm's length principle*« am ehesten durchzuführen ist. Er hat ferner entschieden, dass die in Deutschland traditionell eingesetzten Methoden zur Ermittlung von Verrechnungspreisen (Kostenaufschlags-, Wiederverkaufspreis-, Preisvergleichsmethode) grundsätzlich gleichberechtigt sind.

Bei der Preisvergleichsmethode werden die Verrechnungspreise auf der Grundlage vergleichbarer Geschäfte mit oder zwischen Dritten gebildet, wobei unterschieden wird zwischen dem inneren und dem äußeren Preisvergleich. Der innere Preisvergleich bildet den Preis ab, den das Konzernunternehmen für ein Produkt bzw. eine Dienstleistung Dritten in Rechnung stellen würde. Der äußere Preisvergleich hingegen beschreibt den Preis eines Produktes bzw. einer Dienstleistung, wie er zwischen zwei unabhängigen Dritten auf dem Markt ausgehandelt wird.

Zwar wird die Preisvergleichsmethode von den Finanzbehörden bevorzugt, jedoch ist die Anwendung des (direkten) Preisvergleichs an gewisse Prämissen gebunden: Die Einflussfaktoren, die für den Geschäftsvergleich maßgebend sind, müssen identisch bzw. möglichst ähnlich sein. Zu den Einflussfaktoren gehören vergleichbare Produkte, freier Wettbewerb auf freien Märkten und unabhängige Dritte mit vergleichbaren Geschäftsbedingungen.

Die *Wiederverkaufsmethode* ermittelt den Verrechnungspreis als Differenz zwischen einem marktüblichen Preis und der Rohgewinnmarge/Handelsspanne. Diese Methode findet insbesondere im Vertriebsbereich Anwendung. Auch bei dieser Methode muss der Vergleich mit ähnlichen Produkten, Funktionen und vergleichbaren Geschäftsbedingungen gegeben sein.

Im Gegensatz zu den vorangegangenen Verfahren bildet nicht der Marktpreis, sondern eine Kostenbasis den Ausgangspunkt der *Kostenaufschlagsmethode*. Durch Addition eines Roh- oder Nettogewinnaufschlags auf eine zu bestimmende Kostengröße wird ein dem »*arm's length principle*« entsprechender Verrechnungspreis gebildet. Der Gewinnaufschlag richtet sich hierbei nach den marktüblichen Gewinnaufschlägen vergleichbarer Unternehmen und Produkte. Besondere Herausforderung dieser Methode der Verrechnungspreisbil-

Preisvergleichsmethode

Steuerlich motiviert kann eine sehr große Zahl unterschiedlicher Ermittlungsmethoden zum Einsatz kommen

dung ist die Ermittlung der geeigneten, betriebswirtschaftlich fundierten Kostenbasis.

Die *Gewinnaufteilungsmethoden* sind dann relevant, wenn derart enge und wechselseitige Geschäftsbeziehungen zwischen Unternehmensbereichen vorliegen, dass eine gesonderte Beurteilung jedes einzelnen Geschäftes nicht möglich ist. Die Aufteilung des Betriebsgewinns erfolgt dann unter Berücksichtigung fremdüblicher Funktions- und Risikogesichtspunkte. Dieses auch als Profit-Split-Methode bezeichnete Verfahren ist im angelsächsichen Raum sehr gebräuchlich. Die Profit-Split-Methode gibt es in zwei Varianten: die Gewinnaufteilung nach vergleichbaren Gewinnen (Comparable Profit Split) sowie die Residualgewinnaufteilungsmethode (Residual Profit Split). Die Gewinnaufteilungsmethode nach vergleichbaren Gewinnen teilt den Gewinn anhand externer Gewinnbenchmarks vergleichbarer Konzerne auf; die Residualgewinnaufteilungsmethode ermittelt zunächst einen Gewinnanteil in Form eines extern vergleichbaren Funktionsbeitrages zur Entlohnung für die Übernahme von Standardaktivitäten – so genannter Routine-Funktionen – einzelner Konzerngesellschaften. Der Residualgewinn wird auf die Konzerngesellschaften anhand des Wertbeitrages ermittelt, den eine Gesellschaft im Zusammenhang mit immateriellen Wirtschaftsgütern leistet.

Bei der *transaktionsbezogenen Nettomargenmethode* wird der Nettogewinn aus einer Transaktion zwischen verbundenen Unternehmensbereichen extrahiert. Die so ermittelte Ausgangsgröße wird dann in das Verhältnis zu einer geeigneten Bezugsgröße (z. B. Umsatz) gesetzt. Diese Nettomarge wird in einem dritten Schritt – dem »*arm's length principle*« entsprechend – mit Kennzahlen konzernexterner Unternehmen verglichen. Der richtige Verrechnungspreis wird schließlich unter Berücksichtigung der extern ermittelten Kennzahlen bestimmt.

Der *Fremdvergleichsgrundsatz* lässt das Ermittlungsverfahren offen. Alle vorgestellten Methoden sind grundsätzlich zur Operationalisierung des »*arm's length principle*« geeignet; letztlich obliegt es der Entscheidung des Konzerns, welches Verfahren den Fremdvergleich – abhängig vom Geschäftsmodell – am besten abbildet.

Betriebswirtschaftliche Konsistenz als Leitmaxime für die steuerliche Anerkennung

Steuerliche und betriebswirtschaftliche Methoden ähneln sich in ihrem Grundaufbau: Ihnen ist gemein, eine Orientierung an objektivierbaren Messgrößen wie Marktpreisen, modifizierten Marktpreisen oder Kostengrößen anzustreben und somit final auf fundierte Grundprinzipien der Betriebswirtschaftslehre aufzusetzen. Diese Fundierung stützt sowohl die interne als auch die fiskalische Akzeptanz. Für die Gestaltungsüberlegungen des Verrechnungspreissystems bedeutet dies sogar, dass eine Orientierung an der betriebswirtschaftlichen Zweckmäßigkeit und Konsistenz nicht nur erwünscht ist, sondern durch den Fremdvergleichsgrundsatz auch steuerlich gefordert wird. Je geschlossener und durchgängiger die betriebswirtschaftliche Konsistenz des

Die betriebswirtschaftliche Sinnhaftigkeit ist auch für steuerliche Motive ein wichtiger Bezugspunkt

Internationale Verrechnungspreise im Konzern

Verrechnungspreissystems ist, desto höher wird auch die Wahrscheinlichkeit der steuerlichen Anerkennung bei den jeweiligen Fisci weltweit sein. Dies führt im Ergebnis zu einem reduzierten Risiko der Doppelbesteuerung und zu einer höheren Wahrscheinlichkeit der Compliance (= Handeln im Einvernehmen mit dem geltenden (Steuer-)Recht) mit den jeweiligen nationalen Steuergesetzen.

Doch nicht nur die extern-fiskalische Sicht spricht für die betriebswirtschaftliche Konsistenz des Verrechnungspreissystems; auch die konzerninterne Akzeptanz ist um ein Vielfaches höher, je betriebswirtschaftlich plausibler und transparenter die Abrechnungsmodi zwischen den einzelnen Konzernbereichen sind. Auch in konzerninternen Streitfällen trägt die betriebswirtschaftliche Konsistenz eines Systems und seiner Aufbauprinzipien dazu bei, richtungsweisend für die Lösung interner Verrechnungspreiskonflikte zu sein.

Verrechnungspreissysteme in der betrieblichen Praxis

Nach der Darstellung der theoretischen Grundlagen von Verrechnungspreisen und Verrechnungspreiszielkonflikten wollen wir nun im Folgenden grundsätzliche Gestaltungsüberlegungen zur Konzeption und Umsetzung eines betriebswirtschaftlich konsistenten Verrechnungspreissystems diskutieren.

Beginnend mit der Analyse der Rahmenbedingungen stellen wir zunächst konzeptionelle Überlegungen zur Bestimmung der Grundstruktur, praxisnaher Sonderfälle sowie Verfahrensweisen bei der Integration von Dienstleistungen und immateriellen Vermögensge-

genständen in das Verrechnungspreissystem dar. Eine potentielle Korrektur betriebswirtschaftlicher Anreizsysteme wird ebenfalls erläutert. Weiterhin werden wir wesentliche Umsetzungsfragen, wie beispielsweise die Integration in Planungs- und operative Geschäftsprozesse, und die Kommunikation während des Systemaufbaus erörtern.

Schlussendlich stellen wir potentielle Vorgehensweisen zu einem Verrechnungspreissystemcontrolling und zu einer Fortentwicklung des Verrechnungspreissystems vor dem Hintergrund dynamischer Rahmenbedingungen vor.

Konzeptionelle Rahmenbedingungen für den Aufbau eines Verrechnungspreissystems

Die Gretchenfrage bei Verrechnungspreisen – Ein-Kreis- oder Zwei-Kreis-System?

Wie in den Vorkapiteln gezeigt, kann die Verwendung von Verrechnungspreisen zu Zielkonflikten führen, wenn eine multifunktionale Nutzung erfolgt. Aus diesem Grunde stellt sich vor dem Aufbau oder der Neukonzeption eines Verrechnungspreissystems die Gretchenfrage der gesamten Verrechnungspreispolitik: Die Frage nach der Verwendung von einheitlichen oder multiplen Verrechnungspreisen, also die Frage nach dem Aufbau von so genannten Ein- oder Mehr-Kreis-Systemen.

Ein-Kreis-Systeme verwenden einheitliche Verrechnungspreise multifunktional. Sie werden einheitlich in Höhe und Ermittlungsmethode sowohl für Zwecke der Performance-Messung und der Unternehmenssteuerung als auch Zwecke

Ein-Kreis- versus Mehr-Kreis-Systeme

Ein-Kreis-Systeme sind u. U. ein schlechter Kompromiss ...

der bilanziellen und steuerlichen Erfolgs-ermittlung festgesetzt. Diese einheitliche Ermittlung führt zwar im Ergebnis zu einem kostenreduzierten Aufbau und zu geringerem Pflege- und Kommunikationsaufwand des Systems. Jedoch wird diese Vereinfachung mit einem potentiellen Risiko erkauft: Dem Risiko des Entstehens von Zielkonflikten innerhalb der multiplen Zielsetzungen. Diese Zielkonflikte sind insbesondere dann von Bedeutung, wenn notwendige Anpassungen zur steuerrechtskonformen Ausrichtung des Systems kontraproduktive Steuerungswirkungen entfalten und sich Fehlsteuerungsrisiken mit Opportunitätskosten und echten Verlusten ergeben (siehe hierzu im einzelnen Abschnitt 3, S. 444 ff.). Bei Verrechnungspreisen im Ein-Kreis-System werden die jeweiligen (Einzel-)Zielsetzungen in Abhängigkeit von der Höhe und Ausgestaltung der Verrechnungspreise eben nur durchschnittlich gut, im Regelfall aber nicht optimal erfüllt werden.

Bei *Zwei- oder Mehr-Kreis-Systemen* wird differenzierter vorgegangen. Für unterschiedliche Zwecke der Verrechnungspreisbildung werden auch unterschiedliche Verrechnungspreise mit unterschiedlicher Höhe und/oder unterschiedlichen Ermittlungsmethoden angewandt. Zwei- oder Mehr-Kreis-Systeme umgehen die Zielkonflikte, in dem sie eine Trennung von bilanziell-steuerlicher und betriebswirtschaftlicher Zwecksetzung zulassen. Fehlsteuerungsanreize und Opportunitätskosten treten somit bei einem Zwei-Kreis-System nur in geringerem Maße auf. Eine allzu große Spreizung von Verrechnungspreisen und -preisermittlungsmethoden zwischen bilanziell-steuerlichem und betriebswirtschaftlichem Buchungskreis kann jedoch zu einem steuerlichen Compliance-Problem führen. Dies resultiert daraus, dass im Falle einer Betriebsprüfung bei sehr großer Preisspreizung zwischen steuerlichem und betriebswirtschaftlichem Preis der be-

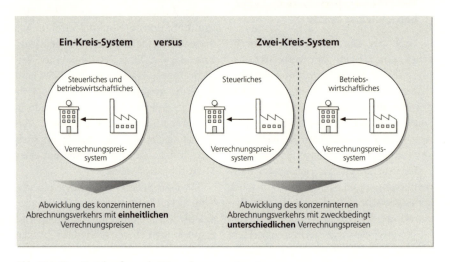

Abb. 154: Die »Gretchenfrage« bei Verrechnungspreissystemen

Beispiel Henkel KGaA

Die Henkel KGaA verwendet ein modifiziertes Ein-Kreis-System. Das Unternehmen erweitert ihr Management-Reporting und die Ermittlung der Management-Ergebnisse um steuerliche Erfordernisse und passt sich in der Grundstruktur an steuerliche Ermittlungsvorschriften an. Aufbauend auf dieser angeglichenen, aber modifizierten Struktur können als Steuerungsgrößen Zwischenergebnisse dieser Ermittlungsrechnung verwendet werden. Faktisch entsteht so nahezu ein Zwei-Kreis-System, das jedoch auf einem einheitlichen Ermittlungsschema fußt. Im Ergebnis wird so ohne großen Zusatzaufwand ein System gestaltet, dass sowohl betriebswirtschaftliche Fehlsteuerung vermeidet als auch gleichzeitig steuerliche Gesichtspunkte erfüllt.

triebswirtschaftliche Preis als »angemessener Preis« angesehen werden kann und in der Folge für steuerliche Zwecke herangezogen wird. Zur Reduzierung dieses Risikos sollten die Verrechnungspreise in den beiden Buchungskreisen durch die Verantwortlichen in enger Abstimmung festgelegt werden.

Der Vorteil der grundsätzlichen Zielkonfliktfreiheit muss jedoch mit einem erheblichen Zusatzaufwand für den Systemaufbau und die Systempflege und mit einer Komplexitätssteigerung bei den operativen Geschäftsprozessen erkauft werden. Die Kommunikationsanforderungen an die Verrechnungspreisverantwortlichen steigen überproportional, da den operativen Controllern und Buchhaltern vor Ort durch Unterstützungsmaßnahmen, wie Workshops, Verrechnungspreisrichtlinien und Handbücher sowie gegebenenfalls DV-Unterstützung, deutlich gemacht werden muss, wann welcher Verrechnungspreis in welcher Kalkulation nach welcher Ermittlungsmethode anzuwenden ist.

Um die Vorteile beider Alternativen zu verbinden, sind in der betrieblichen Praxis häufig nicht die »klassischen« Reinformen der Systeme, sondern modifizierte Mischformen vorzufinden.

Verrechnungspreissystem und Konzernstrategie

Verrechnungspreise und Verrechnungspreissysteme können durch ihre Struktur und ihren Aufbau einen erheblichen Einfluss auf die Realisation der Unternehmens- bzw. Konzernstrategie nehmen. Sie sind durch ihre konzerninterne Anwendung bei sämtlichem konzerninternen Abrechnungsverkehr auch ein marktadäquates »Transportmedium« zur Umsetzung der Konzernstrategie. Durch die konkrete Gestaltung der Verrechnungspreise können die einzelnen Konzerneinheiten durch die fingierten Marktmechanismen mehr oder minder stark dazu angehalten werden, Konzernstrategien zum Erfolg zu verhelfen. Folgende Beispiele sollen den strategischen Kontext, in den Verrechnungspreissysteme eingebunden sein können, verdeutlichen:

- Wird eine Kostenführerschaftsstrategie auf den Absatzmärkten verfolgt, so muss das Verrechnungspreissystem durch seine Ausgestaltung in der Lage sein, den Grundgedanken der strategischen Kosteneffizienz in alle Organisationseinheiten zu tragen. Alle im internen Leistungsverkehr

Unterschiedliche Strategien erfordern zu ihrer Umsetzung unterschiedliche Verrechnungspreise

457

stehenden Bereiche müssen also durch die Verrechnungspreise einen Anreiz zu strategischem Kostenmanagement erhalten. Dies bedeutet konkret, dass beispielsweise eine Verrechnung zu Plankosten zwischen liefernden und beziehenden Bereichen erfolgt. Entstehende Plan-Ist-Abweichungen werden hierdurch dem liefernden, im Regelfall kostenverursachenden Bereich zugeordnet, so dass im liefernden Bereich ein Anreiz zur Kostenersparnis besteht, um einen positiven Ergebniseffekt zu erzielen. Des weiteren muss bei Fragen der strategischen Kapazitätsdimensionierung auch ein Anreiz zur Realisierung der langfristig optimalen Kostenstruktur durch die Verrechnungspreise gesetzt werden.

- Bei der Verfolgung einer Wachstumsstrategie und einer geplanten Produktionsausweitung durch den Konzern sollten Verrechnungspreise so gestaltet sein, dass sie eine Verfahrenswahl mit erhöhter Produktionsmenge, erhöhten Fixkosten und kleineren variablen Kosten sicherstellen. Folge hiervon wäre eine Nutzung von zukünftigen Kostendegressionsvorteilen bei steigender Auslastung. Eine solche Strategie könnte beispielsweise durch einen Grenzkostenansatz forciert werden.
- Auch die strategische Preispolitik kann durch die Verrechnungspreispolitik mittelbar und unmittelbar beeinflusst werden. Wird bei der Forcierung einer Hochpreisstrategie in einem Premium-Marktsegment der Vertrieb anhand von niedrigen,

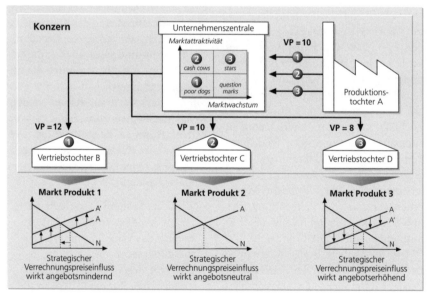

Abb. 155: Strategisches Marktbeeinflussungspotential durch Verrechnungspreise

Internationale Verrechnungspreise
im Konzern

beispielsweise grenzkostenbasierten Verrechnungspreisen gesteuert, so besteht das Risiko einer zu aggressiven Preispolitik auf Grund der erheblichen Vertriebsgewinnspanne. Als Folge wird die strategische Markenpositionierung im Hochpreissegment möglicherweise nicht erreicht.

- Zur strategischen Ausrichtung des gesamten Produktportfolios lassen sich Verrechnungspreise ebenso verwenden. So kann beispielsweise die Markteinführung neuer Produkte oder die Eliminierung alter Produkte durch niedrige oder hohe Verrechnungspreise, losgelöst von tatsächlichen Marktpreisen oder Kosten, unterstützt werden (siehe hierzu auch die Abbildung 155).

Verrechnungspreissysteme dürfen somit nicht ohne den strategischen Fokus aufgesetzt werden. Sie sind vielmehr in den strategischen Kontext einzubetten, um eine konzernweit verabschiedete Strategie nicht zu konterkarieren, sondern zu unterstützen. Dieser strategische Fokus erweist sich jedoch häufig als schwierige konzeptionelle Herausforderung für den Aufbau eines Verrechnungspreissystems.

Betriebswirtschaftliche Aufbauprinzipien

Die betriebswirtschaftliche Konsistenz von Verrechnungspreissystemen zum Zwecke der Gewährleistung konzerninterner und -externer Akzeptanz ist eine wesentliche Erfolgsvoraussetzung für die Konzeption eines Verrechnungspreissystems. Zur Wahrung dieser Konsistenz ist es sinnvoll, sich an konkreten Gestaltungsprinzipien beim Aufbau eines Verrechnungspreissystems zu orientieren. Hierunter fallen beispielsweise:

- *Durchgängigkeit des Verrechnungspreissystems:* Zur Durchgängigkeit des Systems müssen alle potentiellen Dienstleistungen zwischen den rechtlich oder wirtschaftlich selbstständigen Konzerneinheiten berücksichtigt werden. Hierunter fällt nicht nur die Lieferung von Waren im Rahmen des operativen Geschäfts. Vielmehr sind auch solche internen Lieferungen und Dienstleistungsbeziehungen zu erfassen, die der Konzerneinheit im Konzernverbund bereitgestellt werden und die die Konzerneinheit ansonsten über externe Beschaffungsmärkte hätte beziehen müssen. Dies ist beispielsweise bei der Inanspruchnahme von Fremdkapital, bei der Bereitstellung von Personal oder bei der Nutzung von immateriellen Vermögensgegenständen, wie das Corporate Image oder die Nutzung von Forschungs- und Entwicklungsergebnissen der Fall. All diese Faktoren, die mittelbar oder unmittelbar von anderen Konzerneinheiten zur Verfügung gestellt werden, müssen zur Wahrung der Konsistenz verrechnet werden. Dies ist auch unmittelbare Konsequenz aus dem Fremdvergleichsgrundsatz.
- *Funktions- und Risikoadäquanz von Verrechnungspreisen:* Eine weitere Frage der betriebswirtschaftlichen Konsistenz ist die Ermittlung der Höhe der Verrechnungspreise. Eine adäquate Entlohnung der übernom-

Wirkungen sind auch auf die Vertriebspolitik denkbar

459

menen Funktionen und Risiken der einzelnen Konzernteile sollte aus diesem Grunde in die Bemessung der Verrechnungspreise einfließen. Das Eingehen hoher Risiken und die Übernahme wichtiger Funktionen im Gesamtkonzern bedarf also einer höheren Entlohnung und höherer Verrechnungspreise als die Übernahme von sicheren Nebenfunktionen von Konzerngesellschaften. Als Beispiel hierfür ist die Übernahme des Währungsrisikos zu nennen. Bei der Anwendung des Cost-Plus-Verfahrens sollte die Konzerngesellschaft, die das Währungsrisiko übernimmt, entweder eine Kompensation der Kurssicherungskosten in die Verrechnungssätze einpreisen oder einen erhöhten Gewinnaufschlag für die Übernahme des Währungsrisikos berechnen.

Das Verrechnungspreissystem sollte einfach genug sein, um verstanden und fehlerfrei angewendet zu werden

- *Einfachheit:* Zur Gewährleistung der praktischen Handhabung und der konsequenten, fehlerreduzierten Anwendung des Verrechnungspreissystems sollten komplexe Berechnungsalgorithmen und Abrechnungsverfahren für das tägliche Geschäft vermieden werden. Der operative Anwender und das involvierte lokale Management vor Ort sollten in der Lage sein, gegebenenfalls unter Bereitstellung DV-unterstützender Hilfsmittel, die Verrechnungspreiskalkulation nachzuvollziehen und operativ anwenden zu können. Erweist sich die Ermittlung der Preise für interne Geschäfte als zu komplex, führt dies neben einer erheblichen Fehlerwahrscheinlichkeit auch zu einer kostentreibenden Ausdehnung der operativen Kalkulationsprozesse. Akzeptanz und korrekte Anwendung

des Verrechnungspreissystems zur Erreichung der Verrechnungspreisziele »Koordination und Erfolgsermittlung« gelingen in diesem Fall nur eingeschränkt. Eine einfache Handhabung der Verrechnungspreise ist somit Erfolgsvoraussetzung für das gesamte Verrechnungspreissystem.

Die Konzeption des Verrechnungspreissystems

Die Systemgrundstruktur zur Abbildung des Geschäftsmodells

Grundlage für den Aufbau eines jeden Verrechnungspreissystems ist die Konzeption der Grundstruktur. Die Grundstruktur des Verrechnungspreissystems bildet die betriebswirtschaftliche und geschäftspolitische Logik des Konzerns für konzerninterne, aber auch externe Lieferungen und Leistungen ab. Die Grundstruktur soll somit ein Abbild des gesamten Geschäftsmodells des Konzerns sein. In der Grundstruktur sind die strukturellen inhaltlichen Fragen des Verrechnungssystems grundsätzlich festzulegen. Sie bilden für die gesamte Konzeptions- und Implementierungsphase das konzeptionelle Grundgerüst, an dem sich zur Beurteilung von Zweifels- und Detailfragen zu orientieren ist. In inhaltlicher Hinsicht sind in der Grundstruktur folgende Hauptstrukturmerkmale des Verrechnungspreissystems festzulegen (siehe auch Abbildung 156):

- *Festlegung der involvierten Konzerneinheiten:* Zwischen welchen Gesellschaften oder Unternehmensteilen werden konzerninterne Geschäfte abgeschlossen?

460

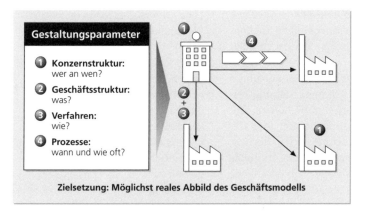

- *Bestimmung der relevanten Geschäfte:* Welche Geschäfte sind durch konzerninterne Liefer- und Leistungsbeziehungen abzubilden? Warenlieferungen, Service-Dienstleistungen, Forschungs- und Entwicklungsdienstleistungen, Nutzung immaterieller Wirtschaftsgüter, Transfers von Anlagevermögen usw.?
- *Festsetzung der Abrechnungsmodi und Kalkulationsverfahren:* Durch welches Verfahren (marktpreisbasierte, kostenbasierte, verhandlungsbasierte Verfahren) werden welche Geschäfte abgerechnet? Wie werden die Verrechnungspreise konkret ermittelt?
- *Bestimmung der Verrechnungsprozesse und Verrechnungspreisregeln:* Wie und unter welchen Bedingungen werden welche Verrechnungspreise festgesetzt, wann werden Verrechnungspreise geändert?

Die Festlegung der konkreten Verrechnungspreishöhe ist nicht Gegenstand der Grundstruktur, sondern das Ergebnis des Verrechnungspreissys-

tems. Die Festlegung der Strukturmerkmale der Grundstruktur führt demgemäß auch noch zu keiner konkreten Gewinnverteilung im Konzern, sondern lediglich zu einem Schema der Gewinnermittlung für die einzelnen Konzerngesellschaften, die mittelbar und unmittelbar in interne Geschäfte involviert sind. Wie dieses Schema im Einzelnen zu gestalten ist, muss grundsätzlich konzernindividuell entschieden werden. Es haben sich jedoch unterschiedliche Typen von Systemgrundstrukturen in der Praxis herausgebildet, die im Folgenden – auch unter Zuhilfenahme eines konkreten Praxisfallbeispiels – näher erläutert werden.

Funktions- und Risikoverteilung im Konzern und die Struktur von Verrechnungspreissystemen

Betriebswirtschaftliche Konsistenz von Verrechnungspreissystemen erfordert eine grundsätzliche Funktions- und Risikoadäquanz der ermittelten Verrechnungspreise und eine ökonomisch gerechtfertigte Gewinnverteilung in Konzernen. Gesellschaften, die ein Großteil des unternehmerischen Risikos tragen und die viele Funktionen in der unternehmerischen Leistungserstellungskette ausüben, bedürfen somit höherer Anteile an Kostenkompensation und Gewinn als Unternehmensteile, die nur minimale Risiken tragen und minimale Aufgaben erfüllen. Der zu verteilende Gewinn ist daher zwischen Vertriebsunternehmen, Produktionsunternehmen und dem zentralen Unternehmen nach sachgerechten, sowie nach branchen- oder konzernindividuellen Funktions- und Risikogesichtspunkten aufzuteilen. Hierbei ergeben sich typische Konstellationen mit unterschiedlichen Risikoprofilen, die auch die Verwendung bestimmter Verrechnungspreismethoden als zweckmäßig erscheinen lassen:

Unterschiedliche Funktions- und Risikokonstellationen erfordern unterschiedliche Verrechnungspreissysteme

- *Unternehmerisches Risiko im Vertrieb:* Produktions- und zentrales Unternehmen tragen keine unternehmerischen Risiken, die Entlohnung dieser beiden Unternehmensteile hat dann risikofrei zu erfolgen. Dies kann z. B. durch ein Cost-Plus-Verfahren mit konstanten Gewinnaufschlägen für die Produktionsunternehmen und für die zentralen Dienstleister sichergestellt werden. Als Konsequenz bedeutet dies, dass in den Konzernvertriebsgesellschaften die überschießenden (Rest-)gewinne verbleiben, der Markterfolg und das Marktrisiko somit vollständig den Vertriebsunternehmen zugeordnet werden. Anwendungsfälle dieses Modells ergeben sich insbesondere im Dienstleistungsbereich (Handel, Banken, Versicherungen), aber auch im Bereich von Marken- und Konsumgüterherstel-

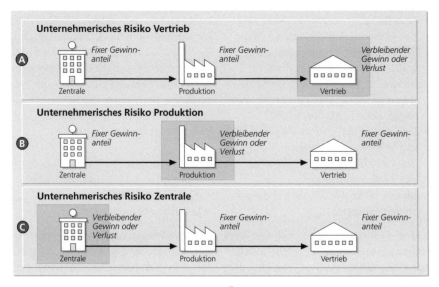

Abb. 157: Die drei betrachteten Konstellationen im Überblick

Internationale Verrechnungspreise
im Konzern

lern, bei denen die Kundenbindung der strategische Erfolgsfaktor der Unternehmung schlechthin ist (siehe auch die Abbildung 157, Typ A).

- *Unternehmerisches Risiko in der Produktion:* Hier tragen Vertriebs- und Zentralunternehmen keine unternehmerischen Risiken, die verbleibenden (Rest-)gewinne fallen somit im Wesentlichen bei den Produktionsunternehmen an. Das Vertriebsunternehmen enthält zweckmäßigerweise eine proportionale Entlohnung für die Vertriebstätigkeit. Zur sachgerechten risikoorientierten Entlohnung der Produktionsunternehmen ist demgemäß eine modifizierte Marktpreiskalkulation (z. B. die Wiederverkaufspreismethode), die eine konstante Vertriebsmarge berücksichtigt, heranzuziehen. Das zentrale Unternehmen erhält ebenfalls eine risikofreie Entlohnung. Dieses Modell findet sich häufig bei Unternehmen mit erheblicher produktionsbezogener Forschungs- und Entwicklungsaktivität, wie beispielsweise bei Maschinenbauern oder Automobilzulieferern (Typ B).

- *Unternehmerisches Risiko in der Zentrale* (auch sog. Modell des zentralen Entrepreneurs): Vertriebsunternehmen und Produktionsunternehmen tragen keine oder nur geringe unternehmerische Risiken. Durch Zuweisung von festen Gewinnbestandteilen auf Vertrieb und Produktion verbleibt der Restgewinn beim zentralen Unternehmen. Ein kombiniertes Kalkula-

tionsverfahren kann mittels einer modifizierten Marktpreis-/Wiederverkaufspreismethode für das Vertriebsunternehmen und der Cost-Plus-Methode für die Produktionsunternehmen eine konstante und risikoadäquate, nämlich relativ sichere Entlohnung gewährleisten. Jenseits dieser festgelegten Gewinne für die Vertriebs- und Produktionsunternehmen wird der verbleibende Gewinn dem Zentralunternehmen zugewiesen. Anwendungsfälle dieses Modells ergeben sich bei zentral dominierten Unternehmen, etwa Netzwerkunternehmen wie z. B. Energie-, Logistik- oder Telekommunikationsunternehmen (Typ C).

In der Praxis existieren diese idealtypischen Konzernstrukturen im Regelfall meist nicht in reiner Form. Vielmehr sind bei den meisten Konzernen historische gewachsene oder durch Unternehmensakquisitionen entstandene Mischformen zu beobachten.

Eine Grundstruktur, die allen Sonderfällen Rechnung trägt, ist oft nicht realisierbar. Die Festlegung der Grundstruktur des Verrechnungspreissystems hat sich unabhängig davon stets an den Hauptstrukturmerkmalen der Konzernstruktur zu orientieren. Für die nicht in die Grundstruktur passenden Sonderfälle sind zieladäquate Strukturanpassungen im Verrechnungspreissystem vorzunehmen, so dass betriebswirtschaftliche Konsistenz und Gestaltungsprinzipien auch für die betroffenen Einzelphänomene gewahrt bleiben.

Beispiel Henkel KGaA

Das Geschäftsmodell der Henkel KGaA orientiert sich an einer Zweiteilung der unternehmerischen Aktivitäten. Es wird zwischen Routine-Aktivitäten und Nicht-Routine-Aktivitäten unterschieden. Unter Routine-Aktivitäten fallen die nahezu risikolosen Bestandteile der Produktion (Standard- oder Auftragsproduktion) und des Vertriebes (z. B. die technische Vertriebsabwicklung). Routine-Aktivitäten tragen ein weitgehend kalkulierbares unternehmerisches Wagnis und werden daher mit niedrigen Entlohnungen bedient. Durch die Übernahme geringen unternehmerischen Risikos ist die Entlohnung der Routine-Funktion ergebnisunabhängig. Die Höhe der Entlohnung der Routine-Funktionen wird anhand von Benchmark-Analysen ermittelt, die sich auf Industrie- und Marktanalysen mit Unternehmen gleicher Aktivitätsprofile beziehen. Das eigentliche unternehmerische Risiko liegt bei den Nicht-Routine-Aktivitäten, die sich in der Forschung und Entwicklung, im Marketing und in Management-Konzepten niederschlagen. Die Übernahme dieser Nicht-Routine-Aktivitäten führt zu einer ergebnisabhängigen Entlohnung. Art, Ausmaß und Struktur der übernommenen Aktivitäten können in jeder Legaleinheit unterschiedlich ausgeprägt sein. Für die konkrete Ergebnishöhe der Konzerngesellschaften bedeutet dies, dass die Art und das Ausmaß der übernommenen Aktivitäten der Gesellschaft auch die Höhe der (Gesamt-)Entlohnung dieser Gesellschaft bestimmt. Sowohl Vertriebsunternehmen und Produzenten als auch das zentrale Unternehmen können hier unternehmerische Risiken tragen. Übernimmt ein Produzent eine dezentrale Forschung, so ist ihm auch ein entsprechender Anteil am unternehmerischen Risiko mit einhergehendem Gewinnanteil zuzurechnen. Gleiches gilt für ein Vertriebsunternehmen, das dezentrale Marketing-Konzepte vor Ort entwickelt. Aus Funktions- und Risikogesichtspunkten lässt sich die Henkel-Geschäftsstruktur wie auf der linken Seite dargestellt abbilden.

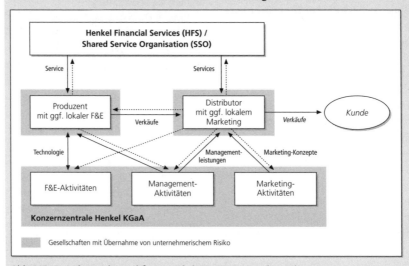

Abb. 158: Praxisbeispiel: Mischform Henkel KGaA mit zentraler und dezentraler Übernahme unternehmerischer Risiken für F&E und Marketing

Internationale Verrechnungspreise
im Konzern

Die Integration von Zentral- und Holding-Dienstleistungen in das Verrechnungspreissystem

Eine weitere bei der Konzeption eines Verrechnungspreissystems zu lösende Aufgabe ist die Berücksichtigung und Verrechnung von Dienstleistungen der Konzernzentrale oder von Gesellschaften, die zur Übernahme dieser Dienstleistungen und Funktionen eigens gegründet wurden. Diese Dienstleistungen können unterschiedlicher Natur sein und gegebenenfalls zu immateriellen Vermögensgegenständen (so genannten »intellectual property«) führen. Bei immateriellen Vermögensgegenständen ist zusätzlich der Eigentümer festzulegen, woran sich wiederum die Höhe und das Verfahren der Verrechnung dieser Dienstleistungen orientiert. An potentiellen zentralen Dienstleistungen kommen hierbei insbesondere in Frage:

- *Finanzierungsaktivitäten:* Unter diese Tätigkeiten fallen alle Aktivitäten der Kapitalbeschaffung und der damit verbundenen Begleitmaßnahmen auf dem Kapitalmarkt, wie z. B. Investor-Relations. Die Durchführung dieser Kapitalbereitstellungsaktivitäten verursacht bei der Muttergesellschaft im Regelfall auch Kosten, die den Tochtergesellschaften in Rechnung zu stellen sind. Bei der Fremdkapitalbereitstellung sind die Fremdkapitalzinsen als marktüblicher Verrechnungspreis anzusehen. Ein externes Benchmark ist im Regelfall durch den Kapitalmarkt vorgegeben; es sind daher grundsätzlich einfach ermittelbare marktübliche Zinsen in Rechnung zu stellen. Ein potentieller Bonitätsvorteil

und die einhergehende Zinskostenersparnis von Tochtergesellschaften, die aus der Integration in den Konzernverbund resultieren, ist zweckmäßig nur der Muttergesellschaft zuzuordnen, da er nur durch sie erzielt werden konnte. Schwierig erweist sich häufig die Ermittlung dieses Vorteils, da Alternativkonditionen ohne Konzerneinbindung meist nicht bekannt sind. Basel II und eine damit verbundene erhöhte Risikotransparenz durch externes oder internes Rating wird hier zu einer einfacheren Ermittlung des Bonitätsvorteils führen.

- *Währungsmanagement:* Die im Rahmen des Währungsrisikomanagements entstehenden Dienstleistungen sind ebenfalls zu verrechnen. Die zu bestimmenden Kosten ergeben sich im Regelfall als Marktpreis für Termindevisen oder Devisenoptionen. Hierbei ist es aus betriebswirtschaftlicher Sicht unerheblich, ob die Geschäfte tatsächlich durchgeführt werden. Die Übernahme des Währungsrisikos stellt eine Leistung dar, die gegebenenfalls auch durch kalkulatorische Preiskomponenten bei der Verrechnungspreisbildung berücksichtigt werden muss, beispielsweise als Risikoprämie oder als Gewinnbestandteil.

- *Zentrale Marketing-Aktivitäten:* Zu den weiteren Hauptaufgaben der Konzernzentrale gehört die Durchführung zentraler Marketing-Aktivitäten, die der Gesamtpositionierung des Konzerns dienen (z. B. Entwicklung einer Corporate Brand oder Durchführung von zentralen Public Relations). Es entstehen immaterielle Vermögensgegenstände, die in Ab-

Welche immateriellen Vermögensgegenstände der Zentrale sind wie zu entgelten?

Marketing-Aktivitäten

465

Im Falle eines Eigentumsübergangs sind kostenorientierte Verrechnungspreise angemessen

hängigkeit von den gewählten Märkten und durchgeführten Marktaktivitäten einen erheblichen Einfluss auf den Unternehmenserfolg haben können. Da auch die Tochtergesellschaft von diesen zentralen Marketing- und Public Relations-Aktivitäten sowie dem daraus resultierenden Unternehmensimage profitieren, ist es betriebswirtschaftlich angemessen, diese zentrale Dienstleistung in das Verrechnungspreissystem zu integrieren. Sachadäquat wäre hier eine Berücksichtigung in den Verrechnungspreisen in Abhängigkeit von der tatsächlichen Nutzung und den tatsächlichen Vorteilen, die ein Unternehmensteil oder eine Tochtergesellschaft hieraus erlangt. Die Quantifizierung dieses Nutzens erweist sich jedoch als schwierig: Der Nutzen entsteht meist markt- oder tochtergesellschaftsindividuell und kann sich im Regelfall nur durch das Zusammenspiel zusätzlicher Faktoren (Kundenbindung, dezentrale Marktsituation) entfalten. Eine operativ akzeptable Messgröße für den Erfolg des zentralen Marketing-Nutzens könnten die externen Umsatzerlöse einer Tochtergesellschaft sein, da sich in diesen der Markterfolg und damit auch ein Erfolgsanteil der Marketing- und PR-Aktivitäten widerspiegelt.

Die Verrechnung selbst sollte in Abhängigkeit von der Zuordnung des wirtschaftlichen Eigentums der entstandenen immateriellen Marketing-Vermögensgegenstände erfolgen. Soll das wirtschaftliche Eigentum bei der Zentrale verbleiben, so ist als Entlohnungsform ein Lizenzmodell zu wählen. In diesem Modell können

Tochtergesellschaften die immateriellen Vermögensgegenstände nutzen und müssen hierfür ein Nutzungsentgelt zahlen. Sie erwerben jedoch kein wirtschaftliches Eigentum an den Vermögensgegenständen. Soll das wirtschaftliche Eigentum hingegen auf die Tochtergesellschaften übertragen werden, so hat die Zahlung zum Zwecke der Vergütung eines (Dienstleistungs-)Auftrags mit Eigentumsübertragung zu erfolgen. Die Höhe des (Kauf-)Entgelts hat sich hierbei – um dem Fremdvergleichsgrundsatz Rechnung zu tragen – an den tatsächlich entstandenen Kosten zuzüglich eines Gewinnaufschlages zu orientieren. Das Entgelt wird somit als Entgelt für die Eigentumsübertragung und nicht für die Nutzungsrechte gezahlt. Das gesamte Ausmaß – die Höhe der Zahlung und deren zeitliche Verteilung – kann hierbei variieren und mittels unterschiedlicher Entgeltmodelle in einer oder mehreren Perioden vergütet werden. So sind Entlohnungsmodelle mit fixen, fixen und variablen Anteilen, aber auch rein variable Vergütungen, die sich an externen Umsatzgrößen bemessen, denkbar. Die Bedeutung dieser immateriellen Vermögensgegenstände für den marktbestimmten Unternehmenserfolg sollte hierbei die konkrete Ausgestaltung der Entlohnung bestimmen – zumindest so lange, wie sich nicht die steuerliche Anerkennung der Verrechnungspraxis als Restriktion erweist.

• *Zentrale Forschung und Entwicklungstätigkeiten:* Was für das zentrale Marketing gilt, kann analog auch für die Verrechnungspraxis von zentralen

466

Beispiel Henkel KGaA

Das intellectual property der Henkel KGaA wird in der Grundstruktur des Henkel Verrechnungspreissystems nach folgenden Grundsätzen verrechnet:

- Dienstleistungen, wie Buchführung, IT-Dienstleistungen u. ä, die nicht zu immateriellen Vermögensgegenständen führen, werden grundsätzlich im Cost-Plus-Verfahren vom Leistungsersteller an den Leistungsempfänger verrechnet.
- Grundsätzlich bleiben die Ersteller des intellectual property wirtschaftlicher Eigentümer; die Nutzer zahlen somit lediglich für die Nutzung, nicht für den Erwerb der immateriellen Vermögensgegenstände. Dies gilt jedoch nur, sofern keine Auftragsforschungsarbeiten vorliegen oder die Forschungsaktivitäten für die einzelnen Legaleinheiten direkt erbracht werden.

Die Verrechnung des Nutzungsentgelts erfolgt grundsätzlich in voller Höhe im Jahr der Erstellung; eine zeitliche Verteilung findet nicht statt. Sie erfolgt entweder durch eine Lizenzgebühr oder – falls eine zusätzliche Lieferung von Waren an die empfangende Gesellschaft erfolgt – über einen zusätzlichen Gewinn- und Kostenkompensationsaufschlag auf die Kostenbasis der Warenlieferung (so genannter additional mark-up). In diesem additional mark-up sind somit sowohl die Kosten der Erstellung der immateriellen Vermögensgegenstände als auch ein Gewinnelement enthalten.

Forschungs- und Entwicklungsleistungen angewendet werden, und zwar sowohl für die Grundlagenforschung als auch für die konkrete Produktentwicklung. Die Entwicklung effizienterer Produktionsverfahren oder alternativer Rezepturen kann ebenso Gegenstand dieser Tätigkeit sein.

Die Frage der Ansatzpunkte einer potentiellen Kostenumlage oder einer Lizenzgebühr stellt sich hier analog. Nach betriebswirtschaftlichen Gesichtspunkten erscheint es opportun, bei denjenigen Gesellschaften anzusetzen, die einen unmittelbaren Nutzen aus den Forschungs- und Entwicklungsleistungen ziehen. Diese sind im Gegensatz zu den Vertriebsgesellschaften bei den Marketing-Dienstleistungen eher die Produkti-

onsgesellschaften des Konzerns, da der Marktzugang für die Nutzung der Forschungs- und Entwicklungsleistungen meist nur eine untergeordnete Rolle spielt. Als operationale Messbasis und gleichzeitige Erhebungsgrundlage für eigentumsübertragende Kostenumlagen oder Nutzungslizenzen können hierbei einzelne Kostenkomponenten bis zu den gesamten Herstellkosten herangezogen werden. Auch hier sollte die Ausgestaltung dieser Verrechnungsbeziehungen primär von betriebswirtschaftlichen Überlegungen getrieben werden, sofern keine steuerlichen Restriktionen dagegen sprechen.

- Bei den *unterstützenden Tätigkeiten des operativen Geschäfts*, wie z. B. IT-Dienstleistungen und Durchführung von Accounting- und Controlling-

F&E-Aktivitäten

Unterstützende Tätigkeiten des operativen Geschäfts

467

Ausnahmen von der Regel kann es immer geben ...

Tätigkeiten, ist entweder eine zentrale oder dezentrale Abwicklung betriebswirtschaftlich gerechtfertigt. Werden dementsprechend Teile zentralisiert oder in separaten Gesellschaften abgewickelt, so ist eine adäquate Entlohnung durch Marktpreise oder Kostenverrechnung betriebswirtschaftlich geboten.

Markt- und Unternehmensspezifika im Verrechnungspreissystem

Trotz einer solide ausgearbeiteten Grundstruktur kann es immer wieder Konstellationen und Sachverhalte geben, die sich nicht oder nicht konsistent in das Verrechnungspreissystem einfügen lassen. In diesem Fall kann es betriebswirtschaftlich sinnvoll sein, von der aufgebauten Grundstruktur des Verrechnungspreissystems mit der gewählten Funktions- und Risikoaufteilung sowie den anzuwendenden Verrechnungspreiskalkulationsschemata abzuweichen.

Steuerliche Aspekte können mit Anreiz- und Motivationsfragen kollidieren

... sollten aber im Prinzip schon vorgedacht sein

Um die Konsistenz der Systemstruktur dauerhaft zu wahren, sollten die Anwendungsvoraussetzungen der Sonderfälle in einem entsprechenden Regelwerk bereits bei der Konzeption des Verrechnungspreissystems konkret beschrieben werden. Dies hat den Vorteil, dass den Verrechnungspreisverantwortlichen eine konsistente Leitlinie zur Entscheidungsfindung bei Sonderfallentscheidungen zur Verfügung steht. Des weiteren sollte sich der Kreis der potentiellen Sonderfälle, bei denen von den strukturellen Vorgaben des Systems abgewichen werden kann, stark in Grenzen halten. Vor allen Dingen ist von ei-

ner willkürlichen Verfahrensweise abzusehen. Die daraus resultierenden betriebswirtschaftlichen Inkonsistenzen mit einhergehenden steuerlichen Akzeptanzrisiken können die Folge einer solch willkürlichen Abweichung von der konzipierten Verrechnungspreislogik sein. Bei häufiger Anwendung können sie die Akzeptanz des gesamten Verrechnungspreissystems sowohl konzernintern als auch konzernextern in Frage stellen.

Die Berücksichtigung von Anreizwirkungen und die Korrektur von Entlohnungssystemen

Verrechnungspreissysteme müssen zur Vermeidung von Doppelbesteuerungsrisiken und zu ihrer steuerrechtlichen Anerkennung den Anforderungen der nationalen Fiskalbehörden genügen. Wie bereits gezeigt, entsteht jedoch bei einem Ein-Kreis-System ein potentieller Konflikt zwischen der Zielsetzung der Unternehmensteuerung und der Besteuerung des Unternehmens. Dieser Zielkonflikt lässt sich auf Grund der Multifunktionalität des Ein-Kreis-Systems nicht dauerhaft beheben. Wenn die Entscheidung getroffen wird, ein Ein-Kreis-System aus Praktikabilitätsgründen beizubehalten und die Grundkonzeption des Verrechnungspreissystems feststeht, kann es bei potentiellen größeren Verzerrungen notwendig werden, über Anpassungen der Anreiz- und Incentivierungssysteme nachzudenken. Die Notwendigkeit der Modifikation ergibt sich aus dem Umstand, dass durch die Erfüllung der steuerlichen Anforderungen Verrechnungspreise und damit Bereichs- oder Legalgesellschaftsergeb-

Beispiel Henkel KGaA

Die Henkel KGaA besitzt ein definiertes Regelsystem, unter welchen Bedingungen von der Grundstruktur des Verrechnungspreissystems abgewichen werden kann (so genannte exceptional cases).

Ein Anwendungsbeispiel eines solchen Sonderfalls ist in einer neu gegründeten Tochtergesellschaft zu sehen, die versucht, einen neuen Absatzmarkt zu erschließen. Entstehen hier durch die Markterschließung hohe Markteintrittskosten und damit Anfangsverluste, so würden sich durch die Verrechnung zusätzlicher Zentralkosten für Marketing oder Forschung und Entwicklung diese Anfangsverluste erheblich verschärfen. Je nach angestrebtem Profil von Routine- und Nicht-Routine-Aktivitäten erfolgt nun eine abgestimmte Beteiligung der Henkel KGaA an den Markterschließungskosten. Im Extremfall würde die KGaA sogar auf die Erhebung von Lizenzen verzichten. Dies wäre beispielsweise der Fall, wenn die beteiligten Legaleinheiten ausschließlich Routine-Aktivitäten ausüben würden. Zur Wahrung der Konsistenz der Verrechnungspreisgrundstruktur wurde für solche Fälle im Voraus definiert, ob, wann und unter welchen Voraussetzungen ein solcher Verzicht auf die Erhebung von Lizenzgebühren stattfinden kann, um alle Tochtergesellschaften gleich zu behandeln.

nisse entstehen können, die nicht immer die gewünschten Anreize setzen.

Verrechnungspreismodifikationen führen im Regelfall zu Änderungen der Gewinnverteilung im Konzern und damit zu Ergebniseffekten bei den Einzelgesellschaften. Basiert das Anreizsystem eines Konzerns auf solchen Gewinngrößen, ist im Regelfall nur mit Aufwand messbar, welcher Anteil einer Ergebnissteigerung auf Verrechnungspreiseffekten beruht und was der Anteil der eigentlichen Leistung des Unternehmensbereichs ist. Die Performancemessung des Bereichs wird somit erheblich erschwert, eine erfolgsorientierte Vergütung erhält hierdurch teilweise willkürliche Elemente. Aus diesem Grund ist als Folgeaktivität der Konzeption eines Ein-Kreis-Verrechnungspreissystems meist ein Wechsel in den Messgrößen des Anreizsystems erforderlich, hin zu Steuerungsgrößen, die nicht durch Verrechnungspreise beeinflusst werden. Nur so kann es gelingen, eine dauerhafte Anreizkompatibilität im Ein-Kreis-System zu gewährleisten.

Potentielle Umsetzungsherausforderungen beim Aufbau eines Verrechnungspreissystems

Nach der Konzeptionsphase des Verrechnungspreissystems ergeben sich in der Umsetzungsphase weitere Herausforderungen. Die Umsetzungsfragestellungen beziehen sich hierbei im Wesentlichen auf drei Bereiche:

- die eigentliche DV-Umsetzung des Verrechnungspreissystems,
- die begleitenden Kommunikationsmaßnahmen im Konzern und
- die Integration in die bestehenden Unternehmensprozesse.

Damit das Verrechnungspreissystem funktioniert, müssen mehrere Voraussetzungen erfüllt sein

Steuerliche
Aspekte können
auch durch
Modifikationen
herausgerechnet
werden; hierdurch
ergeben sich dann
anreizkompatible
Steuerungs-
größen

Exkurs:

Anreizkompatibles Steuerungssystem

Der latente Anreiz- und Incentivierungskonflikt kann auch durch ein modifiziertes Ein-Kreis-System gelöst werden. Dies gelingt durch die Verwendung von dezentralen Steuerungsgrößen (z. B. den EBIT) ohne Berücksichtigung von steuerlich bedingten Modifikationen, die jenseits der Steuerungsgröße in einer separaten steuerlich bedingten Größe (EBIT nach steuerlichen Modifikationen) erfasst werden. Durch eine solche separate Steuerungsgröße kann die Performance des jeweiligen Managements dezentral gemessen werden, ohne dass notwendige steuerliche Anpassungen zu Fehlinterpretationen führen. Ein EBIT vor steuerlichen Modifikationen könnte sich z. B. aus einem umsatzkostenbasierten einheitlichen Ermittlungsschema für Produktions- und Vertriebsunternehmen zusammensetzen. Nicht enthalten in der Steuerungsgröße wären die Gewinnaufschläge aus internen Geschäften und die zentralen Lizenzgebühren. Eine solche Gestaltung führt dazu, dass interne Umsätze zu Anreizzwecken zwischen Vertriebs- und Produktionsgesellschaften lediglich als Kostenkompensation verrechnet werden. Durch Gewinnaufschläge entstandene interne Gewinne gehen somit nicht in die Steuerungsgröße ein, weder bei Produktionsnoch bei Vertriebsunternehmen. Durch die Bestimmung von Planverrechnungspreisen für die Abrechnung konzerninterner Geschäfte würde auch die Verrechnung des internen Umsatzes auf Planbasis erfolgen.

Deckungsbeitragsrechnung Vertriebsunternehmen	Deckungsbeitragsrechnung Produktionsunternehmen
Externer (Markt-)Umsatz	Interner Umsatz = Plankosten gelieferte Güter
./. Plankosten der intern bezogenen Güter	./. Plankosten der intern bezogenen Güter
./. Übrige eigene Istkosten	./. Übrige eigene Istkosten
= EBIT vor steuerlichen Modifikationen	= EBIT vor steuerlichen Modifikationen
./. Gewinnaufschlag der intern bezogenen Güter	+ Gewinnaufschlag der intern gelieferten Güter
./. Konzerninterne Lizenzgebühren	./. Konzerninterne Lizenzgebühren
= EBIT nach steuerlichen Modifikationen	= EBIT nach steuerlichen Modifikationen
Anreiz- und Steuerungskompatibilität gewahrt, Vertriebsunternehmen für eigene Wirtschaftlichkeit (Umsatz und eigene Kosten) verantwortlich	Anreiz- und Steuerungskompatibilität gewahrt, Produktionsunternehmen für eigene Wirtschaftlichkeit (eigene Ist-Kosten, Abweichung zu Plankosten) verantwortlich

Abb. 159: Steuerungs- und Anreizsystem mit dezentralen Steuerungsgrößen und zentralen steuerlich bedingten Modifikationen

Durch diese Konstruktion gelingt es, die notwendigen Anreize für Vertriebs- und Produktionsunternehmen zu setzen. Die Anreizkompatibilität für das Produktionsunternehmen wird durch die Plankostenbasierung der internen Umsätze gewahrt. Werden die Plankosten bei einem Produktionsunternehmen erwirtschaftet, ergibt sich ein EBIT vor steuerlichen Modifikationen von 0. Der Anreiz zur Kosteneffizienz bleibt erhalten, denn Ersparnisse in den Istkosten führen zu einem positiven EBIT vor steuerlichen Modifikationen und werden entsprechend belohnt. Die Anreize des Vertriebes bleiben ebenso erhalten, da dem Vertrieb die tatsächlichen Marktumsätze zugerechnet werden, von denen die geplanten Produktionskosten abgezogen werden. Eventuelle Produktionsineffizienzen werden nicht an den Vertrieb weitergegeben. Auch kalkulierte Produktionsgewinne durch die Gewinnaufschläge fallen durch die Orientierung am EBIT vor steuerlichen Modifikationen als Steuerungsgröße nicht an. Der EBIT vor steuerlichen Modifikationen für den Vertrieb wird somit als Differenz aus externen Marktumsätzen, Planherstellkosten und beeinflussbaren eigenen Istkosten ermittelt.

Erfolgen nun notwendige Anpassungen zur Gewährleistung der steuerlichen Compliance unterhalb des EBIT vor steuerlichen Modifikationen, haben sie keinen Einfluss auf die betriebswirtschaftlichen Steuerungsgrößen. Ein solch »modifiziertes« Ein-Kreis-System kann im Ergebnis den Konflikt zwischen Steuerung und Besteuerung lösen. Dies ergibt sich daraus, dass es die Anreize zur Produktivitätsverbesserung bei der Produktionsgesellschaft erhält, beim Vertrieb nicht zur Ablehnung von Geschäften mit positivem Konzerndeckungsbeitrag führt und gleichzeitig die Basis zur Berechnung der steuerlichen Verrechnungspreise bildet. Ein Zwei-Kreis-System mit all seinen Komplexitäten und potentiellem Zusatzaufwand kann so vermieden werden.

Hierbei erfolgt der technische Aufbau des DV-Systems und die begleitenden Kommunikationsmaßnahmen zuerst. Die Integration in die bestehenden Unternehmensprozesse kann in Abhängigkeit von der tatsächlich notwendigen Involvierung entweder vor oder nach dem Aufbau des DV-Systems vorgenommen werden.

Datenversorgung und Integration in die bestehende IT-Architektur

In Abhängigkeit von Größe und Komplexität des Verrechnungspreissystems sowie der Anzahl der zu administrierenden Geschäfte und Verrechnungspreise kann sich eine DV-technische Unterstützung des Verrechnungspreissystems als zweckmäßig erweisen. Dies kann bis hin zum Aufbau einer eigenen IT-Plattform gehen.

Eine wesentliche Fragestellungen der Umsetzungsphase bei dem Aufbau eines solchen DV-gestützten Verrechnungspreissystems ist die Integration der Verrechnungspreis-IT-Plattform in die bestehende IT-Struktur des Unternehmens sowie die Berücksichtigung der zugehörigen Input- und Output-Datenflüsse. Eine zielführende IT-Integration ist ein wesentlicher Aspekt der Effi-

Vorsysteme haben häufig einen wichtigen Einfluss auf die DV-technische Umsetzbarkeit der Verrechnungspreissysteme

zienz des operativen Betriebes nach dem Going-Live. Gelingt keine vollständige »Verdrahtung« und Datenanbindung der Verrechnungspreis-IT-Plattform in die übrige Konzern-IT-Welt, so können erhebliche Reibungsverluste und Fehlerquellen – beispielsweise durch manuelle Schnittstellen oder alternative Fall-Back-Lösung – entstehen.

DV-technische Fragen sollten schon in der Konzeptphase mit berücksichtigt werden

Der IT-technischen Gestaltung des Verrechnungspreis-IT-Systems sollte daher hinreichende Aufmerksamkeit gewidmet werden. Dies beginnt mit der Auswahl der aufzubauenden Softwareplattform für das Verrechnungspreissystem und endet mit den Überlegungen zum Design von Dateneingangs- und -ausgangsschnittstellen dieses »Rechenkerns«. Wesentliche Entscheidungsfaktoren dieser Auswahl- und Aufbauentscheidung sind die konkrete Gestaltung des Verrechnungspreissystems, die bestehende Daten- und IT-Infrastruktur sowie Kosten-Nutzen-Überlegungen der Integration.

Eine weitere Kernfrage der IT-orientierten Themen ist die Beschaffung von Input-Daten und der potentielle Aufbau von Schnittstellen zwischen Verrechnungspreis-Rechenkern und bestehenden Vorsystemen. Eine frühzeitige und hinreichende Klärung dieses Aspekts ist ein wesentlicher Erfolgsfaktor der Umsetzung des Verrechnungspreissystems. Hierbei ist insbesondere eine Analyse der vorhandenen Vorsysteme – wie beispielsweise Management-Reporting, Rechnungslegungs- und Buchführungssysteme – sowie zwischengeschalteter Datawarehouses und ihrer Inhalte von Bedeutung.

Häufig wird in der Praxis bei der Bestandsaufnahme der Datenstruktur eine

Diskrepanz zwischen den Input-Datenanforderungen seitens der Verrechnungspreisverantwortlichen und dem Status-quo der Input-Datenanlieferungsmöglichkeiten des Konzerns identifiziert. Passende Datenstrukturen in hinreichender Granularität sind nicht oder nicht immer in der notwendigen Datenqualität existent. Oftmals sind die Informationen zwar in den Vorsystemen vorhanden, sind aber durch Aggregation und Transformation nicht mehr extraktionsfähig. Die Schließung dieser potentiellen Datenlücke kann entweder durch eine (vorübergehende) Reduktion der Anforderungen oder durch eine (langfristige) Ausweitung des Datenangebots erfolgen. Es erweist sich hierbei als zweckmäßig, sich auf Seiten der Verrechnungspreisverantwortlichen weitere konzerninterne Kooperationspartner mit ähnlichen Anforderungen zu suchen (z. B. Supply Chain Controller), um die Nützlichkeit der Erweiterung des Datenangebots gegenüber den IT-Verantwortlichen und der höheren Managementebene auf breiterer Basis kommunizieren zu können. Gelingt es so, zu einem breit akzeptierten Konsens für eine Datenbereitstellungslösung zu kommen, erhöht dies unternehmensbereichsübergreifend die Akzeptanz des Verrechnungspreissystems.

Auch die Klärung der Output-Datenbereitstellung aus der Verrechnungspreiskalkulation fällt unter die Aufgaben der Verrechnungspreisverantwortlichen. Eine DV-gestützte Bereitstellung, die im Optimalfall die jeweilig zu verwendenden Verrechnungspreise maschinell in der Fakturierung generiert, ist als Benchmark zu sehen. Dies erfordert allerdings entsprechende Upload-Aktivitäten oder eine Schnittstelle aus der

472

Beispiel Henkel KGaA

Das Verrechnungspreissystem der Henkel KGaA sieht bei der Lieferung von Produzenten an Vertriebsgesellschaften ein Kalkulationsverfahren auf Cost-Plus-Basis mit marktdeterminiert differenzierten Gewinnaufschlägen vor. Bei seiner Implementierung waren hierfür notwendige Intercompany-Daten nicht in hinreichender Granularität vorhanden. Die angestrebten differenzierten Gewinnaufschläge pro Intercompany-Beziehung erforderten eine Information der Kostenbasis pro einzelnen Warenstrom auf einer angestrebten Detailtiefe von Produktgruppen. Die zur Verfügung stehenden warenstromspezifischen Intercompany-Daten waren nur auf der Ebene der Legaleinheiten vorhanden. Dies führte im ersten Schritt zu einer Vergröberung der marktbestimmten Gewinnaufschläge losgelöst vom Produktbezug. In einem zweiten Schritt gelang es, durch Integration weiterer Vorsysteme eine Detaillierung auf Ressortebene zu erreichen.

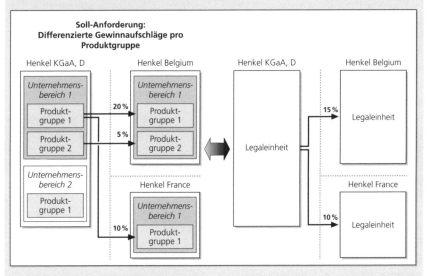

Abb. 160: Probleme der Datenbereitstellung am Beispiel der Henkel KGaA

Verrechnungspreis-IT-Plattform in die nachgelagerten Systeme sowie eine entsprechende Konfiguration des nachgelagerten Geschäftssystems.

Die Bereitstellung von In- und Output-Daten sowie einer IT-Struktur des Verrechnungspreissystems, die sich harmonisch in die Konzern-IT-Architektur einfügt, sind also wesentliche Erfolgsfaktoren für die Etablierung eines neuen Verrechnungspreisregimes. Sie gilt es vor allen Dingen frühzeitig zu beachten und, falls möglich, in der Konzeptionsphase schon durch entsprechende Anforderungen zu berücksichtigen. Hierdurch erhöht sich die Wahrscheinlichkeit des Umsetzungserfolges; meistens gelingt es auch, konzeptionelle Abstriche zu vermeiden. Allerdings dürfen – wie bei sämtlichen DV-technischen Fragen üblich – Kosten-Nutzen-Überlegungen nicht außer Acht gelassen werden. Neben der grundsätzlichen Entscheidung pro oder contra einer DV-technischen Umsetzung des Verrechnungspreissystems betreffen diese meist auch die Integration von In- und Output aus der bzw. in die Konzern-IT-Architektur.

Interne Akzeptanzbarrieren als Kommunikationsherausforderung

Ein Verrechnungspreissystem wird nur dann erfolgreich angewendet, wenn es gelingt, interne Akzeptanzbarrieren in den betroffenen Bereichen zu überwinden. Sehen andere Unternehmensbereiche potentielle Risiken für die eigene Aufgabenerfüllung und Zielerreichung auf Grund innewohnender Zielkonflikte, dann ist mit erhöhten Widerständen bei der Umsetzung zu rechnen. Gerade wenn die Zielerreichung der übrigen Bereiche an die aktuelle Management-Incentivierung gekoppelt ist, sind in der Praxis erhöhte Befindlichkeiten bereits vor Einführung des Systems festzustellen. Dies gilt selbst dann, wenn die Verrechnungspreise nur einen geringen Einfluss auf die Managementincentivierungsgröße haben könnten. Diese potentielle negative Publicity, die meist ohne Kenntnis der detaillierten Sachverhalte entsteht, kann die Einführung eines Verrechnungspreissystems erschweren und einen erheblichen Reputationsschaden nach sich ziehen.

Diesem Akzeptanzrisiko gilt es durch aktive Kommunikationspolitik bezüglich der Ziele, des Nutzens und der bereichs- oder adressatenindividuellen Auswirkungen des Verrechnungspreissystems entgegenzutreten. Sofern in der Konzeptionsphase noch nicht geschehen, sind spätestens jetzt die noch nicht involvierten Bereiche kommunikativ einzubinden. Durch die Durchführung von Workshops und gezielte Multiplikatorenkommunikation sollte es bei offensivem Umgang mit Befürchtungen und Bedenken in den betroffenen Bereichen möglich sein, Vorbehalte durch entsprechende Antizipation und proaktive Kommunikation abzubauen. Die Kommunikation fällt hierbei um so leichter, je konzeptionell durchdachter das Verrechnungspreissystem ist und je mehr diese Aspekte in die Systemkonzeption integriert wurden.

Integration in den Planungsprozess

Zur dauerhaften Verankerung des Verrechnungspreissystems in den Geschäftsprozessen gehört auch eine Einbindung in die Planung des Konzerns. Hiervon sind grundsätzlich alle Dimensionen der Planung – Planungsinhalte, Planungseinheiten, Planungsprozesse – betroffen.

Die Notwendigkeit der *Integration der Verrechnungspreisinformationen in die Planungsinhalte* ergibt sich aus der Ergebniswirksamkeit der Verrechnungspreise für die einzelnen Planungseinheiten. Modifizierte Verrechnungspreise führen beispielsweise zu Umsatzerlösänderungen bei den leistenden Unternehmen und zu Material- oder Sachaufwandsänderungen bei leistungsempfangenden Unternehmen in der Istkalkulation. Eine Nicht-Antizipation dieser Verrechnungspreiseffekte in den Plangrößen führt zu zusätzlichen ver-

Immer dann, wenn persönliche Ziele der Manager betroffen sein könnten, ist bei der Einführung eines Verrechnungspreissystems höchste Aufmerksamkeit geboten

Die Plan-Ist-Abweichung wird durch einen verrechnungspreisbedingten Anteil c. p. größer

474

rechnungspreisverursachten Plan-Ist-Abweichungen. Die gesamte Plan-Ist-Abweichung weist folglich ein höheres Volumen auf und besteht aus einem verrechnungspreisverursachten Anteil und aus einem nicht durch Verrechnungspreise erklärbaren Anteil. Diese Gesamtabweichung verstärkt sich bei in Fremdwährung fakturierten Verrechnungspreisen, hier tritt ein währungsbedingter Plan-Ist-Abweichungsanteil hinzu. Um diese Abweichungen zu vermeiden, müssen die geplanten Verrechnungspreise und ergebniswirksamen Preiseffekte in den Planungsgrößen berücksichtigt werden. Daraus ergibt sich unmittelbar das Erfordernis der Integration der Verrechnungspreisberechnung in den gesamten Planungsprozess.

Zur *Planung der Gewinn- und Verlustrechnungen* der operativen Geschäftseinheiten mit konzerninternem Abrechnungsverkehr bedarf es der Kenntnis der relevanten Verrechnungspreise. Setzt im Gegenzug die Kalkulation der Verrechnungspreise wiederum auf den Planwerten auf, so ergibt sich ein grundsätzliches Rückkopplungsproblem. Für das verrechnungspreisintegrierte Prozessdesign bedeutet dies, dass zur Bestimmung der Verrechnungspreise auf anderen Daten als den Plandaten, beispielsweise auf den Ist-Daten des Vorjahres, auf den hochgerechneten Forecastwerten des laufenden Jahres oder den Mittelfristplanungswerten aufzusetzen wäre. Alternativ könnte die Planung selbst auch auf nicht-aktuellen Verrechnungspreisen basieren. Der Ermittlung der Planverrechnungspreise würde somit entweder vor oder nach der Ermittlung der Planwerte erfolgen. Beide Alternativen erweisen sich aber als nicht zweckmäßig, da auf mindestens einer nicht-planungsaktuellen Größe aufgesetzt werden muss, Planverzerrungen somit Ergebnis der Rückkopplung sind.

Eine vernünftige Lösung ergibt sich bei mehrstufigen Planungsprozessen. Mehrstufige Planungsprozesse bestehen häufig aus kombinierten Top-down- und Bottom-up-Prozessen mit der Folge der

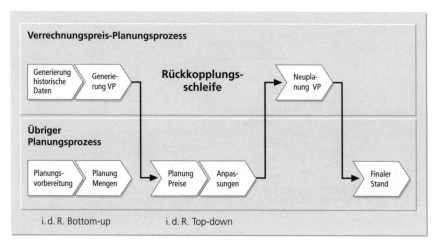

Abb. 162: Verrechnungspreise im kombinierten Top-down- und
Bottom-up-Planungsprozess

Notwendigkeit mehrerer Planungsrunden. Dieses Planungsverfahren kann dazu verwendet werden, in jeder neuen Planungsrunde Verrechnungspreise mit steigender Qualität in den Planungsprozess einzuspeisen, die dann als Berechnungsgrundlage für die übrigen Planungswerte dienen. Allerdings gelten hierbei selbstverständlich Kosten-Nutzen-Überlegungen, so dass ein Endpunkt der Rückkopplungsschleifen prozessual vorgegeben werden sollte. Dieses »Abbruchkriterium« sollte mit der grundsätzlich im Konzern ausgeübten Planungsgenauigkeit in Übereinstimmung gebracht werden, um strukturelle Konsistenz in der Qualität zwischen den geplanten Verrechnungspreisen und den übrigen Planungswerten herzustellen. Ein potentielles Anwendungsbeispiel für solche Planungsrunden ist in der Abbildung 162 dargestellt.

Dadurch, dass die Verrechnungspreise zusätzlich für alle Planungseinheiten gelten, entsteht ferner ein nicht

unerheblicher organisatorischer Aufwand. Die Verrechnungspreisinformationen müssen den Planungsverantwortlichen der dezentralen Einheiten zu Beginn des Planungsprozesses zur Verfügung gestellt werden. Dies kann mit den Informationsinstrumenten der operativen Ist-Kalkulation erfolgen.

Integration in die operative
(Ist-)Kalkulation und Buchführung

Über den Erfolg oder Misserfolg eines Verrechnungspreissystems wird final durch seine tatsächliche Umsetzung in der operativen Kalkulation und der Buchführung entschieden, in der die Intercompany-Geschäfte abgebildet werden. Maxime der Umsetzung des Verrechnungspreissystems ist es, das Handling im operativen Geschäftsbetrieb so einfach und so wenig fehleranfällig wie möglich zu machen, damit die geplanten Verrechnungspreiseffekte auch tatsächlich eintreten. Voraussetzung zur

Beispiel Henkel KGaA

Bei der Henkel KGaA werden unterschiedliche Unterstützungsleistungen durch das Verrechnungspreis-Team angeboten; diese werden sich u. a. auf folgende Aktivitäten erstrecken:

- Generelle Transparenz über das eigentliche Verrechnungspreissystem und seine Kalkulationsmethodik, seine Ermittlungsverfahren und seine Anwendungsfelder. Dies geschieht am besten durch eine allgemein verständliche und leicht zugängliche Verrechnungspreisrichtlinie. Sie soll das Verrechnungspreisverständnis der operativen Controller und Buchhalter aufbauen und in Zweifelsfragen als schriftlich oder online zugängliches Nachschlagemedium herangezogen werden können. Nach dem Aufbau des Systems werden Verrechnungspreis-Workshops zur Einführung in die Thematik abgehalten, um ein gemeinsames Verständnis auf operativer Ebene zu schaffen.
- Zusätzlich wird – zumindest in der ersten Zeit nach Einführung eines Verrechnungspreissystems – eine Helpline bereitgestellt werden, die im Falle von nicht direkt aus der Verrechnungspreisrichtlinie zu beantwortenden Zweifelsfragen, Sonderfällen und schwierig zu bewertenden Geschäften direkt zur Unterstützung herangezogen werden könnte. Aus dieser »Rufbereitschaft« können erhebliche praktische Lerneffekte über die Anwendung des Verrechnungspreissystems im operativen Geschäft gewonnen werden.
- Eine weitere wichtige Unterstützungsleistung ist die operative DV-Einbindung der Verrechnungspreisinformationen in die Kalkulation. Die Verrechnungspreisinformationen werden in einer Preisdatenbank bereitgestellt; bei SAP-angebundenen Gesellschaften wird eine vollständige Systemintegration und eine automatisierte Auswahl der entsprechenden Verrechnungspreise in der operativen Kalkulation ausgeübt. Durch diese Absicherung der richtigen Verrechnungspreiswahl wird sich die Fehlerquote in erheblichem Ausmaß reduzieren.
- Aperiodische Unterstützungsanforderungen, die durch die zentralen Verrechnungspreisverantwortlichen zu leisten sind, entstehen häufig bei lokalen Prüfungen der dezentralen Einheiten durch Wirtschafts- und/oder Betriebsprüfer vor Ort. Bei Bedarf wird eine operative Sonderunterstützung zur Klärung von Zweifels- und Spezialfragen bereitgestellt.

Wie ist Henkel bestrebt, das Integrationsproblem zu lösen?

Durchführung von Intercompany-Geschäften ist die Bereitstellung von operativen Informationen zur Kalkulation und zur Buchführung der Geschäftsvorfälle. Diese Bereitstellung enthält Informationen über die Höhe der Verrechnungspreise selbst, aber auch über die entsprechenden Verrechnungspreismethoden. Die Informationen werden im Regelfall für große Teile des Intercompany-Geschäftsprozesses benötigt und sind somit allen Prozessbeteiligten zur operativen Geschäftsausführung oder zur Kontrolle zugänglich zu machen. So müssen bei einem Liefergeschäft bei der Bestellung der Ware die Preisinformationen zur Entscheidungsfindung auf Bestellerseite vorliegen; bei Rechnungserstellung müssen alle verrechnungspreisrelevanten Informationen der insgesamt georderten Produkte auf Lieferantenseite vorhanden sein. Um diese Informationsversorgung so standardisiert wie möglich, aber auch so detailliert wie nötig zu gewährleisten, empfiehlt es sich bei der Einführung eines Verrechnungspreissystems, entsprechende Unterstützungsleistungen für die operativen Geschäftseinheiten anzubieten.

Zwar erfordern die Unterstützungsleistungen zu Beginn der internen Kalkulation mit einem neu aufgebauten Verrechnungspreissystem ein erhebliches Zeitbudget. Allerdings ist im Regelfall davon auszugehen, dass sich diese »Anfangsinvestition« durch Lern- und Erfahrungseffekte amortisiert. Dies gilt insbesondere dann, wenn diese Erfahrungen aus dem operativen Betrieb der IT-Plattform des Verrechnungspreissystems zur fachlichen, aber auch DV-technischen Verbesserung und Weiterentwicklung des Systems eingesetzt werden.

Verrechnungspreissystem – quo vadis?

Zielerreichungs-Controlling des Verrechnungspreissystems?

Verrechnungspreispolitik verwirklicht sich im konkreten Einsatz der Verrechnungspreise »vor Ort«. Damit ist aber noch nichts über die tatsächliche Zielerreichung und die Bewertung des Erfolges des Verrechnungspreissystems ausgesagt. Es bedarf eines sinnvollen

Zielerreichungs-Controllings, das Effektivität und Effizienz des Verrechnungspreissystems konkret misst. Zur sinnvollen Effektivitäts- und Effizienzbeurteilung des Verrechnungssystems gehört zum einen eine Planung, zum anderen eine Kontrolle der Verrechnungspreiseffekte. Es muss sichtbar gemacht werden, ob und inwieweit die Verrechnungspreispolitik ihre originären Ziele – wie z. B. die Setzung von Anreizen – erreicht hat. Hierbei gilt es, pro Zieldimension geeignete Kennzahlen zu definieren, als Sollvorgabe in geeigneter Höhe festzusetzen und als Kontrollgröße zu messen. Ausschließlich auf die GuV-relevanten Ergebniseffekte abzustellen, erweist sich allein schon auf Grund der nicht-monetären Zielsetzungen des Verrechnungspreissystem häufig als nicht sachgerecht. Ein einseitiges Ausrichten an den monetären Ergebniseffekten führt zwar im Regelfall zu einer Optimierung der Steuerzahlungen, wird häufig aber der Compliance- und meist auch der Incentivierungszielsetzung nicht gerecht. Das Risiko von Fehlsteuerungsanreizen oder fehlender interner Akzeptanz nimmt durch eine einseitige Ausrichtung eher zu. Aus diesem Grunde bedarf es quantifizierbarer Zielmessgrößen, die auch die qualitativen Zielsetzungen operational abbilden können. Beispiel für eine qualitativ orientierte Kennzahl könnte für die Compliancezielsetzung die Anzahl und/oder das Volumen an nachträglichen Steuerkorrekturen sein. Das Überschreiten eines vorgegebenen Planwertes in dieser Kategorie könnte als Indikator für eine noch nicht ausreichende steuerliche Compliance des Verrechnungspreissystems verwendet werden und damit

Erst ein hinreichendes Verrechnungspreiscontrolling zeigt, ob die Verrechnungspolitik wirklich umgesetzt wurde

Internationale Verrechnungspreise
im Konzern

auf weiteren konzeptionellen Handlungs-bedarf hinweisen. Eine potentielle Kennzahl für pragmatisch ausgerichtete Verrechnungspreissysteme hingegen ist beispielsweise die durchschnittliche Prozessdauer der operativen Fakturierung und Buchung eines Intercompany-Geschäfts.

Die Gesamtsachverhalte der Verrechnungspreispolitik sind im Regelfall zu komplex, um den Erfolg oder Misserfolg eines Verrechnungspreissystems alleine durch eine Kennzahl zu messen. Ein valides Kennzahlensystem zur Messung aller angestrebten Einzelziele mit abschließender Würdigung der gesamten Zielerreichung ist ein wesentlich sinnvollerer Ansatz. Es bietet auch die Basis für eine Festlegung entsprechender Zielwerte. Wie das Zielerreichungs-Controlling genau aussehen soll, ist nur vor dem Hintergrund der konzernindividuell mit dem Verrechnungspreissystem verfolgten Zielsetzungen zu beantworten und daher immer eine Frage des Einzelfalls.

Evolution und Dynamik im Verrechnungspreissystem

Ein einmal aufgebautes Verrechnungspreissystem sollte eine stabile Grundlage für die Intercompany-Abrechnungen und die Gewinnverteilung im Konzern darstellen. Dennoch kann es auf Grund von Änderungen der Rahmenbedingungen zu Anpassungserfordernissen kommen. Aus diesem Grunde ist nach dem Aufbau des Verrechnungspreissystems bereits ein Auge auf die potentielle Weiterentwicklung zu werfen. Es sind Prozesse zu etablieren, die Regeln und Verantwortlichkeiten für

den Umgang mit Änderungen bereithalten, um die notwendigen Umgestaltungsaktivitäten reibungsfrei planen und umsetzen zu können. Diese Änderungen können unterschiedliche Ursachen haben:

- Fusionen, Verschmelzungen, Unternehmenskäufe und -verkäufe können eine *Änderung der Konzern- und Beteiligungsstruktur* nach sich ziehen. In der Konsequenz werden somit die Subjekte der Intercompany-Transaktionen verändert. Dynamisches Verrechnungspreismanagement sollte Regeln und Verantwortlichkeiten für die Integration der neuen Gesellschaften festsetzen. Weiterhin sollte es die Anwendung des Verrechnungspreissystems für die Neugesellschaften in Gang setzen, damit diese in der Lage sind, reibungslos Intercompany-Geschäfte nach Konzerngrundsätzen abzuwickeln. Eine begleitende Kommunikation und ein Training der neu hinzugekommenen Buchhalter und Controller, hinsichtlich Philosophie und Abwicklungstechniken ist hierbei ein wesentlicher Erfolgsfaktor der Integration. Gleiches gilt sinngemäß auch für das Ausscheiden von Konzerngesellschaften aus dem Konzernverbund.
- Als größte Herausforderung von Strukturänderungen erweist sich die *Integration einer ganzen Unternehmensgruppe mit eigenem Verrechnungspreissystem*. Die Ansprüche an Kommunikation, Umsetzungsbegleitung und Training können hierbei unterschiedlich hoch ausfallen. Dies resultiert beispielsweise daraus, dass eingespielte Geschäftsprozesse in einem

Vielfältige potentielle Änderungen machen es erforderlich, das Verrechnungspreissystem von vornherein auf Anpassungen vorzubereiten

Verrechnungspreissysteme in der betrieblichen Praxis

bestehenden Verrechnungspreissystem in ein neues System in einer veränderten Umgebung mit unterschiedlichen Rahmenbedingungen integriert werden müssen. Diese Integration von bisher eingespielten Prozessen des alten Verrechnungspreissystems auf neue Prozesse in der aufnehmenden Unternehmensgruppe kann sich für die betroffenen Anwender schwieriger erweisen als die Konfrontation mit einer vollständig neuen Verrechnungspreiswelt, ohne dass vorher ein Altsystem bestand.

- *Änderungen der konzeptionellen Grundlagen des Verrechnungspreissystems, wie* beispielsweise die Änderung der Ermittlungs- und Kalkulationsregeln für die Transferpreise, eine Modifikation von verwendeten Verrechnungspreisverfahren oder eine Anpassung der Detailtiefe der Verrechnungspreise müssen ebenfalls Bestandteil eines potentiellen Änderungsmanagements sein. Hier gilt es, Regeln über die Einreichung neuer Anforderungen zu definieren und einen fachlichen Entwicklungsprozess aufzusetzen. Gleichzeitig bedarf es eines Verantwortlichen, der die externen Rahmenbedingungen beobachtet und aus rechtlichen oder marktspezifischen Änderungen Konsequenzen für das Verrechnungspreissystem ableitet und deren Umsetzung vorantreibt.

- Auch durch eine *IT-Integration* ergeben sich potentielle Anwendungsbereiche für ein Änderungsmanagement der Verrechnungspreisverantwortlichen. Konzeptionelle Systemänderungen müssen zum einen in die bestehende IT-Architek-

tur und Datenlandschaft integriert werden. Zum anderen kann aber die Fortentwicklung der IT neue Nutzungsmöglichkeiten (Verrechnungspreise im Konzernintranet u. ä.) offenbaren und gegebenenfalls eine Migration der DV-Plattform des Verrechnungspreissystems nach sich ziehen. Aus langfristigen Kosten-Nutzen-Überlegungen ist eine flexible Konzeption und DV-Umsetzung beim Aufbau anzustreben. Erfolgt die Gestaltung so flexibel, dass ein Großteil der konzeptionellen Änderungen ohne Anpassungen der DV-Systeme und Prozesse erfolgen kann, so lässt sich das System mit geringem Aufwand konzeptionell weiterentwickeln.

Unabhängig von den Ursachen der Änderungen des Verrechnungspreissystems ist eine weitere Aufgabe der Verrechnungspreisverantwortlichen die konzernweite Kommunikation der Anpassungen. Sie ist und bleibt, gerade bei einer dynamischen Weiterentwicklung des Systems, operative Herausforderung zur Gewährleistung einer dauerhaften konzernweiten Akzeptanz.

Zusammenfassung, Fazit und Ausblick

Verrechnungspreise – ein Thema, so alt wie die Betriebswirtschaftslehre selbst – ist erneut in den aktuellen Fokus betriebswirtschaftlicher Forschung und Praxis gerückt. Unabhängig von Gesetzesnovellierungen, Verwaltungsvorschriften, supranationalen Richtlinien und fortschreitender akademischer Diskussion bleibt für die Praxis jedoch ein Fazit unzweifelhaft bestehen:

Nur ein anpassungsfähiges Verrechnungspreissystem findet langfristig Akzeptanz im Unternehmen

Für internationale Unternehmen und Konzerne mit dezentraler Ergebnisverantwortlichkeit ist der Aufbau und die Weiterentwicklung eines Verrechnungspreissystems Daueraufgabe und Dauerherausforderung zugleich – gestern, heute und in Zukunft. Der Hauptfokus hierbei sollte auf der betriebswirtschaftlichen konsistenten Gestaltung des Systems liegen, denn sie sichert mittel- und langfristig die in- und externe Akzeptanz des Verrechnungspreissystems. Geschäftsmodellauthentizität und praktische Handhabbarkeit des Verrechnungspreissystems sind langfristig zielführender als ein kurzfristiges Streben nach steuerlichen Mitnahmeeffekten. Die negativen betriebswirtschaftlichen Auswirkungen und das drohende Nachzahlungspotential sind zu groß, als dass sie auf dem Altar kurzfristiger Gewinnmaximierung nach Steuern geopfert werden sollten.

Verrechnungspreise werden auch weiterhin ein vielschichtiges Thema bleiben, für das es keine optimale Problemlösung geben kann. Unabhängig davon können Konflikte durch wohlüberlegte Gestaltung gelöst oder zumindest abgemildert werden. Dies ist in Anbetracht der zunehmenden globalisierten Verflechtung und der Ausweitung des konzerninternen Leistungsverkehrs zukünftig mehr denn je vonnöten.

Wohl wissend, dass auch wir nicht alle verrechnungspreisimmanenten Konflikte vollständig lösen können, verbleibt jedoch die Hoffnung, dass wir mit diesem Kapitel unseren Beitrag zur Mil-derung der Verrechnungspreiskonflikte durch das Aufzeigen von potentiellen Herausforderungen und praktischen Lösungsmöglichkeiten geleistet haben.

Literatur: Wo können Sie sich weitergehend informieren?

Abgabenordnung vom 16.03.1976, BGBl. I S. 613 ff. mit späteren Änderungen.

BFH. Urteil vom 17. Oktober 2001, Az. I R 103/00.

Ernst & Young: *Transfer Pricing 2001 Global Survey Making Informed Decisions in Uncertain Times*. 2001.

Ewert, R./Wagenhofer, A: *Interne Unternehmensrechnung*. 5. Auflage. Berlin, Heidelberg, New York, 2003.

Küpper, H.-U.: *Controlling*. 3. Auflage. Stuttgart, 2003.

Laux, H./Liermann, F.: *Grundlagen der Organisation: Die Steuerung von Entscheidungen als Grundproblem der Betriebswirtschaftslehre*. 4. Auflage. Berlin u. a., 1997.

Mandler, U.: »Internationale Konzernverrechnungspreise«. In: *WISU Das Wirtschaftsstudium*, 31. Jg. (2002), S. 929–934.

OECD: *Transfer Pricing Guidelines for Multinational Enterprises and Tax Administrations*. Paris, 2001.

Schmalenbach, E.: »Über Verrechnungspreise: Rede am Geburtstag des Deutschen Kaisers und Königs von Preussen am 27. Januar 1909 in der Halle der Handelshochschule zu Köln«. In: *ZfhF*, 3. Jg. (1909), S. 165–185.

Scholz, C.: »Die Ökonomie der Bestimmung steuerlicher Verrechnungspreise«. In: *NWB Steuer und Studium*, 2001, S. 15–322.

Die Festlegung von Verrechnungspreisen war, ist und bleibt eine Daueraufgabe des Managements

13 Kundenwert-Controlling

Jürgen Weber, Marius Lissautzki

Notwendige Neuausrichtung des Controllings in marktorientiert geführten Unternehmen

Für erfolgreiche Marktteilnehmer ist es heutzutage nahezu selbstverständlich, die Unternehmensführung markt- bzw. kundenorientiert auszurichten. Wer nicht den Kunden und seine Bedürfnisse in den Vordergrund stellt, sie frühzeitig erkennt und besser als die Konkurrenz zu erfüllen weiß, wird im zunehmenden Wettbewerb langfristig unterlegen sein. Diese Erkenntnis hat dem Marketing sowohl in der Wissenschaft als auch in der Praxis zu einer beeindruckenden Erfolgsgeschichte verholfen. Immer mehr Unternehmen richten ihre gesamte Organisation am Kunden aus. Sogar die Deutsche Telekom AG, Akteur in einer besonders technologiegetriebenen Dienstleistungsbranche, hat jüngst eine Reorganisation des gesamten Konzerns angekündigt. Während die bisherige »Vier-Säulen-Struktur« (T-Com, T-Mobile, T-Online, T-Systems) eher auf den unterschiedlichen Kommunikationstechnologien basierte, stehen nun die Kundengruppen, Privat- versus Geschäftskunden, im Vordergrund.

Folgt man dem Grundsatz »Structure follows Strategy«, ist dann nun die gesamte Führung primär kundenorientiert auszurichten. Folglich stellt sich die Frage, wie das Controlling, verstanden als Rationalitätssicherung der Führung, seiner Zielsetzung in diesem neuen Umfeld gerecht werden kann. Es geht nicht um eine grundlegende Änderung der Controlling-Philosophie. Sowohl die Rationalitätssicherung als Hauptzielsetzung als auch die damit verbundenen vier Kernaufgaben (Informationsversorgung, Planungsunterstützung, Koordination und Erfolgskontrolle) behalten ihre Relevanz und Gültigkeit. Dass jedoch die traditionellen Instrumente, wie etwa die produktorientierten Investitions- und Deckungsbeitragsrechnungen, hier nicht mehr das Maß aller Dinge sind, ist offensichtlich.

Die echten Herausforderungen des Controllings liegen also in dessen Neuausrichtung am Kunden und der intensiven Beschäftigung mit den sich hieraus entwickelnden Problemen. Diese beginnen schon bei sehr grundsätzlichen Fragestellungen:

- Wie kann ein Steuerungssystem Wert- und Kundenorientierung vereinen?

Kundenorientierung ist ein Primat, das in allen Bereichen der Führung umzusetzen ist

Kundenorientierung stellt für das Controlling viele neue Fragen

- Wo liegen die Ursachen für unterschiedliche Kundenwertbeiträge? An welchen Stellhebeln ist anzusetzen, um Kundenwerte zweckgerecht zu gestalten?
- Wie lassen sich Kundenwertziele operationalisieren und in die einzelnen Funktionsbereiche – wie Marketing, Produktion und Einkauf – integrieren?

Darüber hinaus stellen sich diverse strategische und operative Fragen:

- Welche Kunden bzw. Kundengruppen sollte eine Unternehmung aus wertorientierter Sicht langfristig bedienen?
- Welche Verbundeffekte sind bei strategischen Kundenentscheidungen unbedingt zu berücksichtigen (z. B. Kundenreferenzen, Kundenerfahrungseffekte, Risikoausgleichseffekte)?
- Welche Art der Kundengewinnung ist wirtschaftlich sinnvoll (organische und/oder anorganische Kundenakquisitionen)?
- Wie lässt sich eine Kundendeckungsbeitragsrechnung konzipieren? Welche Aspekte sind bei der Nutzung herkömmlicher Kostenrechnungsverfahren zu beachten?
- Welche wirtschaftlichen Auswirkungen hat das Drehen an einzelnen Stellschrauben auf die Kundenwerte verschiedener Segmente?

Bisher wurden diese wissenschaftlich anspruchsvollen und überaus praxisrelevanten Herausforderungen von der Controlling-Forschung eher stiefmütterlich behandelt. Vergleichsweise intensiv hat sich dafür das Marketing mit diesen

Strategische und operative Fragen, die ein Kundenwert-Controlling lösen muss

Wer die Kundenorientierung übertreibt, merkt das schnell an seinem Ergebnis

Themen beschäftigt (vgl. Cornelsen 2000, Rust/Lemon/Zeithaml 2000, Rudolf-Sipötz 2001, Tewes 2003). Doch es zeigt sich, dass die Kernkompetenzen des Marketings in der markt- und kundenorientierten Unternehmensführung aus Nachfragersicht liegen. Für den Kundenwert bedeutende Aspekte aus Anbietersicht, wie beispielsweise die Kosten der Kundenbeziehung und deren Risiken, sind keine typischen Bestandteile der traditionellen Marketing-Forschung. Demgegenüber steht das Controlling, in der Praxis auch als »Anwalt des betriebswirtschaftlichen Ergebnisses« bezeichnet, schwerpunktmäßig für eine wertorientierte Unternehmensführung – wir haben dies in der Schriftenreihe Advanced Controlling häufig ausgeführt. Durch diese »Brille« werden wir im Folgenden sehen und versprechen uns hierdurch eine wertvolle Bereicherung der bestehenden Kundenwertforschung gerade im Hinblick auf die oben genannten Herausforderungen.

Kunden- oder Wertorientierung – ja was denn nun?

Am schönsten wäre es, man könnte die Maximierung von Kundenbedürfnissen und die Maximierung des Unternehmenswerts gleichgerichtet, quasi »in einem Zuge« erreichen. Dies wäre dann der Fall, wenn das eine (die Kundenorientierung) das andere (die Wertorientierung) unmittelbar und gänzlich förderte. Zwar gehen einige Forschungsarbeiten von einem eindeutig positiven Einfluss von Kundenbedürfnisorientierung, der daraus resultierenden Kundenzufriedenheit und -bindung auf den finanziellen Unternehmenserfolg aus. Von einer allgemeingültigen Gesetzmäßigkeit kann aber nicht die Rede sein (siehe hierzu beispielsweise Hinterhuber/Matzler 2002, S. 4 f.). Vielmehr ist die Integration von Kunden- und Wertorientierung zur Steuerung der Unternehmung aufgrund der Eigenschaften der beiden Führungsphilosophien nicht ohne Einschränkungen und Unterordnung einer der beiden möglich (vgl. die Abbildung 163). Sowohl Kundenzufriedenheit als auch Kundenbindung sind kein alleiniger Garant für die Maximierung der Interessen der Kapitalgeber. Folglich müssen das Verständnis zur Kundenorientierung verändert und die gesetzten Annahmen eingeschränkt werden.

Erst wenn Kundenorientierung primär die Zielsetzung der Maximierung der ökonomischen Kundenwertbeiträge aus Sicht des Unternehmens verfolgt, führt diese auch zur Unternehmenswertmaximierung. Die Befriedigung der Kundenbedürfnisse ist hier nicht Maxime, sondern nur Mittel zum Zweck. Das Kundenwert-Controlling übernimmt in diesem sowohl inhaltlich-konzeptionellen als auch organisatorisch-politischen Spannungsfeld insbesondere die Funktionen des Koordinators, Counterparts und Unterstützers.

Als Ankerpunkt dient hierbei die Kennzahl »Kundenwert«. In geradezu idealer Art und Weise verbindet diese Größe die beiden Führungsphilosophien. Exakt mit dieser Kennzahl werden wir uns im Folgenden intensiv beschäftigen.

Hiermit ist der zweite Abschnitt abgeschlossen. Von seiner Kürze sollte da-

Die Befriedigung von Kundenbedürfnissen ist keine Maxime, sondern nur Mittel zum Zweck

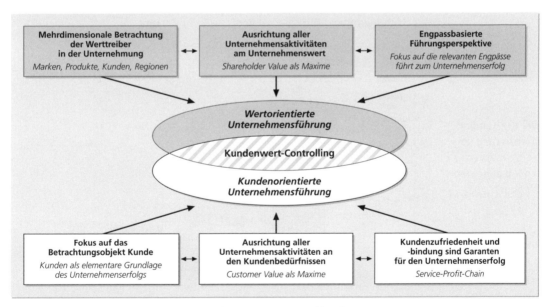

Abb. 163: Kundenwert-Controlling im Spannungsfeld zwischen wert- und kundenorientierter Unternehmensführung

Kunden- oder Wertorientierung –
ja was denn nun?

bei nicht auf seine Bedeutung geschlossen werden: Viele Unternehmen haben es mit der Kundenorientierung übertrieben. Das Marketing hatte ein gewichtiges Argument gefunden, seine Bedeutung im internen Kräftespiel zu steigern. Der ökonomische Sachverstand blieb dabei nicht selten auf der Strecke. Sie wieder in den Fokus zu nehmen, war einen eigenen Abschnitt in jeder Hinsicht wert.

Kennzahl ›Kundenwert‹

Die unterschiedlichen Sichtweisen auf die Kundenbeziehung zeigen sich auch in dem mehrdeutigen Verständnis zur Kennzahl »Kundenwert«. Auf der einen Seite wird dieser Begriff mit dem Customer Value (CV) gleichgesetzt. In diesem Fall drückt der Kundenwert den monetär bewerteten Kundennutzen, also die maximale Zahlungsbereitschaft des Kunden für die Leistungen des Unternehmens (Brutto-Customer-

Value), aus. Dieser *nachfragerspezifische Kundenwert* bildet sich aus unterschiedlichen Nutzenkomponenten (vgl. die Abbildung 164). Typischerweise wird hier in Produkt-, Service- und Markennutzen unterschieden (vgl. Rust/ Lemon/ Zeithaml 2000).

Demgegenüber steht der monetäre Wert der Kundenbeziehung aus Sicht des Unternehmens. Dieser *anbieterspezifische Kundenwert* drückt den heutigen risikoadjustierten Residualwert der zukünftigen kundenbezogenen Ein- und Auszahlungen aus (Barwert der Kundenbeziehung). Kundenbeziehungen werden hier also wie Investitionen behandelt. Die Aufrechterhaltung beziehungsweise das Eingehen dieser Beziehung macht aus Unternehmenssicht nur dann Sinn, wenn der Barwert des Kunden positiv ist. Aufgrund der dynamischen Betrachtung der Kundenbeziehung wird dieser Barwert auch Customer-Lifetime-Value *(CLV)* genannt.

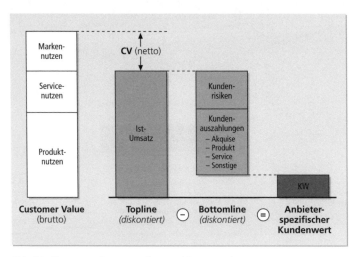

Abb. 164: Zusammenhang zwischen nachfrager- und anbieterspezifischem Kundenwert

Kundenwert-Controlling

Im Folgenden wird der anbieterspezifische Kundenwert im Mittelpunkt unserer Betrachtung stehen. Das zentrale Interesse eines Anbieters innerhalb der Geschäftsbeziehung ist die Maximierung der Unternehmenswertbeiträge eines Kunden beziehungsweise der gesamten Kundenbasis. Aus wertorientierter Sicht stellt hier der Kundennutzen nur eine notwendige, nicht jedoch hinreichende Bedingung des Unternehmenserfolges dar. Dieser ist also nur ein – wenn auch sehr wichtiger – Bestandteil unter Vielen und lediglich Mittel zum Zweck (Ausschöpfen von Zahlungsbereitschaften des Kunden). Im Vergleich dazu beinhaltet der Customer-Lifetime-Value alle markt- und ressourcenbasierten Komponenten, um in Einklang mit der Unternehmenswertmaximierung zu stehen – wir werden darauf noch näher eingehen.

Dieses die gesamte Wertkette der Unternehmung umspannende Kundenwertverständnis macht die Kennzahl nicht nur für das Marketing als Teilfunktion der Unternehmung, sondern für nahezu alle Funktionsbereiche, wie beispielsweise auch Produktion und Logistik, relevant.

Verfahren zur Bestimmung des Kundenwertes

Wie hoch der kundenspezifische Wertbeitrag ist, kann sowohl mittels qualitativer als auch quantitativer Verfahren bestimmt werden. Während bei den qualitativen Verfahren eine Unterscheidung hinsichtlich der Informationsgenerierung sinnvoll ist, lassen sich quantitative Verfahren anhand ihrer Messgrößen unterteilen (vgl. die Abbildung 165).

Neben den Ausprägungen der Messgrößen als Differenzierungskriterium existieren drei weitere Faktoren zur genaueren Einordnung der quantitativen Verfahren (ähnlich Reinecke 2004, S. 341):

1) *Dimensionalität:* Während eindimensionale Kundenwertanalysen auf eine einzige mehr oder weniger verdichtete Größe fokussieren, ist es Zielsetzung der mehrdimensionalen Methoden, die unterschiedlichen Erfolgsfaktoren der Kundenbeziehung möglichst umfassend abzubilden. Diese können entweder als unabhängige Dimensionen nebeneinander stehen oder in ein hierarchisches Ursache-Wirkungs-System eingebettet werden.

Faktoren zur Einordnung der quantitativen Verfahren

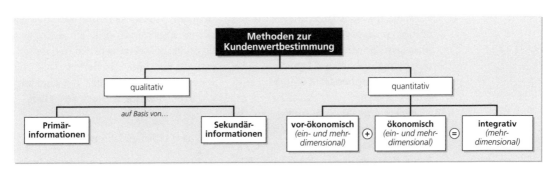

Abb. 165: Methoden zur Kundenwertbestimmung

Nicht immer muss man Informationen zur Kundenwertbestimmung neu ermitteln

2) *Zeitbezug:* Kundenwerte können zeitpunkt- oder aber zeitraumbezogen gemessen werden. Statische, zeitpunktbezogene Methoden greifen typischerweise auf Periodenerfolgsgrößen, wie Gewinn oder Deckungsbeitrag, zurück. Demgegenüber berücksichtigen mehrperiodische, dynamische Berechnungen den gesamten Kundenlebenszyklus.

3) *Aggregationsniveau:* Verfahren können danach unterschieden werden, ob Kundenwertergebnisse auf Einzelkunden-, Segment- oder Kundenstammbasis erhoben werden.

Qualitative Verfahren

Sind die ermittelten Kundenwerte nicht rechnerisch erhoben worden und intersubjektiv schwierig nachprüfbar, dann basieren diese Ergebnisse auf qualitativen Verfahren. Ein typisches Instrument zur Erhebung qualitativer Kundenwerte ist die *Befragung.* Hierbei können Meinungen und Einschätzungen zu einzelnen Kunden oder Kundengruppen gesammelt werden. Diese werden als Einzelaussagen genutzt, also nicht auf einer Zahlenskala normiert. Typische Ergebnisse sind Aussagen wie »Ein toller Kunde mit geringem Betreuungsaufwand, der dem Unternehmen schon immer vertraut hat«. Anhand dieser Aussagen können Kunden anschließend in eine maßgeblich auf intuitiven Beurteilungen beruhende Rangliste eingeordnet werden.

Bei einer qualitativen Analyse auf der Grundlage von *Primärinformationen* basieren die Ergebnisse auf einer eigens dafür durchgeführten Erhebung. Hinsichtlich der befragten Gruppe sind interne und externe Interviews zu unterscheiden. Letztere stellen Personen dar, die nicht zum Mitarbeiterstamm des Unternehmens gehören, also beispielsweise Handelsvertreter. Werden schließlich bereits existierende Befragungsergebnisse genutzt und ausgewertet, dann basieren die Kundenwertanalysen auf *Sekundärinformationen.* Aussagen über die Einstellungen von Kunden gegenüber dem Unternehmen im Vergleich zum Wettbewerb können hier in vielen Fällen aus Branchen- bzw. Marktumfragen gewonnen werden.

Zusammenfassend lassen sich qualitative Verfahren nur mit erheblichen Einschränkungen zur Bestimmung der Kundenwerte anwenden. Der größte Nachteil besteht in der Subjektivität und hiermit verbundenen geringen Vergleichbarkeit von Befragungsergebnissen über Perioden hinweg. Hier liegt vermutlich auch die Ursache dafür, dass diese Verfahren bisher keine Berücksichtigung in der Kundenwertforschung gefunden haben. Trotz dieser grundsätzlichen Schwächen bilden qualitative Ranglisten jedoch in der Praxis – insbesondere im Business-to-Business-Bereich – ein wichtiges Entscheidungskriterium. Zumindest als Indikatoren in der strategischen Planung und als Instrument zur Absicherung rein quantitativer Ergebnisse sind sie auch aus theoretischer Perspektive durchaus geeignet. Bei einer isolierten Nutzung wäre die Rationalität der Entscheidungen aber eindeutig in Frage zu stellen.

Quantitative Verfahren

Klassische Steuerungssysteme basieren auf quantitativen Daten. Dies liegt insbesondere daran, dass nur eindeutige, objektiv nachvollziehbare Messungen vorher definierter Größen eine Erfolgskontrolle und Steuerung zulassen, die innerhalb der Organisation Akzeptanz findet.

Rein finanzorientierte Methoden lassen sich im ersten Schritt hinsichtlich ihres *Zeitbezugs* unterscheiden. Bei statischen Verfahren wird unter dem Kundenwert eine Periodenerfolgsgröße wie Deckungsbeitrag oder Profitabilität verstanden. Den gesamten Erfolg in der Kundenbeziehung können jedoch nur periodenübergreifende Größen abbilden. Diese zukunftsgerichteten Größen beziehen explizit Kundenpotentiale und -risiken mit in die Bewertung ein. Sie können ein- oder mehrdimensional gestaltet sein. Der CLV als Barwert der kundenbezogenen Zahlungsströme ist eine eindimensionale, verdichtete Kennzahl. Werden außerdem die monetären Komponenten bzw. Werttreiber einzeln ausgewiesen, handelt es sich um ein mehrdimensionales Verfahren.

Vor-ökonomische Methoden bilden den Kundenwert anhand psychographischer Größen ab. Bei Portfolio-Analysen werden Kunden beispielsweise anhand ihrer Preissensibilität, dem Loyalitätsgrad und der Technologieaffinität eingeordnet. Während Portfolio-Darstellungen die Kunden bzw. Kundengruppen anhand mehrerer Dimensionen darstellen, werden diese bei Scoring-Verfahren auf eine Kennzahl verdichtet. Die Gewichtung der einzelnen Kriterien in dem Punktbewertungsverfahren kann entweder rein intuitiv oder auf Basis empirischer Ergebnisse festgelegt werden.

Die aufwendigsten, aber auch vielversprechendsten Verfahren verbinden vor-ökonomische mit ökonomischen Größen. Folglich sind sie grundsätzlich mehrdimensional und in den meisten Fällen hierarchisch aufgebaut. Typischerweise werden hierfür die unterschiedlichen Kriterien in einen Werttreiberbaum eingeordnet. Kunden-Scorecards oder -Würfel stellen – im Gegensatz zu klassischen Werttreiberbäumen mehrere Hauptwerttreiber nebeneinander, ohne diese wiederum auf nächst höherer Ebene in eine einzige Kundenwertkennzahl zu komprimieren. Beispielsweise wird der Kundenwürfel nach Rudolf-Sipötz/Tomczak anhand der drei Dimensionen »Gegenwärtiger Erfolgsbeitrag«, »Zukünftiges Erfolgspotential« und »komplementärer Wertbeitrag« aufgespannt (vgl. Rudolf-Sipötz/Tomczak 2003, S. 145 ff.).

Im Direktmarketing und Versandhandel wird schließlich häufig die so genannte RFM-Methodik als integratives Verfahren angewendet. RFM steht für »Regency of last purchase«, »Frequency of purchases« und »Monetary Value« (vgl. Krafft 2004, S. 286 f.). Empirische Analysen bestätigten diese Komponenten als wichtige Werttreiber der langfristigen Kundenprofitabilität für ausgewählte Branchen (z. B. Katalogversandhandel).

Kundenwert und Unternehmenswert

Einordnung des Kundenwertes in die herkömmliche Werttreiberhierarchie

Ungeachtet der gestiegenen Bedeutung der Kunden im Hinblick auf den Unternehmenserfolg orientiert sich die Aufbauorganisation in der Mehrzahl der Unternehmen noch an traditionellen

Quantitative Verfahren lassen sich hinsichtlich ihres Zeitbezugs unterscheiden

Kunden-Scorecards und -Würfel als Visualisierungshilfsmittel

Vor-ökonomische Methoden stellen auf psychographische Größen ab

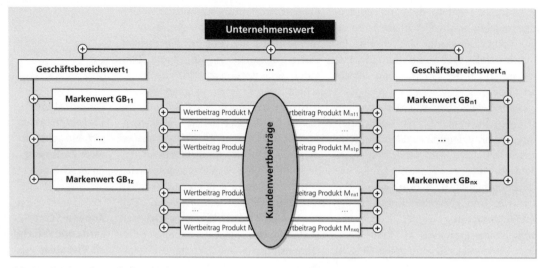

Abb. 166: Logik traditioneller Unternehmensstrukturen und Werttreiberhierarchien

Die Deutsche Telekom AG als Praxisbeispiel

Strukturen. Typischerweise untergliedert sich die Konzernorganisation auf erster Ebene in strategische Geschäftsfelder. Diesen sind in vielen Fällen mehrere Marken zugeordnet. Marken wiederum werden meist funktional bzw. produktorientiert geführt. In der Abbildung 166 ist die dieser Logik folgende Werttreiberhierarchie dargestellt.

Kundenwerte bilden sich jedoch über diese Werttreiberhierarchieebenen hinweg. So kann ein Kunde mehrere Produkte von unterschiedlichen Marken aus abgetrennten Geschäftsbereichen eines Konzerns kaufen. In diesen Fällen ist es äußerst aufwendig, die Kundenwerte aus den Einzelbestandteilen der Organisationseinheiten zu bestimmen und zusammenzufassen. Unterschiedliche Management-Informationssysteme machen die Umsetzung in der Praxis meist unmöglich. Hinzu kommt die Gefahr, unterschiedliche Kundenwertverständnisse miteinander zu vermischen

und so inkonsistente, nicht einheitlich erhobene Kundenwerte zur Grundlage der Steuerung zu machen.

Als Praxisbeispiel ist die bis Mitte 2004 geltende Aufbauorganisation der Deutsche Telekom AG angeführt. Die Aufteilung der Ergebnisverantwortung nach den vier Marken und ihren Produktbereichen/Technologien führte dazu, dass die Kunden mit Ausnahme der Konzern-Geschäftskunden »nicht aus einer Hand« betreut wurden. Kundenwerte bildeten sich folglich über die Marken hinweg. Deren Bestimmung und eine darauf aufbauende kundenwertorientierte Unternehmenssteuerung waren hierdurch praktisch nicht möglich.

Aus Sicht der Wertorientierung barg diese Organisation die Gefahr der Fehlsteuerung und nicht zielführenden Ressourcenallokation. Als Beispiel hierfür sei ein Kunde genannt, der sowohl Leistungen der T-Com als auch von T-Mobile

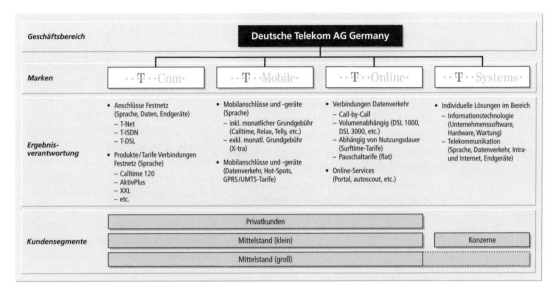

Geschäftsbereich		**Deutsche Telekom AG Germany**		
Marken	··T··Com·	··T··Mobile·	··T··Online·	··T··Systems·

Ergebnis-verantwortung	• Anschlüsse Festnetz (Sprache, Daten, Endgeräte)
	  – T-Net
	  – T-ISDN
	  – T-DSL
	• Produkte/Tarife Verbindungen Festnetz (Sprache)
	  – Calltime 120
	  – AktivPlus
	  – XXL
	  – etc.
		• Mobilanschlüsse und -geräte (Sprache)
		  – inkl. monatlicher Grundgebühr (Calltime, Relax, Telly, etc.)
		  – exkl. monatl. Grundgebühr (X-tra)
		• Mobilanschlüsse und -geräte (Datenverkehr, Hot-Spots, GPRS/UMTS-Tarife)
			• Verbindungen Datenverkehr
			  – Call-by-Call
			  – Volumenabhängig (DSL 1000, DSL 3000, etc.)
			  – Abhängig von Nutzungsdauer (Surftime-Tarife)
			  – Pauschaltarife (flat)
			• Online-Services (Portal, autoscout, etc.)
				• Individuelle Lösungen im Bereich
				  – Informationstechnologie (Unternehmenssoftware, Hardware, Wartung)
				  – Telekommunikation (Sprache, Datenverkehr, Intra- und Internet, Endgeräte)

Kundensegmente	Privatkunden Mittelstand (klein) Mittelstand (groß)			Konzerne

Abb. 167: Bis Mitte 2004 geltende Aufbauorganisation der Deutschen Telekom AG Germany (vgl. Deutsche Telekom AG, Geschäftsbericht 2003)

bezieht. Substituiert dieser Kunde nun Festnetztelefonate durch Mobilfunkgespräche, führt diese Änderung des Kommunikationsverhaltens tendenziell zu einer Kundenwertsteigerung aus Konzernsicht, da die Deckungsspannen im Mobilfunk höher sind. Eine rationale Reaktion der Festnetzsäule T-Com könnten nun Preissenkungen und Kundendirektansprachen sein, um das Verbindungsvolumen wieder zurückzugewinnen. Geht der Kunde auf diese Angebote ein, sinkt der Kundenwert aus Gesamtsicht unter das Ausgangsniveau. Bei der Steuerung auf Basis des konzernweiten Kundenwertes wäre es in diesem Fall nicht zu den hier beispielhaft beschriebenen Fehlentscheidungen gekommen.

Demgegenüber lassen sich kundenorientierte Aufbauorganisationen, wie die im Business-to-Business-Bereich dominierenden Key-Account-Organisationen, sehr gut mit der kundenwertorientierten Steuerung verbinden. Im Massenmarkt haben sich kundenorientierte Organisationsformen insbesondere bei Banken und Versicherungen durchgesetzt. So ist die Deutsche Bank AG nach den Segmenten Privatkunden- und Firmenkundengeschäft gegliedert. Auf nächster Ebene ist das Privatkundengeschäft nochmals unterteilt nach Kundengruppen in Abhängigkeit ihres eingebrachten Vermögens und Nettoeinkommens. Erst auf der dann folgenden Ebene wird die Ergebnisverantwortung auch auf Basis der einzelnen Produktgruppen (Aktiv-/Passivprodukte) zugeordnet (vgl. Geschäftsbericht 2003, Deutsche Bank AG).

Kundenorientierte Organisationsformen finden sich insbesondere im Servicegeschäft

491

Rechnerische Überleitung auf Basis des Discounted-Cash-Flow

Soll die kundenwertorientierte Steuerung im Einklang mit der wertorientierten Unternehmensführung stehen, muss das kundenwertbezogene Kennzahlensystem in einem logisch nachvollziehbaren Zusammenhang zum Unternehmenswert stehen. Dies ist am ehesten gegeben, wenn sich die Kundenwerte zumindest rein theoretisch rechnerisch in den Unternehmenswert überführen lassen und umgekehrt.

Wie das in Abbildung 168 dargestellte Berechnungsschema zeigt, ergibt sich hierbei der Unternehmenswert durch die Kumulierung der Kundenwerte und der notwendigen Anpassungen. Letztere sind als Korrekturposten zu verstehen: Zahlungen also, die ent-

weder kundenunabhängig sind und/oder sich nicht dem operativen Geschäft zuordnen lassen. Ergebnisbelastungen durch einmalige Restrukturierungsmaßnahmen sind zum Beispiel kundenunabhängige, nicht operative Zahlungen. Ferner sind hier jegliche Steuereffekte gesondert aufgeführt. Sie haben folglich Einfluss auf den Unternehmenswert ohne in den Kundenwertergebnissen berücksichtigt zu werden. Kundenwerte sind somit diskontierte Brutto-Cashflows. Um den Wert des Eigenkapitals, den Shareholder Value, zu erhalten, gilt es im letzten Schritt, den Marktwert des Fremdkapitals von dem Unternehmensgesamtwert abzuziehen.

Wesentliche Annahmen dieses Berechnungsschemas stecken im Speziellen in den Kalkulationen der Einzelkundenwerte. Einzelkunden- und kunden-

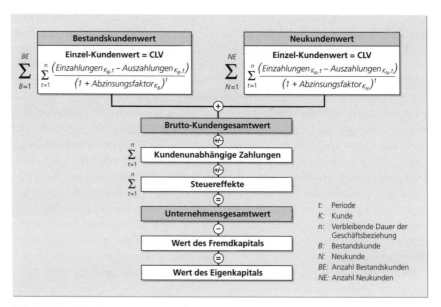

Abb. 168: Vom Kundenwert zum Unternehmenswert
(in Anlehnung an Tewes (2003), S. 171)

Kundenwert-Controlling

gruppenbezogene Verbundeffekte müssen in den Einzelkundenwerten berücksichtigt sein und entsprechend verteilt werden. Diese Verbundeffekte können sowohl die Einzahlungs-/Auszahlungsseite als auch die Risikokomponenten betreffen. Ähnlich der Vorgehensweise in der Vollkostenrechnung werden bei dieser Kalkulation die nicht direkt zurechenbaren Komponenten über möglichst sinnvolle Schlüssel verteilt. Folglich können die hier bestimmten Einzelkundenwerte nur unter Einschränkungen isoliert interpretiert werden. Unveränderte Rahmenbedingungen hinsichtlich der Kundenanzahl insgesamt, der Kundenstruktur und -charakteristik sind wesentliche Voraussetzungen.

Kundenwerttreiber: Dreh- und Angelpunkt im Kundenwert-Controlling

Herzstück und größte Herausforderung in der Kundenwertforschung und in der praktischen Anwendung ist die Bildung eines aussagekräftigen, logisch-konsistenten Werttreibersystems. Es bildet die wesentliche Grundlage für eine Vielzahl von Aufgaben im kundenwertorientierten Steuerungsprozess. Hierzu bedarf es eines sehr tief gehenden Verständnisses über die Ursachen und Zusammenhänge der wesentlichen Erfolgsfaktoren im Geschäftsmodell. Erkenntnisfortschritte können hierdurch insbesondere für folgende Fragestellungen erreicht werden:

- Was sind die Erfolgsfaktoren des Geschäftsmodells? Wo liegen die eigentlichen Ursachen für die

unterschiedlichen Wertbeiträge unserer Kunden?
- Ist das Kunden-Portfolio auf der Zeitachse ausgeglichen? Gibt es einen gesunden Mix aus aktuellen Gewinnbringern und Potentialkunden?
- Wie können Kunden hinsichtlich ihrer Wertbeitragsstruktur in möglichst homogene Gruppen eingeordnet werden? Was sind die Trennungsvariablen?
- An welchen Stellhebeln ist bei welchen Kunden anzusetzen, um die Kundenwerte so erfolgswirksam wie möglich zu gestalten?
- Wo und warum unterscheiden sich die Kundenwerte der Wettbewerber von denen des Unternehmens? Passen die Kunden besser/schlechter zum Geschäftsmodell? Liegen interne, operative Umsetzungsschwächen/-stärken vor?
- Aus welchen Gründen haben sich die Kundenwerte innerhalb der letzten Periode verändert? Welche Chancen/Risiken liegen in dieser Entwicklung?

Ebenen im Kundenwerttreibersystem

Hauptkomponenten des Kundenwertes aus Anbietersicht sind – geradezu »klassisch« – die positiven Effekte durch Einzahlungen einerseits und negative Effekte durch kundenbezogene Auszahlungen und mit der Kundenbeziehung verbundene Risiken andererseits. Bei allen drei Dimensionen müssen die jeweiligen Zeitpunkte berücksichtigt werden. Wie aus der Investitionsrechnung bekannt, sind Zahlungswirkungen in der Zukunft entsprechend abzuzinsen.

Bei der Kundenwertbestimmung müssen vielfältige Verbundbeziehungen berücksichtigt werden

Nutzen und Anwendungsspektrum eines Kundenwerttreibersystems

Einzahlungen, Auszahlungen und Risiken als bestimmende Variablen

Hinter diesen drei Dimensionen (Einzahlungen, Auszahlungen, Risiken) steht eine Vielzahl unterschiedlicher Parameter, die Kundenwerttreiber im engeren Sinne. Sie lassen sich eindeutig abgrenzen und in ein logisch-konsistentes Berechnungssystem einbetten. Demgegenüber können die auf nächster Ebene folgenden Bestimmungsfaktoren durchaus mehrdimensionalen Einfluss auf den Kundenwert haben. Obwohl am weitesten »entfernt« vom Kundenwert, geben sie über die eigentlichen Ursachen der Kundenwertdifferenzen Aufschluss. Diese können – wie die Abbildung zeigt – sehr wohl Kenngrößen qualitativer Natur (wie zum Beispiel der Grad der Kundenzufriedenheit) sein.

Während die Dimensionen und Werttreiber des Customer-Lifetime-Value nahezu allgemeingültig gelten, sind deren Bestimmungsfaktoren und Einflussstärken branchen- bzw. unternehmensspe-

zifisch. So hat bei einer typischen Ein-Produkt-Unternehmung wie z. B. dem Eierlikörhersteller Verpoorten das Cross-Selling-Potential – verstanden als Wahrscheinlichkeit, einem Kunden weitere Leistungen aus dem eigenen Angebotsspektrum verkaufen zu können – untergeordnete Bedeutung. Für Banken und Versicherungen gilt es hingegen als sehr wichtige Kenngröße zur Quantifizierung des Kundenwachstumspotentials.

Je eher die Determinanten des Kundenwertes in der Kausalkette am Anfang stehen, desto größere Schwierigkeiten entstehen bei der Bestimmung der Zusammenhänge zwischen den einzelnen Faktoren. Wie oben schon angedeutet, tritt diese Problematik also im Besonderen auf der Ebene der Bestimmungsfaktoren auf. Die Güte hinsichtlich der darstellbaren Zusammenhänge lässt sich in vier Stufen unterteilen:

Abb. 169: Die Werttreiberhierarchie in der kundenorientierten Unternehmung

Kundenwert-Controlling

Stufe 1: Kausalzusammenhang kann bestätigt werden (Einfluss vorhanden?)
Stufe 2: Verknüpfungsrichtung bestimmbar (positiver oder negativer Einfluss?)
Stufe 3: Verknüpfungsart nachweisbar
(ist der positive bzw. negative
Einfluss über-/unter- oder rein
proportionaler Natur?)
Stufe 4: Zusammenhang/Stärke quantifizierbar (wie sieht die vollständige Funktion aus?)

Da es möglich sein muss, Werttreiber
in einem logisch-konsistenten Berechnungssystem darzustellen, muss auf
dieser Ebene normalerweise die Stärke
der Kausalzusammenhänge untereinander und in Richtung der Kundenwertdi-
mensionen bekannt sein (Stufe vier).
Nur dann ist die insbesondere aus Con-
trolling-Sicht wichtige Verbindung einzelner Werttreiber möglich und eine ge-
samthafte Betrachtung des Kunden
gewährleistet.

In der Praxis existiert – neben der
Schwierigkeit der Bestimmung des Zusammenhangs zwischen den einzelnen
Kennzahlen – ein weiteres Problem: die
Prognose der Größen an sich. Hierbei
zeigt sich das Dilemma jedes Werttreibersystems: Auf der einen Seite können
die Werttreiber – wie oben beschrieben
– im Vergleich zu den Bestimmungsfaktoren sehr gut in Zusammenhang gebracht werden. Auf der anderen Seite
lässt sich deren Höhe jedoch ungleich
schwieriger als die der Bestimmungsfaktoren festlegen bzw. prognostizieren.
So ist beispielsweise das Lebensalter eines Bankkunden als wichtiger Bestim-
mungsfaktor ungleich einfacher zu er-

mitteln als dessen periodenspezifischer
Cross-Selling-Wert in den nächsten
zehn Jahren. Gerade die zur Lösung dieses Problems notwendigen Kenntnisse
über die Zusammenhänge zwischen Bestimmungsfaktoren und Werttreibern
liegen aber meist nur in der Güte der
Stufe zwei vor!

Werttreiber im Zeitraum der Leistungserstellung

In Abhängigkeit von der jeweiligen
Phase der Geschäftsbeziehung sind unterschiedliche Werttreiber ausschlaggebend. Für die Bestimmung des Kundenwertes reicht eine Trennung zwischen der
Akquisitionsphase und dem Zeitraum
der Leistungserstellung zumeist aus.

In der Akquisitionsphase zeigen sich
vier Determinanten als entscheidend:

- die Höhe der notwendigen Investitionen zur Kundengewinnung,
- die mit der Vorbereitung zur Bereitstellung der Leistung möglicherweise
verbundenen Umsätze,
- die Zeitspanne zwischen Kunden-
ansprache und wahrscheinlichem
Anfang der Leistungserstellungs-
phase und
- die Wahrscheinlichkeit, dass der
angesprochene Kunde auch
erfolgreich akquiriert wird.

Diese Werttreiber sind sowohl bei der
erstmaligen Kundenakquisition als auch
während der möglicherweise notwendigen Rückgewinnung relevant.

Ein deutlich breiteres Spektrum an
Werttreibern zeigt sich im Zeitraum der
Leistungserstellung, also nach erfolgrei-
cher Akquisition des Kunden.

4-Stufen-Modell zur Bestimmung der Güte der Zusammenhänge

Werttreiber in der Akquisitions- phase

Werttreiber im Zeitraum der Leis- tungserstellung

Einzahlungen

Auf Seite der Einzahlungen kann jedem Kunden ein individuelles *Umsatzpotential* für das Unternehmen zugeschrieben werden. Dieses Umsatzpotential entspricht der Summe der maximal erreichbaren Kundenumsätze in allen noch folgenden Perioden innerhalb des verbleibenden Lebenszyklus. Wird es voll ausgeschöpft, hat der Kunde alle für ihn in Frage kommenden Produkte des Anbieters auch bei diesem Anbieter gekauft. Hinzu kommt, dass dieser Kunde außerdem die jeweils hochwertigsten Produktausführungen, die er gerade noch bereit ist zu bezahlen, auch bezogen hat (vollständiges Ausschöpfen der Zahlungsbereitschaft). Weist das vom individuellen Lebenszyklus und der Kundencharakteristik (z. B. soziale Stellung, Beruf, Familienstand) abhängige Marktpotential auf einen steigenden Umsatz des Kunden in der Zukunft hin, spricht man von einem Kunden mit hohem Entwicklungspotential.

Inwiefern dieses Marktpotential auch vom einzelnen Unternehmen ausgeschöpft wird, lässt sich anhand dreier Kennzahlen beschreiben. Derjenige Werttreiber, der die Kundenloyalität hinsichtlich einer Produktgruppe definiert, nennt sich *Share-of-Wallet*. Dieser drückt den »Marktanteil« eines Anbieters an den Gesamtausgaben eines Kunden in einer Produktgruppe aus (Quotient aus Eigenumsatz und Gesamtausgaben eines Kunden). Wenn beispielsweise 30 % der Verbindungsumsätze eines T-Com-Kunden sogenannten Call-by-Call-Anbietern (z. B. Wettbewerber wie »01015 Telecom«) zuzurechnen sind, liegt der kundenspezifische Share-of-Wallet der T-Com im Produktsegment »Verbindungen Festnetz« bei 70 %. Anhand des Share-of-Wallet lässt sich somit das Umsatzsteigerungspotential durch Erhöhung der Produktloyalität ermitteln. Ferner gelten Ausmaß und Entwicklungstendenz der Share-of-Wallets in den vergangenen Perioden als wichtige Indikatoren zur Bestimmung des Kundenabwanderungsrisikos *(Churn-Risiko)*.

Neben der verbesserten Produktloyalität gibt es noch einen weiteren Hebel zur Steigerung der Kundenumsätze innerhalb einer Produktgruppe (Produktgruppen können auch bestimmte Serviceleistungen sein). Unter *Up-Selling* wird die Möglichkeit verstanden, den Kunden umsatzseitig zu entwickeln. Während eine verbesserte Ausschöpfung des Share-of-Wallet auf die Erhöhung des Zählers (Eigenumsatz) zielt, geht es beim Up-Selling also um die Vergrößerung der Gesamtausgaben eines Kunden in einer Produktgruppe. Dies kann durch einfache Mengensteigerungen, direkte Preiserhöhungen und/oder den Vertrieb höherwertiger Produktvarianten erreicht werden. Vodafone hat zum Beispiel durch die Einführung von Volumentarifen am Wochenende eine Kundenumsatzsteigerung erreicht. Und dies zu Verbindungszeiten, in denen die Mobilfunknetzkapazitäten sowieso nicht ausgelastet sind.

Der schon oben beschriebene *Cross-Selling*-Wert je Periode umschreibt diejenigen Produktumsätze, die durch den Vertrieb anderer Produkte aus dem eigenen Produktprogramm möglich sind. Hier sind drei Arten von Cross-Selling zu unterscheiden. Bezieht der Kunde die jeweiligen Produkte bisher schon bei Wettbewerbern, handelt es sich um *loya-*

Auf den Controller kommen beim Kundenwert-Controlling eine Reihe neuer Tatbestände und Begriffe zu

Drei Kennzahlen beschreiben, inwieweit das Kundenpotential ausgeschöpft wird

Unterschiedliche Arten des Cross-Selling sind zu unterscheiden

496

litätsbezogenes Cross-Selling. Demgegenüber muss der Kunde beim *bedürfnisweckenden Cross-Selling* erst von der Vorteilhaftigkeit und dem Produktnutzen an sich überzeugt werden. Er bezieht das Produkt also bisher auch nicht von Wettbewerbern. Hier stehen allgemeine Produktinformationen (z. B. Informationen über Anzahl Sonnentage im Jahr bei Vertrieb eines Cabrios) gegenüber Preis- und Produktvergleichen im Vordergrund. Eng mit dem Zweiten verknüpft, aber weniger auf Überzeugungsarbeit angewiesen, ist die dritte Variante, das *lebenszyklusbezogene Cross-Selling.* In diesem Fall entsteht die Möglichkeit des Cross-Selling hauptsächlich aufgrund veränderter Lebenssituationen eines Kunden. Beispielsweise wird der Bedarf nach Altersvorsorgeprodukten eines Bankkunden, für den bisher nur ein Girokonto geführt wurde, regelmäßig erst bei Eintritt in das Berufsleben akut.

Auszahlungen

Auf Auszahlungsseite hat sich die Systematisierung in Anlehnung an die Wertschöpfungskette der Unternehmung als sinnvoll erwiesen.

Direkt mit dem Kunden verbunden sind die *Vertriebs- und Servicekosten.* Je nach Kanal lassen sich diese Kosten wiederum nach dem Verursacher (z. B. aktive Ansprache des Unternehmens versus Reaktion auf Kundenanfrage wegen Qualitätsproblemen) und nach der Ursache (z. B. Anschreiben wegen mangelnder Zahlungsmoral versus Anruf im Rahmen einer Produktrückrufaktion) differenzieren.

Das Gros der Kundenauszahlungen fällt in vielen Unternehmen im *Leis-tungserstellungsprozess* an. Kernbestandteile sind Entwicklung, Einkauf, Produktion und Distribution (inkl. Lagerung). Die eine Ursache, warum eine stärkere kundenbasierte Kostenrechnung auch in diesen traditionell produktorientierten Funktionen immer sinnvoller wird, liegt in der steigenden Individualisierung der Leistungen. Beispiele hierfür sind unterschiedliche Lagerkosten aufgrund kundenspezifischer Lieferzeitenregelungen, unterschiedliche Transportkosten aufgrund differierender Bestellmengen und Sonderanfertigungen (Zusammensetzung, Materialien). Der zweite Grund ist der Einfluss der Kundenbeziehungsdauer auf eine Vielzahl an Kostenblöcken im Wertschöpfungsprozess. Gesammelte Erfahrungen auf Kunden- und Unternehmensseite können bei einer länger andauernden Geschäftsbeziehung der Prozessoptimierung und -vereinfachung dienlich sein.

Inwiefern unterstützende Funktionen, wie das Controlling und Personalmanagement, auch dem Einzelkunden angerechnet werden, hängt von der Sichtweise und dem Kostenrechnungszweck ab. Auf der einen Seite ist ein Unternehmen langfristig nur erfolgreich, wenn Kunden auch diese Funktionen mitfinanzieren (Philosophie der Vollkostenrechnung). Auf der anderen Seite stellt sich die Frage hinsichtlich des Verursachungsprinzips, also der »gerechten« Verteilungsmethode.

Risiken

Bisher sind Kundenrisiken nur in Teilaspekten, wie beispielsweise bei der Berechnung von Churn-Risiken, oder gar nicht in der Kundenwertforschung

Auch in der Produktion ist bei näherem Hinsehen eine Reihe von Kosten kundenabhängig

Risiken als dritte zu berücksichtigende Dimension des Kundenwerts

Kundenwerttreiber: Dreh- und Angelpunkt
im Kundenwert-Controlling

berücksichtigt worden. Dies verwundert, weil gerade mit Hilfe einer Systematisierung der Kundenrisiken eine Operationalisierung des bisher eher wenig fassbaren Risikomanagements gelingen könnte.

Bevor die einzelnen Risiken vorgestellt werden, ist eine begriffliche Abgrenzung von Unsicherheit und Risiko notwendig.

Das Gesamtrisiko zerfällt in sehr unterschiedliche Teilrisiken

Alle Werttreiber, auch diejenigen auf Einzahlungs- und Auszahlungsseite, müssen in ihrer periodenspezifischen Höhe prognostiziert werden. Sie sind also nur unter Unsicherheit bestimmbar und sind wie Erwartungswerte anzusehen. Mit diesen Erwartungswerten sind jedoch Risiken verbunden. Diese bilden die bewerteten negativen Konsequenzen bei einer Abweichung der prognostizierten, erwarteten Zahlungen von den dann real eintreffenden Ereignissen ab. Risiken treten in dreierlei Form auf. Zum ersten gibt es das Verlustpotential durch die vom Kunden initiierte Abwanderung, auch *Churn-Risiko* genannt. Zum Zweiten existiert die Gefahr, dass ein Kunde zahlungsunfähig wird, die Geschäftsbeziehung also aufgrund der Liquiditätssituation des Kunden beendet oder ausgesetzt werden muss. Das Verlustpotential durch *Zahlungsausfallrisiken* ist insbesondere bei großen, nachträglich nicht mehr alternativ verwertbaren Vorleistungen des Anbieters von erheblicher Bedeutung. Beispiele für typische Geschäftsmodelle dieser Art liefert die Bauindustrie und das Kreditgewerbe.

Drei Treiber des Planungsrisikos

Etwas anderer Natur als die beiden zuerst genannten Risiken ist das *Planungsrisiko*. Wie verlässlich die kundenspezifischen Prognosen hinsichtlich ihres Kauf- und Nutzungsverhaltens sind, variiert in vielen Branchen stark in Abhängigkeit von den Kunden. Hierbei ist zu berücksichtigen, dass eine höhere Planungssicherheit häufig mit der Möglichkeit einhergeht, Ressourcen effizienter einsetzen und nutzen zu können. Umgekehrt ausgedrückt führt die kundenbedingte kurzfristig notwendige Anpassung von Kapazitäten und Ressourcen zu einem tendenziell überproportionalen Aufwand mit entsprechend negativem Einfluss auf den Kundenwert. Als Beispiel sei hier die Buchungsplanung von Luftverkehrsgesellschaften genannt. Existiert die Geschäftsbeziehung schon seit längerer Zeit, können die Gesellschaften anhand der Kundenhistorie die »No-Show«-Wahrscheinlichkeit des Kunden berechnen und in der Kapazitätsplanung berücksichtigen. Hierdurch kann die optimale Anzahl an maximal möglichen Überbuchungen relativ genau bestimmt werden. Da bei einem Neukunden keine Informationen über das individuelle Nutzungsverhalten vorhanden sind, muss hier ein Durchschnittswert zur Berechnung der »No-Show«-Wahrscheinlichkeit herangezogen werden. Folglich ist das Risiko größer, das Kundenverhalten falsch einzuschätzen und somit auch die Überbuchungszahl nur suboptimal zu bestimmen.

Das Planungsrisiko hängt im Wesentlichen von drei Faktoren ab:

- den *vorhandenen Kundeninformationen,* die sich aus der mehr oder weniger gemachten Erfahrung in der Vergangenheit und der jeweiligen Kundeninformationsbereitschaft speisen,

Kundenwert-Controlling

- die *individuelle Kundencharakteristik:* Planungen für Kunden, die ein sehr volatiles Nutzungsverhalten aufweisen, sind meist mit größeren Risiken behaftet,
- den *Vertragsbedingungen;* zur Verringerung des Planungsrisikos sind beispielsweise Automobilzulieferer dazu übergegangen, bei bestimmten Kunden jährliche Mindestabnahmemengen vertraglich festzulegen.

Neben den vorgestellten allgemeingültigen Werttreibern kann es aber noch weitere branchenspezifische Werttreiber geben. Diese sind jedoch in der Mehrzahl der Fälle eher strategischer Natur und entsprechend schwierig zu quantifizieren. Beispielsweise stellt die Innovationsfähigkeit eines Automobilherstellers eine wichtige Komponente für Automobilzulieferer bei der Beurteilung der Kundenbeziehung dar. Erfolgreiche Innovationen sind häufig das Ergebnis enger Entwicklungspartnerschaften zwischen Herstellern und Lieferanten.

Ein besonders in der Netzwirtschaft (z. B. Telekommunikation und Energiewirtschaft) relevanter Kundenwerttreiber ist die nutzungszeitabhängige Kapazitätsnachfrage. Während einige Kunden Kapazitäten gerade dann nutzen, wenn diese nicht ausgelastet sind, gibt es andere Kundengruppen, die das Netz schwerpunktmäßig in den voll ausgelasteten Hauptnutzungszeiten beanspruchen. Aufgrund der sehr unterschiedlichen Opportunitätserlöse müssten den Kapazitätseinheiten je nach Zeitpunkt unterschiedliche Kosten zugerechnet werden. Somit wird hier das kundenspezifische Nutzungsverhalten ein wesent-

licher Faktor zur Bestimmung der zeitpunktabhängigen Kostensätze – hierzu werden wir im fünften Abschnitt (S. 503 ff.) auch noch eine Beispielrechnung kennen lernen.

Einzelkundenübergreifende Verbundeffekte

Die bisher vorgestellten Werttreiber beziehen sich auf einzelne Kunden und deren Customer-Lifetime-Value. Bei strategischen Betrachtungen reicht diese Sichtweise jedoch nicht aus. Gerade Verbundeffekte, also die Auswirkungen der Existenz oder Nicht-Existenz einer Kundenbeziehung auf die Werte anderer Geschäftsbeziehungen, können hier von größter Bedeutung sein. Diese Verbundeffekte sind implizit in den Einzelkundenwerten berücksichtigt, können jedoch nicht explizit einzelnen Kunden zugerechnet werden. Auch wenn die Höhe der durchschnittlichen Einzelkundenwerte ein Kundensegment nicht attraktiv erscheinen lässt, kann es also durchaus sinnvoll sein, trotzdem mit diesen Kunden Geschäftsbeziehungen einzugehen.

Um die einzelnen Verbundeffekte möglichst genau Kunden zuordnen zu können, ist die Trennung nach segmentspezifischen und segmentübergreifenden Wirkungen bei der Analyse hilfreich. Diese Unterscheidung kann für nahezu alle im Folgenden vorgestellten Effekte getroffen werden. Während Verbundwirkungen schon seit langem die zentrale Herausforderung in der traditionellen, produktorientierten Kostenrechnung darstellen (z. B. Erfahrungskurveneffekte, Prozesskostenanalyse zur

Die Kundenwertforschung hat sich bislang mit Verbundeffekten nur wenig beschäftigt

Gemeinkostenverteilung), finden sie bisher nur wenig Berücksichtigung in der Kundenwertforschung. Wie schon bei der Vorstellung der einzelkundenbezogenen Werttreiber sind auch die Verbundeffekte nach den drei Dimensionen des Kundenwertes – Einzahlungen, Auszahlungen und Risiken – zu systematisieren.

Einzahlungen

Referenz-, Netzwerk- und Preisdifferenzierungseffekte

Auf der Seite der Einzahlungen stellen Referenz-, Netzwerk- und Preisdifferenzierungseffekte die wichtigsten Verbundwirkungen dar. Während bei den beiden Erstgenannten eine zunehmende Kundenanzahl im Allgemeinen positiven Einfluss auf die Umsatzseite hat, trifft für den Letztgenannten das Gegenteil zu.

Netzwerkeffekte

Unter *Referenzen* werden Einflüsse von Ist-Kunden auf potentielle Kunden verstanden. Diese Einflüsse können direkter oder indirekter Natur sein. Man spricht beispielsweise von einer direkten Referenz, wenn ein neu gewonnener Bankkunde durch die mündliche Empfehlung eines Bekannten auf den Finanzdienstleister aufmerksam wurde.

Kundengruppenspezifische Preisbereitschaften

Direkte Referenzen können zumindest theoretisch einzelnen Kunden zugerechnet werden. Unmöglich ist dies bei indirekten Referenzen, also unbewussten »Empfehlungen«. Sie können an einem Beispiel aus der Automobilindustrie verdeutlicht werden. Eine Vielzahl an Exemplaren einer neuen Baureihe »auf der Straße« kann einen Interessenten vom Produkt überzeugen, da der PKW ja auch viele Mitbürger begeistert. Neben diesem Mode-/Vertrauenseffekt hat die Marktpräsenz außerdem auch klassische Werbewirkung. Das Auge gewöhnt sich an die neue Form und es ergibt sich an vielen Orten die Möglichkeit, den PKW anzuschauen. Aufgrund dieser indirekten Referenzwirkungen forcieren einige Automobilhersteller in der Anfangsphase eines Modellzyklus den Vertrieb an Autovermietungen, die eine hohe Laufleistung und damit Marktpräsenz garantieren. Dabei nehmen sie in Kauf, dass das Mietwagenfirmengeschäft meist niedrigere Deckungsspannen im Vergleich zum Privatkundengeschäft aufweist.

Basiert das Geschäftsmodell auf der Interaktion von Kunden untereinander, sind *Netzwerkeffekte* von besonderer Bedeutung für das Umsatzpotential. Für Internetauktionshäuser, wie zum Beispiel Ebay, gehört der bereits vorhandene Kundenstamm zum eigentlichen Wettbewerbsvorteil. Jede Erweiterung des Kundenstamms erhöht den Produktnutzen für die Nachfrager. So kann es aufgrund der Netzwerkeffekte durchaus sinnvoll sein, unprofitable Kunden zu binden, wenn diese dadurch vorhandene Kundenbasis notwendige Bedingung zur Akquisition profitabler Kundenbeziehungen ist.

In der Praxis meist unterschätzt und damit unberücksichtigt bleiben die Auswirkungen *kundengruppenspezifischer Preisbereitschaften*. Branchen- und Marktanalysen zeigen immer wieder, wie stark die gewinnoptimalen Preise in den verschiedenen Kundensegmenten variieren. Wird auf mehrere Kundengruppen gleichzeitig abgezielt, können diese Preise nur durch entsprechende Preisdifferenzierungen auf dem Markt erreicht werden. Da diese in den meisten Fällen jedoch nicht ohne weiteres durchsetzbar bzw. realisierbar sind, müssen gewinnoptimale Preise bei gleichzeitiger Einbeziehung mehrerer Kundensegmente ermittelt werden. Diese notwendigen Mischkalkulationen führen zu geringeren Kundenwertbeiträgen als die Ergebnisse der isolierten Preisbestimmung pro Segment. Als Beispiel sei ein Catering-Unternehmen aufgeführt, das bisher nur Geschäftskunden beliefert hat. Da in diesem Segment schon eine dominante Marktstellung erreicht wurde, ist man bei der Suche nach neuen Wachstumsmöglichkeiten auf das Privatkundensegment gestoßen. Privatkunden sind aber nur durch reduzierte Preise für den gleichen Service zu gewinnen. Finden sich keine Möglichkeiten, die Leistungen so kreativ zu bündeln, dass eine Preisdifferenzierung zwischen beiden Kundengruppen erreicht wird, müssen auch die Preise für Geschäftskunden gesenkt werden. Dadurch verringern sich deren Einzelkundenwerte. Dieser negative Verbundeffekt muss somit in das Entscheidungskalkül hinsichtlich des Markteintritts in das Privatkundensegment miteinbezogen werden.

Auszahlungen

Um Kundenverbundeffekte auf Auszahlungsseite zu erläutern, greifen wir auf die bekannte Unterscheidung (sprung-) fixer und variabler Kosten zurück. Anders als in der klassischen Kostenanalyse bildet hier jedoch nicht primär die Produktionsmenge, sondern die Anzahl der Kundenbeziehungen die relevante Einheit zur Bestimmung der Ausbringungsmenge. Das Gegenstück bilden hierzu die variablen Kosten, die

einen zumindest stetigen Funktionszusammenhang zwischen Mengen und Kosten aufweisen. Warum Letztere in unserem Zusammenhang nicht grundsätzlich proportional verlaufen müssen, wird im Folgenden noch erläutert.

Für positive Verbundeffekte auf Fixkostenseite sind drei Formen der verbesserten Auslastung verantwortlich. Alle drei hängen von der Anzahl der Kunden, deren Charakteristik und/oder deren Zusammensetzung ab. Zum einen gibt es Fixkosten, deren Auslastungsgrad primär mit der *Kundenanzahl* in Verbindung steht. Die Fixkosten zur Betreibung eines Call-Centers sind hierfür ein Beispiel. Vergrößert sich die Anzahl des Kundenstamms, wird die Verwaltung des Call-Centers bis zu einer kritischen Menge mit derselben Administration durchgeführt werden können. Zum anderen sind Fixkostendegressionen aufgrund einer erhöhten *Produktionsmenge* möglich. Diese ist auf eine höhere Kundenanzahl oder mehr verkaufte Mengen pro Kunde zurückzuführen. Allerdings muss gelten, dass die für die Fixkosten verantwortliche Infrastruktur und/oder das Personal zu keinem Zeitpunkt schon voll ausgelastet sind. Besonders abhängig von der *Zusammensetzung der Kundengruppen* und dem damit verbundenen Produktmix bzw. Nutzungsverhalten sind zeitliche Degressionseffekte. Gerade in der Dienstleistungsindustrie müssen häufig Kapazitäten für Spitzenzeiten aufgebaut werden, die sonst zu großen Teilen ungenutzt bleiben. So leidet beispielsweise ein Mobilfunkanbieter mit einem hohen Anteil an Geschäftskunden unter einer relativ geringen Auslastung des Netzes am

Verbundeffekte im Bereich der Fixkosten

Die Verbundeffekte können sowohl degressiver wie progressiver Natur sein

501

Wochenende. Können den Angestellten dieser Geschäftskunden Verträge zur privaten Nutzung angeboten werden, lässt sich das vorhandene Netz auch am Wochenende besser ausnutzen, ohne neue Kapazitäten aufbauen zu müssen (unter der Woche wird deren private Nutzung gering sein).

Eine Erhöhung der Kundenanzahl führt jedoch nicht grundsätzlich nur zu einer Fixkostendegression. Das jeweilige Gegenstück, der Progressionseffekt, ist auf zwei Wirkungen zurückzuführen. Wie schon bei der Beschreibung der Degressionseffekte angesprochen, kann durch eine Erhöhung der Kundenzahl eine kritische Kapazitätsgrenze überschritten werden. Der daraufhin notwendige Aufbau weiterer Kapazitäten, verbunden mit dem Auftreten sprungfixer Kosten, wird nicht immer genau dem hinzu gekommenen Kapazitätsbedarf entsprechen. Sinkt somit der Auslastungsgrad gegenüber der Ausgangssituation, muss der aufgestockte Kundenstamm einen relativ höheren Anteil an Fixkosten tragen.

Neben dem Problem sprungfixer Kosten kann es außerdem durch *Komplexitätseffekte* zur Steigerung von Fixkosten kommen. Eine bisher ausschließlich über das Internet agierende Bank möchte beispielsweise die Anzahl der betreuten Kundensegmente signifikant erhöhen. Eine Marktanalyse hat jedoch gezeigt, dass hierfür der Aufbau eines Filialnetzes notwendig wäre. Trotz einer dann breiteren Kundenbasis käme es hierdurch zu einer deutlichen Steigerung der Durchschnittskosten pro Kunde.

Während Verbundeffekte bei den variablen Kosten in der Vergangenheit maßgeblich von der Produktionsmenge beeinflusst wurden, kommt durch den immer größer werdenden Dienstleistungsanteil an der Wertschöpfung auch hier die Kundenanzahl und -erfahrung als wichtige Determinante hinzu. So hängen statische Volumeneffekte von der Größe und Zusammensetzung des heutigen Kundenstamms ab. Typische Effekte dieser Art sind verbesserte Einkaufskonditionen für betriebsnotwendiges Material bei größerer Abnahmemenge pro Jahr. So ist beispielsweise für einen Telefondienstbetreiber der Kostensatz für die Rechnungserstellung über die Deutsche Telekom AG mit der Anzahl der erstellten Rechnungen pro Monat verbunden. Dieser Kostensatz ist also unabhängig von der Produktionsmenge, in diesem Fall also davon, wie viele Verbindungsarten und -mengen der einzelne Kunde über den jeweiligen Call-by-Call-Dienstleister telefoniert hat. Natürlich bleibt auch die Anzahl der produzierten Einheiten eine wichtige Komponente bei der Analyse der statischen Volumeneffekte. Sie wird aber hier als *abhängige Variable* von der Anzahl der betreuten Kunden und deren Produktmix gesehen.

Dynamische Verbundeffekte hinsichtlich der variablen Kosten begründen sich durch die hinzugewonnene Erfahrung in Abhängigkeit von den kumulierten Kundenbeziehungsdauern (= Summe der jährlichen Kundenstammgrößen seit Gründung). Als Beispiel dient hier eine Steuerberatungskanzlei. Während die angestellten Steuerberater in den Anfangsjahren bei jedem neuen Kunden auf noch nicht vorher bearbeitete Fragestellungen trafen, konnten die Bearbeitungszeiten als dominante Kos-

Kundenanzahl und -erfahrung als wesentliche Einflussfaktoren auf die variablen Kosten

Kundenwert-Controlling

teneinflussgröße in den folgenden Jahren kontinuierlich gesenkt werden. Immer mehr Kunden ließen sich in schon vorher bearbeitete Musterfälle einordnen und hierdurch ohne aufwendige Einzelanalysen betreuen.

Risiken

Nur in Ansätzen sind bisher auch von theoretischer Seite die Verbundwirkungen hinsichtlich der kundenbezogenen Risiken durchdrungen. Zwei Effekte müssen hier von ihrer Wirkungsart her unterschieden werden. Die erste, eher passive Verbundwirkung ist dem Grundgedanken des Portfolio-Modells aus der Kapitalmarkttheorie angelehnt. Durch Einbeziehung mehrerer unterschiedlicher Kunden bzw. Segmente können die Kundenrisiken gestreut und hierdurch aus Gesamtsicht reduziert werden. Zur Verdeutlichung dieses Portfolio-Effektes soll das Beispiel einer Unternehmensberatung dienen. Bisher wurden nahezu die gesamten Umsätze mit einem stark sanierungsbedürftigen Unternehmen erwirtschaftet. Diese Abhängigkeit von einem Kunden verursacht ein erhebliches Beschäftigungsrisiko. Mit dem Verlust des einen Kunden wäre dem Anbieter somit auf einen Schlag die Geschäftsgrundlage entzogen. Können zwei neue Unternehmen als Kunden gewonnen werden, sinkt die Abhängigkeit von dem einen Unternehmen und somit auch das Beschäftigungsrisiko. Unabhängig vom individuellen Kundenrisiko führt bei der Portfolio-Theorie also die Erhöhung der Kundenanzahl zu einer Verringerung des Gesamtrisikos (Risiko-Streuung).

Weiterhin kann das Gesamtrisiko auch von der spezifischen Zusammensetzung des Kundenstamms abhängen (Risikoausgleich). Die auf die Reduzierung des Risikos zielende aktive Gestaltung des Kunden-Portfolios wird auch *Customer Hedging* genannt (Dhar/Glazer 2003). Wichtigstes Gestaltungselement ist hier die Ausnutzung negativ korrelierter individueller Kundenrisiken. Ein Zeitarbeitsunternehmen hat beispielsweise bisher nur Mitarbeiter an Automobilhersteller vermittelt, die eng mit der allgemeinen Konjunkturentwicklung verknüpft sind. Durch die Hinzunahme von Unternehmenskunden aus der Rüstungsindustrie kann das Umsatzrisiko signifikant verringert werden. Gerade dieser Industriezweig zeichnet sich durch seine Konjunkturresistenz beziehungsweise häufig sogar antikonjunkturelle Entwicklungstendenzen aus.

Abschließend können wir festhalten, dass Verbundwirkungen bei Kundenwertanalysen häufig eine sehr bedeutende Rolle spielen. In vielen Fällen steckt gerade in der frühzeitigen und vorausschauenden Berücksichtigung von Kundenverbundeffekten die Grundlage für nachhaltige Wettbewerbsvorteile in der Zukunft.

Customer-Hedging

Risikoverbunde sind kaum analysiert

Portfolio-Effekt

Ausgewählte Controlling-Instrumente im kundenorientierten Steuerungsprozess

Bei Betrachtung der Schritte des unten stehend dargestellten kundenwertorientierten Steuerungsprozesses zeigt sich schnell, dass eine unreflektierte Übertragung vorhandener Controlling-Instrumente den spezifischen Anforde-

Abb. 170: Kundenwertorientierter Führungs- und Steuerungsprozess
(in Anlehnung an Tewes 2003, S.175 ff. und Weber 2002, S. 32 ff.)

rungen der einzelnen Aufgabengebiete nicht gerecht würde. Trotzdem macht es in vielen Gebieten durchaus Sinn, auf bekannten Methoden aufzusetzen und diese entsprechend anzupassen.

Beispielhaft werden im Folgenden Instrumente für sehr unterschiedliche Anwendungsbereiche vorgestellt. Von strategischer Natur ist insbesondere die Portfolio-Analyse zur systematischen Ermittlung der Zielkundensegmente. Das dann folgende »Kundenmapping« setzt auf den Vorgaben aus der Zielgruppenauswahl auf und kann als übergreifendes Steuerungstool verwendet werden. Als drittes Instrument wird die einperiodische Kundenerfolgsrechnung vorge-

Mit welchen Kundengruppen langfristig zusammengearbeitet werden soll, ist eine grundlegende strategische Fragestellung

stellt. Letzteres stellt neben ihrer Anwendung in der operativen Kundenwertplanung und -kontrolle eine wichtige Informationsquelle für die strategische Kundenwertplanung dar.

Mehrstufige Portfolio-Analyse als Instrument zur Zielgruppenauswahl

Von grundlegender Bedeutung sind Entscheidungen hinsichtlich der Frage, mit welchen Kundengruppen ein Anbieter langfristig zusammenarbeiten sollte. Während diese strategischen Entscheidungen im Industriegütergeschäft teilweise auf Einzelkundenbasis getroffen werden können, sind im Massenmarkt

Kundenwert-Controlling

Segmentbetrachtungen sinnvoll. Hinsichtlich zweier Kriterien sollten sich Kunden innerhalb ihres Segments möglichst wenig und im Hinblick auf die Kunden anderer Segmente möglichst stark unterscheiden. Dies sind zum einen der jeweilige Kundenwert aus Gesamtmarktsicht und zum anderen die Bedürfnisstruktur des Kunden. Mit der Bedürfnisstruktur ist die Gewichtung der einzelnen Nutzenkomponenten aus Kundensicht gemeint. Typische Komponenten des Kundennutzens sind die Produktqualität, Ausstattung, Preis, Markenimage sowie Serviceumfang und -qualität.

Auf der ersten Stufe steht die strategische Positionierung der Kundensegmente im Vordergrund. Hierbei gilt es diejenigen Kundengruppen zu identifizieren, deren Marktpotential hoch ist und deren Bedürfnisse möglichst gut mit den Kernkompetenzen des Anbieters zusammenpassen (Strategischer Fit). Letzteres liefert eine gute Indikation dafür, wie hoch die Wahrscheinlichkeit ist, das vorhandene Kundenpotential möglichst maximal und effizient ausschöpfen zu können. Anhand dieser beiden Dimensionen kann eine strategische Vorauswahl der Zielsegmente getroffen werden (siehe die Abbildung 171).

Bevor diese Segmente jedoch endgültig aus dem Zielkunden-Portfolio »herausfallen«, sind die Verbundeffekte zu analysieren. Nur wenn die durch die betroffenen Segmente entstehenden Verbundwirkungen zur Kompensation der zu geringen Einzelkundenwertbeiträge nicht ausreichen, ist eine Eliminierung sinnvoll.

»Kundenmapping als Steuerungsinstrument«

Praktisch machbar wird eine kundenwertorientierte Steuerung nur, wenn sie zwei Aspekte berücksichtigt. Zum einen ist es wichtig, nach dem *Zeithorizont* zu unterscheiden. Beispielsweise ist es für die Umsetzung und Maßnahmenplanung von enormer Bedeutung, ob ein Kunde in der nächsten Periode ein hohes Cross-Selling-Potential aufweist oder dies erst in der Langfristbetrachtung relevant wird. Zum anderen ist ein *Detaillierungsgrad auf Werttreiberebene* notwendig, um Maßnahmen zielgerichtet planen zu können. Ist beispielsweise lediglich bekannt, dass ein Kundensegment in der kommenden Periode ein hohes Umsatzsteigerungspotential aufweist, können die Marketing-Maßnahmen nur wenig zielgerichtet durchgeführt werden. Wenn jedoch die Art des Umsatzpotentials – wie beispielsweise »hohes Up-Selling-Potential bei Produkt X« – eindeutig zu erkennen ist, lassen sich die Maßnahmen genau danach ausrichten.

An diesen beiden Aspekten setzt das »Kundenmapping« an. Anhand der Kundenkarten ist zu erkennen, wie sich die Kundenwerte zusammensetzen und zu welchen Zeitpunkten welche Maßnahmen bei welchen Kundengruppen Priorität haben.

Zur Veranschaulichung ist in der Abbildung 172 eine Kundenkarte eines Versicherungskunden exemplarisch dargestellt.

Wird der Aufbau der Kundenkarten von einem entsprechenden Informationssystem unterstützt, können beliebig zugeschnittene Kundencluster er-

Ausgewählte Controlling-Instrumente
im kundenorientierten Steuerungsprozess

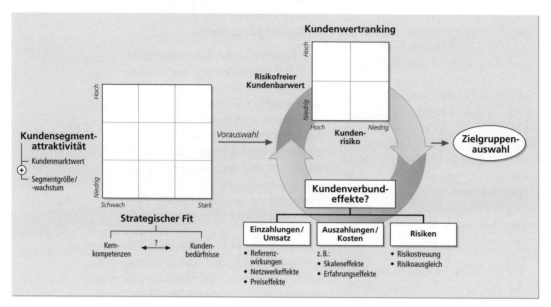

Abb. 171: Iterativer Prozess zur Berücksichtigung von Verbundeffekten bei der Zielgruppenauswahl

mittelt werden. In Abhängigkeit von den jeweiligen Clusterzugehörigkeiten kann so beim Einzelkunden genau an den relevanten Hebeln angesetzt werden. Das Clusterverfahren ermöglicht den Aufbau eines Baukastensystems, das – obwohl es auf den einzelnen Kunden zugeschnittene Maßnahmenbündel ermöglicht – ohne den Aufwand einer wirklich individuellen Maßnahmenplanung und Kundenbehandlung auskommt.

Kundenerfolgsrechnungen zur operativen Kundenwertplanung und -kontrolle

Auf den folgenden beiden Seiten werden wir Ihnen zwei periodenspezifische Kundendeckungsbeitragsrechnungen vorstellen. Betrachtet man diese flüchtig, scheinen sie beide nur ein ein-

faches Abbild der klassischen, auf der stufenweisen Fixkostendeckungsrechnung basierenden Produkterfolgsrechnung zu sein. Dem ist jedoch nicht so. Zum einen ermöglicht die Hinzunahme der Kundendimension eine Erweiterung der Verrechnung um zwei Stufen (einzelkunden- und segmentspezifische Kosten). Hierdurch kann ein signifikant größerer Anteil der Gemeinkosten Bezugsobjekten zugeordnet werden. Zum anderen basiert hier die Verrechnung der Fixkosten auf zwei unterschiedlich weiterentwickelten Prozesskostenrechnungsmethoden.

Das jeweilige Vorgehen lässt sich am einfachsten an einem Zahlenbeispiel erläutern. Eine Telefongesellschaft ist im traditionellen Festnetzgeschäft tätig. Das Unternehmen ist Betreiber des inländischen Telefonnetzes. Es werden entweder analoge oder digitale An-

Kundenwert-Controlling

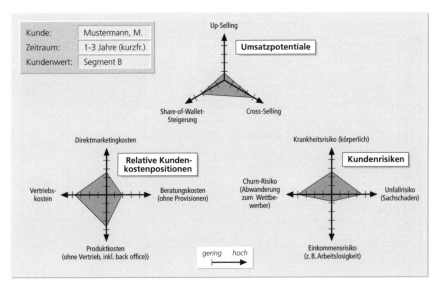

Abb. 172: Beispiel für eine Kundenkarte eines Versicherungskunden

schlüsse installiert. Bei der Bereitstellung von Telefonverbindungen wird hinsichtlich der Verbindungsart (regional versus fern) und dem Gesprächszeitpunkt (Tag versus Nacht) unterschieden. Neben der Privatkundenbetreuung arbeitet die Gesellschaft auch als Großhändler. An Call-by-Call-Anbieter werden Verbindungsminuten zu entsprechend niedrigeren Großhandelspreisen verkauft. Hierbei ist zu beachten, dass das Telefonnetz im Vergleich zu den Nachtstunden tagsüber weitaus stärker nachgefragt wird. Deswegen liegen die Verkaufspreise an Call-by-Call-Anbieter tagsüber doppelt so hoch wie vergleichbare Verbindungen zur Nachtzeit. Auch die für Privatkunden geltenden Verkaufspreise sind zur Nachtzeit entsprechend günstiger.

Im Folgenden stehen zwei Kunden aus dem Privatkundengeschäft im Fokus. Sie unterscheiden sich hinsichtlich zweier Merkmale. Während Kunde X zu 80 % tagsüber telefoniert, ist es bei Kunde Y genau umgekehrt. Kunde Y besitzt einen analogen Telefonanschluss; Kunde X hat am Anfang der Rechnungsperiode vom analogen zum teureren digitalen Anschluss gewechselt. Beide haben Regional- und Ferngespräche zu gleichen Anteilen geführt.

Wie schon im vierten Abschnitt (S. 493 ff.) angedeutet, gibt es keine »richtige« Methode, um die Fixkosten für die Netzbereitstellung (Herstellkosten Verbindungen) auf die beiden Kunden zu verteilen. Deswegen werden im Folgenden zwei alternative Lösungskonzepte vorgestellt, die sich nur in Bezug auf die Bestimmung der Herstellkosten unterscheiden. Das erste Verfahren basiert auf dem Prinzip des »*Time-Driven-Activity-Based Costing*«. Es stellt insofern eine Weiterentwicklung der klassischen Prozesskostenrechnung dar, als dass an-

Zwei Varianten von Kundenerfolgsrechnungen lassen sich unterscheiden

| | | Kunde X | Kunde Y | Verbindungsminuten | | Kostensatz pro Minute in Euro |
				Kunde X	Kunde Y	
Anschlüsse	Umsatz »Analog«	12,00 €	144,00 €			
	– prozessorientiert ermittelte HK	7,20 €	86,40 €			
	= DB Analoganschlüsse	4,80 €	57,60 €			
	Umsatz »Digital«	264,00 €	0,00 €			
	– prozessorientiert ermittelte HK	79,20 €	0,00 €			
	= DB Digitalanschlüsse	184,80 €	0,00 €			
	DB Anschlüsse	**189,60 €**	**57,60 €**			
Regional-verbindungen	Umsatz »Tag«	600,00 €	156,00 €	18.250	4.563	0,020
	– prozessorientiert ermittelte HK	365,00 €	91,25 €			
	= DB Regionalverbindungen »Tag«	235,00 €	64,75 €			
	Umsatz »Nacht«	75,00 €	312,00 €	4.563	18.250	0,020
	– prozessorientiert ermittelte HK	91,25 €	365,00 €			
	= DB Regionalverbindungen »Nacht«	–16,25 €	–53,00 €			
	DB Regionalgespräche	**218,75 €**	**11,75 €**			
Fern-verbindungen	Umsatz »Tag«	720,00 €	171,60 €	18.250	4.563	0,024
	– prozessorientiert ermittelte HK	438,00 €	109,50 €			
	= DB Fernverbindungen »Tag«	282,00 €	62,10 €			
	Umsatz »Nacht«	90,00 €	343,20 €	4.563	18.250	0,024
	– prozessorientiert ermittelte HK	109,50 €	438,00 €			
	= DB Fernverbindungen »Nacht«	–19,50 €	–94,80 €			
	DB Ferngespräche	**262,50 €**	**–32,70 €**			
Sonstige	Sonderumsätze (z. B. Tarifwechsel)	50,00 €	0,00 €			
	– Sondertechnikkosten (z. B. Tarifwechsel)	179,00 €	0,00 €			
	– Rechnungsstellungskosten	36,00 €	12,00 €			
	– Kundenbindungskosten	15,00 €	0,00 €			
	– Beschwerdebetreuung/Kulanzgutschriften	87,00 €	0,00 €			
	– Direktmarketingkosten (segmentspezifisch)	40,00 €	40,00 €			
	DB Sonstige	**–307,00 €**	**–52,00 €**			
	Deckungsbeitrag (DB) des Kunden	**363,85 €**	**–15,35 €**			
	Kunden-DB in % vom Umsatz	**20,1 %**	**–1,4 %**			

Abb. 173: Zahlenbeispiel für eine Kundendeckungsbeitragsrechnung auf Basis des Time-Driven-Activity-Based Costing

Vorgehen des Time-Driven-Activity-Based Costing

teilige Kosten für ungenutzte Netzkapazitäten (Leerkosten) nicht in den Kundendeckungsbeitrag einfließen (vgl. Bruggeman/Moreels 2003, S. 51 f.). Während die klassische Prozesskostenrechnung auf dem Prinzip der Vollkostenrechnung basiert, werden hier also nur die Fixkosten der genutzten Kapazitäten auf Kunden bzw. Produkte verrechnet.

Die Abbildung 173 zeigt die Berechnung des jeweiligen Kundenerfolgs auf Basis des Time-Driven-Activity-Based Costing. Bei der Prozessanalyse zur Bestimmung der Herstellkosten in der Produktgruppe »Verbindungen« haben sich die telefonierten Minuten je Verbindungsart als relevante Cost Driver herausgestellt. Da man von einem linearen Zusammenhang ausgeht, kann der jeweilige Kostensatz pro Minute für Regional- und Ferngespräche mittels Dividieren der Gesamtkosten für die genutzten Kapazitäten durch die Summe der telefonierten Minuten bestimmt werden. Die ermittelten Kostensätze gelten zu jeder Tageszeit. Da jedoch zur Nachttarifzone die Verkaufspreise bei ca. 50 % der Preise tagsüber liegen, sind die dazu gehörigen Deckungsbeiträge negativ. Im letzten Abschnitt sind weitere, produktunabhängige Kundeneinzelkosten und einmalige Umsatzeffekte aufgeführt. Insbesondere aufgrund des Anschlusswechsels und einer Kundenbeschwerde und der daraufhin vergebenen Kulanzgutschrift weist hier Kunde X sig-

Kundenwert-Controlling

nifikant höhere Kosten auf. Im Gegensatz zu Kunde X hat sich Kunde Y außerdem bereit erklärt, die Rechnung online zu erhalten. Hierdurch sinken die Kosten auf ein Drittel der Aufwendungen bei klassischem Postversand. Insgesamt reicht aber auch der geringe Betreuungsaufwand bei Kunde Y nicht aus, um einen positiven Deckungsbeitrag zu erreichen. Während Kunde Y einen Verlust von über 15 Euro beschert, erweist sich Kunde X mit über 360 Euro als echter Gewinnbringer. Die wesentliche Ursache hierfür liegt eindeutig im sehr unterschiedlichen Nutzungsverhalten. Doch ist Kunde Y wirklich ein Wertvernichter? Sind die hauptsächlich an Kunden X verkauften Telefonminuten tagsüber nicht auch aus Sicht der Telefongesellschaft wertvoller?

An dieser Problematik setzt das zweite Verfahren an. Hier werden die Opportunitätskosten bzw. -erlöse in die Betrachtung mit einbezogen. Nach dem einfachen Prinzip der wertmäßigen Kosten würden anstatt der oben genutzten Herstellkosten die alternativen Verwendungsmöglichkeiten – in diesem Fall die Marktpreise durch Weiterkauf an Call-by-Call-Anbieter – herangezogen. Diese Vorgehensweise hat sich in der praktischen Umsetzung jedoch als sehr problematisch erwiesen. Die Ergebnisse wären nämlich nicht mehr konsistent zum betrieblichen Rechnungswesen. Da die ermittelten Kundenkosten dann unabhängig von der echten Kostenstruktur des Anbieters sind, wäre es in diesem Fall beispielsweise möglich, dass die kumulierten Kundenkosten die Gesamtkosten des Unternehmens übersteigen.

Das »Market-Based-Capacity Costing« umgeht dieses Dilemma, indem nur die Relationen der Marktpreise zueinander, nicht jedoch die absoluten Marktpreise in die Berechnung einfließen. Im ersten Schritt deckt sich die Vorgehensweise mit der beim oben beschriebenen Time-Driven-Acitity-Based Costing. Im zweiten Schritt werden die resultierenden Kostensätze der Cost Driver jedoch nicht einheitlich verwendet, sondern in Anlehnung an die Marktpreisrelationen angepasst. In dem konkreten Beispiel ergibt sich somit die Vorgabe, dass die Verbindungsminute zur Nachtzeit nur halb soviel kosten darf wie tagsüber. Diese Vorgabe lässt sich leicht in die Kostenfunktion integrieren. Durch Auflösen der Funktion nach einer Unbekannten, hier dem Anpassungsfaktor des Kostensatzes, ergeben sich zwei für Tag- und Nachtzeit unterschiedliche Kostensätze.

Im Beispielsfall kommt es durch diese Anpassung zu erheblichen Veränderungen der Kundendeckungsbeiträge. Nun sind beide Kunden hinsichtlich ihrer Deckungsbeiträge nahezu gleich auf. Während Kunde X mehr Kosten tragen muss, wird Kunde Y erheblich entlastet. Die jetzt im Verhältnis zwei zu eins stehenden Kostensätze für Tag- bzw. Nachtverbindungen sind in der rechten Spalte zu finden.

Insgesamt zeigt das Beispiel sehr deutlich, wie wertvoll eine kundenorientierte Erfolgsrechnung in bestimmten Industrien und Geschäftsmodellen sein kann. Der Geschäftserfolg basiert hier nicht primär auf bestimmten Produkten, sondern auf der Kundenstruktur und dem individuellen Nutzungsverhalten. In einer rein produktorientierten Erfolgsrechnung könnten die eigentlichen Erfolgsfaktoren nicht aufgedeckt werden. Welches der vorgestellten Kos-

Vorgehen des Market-Based-Capacity Costing

Das Rechnen mit Opportunitäts-kosten schafft Konsistenzprobleme

Kundenerfolgs-rechnungen liefern sehr wertvolle Einsichten

		Kunde X	Kunde Y	Verbindungsminuten Kunde X	Verbindungsminuten Kunde Y	Kostensatz pro Minute in Euro
Anschlüsse	Umsatz »Analog«	12,00 €	144,00 €			
	– prozessorientiert ermittelte HK	7,20 €	86,40 €			
	= DB Analoganschlüsse	4,80 €	57,60 €			
	Umsatz »Digital«	264,00 €	0,00 €			
	– prozessorientiert ermittelte HK	79,20 €	0,00 €			
	= DB Digitalanschlüsse	184,80 €	0,00 €			
	DB Anschlüsse	**189,60 €**	**57,60 €**			
Regional-verbindungen	Umsatz »Tag«	600,00 €	156,00 €	18.250	4.563	0,025
	– prozessorientiert ermittelte HK	447,13 €	111,78 €			
	= DB Regionalverbindungen »Tag«	152,87 €	44,22 €			
	Umsatz »Nacht«	75,00 €	312,00 €	4.563	18.250	0,012
	– prozessorientiert ermittelte HK	55,89 €	223,56 €			
	= DB Regionalverbindungen »Nacht«	19,11 €	88,44 €			
	DB Regionalgespräche	**171,98 €**	**132,66 €**			
Fern-verbindungen	Umsatz »Tag«	720,00 €	171,60 €	18.250	4.563	0,029
	– prozessorientiert ermittelte HK	536,55 €	134,14 €			
	= DB Fernverbindungen »Tag«	183,45 €	37,46 €			
	Umsatz »Nacht«	90,00 €	343,20 €	4.563	18.250	0,015
	– prozessorientiert ermittelte HK	67,07 €	268,28 €			
	= DB Fernverbindungen »Nacht«	22,93 €	74,92 €			
	DB Ferngespräche	**206,38 €**	**112,38 €**			
Sonstige	Sonderumsätze (z. B. Tarifwechsel)	50,00 €	0,00 €			
	– Sondertechnikkosten (z. B. Tarifwechsel)	179,00 €	0,00 €			
	– Rechnungsstellungskosten	36,00 €	12,00 €			
	– Kundenbindungskosten	15,00 €	0,00 €			
	– Beschwerdebetreuung/Kulanzgutschriften	87,00 €	0,00 €			
	– Direktmarketingkosten (segmentspezifisch)	40,00 €	40,00 €			
	DB Sonstige	**–307,00 €**	**–52,00 €**			
	Deckungsbeitrag (DB) des Kunden	**260,96 €**	**250,64 €**			
	Kunden-DB in % vom Umsatz	*14,4%*	*22,2%*			

Abb. 174: Zahlenbeispiel für eine Kundendeckungsbeitragsrechnung auf Basis des Market-Based-Capacity Costing

tenverrechnungsverfahren bevorzugt werden sollte, lässt sich nicht eindeutig sagen. Wie schon angedeutet, ist nicht eines der beiden Verfahren richtig und das andere falsch. Die Frage lautet vielmehr, welche der beiden Methoden sinnvoller ist. Beantworten lässt sich diese Frage nur aus dem situativen Kontext heraus. Gerade wenn das Geschäftsmodell auf der unterschiedlichen zeitlichen Nutzung und Auslastung von fixkostenintensiven Kapazitäten beruht, scheint das »Market-Based-Capacity Costing« eine vielversprechende Erweiterung der Prozesskostenrechnung zu sein.

Erfahrungen aus der Praxis

Unterstützung des Top-Managements ist eine notwendige Voraussetzung

Wie schon in den ersten Abschnitten diese Kapitels beschrieben, ist das Kundenwert-Controlling mit einer Neuausrichtung der Zielsysteme und – in Konsequenz – auch mit einer Anpassung der Anreizgestaltung verbunden. Veränderungen dieser Art sind nicht ohne die volle Unterstützung der Unternehmensführung möglich. Es bedarf einer gehörigen Portion Motivation und Veränderungsbereitschaft, um die Orientierung am Kundenwert auch in die Prozesse zu integrieren. Lang bewährte Planungsschemata müssen umstrukturiert und zur Routine gewordene Entscheidungsprozesse plötzlich aus einem anderen Blickwinkel betrachtet werden.

Im Marketing geht es beispielsweise nicht mehr nur noch um den reinen Absatzerfolg einzelner Produktlinien, sondern um die wertorientierte Gestaltung der Kundenbeziehungen. Das »Wollen«, also die notwendige Motivation der Mitarbeiter, wird nur gewonnen, wenn die Führung voll hinter dem Konzept steht und die Umsetzung aktiv unterstützt. Ansonsten ist die Wahrscheinlichkeit groß, nur ein weiteres, zum bisherigen System parallel existierendes Management-Informations-System aufzubauen. Mitarbeiter können mit der daraus entstehenden Komplexität in den wenigsten Fällen umgehen und folglich auch die Informationen nicht zielführend einsetzen.

Kundenwert-Controlling funktioniert nicht nur im »stillen Kämmerlein«: Diplomatie ist gefragt!

Kundenwert-Controlling ist ein Controllingfeld mit einer Vielzahl inhaltlicher und organisatorischer Schnittstellen. Denjenigen, die für die Konzeption und Umsetzung des Kundenwert-Controllings verantwortlich sind, wird eine Menge diplomatisches Geschick und übergreifendes Verständnis abverlangt.

Ein »erbsenzählender« Controller kommt hier nicht weit. Der Kundenwert ist eine zukunftsgerichtete Größe und – wie schon beschrieben – mit entsprechender Unsicherheit verbunden. Welche Vorgehensweise und welche Größen richtig oder falsch sind, ist somit nicht mehr eindeutig nachweisbar. Vielmehr geht es um die Fähigkeit, ein plausibles, nachvollziehbares, möglichst einfaches und logisch-konsistentes Konzept in Zusammenarbeit mit den Mitarbeitern der unterschiedlichen Funktionsbereiche zu entwickeln. Hierbei liegt eine große Herausforderung für das Controlling darin, die teilweise sehr konträren Philosophien und Charaktere in Marketing, Produktion, Einkauf und Logistik zusammenzubringen. Selbst innerhalb des Controllings ist oftmals viel Überzeugungsarbeit erforderlich.

Dies gelingt nur durch die frühzeitige und geschickte Einbindung möglichst vieler Mitarbeiter. Ein tief gehendes Verständnis über die geschäftsmodellspezifischen Werttreiber, deren Bestimmungsfaktoren, Ausprägungen und Zusammenhänge kann ohne deren Wissens- und Erfahrungsschatz nicht aufgebaut werden.

Die frühe Einbindung der einzelnen Funktionsbereiche hat sich auch aufgrund eines weiteren Faktors als sehr hilfreich erwiesen. Entwickelt das Controlling ein Konzept im »stillen Kämmerlein« (am besten noch mit Unterstützung eines externen Beraters), ist die Skepsis aus den Funktionsbereichen groß. Schnell kommt die Befürchtung auf, das Controlling suche einen neuen Weg stärker zu »kontrollieren«. Findet stattdessen eine frühzeitige Integration der Bereiche statt, wird sowohl der Nutzen ausgewogener beurteilt als auch die Bereitschaft zu Ergebniskontrollen ungemein größer.

»Ach, der Kunde ist ja so komplex ...«

... wird häufig als Argument dafür genannt, dass die Umsetzung des Kundenwert-Controllings ins Stocken gera-

Ohne das Wollen der Mitarbeiter geht es nicht

Ein »Erbsenzählender« Controller kommt im Kundenwert-Controlling nicht weit

Erfahrungen aus der Praxis

ten ist. Die Vielzahl an Werttreibern und Kostenkomponenten zeigt, wie schwierig die Bestimmung individueller Kundenwerte in der Praxis sein kann. Schon die Durchführung einer rein statischen kundenbasierten Deckungsbeitragsrechnung kann um einiges aufwendiger als die klassische Produktdeckungsbeitragsrechnung sein. Dies liegt insbesondere darin begründet, dass bei der kundenorientierten Rechnung der einzelne Kunde die Berechnungseinheit darstellt. Im Gegensatz hierzu bilden die kumulierten Deckungsbeiträge einer Produktart die kleinste Recheneinheit bei der klassischen Ergebnisrechnung. Damit werden beispielsweise Qualitätskosten aufgrund einer Kundenbeschwerde nicht genau dem einen Produkt sondern anteilig jedem produzierten Produkt dieser Art zugerechnet.

Die Komplexität einer Kundendeckungsbeitragsrechnung lässt sich in zwei Stufen reduzieren

Bei der Kundendeckungsbeitragsrechnung kann die Komplexität durch ein zweistufiges Verfahren signifikant reduziert werden. Im ersten Schritt werden die Kostenblöcke nach ihrer Höhe, also ihrer Gesamtauswirkung in eine Rangliste eingeordnet. Nach einem möglichst sinnvollen Prinzip – beispielsweise der 80/20-Regel – werden die dann verbleibenden Kostenblöcke anschließend in einer Stichprobenanalyse daraufhin untersucht, inwiefern sie sich zwischen einzelnen Kunden unterscheiden. Nur für diejenigen Kosten, die stark zwischen den Kunden variieren, ist eine kundenindividuelle Berechnung und Erhebung der Kostentreiber wirtschaftlich sinnvoll. Die anderen Kosten können nach klassischen Prinzipien verteilt werden.

Gründe für Qualitätsdefizite von Datenbanken

Die Prognose der zukünftigen Kundenwerttreiber lässt sich insbesondere mit Hilfe der Kundensegmentierung wirkungsvoll reduzieren. Gerade in den Anfängen können auch sehr grobe Segmentierungen schon eine ausreichende Prognosequalität liefern. Ähnlich der oben beschriebenen Priorisierung bei der Kostenverrechnung ist es in vielen Fällen auch bei der Prognose vorteilhafter, nur die z. B. beiden wichtigsten Bestimmungsfaktoren zur Segmentierung heranzuziehen. Die Hinzunahme weiterer Faktoren oder Verringerung der Segmentgrößen führt meist zu weitaus komplexeren Modellen bei nur gering erhöhter Prognosegenauigkeit.

Festhalten können wir somit, dass sich durch Priorisierung und fallbezogene Nutzung von Durchschnittswerten die Modell- und Datenkomplexität meist erfolgreich reduzieren lässt. Häufig ist die realistische Alternative zu diesem Verlust an Genauigkeit nämlich nicht die exaktere Kundenwertbestimmung, sondern die später folgende Erkenntnis, dass die Komplexität nicht mehr beherrschbar ist.

Datenbanken sagen viel – erzählen sie auch immer die Wahrheit?

Kundendatenbanken sind ein elementarer Baustein zur Bestimmung der unterschiedlichen Ausprägungen der Kundenwerttreiber. Doch in vielen Fällen sollten Sie die Daten zu Anfang mit Vorsicht genießen. Bei den in der Praxis verwendeten Informationen aus Datenbanken wiesen Plausibilitäts- und Konsistenzkontrollen auf erhebliche Qualitätsdefizite hin. Die Ursachen sind sehr vielschichtig, lassen aber immer wiederkehrende Problemmuster erkennen.

So sind viele der Datenbanken zu kompliziert aufgebaut. Dies führt häufig dazu, dass Mitarbeiter bei der Dateneingabe überfordert sind und deswegen auf die Eingabe ganz verzichten oder Vereinfachungen suchen. Diese Vereinfachungen bergen in der nachträglichen Nutzung die Gefahr, Ergebnisse falsch zu interpretieren. So hatte man beispielsweise in einem großen deutschen IT-Unternehmen die Auswahl zwischen mehr als 1500 verschiedenen Kostenarten in der Kundendatenbank. Das Resultat hiervon war, dass ein Großteil der Kosten einer Kostenart, die sich »Sonstige« nannte, zugeordnet wurde. Auch hier sollte wieder das Prinzip »Simpler is better« der Maximierung des technologisch Möglichen vorgezogen werden.

Weiterhin basieren viele der Kundendatenbanken auf spezifischer(n) Software und Programmiersprachen. Für den »normalen« Nutzer werden dadurch die Input-Output-Berechnungen zu einer Black-Box. Somit wird auch die Kontrolle der Ergebnisse für diejenigen, die diese Daten betriebswirtschaftlich anwenden, schwieriger. Hier kann das Controlling einen wichtigen Beitrag zur Erhöhung der Transparenz leisten. Anhand von Top-Down-Berechnungen aus dem Controlling ist es möglich, Konsistenzchecks durchzuführen und die Ursachen für Abweichungen zu identifizieren. Es hat sich gezeigt, dass hierdurch die Datenqualität deutlich verbessert werden kann.

Schließlich fehlt es meist auch an der Wollens-Komponente der für die Dateneingabe verantwortlichen Mitarbeiter. In einer Vielzahl der Fälle ist den betroffenen Mitarbeitern Zweck und Bedeutung der Datenpflege schlichtweg nicht erklärt worden. Auch mangelt es in nahezu allen Unternehmen an einer Verknüpfung mit dem Anreizsystem: Die Dateneingabe fließt nicht in die Leistungsbeurteilung mit ein und wird nicht systematisch kontrolliert. Hierdurch wird die Pflege der Kundendaten zu einer beiläufigen Unannehmlichkeit, der man sich nur widmet, wenn genügend Leerzeiten zur Verfügung stehen.

Von neuen und alten Möglichkeiten, sich »aus dem Markt zu Controllen«

Auch wenn die Datenqualität keine Schwierigkeiten bereitet, ist das Controlling und Management noch nicht vor falschen inhaltlichen Schlussfolgerungen gefeit. Anhand von drei »Fallstricken« wird dies im Folgenden erläutert.

Zunächst besteht die Gefahr, Kundenwert-Controlling primär als Kundenverwaltung misszuverstehen. Häufig wird aus einem negativen Kundenwert direkt geschlossen, dass diese Kundenbeziehung grundsätzlich nicht lohnt. Dabei sollte sich der Anbieter jedoch im ersten Schritt fragen, ob es nicht möglich ist, die Kundenbeziehung entsprechend zu entwickeln. Im Fokus sollte somit statt der Kundenverwaltung die Kundenwertgestaltung stehen. Kundenwerte sind nicht nur vom Kunden, sondern auch von der Qualität der Unternehmensführung und der operativen Umsetzung abhängig.

Auch in der Kundenerfolgsrechnung gibt es die aus der traditionellen Vollkostenrechnung bekannte Tücke, Fixkosten nicht ihrer Eigenart entsprechend zu interpretieren (Weber 2002, S. 149 ff.). Eine rein auf variablen Kosten basierende Kundenerfolgsrechnung würde einen Großteil der Gesamtkosten ausklammern und somit nicht zielführend

Gründe für falsche inhaltliche Schlussfolgerungen

Im Fokus sollte die Kundenwertgestaltung, nicht die Kundenverwaltung stehen

Eine neue Gelegenheit, sich aus dem Markt heraus zu kalkulieren

Kunden segmentieren heißt nicht, sie zu diskriminieren

Wer mehr bezahlt, sollte auch mehr Dienstleistungen empfangen

sein. Dies gilt im Besonderen für fixkostenlastige Industrien – wie viele Dienstleistungsbranchen –, in denen Kundenwert-Controlling jedoch gerade sinnvoll ist.

Ähnlich der Zuschlagskalkulation in der Produkterfolgsrechnung werden somit auch Kunden Bestandteile zugerechnet, die nach Auflösung der Geschäftsbeziehung nicht wegfallen. Falls aber nicht eindeutig erkennbar ist, welche der Wertkomponenten fix und welche variabel sind, unterläuft einem schnell der Fehler, alle Bestandteile als kundenvariabel auszulegen. Dies kann zu dem bekannten Dilemma der Zuschlagskalkulation führen. Nachdem unprofitable Kundenbeziehungen aufgegeben wurden, müssen die Fixkosten auf den nun ausgedünnten Kundenstamm verteilt werden. Anschließend sind Kunden unprofitabel, die vorher noch als profitabel galten. Am Ende rechnet sich auch der ehemals profitabelste Kunde nicht mehr.

Neben diesen beiden auch aus der traditionellen Unternehmensrechnung bekannten Problemfeldern kommt bei der Analyse von Kundenwerten ein Weiteres hinzu. Die Ausprägungen der einzelnen Werttreiber auf Kundenebene sind nämlich unterschiedlich nachfrager- oder anbieterinduziert. Wie stark sich der Kunde oder der Anbieter für die Höhe eines Werttreibers verantwortlich zeichnet, ist jedoch in der Praxis äußerst schwierig zu beurteilen. Ruft beispielsweise ein Kunde beim Service-Center einer Bank an, um sich über die langen Wartezeiten zu beschweren, ist zu entscheiden, ob der Kunde der »nie zufriedene Nörgler« ist oder ob er berechtigterweise angerufen hat. Es macht jeden-

falls keinen Sinn, die anfallenden Kosten für diesen Anruf dem Kunden zuzurechnen, wenn es wirklich Verbesserungsbedarf in den Abwicklungsprozessen dieser Filiale gibt. Diese Schwierigkeiten zeigen auch die Grenzen einer jeden Kundenerfolgsrechnung auf. In der Praxis hat sich hier die Devise »Im Zweifelsfalle für den Kunden« bewährt.

Und noch etwas zum Thema Ethik: Jeder Mensch ist doch gleich viel wert, oder?

Immer wieder wird Kritik laut, wenn es darum geht, Kunden nach ihrem Wertbeitrag einzuordnen und hiernach unterschiedlich zu behandeln. Negative Reaktionen zeigen sich nicht nur bei den betroffenen Kunden, sondern auch bei Mitarbeitern. Dahinter steht die Auffassung, dass jeder Kunde als Mensch gleich viel Wert und folglich eine unterschiedliche Behandlung unmoralisch ist.

Dass jeder Mensch gleich wertvoll ist, soll hier in keinem Fall bestritten werden. Diesem Maßstab folgt auch das Grundverständnis im Kundenwert-Controlling. Jedoch gelten auch hier die grundlegenden Spielregeln der Ökonomie. Bei einer Transaktion kommt es zum Austausch von Ware bzw. Service gegen Geld. Bezahlt ein Kunde mehr Geld bzw. bringt er einem Unternehmen einen höheren Nutzen, kann dieser auch einen höheren Gegenwert erwarten. Während dieses Prinzip beim Erwerb von physischen Produkten allgemein anerkannt ist, gibt es bei Dienstleistungen Akzeptanzprobleme, die rational nicht nachvollziehbar sind. Deswegen ist ein sensibles und geschicktes Vorgehen bei der Maßnahmenplanung zu empfehlen. Hierbei haben sich zwei Grundprinzipien als hilfreich erwiesen.

Erstens sollte jedem Kunden zumindest die theoretische Möglichkeit eingeräumt werden, die unterschiedlichen Dienstleistungen auch nutzen zu können. So stieß die Trennung der Deutschen Bank in die Segmente »Vermögende Privatkunden« (DB Private Banking) und »Privatkunden« (Deutsche Bank 24) nicht aufgrund dieser Unterscheidung an sich auf so großen Widerstand. Vielmehr scheinen die nicht durchlässigen Segmentierungskriterien die wesentliche Ursache für die geringe Akzeptanz und negative Öffentlichkeitswirkung gewesen zu sein. Möglicherweise wäre die Reaktion weitaus positiver ausgefallen, wenn nicht nur das vorhandene Vermögen oder Einkommen, sondern auch die Service-Gebühren Trennungskriterien gewesen wären. Sofern der weniger vermögende Kunde bereit gewesen wäre, entsprechend höhere Bankgebühren zu bezahlen, hätte auch dieser dann im »DB Private Banking« betreut werden können. Diesem Prinzip folgen beispielsweise viele Fluggesellschaften beim Betreiben der Vielflieger-Lounges. Jeder kann sie nutzen, jedoch stehen sie nur entsprechend höherwertigen Kunden kostenlos zur Verfügung.

Zweitens sollte weniger wertvollen Kunden kein »gefühlter Nachteil«, also ein Bestrafungsgefühl vermittelt werden. Ein Negativbeispiel ist hier die Deutsche Bahn AG. bahn.comfort-Kunden »genießen« in der zweiten Klasse das Privileg, andere Kunden von bestimmten Plätzen verweisen zu können, falls der Zug überfüllt ist. Diese Art von Kundendifferenzierung erscheint uns als ungeschickt. Zum einen ist es dem bahn.comfort-Kunden in vielen Fällen sehr unangenehm, einen Mitfahrenden zum Verlassen des Platzes auffordern zu müssen. Zum anderen fühlt sich der »Normalkunde« nachteilig behandelt, denn er hat ja einen Sitzplatz bezahlt. Viel sinnvoller wäre es, bahn.comfort-Kunden die Möglichkeit zu geben, die erste Klasse zu nutzen, falls die gebuchte zweite Klasse überfüllt ist.

Fazit

Kundenwert-Controlling ist ein Wachstumsfeld: sowohl für die Controlling-Disziplin als auch für Controller in Unternehmen. Unternehmensstrukturen und -prozesse werden immer stärker nach Kunden bzw. Kundengruppen ausgerichtet.

In diesem Umfeld kann das Controlling seine Kernaufgabe, die Rationalitätssicherung der Führung, adäquat nur dann erfüllen, wenn es sich von der rein produktbasierten und eher vergangenheitsorientierten Sichtweise löst und sich dem Kunden, seinen Wertbeiträgen und Zukunftspotentialen zuwendet. Hier steht das Controlling in Forschung und Praxis noch am Anfang. Nur in Ausnahmen wird der Kundenwert in der Controlling-Forschung erwähnt, die Abhandlungen gehen meist nicht über die Definition des Customer-Lifetime-Value und der Erläuterung der Barwertformel hinaus. In der Praxis zeigt sich ein ähnliches Bild: Nicht das Controlling, sondern die CRM-Abteilungen oder das Marketing sind hier meist die entscheidenden Projekttreiber.

Noch muss das Controlling dieses Wachstumssegment jedoch nicht verloren geben. Wie gezeigt, bietet es weiterhin eine Unmenge an Herausforderungen und Chancen zugleich. Die nur dem Controlling eigene, integrative Sichtweise stellt hierbei eine hervorragende Ausgangsposition dar. Anhand der vorgestellten Verbundeffekte wird deutlich, wie nützlich die bereits auf Kostenseite gesammelten Erfahrungen im Umgang mit zum Beispiel Fixkosten und Lerneffekten zur Behandlung von Interdependenzen auf Umsatz- und Risikoseite sein können.

Verglichen mit anderen Disziplinen ist das Controlling somit in diesem Feld entsprechend stärker sensibilisiert und verfügt über einen relativ reich ausgestatteten Werkzeugkasten, um diese Herausforderungen erfolgreich zu meistern. Diese vorteilhafte Ausgangsposition gilt es nun auch entsprechend zu nutzen.

Literatur: Wo können Sie sich weitergehend informieren?

Bruggeman, W./Moreels, K.: »Time-DrivenActivity-Based Costing – A New Paradigm in Cost Management«. In: Horváth, P. (Hrsg.): *Performancesteigerung und Kostenoptimierung: Neue Wege und erfolgreiche Praxislösungen.* Stuttgart, 2003. S. 51–66.

Cornelsen, J.: *Kundenwertanalysen im Beziehungsmarketing: Theoretische Grundlagen und Ergebnisse einer empirischen Studie im Automobilbereich.* Nürnberg, 2000.

Dhar, R./Glazer, R.: »Hedging customers«. In: *Harvard Business Review*, Mai 2003. S. 1–8.

Hinterhuber, H. H./Matzler, K.: *Kundenorientierte Unternehmensführung, Kundenorientierung – Kundenzufriedenheit – Kundenbindung.* 3. Auflage. Wiesbaden, 2002.

Krafft, M.: *Kundenbindung und Kundenwert.* 2. Auflage. Heidelberg, 2004.

Reinecke, S.: *Marketing Performance Management – Empirisches Fundament und Konzeption für ein integriertes Marketingkennzahlensystem.* Wiesbaden, 2004.

Rudolf-Sipötz, E./Tomczak, T.: »Bestimmungsfaktoren des Kundenwertes«. In: Günter, B./Helm, S.: *Kundenwert, Grundlagen – Innovative Konzepte – Praktische Umsetzungen.* 2. Auflage. Wiesbaden, 2003. S. 134–161.

Rudolf-Sipötz, E.: *Kundenwert: Konzeption – Determinanten – Management.* St. Gallen, 2001.

Rust, R./Lemon, K./Zeithaml, V. A.: *Driving Customer Equity: How Customer Lifetime Value is Reshaping Corporate Strategy.* Cambridge, 2000.

Tewes, M.: *Der Kundenwert im Marketing.* Wiesbaden, 2003.

Weber, J.: *Einführung in das Controlling.* 9. Auflage. Stuttgart, 2002.

Weber, J./Bramsemann, U./Heineke, C./ Hirsch, B.: *Wertorientierte Unternehmenssteuerung: Konzepte – Implementierung – Praxisstatements.* Wiesbaden, 2004.

Register